龙虾城

GUINNESS WORLD RECORDS 2017

《기네스 세계기록 2017》에 오신 여러분을 환영합니다! 이번에는 '우주 기록'을 특집으로 구성했습니다. 달 착륙에 성공한 버즈 올드린부터 우주체류 4,000시간 기록을 세운 크리스 해드필드, 아폴로 15호의 알 워든 등의 전설적인 우주비행사를 비롯해 나사(NASA) 총책임자인 찰리 볼든 국장을 만날 수 있습니다. 또한 인류 최초로 명왕성 탐사에 성공한 '명왕성 추적자' 앨런 스턴 NASA 선임연구원과 무중력 상태에서 뮤직비디오를 촬영한 미국의 록밴드 오케이고(OK Go)의 이야기도 담았습니다. 그밖에도 깜짝 놀랄 기네스 최신 기록들을 확인할 수 있을 것입니다. 최초의 기네스 공식 한국판을 다함께 즐겨주길 바랍니다!

세상에서 가장 유명한 사진 중 한 장이 된 이 인물사진은 1969년 **인류가 달에 처음 착륙**한 순간을 포착한 것이다. 사진 속 인물은 미국 우주비행사 버즈 올드린이며 동료 비행사이자 사진가인 닐 암스트롱과 이글호의 모습이 그의 헬멧 바이저에 반사되어 보인다. 버즈의 인터뷰는 10~11쪽에 수록되어 있다.

목차 CONTENTS

기네스 세계기록 2017은 총 13장으로 나누어져 있으며 세상을 탐험하는 주제부터 최신 스포츠 기록까지 모두 포함한다. 3D 인쇄, 로봇, 공룡, 식충식물, 레고 미니피규어, 미로 등 다채로운 주제를 만날 수 있다. 16세기부터 현재까지 개척의 역사를 살피고 디즈니의 놀라운 애니메이션과도 조우한다. 그 밖에도 가정에서 도전해볼 수 있는 기록과 절대 집안에서 하면 안 되는 기록에 관한 내용도 소개한다.

멋진 사진들: 기네스북 사진팀이 전 세계를 돌며 기록 보유자들의 가장 멋진 순간을 포착했다. 기네스북 모든 책에는 1,000장 이상의 사진이 들어간다. 독특하고 처음 보는 사진도 상당수다.

갤러리: 수록된 사진들은 세계기록을 사진 형태로 즐길 수 있게 해준다.

DATE LINE: 책 전반에 걸쳐 페이지 하단에서 세계의 역사 순으로 200개의 기록을 찾아볼 수 있다.

흥미와 유익함: 기네스북은 어디서도 찾아볼 수 없는 독특하고 별나고 특이한 기록들을 소개한다.

주석이 달린 이미지: 복잡해 보이는 사진에는 설명을 달아 내용을 자세히 알 수 있도록 배려했다.

FAST FACTS

기네스 세계기록은 다음과 같은 물음에서 비롯되었다. '유럽에서 가장 빠른 사냥감 새는?' (정답: 바다비오리와 송털오리) • 기네스 세계기록은 1955년부터 출간되었다. • **연간 발행되는 서적 중에서 가장 많이 팔린 책**이다.

팩토그래픽: 각 장은 주제별로 나누어 살핀다. 정보와 수치를 함께 표시하고 멋진 사진과 인포그래픽(정보, 데이터, 지식을 시각적으로 표현한 것)도 더했다.

FAST FACTS: 주제에 관한 내용을 간결하게 볼 수 있도록 정리했다.

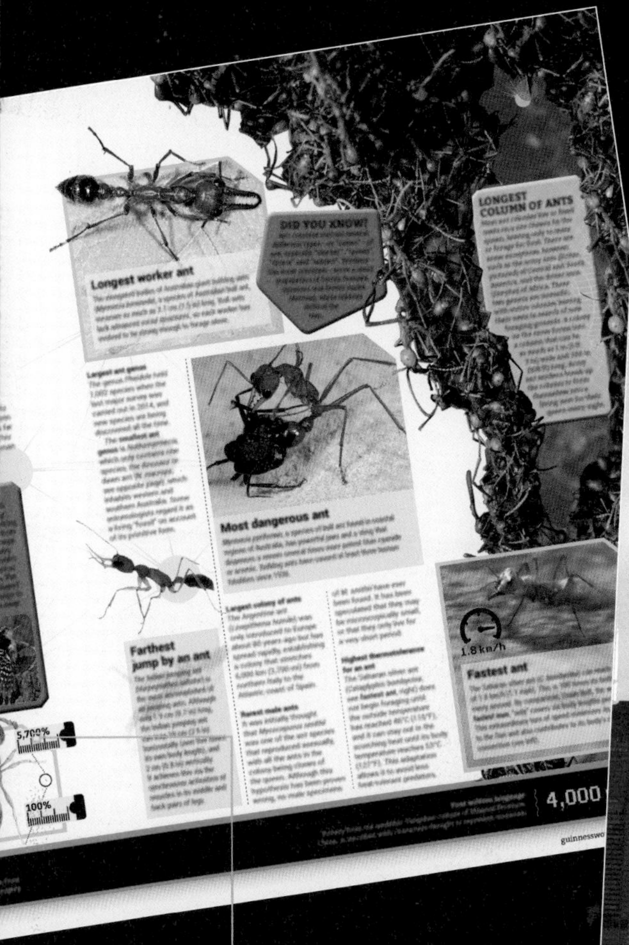

크기 표시: 이 아이콘이 붙어있는 이미지는 실물 크기이거나 확대해 표시했다.

100%

집에서 해보기: 신기록에 관해 비단 읽기만 할 뿐 아니라 직접 도전해볼 수 있다! 이 장은 침실, 주방, 마당 혹은 헬스장에서 쉽게 도전해볼 수 있는 기록들을 제공한다. 직접 시도해보라!

DID YOU KNOW?

책 전반에 등장하는 'DID YOU KNOW?' 코너는 기록 보유자에 관한 자세한 설명과 해당 분야의 이해를 돕기 위한 목적을 지닌다. 또한, 각 장 상단에 등장하는 'FAST FACTS'를 좀 더 자세히 설명해준다.

편집자의 편지 EDITOR'S LETTER

매년 출간하는 이 세계적인 베스트셀러를 만들 때 가장 힘든 점은 어떤 부분을 생략하고 어떤 부분을 드러낼지 결정하는 일이다. 지난 한 해 동안 매주 약 1,000명의 사람을 만났지만 이들 중 소수만이 공식 기네스북 세계기록 보유자라는 타이틀을 거머쥔다. 그런데도 여전히 이 책에 수록해야 할 신기록이 무수히 많다!

과일 옷을 입고 모인 최다 인원

2015년 7월 18일 '다다랜드 시민' 629명이 바나나 복장을 하고 모였다. 이 기록은 스웨덴 DJ 듀오인 다다 라이프가 미국 캘리포니아 주 샌버너디노의 샌 마누엘 원형극장에서 연 '더 보이지 EDM' 행사의 일환이었다. 이후 이들은 1만 5,000명의 관중과 어울려 새벽까지 춤을 추고 즐겼다. 그런데 왜 하필 바나나일까? 전 세계 바나나 수확을 망쳐버리는 TR4 질병에 대한 인식을 높이기 위해서라고 한다.

이번 판에 들어갈 내용을 정할 때 특정 주제 하나를 포함하기로 쉽게 합의를 봤다. 바로 우주 탐사와 우주를 개척한 인물에 관한 부분이다. 최근 우리는 중력파에 대해 알게 되었고(204쪽 참조), 뉴허라이즌스호가 명왕성으로 근접 비행해 멋진 사진을 보여주었으며(14~15쪽, 20~21쪽), 재사용 가능한 최초의 로켓이 이착륙했고(204쪽), 국제우주정거장에서 처음으로 에스프레소를 마실 수 있게 되었다(104~105쪽). 올해 나사의 우주비행사 양성 프로그램에는 무려 1만 8,300명이나 되는 지원자가 몰렸다. 분명 1980년대 우주왕복선을 발사하던 시대와 달리 우주에 매료된 사람이 훨씬 많아진 덕분이다.

지구를 벗어나는 데 도움을 주기 위해 우리는 멋진 우주비행사들의 이야기를 수록했다. 달을 개척하고 화성 탐구에 열심인 버즈 올드린은 가능성의 한계를 넓히는 방법을 알고 있다. 그가 올해 이 책의 서문(10~11쪽)을 맡아주어 큰 영광이다.

그리고 국제우주정거장에서 <Space oddity> 뮤직비디오를 촬영한 크리스 해드필드를 만나게 되어 기뻤다. 그는 만나본 인물 중에서 가장 영감이 넘치는 사람이었다. 그와 나눈 일문일답(12~13쪽)에는 신기록을 얻고자 하는 사람이라면 꼭 눈여겨보아야 할 지침이 가득하다. 전 우주비행사이자 현 나사 책임자로 일하는 찰리 볼든 역시 한계를 시험하고 신기록을 얻는 데 필요한 지혜를 들려주었다(5쪽 참조). 우리는 국제우주정거장에 처음으로 에스프레소 머신을 도입한 사만사

DID YOU KNOW?

기네스 세계기록은 각 기록 분류별로 정해진 기준이 있다. 스톰프는 복잡한 리듬과 음악에 맞춰 댄서가 몸을 활용해 추는 춤의 일종이자 안무의 한 부분으로 기록 도전에 자주 등장한다.

스톰프 공연 최다 인원

2015년 9월 10일 1,261명이 단체 스톰프 공연을 위해 모였다. 덴마크 홀베크의 축구경기장에서 E-360 A/S 덴마크가 주최하고 피터 글란(둘 다 덴마크)이 주도했다.

이들은 어떻게 기네스 신기록을 세웠을까? 우선 강사들이 있는 중앙 무대에 참가자 모두가 둥글게 섰다. 그런 다음 5그룹으로 나눈 뒤 그룹별로 캔, 막대기, 셰이커, 양동이 등 다양한 스톰프 '악기'를 받는다. 마지막으로 강사들이 그룹별로 다른 리듬을 연주할 수 있도록 45분간 알려주고 그에 맞춰 적절하게 연주해 신기록을 수립했다!

DATELINE **13,700 MYA**
137억 년 전

역대 최대 폭발
빅뱅이 일어났다. 그것은 우주의 모든 존재와 에너지의 근원이며 시간 그 자체였다.
빅뱅이 일어나고 1초 뒤 약 10^{32}켈빈온도까지 기온이 상승해 **우주 역사상 가장 높은 온도**에 도달했다.

FAST FACTS
기네스 세계기록에 제일 처음 등재된 기록(1955)은 가장 멀리 있는 천체로 10억 광년 떨어진 은하계외성운이다. • 현재 가장 멀리 있는 천체는 이보다 13배 더 멀리 있는 134억 광년 떨어진 성운이다.

우주 탐사

우주여행은 인류에게 꽤 새로운 도전이다. 1961년 유리 가가린이 우주로 나간 최초의 인물이 된 이후 새로운 기록이 속속 생겨나고 있다. 불가능해 보이는 야심 찬 목표를 세우는 것은 우주 개척자들이 지닌 공통된 기질로, 신기록을 세우고 싶은 사람이라면 이들이 하는 말이 좋은 자극제가 될 것이다. 다행히 올해 기네스북에서는 버즈 올드린, 크리스 해드필드, 알 워든과 같이 훌륭한 우주비행사들의 지혜를 빌릴 수 있다. 아래에 전 우주비행사이자 나사 책임자인 찰리 볼든의 말을 직접 전할 수 있어 기쁘다.

"나사는 인류의 역사를 이끌어 왔습니다. 처음으로 화성에 성공적으로 도착했고, 인류 최초로 달을 밟았으며, 재사용 가능한 우주선을 만들어 근 16년 동안 국제우주정거장에 상주했습니다. 또한 다른 은하계를 살펴볼 수 있는 탐사선과 태양계 가장 먼 곳까지 갈 수 있는 우주선을 보내는 등 인류 최초의 과학적인 시도도 해왔습니다. 이제 인류는 화성으로 여행을 떠날 수 있게 되었고 우주비행사들이 우주에서 보내는 시간도 점점 늘어나고 있습니다. 이렇게 얻은 정보를 바탕으로 단순한 방문이 아닌 거주를 목적으로 한 여정을 위해 현재 최첨단 기술을 개발하는 중입니다."

찰리 볼든(NASA 책임자)

1

2

3

1. 기네스 세계기록의 편집장 크레이그 글렌데이(왼쪽)가 달 개척자인 버즈 올드린과 포즈를 취했다.

2. 크리스 해드필드(오른쪽)의 모습이다.

3. 기네스북 과학 고문인 데이비드 호크셋이 아폴로 15호의 알 워든(오른쪽)과 두 장의 기네스 인증서를 들고 있다.

크리스토포레티를 만나 **우주에 가장 오래 머문 여성** 기록에 관한 이야기도 들었다. 그리고 189쪽에서 중력이 줄어든 항공기 안에서 원 테이크로 뮤직 비디오를 촬영한 밴드 오케이고의 다미안 쿨라쉬와 만나 무중력 여행에 대한 이야기도 나누었다.

가장 큰 구슬 모자이크

2015년 12월 16일 스웨덴 스톡홀름의 아를란다 국제공항에서 바링가 학교(스웨덴) 학생들이 161만 8,200개의 구슬로 40.13㎡ 크기의 모자이크를 만들었다. 사진은 아이들이 지역 회관 앞에 모여 있는 모습이다.

초대형 인간 지문

2016년 4월 2일 노르웨이 포르네부에서 소매브랜드인 리브스포시크링 사(노르웨이)가 313명의 참가자를 모아 거대한 인간 지문 형태를 만들었다. 기네스 세계기록 지침에 따라 모든 참가자가 대형에서 이탈하지 않고 5분간 머물러야 기록이 인정된다. 세상에서 가장 큰 이 인간 지문은 작고한 사람의 것을 토대로 만들었다고 한다.

가장 빠른 잔디 깎는 기계

2015년 11월 5일 노르웨이 베스트폴의 토프 샌드피요르드 공항에서 퍼 크리스티안 룬데파렛(노르웨이)이 잔디 깎는 기계를 타고 시속 214.967㎞로 달렸다. 기록 도전을 위해 룬데파렛은 자신이 직접 개조한 바이킹 T6 잔디 기계를 탔다.

알려진 것 중 가장 오래된 은하계
은하계 GN-z11이 생겨났다. 2016년 3월 천문학자들이 나사/ESA의 허블 우주망원경으로 발견했다. 은하계까지의 거리를 측정하는 적색 이동 수치는 11.09다.

13,300 MYA
133억 년 전

DATELINE

<마인크래프트> 최대 픽셀아트

스웨덴 게이머인 토를라 토를라리언이 112만 8,960개의 <마인크래프트> 블록으로 165일간 작업해 정교함이 돋보이는 픽셀 아트를 완성했다. 작품은 블리자드 엔터테인먼트의 캐릭터인 사라 케리건(오른쪽, <스타크래프트>), 디아블로(<디아블로>), 데스윙(<하스스톤>)으로 구성되었다. 2015년 6월 19일에 마침내 마지막 블록이 놓였다.

가장 큰 인간 숫자

2016년 5월 7일, 러시아 오룔에서 오룔지방정부와 승리의 청년 봉사단(둘 다 러시아)이 7,511명을 모아 커다란 숫자를 만들었다. 오룔 시의 450주년을 기념하기 위해 의미 있는 숫자 450을 만들기로 한 것이다. 러시아 각 지역에서 모인 참가자들은 모두 똑같은 파란색 외투를 입었다.

우주(14쪽)와 더불어 우리는 지구(28쪽), 동물(44쪽), 인간(68쪽), 장난감과 게임(138쪽), 엔지니어링과 건축(156쪽), 예술과 미디어(170쪽), 과학과 기술(190쪽), 스포츠(206쪽) 분야도 수록했다.

새로워진 부분은?

올해 새로 추가된 장으로는 가정용 제품을 활용해 쉽게 기록에 도전할 수 있는 '집에서 도전해보기(118쪽)'와 전문 묘기꾼이나 스턴트맨이 아니라면 절대 시도해서는 안 되는 '집에서 하면 안 되는 도전(128쪽)'이 있다. 기록학(82쪽)에선 음식, 수집, 거대 농작물 키우기, 크게 만들기 등 전통적인 기네스 세계기록 주제를 다루었다. 또한 여정(104쪽)에 관한 특별한 역사도 살펴볼 수 있다. 지구의 가장 깊은 곳에서 태양계의 가장 가까운 이웃에 이르기까지 인간의 탐험 본능에 관한 이야기를 연대순으로 정리해두었다.

또 다른 특징으로는 각 장의 아래쪽에 날짜 기재선이 들어간다. 우주 역사를 200개의 기록으로 간추렸다. 140억 년의 역사를 200개로 추리기가 쉽지 않았지만 이를 통해 가장 큰 폭발(빅뱅)부터 앞서 언급한 2016년 중력파의 첫 공식 발견에 이르기까지, 인류 역사의 중요 사건을 속속들이 알아갈 수 있다.

갤러리 부분에서는 사진팀이 선정한 특별한 사진들을 감상할 수 있다. 구름(34~35쪽)부터 비디오게임(154~155쪽), 디즈니 기록(184~185쪽), 돔(160~161쪽)까지 다채로운 주제들을 담았다. 단언하건대 이 책에는 우리 사진팀이 기록 보유자들의 모습을 담기 위해 전 세계를 돌며 촬영한 멋진 이미지들이 가득 수록되어 있다.

스포츠의 경우 올해는 최신 주요 스포츠 기록에 중점을 두고 별도의 페이지에 담았다. 232~241쪽의 다양한 스포츠 기록을 참고하자.

도로에 그린 최대 규모 초크 아트

2015년 8월 16일 솔워시 사(덴마크)가 수천 명의 지역 주민과 함께 코펜하겐 거리에 색을 입히는 프로젝트를 진행했다. 1만 8,598㎡에 이르는 이 거대한 초크 아트에는 보는 바와 같이 다양한 문양이 등장했다. 여러 문화가 공존하는 뇌레브로게드 주도로가 거대한 캔버스 장소로 선정되었다.

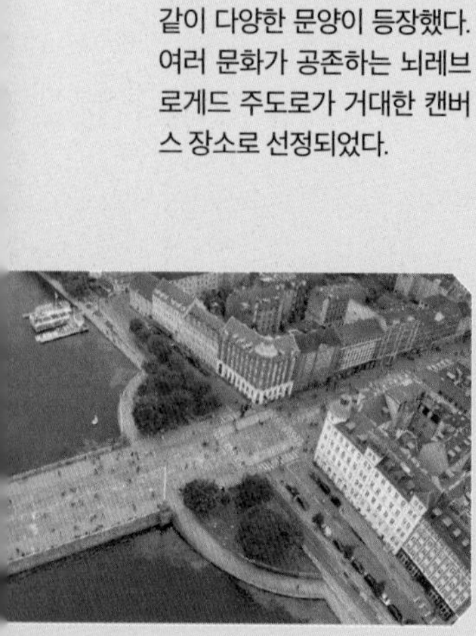

DATELINE **13,000 MYA**
130억 년 전

가장 오래된 행성
구상 성단 M4에 속한 태양계 밖 행성이 지구로부터 약 5,600광년 거리에 생겨났다. 태양계보다 2배 더 오래된 이 행성은 2003년 7월에 발견되었다.

FAST FACTS
페트르 체흐는 경기할 때 헬멧을 쓰는 거로 유명하다. 그는 세쌍둥이로 태어나 일반인보다 두개골 두께가 조금 얇다. • 가장 큰 보빈 레이스를 완성하는 데 1년이 조금 더 걸렸다(아래 참조).

최다 구단에서 프리미어리그 골든 글로브를 수상한 골키퍼
2016년 5월 17일 기준 페트르 체흐(체코)는 첼시와 아스널 두 구단에서 골든 글로브를 수상했다. 체흐는 2004/2005년과 2009/2010년, 2013/2014년 공동 수상을 포함해 총 세 번 첼시에서 이 상을 받았다. 2015년 아스널로 이적한 뒤 첫 시즌을 16회의 무실점 기록으로 마무리하며 다시 수상의 영예를 안았다.

마지막으로 언급할 부분은 팩토그래픽이다. 각 장의 시작 부분에 등장하는 팩토그래픽은 해당 기록을 더 자세히 설명해 준다. 여러 주제 중 달(16~17쪽), 에베레스트(106~107쪽), 세상에서 가장 높은 빌딩 10곳(158~159쪽), 영화 제작비(172~173쪽), 스포츠(208~209쪽)에서 팩토그래픽을 찾아볼 수 있다.

이 책을 위해 자문해준 모든 분께 감사한다. 특히 처음으로 기네스북에 참여한 십자말풀이 퍼즐 창안자인 윌 쇼츠와 존 헨더슨, 셰익스피어 전문가인 스튜어트 햄프턴 리브스, 체스 애호가인 제임스 프랫과 인공두뇌학자 로한 메흐라에게 감사한다.
마지막으로 올해 지원해준 수많은 도전자에게도 고맙게 생각한다. 독자 여러분 모두 흥미롭게 이 책을 읽어주길 바란다.

크레이그 글렌데이
편집장

가장 복잡한 루브 골드버그
발라즈 네메스, 졸탄 네메스, 바린트 코바츠, 피터 웨버, 피터 타르야니, 데이비드 체리쉬, 베스자로스 소피아, 호도반 이스트반, 바린트 코즈마, 티모트 마투스카, 타마스 폴식(모두 헝가리)이 만든 루브 골드버그는 총 382단계로 구성돼 있다. 2015년 4월 23일 헝가리 세케슈페헤르바르에서 첫선을 보였다.

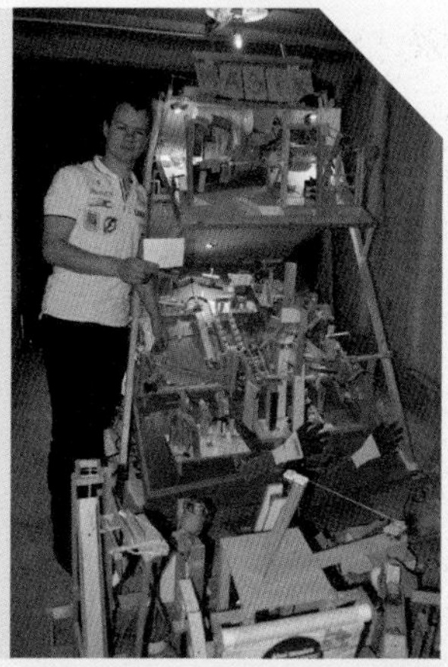

최대 면적 초콜릿
2016년 4월 15일 슬로베니아 라도블리차에서 코코라니카 쿠크르켁(슬로베니아)이 142.32㎡에 이르는 초콜릿 바를 만들었다. 연례 초콜릿 축제를 위해 만든 것으로 슬로베니아의 수상도 참여했다. 삽입 사진은 초콜릿 위에 마무리 작업을 하는 직원의 모습이다.

가장 길게 연결된 종이비행기
레킷 벤키저 사(터키)가 2016년 1월 14일 터키 안탈리아에서 연결된 종이비행기 7,436개를 선보여 기네스북에 올랐다. 총 길이는 1,925.6m로, 제대로 접히지 않은 종이비행기 13개는 포함되지 않았다.

최대의 보빈 레이스
2015년 8월 2일 포르투갈 빌라 도 콘데에 53.262㎡의 보빈 레이스(바늘 대신 보빈(실패)을 사용해 짜는 레이스)가 등장했다. 숙련된 지역 레이스 장인들이 30x30㎝ 크기로 독특한 레이스를 만들었고 이를 하나로 이어 대형 작품이 탄생했다.

지구가 받은 최대 충격
화성 크기만 한 행성이 아직 어린 지구에 충돌했다. 이 재앙으로 생긴 잔해 일부가 지구 주변 궤도로 흩어졌다가 자체 중력에 의해 다시 하나로 뭉쳐 달이 되었다.

4,500 MYA
45억 년 전

DATELINE

기네스 세계기록의 날 GWR DAY

어쩌면 여러분은 매일이 기네스 세계기록의 날이며 언제 어디서나 누군가가 기록에 도전하고 있다고 생각할 수도 있다. 맞는 말이다. 하지만 공식적인 기네스 세계기록의 날은 기네스북 50주년을 기념하고 신기록들을 국제적으로 축하하기 위해 2005년에 처음 시행되었다. 매년 11월에 열리는 기네스 세계기록의 날에 수천 명이 넘는 사람들이 기록에 도전한다. 가장 최근에 열린 행사에서는 하나의 도전을 위해 61만 명이 넘는 사람들이 참가해 **여러 장소에서 동시에 컵 쌓기가 진행되었다.**

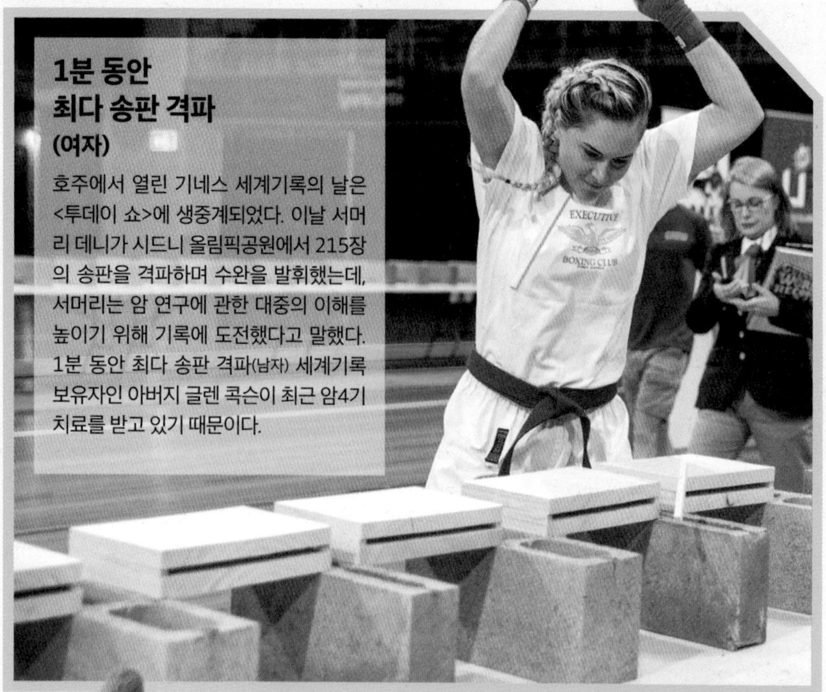

1분 동안 최다 송판 격파 (여자)

호주에서 열린 기네스 세계기록의 날은 <투데이 쇼>에 생중계되었다. 이날 서머리 데니가 시드니 올림픽공원에서 215장의 송판을 격파하며 수완을 발휘했는데, 서머리는 암 연구에 관한 대중의 이해를 높이기 위해 기록에 도전했다고 말했다. 1분 동안 최다 송판 격파(남자) 세계기록 보유자인 아버지 글렌 콕슨이 최근 암4기 치료를 받고 있기 때문이다.

눈 가리고 최장 거리에서 슛하기

2015년 기네스 세계기록의 날 애리조나 주 피닉스에 있는 토킹 스틱 리조트 아레나에서 하렘 그로브트로터스 팀(미국)이 15.32m 거리에서 뉴올리언스 농구 네트로 공을 던져 넣는 데 성공해 일곱 기록 중 하나를 달성했다. '망치'라는 별명을 지닌 팀원 해리슨은 25.81m에서 언더핸드슛을 던져 가장 멀리서 성공한 장본인이 되었다.

다양한 장소에서 동시에 이루어진 컵 쌓기 대회 최다 참가 인원

제10회 세계컵쌓기협회가 주최한 대회는 다시금 최다 인원이 참석한 기네스 도전이라는 기록을 세웠다. 61만 8,394명이 31개국 2,691개 학교와 조직을 대표해 출전했다. 이들은 컵 쌓기 대회에 참가하는 최다 인원 기록에 도전했다. 비교적 신생 스포츠인 컵 쌓기는 특별하게 디자인된 플라스틱 컵을 쌓고 허무는 종목이다. 참가자 수는 미국 54만 7,777명, 필리핀 35명 등 다양했지만 모두 승리자가 되었다!

네 발로 가장 빨리 100m 달리기

기네스 세계기록의 날은 2013년까지 기록 보유자였던 켄이치 이토(일본)가 다시금 신기록에 도전하게 하는 확실한 동기가 되었다. 파타스원숭이의 운동 능력을 연구한 이토는 네 발로 최대한 빨리 100m를 달리는 방법을 고안하여 일본 도쿄 세타가야 구에서 15.71초라는 신기록을 세웠다.

가장 빠른 속도로 날아오는 테니스공 붙잡기

무술 유단자이자 호주에서 가장 훈장을 많이 받은 기네스북 기록 보유자 앤서니 켈리(호주)는 기네스 세계기록의 날 <투데이 쇼>에 출현해 빛처럼 빠른 반사 신경을 직접 보여주었다. 시드니 올림픽공원에서 앤서니는 기계를 통해 6m 거리에서 날아오는 테니스공을 받아냈다. 시속 192.9㎞로 빠르게 날아오는 공을 받는 일은 쉽지 않았지만 그는 놀라운 솜씨로 총 41개의 공을 받아내는 기록을 세웠다.

스케이트보드 타는 개와 가장 긴 인간 터널

오토는 보드의 각도를 이리저리 조절하며 사람의 다리 사이로 완벽하게 통과하는 묘기를 선보였다. 이 잉글리시 불도그는 기네스 세계기록의 날에 페루 리마에서 30명이 만든 인간 터널을 통과하는 진기록을 세웠다. 개의 주인인 루시아나 비알레와 로버트 리카즈는 전 기록 보유견인 불도그 틸먼의 영상을 보고 같은 견종을 골랐다고 했다. 오토는 또한 재능이 넘치는 스케이트 보더이기도 하다.

FAST FACTS

유튜브 랩스타 댄 불이 이날 기록에 도전하는 모든 사람을 응원하는 곡을 썼다. • 컵 쌓기는 이날 열리는 대회 중 가장 인기 높은 종목이다. 지금까지 3,700만 명이 참가했다.

대규모 참가

기네스 세계기록의 날은 친구, 가족, 직장 동료, 동급생이 모여 책에 등재되기 위해 도전하는 날이다. 과거 기네스 세계기록의 날을 위해 참가한 대규모 인원의 수치를 몇 가지 소개한다(일부는 기록이 깨졌다).

인원수	기록	국가 / 연도
618,394명	다양한 장소에서 컵 쌓기 최다 인원	미국, 2015년
25,703명	다양한 장소에서 라인댄스 추기 최다 인원	중국, 2014년
3,032명	어른과 함께 책을 읽은 어린이 최다 인원	아랍 에미리트, 2008년
1,934명	다양한 장소에서 열린 최대 규모 컴퓨터 강좌	인도, 2006년
1,554명	2인 1조 물구나무 달리기 최다 인원	호주, 2009년
1,348명	등 짚고 뛰어넘기 최다 인원	뉴질랜드, 2010년
882명	최대 규모 스포츠 강좌	영국 북아일랜드, 2009년
764명	방울 털모자를 쓰고 모인 최다 인원	영국 북아일랜드, 2010년
407명	동시에 팔 퍼덕이기 최다 인원	미국, 2012년
368명 (92개 밴드)	아바 모방 밴드가 모인 최다 인원	호주, 2011년

펭귄 의상을 입고 모인 최다 인원

기존 기록인 373명을 깨기 위해 리처드 하우스 아동 호스피스(영국)는 이 이벤트에 624명의 참가자를 모았다. 이들은 사우스 뱅크 모어 런던 예술 거리의 스쿠프 원형 경기장에서 기록 경신에 성공했다. 호스피스 직원들은 대중에게 자선 단체를 알리고 어린 환자의 임상 치료와 가족들의 주거 지원을 위한 모금 운동으로 이 이벤트를 계획했다.

헤드스핀 하며 휴대전화로 문자메시지 가장 빨리 보내기

여러 개의 브레이크 댄스 세계기록을 가지고 있는 베네딕토 모드스타인(독일)의 최신 도전은 문자메시지 보내기였다. 모드스타인은 헤드스핀을 하면서 독일 속담인 '눈먼 암탉도 옥수수 낱알을 찾을 수 있다'는 문장을 휴대전화 문자창에 입력했다. 독일 프라이징에서 열린 도전에서 그는 56.65초의 기록을 세웠다.

립스틱으로 만든 가장 큰 조형물

2015년 11월 10일 아그네 키소나트(리투아니아)는 1만 8,399개의 립스틱을 쌓아 멋진 탑을 만들었다. 홍콩 WTC 모어의 후원을 받아 이곳 쇼핑센터에 세울 크리스마스 조형물을 기획한 건데, 아그네는 2개월에 걸쳐 3.03m 높이의 립스틱 탑을 완성했다.

입안에서 초 가장 많이 켜기

2015년 기네스 세계기록의 날을 기념하기 위해 디네시 시바나스 우파디야야(인도)가 불을 붙인 초 15개를 입에 넣어 자신의 최고 기록을 경신했다. 그는 '입'을 활용한 여러 가지 기록에 도전했다. **입안에서 동시에 이쑤시개 굴리기**(49개), **1분 동안 혀로 성냥불 끄기**(30개), **입속에 포도 넣기**(88알) 기록도 보유하고 있다.

24시간 동안 턱걸이 최다 횟수

해병대 참전 용사인 가이 발렌티노(미국)는 기네스 세계기록의 날과 재향군인의 날(11월 11일)을 맞아 미국 뉴욕에서 텔레비전으로 생중계된 도전에서 턱걸이 5,862회에 성공했다. 그는 마지막 12분을 남겨놓고 기존 기록 5,801회를 넘겨 손에 땀을 쥐게 했다.

훌라후프 돌리기 최다 횟수

호주 퍼스에서 브리 커크 버난드(호주)가 훌라후프를 181회 돌려 신기록을 수립했다. 이 기록은 10일간 유지되다가 전 기록 보유자인 마라와 이브라힘(호주)이 200회를 기록, 타이틀을 되찾아갔다.

DID YOU KNOW?

알라스테어(오른쪽)는 후진 평행주차 기록과 함께 전진 평행주차 부문의 기네스 기록도 보유하고 있다. 2015년 1월 8일 영국 버밍엄에서 그는 자신의 500c 피아트 차량을 차체보다 겨우 7.5㎝ 더 넓은 장소에 주차하는 데 성공했다.

후진으로 평행주차 최고 기록

영국의 스턴트 운전사이자 다양한 기네스 기록 보유자인 알라스테어 모팻은 영국 서리 주 웨이브리지의 브루클랜즈에서 후진 평행주차에 성공했다. 그는 클래식 미니를 타고 시속 64㎞로 후진한 다음 핸드브레이크를 돌려 차를 180도 회전시켜 미리 주차된 2대의 미니 사이에 집어넣었다. 주차 공간은 차량 전체 길이보다 겨우 34㎝ 더 길어 신기록을 세우게 되었다.

영국 모터스포츠의 발상지인 브루클랜즈는 1907년 문을 연 **최초의 자동차 경주 노선**이다.

서문: 버즈 올드린 박사 FOREWORD: DR BUZZ ALDRIN

> 2000년부터 2010년 사이에 태어난 아이들이 화성에 처음 도달할 주역입니다. 그 아이들에게 미래에 대한 열정을 심어주는 것이 우리가 할 일이죠.
>
> **버즈 올드린, 달 탐험가이자 우주 개척자**

기네스 세계기록 2017에는 크게 두 가지 주요 테마가 담겨 있다. 우주정복과 최초의 탐험이다. 이 분야에 관해 가장 잘 설명해줄 수 있는 인물은 현재 버즈 올드린 박사가 유일하다. 우주과학자이자 우주비행사이며 교육자인 버즈는 우주를 개척한 최초의 인물이라는 기록을 보유하고 있으며, 그 밖에도 **우주에서 처음으로 셀카를 찍은 사람이자 최초로 달에 착륙한 사람**이기도 하다.

《화성으로의 초대》(2015) 출간 기념으로 런던을 방문했을 때 그는 기네스로부터 세계기록 인증서를 받았다. 편집장 크레이그 글렌데이와의 독점 인터뷰를 통해 버즈는 그의 굉장한 업적을 비롯해 이웃 행성에 도달하고자 한 인류의 소망을 실현한 이야기를 들려주었다.

랑데부 박사

에드윈 유진 올드린 주니어가 본명인 버즈 올드린 대령은 나사의 동료들에게 '랑데부 박사'로 통한다. 그는 박사학위가 있는 최초의 나사 우주비행사다. 우주선을 궤도에 맞춰 랑데부(도킹) 하는 것에 관한 그의 선구적인 연구와 기법은 지금도 여전히 사용되고 있다. 또한 스쿠버 다이빙이 취미인 버즈는 우주 유영에서 겪게 되는 무중력 상태를 시뮬레이션 하는 수중훈련에서도 가장 높은 점수를 받았다.

달에서 돌아온 뒤 버즈는 대통령 훈장을 받았고 2011년에는 의회 명예훈장을 수상했다. 그는 여전히 우주여행을 옹호하는 입장이며 자신이 쓴 인기도서와 교육에 대한 헌신으로 새로운 세대 우주비행사들에게 영감을 심어주고 있다.

달에 착륙한 첫 인류

1969년 7월 20일 오후 8시 18분 아폴로 11호는 버즈(조종사)와 닐 암스트롱(선장)이 이글호를 타고 처음으로 달에 착륙하는 광경을 목격했다. 마이클 콜린스가 사령선에 있는 동안 닐과 버즈는 달 표면에 인류의 첫 족적을 남겼다. 닐이 7월 21일 새벽 2시 56분에, 버즈가 3시 11분에 발을 디뎠다.

FAST FACTS

버즈라는 애칭은 여동생이 '브라더'를 '버저'라고 잘못 발음한 데서 따왔다. • 그는 1988년 공식적으로 버즈라고 개명했다. • 어머니의 처녀 적 이름은 매리언 문이었다. • MTV가 그를 기리고자 비디오 뮤직 어워드의 트로피에 '버지'라는 이름을 붙였다.

우주에서 촬영한 최초의 셀카

1966년 11월 13일 제미니 12 임무를 수행하면서 버즈는 세 번의 우주 유영 중 두 번째 걸음을 옮겼다. 그는 2시간 6분 동안 우주를 걸어 다니며 별들을 촬영했고 자신의 모습도 카메라에 담아 최초의 우주 셀카를 찍었다.

"전 그저 승강구를 열고 주위를 살폈을 뿐입니다." 버즈가 말했다. "관광하는 여행자처럼요. 카메라가 보여서 이렇게 생각했죠. '내 사진을 찍으면 어떨지 궁금한걸.' 사진이 나올 것이라고는 생각도 못했어요! 빛이 그렇게 밝지 않았지만 누구인지 알 수 있을 정도는 됐지요."

Q. 크레이그: 화성에 관한 책을 쓰기로 결심한 이유가 있나요?

A. 버즈: 지구와 달을 오가는 교통수단에 관한 제 생각이 많은 탐험가에게 흥미롭게 다가갔던 것 같아요. 혹은 모험을 즐기는 관광업계나. 하지만 나사는 전혀 관심이 없었어요! 그래서 지구와 화성을 오가는 특별한 수송수단으로 관심을 돌려보았죠. 화성은 우리의 미래예요. 물론 실현되는 전 과정을 지켜볼 만큼 제가 오래 살 수 없긴 하겠지만요.

Q. 크레이그: 인류는 언제쯤 화성에 갈 수 있을까요?

A. 버즈: 대략 2040년경이라고 생각해요. 달 착륙 50주년 기념일인 2019년 7월 20일로부터 20년쯤 뒤라고 봅니다.

Q. 크레이그: 화성까지 가는 데 얼마나 걸릴까요?

A. 버즈: 언젠가 관련 기사를 읽었는데 사람들은 대략 30일 혹은 그보다 적게 걸릴 거로 생각하더군요. 하지만 그 정도의 시간은 미래에서는 상당히 긴 편에 속한다고 봅니다.

Q. 크레이그: 아이들에게 과학과 천문학에 대해 알려주는 일에 식지 않는 열정을 보이는데요. 본인에게는 어느 정도 중요한 일인가요?

A. 버즈: 2000년~2010년 사이에 태어난 아이들이 화성에 처음 도달할 주역입니다. 그 아이들에게 미래에 대한 열정을 심어주는 것이 우리가 할 일이죠. 수학이나 컴퓨터 등 그저 한 분야만 아는 '공부벌레'를 양성하는 교육을 원하는 사람은 없을 겁니다. 예술도 알아야 해서 S.T.E.A.M 교육이라고 지칭하지요. 과학(S), 기술(T), 공학(E), 예술(A), 수학(M) 이렇게요. 기네스북이 새로운 기록을 계속 업그레이드하듯이 우리도 꾸준히 교육을 진행해 나가고자 합니다.

Q. 크레이그: 기록 이야기가 나와서 말인데 달에 갔을 때 이야기를 들려주세요. 처음 우주선 문을 열고 사다리로 발을 내디뎠을 때 어떤 생각이 들었나요?

A. 버즈: '한 번에 한 걸음씩 조심하자!'고 생각했어요. 그렇게 아래를 보고 사다리를 내려가면서 발을 헛디디지 않으려고 노력했어요.

Q. 크레이그: 자서전에서는 그때의 기분을 '장엄한 고독함'이라고 표현했는데요.

A. 버즈: 탐사를 통해 얻은 정보와 발견에 대한 전반적인 소감이었어요. 인간의 역사와 비교해본다면 자신의 땅에서 벗어나 달에 착륙한 것은 굉장한 성취예요. 하지만 주변을 둘러보니 적막함 그 이상을 찾아볼 수 없었어요. 검은 하늘, 태양이 비춰주는 지형, 아주 깨끗하지만 공기도, 생물도 없었어요. 그렇게 수천 년 동안 고스란히 보존된 모습을 본 거죠. 지구 상에는 그런 곳이 존재하지 않아요. 그러니 우리가 간 곳이 황량할지라도 그곳에 도달하는 일이 엄청난 성취인 셈이에요. 달 표면에 서서 고개를 드니 탄성이 터져 나왔어요. "와! 저기 지구가 보여!"

Q. 크레이그: 달에서 지구를 보는 느낌은 어땠나요?

A. 버즈: 달에 와 있는 우리 3명을 제외하고는 살아있든 죽었든 간에 다른 모든 사람은 지구에 있겠다는 생각이 들었어요. 정말 비교가 됐고 그것이 곧 기록이죠!

달 착륙에 관한 자세한 내용은 16~17쪽에서 볼 수 있다.

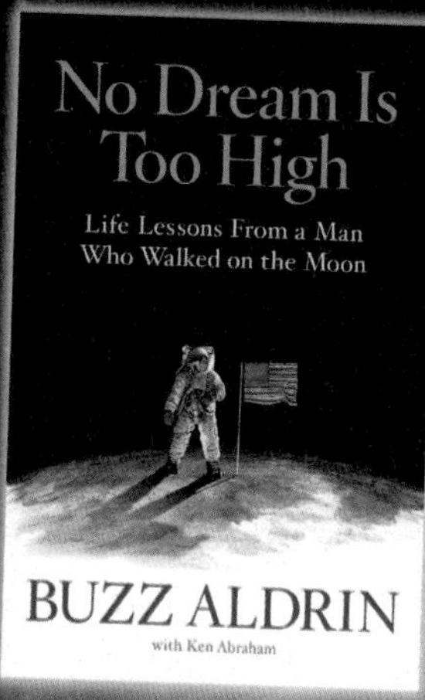

사이클링으로 화성 가기

버즈는 화성에 대한 열정이 아주 커 처음 인류가 달에 착륙한 날 이후로 많은 시간을 들여 태양계 이웃 행성으로 가는 일을 인류의 다음 도전으로 여겨왔다.

"지구 상에서 벌어지는 모든 불협화음에 들어가는 에너지를 긍정적인 무언가를 이룩하는 데 쓴다면 훌륭한 노력의 결실을 맺을 수 있을 거예요." 버즈가 기네스북과의 인터뷰에서 말했다. "지구에 사는 사람이 다른 행성에서 거주한다는 것은 역사적으로 상당히 중요합니다. 사람들은 그 일이 얼마나 중요한지 인식하지 못하는 것 같아요."

신간 《화성으로의 초대》를 통해 버즈는 우리가 얻을 수 있는 다양한 이점에 관해 설명한다. 서브 타이틀에서 언급한 것처럼 '화성을 집으로 만드는 것'이다. "지구에서 화성으로 가는 방법으로 저는 '사이클링'을 염두에 두고 있어요. 1985년에 고안된 방식으로 여전히 화성으로 가는 가장 좋은 방법으로 여겨지죠." 버즈는 '사이클링'을 통해 우주선(사이클러, 위)이 지구와 화성의 중력을 이용해 실질적으로 어떤 연료 소모도 없이 유영할 수 있으며 잠재적으로 영원히 그렇게 움직일 수 있다고 본다. 그는 현재 이 야심 찬 화성 이주 계획에 필요한 지원과 자금을 모으는 일에 헌신하고 있다.

버즈는 이렇게 말을 이었다. "왕국은 흥하고 또 쇠락합니다. 쇠락의 길을 걷고 있는 시간에 여전히 잘 되고 있다고 생각하고 싶지 않습니다. 우리는 확실히 대중적 지지가 필요합니다."

> "여러분이 미래입니다. 여러분은 이 세상을 넘어 누구도 성취해본 적이 없는 훌륭한 일을 이룰 것이고 아무도 가본 적이 없는 곳에 도달할 것입니다. 더 이상 지구만이 우리가 살아가야 하는 세상의 전부가 아닙니다."

인터뷰: 크리스 해드필드 INTERVIEW: CHRIS HADFIELD

> "기네스북에 올랐다는 것은 곧 인간이 경험할 수 있는 최고에 도달했다는 뜻입니다. 과거의 한계를 넘어선 것이지요. 우주비행사로서 저는 그 부분에서 많은 것을 이룰 수 있어 행운아였습니다. **크리스 해드필드 대령**"

인류를 대변하는 전형적인 인물을 뽑아 지구 대표로 선택할 수 있다면 캐나다 우주비행사인 크리스 해드필드를 꼽을 것이다. 엔지니어, 테스트 파일럿, 우주왕복선 승선자이자 국제우주정거장의 사령관이며 엄청난 앨범 판매량을 자랑하는 음악가인 그는 인간이 지닐 수 있는 최고의 자질을 두루 갖추었다. 크리스는 놀라운 이력 덕분에 인생을 바라보는 독창적인 관점을 갖게 되었다. 그는 올해 기네스 세계기록에 소개할 영감 넘치는 인물로서 최고의 선택이었다.
인쇄를 넘기기 직전 기네스북 편집장 크레이그 글렌데이가 크리스를 만났다. 그리고 목표를 정하고 주제에 상관없이 세계기록을 달성하는 그의 원동력이 무엇인지에 관해 이야기를 나누었다.

Q. 크레이그: 세계기록을 파악하고 이를 넘어서고자 하는 욕망이 얼마나 중요한가요?
A. 크리스: 인간은 기본적으로 도전 정신이 넘치는 것 같아요. 누군가 당신에게 "난 저걸 뛰어넘을 수 있어. 저 돌을 들 수 있어. 너랑 나랑 여기서 저 나무까지 달리기를 한다면 내가 이길 거야."라고 말한다면 여기

최초로 우주에서 뮤직비디오를 촬영한 일로 기네스북에 올라 인증서를 들고 있는 크리스의 모습(13쪽 참조). 저서 《우주비행사의 지구생활 안내서》에서 음악에 대한 애정과 앨범 <스페이스 세션: 우주에서 만든 노래>를 녹음한 방법에 대해 알려주었다.

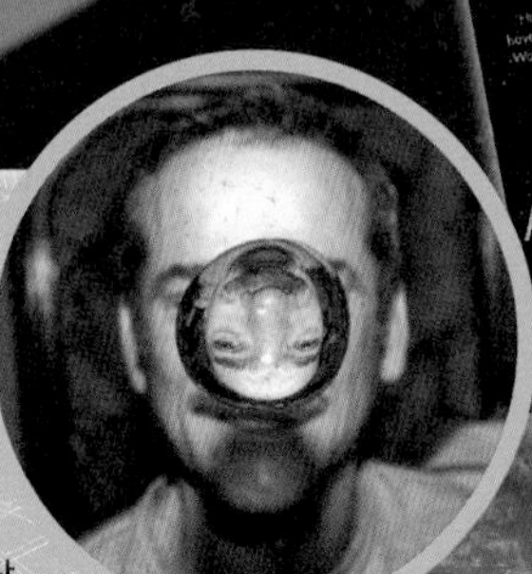

크리스 오스틴 해드필드 사령관

크리스 해드필드는 9세 때 집에서 텔레비전으로 인류의 달 착륙을 보면서 처음 우주비행사가 되기로 마음먹었다. 달이 목표였기에 크리스는 비행하는 법부터 배웠다. 처음에는 행글라이더를 탔고 다음에는 전투기를 몰았다. 이후 그는 공학학사를 따고 항공시스템으로 석사학위를 받았다.
1992년 캐나다 우주기지의 우주비행사 프로그램에 참여해 마침내 우주로 나간 최초의 캐나다인이 되었다. 또한 인류를 우주로 보내줄 수 있는 초강대국의 언어를 배워야 한다고 생각해 러시아어를 익혔고, 덕분에 미르 우주정거장을 방문하고, 우주왕복선에 오르고, 소유즈 임무에도 참가했다. 그리고 2013년 3월, 그는 국제우주정거장의 사령관직을 맡았다. 지구로 돌아온 뒤 크리스는 책을 3권 출간했다. 《우주비행사의 지구생활 안내서》(2013), 《92분 만에 지구 한 바퀴》(2015), 그리고 동화책인 《깊고 깊은 어둠》(2016)이 그것이다.

가장 큰 우주정거장

2013년 35번째 우주 탐사에서 크리스가 조종을 맡은 국제우주정거장은 길이 72.8m, 폭 108.5m의 크기를 자랑한다. 부피가 916㎥이며 무게는 419,455㎏으로 크기가 보잉747기와 비슷해 사람이 머물 수 있는 세상에서 제일 큰 인공위성이다. 지구 위로 약 412km 떨어진 지점에서 궤도를 돈다.

FAST FACTS

크리스 해드필드가 유튜브에 올린 비디오 <Space oddity>는 2016년 5월 4일 기준 3억 1,700만 뷰를 기록했다. • 크리스는 고소공포증이 있다! • 첫 번째 유영 때 크리스는 우주복이 오염되어 일시적으로 눈이 멀었다.

우주에 있는 가장 큰 로봇 팔

크리스는 2001년 4월 22일 우주정거장에 17.5m 길이의 캐나담2를 부착하는 임무를 맡았다. 크리스와 미국 우주비행사 스콧 파라진스키가 7시간 동안 유영하며 작업을 완료했다(위의 사진은 크리스와 우주정거장 동료들 모습이다).

이 임무를 수행하는 동안 크리스는 우주를 유영한 최초의 캐나다인이 되었다. "우주 유영은 상당히 위험한 일입니다." 그가 말했다. "그리고 정말로 힘듭니다. 우리는 집중적으로 유영 훈련을 받았습니다. 수년 동안 준비했지만 위험요소는 남아있으므로 완전히 집중해야 합니다. 순간이 평생을 좌우하니까요. 다행히 전혀 실망스럽지 않았습니다!"

에 곧바로 반응하는 것이 인간의 본성이겠죠. 당신은 경쟁을 위해 여느 때보다 더 빨리 달릴 겁니다. 이것이 우리의 원시적인 모습이죠. 기네스북에 이름을 올릴 수 있다는 것만으로도 최고를 끌어내는 힘이 됩니다. 젊은 사람이라면 이 점만으로도 한 번도 시도해보지 않은 것에 도전하게 되죠. 더 나은 자신을 만들어보는 겁니다. 도전은 인생을 살아가면서 즐길 수 있는 아주 근사한 일입니다. 그리고 다른 사람과 마찬가지로 저도 기네스북을 통해 사람들이 이룩한 성과를 보고 늘 놀라곤 해요.

Q. 크레이그: 크리스 해드필드처럼 살려면 어떻게 해야 할까요?

A. 크리스: 무엇보다도 중요한 점은 불가능하다고 생각하는 장기 목표를 정하는 겁니다. "에베레스트를 정복하고 싶어." "세상에서 제일 높은 여섯 산맥을 정복할 거야."라든가 "심장발작이 일어난 사람을 살릴 수 있는 밸브 장치를 만들고 싶어." 혹은 "시각장애인도 시력을 찾을 수 있는 안구 수술법을 개발해야지." 같은 목표 말입니다. 무엇이든 인생에서 거의 불가능에 가까운 이런 목표를 자신에게 부여해 보는 겁니다. 그 모든 봉우리를 다 오르지 못했거나 그런 멋진 발명품을 만들지 못했다고 해도 목표를 이루어내는 과정에서 스스로 변하게 됩니다. 그리고 가슴이 시키는 일을 추구하게 되는 거죠.

제 경우 "달을 걷는 우주비행사가 되고 싶어."가 목표였어요. 한 번도 이루어보지 못한 꿈이었죠. 하지만 덕분에 인생이 완전히 흥미로워졌고 전혀 꿈꿔 본 적이 없는 일들이 펼쳐지기 시작했어요. 목표가 없었더라면 부정했을 것들도 바라보고 이해하게 되었죠.

이것이 목표를 가져야 하는 이유입니다. 스스로 도전하게 해주니까요. 마지막 성공을 기준으로 스스로를 평가하지 말고 목표를 장기간 미끼로 삼아 스스로 정진할 수 있도록 노력하세요. 그리고 날마다 조금씩 해나가야 합니다.

우주 유영에 관한 자세한 내용은 22~23쪽을 참고하라.

우주에서 촬영한 첫 번째 뮤직비디오

2013년 5월 12일 국제 우주정거장에서 마지막 임무를 수행하는 동안 크리스는 데이비드 보위의 곡 <Space oddity>를 부르는 장면을 녹음해 유튜브에 올렸다. 우주에서 완곡을 촬영한 최초의 뮤직비디오로 크리스가 우주정거장 안을 떠다니며 기타를 치고 창 너머로 지구가 보이는 모습이 담겨 있다. 노래와 기타 연주는 우주정거장에서 이루어졌고 피아노와 다른 악기 부분은 지구에서 연주한 것을 덧붙였다. 비디오는 캐나다 우주국의 지원으로 만들어졌다. 크리스는 우주정거장에 머물며 촬영한 동영상과 우주에서 보는 지구의 모습을 찍은 사진을 트위터에 올렸고 곧 77만 팔로워를 모으며 스타가 되었다.

그는 뮤직비디오를 소개하면서 이렇게 밝혔다. "우주에서 녹음했다는 점이 데이비드 보위가 부른 원곡과의 차이예요. 지구를 마지막으로 쳐다보면서 말이죠." 2014년 1월 그는 소감을 덧붙였다. "2,000만 뷰를 달성했네요! 과학과 예술에 보내주신 전 세계의 성원에 감사드립니다."

데이비드 보위는 크리스의 비디오를 보고 트위터에 "안녕, 우주 소년."(1996년에 히트한 싱글 타이틀)이라고 소감을 남겼다.

> 이것이 목표를 가져야 하는 이유입니다. 스스로 도전하게 해주니까요. 마지막 성공을 기준으로 스스로를 평가하지 말고 목표를 장기간 미끼로 삼아 스스로 정진할 수 있도록 노력하세요. 그리고 날마다 조금씩 해나가야 합니다.

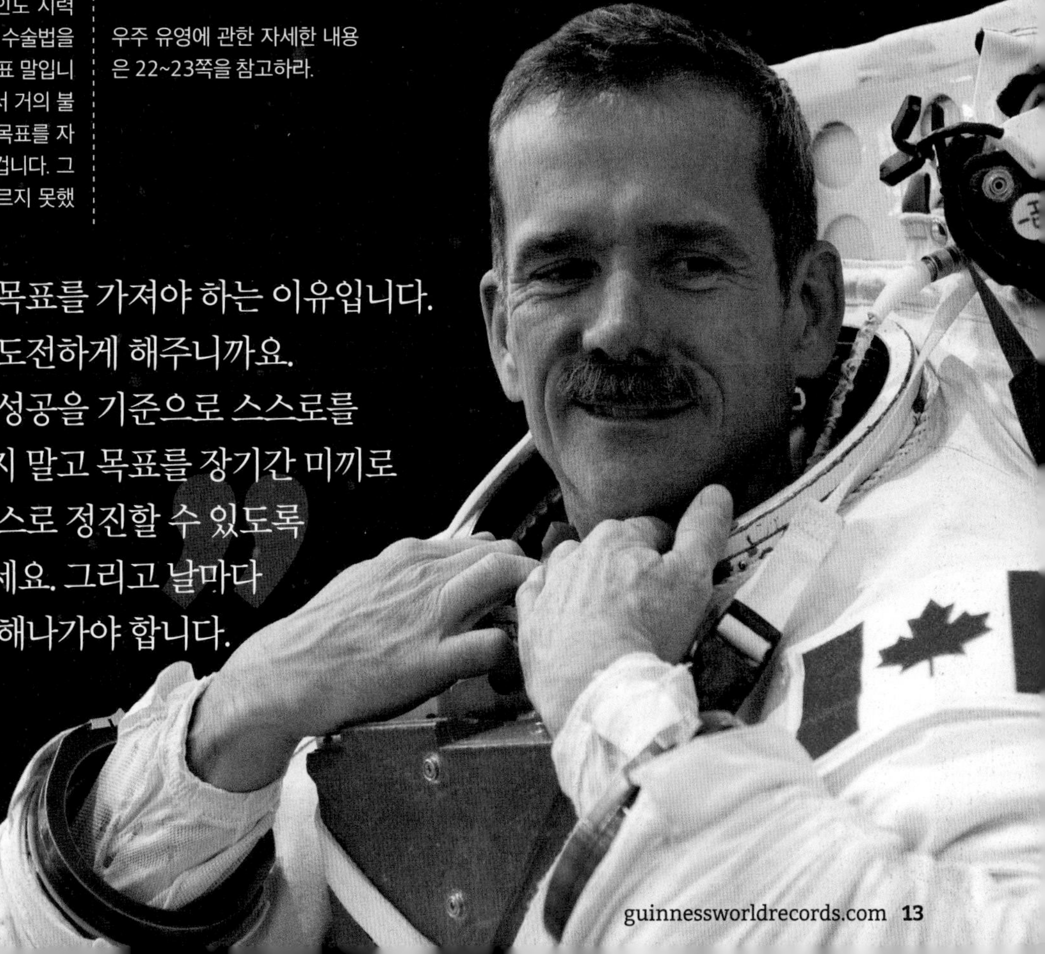

우주 SPACE

DID YOU KNOW?

명왕성이라는 명칭은 11세 소녀 베네티아 버니(영국)가 지은 것이다. 소녀의 할아버지는 옥스퍼드대학교 사서였는데, 클라이드 톰보(미국)가 명왕성을 발견했다는 기사를 읽고 몇 달 뒤에 손녀의 아이디어를 그에게 전달해주었다.

DATELINE

3825 MYA
38억 2500만 년 전

지구에서 가장 오래된 화산석
여전히 열기가 남은 토양에 용암이 흘러 화성암으로 굳어졌다. 연도는 2002년 캐나다 퀘벡의 연구진에 의해서 밝혀졌다.

CONTENTS

가장 작은 행성?

1930년에 발견된 명왕성은 수십 년 동안 태양계에서 **가장 작은 행성**으로 알려져 왔다. 2006년에 국제천문연맹이 태양계의 아홉 번째 행성이자 학교에서 행성을 외울 때 늘 마지막 자리에 들어가던 명왕성의 지위를 해왕성 바깥 천체에 위치한 '134340 명왕성'으로 바꾸었다. 그러나 최근 명왕성의 행성 지위를 복원하자는 운동이 일어났고, 2015년 나사의 뉴허라이즌스호가 촬영한 명왕성(오른쪽)과 위성 카론의 상대적 규모를 보여주는 이 사진으로 인해 운동은 더욱 촉진되었다. 이에 관해서 뉴허라이즌스호의 수석 탐사가인 앨런 스턴 박사의 의견은 21쪽에서 살펴볼 수 있다.

최초의 광합성
현재 남세균(藍細菌)의 먼 조상격인 작은 단세포 유기물이 햇빛을 에너지 자원으로 활용해 영양소를 만들어내는 능력을 키웠다.

3700 MYA
37억 년 전

DATELINE

FACTOGRAPHIC

달 THE MOON

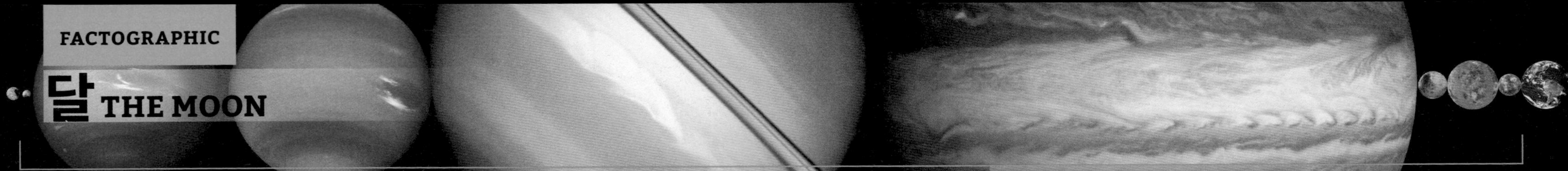

기네스 세계기록은 지구와 가장 가까이 있는 이웃 행성을 간단히 돌아보고 그곳에 닿을 수 있는 기술도 소개한다.
지름을 기준으로 달은 지구의 4분의 1 정도 크기이며 지구와 구성 요소도 아주 비슷하다. 실제로 둘은 깊은 관련이 있다. 거대 충돌설에 따르면 약 45억 년 전에 화성 크기의 행성인 테이아가 지구로 충돌했고 엄청난 잔재가 우주로 흩어졌다. 이후 100만 년 정도 흘러 이 돌덩어리들이 하나로 합쳐 달을 형성했다. 달은 1610년까지 고유한 존재로 여겨졌으나 같은 해 이탈리아 천문학자인 갈릴레오 갈릴레이가 목성 주변에서 다른 달들을 여러 개 발견했다.

DID YOU KNOW?

지구와 달의 최대 거리는 약 40만 6,700km다. 얼마나 먼 거리인지 가늠해보려면 이렇게 생각해보자. 수성, 금성, 화성, 목성, 토성, 천왕성, 해왕성, 명왕성의 지름을 다 합치면 38만 7,941km다. 이 말은 곧 7개의 행성을 지구와 달 사이에 모두 놓을 만큼 넉넉하다는 뜻이다!

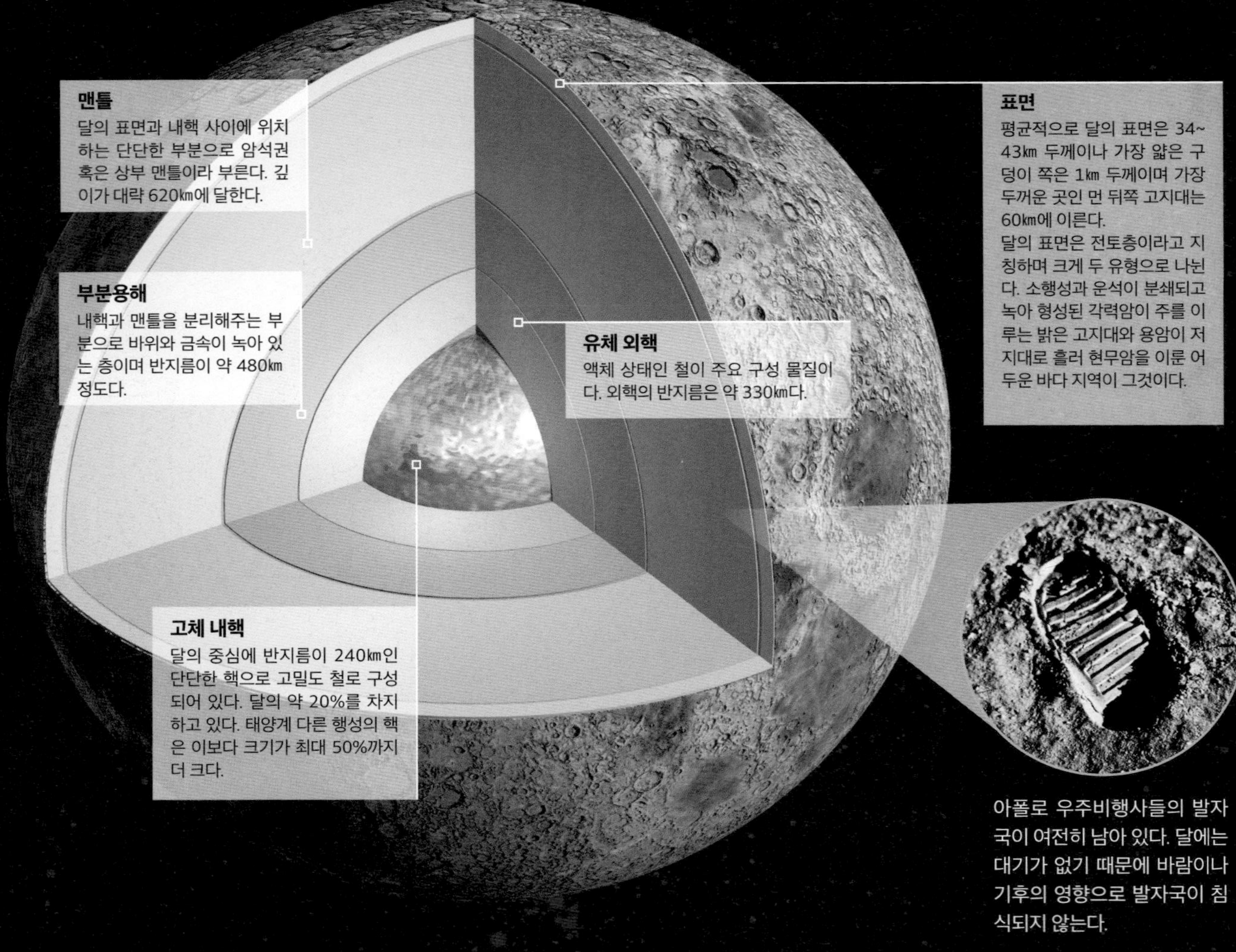

맨틀
달의 표면과 내핵 사이에 위치하는 단단한 부분으로 암석권 혹은 상부 맨틀이라 부른다. 깊이가 대략 620㎞에 달한다.

부분용해
내핵과 맨틀을 분리해주는 부분으로 바위와 금속이 녹아 있는 층이며 반지름이 약 480㎞ 정도다.

유체 외핵
액체 상태인 철이 주요 구성 물질이다. 외핵의 반지름은 약 330㎞다.

고체 내핵
달의 중심에 반지름이 240㎞인 단단한 핵으로 고밀도 철로 구성되어 있다. 달의 약 20%를 차지하고 있다. 태양계 다른 행성의 핵은 이보다 크기가 최대 50%까지 더 크다.

표면
평균적으로 달의 표면은 34~43㎞ 두께이나 가장 얇은 구덩이 쪽은 1㎞ 두께이며 가장 두꺼운 곳인 먼 뒤쪽 고지대는 60㎞에 이른다.
달의 표면은 전토층이라고 지칭하며 크게 두 유형으로 나뉜다. 소행성과 운석이 분쇄되고 녹아 형성된 각력암이 주를 이루는 밝은 고지대와 용암이 저지대로 흘러 현무암을 이룬 어두운 바다 지역이 그것이다.

아폴로 우주비행사들의 발자국이 여전히 남아 있다. 달에는 대기가 없기 때문에 바람이나 기후의 영향으로 발자국이 침식되지 않는다.

처음 달에 간 인류는 새턴 5호(Saturn V)를 타고 우주로 향했는데 지금도 이 로켓은 우주로 발사한 **가장 큰 로켓**으로 남아 있다. 발사대에서 지구의 중력을 거스르는 데 꼭 필요한 추진체를 가득 충전한 로켓의 무게는 2,900톤이었다. 새턴 5호를 비롯해 기록을 보유한 2대의 우주선을 더 살펴보자.

새턴 5호(미국)
- 총 길이: 110.6m
- 자유의 여신상보다 약 18m 더 크며 흰긴수염고래보다 15배 더 무겁다. 1967년부터 1973년까지 활동했다.

우주왕복선(미국)
- 총 길이: 56m
- 재사용 가능한 최초의 우주선. 1981년 4월 12일 첫 비행에 나섰다. 발사 당시 무게 2,000톤. 연료가 우주왕복선 무게의 25배였다.

보스토크 1호
(구소련, 현 러시아)
- 총 길이: 30.8m
- 1961년 4월 12일 유리 가가린이 탄 최초의 유인 우주선

아폴로 가디언스 컴퓨터의 회로는 시작, 정지, 해동 버튼만 달려 있는 일반 토스터보다 더 단순해서 메모리가 64KB에 불과하고 0.043MHz로 운영되었다.

구글에서 '아폴로 11 미션'을 검색하면 사용되는 처리능력이 아폴로 11 미션 전체의 처리능력보다 더 크다.

지구의 질량(5.98 x 10^{24}kg 혹은 1.3 x 10^{25}lb)은 달(7.34 x 10^{22}kg 혹은 1.6 x 10^{23}lb)보다 81배 더 크다.

달의 지름은 약 3,474㎞로 호주의 서부와 동부 해안 사이의 거리보다 500㎞ 짧다.

현재 우리가 사용하는 평범한 USB 메모리 장치가 달에 간 인류가 사용한 컴퓨터보다 더 성능이 좋다.

DID YOU KNOW?

아폴로 11호 우주비행사들의 임무는 너무 위험해서 생명 보험을 들 수 없었다. 그래서 달 착륙이 잘못되었을 경우를 대비해 가족들이 경매에 내다 팔 수 있도록 사진을 찍어 서명했다. 날짜가 찍힌 이 사진들은 1969년 7월 16일 발사일에 지인을 통해 가족들에게 우편으로 전달되었다.

DID YOU KNOW?

달의 표면 중력은 지구의 약 6분의 1이다. 이 말은 곧 우주비행사가 달에서는 지구에서보다 6배 더 높게 뛸 수 있다는 뜻이다. 크고 무거운 우주복은 문제가 되지 않는다.

달은 **1년에 4㎝**의 속도로 지구에서 멀어지고 있다. 이는 손톱이 1년 동안 자라는 길이와 비슷하다.

4
3
2
1
0 cm

태양계 밖 행성 EXTRASOLAR PLANETS

가장 큰 태양계 밖 행성

2005년에 발견된 행성 HD 100546b는 지름이 96만 5,600㎞로 추정된다. 질량이 목성보다 60배 더 나가며 행성과 갈색 왜성 사이가 매우 가까울 정도로 크다. 실제로 이 행성은 행성이 아닐 가능성도 있다. 지구로부터 320광년 떨어진 파리좌에 있는 KR 무스카에로 알려진 별 HD 100546의 주위를 돌고 있기 때문이다. 이 별은 약 1000만 년생인 것으로 추정된다.

주위를 도는 행성이 가장 많은 별

HD 10180(위 이미지 참조)은 태양과 아주 흡사한 별로 약 120광년 떨어져 있다. 칠레 라 실라 천문대에서 미코 투오미 박사(영국)가 관측한 바에 따르면 최소 7개 최대 9개의 행성이 이 별 주위를 도는 것으로 밝혀졌다.

7개의 행성은 또한 약 2,500광년 떨어진 왜성 KIC 11442793의 주위를 돌고 있다.

가장 작은 태양계 밖 행성

케플러-37b는 지구에서 210광년 떨어진 거문고자리에서 별 케플러-37 주위를 돈다. 나사의 케플러 우주선이 이 행성을 발견해 2013년 2월 20일 대중에 공개했다. 케플러-37b는 지름이 1,930㎞에 불과하며 수성보다도 작다.

망원경으로 볼 수 있는 가장 작은 태양계 밖 행성은 가스 덩어리인 51 에리다니 b다. 목성과 지름이 거의 같지만(13만 9,820㎞) 질량은 2배로 무겁다. 에리다누스좌에 있는 별 51 에리다니의 주위를 도는 이 행성은 2015년 8월 13일 미국 스탠퍼드대학교에서 제미니 천체 망원경에 의해 발견되었다. 이 망원경은 2014년 11월부터 태양계 밖 행성을 찾고 있었다.

DID YOU KNOW?

태양계 밖 행성인 OGLE-2005-BLG-390Lb는 태양의 약 5분의 1 크기로 차가운 모체 항성 주위를 도는 데 약 10년이 걸린다. 지구와 비슷하게 약간의 대기가 있으며 암석으로 된 표면을 통해 그 아래로 얼어붙은 바다가 있을 것으로 추정된다.

가장 젊은 태양계 밖 행성

나사의 스피처 우주망원경이 적외선 감지로 찾아낸 어린 별 코쿠 토 4에서는 새롭게 생겨난 행성에서 볼 수 있는 별 주위를 도는 먼지와 가스층이 함께 발견되었다. 행성일지도 모르는 이 별은 지구로부터 420광년 떨어진 황소자리에 위치하며 수령이 100만 년이 채 안 되는 것으로 보인다.

가장 가까이 있는 태양계 밖 행성

2000년 8월 7일 미국 텍사스대학교의 맥도널드 천문대에서 윌리엄 코크런 박사 팀이 태양에서 불과 10.45광년 떨어진 '우리 태양계의 뒷마당'에 새로운 세계가 있다는 증거를 발견했다. 목성보다 1.6배 더 큰 가스 덩어리가 엡실론 에리다니의 주위를 돌고 있었다. 이 외행성은 중심별에서 4억 7,800만㎞ 떨어져 있는데 이는 태양에서 소행성대까지의 거리와 같다.

TRIVIA

가장 분홍빛이 도는 행성을 기네스북에 올린다면 처녀자리에 새로 형성된 GJ504b가 주인공이 될 것이다. 이 행성은 진분홍 혹은 체리 빛 붉은색을 띤다(아래 이미지 참조).

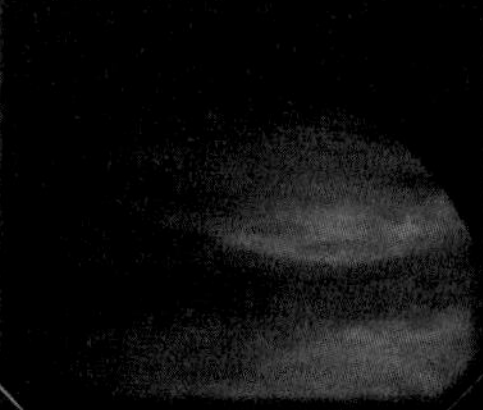

가장 멀리 있는 태양계 밖 행성

은하수 거의 정중앙으로 지구에서 2만 1,500±3,300광년 떨어져 있는 행성 OGLE-2005-BLG-390Lb는 붉은 왜성 주위를 돈다. 왜성의 낮은 에너지와 궤도의 크기(태양 주위를 도는 화성과 목성 사이의 거리와 비교했을 때)로 보아 이 행성의 표면 온도는 대략 섭씨 영하 220도다. OGLE-2005-BLG-390Lb는 **가장 추운 태양계 밖 행성**이다.

OGLE라는 명칭은 광학 중력렌즈실험의 약자에서 왔다. 이는 '마이크로 렌즈 작용'의 징조를 찾기 위해 망원경으로 은하수 중심부를 살피는 실험이다. 마이크로 렌즈 작용이란 멀리 있는 별에서 빛이 들어올 때 그 앞에 또 다른 별과 행성이 가로막고 있다면 더 깊이 보이는 현상을 뜻한다. 가장 가까이 있는 별과 행성의 중력으로 인해 생긴다.

가장 오래된 산맥
바버튼 녹암 띠(맥혼와 산으로도 알려짐)가 현 남아프리카를 형성하기 시작했다.
1875년 이곳에서 처음으로 금이 발견되었다.

FAST FACTS

2016년 2월부로 총 2,085개의 태양계 밖 행성이 확인되었다. • 미국 국립과학아카데미에 따르면 은하수에만도 인류가 살 수 있는 지구와 비슷한 행성이 110억 개나 있다고 한다.

최초의 태양계 밖 행성 지도

2007년 나사의 스피처 우주망원경이 33시간 동안 항성 HD189733과 그 행성인 HD 189733b를 관찰했다. 이 관찰을 섭씨 700~940도의 온도 지도로 변환해보았다. 사진에서 보는 것처럼 이 지도는 태양 빛을 받은 부분이 붉게 표시되었다.

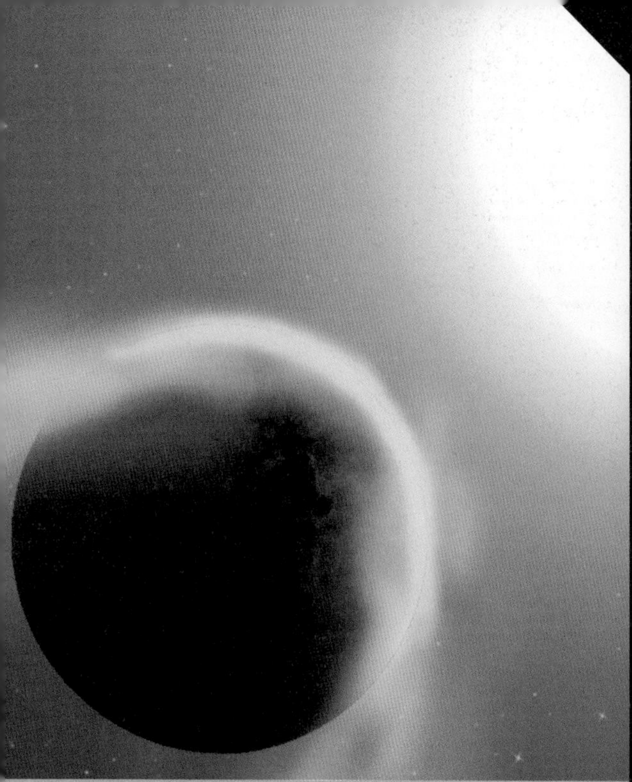

모체 항성과 가장 가까이에 있는 태양계 밖 행성

2010년 나사의 케플러 우주선이 발견한 케플러-70b는 약 89만 8,000㎞ 거리에서 모체 항성인 케플러-70 주위를 돌고 있다. 백조자리에서 약 3,849광년 떨어져 있는 케플러-70b는 5.76시간 거리에서 궤도를 돌며 표면 온도는 약 섭씨 6,930도로 태양계 밖 행성 중에서 가장 뜨겁다. 가스 덩어리로 된 단단한 핵을 가졌기 때문으로 추정된다.

지구와 비슷한 최초의 태양계 밖 행성

현재까지 1,300개 이상 되는 태양계에서 2,000개가 넘는 행성이 발견되었다. 이중에서 케플러-22b는 지구와 가장 비슷하다고 판명된 최초의 행성이다. 2011년 발견된 케플러-22b는 지구의 2.4배 크기로 태양과 같은 별 주위를 290일 동안 돈다. 이 별의 밝기와 케플러-22b의 궤도 거리로 미루어 보아 인간이 살 수 있는 곳으로 판명되었다. 이 행성에 지구와 같은 온실효과가 있다면 표면의 온도는 약 섭씨 22도일 것이다.

DID YOU KNOW?

2015년 국제천문연맹에서 14개의 별과 31개의 태양계 밖 행성에 새로운 이름을 붙여주는 대회를 개최했다. 그 덕분에 PSR B1257+12는 리치가 되었고 그 행성들은 신화와 전설에 등장하는 인물들의 이름을 따 현재 드라우그, 폴터가이스트, 포베토르로 불린다.

최초의 행성 탐사 임무

코로 우주선은 2006년 12월 27일 지구에서 827㎞ 상공에 있는 극궤도로 출발했다. 이 우주선은 다른 성단 주위에서 행성을 찾는 용도로 특별히 제작되었으며 2012년 11월까지 운행되다가 수리가 불가능한 컴퓨터 오작동으로 인해 멈추게 되었다.

주계열성을 도는 최초의 태양계 밖 행성

제네바대학교의 천문학자들은 1995년 10월 6일 51 페가시 b를 발견했다고 발표했다. 이 행성은 G5V 주계열성인 51 페가시를 도는데 태양처럼 수소를 핵으로 보내 헬륨으로 변환시킨다.

51 페가시 b는 다른 별을 도는 거대 가스 혹성인 HD 179949b와 HD 209458b와 더불어 가장 바람이 많이 부는 태양계 밖 행성이다. 이곳에는 시속 1만 4,500㎞의 강풍이 부는 것으로 추정된다.

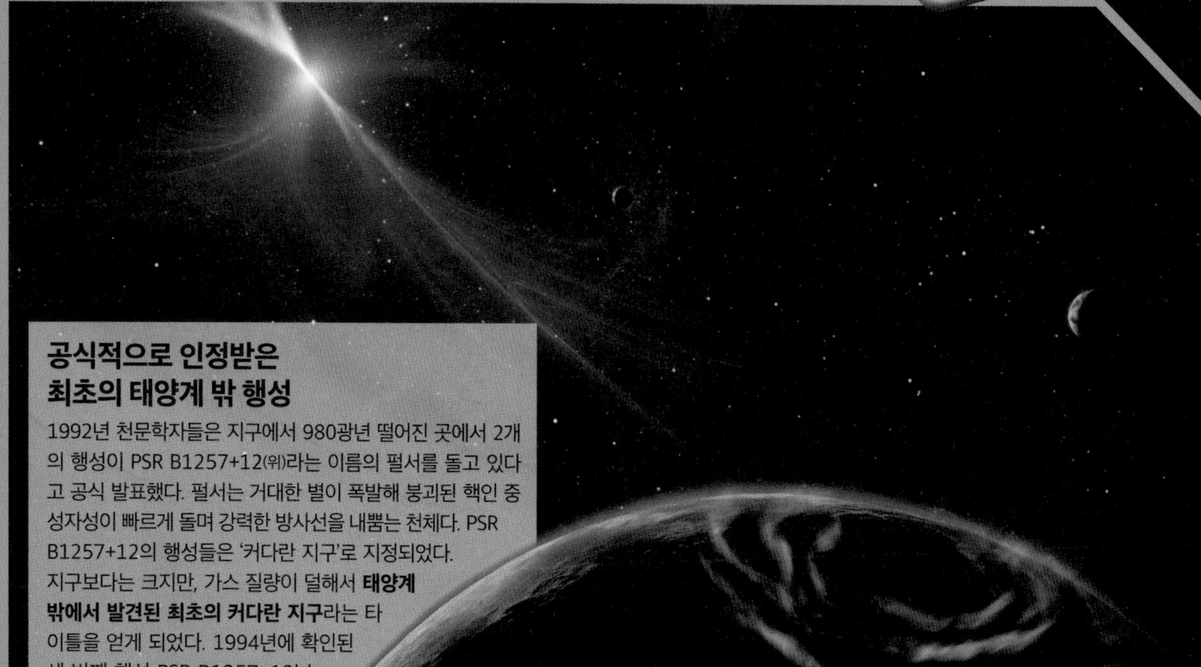

공식적으로 인정받은 최초의 태양계 밖 행성

1992년 천문학자들은 지구에서 980광년 떨어진 곳에서 2개의 행성이 PSR B1257+12(위)라는 이름의 펄서를 돌고 있다고 공식 발표했다. 펄서는 거대한 별이 폭발해 붕괴된 핵인 중성자성이 빠르게 돌며 강력한 방사선을 내뿜는 천체다. PSR B1257+12의 행성들은 '커다란 지구'로 지정되었다. 지구보다는 크지만, 가스 질량이 덜해서 **태양계 밖에서 발견된 최초의 커다란 지구**라는 타이틀을 얻게 되었다. 1994년에 확인된 세 번째 행성 PSR B1257+12b는 현재 드라우그로 불리며 **태양계 밖에서 가장 가벼운 행성**이다. 질량은 지구의 약 0.02배에 불과하다.

가장 오래된 석유
해저에 쌓인 유기물의 사체가 수백만 년 동안 강력한 압력을 받아 으스러지고 변형되고 퇴적되어 석유가 되었다.

3200 MYA
32억 년 전

DATELINE

발견했다. 우주선으로 탐사에 나서기까지 85년 정도 걸렸고 정확히 3만 1,193일 만이었다 (아래 참조).

가장 무질서하게 도는 위성을 지닌 행성

명왕성은 5개의 위성을 가지고 있다. 카론은 미국 천문학자 제임스 크리스티가 애리조나 주 플래그스태프에 있는 미 해군 천문대에서 발견했다. 공식 발표는 1978년 7월 7일에 이루어졌다.

닉스와 히드라는 2005년에 발견되었고 다른 두 위성은 각각 2011년과 2012년에 발견되어 임시로 'S/2011 P1'과 'S/2012 P1'이라는 이름이 붙었다.

이 4개의 위성은 어지럽게 돈다. 한 축을 따라 가지런히 도는 것이 아니라 마구잡이로 움직이는 것이다. 이와 더불어 토성의 달 히페리온은 태양계에서 자전하는 위성 중 유일하게 무작위로 돈다.

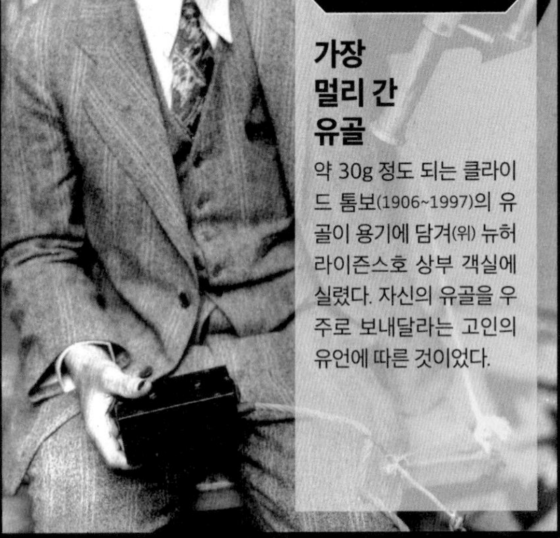

가장 멀리 간 유골

약 30g 정도 되는 클라이드 톰보(1906~1997)의 유골이 용기에 담겨(위) 뉴허라이즌스호 상부 객실에 실렸다. 자신의 유골을 우주로 보내달라는 고인의 유언에 따른 것이었다.

명왕성의 최고 큰 위성

카론은 지름이 1,212㎞로 명왕성 지름의 절반이 넘는다. 명왕성은 카론보다 대략 8배 더 크다. 두 별은 사이 중력의 중심부에서 서로 공전한다. 2015년 7월 14일, 뉴허라이즌스호가 카론 상공 2만 8,800㎞까지 진입했다.

뉴허라이즌스호가 촬영한 카론의 가장 긴 협곡은 이 위성 표면에 최소 1,600㎞ 넓이로 펼쳐져 있고 어두운 부분까지 치면 더 클 것으로 예상한다.

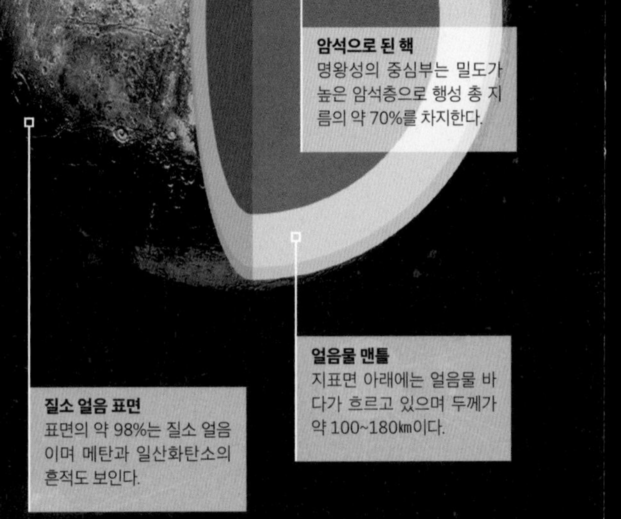

한눈에 보는 명왕성

발견	1930년	표면의 대기압	1 Pa
질량	1.303×10^{22} kg	밀도	1.860 g/cm^3
부피	7.006×10^{9} km^3	표면 중력	0.66 m/s^2
적도반경	1,187 km	축 기울기	122.5° (역자전)
위성의 개수	5		
온도	-240 ~ -218°C		

명왕성에서 가장 높은 산맥

2015년 뉴허라이즌스호에 의해 5.25㎞ 높이의 산맥이 발견되었다. 이 산맥은 최초의 아프리카계 아메리카 북극 탐험가의 이름을 따서 매튜 알렉산더 헨슨이라 부른다.

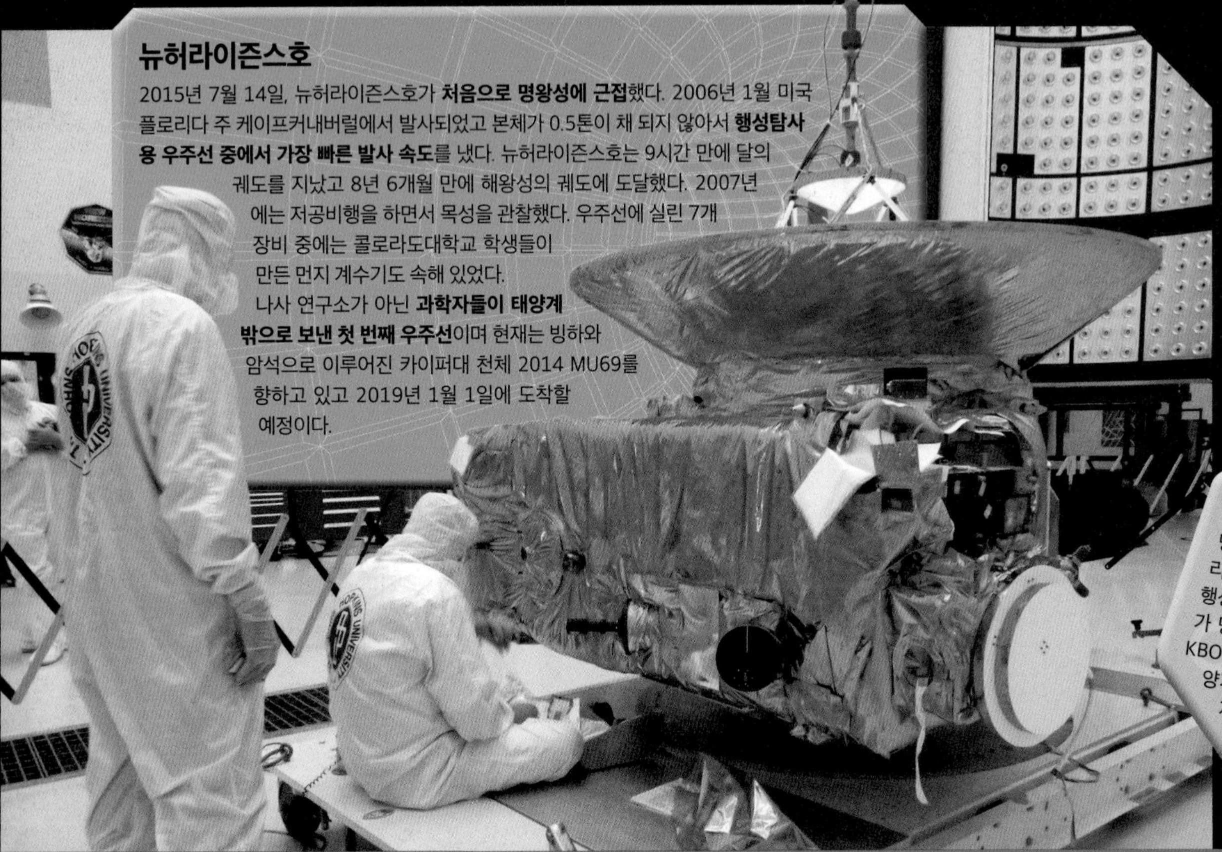

뉴허라이즌스호

2015년 7월 14일, 뉴허라이즌스호가 **처음으로 명왕성에 근접**했다. 2006년 1월 미국 플로리다 주 케이프커내버럴에서 발사되었고 본체가 0.5톤이 채 되지 않아서 **행성탐사용 우주선 중에서 가장 빠른 발사 속도**를 냈다. 뉴허라이즌스호는 9시간 만에 달의 궤도를 지났고 8년 6개월 만에 해왕성의 궤도에 도달했다. 2007년에는 저공비행을 하면서 목성을 관찰했다. 우주선에 실린 7개 장비 중에는 콜로라도대학교 학생들이 만든 먼지 계수기도 속해 있었다.

나사 연구소가 아닌 **과학자들이 태양계 밖으로 보낸 첫 번째 우주선**이며 현재는 빙하와 암석으로 이루어진 카이퍼대 천체 2014 MU69를 향하고 있고 2019년 1월 1일에 도착할 예정이다.

DID YOU KNOW?

명왕성은 우리 태양계에서 생겨난 멀리 있는 얼음 천체인 카이퍼대에 속한 행성이다. 과학자들은 뉴허라이즌스호가 명왕성에서 10억 마일 떨어져 있는 KBO 2014 MU69로 근접 비행하면 태양계의 진화에 대한 중요한 데이터를 제공해줄 것이라고 기대하고 있다.

DATELINE **2400 MYA** 24억 년 전

가장 긴 빙하시대
가장 혹독한 빙하시대가 시작되고 약 7000만 년 동안 지속된다.
이 시기 지구 전체가 얼음으로 덮였고 그 두께는 1㎞ 정도로 추정된다.

명왕성 내 지름이 최고 큰 얼음화산

얼음화산은 수증기와 용액을 분출한다. 명왕성의 스푸트니크 평원에서 지리학적으로 유사한 얼음화산 2곳이 발견되었다. 지금까지 알려진 바에 의하면 피카드 몬스(아래)는 약 200㎞ 너비이며 라이트 몬스(위)는 160㎞ 너비다. 이 2곳이 모두 얼음화산일 경우 얼음물, 암모니아, 질소 혹은 메탄을 분출할 것이다.

FAST FACTS

명왕성은 지구에서 48억㎞ 떨어져 있다. • 톰보 영역이라고 부르는 거칠고 커다란 심장 모양의 지역이 특징이다. • 명왕성의 대기는 질소로 이루어져 있으며 표면 위로 끊임없이 연무가 피어오르는 층이 있다.

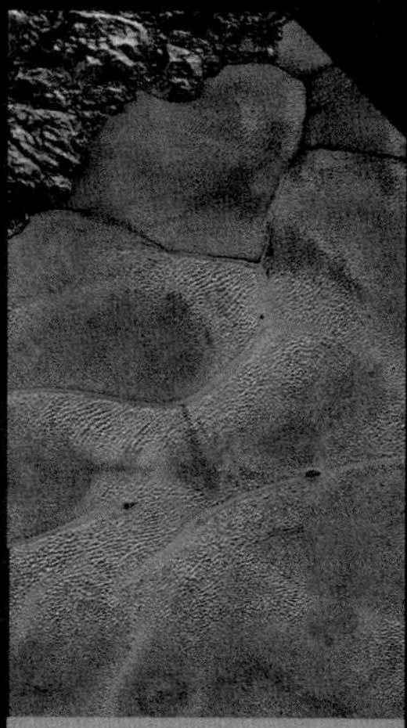

태양계에서 최고 차가운 빙하

명왕성의 '핵심'이자 빙하지대인 스푸트니크 평원을 자세히 들여다보면 지구 빙하를 연상시키는 퇴적물이 보인다. 이 사진을 보면 표면은 대개 질소 얼음으로 이루어져 있으며 온도는 섭씨 영하 240도로 추정된다.

명왕성에서 최고 큰 분화구

명왕성의 북반구 대부분을 차지하고 있는 스푸트니크 평원은 1,050 x 800㎞에 달한다. 활발한 질소 빙하작용이 이루어지며 충돌 분화구가 없어 수령이 1000만 년 이하로 보인다. 현재 스푸트니크 평원은 거대한 고대 충돌 분화구에 불안정한 얼음층이 쌓여 형성된 것으로 추정된다.

바이스태틱 레이더 최장 거리 실험

뉴허라이즌스호가 명왕성에 가장 근접했을 때 나사의 심우주 통신망이 명왕성을 향해 레이더 신호를 송출했다. 이 신호의 일부는 명왕성에서 반사되어 뉴허라이즌스호에 실린 REX 레이더에 감지되었다. 바이스태틱 레이더 방식은 행성의 표면을 구성하는 물질이 무엇인지 알려줄 수 있다. 이 성공적인 실험을 하는 동안 뉴허라이즌스호는 지구와 태양 사이 거리의 33배나 되는 먼 곳에 있었다.

TRIVIA

2015년 7월 4일 뉴허라이즌스 팀은 우주선과 교신이 끊겼다. 문제를 해결하고자 백업 컴퓨터를 켰다. 팀은 7월 14일 근접 비행에 맞춰 주 컴퓨터의 기능을 복구하고자 열심히 노력했다.

앨런 스턴 박사

뉴허라이즌스호가 명왕성과 카이퍼대로 향하는 임무에 나사 책임 연구원으로 참여한 앨런 스턴 박사(사진 오른쪽에서 네 번째)는 행성으로서 계속 바뀌는 명왕성의 지위에 대한 자기 생각을 알려주었다.

"시대가 바뀌었습니다. 2006년 당시 천문학자들은 명왕성이 더는 행성이 아니라고 선언했지만, 행성 과학자들은 절대 동의하지 않았습니다. 2015년 나사의 뉴허라이즌스호가 명왕성을 탐사하고 난 지금 행성 전문가들의 마음과 의견이 다른 방향으로 쏠리고 있습니다."

"명왕성을 두고 논란이 되는 부분은 크기가 너무 작고 아주 특이하게 궤도를 돈다는 점과 명왕성까지 추가하면 학생들이 외워야 하는 행성이 너무 많다는 것이었습니다. 하지만 지난 10년간 과학이 더욱 발전하면서 망원경으로 명왕성을 자세히 살펴본 결과 기존의 생각을 뒤집을 수 있는 새로운 데이터를 발견했습니다."

"그 이후로 명왕성은 해왕성 너머 태양계 밖 심우주에서 가장 널리 알려진 행성이 되었습니다. 그리고 다른 별을 도는 수많은 행성이 발견되었고 이들 상당수가 명왕성처럼 궤도를 돕니다. 이런 사실과 뉴허라이즌스호가 보여준 명왕성의 매우 복잡한 표면 이미지, 5개의 위성(지구, 화성, 금성, 수성을 다 합친 것보다 더 많은), 푸른 하늘, 산맥, 빙하, 암반 내층, 사구가 있다는 발견을 통해 다시 이웃 행성으로 편입시키는 쪽으로 기울고 있습니다."

"우리는 명왕성이 몇 ㎞ 떨어진 혜성이 아니라는 사실을 잘 알고 있습니다. 맨해튼 서부에서 북아메리카를 가로질러 태평양에서 하와이 마우이 섬까지의 거리와 맞먹는 약 7,500㎞ 둘레를 자랑하는 거대한 행성입니다. 2016년 명왕성은 행성으로 여겨지지 않았지만, 태양계 밖 심우주에 머무는 수많은 행성 중에서 가장 크며 다른 은하계에서도 보편적으로 볼 수 있는 존재일 것입니다."

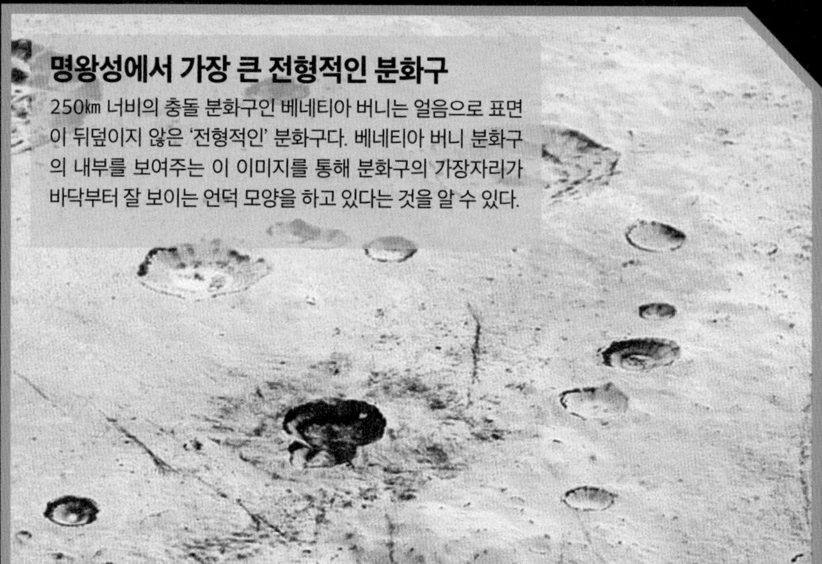

명왕성에서 가장 큰 전형적인 분화구

250㎞ 너비의 충돌 분화구인 베네티아 버니는 얼음으로 표면이 뒤덮이지 않은 '전형적인' 분화구다. 베네티아 버니 분화구의 내부를 보여주는 이 이미지를 통해 분화구의 가장자리가 바닥부터 잘 보이는 언덕 모양을 하고 있다는 것을 알 수 있다.

우주 유영 SPACEWALKS

최초의 우주 유영

알렉세이 레오노프 중령은 1965년 3월 18일 사상 최초로 보스호트 2호 우주선 바깥으로 12분 9초 동안 나가 있었다. 이 우주 유영은 성공적이었지만 문제가 하나 있었다. 에어로크로 돌아오는 도중 레오노프의 우주복이 팽창한 것이다. 그로 인해 팔과 다리를 제대로 구부리지 못하게 되자 그는 산소를 방출해 부피를 줄여 우주선으로 다시 돌아올 수 있었다.

가장 긴 시간 우주에서 유영한 우주비행사(여자)

미국의 수니타 윌리엄스는 국제우주정거장에서 7차례 총 50시간 40분 동안 유영했다.

우주를 유영한 최고령자

2013년 4월 19일 러시아의 파벨 비노그라도프(1953년 8월 31일생)가 59세 231일의 나이로 국제우주정거장에서 유영했다.

최초의 우주선 간 유영

1966년 7월 20일 마이클 콜린스(미국)가 제미니 10호에서 연결 장치와 조종장치를 손에 들고 무인 우주선인 GATV-8부스터를 향해 걸어갔다. 이 우주선은 3m 떨어진 곳에 있었다. 하루 전에 콜린스는 제미니 10호 안에서 카메라를 들어 우주에서 처음으로 셀카를 찍기도 했다.

같은 해에 제미니 12 임무를 수행 중인 버즈 올드린 역시 이와 같은 행동을 했다. 11월 13일 그는 2시간 동안 유영하면서 우주선 바깥에서 처음으로 셀카를 찍은 인물이 되었다.

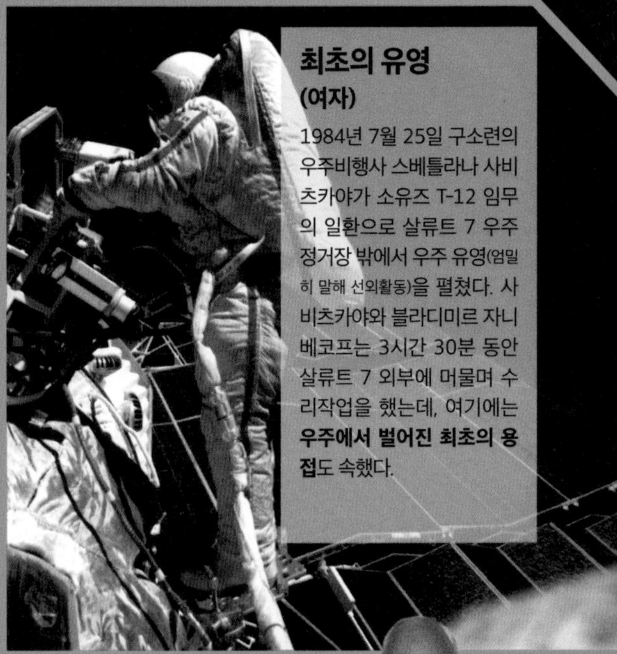

최초의 유영 (여자)

1984년 7월 25일 구소련의 우주비행사 스베틀라나 사비츠카야가 소유즈 T-12 임무의 일환으로 살류트 7 우주정거장 밖에서 우주 유영(엄밀히 말해 선외활동)을 펼쳤다. 사비츠카야와 블라디미르 자니베코프는 3시간 30분 동안 살류트 7 외부에 머물며 수리작업을 했는데, 여기에는 **우주에서 벌어진 최초의 용접**도 속했다.

내부 유영

1997년 8월 22일 러시아인 아나톨리 솔로비예프와 파벨 비노그라도프가 미르 우주정거장의 감압부인 스펙트르 안에서 유영했다. 이 선체는 무인 화물 우주선 프로그래스호에 부딪혀 파손된 상태였다. 우주선을 살피고 보수하기 위해 나선 두 사람의 유영은 3시간 16분간 계속되었다.

심우주에서 이루어진 최초의 유영

알 워든(미국)은 아폴로 15호의 사령부 조종사로 1971년 8월 7일 지구로 돌아왔다. 지구로부터 여전히 32만㎞ 떨어진 상태에서 그는 저궤도가 아닌 지점에서 처음으로 유영하여 우주선에 있던 카메라에서 필름 카세트를 꺼냈다. 1971년 8월 5일에 이루어진 그의 선외활동은 총 39분간 지속되었다. 위의 사진은 2016년 2월 기네스 세계기록 인증서를 받은 워든의 모습이다.

우주 유영자, 크리스 해드필드

캐나다인 크리스 해드필드는 국제우주정거장에서 마지막 임무를 수행하면서 데이비드 보위의 <Space oddity>를 녹음해 **우주에서 만들어진 최초의 뮤직비디오** 타이틀을 거머쥐었다. 그런데 기네스북은 2015년 11월 그의 또 다른 기네스 기록을 발견하게 되었다.

2001년 4월 22일 7시간 동안 유영하면서 크리스와 스콧 파라진스키(미국)는 국제우주정거장에 캐나담 2(우주에서 가장 긴 로봇 팔)를 장착했다. 그의 첫 유영은 시작부터 삐걱거렸다. 헬멧 바이저의 김 서림 방지용해물이 눈으로 들어가 한쪽씩 차례로 보이지 않게 된 것이다.

"그렇게 전 우주를 유영하는 와중에 우주복을 입고 눈이 멀었어요!" 하지만 수년간의 준비 덕분에 그는 침착함을 유지했고 목숨을 부지하기 위해 우주정거장에 꼭 매달렸다. "그래, 눈이 보이지 않아." 그는 자신에게 이렇게 말했다. "하지만 여전히 느낄 수 있어. 귀도 들리고 말도 할 수 있어. 숨도 쉴 수 있지. 이제 이 문제를 어떻게 해결해볼까?" 운이 좋게도 눈물이 팽창해서 1시간 30분 만에 오염된 부위를 희석할 수 있었다.

DATELINE **2000 MYA** 20억 년 전

충돌로 생긴 가장 큰 구덩이

소행성이나 혜성이 지구와 충돌하면서 지름이 약 300㎞ 크기의 커다란 구덩이를 만들었다. 브레데포트로 알려진 이 운석 구덩이는 현재 남아프리카 요하네스버그에 있다.

FAST FACTS

현재까지 200명이 넘는 우주비행사가 유영을 했다. • 우주복은 섭씨 135도가 넘는 태양광선의 열기를 반사하기 위해 흰색이다. • 우주복을 입는 데 45분이 걸린다.

DID YOU KNOW?

우주 유영은 진행하는 업무에 따라 최대 8시간까지 할 수 있지만 최장 유영(아래 참조)은 그보다 조금 더 길다. 처음 몇 시간 동안 우주비행사들은 순수한 산소를 마시며 체내에 들어있는 질소를 배출한다. 그렇지 않으면 가스 방울이 생겨 관절에 고통을 유발하는 잠함병(潛函病)이 생긴다.

연결 장치 없이 한 최초의 유영

나사의 우주비행사 브루스 맥켄들리스 2세(미국)는 1984년 2월 7일 우주왕복선 챌린저호에서 연결 장치를 달지 않고 처음으로 유영한 인물이다. 유영은 유인 조종 장치를 시험하기 위한 것으로, 가방 하나 정도 크기인 이 장치는 개발에만 무려 1,500만 달러가 들어갔다.

가장 큰 중성 부력 수영장

나사의 중성 부력 연구실은 미국 텍사스 주 휴스턴 존슨 우주기지 근방 소니 카터 훈련센터에 위치한다. 이곳은 올림픽 수영장의 약 10배 크기로 규모가 2만 3,334.33㎡에 달한다. 물속에서 생기는 중성 부력은 유영에 필요한 극미중력과 유사한 효과를 낸다.

개인 최다 우주 유영

1988년부터 1998년까지 다섯 번의 우주비행에서 아나톨리 솔로비예프는 16회라는 최다 유영 기록을 남겼다.

우주왕복선 임무 중 최다 유영

로버트 커빔(미국)은 2006년 12월 9일~12월 22일에 걸친 우주왕복선 디스커버리호의 STS-116 임무를 수행하는 동안 4차례 유영했다.

한 우주선 최다 유영

2016년 2월 3일까지 총 193회의 유영이 국제우주정거장 바깥에서 이루어졌다. 121명의 우주비행사가 총 1,192시간 동안 유영했다.

동시 최다 인원 유영

1992년 5월 우주왕복선 인데버호가 발사됐다(STS-49 임무). 발사 목적은 부분 결함이 생긴 인텔샛 6 위성을 수리하는 것이었다. 위성의 문제점을 알아내고자 회수하는 과정에서 피에르 투옷, 리처드 기브, 토마스 에이커스(모두 미국)가 함께 유영했고 손으로 인텔샛 6을 붙잡는 동안 임무 총사령관인 다니엘 브란덴스타인이 이 위성과 몇 발자국 떨어진 곳에 인데버호를 세웠다. 동시에 3명이 유영한 것은 이번이 처음이었다.

가장 긴 우주 유영

2011년 3월 11일 미국 우주비행사 짐 보스와 수잔 햄스가 8시간 56분 동안 유영했다. 두 사람의 임무는 국제우주정거장에 이탈리아 화물선인 레오나르도호가 있을 자리를 만드는 것이었다. 레오나르도호는 우주정거장의 공급 물자와 장비를 싣고 우주왕복선 디스커버리호에 의해 운송 중이었다.

보이저호 VOYAGER

1977년 **최초이자 가장 멀리** 발사된 보이저 1호와 2호는 거대 외부 행성인 목성, 토성, 천왕성, 해왕성을 관찰하기 위한 용도였다. 목성으로 가는 도중에 보이저 1호가 우주에서 처음으로 한 장의 사진 안에 지구와 달을 모두 담았다. 현재 보이저 1호는 성간우주를 여행 중이며 2012년 8월 25일에 **우리 태양계를 떠난 최초의 무인 우주탐사선**이다. 2016년 3월 24일 기준 보이저 1호는 지구로부터 200억 7,826만 8,831㎞ 떨어져 있는데 여전히 미국 우주비행 관제센터로 데이터를 전송하고 있다. 이는 **가장 먼 거리에서 이루어지는 교신**이다. 방사성동위원소 열 발전기를 장착한 이 탐사선은 **가장 영구적인 원자력 발전 동력을 단 행성 간 우주선**이다.

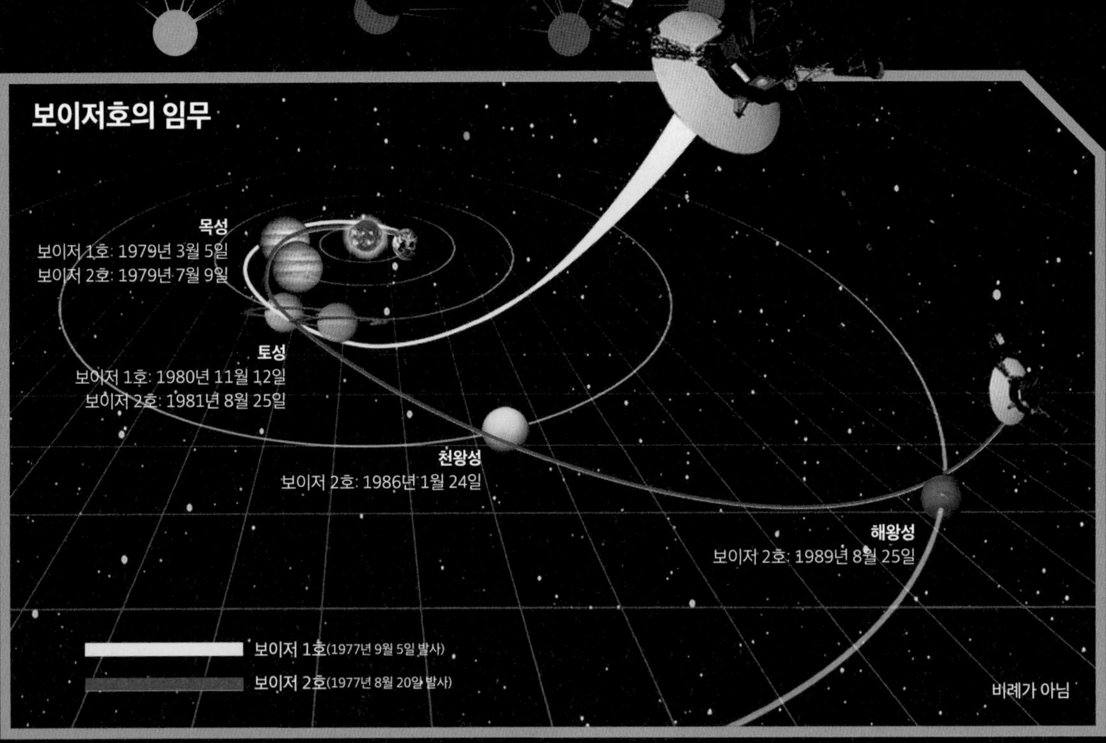

목성: 보이저 1호는 1979년 3월 5일 목성 근처를 지났다. 가장 근접했을 때 태양의 방향에서 이 행성 쪽으로 몸체를 돌렸는데 **목성의 고리를 처음으로 관찰**하게 되었다. 이로서 희미한 고리가 목성의 주요 고리라는 것을 알게 되었다. 목성은 또한 가스로 이루어진 내부 고리와 2개의 희미한 외부 고리를 더 가지고 있다.

이오: 보이저 1호의 탐사 중 항해 엔지니어인 린다 모라비토(미국)가 돌출된 초승달처럼 보이는 목성의 위성 이오를 발견했다. 이것이 **최초로 발견한 외계 화산활동**이다. 이오는 태양계에서 가장 화산작용이 활발한 위성이다. 분출 시 수백 ㎞ 높이로 화산이 치솟는다.

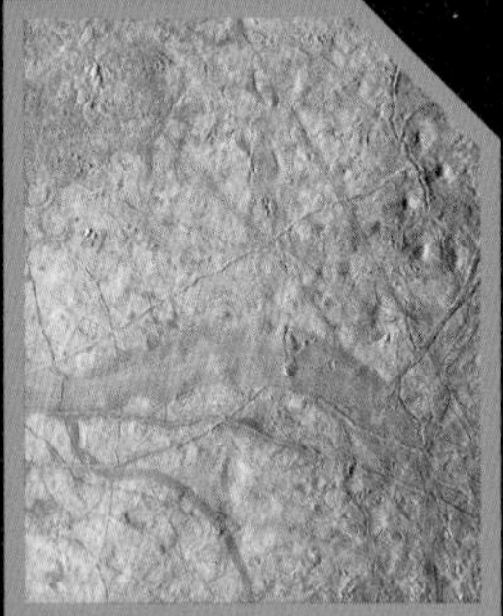

유로파: 목성의 가장 크고 차가운 달인 유로파는 **태양계에서 가장 부드러운 표면**을 가지고 있다. 1979년 7월 보이저 2호가 발견한 바에 따르면 몇백 m 높이의 산등성이가 표면을 구성하는 전부다. 부서진 해빙이 다시 언 것처럼 보이는 사진을 통해 유로파 표면 하부에 바다가 존재할 가능성이 제기되었다.

토성: 토성은 수많은 위성의 중력에 영향을 받아 **행성 중에서 가장 큰 고리**를 가지고 있다. 얼음과 먼지의 수많은 입자가 에베레스트 산의 3,000만 배에 해당하는 4×10^{19}kg의 질량을 이룬다. 토성은 또한 **태양계에서 가장 큰 육각형**을 지니는데 보이저 1호와 보이저 2호가 처음 발견한 이 육각형은 북쪽 끝부분까지 총 길이가 1만 3,800㎞에 달한다.

DID YOU KNOW?

토성의 고리는 수많은 위성의 중력에 의해 움직인다. 다만 영구적이지 않아서 천천히 침식되는데 유성진(流星塵)에 지속적으로 내리는 비가 부분적인 원인이다. 일부 과학자들은 1억 년 뒤엔 고리가 완전히 사라질 것으로 예측하고 있다.

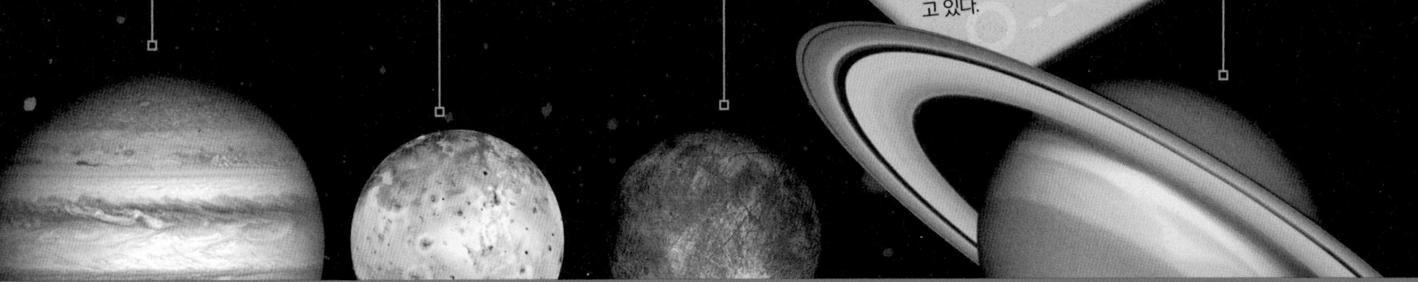

행성들은 비례가 아님

DATELINE

565 MYA

5억 6500만 년 전

가장 오래된 동물 흔적

말미잘과 비슷한 해양 생물이 에디아카라기의 바위 위에 흔적을 남겼다. 이 흔적은 후에 캐나다의 뉴펀들랜드에서 발견되었다.

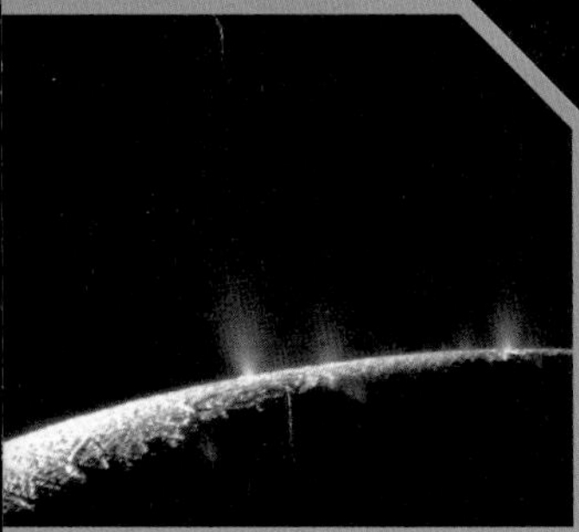

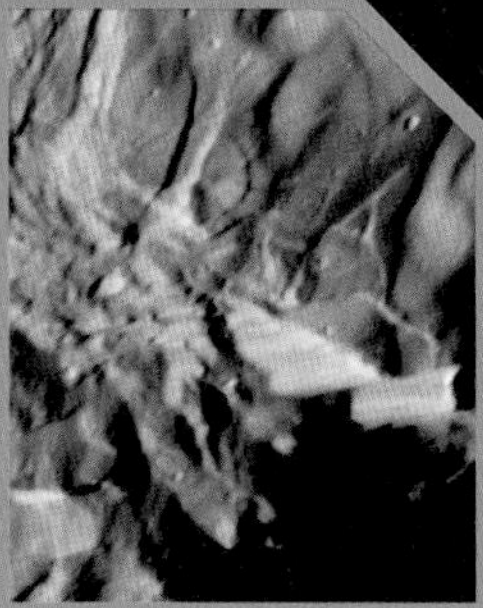

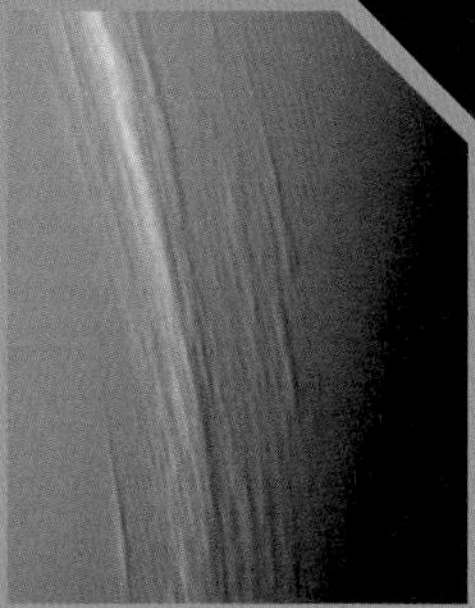

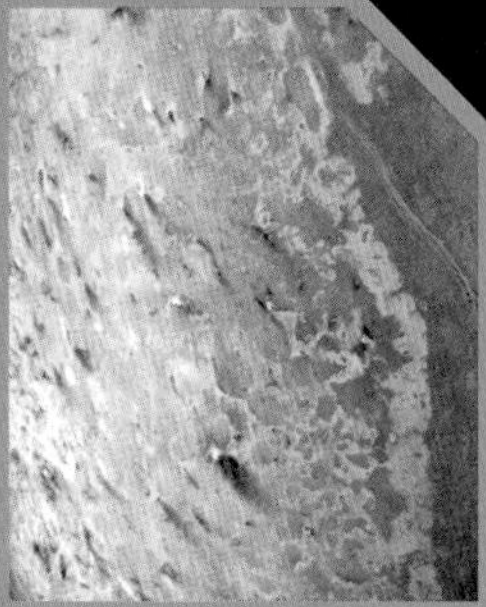

엔셀라두스: 2005년 나사의 카시니호가 토성의 위성인 엔셀라두스의 남극 위에서 **가장 큰 분화 얼음 기둥**을 발견했다. 이로써 보이저호가 알려준 내용이 사실로 입증되었다. 엔셀라두스에서 얼음화산 분출이 일어나고 있는 것이다. 또한 이 위성은 **태양계에서 지질활동이 일어나는 가장 작은 행성**이기도 하다.

천왕성: 1986년 1월 24일 보이저 2호가 **처음으로 천왕성 상공으로 진입**했고 행성 위 구름 속 8만 1,500㎞까지 다가갔다. 그 과정에서 복잡한 자기장을 지닌 고리와 새로운 소형 위성 10개를 발견했다. 보이저 2호는 천왕성 도달에 성공한 인간이 만든 유일한 우주선이다.

미란다: 천왕성의 작은 위성인 미란다는 지름이 472㎞에 불과하다. 하지만 보이저 2호가 촬영한 사진에 따르면 표면에 약 20㎞에 달하는 **태양계에서 가장 높은 절벽**을 지녀 지질학적으로 상당히 특이하다. 베로나 루프스라고 불리는 이 절벽은 미국 애리조나의 그랜드캐니언보다 10배 더 높다.

해왕성: 1989년 8월 25일 보이저 2호가 3년 6개월간의 천왕성 탐사를 마치고 **처음으로 해왕성 상공으로 진입**했다. 탐사선은 해왕성의 북극 위 4,800㎞ 지점까지 접근했다. 보이저 2호는 해왕성에 시속 2,400㎞로 **태양계에서 가장 거센 바람**이 분다는 사실을 알아냈다.

트리톤: 보이저 2호는 해왕성의 가장 큰 위성에서 질소 가스와 눈을 간헐적으로 분출하는 얼음화산을 발견했다. 8㎞ 높이의 **가장 큰 질소 분출구**는 약한 태양열이 트리톤 표면 아래 질소 얼음을 달구어 생겨난 것으로 보인다. 이 사진 속 검은 점들은 분출된 낙진이다.

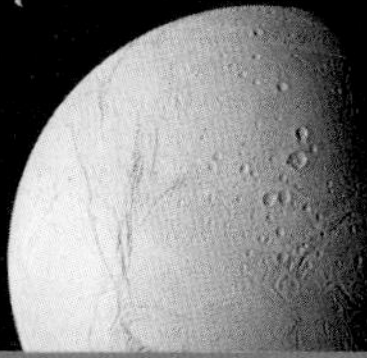

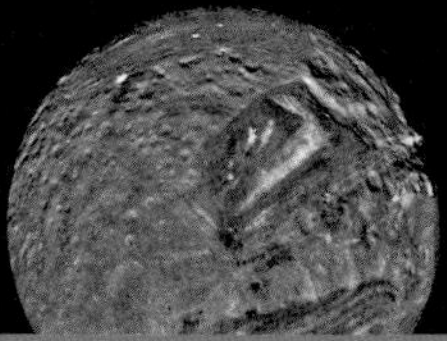

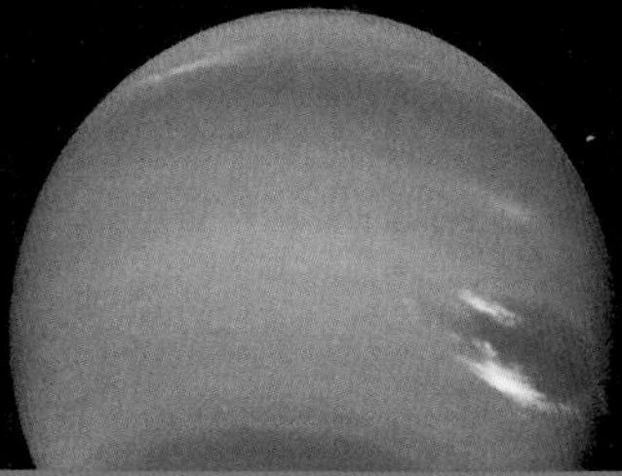

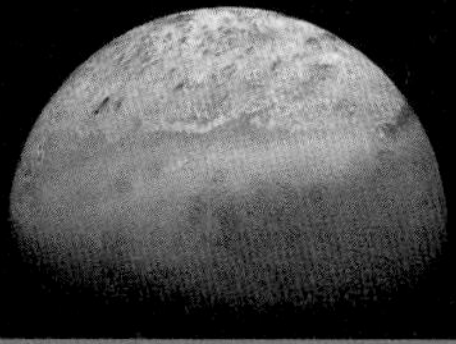

가장 오래된 척추동물

선사시대 턱이 없는 물고기 하이코우이크티스가 초창기 캄브리아의 바다를 헤엄쳐 다녔다. 2.5㎝ 크기의 이 해양 생물체가 우리의 가장 오래된 조상이다.

530 MYA

5억 3000만 년 전

DATELINE

블랙홀 BLACK HOLES

블랙홀이란 무엇인가?

블랙홀은 초신성으로 삶을 다한 별들의 잔해를 지칭한다. 중력이 아주 강해 빛도 벗어나지 못하는 우주의 한 공간으로 분류되어 있다. 오른쪽은 블랙홀을 획기적으로 해석한 이미지로 영화 <인터스텔라>(미국)의 제작자와 미국 이론 물리학자인 킵 손이 함께 만들었다.

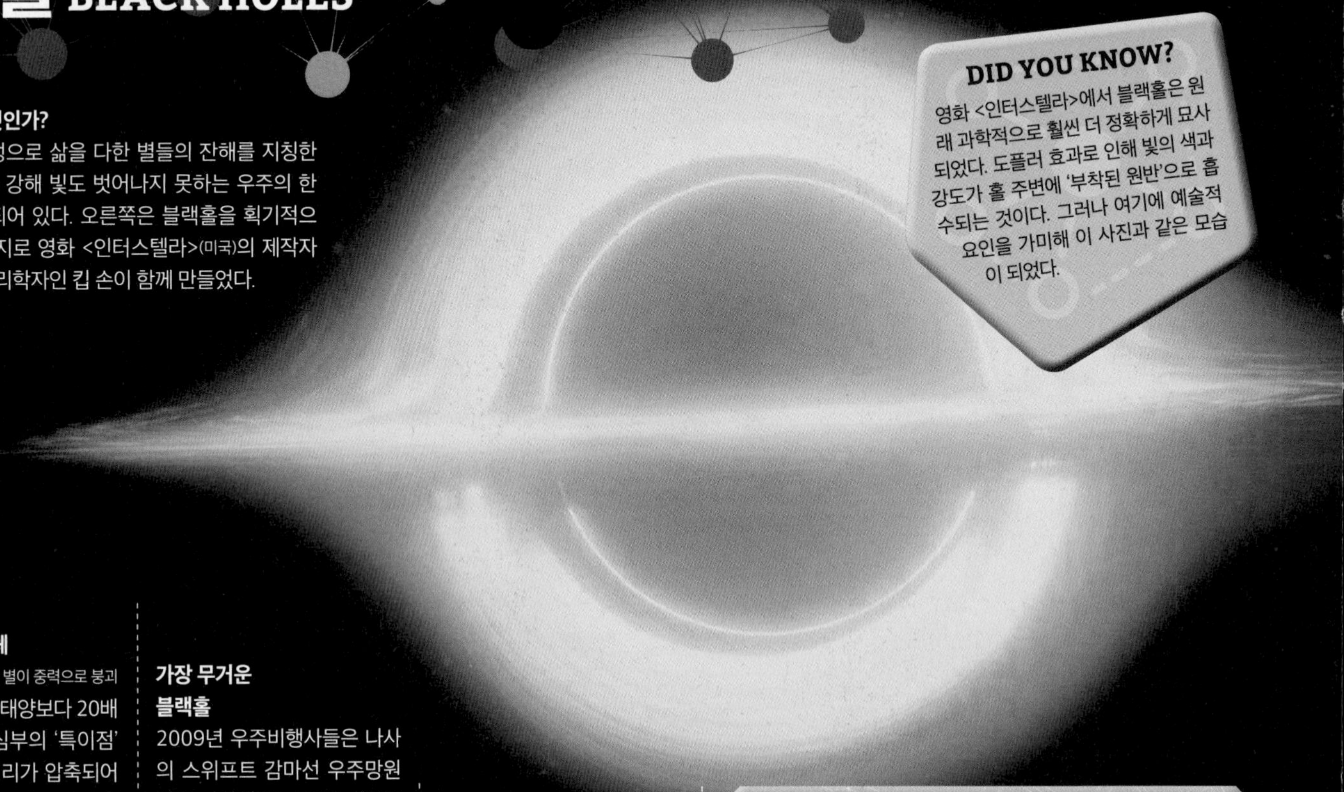

DID YOU KNOW?

영화 <인터스텔라>에서 블랙홀은 원래 과학적으로 훨씬 더 정확하게 묘사되었다. 도플러 효과로 인해 빛의 색과 강도가 홀 주변에 '부착된 원반'으로 흡수되는 것이다. 그러나 여기에 예술적 요인을 가미해 이 사진과 같은 모습이 되었다.

우주에서 가장 조밀한 물체

'별 블랙홀'(커다란 별이 중력으로 붕괴하여 생긴 블랙홀)은 태양보다 20배는 더 크다. 중심부의 '특이점'은 죽은 별 덩어리가 압축되어 크기가 사라지고 영구적인 밀도를 지닌 지점이 된 것으로 블랙홀의 강력한 중력장을 형성하는 것이다. 우리 은하계만도 수천 개의 특이점이 존재하는 것으로 추정된다. 과학자들은 대부분의 은하계 중심에 초대형 블랙홀이 존재하며 100만 개의 태양보다 더 무게가 나갈 것으로 예측한다.

가장 무거운 블랙홀

2009년 우주비행사들은 나사의 스위프트 감마선 우주망원경을 사용해 S5 0014+81 준성 중심에 있는 초대형 블랙홀을 측정했다. 준성은 은하계 밖에서 별처럼 크게 빛나는 물체다. 그 결과 400억광 정도의 질량이 나왔는데, 이는 이 블랙홀이 은하수의 중심부에 위치한 초대형 블랙홀보다 1만 배 더 크다는 뜻이다.

최초의 '불량' 블랙홀

마카리안 177은 9,000만 광년 떨어져 있는 왜소은하다. 2013년 6월 하와이의 켁 천문대에서 관측한 바에 따르면 이 은하와 연계된 SDSS1133은 은하계 중심에서 벗어난 초대형 블랙홀인 것으로 추정된다.

영화 속에서 가장 과학적 이론에 맞게 구체적으로 묘사된 블랙홀

가르강튀아(위)는 영화 <인터스텔라>(2014년 11월 5일 개봉)에 등장하는 허구 속 블랙홀이다. 시각효과 업체인 더블 네거티브가 유명한 물리학자인 킵 손(미국, 아래)과 협력해서 만들어낸 더블 네거티브 중력 렌더러라는 코드를 활용해 만들었다. 회전하는 블랙홀의 곡선 시공 주위로 빛을 보내는 방식이다. 덕분에 정확한 중력 효과가 생겨나 보는 이가 마치 그 자리에 있는 것처럼 느끼게 해준다. 처음 이들이 만든 블랙홀은 한층 현실적이었지만 크리스토퍼 놀런 감독이 영화 관객들의 이해를 높이고자 몇 가지 수정을 요청했고 손이 동의하면서 바뀌게 되었다.

지구와 가장 가까운 블랙홀

A0620-00은 저중량의 별과 성단 블랙홀을 포함하는 연성계로 구성되며 지구에서 약 3,000광년 떨어진 외뿔소자리에 위치한다. 이 성단 속 블랙홀은 태양보다 최소 3.2배는 더 크고 15배 더 무겁다. 매 7.75시간마다 상당히 차가운 온도를 지닌 K유형 별 주위를 돈다. 상단의 이미지는 이웃한 별이 블랙홀의 중력에 끌려가는 모습을 보여준다.

두 블랙홀 간의 최단 거리

2009년 3월 우주비행사 팀은 중심에 2개의 블랙홀이 있는 SDSSJ153636.22+044127.0 준성을 발견했다고 밝혔다. 빛의 스펙트럼을 분석한 결과 두 블랙홀은 각각 태양 5,000만 개, 2,000만 개의 무게를 지녔지만 서로 3분의 1광년밖에 떨어져 있지 않았다. 이는 우리의 태양과 가장 가까운 별인 알파 센타우리와의 거리 10분의 1도 채 되지 않는다.

육안으로 볼 수 있는 가장 멀리 있는 물체

초거대 별들이 기력을 다해 붕괴하면서 특이점으로 합쳐져 블랙홀을 생성할 때 감마선을 내뿜는다. 2008년 3월 19일 나사의 스위프트 위성이 75억 광년 떨어진 은하계에서 감마선이 폭발하는 것을 감지했다. 스위프트가 감지하고 30~40초가 지난 뒤 감마선의 광학적 반응이 지구의 망원경으로 관찰되었다. 이 활동으로 발생한 빛을 우주비행사들은 GRB

DATELINE **380 MYA** 3억 8000만 년 전

생명 탄생의 첫 표본

플래커덤(선사시대 갑각어류) 배아와 모체가 죽어 잘 보존된 화석이 되었는데 배아는 탯줄로 모체와 이어져 있었다. 25㎝ 길이의 이 화석은 마테르피스키스 아텐보로이라고 불린다.

FAST FACTS

블랙홀은 시간과 공간을 왜곡시킨다. 가까이 갈수록 시간이 느려진다. • 존 휠러(미국) 교수가 1967년 블랙홀이라는 용어를 만들어냈다. • 블랙홀의 중력에 의해 해체되는 현상을 나타내는 용어는 '스파게티화'이다.

가장 빠르게 도는 초대형 블랙홀

나선형 은하인 NGC 1365의 중심부에는 태양 200만 개의 중량을 가진 블랙홀이 있다. 2013년 2월 28일에 출간된 과학 논문에 따르면 이 블랙홀은 광속 약 84%로 회전하고 있다.

080319B라고 부르는데 육안으로 약 30초간 볼 수 있었다. 기술적으로는 5.8광도로 발광해 지구에서 보는 천왕성 정도의 밝기였다.

천문학에서 광도는 지구에서 보이는 대상의 밝기를 지칭하는 기준이다. 다만 광도의 수치는 거꾸로 봐야 해서 혼동하기 쉽다. 밝은 빛일수록 광도 수치는 적다.

같은 해 9월 16일 나사의 페르미 감마선 천문 위성이 지구에서 122억 광년 떨어진 용골자리에서 가장 강력한 감마선 폭발을 감지했다. 이는 평범한 초신성 9,000개의 폭발과 맞먹는 에너지였다. 폭발은 광속 99.9999%로 이루어졌다.

하늘에서
가장 밝은 준성

3C 273 준성은 처녀자리에서 25억 광년 떨어져 있다. 먼 거리에도 불구하고 광도는 12.9로 현대적인 망원경으로 충분히 관찰할 수 있을 정도로 밝다. 이 준성이 밝은 까닭은 초대형 블랙홀 주변의 거대한 강착원반이 열을 내뿜기 때문으로 추정된다. 3C 273이 30광년만 떨어져 있었다면 우리 하늘 속 태양처럼 밝게 빛났을 것이다.

은하수에서
가장 강한 X선을 내뿜는
블랙홀

2013년 9월 14일, 우주비행사들은 나사의 찬드라 X선 우주망원경을 통해 은하수 중심에 위치한 블랙홀 궁수자리 A에서 400개의 X선이 뿜어져 나오는 것을 관찰했다. 이 빛은 2012년 같은 곳에서 발생한 것보다 3배 더 강력했다.

발광은 몇 시간 동안 지속되었고 덕분에 그 기원에 대한 가설이 생겼다. 과학자들은 한 소행성이 블랙홀의 힘에 의해 와해되면서 그 잔해가 회오리처럼 회전하며 열을 받아 섬광을 형성했다고 추측했다.

가장 가까이 있는 초대형 블랙홀

궁수자리 A는 우리 은하수 중심에 위치한 블랙홀로 지구에서 2만 7,000광년 떨어져 있다. 태양 400만 개의 중량을 지닌 이 블랙홀 주위로 여러 개의 거대 위성이 궤도를 돈다. 이 사진은 나사의 찬드라 X선 우주망원경이 포착한 것이다. 각기 다른 색상은 다른 에너지를 지닌 X선을 의미한다. 중앙의 '구름'은 X선을 방출하는 은하 중심의 먼지와 가스층이다. 궁수자리 A는 이 이미지 중심부의 가장 밝은 부분에 가려져 있다.

우주에서
가장 낮은 음

지구에서 2억 5,000만 광년 떨어진 페르세우스 성단의 중심에 있는 초대형 블랙홀이 방출하는 음파는 현상학적으로 아주 낮은 음을 만들어냈다. 블랙홀을 둘러싼 아주 얇은 가스층을 투과하면서 나는 이 소리는 B 플랫으로 가온 '다' 음 아래 57 옥타브다.

우리는 이 소리를 들을 수 없는데 음파가 우주 진공을 통해 흐르지 않아 블랙홀의 웅성거리는 소리가 가스층에 흡수되어 버리기 때문이다. 또한 이 음은 인간의 청력으로 감지할 수 있는 음보다 수천만 배 더 낮다.

이 음파는 앤드류 파비안(영국) 교수가 이끄는 다국적 우주비행사 팀이 찬드라 X선 우주망원경을 통해 발견했다.

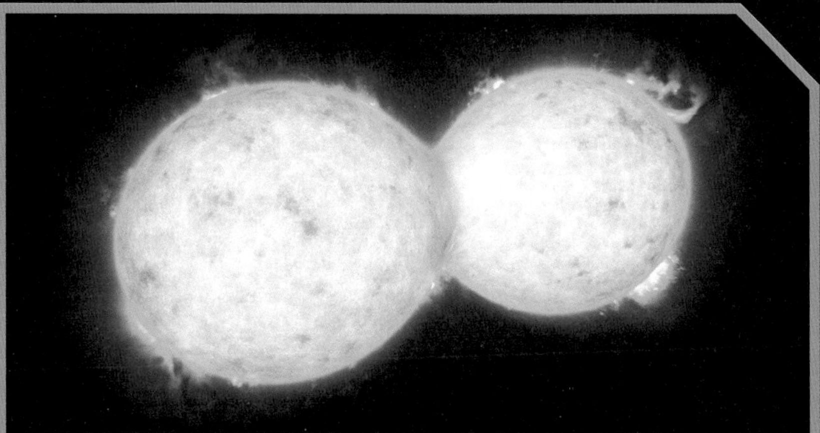

가장 큰 결합 연성

VFTS 352는 지구에서 16만 광년 떨어진 대마젤란운의 타란툴라 성운에 속한 연성계다. 이 2개의 별은 태양의 약 57배 크기로 서로의 궤도를 아주 가까이 돌며 결합하고 물질을 공유한다. 결합 연성으로 알려진 이 거대한 별은 서로 1,200만㎞ 떨어져 있으며 하루에 한 번 겹치는 중심부를 돈다.

DID YOU KNOW?

'사상 수평선'은 우주비행사들이 블랙홀의 주변 경계를 설명할 때 쓰는 용어다. 이 경계를 넘어서면 빛조차도 블랙홀의 끌어당기는 힘에서 벗어나지 못하고 그대로 빨려 들어간다. 궁극적인 '귀환불능지점'인 셈이다.

최대 은하계 충돌

약 300개의 은하계가 약 1,000개의 은하계가 속한 거대 집단 속으로 충돌해 아벨 754가 생겨났다. 아벨 754는 지름이 약 100만 광년이며 요동치는 거대한 은하성단이다.

300 MYA
3억 년 전

DATELINE

지구 EARTH

DATELINE

240 MYA
2억 4000만 년 전

가장 오래된 공룡
덩치가 작고 육식을 하는 니아사사우루스 패링토니(*Nyasasaurus parringtoni*)는 탄자니아에서 번성했다. 2012년 화석을 분석한 결과 이 공룡은 1000만~1500만 년 전에 서식한 것으로 추정된다.

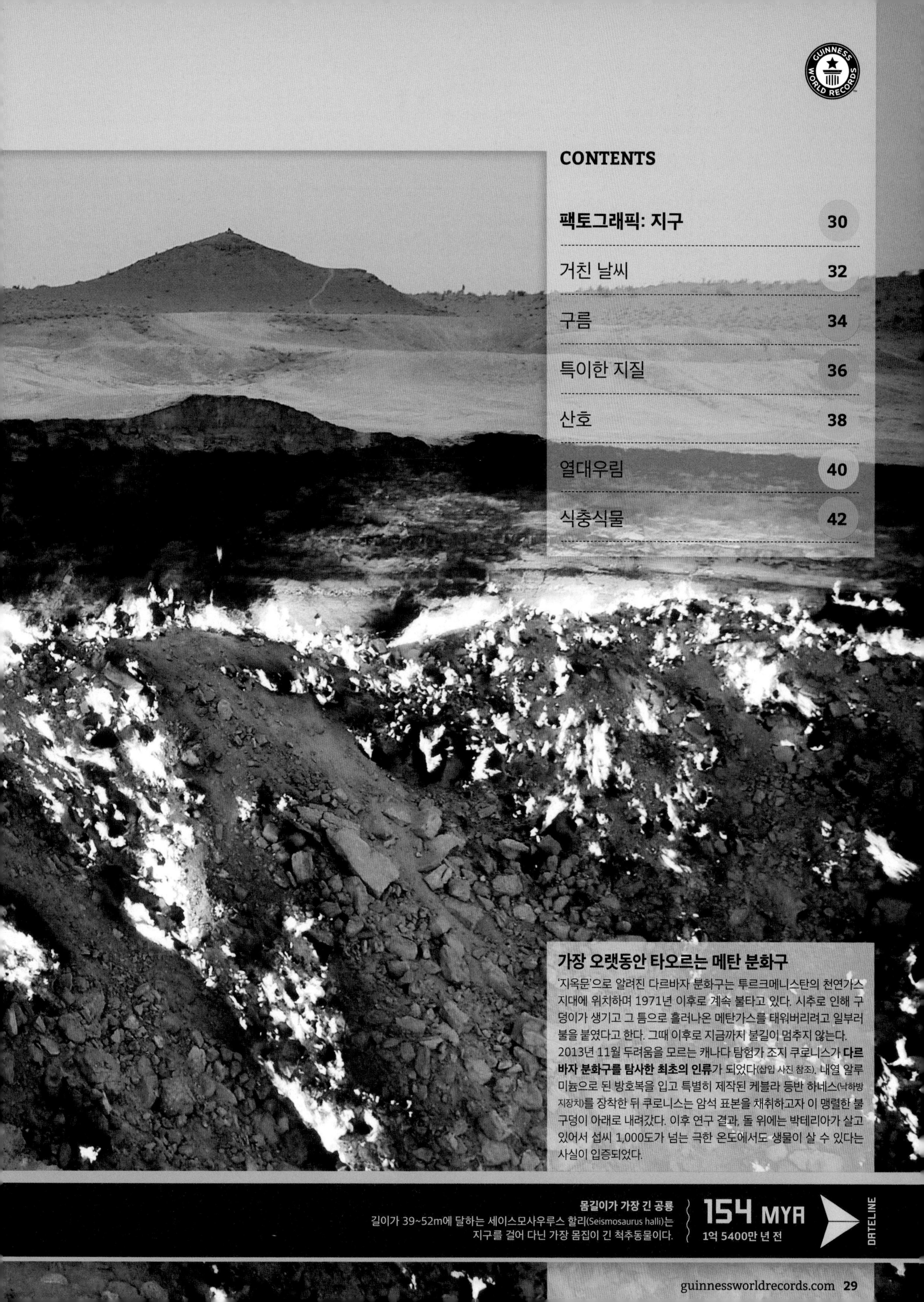

CONTENTS

가장 오랫동안 타오르는 메탄 분화구

'지옥문'으로 알려진 다르바자 분화구는 투르크메니스탄의 천연가스 지대에 위치하며 1971년 이후로 계속 불타고 있다. 시추로 인해 구덩이가 생기고 그 틈으로 흘러나온 메탄가스를 태워버리려고 일부러 불을 붙였다고 한다. 그때 이후로 지금까지 불길이 멈추지 않는다. 2013년 11월 두려움을 모르는 캐나다 탐험가 조지 쿠로니스가 **다르바자 분화구를 탐사한 최초의 인류**가 되었다(삽입 사진 참조). 내열 알루미늄으로 된 방호복을 입고 특별히 제작된 케블라 등반 하네스(낙하방지장치)를 장착한 뒤 쿠로니스는 암석 표본을 채취하고자 이 맹렬한 불구덩이 아래로 내려갔다. 이후 연구 결과, 돌 위에는 박테리아가 살고 있어서 섭씨 1,000도가 넘는 극한 온도에서도 생물이 살 수 있다는 사실이 입증되었다.

몸길이가 가장 긴 공룡
길이가 39~52m에 달하는 세이스모사우루스 할리(Seismosaurus halli)는 지구를 걸어 다닌 가장 몸집이 긴 척추동물이다.

154 MYA
1억 5400만 년 전

DATELINE

지구 EARTH

우리 별 지구는 태양을 기준으로 시속 10만 6,200㎞로 공전한다. 또한 적도에서 시속 1,600㎞로 자전하고 있다. 놀랍지 않은가! 태양계 행성들 중에서도 지구는 단연 돋보이는 기록을 보유했다. **가장 밀도가 높은 행성, 가장 큰 지구형 행성**이자 **지질학적으로 가장 활발하게 움직이는 내행성**이기도 하다.

DID YOU KNOW?

가장 보편적인 요소이자 내핵의 주요 성분인 철은 지구에 강력한 자기장을 형성한다. 규산화합물이 **가장 풍부한 광물**이며 지각의 약 95%를 차지한다.

DID YOU KNOW?

지표면에서 약 3.9㎞ 아래인 금광의 가장 깊은 부분으로 내려가면 암석 온도는 섭씨 60도까지 올라간다. 1톤의 암석당 각설탕 크기의 금이 나온다.

지구의 구성 요소

지구가 빙글빙글 도는 가스와 먼지 덩어리에서 생명이 살 수 있는 행성으로 바뀌기까지 수십억 년이 걸렸다. 아래의 표는 이렇게 탄생한 지구의 구성 요소를 소개한다.

구성 요소	함유 지점	비중
1 철	내핵(88.8%), 외핵, 지각	32.1%
2 산소	외핵, 맨틀, 지각(46%)	30.1%
3 규소	맨틀, 지각(27%)	15.1%
4 마그네슘	맨틀, 지각	13.9%
5 황	외핵	2.9%
6 니켈	내핵과 외핵	1.8%
7 칼슘	지각	1.5%
8 알루미늄	지각	1.4%
9 미량원소		1.2%

지구에서 최고 높은 곳

티베트와 네팔의 경계인 히말라야에 있는 에베레스트 산은 1954년에 측정해보니 해수면에서 8,848m 솟아 있었다. 이 산의 높이를 알고자 한 최초의 시도는 1852년에 있었는데, 정확히 8,839m로 측정되었으나 당시 연구진은 대중이 반올림한 수치라고 여길 거로 생각해 2피트를 더 늘렸다.

히말라야는 세상에서 가장 큰 산맥으로 109개의 봉우리 중 96개의 높이가 7,300m 이상이다. 인도와 유라시아판이 충돌해 생긴 히말라야는 지금도 매년 약 1㎝씩 '자라고' 있다.

황금의 세계

지구의 핵에 자리한 모든 금을 채굴한다면 45㎝ 두께로 지표면에 금박을 입힐 수 있다. 그러나 온도가 무려 섭씨 4,000도가 넘는 2,800㎞ 깊이에 도달하기란 거의 불가능하다. 따라서 바다에서 찾아보는 편이 더 시원하고 효과적일 듯하다. 해수 1ℓ당 130억 분의 1g의 금이 들어 있으니 모두 2,000만 톤의 금을 함유한 셈이다. 이는 기자에 있는 대피라미드의 3배 무게에 달한다.

지구 관통하기

드릴로 지구에 터널을 뚫고 그 속으로 뛰어든다고 상상해보자. 공기저항이 없고 열기가 침투하지 않는 등 많은 것들의 영향을 받지 않는다면 반대편까지 도달하는 데 얼마나 걸릴까? 여러 가설 중 한 이론에 의하면 42분이 걸린다고 한다. 철로 된 핵이 끌어당기는 덕에 중력이 가속화되어 지구는 태양계에서 **가장 밀도 높은 행성**이 되었다. 시속 800㎞로 하강하는 와중에 중심부에 도달하면 몸은 무중력 상태가 된다. 핵을 통과하면 다시 중력을 느끼기 시작하지만 이제 역으로 속도가 느려진다. 다만 가속도로 인해 계속 하강하면서 지구 반대편에 도착한다. 이때 반드시 무언가를 붙잡아야 한다. 그렇지 않으면 엉덩방아를 찧을 것이다!

볼링공 지구

산맥과 계곡은 지구 표면의 5,000분의 1밖에 차지하지 않는다. 지구를 같은 크기로 놓고 비교했을 때 볼링공보다 부드럽다는 계산이 나온다. 그러나 지구는 볼링공처럼 완벽한 구형은 아니다. 자전하는 모든 행성과 마찬가지로 지구는 중심부인 적도가 살짝 볼록하다. 적도의 지름은 양극 사이보다 40㎞ 더 길다.

거대한 물방울

미국 지질 연구소에 따르면 지구 안과 밖, 대기에 머무는 모든 물을 한 방울로 모은다면 그랜드 캐니언의 2배 길이에 해당하는 지름 1,385㎞ 크기가 된다고 한다. 모든 생명이 마실 수 있는 담수는 주로 강과 호수에서 얻을 수 있는 지표수다. 지표수를 한 방울로 만든다면 폭이 56㎞가 된다.

빗방울보다 빠른 챔피언

빗방울은 시속 27.3㎞로 떨어진다. 이는 세계신기록을 세운 우사인 볼트(위)의 기록보다 시간당 10.4㎞ 느리다. 빗방울은 일반적으로 눈물과 같은 형태로 묘사되지만, 더 큰 방울들은 떨어질 때 햄버거처럼 납작한 모양에 가깝다. 4.5㎜ 이상 되는 크기의 빗방울은 떨어지면서 형체가 무너진다.

DID YOU KNOW?

1875년 마리아나 해구에서 군함 챌린저호가 처음으로 바다에서 가장 깊은 지점을 찾아내서 그 이름을 붙였다(아래 참조). 에베레스트 산을 이 해구 속에 떨어뜨린다면 산봉우리가 수면 아래 2㎞에 위치할 것이다.

지구에서 가장 깊은 지점

서태평양 마리아나 해구의 챌린저 딥은 해수면 아래로 1만 911m에 위치한다. 이곳에서 2012년 제임스 캐머론(캐나다)이 잠수함을 타고 **가장 깊이 내려간 개인 해저탐사**에 도전했고 1960년에 자크 피카드(스위스)와 도널드 월시(미국)가 **최초의 인류 해저탐사**이자 **가장 깊은 해저탐사** 기록을 세웠다. 심해는 인류의 마지막 도전 과제 중 하나다. 챌린저 딥 바닥 탐사에 나선 사람보다 달 표면을 걸은 사람(12명)이 4배 많은 것이 이 점을 증명해준다.

DID YOU KNOW?

이 사진은 2015년 4월 23일 칠레 칼부코 화산이 갑자기 분출하면서 화산 번개가 내리치는 장면을 포착한 것이다. 화산과 관련된 이 폭풍우는 '피로쿠물로님부스'라고도 부르는데 피로(Pyro)는 '불'이라는 뜻이다.

가장 빠른 활강바람

차갑고 강한 공기가 중력의 힘에 의해 높은 고도에서 아래로 휩쓸리면 활강바람(Katabatic wind)이 생긴다. 남극 해안가 급경사면 주위로 활강바람이 시속 300㎞로 부는데 이는 중국 고속열차의 속도와 맞먹는다. 이 바람은 지리적 영향에 의한 것이라 한 방향으로만 분다. 활강바람이라는 말은 그리스어로 하강을 뜻하는 카타바시스(Katabasis)에서 따왔다.

녹색섬광을 포착한 최초의 컬러사진

일몰 뒤 혹은 일출 직후에 나타나는 녹색섬광은 고도로 굴절된 햇빛이 태양 위로 녹색 점처럼 보이도록 하는 일종의 착시현상이다. 1960년 이탈리아 바티칸 천문대에서 DK J 오코넬이 이 보기 어려운 현상을 처음 컬러 이미지로 포착했다.

최고로 강한 폭풍해일

1899년 3월 4일 열대 사이클론 마히나가 호주 퀸즐랜드의 배서스트 베이를 강타했다. 폭풍과 저기압이 결합해 해수면이 높아져 폭풍해일이 일어났고 그 높이가 13m에 달해 물고기와 돌고래가 15m 절벽에 걸린 모습도 발견되었다. 이 폭풍해일로 400명 이상이 목숨을 잃었다.

붉은 비의 최다 출현 빈도

1896년 이후 인도 케랄라 주의 말라바르 해안에 산발적으로 붉은 비가 내린다는 보도가 있었다. 2001년 7월 25일~9월 23일까지 케랄라에는 수차례 붉은 비가 내렸다. 3개월 동안 연속해서 붉은 비가 내린 장소는 이곳이 유일하다. 2015년 과학자들이 붉은 비 표본을 분석했고 붉은 비가 내리는 이유를 트렌테폴리아 아눌라타라는 미세조류의 포자 때문이라고 밝혔다.

왕관 번개에 대한 최초의 설명

폭풍 위 밝은 부분처럼 보이는 왕관 번개는 1885년에 처음 보도되었다. 뇌운 속에서 전기장이 바뀌는 것이 원인으로 추정되며 평판 혹은 바늘 모양의 얼음 결정이 생겨 빛을 반사한다.

화산 번개에 대한 가장 오래된 기록

화산이 분출하면 거대한 재 기둥이 솟아오르고 화산 위 공기에 전기장을 형성해 번개를 내리친다. 화산 번개에 대한 최초의 기록은 로마의 정치가 소 플리니우스가 작성한 것으로 그는 서기 79년 베수비오 산이 분출하는 광경을 목격했다. 그는 가까스로 목숨을 구했지만, 그의 삼촌이자 유명한 노학자인 플리니우스는 근처 도시로 대피하던 중 목숨을 잃었다.

DATELINE **153 MYA**
1억 5300만 년 전

하늘을 나는 가장 오래된 새
아르카이옵테릭스 리토그라피카는 현 독일 남부지역에서 번식했다.
깃털과 날개가 있지만 발톱과 이빨이 난 이 새는 공룡과 조류를 연결하는 핵심고리다.

토네이도 속 최대 압력 강하

2007년 4월 21일 미국 텍사스 주 툴리아에서 토네이도가 기상 예측 정보를 수집하던 이동식 메소넷 차량을 덮쳤다. 이 차량 속 장치가 토네이도 속 압력 강하를 기록했는데 수치가 194밀리바였다. 미국과 캐나다의 토네이도는 피해 규모에 따라 EF 등급이 나뉜다. 측정에 따라 1(온순)에서 5(초고위험)까지 분류되는데, 이 토네이도(사진)는 겨우 2등급을 받았다.

24시간 동안 내린 최대 강수량
1952년 3월 15일~3월 16일 인도양 실라오스의 레위니옹 섬에서 24시간 동안 1,870㎜의 비가 내렸다. 그달의 평균 강수량은 거의 167㎜에 달했다.

재산피해가 가장 컸던 열대 사이클론
2005년 8월 29일 허리케인 카트리나가 루이지애나 해안가와 근교 미 남부지역을 쑥대밭으로 만들고 약 1,080억 달러의 재산피해를 냈다.

FAST FACTS

1876년 3월 3일, 미국 켄터키 주 랜킨 근교에 생고기 비가 내렸다. • 대서양 혹은 동태평양에서 생성된 열대 사이클론은 일반적으로 허리케인이라고 부르고 서태평양에서 생성된 것은 태풍이라고 지칭한다.

허리케인으로 가장 많은 집을 잃은 사람

미국 루이지애나 주 브레이스웨이트에 사는 멜라니 마르티네스는 '미국에서 가장 불운한 여인'으로 불린다. 다섯 번의 허리케인을 만나 다섯 번 집을 잃었기 때문이다. 벳시(1965)를 시작으로 후안(1985), 조지(1998), 카트리나(2005)까지 겪었다. 허리케인 카트리나가 발생한 지 7년째인 2012년 8월 29일 허리케인 아이작이 멜라니가 사는 브레이스웨이트를 강타했다.

최고 강력한 허리케인
2005년 10월에 생성된 5등급 허리케인 윌마가 역사상 가장 강력한 허리케인으로 기록되었다. 중심 저기압이 882밀리바이고 풍속이 시속 296㎞에 달했다. 확인되지 않은 보도에 따르면 2015년 멕시코를 강타한 허리케인 패트리샤가 이보다 더 강했다고 한다.
그러나 가장 큰 허리케인일지라도 태평양 중부와 서부에서 발생하는 열대 사이클론에 비하면 아무것도 아니다. 1979년 10월에 생긴 태풍 팁은 **가장 강한 열대 사이클론**으로 저기압이 870밀리바이고 풍속이 시속 306㎞였다.

허리케인이 만든 최다 토네이도
2004년 9월 2일 발생한 허리케인 이반은 카리브 해안에서 EF 5등급으로 성장했다. 미국 국립기후자료센터에 의하면 이 허리케인이 9월 15일부터 3일 동안 119개의 토네이도를 만들었다고 한다.

DID YOU KNOW?

온통 두꺼운 얼음으로 뒤덮인 이 자동차는 2012년 스위스 베르수아에 내린 아주 차가운 얼음 폭우를 맞은 직후 이렇게 되었다. 얼음 폭우로 인정받으려면 비가 최소 6.35㎜ 두께가 되어야 하고 표면이 얼음으로 덮여 있어야 한다.

얼음 폭풍으로 입은 최악의 피해

1998년 1월 첫 주에 엄청난 얼음 폭풍이 캐나다 동부와 그 인접 미국 지역을 강타했다. 교통이 완전히 마비되었고 퀘벡 인구의 약 40%에 달하는 300만 가구의 전기가 끊어졌다. 캐나다에서만도 약 30억 달러의 재산피해를 냈다.

처음 알려진 인류의 조상
오로린 투게넨시스는 두 발로 걸었고 다 큰 암컷 침팬지 정도의 크기였다. 케냐 고생물학 탐사대의 과학자들은 2000년 12월 600만 년 된 이 화석을 발견했다고 발표했다.

6 MYA 600만 년 전

DATELINE

구름 CLOUDS
GALLERY

형태를 바꾸고 빛을 더해 하늘을 아름답게 꾸며주는 구름은 기상학자의 좋은 친구다. 기상학자들이 날씨를 예측하게 도와주어 계획, 물류, 여행, 안전을 지킬 수 있게 해준다. 구름은 공기 중에 떠다니는 물방울이나 얼음 결정이 바다, 호수, 강에서 수증기로 증발해 모이면서 생겨난다. 일부 구름은 제트기처럼 높이 솟고 어떤 구름은 안개처럼 바닥에 낮게 깔린다. 구름은 형태와 떠 있는 높이에 따라 다른 이름으로 불린다.

1

2

3

최고 높은 구름 1

80㎞ 고도에서 생성되는 야광운(맨 위 왼쪽 사진, 스웨덴 스톡홀름)은 얼음 결정과 유성의 잔해로 이루어졌다고 본다. 높게 떠 있는 탓에 해가 지고 나서야 보이지만 여전히 태양 빛을 받아 빛난다. 자개구름 혹은 진주운(삽입 사진, 남극)은 특이한 형태의 권운으로 평균 9㎞ 상공에서 최고 높은 구름이다. 진주운은 최대 24㎞ 상공에서 생겨날 수 있다.

최고 낮은 구름 2

친숙한 회백색 층운은 2,000m 상공에서 넓게 혹은 드문드문 생긴다. 낮게 떠다닐 때는 그저 안개(맨 위 오른쪽 사진, 미국 캘리포니아주 델리 시티)라고 부른다. 층운은 따뜻한 공기로 인해 생겨나는 아침 안개다. 층운이 보이면 가벼운 비나 눈이 올 것이라 예상할 수 있다. 층운 위에 다른 구름이 없다면 그 속으로 태양이나 달이 비춰 보인다.

수직으로 최고 높은 구름 3

열대지역에서는 에베레스트 산의 2배 높이에 해당하는 약 2만m 높이의 적란운이 관찰된다. 상승기류로 인해 생기는 이 거대한 구름 기둥은 평평하게 쌓인 형태로 이루어졌을 때 모루 모양 적란운이라고 부른다. 성층권의 희박한 공기층에 구름이 납작해져서 생긴 형태다. 적란운은 난기류와 뇌우를 불러온다.

다이아몬드더스트 최다 발생 지역 4

지금은 사용되지 않는 남극 고원 중심에 있는 플래토 기지에서 매년 평균 316일 동안 다이아몬드더스트가 생기는 현상을 볼 수 있다. 얼음 결정으로 된 이 낮은 구름은 차가운 공기가 따뜻한 공기 아래로 들어가면서 형성된다. 다이아몬드더스트는 안개보다 옅으며 햇빛이 반사되었을 때 개별 결정이 빛을 굴절시켜 반짝이는 것처럼 보인다. 극지방에서 흔히 볼 수 있는 현상이다.

DATELINE **5.9 MYA** 590만 년 전

말라버린 가장 큰 바다
지질작용으로 대서양과 지중해 사이 물길이 막히면서 후에 지중해 해협이 마른 소금 분지가 되었다.

4

6

DID YOU KNOW?

영국의 아마추어 기상학자 루크 하워드(1772~1864)는 '구름의 이름을 지어주는 사람'으로 유명하다. 그는 일기 예보에서 구름 관찰이 가장 중요하다는 사실을 알고 구름의 형태를 크게 층운, 적운, 권운으로 분류했다.

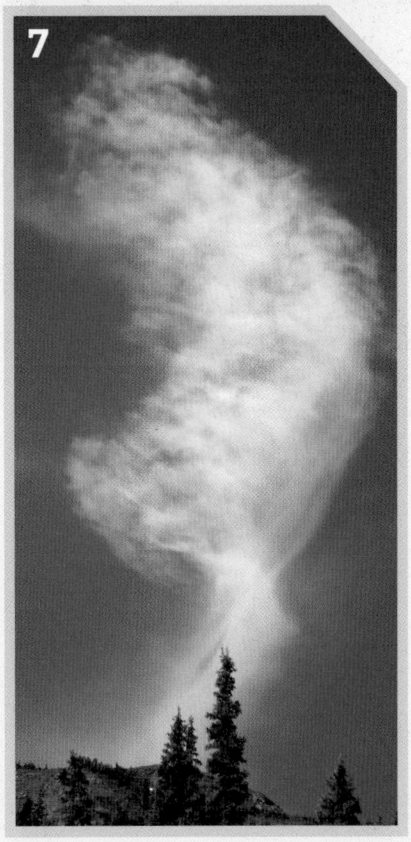

7

5

8

최고 큰 솔리톤 구름 5

솔리톤이라고 부르는 특이한 단독 구름은 꾸준한 속도로 움직이면서 형태를 유지한다. 이 구름이 길게 늘어선 모습을 모닝글로리라고 부르며 가장 긴 것이 호주 카펀테릴 아만에서 만들어졌다. 이 역방향 구름은 길이 1,000㎞, 높이 1㎞이며 시속 60㎞로 움직인다. 이 구름에 매료된 글라이더들이 구름의 제일 앞부분을 만져보려는 시도를 하기도 한다.

최고 느린 구름 6

산봉우리 끝이나 지형경계에서 자주 생성되는 렌즈운은 공기가 그 사이로 통과해도 가만히 자리를 지킨다. 고도 1만 2,000m에서 개별적으로 혹은 층으로 이루어 생겨난다. 빠르게 움직이는 안정적인 공기가 지리적 특성에 의해 위로 솟아오르면 습기가 집약되어 이 구름이 생기는 것이다. 매끄럽고 둥글거나 타원형, 렌즈와 같은 모습이라 UFO로 오인되기도 한다.

가장 최근에 분류된 구름 형태 7

가장 최근에 분류된 독특한 구름 유형은 1951년 지정된 헝클어진 권운이다. 얇은 이 권운은 회오리 모양 혹은 형태가 없는 가는 실 모양을 이룬다. 2009년 구름관찰협회에서 새로운 구름 형태인 거친 물결운을 제안했다. 이 구름은 파도와 흡사하며 상당히 보기 드물다. 이 구름은 폭풍우를 부르지 않고 소멸하는 경향이 있다.

최고 오래 지속되는 콧수염 구름 8

지구 상에서 볼 수 있는 가장 특이한 구름으로 말발굽 혹은 콧수염 구름으로 불리며 생성에서 소멸까지 1분이 채 걸리지 않는다. 토네이도가 만들어지는 것처럼 공기가 순환할 때 생긴다. 하지만 회전하는 공기 기둥의 방향이 세로가 아니라 가로라서 토네이도가 만들어지지는 않는다. 대신 상승기류가 이 구름을 초승달 모양으로 바꾼다. 이 현상은 아주 가끔 카메라에 포착된다.

가장 육중한 비행 조류

아르젠타비스 마그니피센스는 대형 독수리와 같은 새로 무게가 72㎏에 달했다. 성인 남성보다 더 무게가 많이 나가는 이 조류는 중신세(中新世) 남아메리카의 하늘을 지배했다.

5 MYA 500만 년 전 DATELINE

특이한 지질 BIZARRE GEOLOGY

우주에서 바라본 가장 특이한 지질
모리타니의 사하라 사막 일부에 속하는 리차트 구조는 지름이 약 50㎞인 원형의 퇴적 지형이다. 한때 운석 등의 충돌로 생긴 구덩이라고 여겨졌지만, 지금은 솟아오른 둥근 퇴적층이 침식되어 남은 지형이라는 설을 따른다. 이 놀라운 '지구의 눈'은 1965년 6월 제미니 4 임무에 나선 미 우주비행사 짐 맥디비트와 에드 화이트가 우주 궤도에서 발견했다.

가장 최근에 생긴 바다
2005년 에티오피아에 있는 아파르 저지대(아프리카에서 가장 낮은 지층으로 다나킬 저지대라고도 부름)에 56㎞ 길이의 틈이 생겼다. 2009년 11월, 과학자들은 분석을 통해 이 틈이 새로운 바다를 이루는 시작점이 될 것이라고 내다보았다. 아파르 아래에서 일어나는 지질 작용은 바다에서 일어나는 작용과 같아서 등성이가 모여 새로운 지층을 형성하고 기존의 지층은 갈라져 가라앉는다.

최대 '석림(石林)'
마다가스카르 서부의 그랑칭기는 600㎢에 달하는 '석림'으로 쥐라기 시대(2억 130만~1억 4500만 년 전)에 생성된 날카로운 석회암 봉우리로 이루어져 있다. 시간이 흐르면서 이 석회암이 비에 침식되어 높이 90m에 이르는 뾰족한 봉우리 숲을 이루었다.

'움직이는 돌'이 남긴 가장 긴 자국
미국 네바다와 캘리포니아 주 경계에 있는 데스 벨리의 마른 호수 바닥인 레이스트랙 플라야에는 '움직이는 돌'이 있다. 이곳의 바위들은 직접 움직여 지표면에 880m 길이의 긴 자국을 남겼다. 2013년 12월 이 현상을 연구하기 위해 장비를 점검하던 두 과학자가 그 원인을 밝혀냈다. 돌이 움직인 것은 얇은 저빙이 녹고 가볍게 바람이 부는 것과 관계가 있었다. 저빙이 쪼개지는 과정에서 간혹 돌들이 그 위에 있다가 얼음이 밀릴 때 함께 움직인 것이었다.

최대 대포 모양 결석(結石)
대포 모양 결석은 석회 광물에 의해 모래가 자연스럽게 굳어지면서 원형이 된 바위를 지칭한다. 가장 큰 표본은 지름이 6m로 미국 캔자스 록 시티, 와이오밍 중부, 유타 북동부에서 발견되어 백악기 말(약 1억~6600만 년 전)의 새로운 지질 형성과 관련이 있다.

한곳에 자연적으로 생긴 가장 많은 아치형 기둥
미국 유타 주 아치스 국립공원에는 폭이 90㎝ 이상 되는 아치가 2,067개나 있다. 그중 가장 큰 것은 폭이 97m에 달한다.

DID YOU KNOW?
웨이브 록(아래 참조)은 27억 년 전에 생성된 화강암으로 이루어져 있다. 화강암은 빗물에 의한 침식이 아니라 토양 속에 섞인 산성 성분에 의해 침식되어 현재의 모습이 되었다. 웨이브 록은 호주 원대륙의 일부인 일간 크라톤(Yilgarn craton) 지층에 속한다.

최장 자연 아치
선녀 다리는 중국 광시 성 평산구 북서쪽에 자리한다. 이 다리는 자연적으로 생성된 아치의 하위분류로 부류 강이 석회암으로 이루어진 지형을 지나면서 생겼다. 2010년 10월 내추럴 아치 앤 브리지 소사이어티가 그 반경을 측정해보니 대략 120m였다.

가장 크게 치솟은 비탈면
웨이브 록은 110m 길이에 높이가 11~12m이며 노출된 면적이 약 1,210~1,320㎡에 이른다. 호주 서부 하이든 록 북쪽에 위치한다.

DATELINE **3.6 MYA** 360만 년 전
가장 오래된 인류의 족적
탄자니아 북부 라에톨리의 회색 평원에는 2~3명의 인류가 직립으로 섰던 흔적이 남아 있는데 이것이 가장 오래된 인류의 족적으로 여겨진다. 70여 개의 발자국이 나란히 평행을 이루며 30m 길이로 이어져 있다.

FAST FACTS

경석은 물에 뜨는 유일한 돌이다. • 사하라 사막에서 모래가 차지하는 비중은 30%에 불과하다. • 과학자들은 약 4,000개의 광물을 밝혀냈다. • 그랜드 캐니언에는 400만 개의 엠파이어스테이트 빌딩을 세울 수 있다.

최고 높은 자연 아치

쉽톤 아치로 알려진 '구멍 난 바위'는 중국 신장 카시 서북서에 위치한 역암 아치다. 2000년에 내셔널지오그래픽 탐사대가 아치의 높이를 측정한 결과 약 366m로 뉴욕 엠파이어스테이트 빌딩보다 불과 50m 낮았다.

최고 큰 자연 다리가 있는 폭포

1952년에 발견된 레바논 타누린의 세 다리 동굴은 돌로 된 3개의 자연 다리를 지나 255m 높이로 폭포가 떨어진다. 이 지형은 1억 6000년 전 쥐라기 시대 석회암이 깎이며 생겼다.

가장 긴 동굴계

미국 켄터키 주 매머드 동굴 국립공원에 있는 매머드 동굴은 석회암 동굴이 이어져 있는 형태로 지금까지 발견된 것만 약 640㎞ 반경에 달한다. 그린 강과 지류가 만든 풍화 작용으로 생긴 이 동굴은 생성되기까지 약 2500만 년이 걸린 것으로 추정된다. 동굴에는 200종의 독특한 생물이 서식하는데 대부분이 무척추동물이다.

가장 깊은 동굴

2013년 8월 10일 우크라이나 동굴 탐험가 제나디 사모킨이 조지아 아라비카마시프에 있는 크루베라 동굴의 깊이를 6m 더 늘였다. 크로베라 동굴은 깊이가 2㎞로 알려졌지만, 현재 공식 깊이는 2,197m다.

최대 메탄 폭발 분화구

2014년 7월 시베리아 북서쪽 야말반도 상공을 비행하던 한 조종사가 이제 막 생긴 것으로 보이는 지름 약 60m, 깊이 70m 정도의 커다란 구덩이를 발견했다. 과학자들은 구덩이가 지금까지 영구동토층에 갇혀있던 메탄이 폭발하면서 생긴 것으로 보고 있다. 지금까지 이런 구덩이가 7개 발견되었고 그중 하나는 큰 구덩이 주변으로 20개의 작은 구덩이가 에워싸는 형태를 하고 있다.

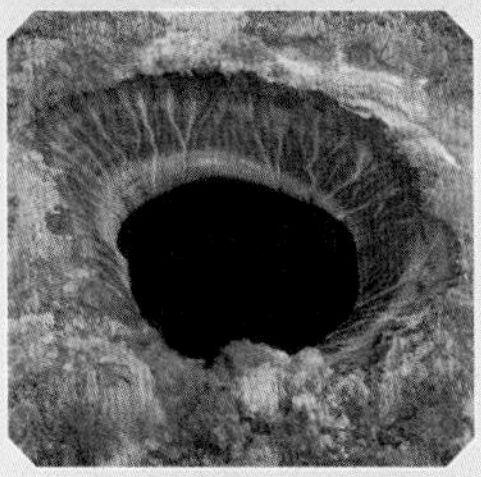

가장 틈이 큰 협곡

틈 협곡은 바위에 생긴 머리카락 굵기의 금이 흐르는 물과 비로 인해 수천 년 동안 점차 벌어져 생긴 지형이다. 유타에는 건조한 기후와 부드러운 사암이 많아서 특히 이런 지형이 많다. 유타 주 자이언 국립공원에 있는 네로우 틈 협곡은 깊이 약 600m에 최대 폭이 10m로 매우 협소하다. 협곡은 자이언 국립공원 전역에 25㎞ 길이로 구불구불하게 이어지며 그 길을 따라 걷는 데 평균 13시간이 소요된다.

최초로 식별된 인류

도구를 사용하는 호모 하빌리스는 오스트랄로피테쿠스 아파렌시스와 같은 인류의 조상으로부터 진화했지만 조상보다 치아가 작고 뇌가 더 컸다. 호모 하빌리스는 현 아프리카 동부와 남부지역에 살았다.

2.5 MYA
250만 년 전

DATELINE

산호 REEFS

가장 역사 깊은 산호초
샤지 암초대는 화석화된 산호초로 미국 테네시 주에서 캐나다 뉴펀들랜드까지 펼쳐져 있다. 약 4억 5000만 년 전 이아페투스 바다였던 곳에서 처음 생겨났다. 샤지 암초대는 한때 층공충류 산호가 군락을 이룬 버몬트 주 아일라 몬트에 생긴 가장 중요한 노출부다.

가장 깊은 곳에 자리한 광합성 산호초
1999년 플로리다 해안가에 자생하는 풀리리지 심해 산호에 대해 연구한 결과 산호의 생태계에 관한 새로운 사실이 밝혀졌다. 기존에 알려진 심해 산호와는 달리 풀리리지에는 광합성을 하는 조류가 서식한다. 이 산호초는 빛이 겨우 1%밖에 도달하지 못하는 심해저 80m에 서식하기 때문에 이 점이 더 놀랍게 다가온다. 심해 산호는 노르웨이에서 캐나다 노바스코샤 주에 이르기까지 어디서든 볼 수 있지만 찾아가기 힘든 지형에 있어 산호초의 생태계와 수명에 대해서는 거의 알려지지 않았다.

최장 산호
호주 북동부 퀸즐랜드 해안에 자생하는 그레이트 배리어 리프는 끝에서 끝까지 약 2,027㎞에 이른다. 이는 마이애미에서 뉴욕까지 혹은 마드리드에서 로마까지의 거리와 맞먹는다.
그레이트 배리어 리프는 사실 살아 있는 산호 2,900개가 별도의 군집을 이루는 '암초계'로 구성되어 전체 면적이 20만 7,200㎢에 달한다. 암초는 다양하지만 생태계가 매우 연약하기 때문에 그곳에 사는 5,000종이 넘는 생물들 간의 섬세한 균형이 유지되어야 한다. 그래서 인간의 손길이 닿지 않는 것이 매우 중요하다. 일례로, 특정 포식자를 너무 많이 어획하면 산호를 먹는 불가사리가 늘어나 전체 산호초를 죽일 수 있다.

가장 큰…

산호초
육방해면 산호초 군락은 양 끝까지 길이가 7,000㎞이며 쥐라기 말(1억 5700만~1억 450만 년 전) 테티스 해에서 번성했다. 그레이트 배리어 리프의 길이보다 3배 이상이다. 이 산호초는 멸종된 것으로 알려졌지만 1980년대에 살아 있는 표본이 발견되었다.

가장 크게 솟은 환초
솟은 환초는 물속의 산호 환초가 지질운동으로 수면 위로 들려서 생긴 섬이다. 그중 가장 큰 것이 남서 태평양 해안의 리푸 섬이며 총 1,207㎢ 면적에 약 1만 명이 거주한다.

현재 **최대 육방해면 산호초 군락**은 캐나다의 태평양 해안가에 있으며 퀸샬럿 해협 해저 700㎢까지 분포한다. 이곳 해면산호초는 건물 4층 높이에 맞먹는 크기인 21m까지 자란다. 수령은 9,000년이 넘는다.

북반구의 보초(堡礁)
보초는 육지나 섬 해안가에서 떨어져 넓게 분포하는 석호를 말한다. 커다란 보초는 태평양에서 쉽게 볼 수 있지만 카리브

DATELINE **1.65 MYA**
165만 년 전

가장 오래된 도구
아프리카에서 돌 조각을 갈아 날카롭거나 둥글게 다듬은 타원형의 도구가 만들어졌다.
이것이 가장 오래 보존된 '아슐기(Acheulean)' 도구로 후에 케냐 서 투르카나 지역에서 출토되었다.

죽은 산호 군락지

1998년 해수 온도가 상승하면서 엘니뇨 현상이 발생했고 전 세계 약 16%의 산호가 백화 현상을 일으키거나 죽었다. 백화 현상은 손상을 입은 산호에 공생조류가 살지 못하게 되어 산호가 돌처럼 굳어버리는 현상을 말한다(위). 비슷한 일이 2010년에도 발생했고 많은 과학자가 이런 현상이 지금도 일어나고 있다고 본다.

FAST FACTS

엄밀히 말해 리프(Reef)는 물속에 있는 방해물을 지칭한다. • 산호는 해파리와 말미잘 같은 해양 무척추동물(자포동물문)이다. • 산호초에는 어종의 약 25%가 서식한다.

최대 환초 군도

태평양 한가운데 자리한 투아모투 제도는 75개의 환초가 사슬처럼 이어져 1,450㎞에 이른다. 가장 큰 환초인 랑기로아(사진)는 육지 면적이 79㎢밖에 되지 않지만, 전체 범위는 1,640㎢에 달한다.

해에서는 보기 드물다. 북반구에서 가장 넓게 분포한 보초는 벨리즈 배리어 리프로 멕시코 남부해안에서 과테말라 북부까지 펼쳐져 있다. **남반구에서 최고 큰 보초**이자 **최고 긴 산호초**(38쪽 참조)인 그레이트 배리어 리프 다음으로 크다.

이중 보초

산호가 안팎 층으로 형성된 이중 보초는 현재 6개체가 남아 있다. 이중 가장 큰 것이 272㎢ 면적의 다나존 뱅크다. 필리핀의 세부와 보홀 섬 사이에 위치한다.

환초

환초는 얕은 석호를 둘러싸는 둥근 모양의 산호초를 말한다. 가장 큰 환초는 마셜 군도에 있는 콰절런 환초로 283㎞ 반경으로 2,850㎢인 석호를 에워싸고 있다. 이는 **환초로 둘러싸인 가장 큰 석호**이기도 하다. 석호는 너무 커서 섬 한쪽에서 반대쪽이 보이지 않는다.

콰절런 환초가 크기에서는 선두로 꼽히나 해수면 위로 거의 올라와 있지 않다. **육지로 나와 있는 가장 큰 환초**는 태평양 중앙의 라인 제도에 속한 키리티마티다. 이 환초는 부분적으로 솟아 있어(38쪽 참조) 작은 석호 주위로 609㎢ 범위를 에워싼다.

거초(裾礁)

거초는 사이에 끼는 석호 없이 해안가에 가까이 자리한다. 가장 큰 거초는 호주 서해안에 있는 닝갈루 리프로, 약 300㎞ 길이에, 해안에서 가장 가까운 폭이 100m 정도다.

바다의 보고

북서 하와이 제도 해양국립기념물은 태평양의 356,879㎢에 드넓게 펼쳐져 있다. 독일 영토 정도 되는 크기의 이 산호초는 보존 지역이라 다른 곳에서는 찾아볼 수 없는 유일 종이 7,000개체 이상 살고 있다.

DID YOU KNOW?

그레이트 캐리어 리프 아래에만 군함이 잠들어 있는 것은 아니다. 콰절런 환초에는 1946년 미군이 핵 실험을 하는 도중 좌초한 독일 전함 프린츠 오이겐의 잔해가 고스란히 남아 있다. 방사능 수치가 높아 옮길 수 없는 이 전함은 현재 잠수부들에게 인기 있는 장소다.

최대 인공 산호초

2004년 미 해군은 1976년부터 해군 기지에 방치했던 277m 길이의 미항모 오리스카니를 인공 산호초를 만드는 용도로 기부하기로 했다. 유독 단열 물질을 제거하는 2년간의 작업을 마치고 2006년 5월 17일 오리스카니호는 정교한 폭발물을 사용해 멕시코 만 아래로 가라앉았다(아래). 그 이후로 오리스카니호는 다양한 해양 생물들의 보고가 되었으며 잠수부들에게도 인기가 높아(왼쪽) '그레이트 캐리어 리프'로 불린다.

가장 오래된 악기
현 슬로베니아 류블랴나에 있는 야영지에서 네안데르탈인이 동굴 곰의 넓적다리뼈에 4개의 구멍을 뚫어 뼈 플루트를 만들었다.

43000 BCE
기원전 4만 3000년

DATELINE

열대우림 RAINFORESTS

열대우림 탐사에 처음 사용된 캐노피 보트

1986년 10월 생물학자 프랑시 알레(프랑스)가 처음으로 가이아나 스네이크 크리크의 열대우림을 탐사했다. 그의 팀은 경비행기에 프랑스 벌룬 전문가 다니 클레예 머렐이 독자적으로 고안한 캐노피 보트를 매달고 그 위에 올라 열대우림의 지붕을 살폈다. 캐노피 보트는 공기가 충전된 기둥과 폴리염화비닐 그물로 이루어진 육각형 모양으로 면적이 580㎡다. 무게가 750㎏에 불과해 새로 자라는 나무를 해치지 않고 우림을 살필 수 있도록 고안되었다. 첫 탐험이자 시범 활동을 통해 과학자들은 차후 연구에 필요한 식물과 나무 표본을 얻을 수 있었다.

가장 오래된
육지생물군계
지구의 열대우림 대다수는 최소 100만 년 전에 생성되었고, 일부는 더 오래전에 생성되었다. 약 1만 년 전인 마지막 빙하기를 이겨낼 수 있었던 것은 지구의 대다수 지역과는 달리 적도의 열대우림은 완전히 얼어붙지 않았기 때문이다.
그중에서도 호주 퀸즐랜드 북동부 해안가에 자리한 데인트리 우림이 **역사가 가장 길다.** 이 우림은 1,200㎢ 면적에 1988년 유네스코 세계문화유산으로 지정된 퀸즐랜드 열대습윤 지역에도 일부 속한다. 이 지역은 호주 내 가장 넓은 단일인접 우림으로 수령이 1억 8000만 년 정도로 추정된다.

최대 규모
온대우림
온대우림은 열대지방 외부에 위치하며 상당히 따뜻한 바다 온도가 내륙 기후에 영향을 미쳐 자연스럽게 형성되었다. 열대우림보다 계절의 차이가 크다는 특징이 있다. 이 생물군계 중 가장 넓은 면적을 차지하고 있는 것은 대서양 온대우림으로 미국과 캐나다 서부 해안지역 29만 5,000㎢까지 뻗어 있다. 이 지역은 마지막 빙하시대 이후에 생성되었기 때문에 역사가 1000년 정도로 짧다.

최대 규모
해안 홍수림
순다르반스는 인도 동쪽과 방글라데시 전역 약 1만 5,540㎢의 면적을 차지하며 벵골 만에서 자주 불어오는 사이클론과 쓰나미를 막아주는 자연 방풍림 역할을 한다. 이 지역 맹그로브 나무 중에는 모래와 회점토층 위에서 21m 넘게 자라는 종도 있다. 이런 나무들은 소금물에 강한 뿌리를 가지고 있다.

최대 규모
열대우림보호구역
투무쿠마키 국립공원은 브라질 아마파 주의 북 아마존에 있는 열대우림이다. 3만 8,875㎢ 면적인 이곳에는 수많은 멸종위기 식물과 동물들이 서식한다. 2002년 8월 22일 브라질 대통령 페르난도 헨리케 카르도소가 이곳을 국립공원으로 지정했다.

최대 자연 약국

서양 제약품의 약 25%가 풍부한 생물 다양성을 자랑하는 열대우림에서 나는 재료들로 만들어진다. 토착 부족들은 오래전부터 식물을 약용으로 사용해왔지만, 서양에서는 20세기가 절반 이상 지나고 난 뒤에야 그 점을 알게 되었다.

가장 큰 강 유역
가장 큰 강 유역은 아마존으로 면적이 대략 704만 5,000㎢에 달한다. 아마존 안에는 수많은 지류가 속해 있는데 그중 마데이라는 3,380㎞로 **가장 긴 강 지류**다.
어쩌면 아주 당연하게도 아마존이 **세상에서 가장 넓은 강**일

DID YOU KNOW?

'우림'이라는 말은 나무가 조밀하게 우거진 지역으로 년 강수량이 140㎝ 이상인 곳을 지칭한다. 잘 알려진 열대우림 외에 미 북서부지역, 노르웨이, 아일랜드 등 온대우림도 있다.

생물 다양성을 보여주는 열대우림

열대우림에 서식하는 동물과 식물군의 정확한 개체 수는 알려지지 않았다. 현재 추산하기로는 열대우림의 면적은 지구 표면의 약 6~7%를 차지하며 지구 상에 살아 있는 생물의 약 50~75%가 열대우림에 서식한다.

DATELINE **30000 BCE** 기원전 3만 년

가장 오래된 그림
석기시대 한 무리의 사람들이 현 프랑스 남부 지역의 한 동굴 벽에 동물과 상상 속 괴수의 그림을 그렸다.

키가 가장 큰 열대우림 나무

열대우림의 지붕에는 몇몇 키가 매우 큰 나무로 이루어진 또 다른 층이 있다. 가장 큰 케이폭 나무는 년당 4m의 속도로 60m까지 자란다. 주로 멕시코 남부, 아마존 남부, 아프리카 서부지역에서 찾아볼 수 있다.

FAST FACTS

항암 치료제로 사용할 수 있는 식물의 약 70%가 열대우림에 자생한다. • 국가였다면 아마존 열대우림은 면적이 아홉 번째로 큰 나라가 되었을 것이다. • 지구의 산소량 20% 이상이 아마존 열대우림에서 생성된다.

가장 빠르게 줄어들고 있는 생물군계

열대우림은 다른 어떤 생물군계보다도 빨리 줄어들고 있다. 2002년 위성을 사용한 연구에 따르면 1990년~1997년 사이 매년 580만 헥타르 면적의 열대우림이 사라졌다. 중앙아메리카는 매년 열대우림의 1.3%가 사라지고 1950년 이후로 열대우림의 약 3분의 2가 개간되었다.

지역별 최대 벌목

'벌목'이란 자연 우림이나 조림지 등에서 나무를 베는 것을 지칭하며 공업용으로 사용하기 위해서나 산불, 전염병이나 폭풍과 같은 자연재해 등 여러 가지 요인으로 발생한다. 세계산림감시협회의 간행물에서 메릴랜드대학교와 구글이 제공한 데이터에 따르면 2001년~2014년까지 러시아가 가장 큰 벌목(대부분이 열대림)을 겪었고 총 7억 6,100만 헥타르 면적 중 4,094만 헥타르를 잃었다.

그러나 산림 벌채가 끼치는 세계적인 영향에서 보자면 브라질과 인도네시아(지상 최대 열대우림지역)가 가장 타격이 크다. 브라질은 5억 1,900만 헥타르 중 3,800만 헥타르를 잃어 2001년~2014년 기준 러시아(대부분이 열대림)의 뒤를 이었다. 가장 걱정스러운 점은 2013년 잠시 벌목이 감소했지만, 인도네시아의 경우 2013년~2014년 동안 30% 이상의 산림이 파괴되었다는 것이다. 이는 **연간 증가세에 따른 최대 벌목**이다. 반면 이 시기 브라질은 16%에 그쳤다. 이 두 국가는 2012년~2014년 3년간의 평균치에서는 각각 0.46%와 1.01%로 낮은 수치를 보였다.

지도 모른다. 범람하지 않았을 때를 기준으로 가장 넓은 폭이 11㎞다.

또한 아마존은 유속이 가장 빠른 강이기도 하며 초당 평균 20만㎥로 물을 방출한다. 이는 초당 올림픽 수영 경기장의 물 80%를 대서양으로 보내는 것과 같다.

가장 크게 자란 난초

난초가 높이 15m로 자란 기록이 있다. 바닐라의 일종인 이 꽃은 호주 퀸즐랜드 열대우림에서 자랐고 사물기생식물(부패한 유기체를 먹고 자라는 식물)이다. 홀로 설 수는 없지만 다른 나무에 기대서 자란다.

최대 규모 열대우림

아마존 열대우림은 남아메리카 국가 9곳을 합한 크기로 면적이 550만~620만㎢에 달한다. 이는 추정치인데 열대우림은 뚜렷한 구분이 있는 것이 아니며 그 주변 경계로 비슷한 생물군계가 자리하고 있기 때문이다. 아마존 생물군계는 670만~690만㎢ 면적에 아마존 강 유역이 전부 포함되어 있다. 대략적으로 보면 열대우림의 3분의 2가 브라질에 속한 셈이다.

문명을 거부하는 부족이 가장 많이 사는 곳

인권 조직인 서바이벌 인터내셔널에 따르면 현재 지구 상에는 100여 부족이 문명을 받아들이지 않은 채 살고 있다고 한다. 이들 중 절반이 브라질과 페루 지역의 아마존 열대우림에 산다. 상당수의 부족이 적극적으로 외부 세계와의 접촉을 피하고자 했고 이웃 부족을 포함해 외부자들에게 적대심을 보이기도 한다.

역대 최대 규모의 폭포
미졸라 빙하호수를 붙잡고 있던 얼음 댐이 무너지면서 수십 억 톤의 물이 현 미국 워싱턴 주 동부 지역의 절벽 아래로 흘러내렸다.

13000 BCE
기원전 1만 3000년

식충식물 KILLER PLANTS

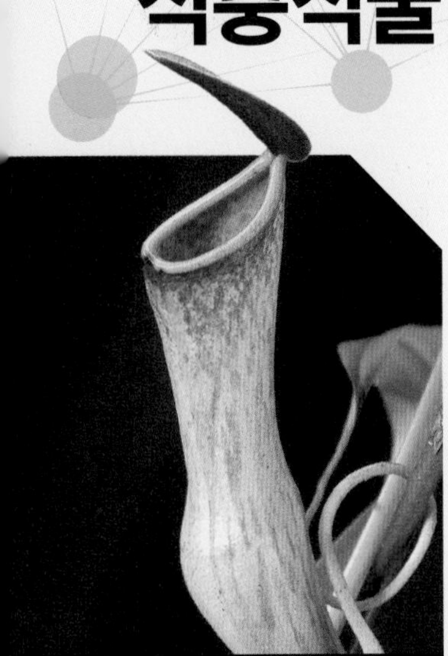

가장 화려한 식충식물

2013년 연구에 따르면 인도 카시구릉 벌레잡이풀의 삭치(벌레잡이 개구의 매끄럽고 둥근 조직)는 430~480나노미터의 파장으로 형광 불빛을 방출한다.

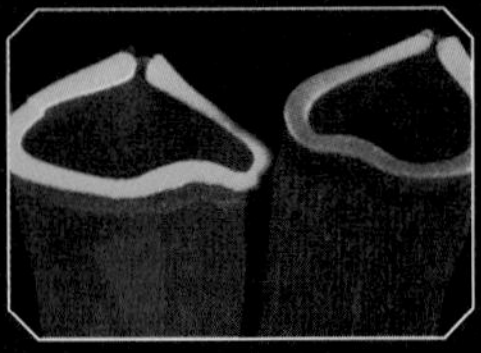

페이스북을 통해 처음으로 등장한 식물 종

끈끈이주걱 과에 속한 벌레잡이식물 200종 중 하나인 '아름다운 끈끈이주걱'은 1.5m까지 자란다. 2012년 아마추어 연구가 레지날도 바스콘셀로스(브라질)가 브라질 남동부의 미나스제라이스의 정글을 탐험하다가 본 끈끈이주걱을 사진으로 찍어 페이스북에 올렸다. 2015년 7월 이 끈끈이주걱은 전문가들에 의해 그동안 알려지지 않은 종이라는 사실이 밝혀졌다.

끈끈이주걱 중에서 가장 큰 종은 웨스턴 오스트레일리아 주에 자생하는 덩굴 종인 D. 에리트로지네로 3m까지 자란다. 전 세계적으로 분포한 끈끈이주걱은 식충식물로 곤충과 작은 무척추동물을 잡아서 소화하는 것으로 유명하다. 이 식물은 잎사귀에 난 촉수 끝에서 이슬처럼 반짝이는 점액을 분비해 먹잇감을 옴짝달싹 못 하게 한다.

세상에서 가장 위험한 나무

쥐손이풀 목에 속하는 대극과의 나무는 미국 플로리다 주 에버글레이드 습지와 카리브 해 연안에서 자란다. 몸통에서 배어 나오는 수액은 강한 산성에 독성이 높아 사람의 피부에 살짝 닿기만 해도 물집이 생기고 눈에 들어가면 멀게 만든다. 비가 올 때 이 나무 아래 서 있기만 해도 몸통에 닿았던 빗물이 피부를 적시면 수포가 생긴다.

불에 최고로 강한 식충식물

코브라 릴리는 백합(릴리)이 아니라 벌레잡이식물의 일종이다. 미국 북 캘리포니아와 남부 오리건까지 이어지는 케스케이드 산 남단에 서식한다. 이곳은 관목 지대에서 화재가 빈번하기에 코브라 릴리는 불길이 지나간 뒤에도 뿌리에서 잎사귀와 줄기가 다시 자랄 수 있게 진화했다.

식충식물이 잡을 수 있는 가장 큰 먹이

네펜데스 라자와 네펜데스 라플레시아나는 커다란 개구리, 새, 심지어 쥐까지 잡을 수 있는 식물로 알려졌다. 이 종은 아시아 열대우림에서 흔히 볼 수 있는데 특히 보르네오, 인도네시아, 말레이시아에 널리 분포한다.

가장 선별적인 식충식물

네펜데스 알보마르기나타는 특히 흰개미만을 공격해 배를 채운다. 말레이시아와 인도네시아 열대우림에서 자라는 네펜데스 알보마르기나타는 또한 사냥을 위해 자신의 조직을 내놓는 유일한 식물이기도 하다. 먹을 수 있는 흰색 원형 분비모를 반짝여 흰개미를 공격한다. 그러면 흰개미는 이 식물의 '식도'로 떨어진 다음 소화된다. 그러나 부지불식간에 살아남은 흰개미가 더 많은 동료와 함께 다시 이 식물을 찾아 분비모를 가지고 돌아간다.

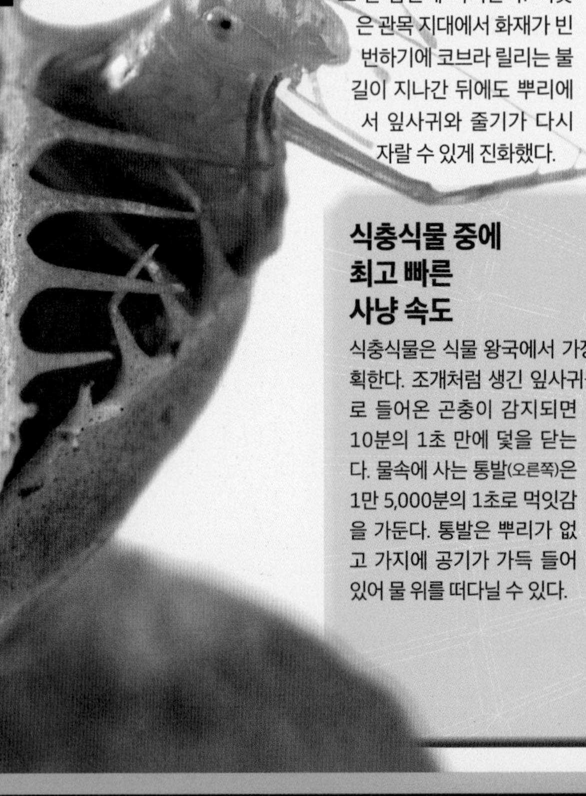

식충식물 중에 최고 빠른 사냥 속도

식충식물은 식물 왕국에서 가장 빠른 움직임으로 먹잇감을 포획한다. 조개처럼 생긴 잎사귀를 지닌 파리지옥풀(왼쪽)은 덫으로 들어온 곤충이 감지되면 10분의 1초 만에 덫을 닫는다. 물속에 사는 통발(오른쪽)은 1만 5,000분의 1초로 먹잇감을 가둔다. 통발은 뿌리가 없고 가지에 공기가 가득 들어 있어 물 위를 떠다닐 수 있다.

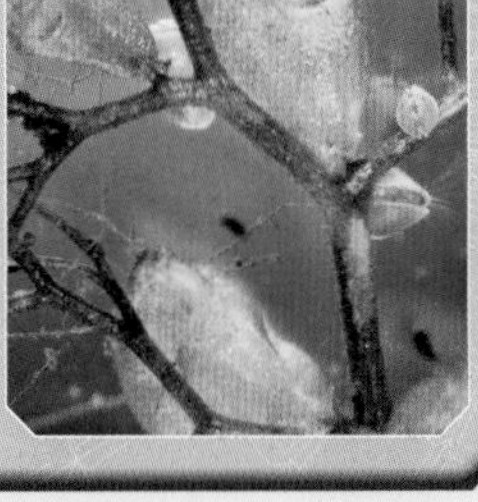

TRIVIA

토마토 잎사귀와 줄기에는 자연 살충제 역할을 하는 토마틴이라는 독성이 들어 있다. 사과 씨에는 청산가리와 설탕 혼합물인 아미그달린이 소량 들어 있다.

DATELINE **9500 BCE** 기원전 9500년

최초의 농경
신석기 시대 서남아시아의 농부들이 식량으로 쓰기 위해 콩, 곡류, 아마와 같은 키우기 쉬운 작물을 파종하기 시작했다.

FAST FACTS

파리지옥풀의 먹이 중 파리가 차지하는 비중은 5%밖에 안 된다. • 독성을 지닌 투구꽃은 한때 늑대인간을 쫓아준다고 믿어져 그런 이름이 붙었다. • 1875년 찰스 다윈이 처음으로 식충식물에 대한 심도 있는 연구를 시작했다.

아주까리가 지닌 매우 강한 독성

아주까리기름에 든 독극물인 리친은 청산가리의 6,000배, 방울뱀의 독보다 1만 2,000배 더 강하다. 《머크 지수: 화학, 약물, 생물학 제제 백과사전》(1997)에 따르면 700마이크로그램의 리친으로 72㎏이 나가는 성인의 목숨을 충분히 앗아갈 수 있다고 한다.

가장 위험한 침

옹가옹가로 알려진 뉴질랜드 쐐기풀의 정교한 흰색 가시는 피부조직 안으로 독성을 주입해 개와 말을 죽일 수 있다. 이 쐐기 털 속에는 히스타민, 세로토닌, 아세틸콜린, 포름산과 같은 피부자극제가 들어 있다. 한 번이었지만 1961년 이 식물의 가시에 찔린 사람이 5시간 만에 숨을 거두었다.

과(科)가 가장 작은 식충식물

세팔로투스 과의 분류군에는 단 1종만 속한다. 바로 올버니 식충식물로도 알려진 세팔로투스 폴리쿨라리스다. 진한 붉은 빛이 도는 보랏빛 낭상엽을 지닌 이 식물은 크기가 20㎝에 불과하며 웨스트 오스트레일리아 주 남서 해안가에서 자생한다.

가장 맹독성인 균류

알광대버섯은 균으로 인해 생긴 치명적인 독성을 지니고 있다. 이 버섯은 북아메리카와 영국을 비롯해 세계 전역에서 자생한다.

최대 규모의 청녹조류

1991년~1992년에 호주의 바원 강과 달링 강 유역 1,000㎞가 맹독성 청녹조류로 오염되었다. 이런 사건은 주로 비료가 유출되어 발생하는데, 비료를 먹고 남세균으로 알려진 청녹조류의 개체가 급증한 것이다. 이 박테리아는 과학계에서 알려진 최대 맹독 물질인 사이아노톡신을 생성한다. 바원 강과 달링 강 유역을 뒤덮은 청녹조류로 인해 오염된 식수를 마신 가축들까지 죽게 되자 이 지역에 비상사태가 선포됐다.

동물이 처음으로 담수의 청녹조류 독에 감염된 사례는 19세기 말 사우스 오스트레일리아 주 알렉산드리나 호수에서 발생했다. 개, 양, 돼지, 말, 소 떼가 모두 청녹조류인 노듈라리아 스푸미제나로 뒤덮인 호수의 물을 마시고 폐사했다.

식충식물 중 최다 속(屬)

네펜데스 속에는 150종의 열대 벌레잡이풀이 들어있으며 변종과 재배종도 포함된다. 가장 큰 것은 보르네오 섬 사바가 원산지인 자이언트 몬타네(오른쪽)다. 가장 큰 표본은 길이가 41㎝에 이른다(아래). 2011년 3월 26일 한 사바인이 보르네오 키나발루 산의 동쪽 등성이인 메실라우를 방문하는 길에 발견했다.

가장 오래된 성곽 도시

2,000명가량의 사람이 이미 고향이라고 부르는 중동의 예리코는 돌로 담을 쌓고 정착한 최초의 마을이다. 현재 이곳은 **사람이 계속 거주해 온 가장 오래된 도시**로 알려졌다.

7800 BCE

기원전 7800년

DATELINE

동물 ANIMALS

DID YOU KNOW?

수컷 코모도드래곤은 5월에서 8월 사이 짝짓기 철이 되면 자주 충돌한다. 근육질의 꼬리가 체중을 지탱하기 때문에 뒷다리로 서서 앞다리로 상대를 붙잡으며 한쪽이 상처를 입거나 지쳐 나가떨어질 때까지 격렬한 몸싸움을 벌인다.

DATELINE

7000 BCE
기원전 7000년

연주 가능한 상태로 보관된 최고 오래된 악기
중국 황허 강 유역 지아후 마을에서 두루미의 다리뼈를 조각해 구멍이 7개인 플루트를 만들었다. 9000년의 시간이 흘러 고고학자들에게 발견된 이 관악기는 지금도 여전히 소리를 낸다.

CONTENTS

가장 거대한 도마뱀

권위 있는 '올해의 야생사진가상' 2015 최종 후보에 오른 이 도마뱀의 싸움 사진은 러시아 사진가 안드레이 구드코프가 인도네시아에서 촬영한 것이다. 2.25m 길이의 이 파충류는 사납기로 유명해서 이렇게 가까이 포착한 것은 대단한 일이다.

날카로운 이빨과 침에 들어 있는 유독 박테리아가 이 도마뱀의 강력한 무기라고 알려져 있다. 그러나 2009년 과학자들이 먹이를 잡아먹는 아래턱에 독 분비샘이 있다는 사실을 밝혀내 코모도드래곤은 **독이 있는 가장 큰 육상동물**이 됐다.

최초의 도자기 가마
햇빛에 점토를 굽는 방식에서 착안해 메소포타미아 북부(현 이라크 지역) 하수나 문화에서 섭씨 1,000도까지 구울 수 있는 도자기 가마를 만들었다.

6000 BCE
기원전 6000년

DATELINE

동물 ANIMALS

동물의 왕국에는 다채로운 동물들이 산다. 젤리를 연상시키는 해파리처럼 복잡한 생물, 해면처럼 단순한 생물, 물벼룩처럼 아주 복잡한 생물, 엄청나게 지능이 높은 돌고래까지 바다 생물만 들어도 이렇게 많다! 동물은 크기도 아주 다양해서 단세포생물부터 **가장 큰 동물**인 거대한 흰긴수염고래까지 천차만별이다. 이 장에 수록된 사진들은 최대 크기, 높이, 무게, 날개폭 혹은 식욕과 같은 기준에 따라 선정되었다. 이 동물들이 얼마나 엄청난지 각각 비교를 통해 설명해두었다.

가장 키 큰 포유류

다 자란 기린은 일반적으로 신장이 4.6~5.5m에 이른다. 최대 표본으로 기록된 개체는 케냐에서 태어나 1959년 1월 8일 영국 체셔의 체스터 동물원에 기증된 5.8m의 마사이기린 조지다. 조지는 성인 남성 3명의 키를 합한 것보다 더 크다.

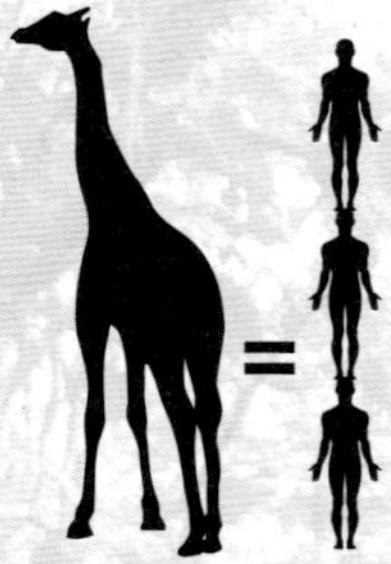

DID YOU KNOW?

코끼리의 코는 다양한 용도로 사용되어 땅을 파는 도구이자 손이며 발을 보조하는 역할도 한다. 물을 뜰 수도 있고 신호를 보낼 수도 있다. 나무 한 그루를 완전히 뽑아버릴 만큼 강력하면서도 가지에 매달린 열매 하나를 딸 수 있을 정도로 섬세하기도 하다.

최장의 날개폭을 가진 살아 있는 조류

1965년 9월 18일 남부 해양지대에 서식하는 수컷 나그네앨버트로스가 태즈먼 해에서 탐사하던 해양관측선 USNS 엘타닌의 한 연구진에게 포착되었다.

이 앨버트로스의 날개폭은 3.63m로, 사람 평균 신장의 약 2배이며 유럽산 검은새의 날개 길이보다 10배 더 크다.

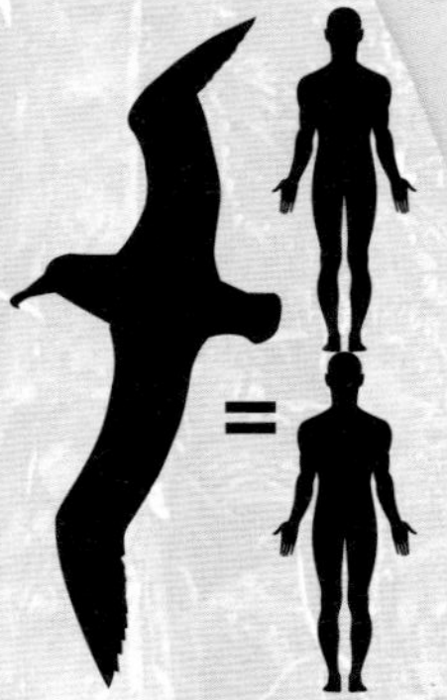

DID YOU KNOW?

막 태어난 기린도 평균 키가 2m로, 대부분의 사람보다 크다. 암컷은 선 상태로 출산하기 때문에 태어나는 새끼는 2m 높이에서 땅으로 떨어지면서 생을 시작하는 셈이다.

최대의 육생 포유류

성체가 된 수컷 아프리카코끼리는 어깨까지의 높이가 일반적으로 3~3.7m다. 무게는 4~7톤으로 평균 몸무게가 성인 남성의 90배에 해당한다. 1978년 4월 4일 측정한 결과 키가 최고 큰 표본은 앞발에서 어깨까지의 높이가 4.42m였다.

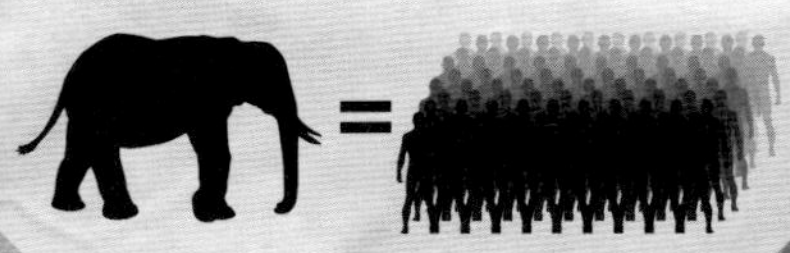

현존하는 가장 큰 새

주금류의 하위 종에 속하는 북아프리카 타조의 수컷 표본은 키 2.75m, 무게 156.5㎏을 기록했다. 가장 작은 새인 수컷 벌새보다 약 9만 8,000배 더 무거운 수치다.

가장 큰 고양잇과 육식동물

수컷 시베리아호랑이의 평균 몸길이는 코에서 꼬리 끝까지가 3.15m다. 어깨까지의 높이가 99~107㎝이며 몸무게는 약 265㎏이다. 체중을 유지하려면 호랑이 1마리당 10세 정도의 아이를 한 달 평균 17.3명 잡아먹어야 한다!

가장 큰 기각류 동물

기각류는 물개, 바다사자, 바다코끼리와 같은 해양 포유류로 현재 34종이 알려져 있다. 그중 최고 몸집이 큰 것은 남방코끼리물범이다. 수컷은 몸길이가 평균 5m이고 무게는 2~3.5톤이 나가며 무게의 약 50%가 지방이다. 육식류 중에서 가장 덩치가 큰 코끼리물범은 가장 큰 육식동물인 북극곰의 성체 평균 크기보다 5배 더 크다. 육식을 하는 고래도 여럿 있지만, 이들은 육식류에 속하지 않으므로 분류학에 따르면 육식동물이 아니다.

개미 ANTS

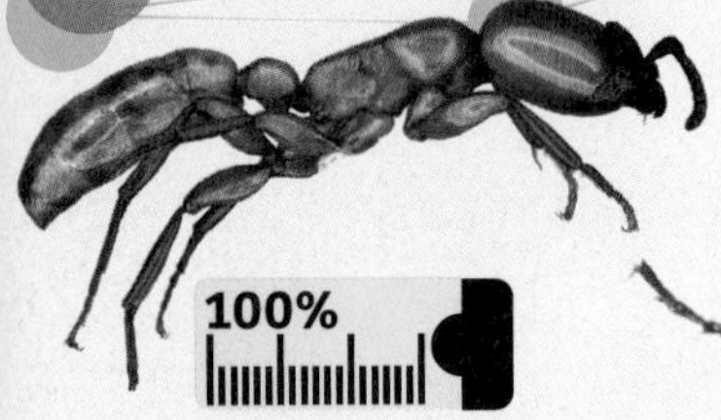

가장 큰 개미

장님개미(위)의 여왕개미는 성충이 최대 5㎝까지 자란다. 반대로 가장 작은 일개미의 경우 몸길이가 고작 2.5㎜에 불과하다. 크고 날개가 없는 여왕개미는 무리를 지어 이동하고 정기적으로 새로운 곳에 집을 짓는다.

평균 크기가 가장 큰 개미 종

하나의 개미 왕국 안에서도 계층에 따라 크기가 다양하다. 일반 개미보다 훨씬 큰 여왕개미가 있는 집단은 일개미가 대체로 덩치가 작으며 그 반대인 경우도 있다.

일개미, 병정개미, 정찰개미, 여왕개미 등의 평균 크기를 측정한 결과 가장 큰 개미 종은 왕개미다. 브라질과 페루의 아마존 열대우림과 가이아나 해안지대에 자생하는 왕개미의 평균 몸길이는 3.3㎝에 이른다.

개미의 신체 구조

역대 최고 몸집이 컸던 개미 종

독일 메셀 지역에서 발견된 화석을 통해 5000만 년 전 유럽에서 서식했던 타이타노미르마자이간테움의 여왕개미는 몸길이 6㎝, 날개 길이가 15㎝인 것으로 밝혀졌다.

염색체가 최고 적은 개미

수컷 개미는 '반수체(종의 염색체 한 쌍 중 반을 갖는다)'인 반면 암컷 개미는 '이배체(염색체 한 쌍을 다 갖는다)'다. 호주의 잭 점퍼 개미는 염색체가 단 한 쌍이라 수컷은 염색체가 하나뿐이다.

개미의 염색체는 최대 개수가 94개다. 이 수치는 호주의 공룡개미와 인도네시아의 플라티타이레아 트리쿠스피다타가 기록한 것이다.

물과 가장 친한 개미

호주 퀸즐랜드, 파푸아뉴기니, 뉴칼레도니아가 원산지인 물개미는 조류로 인해 정기적으로 범람하는 맹그로브에 서식한다. 때문에 일개미는 집을 지을 때 알을 보호하는 공기주머니 층을 만들고 오랫동안 물속에서 헤엄칠 수 있는 능력이 발달했다. 이는 다른 개미에게서는 찾아볼 수 없는 특성이다.

최강의 턱 사용법

남아메리카의 집게턱개미는 초속 64m의 속도로 턱을 닫을 수 있다.

턱으로 먹잇감을 씹어 먹을 뿐 아니라 위험한 순간엔 자신을 보호하기 위해 턱 힘을 이용하여 공중으로 8.3㎝ 뛰어오를 수 있다. 옆으로는 최대 39.6㎝까지 뛸 수 있는데 이는 사람이 수직으로 13.4m 높이로 점프하는 것과 같다.

DID YOU KNOW?

저스틴 오 슈미트는 곤충의 방어능력을 연구하면서(그 과정에서 여러 번 쏘였다) 추가 프로젝트로 곤충 침 고통 지수를 작성했다. 그는 총알개미에 쏘인 고통에 관해 '7.6㎝짜리의 녹슨 못에 발을 찔린 채 불타는 숯 위를 걷는 기분'이라고 기록했다.

TRIVIA

많은 새가 '앤팅'을 한다. 앤팅이란 새가 개미를 으깨 깃털 속에 집어넣는 행위를 말한다. 이 사진은 북미산 오색딱따구리가 앤팅하는 모습이다. 개미의 몸에서 나온 포름산이 기생충을 쫓는 역할을 한다.

최고 고통스러운 침

1983년 곤충학자 저스틴 오 슈미트(미국)가 '슈미트의 곤충 침 고통 지수'를 발표했다. 이 지수에 따라 니카라과 공화국과 중앙아메리카 남부를 지나 파라과이에 서식하는 총알개미가 고통 지수 총 4점 만점에 4+점을 받아 가장 고통스러운 침을 가진 곤충으로 기록되었다.

가장 작은 개미

스리랑카에 서식하는 카레바나 브루니 일개미 중에는 몸 크기가 0.8㎜인 것도 있어 가장 큰 일개미보다 46배 작다(오른쪽). 이 개미의 몸길이는 대략 신용카드 두께와 같다.

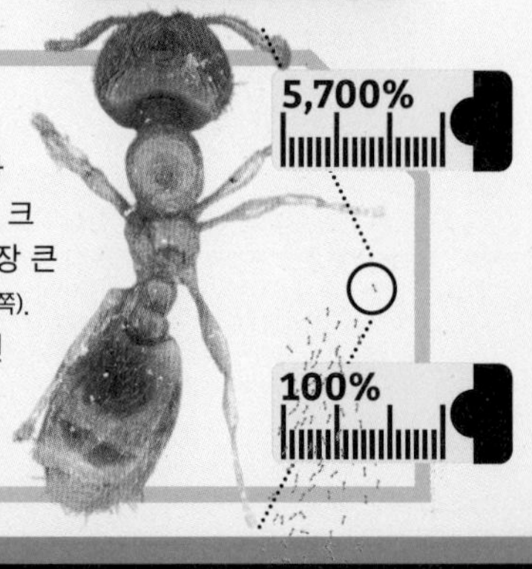

DATELINE **5000 BCE** 기원전 5000년

최초의 외과 수술

프랑스 엥시스하임에 거주하는 50세 남성이 두개골 꼭대기에 박힌 뼈를 제거하는 두부 절개술을 받았다. 남자의 시신은 7000년 뒤 발견되어 가장 오래된 수술의 증거가 되었다.

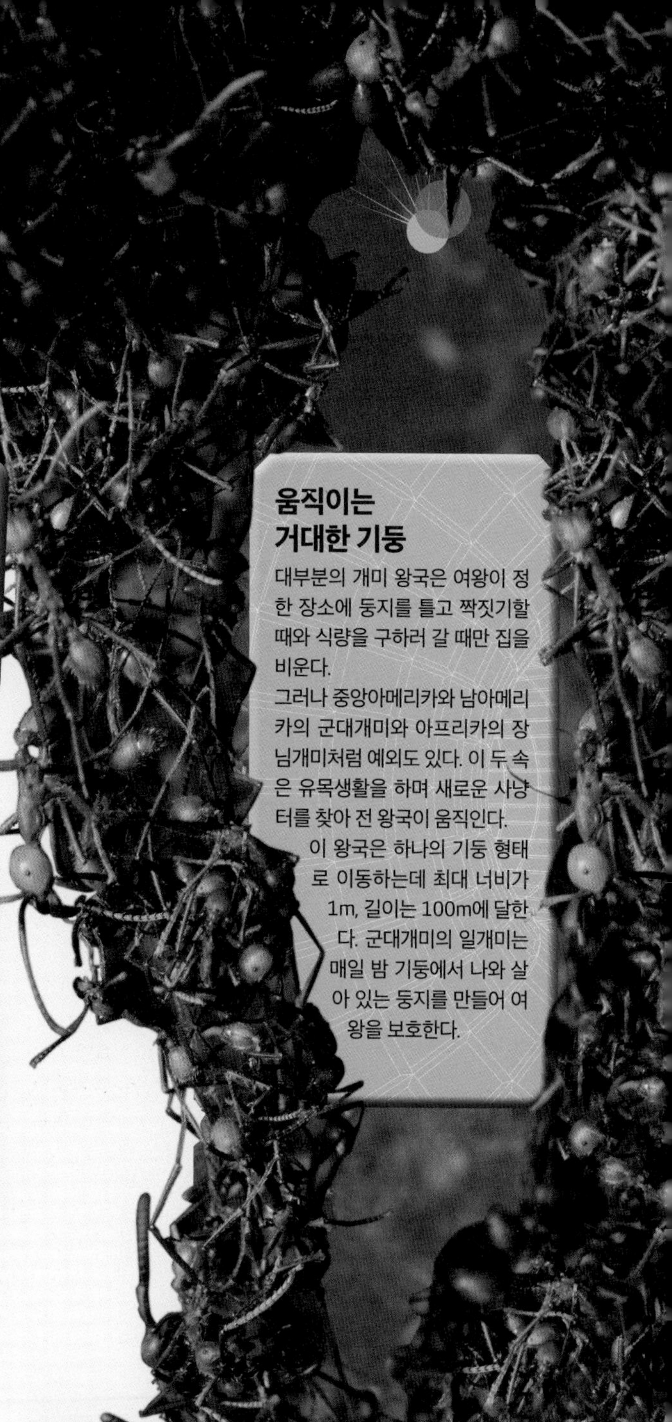

몸이 최고 긴 일개미

호주 불도그개미의 일종인 거대 불도그개미는 몸길이가 최대 3.7㎝에 이른다. 불도그개미는 진보된 사회 구조를 가지고 있지 않아 각 일개미가 홀로 사냥할 수 있을 정도로 강하게 진화했다.

DID YOU KNOW?

개미 왕국에는 여러 유형 혹은 계층이 존재하는데 일반적으로 일개미, 여왕개미, 정찰개미, 병정개미로 나뉜다. 가장 수가 많은 일개미가 소수의 번식 가능한 암컷 개미(여왕개미)와 수컷 개미(정찰개미)를 먹여 살리고 병정개미가 왕국을 지킨다.

움직이는 거대한 기둥

대부분의 개미 왕국은 여왕이 정한 장소에 둥지를 틀고 짝짓기할 때와 식량을 구하러 갈 때만 집을 비운다.

그러나 중앙아메리카와 남아메리카의 군대개미와 아프리카의 장님개미처럼 예외도 있다. 이 두 속은 유목생활을 하며 새로운 사냥터를 찾아 전 왕국이 움직인다.

이 왕국은 하나의 기둥 형태로 이동하는데 최대 너비가 1m, 길이는 100m에 달한다. 군대개미의 일개미는 매일 밤 기둥에서 나와 살아 있는 둥지를 만들어 여왕을 보호한다.

최대 규모의 개미 속(屬)

2014년에 진행한 주요 조사에 따르면 혹개미는 1,002종이 있으며 항상 새로운 종류가 발견되고 있다.

가장 규모가 작은 개미 속은 호주 서남부 지역에 서식하는 공룡개미(48쪽 참조) 한 종만 속한 공룡개미 속이다. 일부 곤충학자들은 이 개미의 원시적인 구조 때문에 살아있는 '화석'이라 부르기도 한다.

엄청난 살상 능력

호주 해안지역에서 볼 수 있는 불도그개미의 일종인 미르메시아 피리포미스는 강인한 턱과 함께 비소보다 강한 독을 수차례 퍼트릴 수 있는 침을 가졌다. 1936년 이후로 불도그개미로 인한 사망자는 3명이 넘는다.

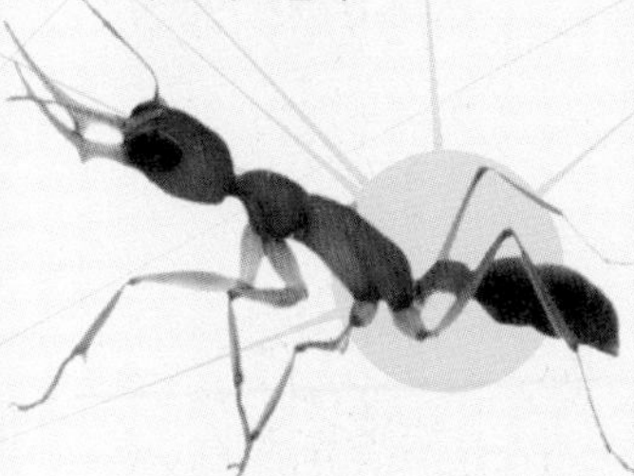

개미 최고 점프

인도 뜀개미는 도약하는 개미 중 가장 돋보인다. 몸길이가 1.9㎝밖에 안 되지만, 옆으로 10㎝(몸길이의 5배 이상) 뛸 수 있고 수직으로는 2㎝까지 가능하다. 다리 중앙과 뒤쪽의 근육을 동시에 사용하는 것이 비결이다.

최대의 개미 왕국

아르헨티나개미는 약 80년 전에 유럽으로 유입되었지만, 급속도로 퍼져 이탈리아 북부지역부터 스페인 대서양 해안까지 6,000㎞ 반경에 왕국을 세웠다.

개체수가 가장 적은 수컷 개미

초기에는 미코케푸루스 스미티이가 이룬 개미 왕국의 모든 개미는 무성생식으로 불어난 개체군인 여왕의 클론이라고 여겨졌다. 이 가설은 잘못된 것으로 입증되었지만, 이 개미 종의 수컷은 한 번도 발견된 적이 없다. 아마도 육안으로 식별할 수 없을 만큼 작거나 아주 수명이 짧기 때문으로 추정된다.

뜨거운 열에 가장 잘 견디는 개미

사하라 은개미(오른쪽 **최고 빠른 개미** 참조)는 야외 온도가 섭씨 46도까지 오르지 않으면 밖으로 나가지 않으며 뜨거운 사막의 열기에도 몸 온도를 섭씨 53도까지 높이며 견딜 수 있다. 열에 약한 포식자들을 피하려고 이렇게 진화했다.

최고 빠른 개미

사하라 은개미는 최대 시속 1.8㎞로 달릴 수 있다. 매 초에 몸길이의 100배를 움직이는 셈이다. 세상에서 가장 빠른 사나이 우사인 볼트와 비교해보면 그는 '고작' 초당 몸길이의 6배를 달리는 셈이다. 이처럼 빠른 속도를 내는 덕분에 은개미는 태양열에 노출되는 시간을 최소화하고 대류작용을 통해 체온을 식힐 수 있다(왼쪽 참조).

최초의 문자 언어
중국 산시 성의 신석기 양사오 문화에서 출토된 도자기에는 숫자를 지칭하는 것으로 보이는 글자가 새겨져 있다.

4000 BCE 기원전 4000년 DATELINE

문어 OCTOPUSES

최초의 문어

미국 일리노이 주에서 2억 9600만 년 전 문어 화석이 발견되었다. 2000년에 발표한 공식 설명에 의하면 '납작한 공'과 비슷한 모습이라고 하지만 문어처럼 8개의 다리와 2개의 눈동자, 먹물로 추정되는 물질을 특징으로 가지고 있다.

최다 종류가 속한 문어 속(屬)

생물 분류 단계 중에 그냥 '문어' 속이라 붙은 명칭 아래 100종이 넘는 문어가 속한다. 정확한 수에 관해서는 생물학자들 사이에 의견이 분분하지만 전체 문어 중 3분의 1 이상이 여기에 속한다. 나머지는 가장 작은 문어 과에 포함된다. 유리문어, 일곱팔문어, 축구문어(외피의 형태로 인해 붙은 이름)가 각각 이 과에 속하는 개별 종이다. 일곱팔문어는 또한 외피가 가장 큰 문어라는 기록도 가지고 있다. 한 표본을 보면 몸통이 0.69m 길이로, 평균 0.6m의 외피를 지닌 가장 큰 문어보다도 더 길다.

문어의 구조

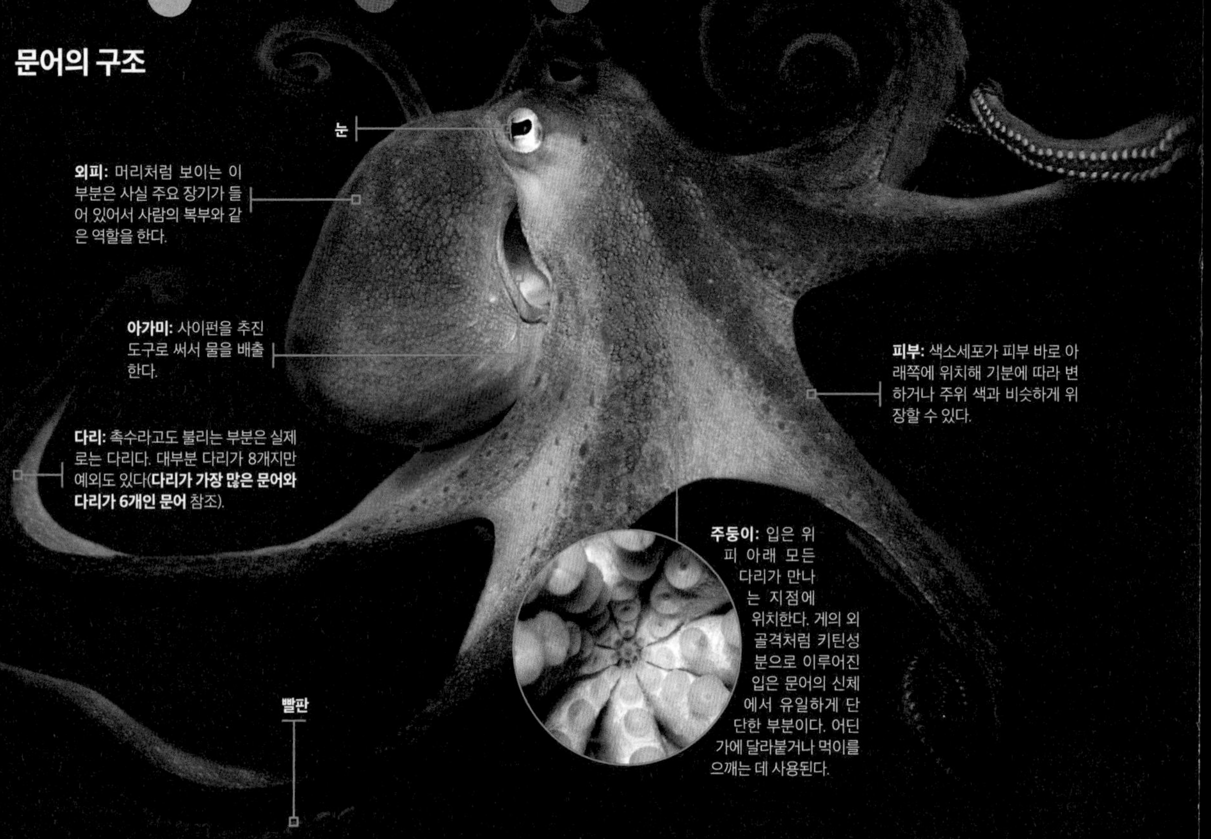

사회성이 최고 좋은 문어

대부분 문어는 상당히 고독한 생활을 즐기지만, 니카라과에서 발견된 종이 확실치 않은 커다란 태평양줄무늬문어는 30~40마리가 공동생활을 한다. 또한 일반 문어와 다르게 짝짓기하는 동안 짝과 같은 굴에 머문다.

사교적인 이 특이한 문어는 가장 번식이 활발한 종으로도 유명하다.

대부분의 문어 종이 한 번만 번식을 하는 것과 다르게 이 문어의 암컷은 평생 여러 차례에 걸쳐 짝짓기와 잉태를 할 수 있으며 계속해서 알을 낳고 새끼를 부화한다.

가장 긴 포란기

모든 암컷 문어는 알을 잘 보호하기로 유명하지만, 깊은 바다에 사는 문어인 그라넬레돈 보레오파시피카는 모든 동물을 통틀어서 모성애가 가장 깊은 것으로 알려져 있다.

위대한 흉내문어

여러 종의 문어에서 피부색과 몸의 형태를 바꾸거나 심지어 다른 동물의 행동까지 모방하는 사례가 관찰되었다. 그 중 가장 유명한 것이 인도양·서태평양 해역과 홍해에 서식하는 흉내문어다(왼쪽). 연구에 따르면 형태를 자유자재로 바꿀 수 있는 이 문어는 최소 16개의 해양 생물을 흉내 낼 수 있다. 가자미(오른쪽 아래), 바다뱀(오른쪽 위), 거미불가사리, 말미잘, 게, 해파리 등 다양하다.

TRIVIA

2008년 동물 재주에 관한 연구 목적으로 문어에게 잼 병과 큐브를 주어 특정한 다리를 더 많이 사용하는지 살펴보았다. 그 결과 문어는 사물을 움직이기 위해 8개의 다리 중 6개를 골고루 사용했고 나머지 2개는 이동을 위해 남겨두었다.

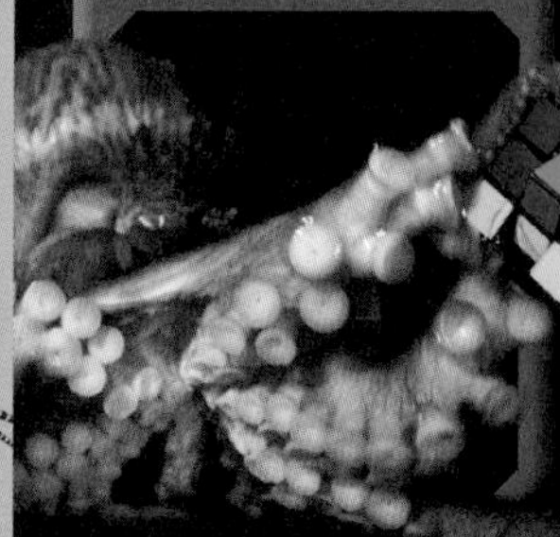

3500 BCE
기원전 3500년

최초의 시간기록 장치
해시계의 원시적 형태인 타임 스틱은 고대 메소포타미아인들이 고안한 장치다. 머리 위 해의 '움직임'으로 그림자의 길이와 형태가 변하는 것을 보고 시간을 알려준다.

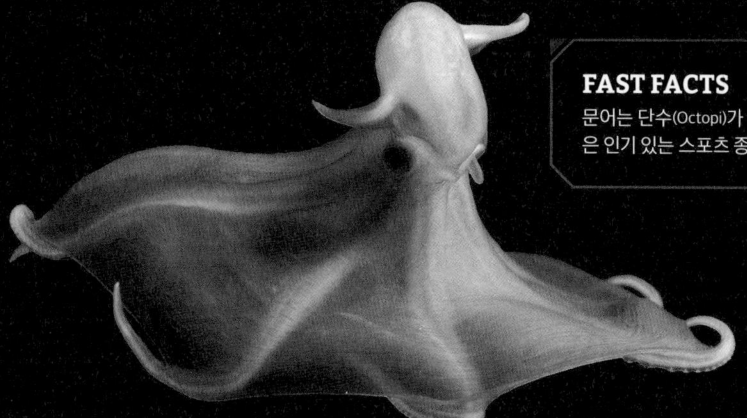

FAST FACTS

문어는 단수(Octopi)가 아니라 복수(Octopus)로 써야 맞다. • 1960년대에 문어 레슬링은 인기 있는 스포츠 종목이었다. • 문어는 심장이 3개다.

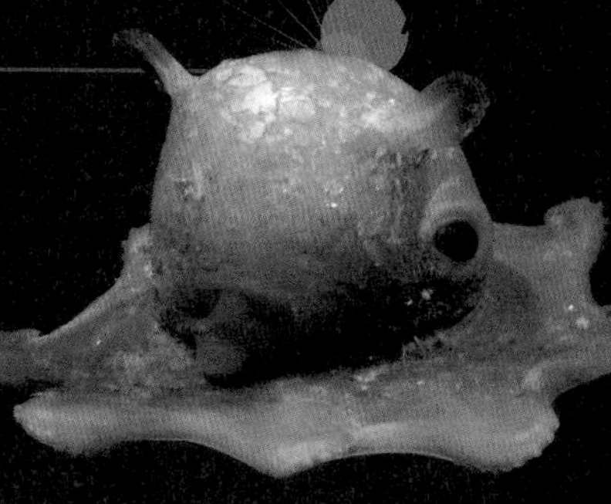

2007년 5월 한 암컷 문어가 1,400m 깊이의 암벽에서 몇 주 전 낳은 알을 지키고 있는 모습이 포착되었다. 지속적으로 같은 자리에서 발견되는 것이 알을 보호하고 있다는 점을 알려주었고 이 같은 행동은 2011년 9월까지 계속되었다. 믿기 어렵겠지만 거의 4년 6개월, 즉 53달간 알을 지킨 셈이다. 그로부터 한 달 뒤 문어는 사라졌고 160개 정도 되는 모든 알이 부화했다.

다리가 가장 많은 문어

이름에서 알 수 있듯 대부분 문어는 다리가 8개이지만 예외도 있다. 평범한 문어와는 사뭇 다른, 일본에 서식하는 왜문어는 96개의 발을 가졌다. 현재 일본 시마의 해양 수족관에서 후대를 위해 보관 중이다.

다리가 적은 문어도 있다. 다리가 6개인 문어로 처음 기록된 것은 2008년 영국 웨일스 근교에서 잡은 곱슬문어다. 이 문어에게는 6명의 부인을 둔 거로 유명한 헨리 8세의 이름을 따서 헨리라는 세례명이 붙었다. 그 밖에 다리가 6개인 문어가 발견되었지만 한 종으로 보기보다는 유전 변이로 받아들이는 쪽이 일반적이다.

발광 문어

많은 오징어류가 어두운 바닷속에서 빛을 내뿜어 먹이를 유혹하고 짝짓기를 하지만 문어의 경우 발광빨판문어(위)가 몇 안 되는 발광종 중 하나다. 다리에 달린 빨판이 470나노미터의 청록색으로 발광한다. 이 파장이 물을 타고 멀리까지 전달된다.

가장 무서운 독을 지닌 연체동물

2009년 한 연구에 따르면 모든 문어가 어느 정도 독을 가지고 있지만, 오스트리아와 동남아시아에서 발견되는 푸른점문어는 성인 10명을 마비시키거나 죽일 수 있는 신경독을 분비한다.

가장 깊은 곳에 사는 문어

덤보문어는 수면 아래 7,000m에 서식하며 695기압을 견딘다. 이는 손톱으로 695㎏을 지탱하는 것과 같은 압력이다. 일반적으로 몸길이가 20~30㎝이나 어느 대형 덤보문어는 길이가 1.8m에 달한다!

최고 큰 문어

커다란 태평양문어는 평균 다리 길이가 5m에 이른다. 그러나 개별 표본으로 보자면 가장 긴 것은 팔 길이가 9.6m로 아나콘다보다 길고 무게가 272㎏이나 나간다. 태평양문어는 갑각류와 작은 어류를 먹지만 가끔 상어처럼 커다란 고기를 잡기도 한다 (아래).

최초의 바퀴 사용

고대 메소포타미아인들은 이동 수단으로 바퀴 달린 수레를 사용하기 시작했다. 그 전까지는 통나무 위에 무거운 물체를 올려서 밀었다.

3500 BCE

기원전 3500년

DATELINE

맹수 BIG CATS

가장 고지대에 사는 포식자

숨겨놓은 카메라가 해발고도 5,800m에서 좀처럼 보기 힘든 눈표범을 포착해냈다. 1990년대 초 남아메리카 안데스 산맥의 같은 지점에서는 퓨마가 관찰되었다.

최고 큰 야생 맹수
수컷 시베리아호랑이는 일반적으로 코끝에서 꼬리 끝까지의 길이가 2.7~3.3m, 어깨높이가 1~1.07m이며 몸무게는 최대 306㎏에 달한다.

지금은 멸종된 **검치류 중에서 최고 큰 종**은 스밀로돈 검치호로 약 100만~1만 년 전 남아메리카에 서식했다. 어깨까지의 높이가 1.56m였으며 가장 큰 수컷은 500㎏이 넘게 나간 것으로 추정된다.

역대 최고 큰 사자 아종은 아메리카사자로 한때 북아메리카에 서식했지만 약 1만 1000년 전에 멸종했다. 현재 아프리카사자보다 약 25% 더 컸던 아메리카사자는 몸길이가 1.6~2.5m였으며 섰을 때 어깨까지의 높이가 1.2m, 무게는 최대 350㎏이었다.

크기별 비율에 따른 맹수 중 최대 교합력(咬合力)
재규어가 무는 힘은 다른 어떤 맹수보다도 강하다. 100㎏에 달하는 재규어의 송곳니는 503.57㎏의 힘을, 네 번째 작은 윗어금니와 첫 번째 아래어금니의 열육치(고기를 찢는 데 쓰는 이빨)는 705.79㎏의 교합력을 보인다.

악명 높은 식인 표범
파나표범은 20세기 초, 인도 북부 쿠마온에서 400명 이상을 물어 죽인 일이 있었다. 1910년 유명한 앵글로 인디언 사냥꾼인 짐 코벳이 마침내 이 표범을 포획했다.

가장 작은 표범

다 자란 수컷 아라비아표범은 무게가 대략 30㎏이며 암컷은 20㎏에 불과하다. 이들은 다른 8아종(亞種: 종을 다시 세분한 분류 단위)과 비교했을 때 상당히 가볍다. 멸종 위기인 아라비아표범은 최근 들어서야 알려졌다.

인간에게 가장 위협적이지 않은 맹수는 눈표범이다. 기록에 의하면 지금까지 공격당한 사람 수가 2명에 불과하다.

최초의 화이트 라이거

2013년 12월, 미국 사우스캐롤라이나 머틀비치 사파리에서 흰 벵갈호랑이 암컷인 사라스와티(사진)와 흰 아프리카사자 사이에서 태어났다. 머틀비치는 세계에서 최고 큰 맹수인 헤라클레스(아래)의 고향이기도 하다. 성체인 수컷 라이거 헤라클레스는 몸길이가 3.33m에 어깨까지의 높이가 1.25m이고 무게는 418.2㎏에 달한다.

DID YOU KNOW?
'라이거'는 수사자와 암호랑이 사이에서 태어난 잡종이다. 암사자와 수호랑이의 조합은 '타이곤'이다. 맹수 가족의 다른 잡종으로는 재규렙(수컷 재규어와 암컷 표범 혼종)과 라이재규렙(수사자와 암컷 재규렙의 혼종)이 있다.

DATELINE **3300 BCE** 기원전 3300년

최고 오래된 문신
냉동인간 '외치'는 청동기 시대 화살을 맞아 사망했다. 그의 시신이 미라로 잘 보존되어 1991년 오스트리아와 이탈리아의 경계인 알프스에서 발견되었다. 시신의 몸에는 61개의 문신이 있었다.

FAST FACTS

눈표범은 한 번에 몸길이의 7배 이상 뛰어오를 수 있다. • 같은 무늬를 가진 호랑이는 한 마리도 없다. • 사자의 울음소리는 8㎞ 거리에서도 들린다. • 치타는 포효하지 않고 가르릉 거린다.

최고 낮은 주파수의 울음소리

아프리카와 아시아에 서식하는 사자의 울음소리는 다른 대형 고양잇과 동물들보다 낮은 주파수를 보인다. 한 번의 포효는 최대 90초까지 지속되며, 기본 주파수 40~200헤르츠, 50회의 울음으로 이루어진다. 1m 밖에서 지시소음계로 살피니 114데시벨이 기록되었다.

사회성이 최고로 뛰어난 맹수

대부분의 맹수는 홀로 움직이지만 사자는 무리를 지어 생활하는 것으로 유명하다. 대개 사자 무리는 5~6마리 암사자와 그 새끼들, 그리고 1~2마리 수사자로 구성되지만, 최대 30마리가 한 무리를 이루었다는 기록도 있다.

백사자에 대한 첫 공식 보고

남아프리카 전통문화에서 친숙한 백사자는 1938년 처음 목격되었다. 남아프리카 크루거 국립공원 서쪽 끝에 있는 팀바바티(현재 사유 사냥터)에서 조이스 리틀이 1마리를 눈으로 확인했다.

큰 맹수와 작은 맹수 사이 첫 잡종

19세기 말 독일의 동물 수집가 칼 하겐베크가 소유한 함부르크 동물원에서 퓨마와 표범이 짝짓기해 새끼들이 태어났다. 성체가 될 때까지 여러 마리가 생존해 퓨마와 표범 잡종이 생겨났다.

최초의 3종 잡종

영국 런던 동물원이 1908년 암컷 '라이자구파드(lijagupard)'를 공개했다. 암컷의 어미는 재규파드(수컷 재규어와 암컷 표범의 잡종)로 미국 일리노이 주 시카고 동물원에서 태어났고 아비는 사자다. 라이자구파드는 날렵하고 다리가 긴 암사자를 닮았지만 몸에 커다란 갈색 장미꽃 무늬가 특징이다.

DID YOU KNOW?

고양잇과 동물은 눈꺼풀이 3개다. 위아래뿐 아니라 순막이라고 알려진 세 번째 눈꺼풀이 존재한다. 눈 앞쪽 모서리 코 근처에 있으며 옆으로 움직인다. 건강한 고양이는 눈 옆으로 순막이 숨어 있다.

소형 고양잇과 중에서 최대 크기

사자, 호랑이, 재규어 다음으로 큰 맹수 종이지만 퓨마는 대형 고양잇과가 아닌 소형 고양잇과로 분류된다. 일반적으로 몸길이가 2.75m, 성체인 수컷의 무게는 100㎏이다. 퓨마는 또한 **이름이 가장 많은 포유류**이기도 하다. 쿠거, 산사자, 카타마운트, 페인터를 비롯해 40여 개의 이름으로 불린다.

포획된 표범 중 최대 수명

1991년 9월 23일 태어난 흑표범 아이보리는 2015년 11월 20일 기준 24년 58일을 살았다. 이 표범은 도나 마틴과 워킹 와일드라이프(둘 다 미국)의 소유로 미 캘리포니아 프레이저 공원에 산다.

가장 오랫동안 이어진 불길

호주 뉴사우스웨일스의 탄층에 번개가 쳐서 불이 났다. 약 5000년이 지난 지금도 불길은 여전히 타오르고 있다.

3000 BCE 기원전 3000년

DATELINE

악어 CROCODILES

포획된 최대 크기 악어 (현재 생존)

카시우스라고 불리는 이 바다악어는 1984년 호주 다윈 근교에서 보트와 충돌해 붙잡혔다. 2011년 퀸즐랜드 그린 섬 마린랜드 멜라네시아의 서식지에서 측정해보니 몸길이가 무려 5.48m에 달했다.

역대 가장 큰 악어

1억 1000만 년 전 지구에 살았던 살코수쿠스라는 괴물 악어는 몸길이 11~12m, 무게가 8톤이나 나갔다. 이 정도의 크기로 자라려면 50년 이상 걸릴 것으로 추정된다.

포획 역사상 최고 큰 악어

비록 카시우스(위)가 현재 포획된 악어 중 가장 크지만, 포획 역사를 통틀어 가장 큰 악어는 2011년 9월 3일 필리핀 부나완에서 붙잡힌 6.17m 길이의 바다악어다. 로롱이라는 이름이 붙은 이 악어는 부나완 생태공원으로 옮겨졌다.

하지만 로롱은 그곳의 생활에 적응하지 못하고 2013년 2월 10일 폐사했다.

포획된 최고령 악어(현재 생존)

미국악어 무자는 처음 벨그레이드 동물원에 들어왔을 때(다 자란 상태) 정확한 연령을 알 수 없었지만 2016년 4월 18일 기준 78년 219일째 살아 있다. 무자는 제2차 세계대전 당시 동물원을 덮친 공중폭격에도 살아남았다.

포획 역사상 최장수 악어

네덜란드 로테르담에 있는 블레이도르프 동물원에 살았던 아프리카긴코악어 하쿠나다. 하쿠나와 짝 마타타는 가수이자 무용가 조세핀 베이커의 기증으로 1929년 이곳으로 들어왔다. 마타타는 2014년에 폐사했고 하쿠나는 85년을 동물원에서 살다가 2015년 2월 19일에 생을 다했다.

최대 악어 속

크로커딜러스 속에는 12종이 속해 있으며 유럽과 남극을 제외한 모든 대륙에 분포한다.

가장 희귀한 악어

2002년 한 연구에 따르면 야생에는 200여 마리 미만의 양쯔강악어가 서식한다. 중국 양쯔 강 남부지역에 서식하는 이 종은 생태 파괴와 지역 농부들의 사냥으로 멸종 위기를 맞고 있다.

최대 악어 알

말레이가비알(아래 참조)은 약 10x7㎝ 크기의 알을 낳는다. 야구공의 지름과 같은 크기다.

이와 반대로 가장 작은 악어 알은 양쯔강악어의 것이다. 길이 5.23㎝에 폭이 3.27㎝로 달걀보다 작다.

따라서 양쯔강악어의 새끼가 가장 작다. 새끼의 평균 몸길이는 20㎝로, 다 자라도 수컷의 평균 몸길이가 1.5m밖에 되지 않아 세상에서 가장 작은 악어로 꼽힌다.

가장 최근에 발견된 악어종

아프리카 서부지역에 사는 사막악어는 나일악어와 생김새

최고 적은 악어 과(科)

가비알 과에는 가비알과 말레이가비알, 이렇게 2종류만 속한다. 전자는 방글라데시, 인도, 파키스탄에 서식하며 후자는 동남아시아가 원산지다. 최근까지도 악어의 일종이라고 여겨져 말레이가비알(가짜 가비알이란 뜻)이라는 이름이 붙었다.

악어가 사람을 공격한 최악의 사건

1962년 캐나다의 동식물연구가인 브루스 스탠리 라이트가 저서 《야생 스케치》를 통해 제2차 세계대전에 미얀마의 람리 섬에서 있었던 바다악어 사건을 소개했다. 1945년 2월 19일 연합군(아래)이 일본군 포로 1,000명을 데리고 16㎞의 맹그로브 늪지대를 지나다 바다악어를 만났다. 아비규환의 밤이 지나자 겨우 20명만이 살아남았다고 한다. 그런데 내셔널 지오그래픽 채널에서 새롭게 조사해보니 이 이야기는 신빙성이 떨어지거나 적어도 죽은 사람의 숫자가 과장되었다는 결론이 나왔다.

DATELINE **2600 BCE** 기원전 2600년

최초의 서명
'아두'라는 이름의 수메르 필사자가 갈대를 사용해 점토판 위에 자신의 설형문자 사인을 남겼다. 이것이 현재 이라크의 텔 아부 사라비크(Tell abu salābikh)이다.

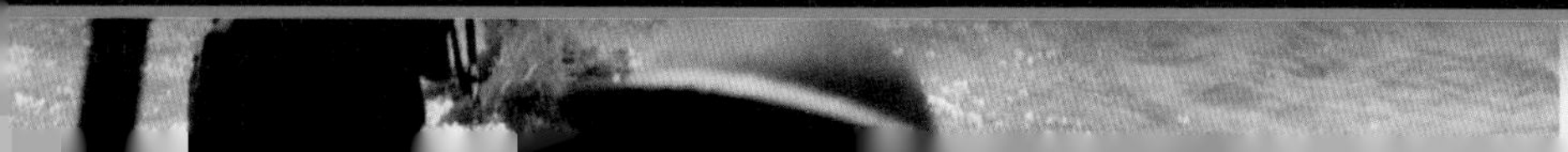

FAST FACTS

가장 시끄러운 악어인 미국악어의 울음소리는 92데시벨이다. • 'Crocodile(악어)'이라는 이름은 '울퉁불퉁한 벌레'라는 뜻의 그리스어에서 따왔다. • 악어는 육지에서 달리는 속도보다 물속에서 헤엄치는 속도가 더 빠르다.

최고 빠른 악어

호주 북부에 서식하는 민물악어는 시속 17㎞로 달릴 수 있다. 하지만 이 놀라운 속도는 사람을 향해서가 아니라 사람에게서 도망칠 때 주로 나타난다.

TRIVIA

악어는 강력한 교합력(아래 참조)을 가지고 있지만, 턱은 평범한 고무줄로 묶을 수 있을 정도다. 입을 벌리는 데 사용되는 근육이 다무는 쪽보다 훨씬 약하기 때문에 가능한 일이다.

가 거의 비슷하지만 2011년 유전자 분석을 통해 먼 친척뻘이라는 사실이 밝혀졌다.

가장 분포가 제약된 악어

일부 악어는 넓은 지역에서 서식하지만(바다악어는 인도 남부지역에서 호주 서부지역까지 분포한다), 아주 제한된 서식지에서만 사는 악어도 있다. 대표적인 예가 쿠바악어로 4,354㎢ 면적의 쿠바 자파타 반도에서만 산다.

악어로 인한 최초의 비행기 사고

2010년 8월 25일 한 소형비행기가 콩고민주공화국의 반둔두 공항으로 가는 길에 사고가 났다. 구급차가 현장에 출동해보니 단 1명의 생존자가 있었고 그는 악어 때문에 사고가 났다고 주장했다. 한 승객이 몰래 가방에 악어를 넣어서 탑승했는데 악어가 밖으로 나오자 승객들이 놀라 우왕좌왕하는 바람에 비행기의 균형이 깨져 사고가 났다는 것이다.

DID YOU KNOW?

5.5m 길이의 브루투스는 호주 애들레이드 강에 사는 유명인사로 버펄로 고기를 먹기 위해 관광객들 앞에 자주 모습을 드러낸다. 이 바다악어는 상어의 공격을 받아 다리 한쪽을 잃었다.

가장 큰 악어 종

(브루투스와 같은) 수컷 바다악어는 최소 7m로 자라며 무게가 1톤이 넘는다. 야생에서 10m가 넘는 바다악어를 보았다고 주장하는 사람이 있지만 이런 큰 악어가 생존한다는 증거는 발견되지 않았다.

바다악어 종은 또한 가장 강한 교합력을 지닌 악어라는 기록도 가지고 있다. 어떤 동물(혹은 사람)이든 운 나쁘게 걸려들면 왼쪽 사진 속 야생돼지처럼 중형차 아래 깔리는 것과 같은 1만 1,216뉴턴의 힘으로 물리게 된다.

최고 높은 피라미드
이집트 기자에 거대한 피라미드가 지어지기 시작했다.
완공까지 20년이 걸린 이 구조물은 높이가 146.7m로 후에 고대 세계의 7대 불가사의 중 하나로 선정되었다.

2560 BCE
기원전 2560년

DATELINE

올빼미 OWLS

가장 최근에 발견된 종

2013년에 스람마스크올빼미는 공식적으로 알려진 뒤 지금의 이름이 붙었다. 그렇지만 이 동물이 처음 과학계에 알려진 건 1987년 탐사 중 야생에서 한 표본이 사진에 찍히면서다(그러나 사진은 남아 있지 않다). 인도네시아의 스람 섬이 원산지라 이 같은 이름이 붙었다.

DID YOU KNOW?

올빼미는 상당히 특별한 날개를 가진 덕분에 아무 소리도 내지 않고 먹잇감을 향해 하강할 수 있다. 과학자들은 이 날개의 비밀을 풀면 한층 더 조용한 항공기와 거의 소리가 나지 않는 풍차를 만들 수 있을 거라고 내다본다.

가장 먼저 알려진 올빼미 종

버루오르니스 오르비산티키는 6000만~5700만 년 전 팔레오세 중후기에 서식했다. 화석은 북동부 프랑스 랭스 지역의 매장 층에서 발견되었다.

현 올빼미의 선조 격인 이 종은 현재 가장 큰 수리부엉이와 거의 같은 크기다.

수리부엉이는 **현존하는 종 중에서 가장 큰 올빼미**에 속한다 (57쪽 참조).

역사상 최고 큰 올빼미

오르니메갈로닉스는 쿠바가 원산지인 4종의 올빼미 화석을 통해 알려졌으며 약 1만 년 전에 서식했던 것으로 추정된다. 1.1m 크기에 무게가 9㎏이 넘었을 것으로 보여 날지 못하는 새였을 것이다.

올빼미 최다 부화

일반적으로 흰올빼미(아래)가 최대 11개로 가장 알을 많이 낳는 올빼미로 알려져 있다. 그러나 핀란드에 서식하는 한 긴꼬리올빼미가 13개의 알을 낳았다는 기록이 있다.

최대 올빼미 속

대부분의 소쩍새 과 올빼미가 속하는 칡부엉이 속은 전 세계에 분포하며 알려진 종만 해도 46가지에 이른다. 일부 학자들이 몇 아종은 별도로 구분되어야 한다고 생각하는데, 그렇게 하면 총 51종으로 늘어난다.

이 종들의 개체 수를 과학적으로 추정해보니 **가장 많은 올빼미**는 금눈쇠올빼미였다. 기후가 온화한 유럽, 북아프리카, 아시아 동부에서 한반도까지 분포하며 전 세계적으로 개체 수가 500만~1,500만에 이르는 것으로 보인다.

가장 널리 분포한 올빼미 종

원숭이올빼미는 전 세계 거의 모든 지역에서 발견된다. 세계자연보전연맹에 따르면 이 올

TRIVIA

올빼미는 경추골이 14개(사람은 7개) 있고 척수와 혈관이 척추의 넓은 관을 통해 지나간다. 그래서 머리를 270도까지 돌릴 수 있고 몸을 움직이지 않고 눈으로 먹이를 쫓을 수 있다.

최북단에 사는 올빼미

흰올빼미는 유라시아와 북아메리카의 북극 지역에 서식한다. 먹이를 찾아 북쪽으로 갔는데 고 북극대에서 1년의 대부분을 보내는 몇 안 되는 조류 중 하나다. 흰올빼미는 한겨울 살을 에는 어둠 속에서 북위 82도인 캐나다 엘즈미어 섬에서 발견된 적이 있다.

TRIVIA

다른 조류와 마찬가지로 올빼미도 먹이를 씹지 못한다. 작은 먹잇감은 통째로 삼키고 큰 먹잇감은 먹기 전에 잘게 찢어 놓는다. 이빨, 뼈, 깃털 등과 같이 소화되지 않는 부분은 모래주머니에 최대 10시간까지 넣어두고 알갱이 같은 형태(아래)로 역류시켜 배출한다. 이 알갱이가 부분적으로 올빼미의 소화계를 막기 때문에 새로운 먹이를 먹으려면 우선 완전히 배출해야 한다.

DATELINE **c. 2281 BCE**
기원전 약 2281년

최고 오래 집권한 왕
네페르카레는 6세 때 이집트의 통치자가 되어 94년 동안 다스렸다.
그래서 역대 군주제 최장 통치 기록을 보유하고 있다.

FAST FACTS

올빼미의 눈은 튜브 모양으로, 움직이지 않는다. • 올빼미 무리를 '의회(Parliament)'라 고 부른다. • 원숭이올빼미는 1년에 1,000마리의 쥐를 잡아먹는다. • 조류로서는 특이하게도 암컷 올빼미가 수컷보다 크며 깃털 색도 더 밝다.

최고 큰 올빼미

유럽에 서식하는 수리부엉이는 평균 몸길이가 66~71㎝이고 무게는 1.6~4㎏에 달한다. 이 올빼미는 또한 **가장 날개가 큰 올빼미**이기도 하다. 날개 길이가 1.5m로 14세 남자아이의 팔 너비와 맞먹는다.

수리부엉이는 딱정벌레부터 노루 새끼에 이르기까지 움직이는 것은 무엇이든 잡아먹는다. 주식 대부분은 포유류(들쥐, 생쥐, 여우, 산토끼 등)지만 까마귀, 오리, 거위, 바닷새, 심지어 다른 올빼미에 이르기까지 모든 종류의 조류도 먹이로 삼는다.

100%

빼미는 6,330만㎢에 분포하며 남극대륙을 제외한 거의 모든 곳에 서식하고 있다.

또한 원숭이올빼미는 **아종이 가장 많은 올빼미**이기도 하다. 최소 27가지 아종이 있는 것으로 알려졌다.

최고 작은 올빼밋과

현재 살아 있는 올빼미는 크게 올빼밋과와 가면올빼밋과로 분류된다. 가면올빼밋과는 가장 작은 올빼밋과로 원숭이올빼미, 베이올빼미와 더불어 19종이 여기에 속한다.

100%

최고 작은 올빼미

미 남서부와 멕시코에 서식하는 엘프올빼미는 몸길이 12~14㎝, 무게가 50g밖에 나가지 않는다. 일반적으로 다른 새가 뚫어놓거나 혹은 나무에 자연히 생긴 구멍 안에 둥지를 튼다. 가끔 딱따구리와 엘프올빼미가 같은 나무에 살기도 한다. 그나마 조금 더 큰 것이 참새올빼미인데 무게 50g에 몸길이가 15㎝에 불과하다.

최고 오래된 상록수

사이프러스(측백나무 과에 속하는 교목)가 이란의 아바쿠 시에 뿌리를 내렸다. 후에 사브에 아바쿠로 알려진 이 나무는 21세기에 들어서도 계속 번성했다.

2000 BCE

기원전 2000년

DATELINE

원숭이 MONKEYS

54 kg

DID YOU KNOW?

맨드릴개코원숭이는 '무리 지어' 살고 무리 내 가장 힘이 센 수컷이 일반적으로 제일 두드러지는 색을 보이고 있다. 원숭이의 얼굴과 엉덩이 색 밝기는 분비되는 테스토스테론의 양과 관계가 있는데, 이를 통해 그 힘과 주도권을 알 수 있다.

최고 큰 개코원숭이

다 자란 수컷 차크마개코원숭이는 최대 84㎝에 달하는 꼬리를 제외하고 몸길이가 115㎝, 무게가 40㎏ 정도 나간다.

남아프리카가 원산지로 남아프리카 전역에 분포한다. 1년 중 8개월간 지표수가 없는 나미비아 나미브 사막에 고립되어 사는 무리가 발견된 적도 있다. 따라서 차크마개코원숭이는 가뭄에 가장 잘 견디는 원숭이다.

최고 작은 긴꼬리원숭이

맨드릴개코원숭이(왼쪽)와 반대되는 두 종류의 탈라포인(Talapoin)이 있다. 긴꼬리원숭잇과에 속하는 앙골라 탈라포인과 가봉 탈라포인은 서로 밀접한 관련이 있다. 두 탈라포인은 총 몸길이가 45㎝를 넘지 않으며 무게는 약 800g이다. 대게 늪지나 맹그로브 숲에 서식하며 수영을 잘한다.

가장 시끄러운 육지 동물

중앙아메리카와 남아메리카에 사는 짖는원숭이의 끔찍한 비명은 개 짖는 소리와 당나귀의 울음소리를 섞어 1,000배 더 크게 들리도록 한 것과 비슷하다! 수컷은 호흡기 상단에 확장되는 뼈 구조가 있어 소리를 울릴 수 있다. 목소리를 최대로 낼 경우 4.8㎞ 떨어진 곳에서도 들을 수 있다.

최고 무거운 올빼미원숭이

이름에서 알 수 있듯 남아메리카의 올빼미원숭이는 유일한 야행성 원숭이다. 현재 11종이 알려졌으며 가장 무거운 종은 아자래올빼미원숭이로 무게가 1.25㎏ 정도 나가고 수컷이 암컷보다 조금 더 무겁다.

최고 많은 초식 원숭이

덩치가 큰 젤라다개코원숭이는 에티오피아에 서식한다. 무시무시한 외모에 커다란 송곳니가 있지만, 이 종은 완전히 초식만 하며 주식의 90%가 풀이다(나머지 10%는 씨앗과 뿌리).

젤라다는 북부 에티오피아의 무성한 고원지대에 서식하기 때문에 자연스럽게 이런 식습관이 자리 잡았는데, 이곳은 최대 700마리에 이르는 무리를 충분히 먹일 만큼 풀이 풍부하다.

인간의 침범과 가뭄으로 젤라다개코원숭이의 개체 수가 지난 수십 년 동안 급격히 감소했

세계에서 가장 큰 원숭이

서아프리카 적도 지역에 사는 수컷 맨드릴개코원숭이는 머리와 몸의 길이가 61~76㎝다. 수컷은 평균 무게가 25㎏이지만 54㎏까지 나갈 수 있다. 두드러지는 푸른 엉덩이, 붉은 얼굴, 노란 수염 덕분에 가장 다채로운 색을 지닌 포유류로 꼽히기도 한다. 한편 **가장 큰 광비(廣鼻)원숭이**는 멸종위기 동물로 브라질에 서식하는 양털거미원숭이다. 머리와 몸길이가 46~63㎝, 무게가 최대 15㎏까지 나간다.

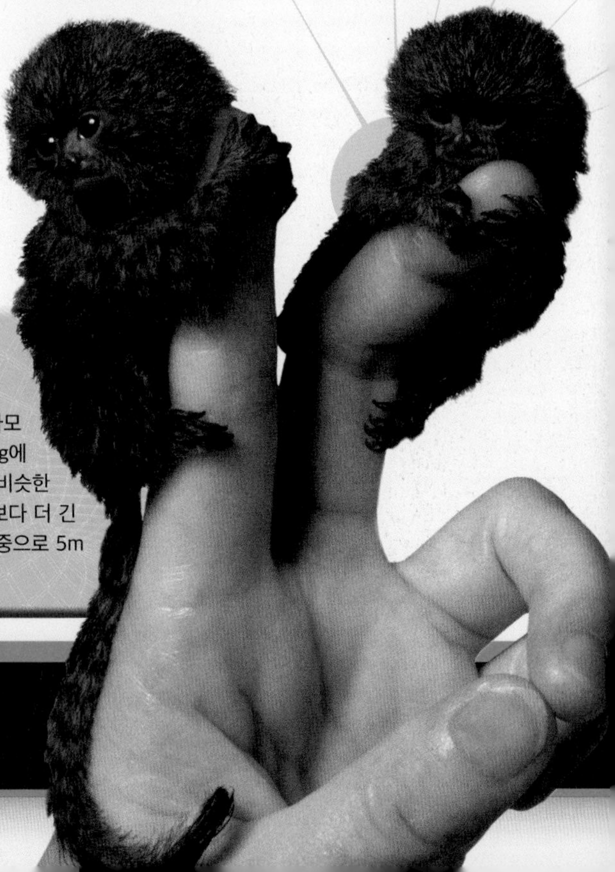

세계에서 가장 작은 원숭이

아마존 상류에 서식하는 피그미마모셋은 다 자라도 평균 무게가 119g에 불과하다. 중간 크기의 오렌지와 비슷한 무게다. 일반적으로 136㎜의 몸보다 더 긴 꼬리를 가진 이 작은 원숭이는 공중으로 5m까지 도약할 수 있다!

DATELINE **1900 BCE** 기원전 1900년

최초의 알파벳
이집트 석공이 석회석에 새긴 글씨가 최초의 음성문자로 알려졌다.

FAST FACTS

'원숭이'라는 말은 네덜란드어로 '작은 사람'이라는 뜻의 메니킨(Mannikin)에서 따왔다. • 원숭이가 모인 집단을 '무리(Troop)'라고 부른다. • **우주로 간 최초의 포유류**는 1949년에 나간 알버트 2세라는 원숭이였다. • 2016년은 붉은 원숭이의 해다.

최고 빠른 영장류

동서아프리카에 사는 파타스원숭이는 시속 55㎞로 달릴 수 있다. 길고 마른 팔다리를 사용하는 이 긴꼬리원숭잇과 원숭이는 가끔 '영장류계의 치타'로 불리기도 한다.

영장류 비교

유인원, 원숭이, 원원(原猿)의 차이는 무엇일까?

유인원

유인원은 꼬리가 없고 다른 영장류에 비해 대개 덩치가 크고 더 지적이다. 영장류과는 고등 유인원(난쟁이침팬지, 침팬지, 고릴라, 오랑우탄)과 저등 유인원(긴팔원숭이)으로 나뉜다.

원숭이

원숭이는 일반적으로 꼬리가 있고, 알려진 260여 종 중 상당수가 나무 위에 산다. 원숭이는 긴꼬리원숭잇과(아프리카와 아시아)와 광비원류(아메리카)로 나뉜다.

원원

원원은 한층 원시적인 영장류로 여우원숭이, 로리스원숭이, 부시베이비, 포토, 안경원숭이가 속한다. 대부분 야행성이고 나무 위에서 서식하며 곤충과 작은 포유류를 잡아먹는다.

TRIVIA

거미원숭이는 촉각이 있어 물건을 잡을 수 있는 근육질의 꼬리를 다섯 번째 손으로 사용한다. 이 사진은 원숭이가 꼬리로 나뭇가지를 잡고 이동하는 모습이다.

지만, 현재 20만 마리 이상이 살고 있어 여전히 최대 개체 수 원숭이로 여겨진다.

최북단에 사는 개코원숭이

망토개코원숭이는 아프리카 대륙 북동부와 아라비아 반도의 남서부 지역에 서식한다. 최남단에 사는 개코원숭이이자 최남단 서식 영장류는 차크마 개코원숭이(58쪽 참조)로 남아프리카 희망봉까지 분포한다.

최남단에 사는 마모셋원숭이

마모셋원숭이는 광비원숭이로 타마린과 더불어 비단원숭잇과에 속한다. 거의 모든 마모셋과 타마린원숭이가 아마존 열대우림에 산다. 예외인 종은 브라질 남중부 아마존부터 파라과이 차코평원까지 두루 분포하는 검은꼬리마모셋이다. 검은꼬리마모셋은 아마존의 산림 벌채로 인해 새로운 서식지로 옮겨 간 것으로 추정된다.

가장 최근에 발견된 원숭이

과학적으로 가장 최근에 발견된 원숭이 종은 흰뺨마카크다. 티베트 동남부지역 열대우림이 서식지인 이 원숭이는 2015년 3월 학계에 공식 발표되었다. 뺨에 난 두드러진 흰색 콧수염이 남성 생식기 모양을 하고 있다는 점과 목 주변에 둘린 뻣뻣한 털이 다른 마카크와 차별화된 특징이다.

최북단에 사는 영장류

일본원숭이는 일본 산악지대인 지고쿠다니 지역 나가노 근교에 서식한다. 인간을 제외하고 최북단에 사는 영장류에 속한다. 눈원숭이라고도 불리는 일본원숭이는 섭씨 영하 15도의 추운 겨울에 뜨거운 온천욕을 하며 생존한다.

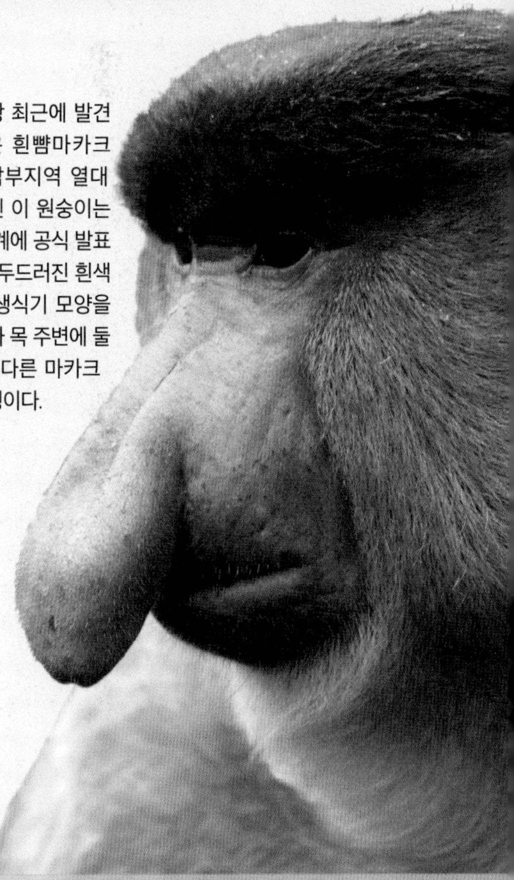

가장 긴 코를 가진 영장류

보르네오 섬에서만 서식하는 코주부원숭이는 축 늘어진 코를 가지고 있는데 나이 든 수컷의 경우 최대 길이가 17.5㎝에 이른다. 입을 가릴 정도로 큰 코는 위험에 처했거나 흥분했을 때 붉게 변하고 부풀어 오른다. 또한, 원숭이 특유의 경계하는 소리를 낼 때 코가 울림통 역할을 한다.

최고 오래된 사랑 노래

고대 도시 우가리트(현 시리아의 라스샴라)의 석조 명패에 사랑 노래가 새겨져 있다. 1950년대까지 소실되었다가 1974년 3월 6일 처음으로 대중 앞에서 연주되었다.

1800 BCE 기원전 1800년

DATELINE

거미 SPIDERS

최고 큰 거미 눈

데이노피스 속 괴물얼굴거미의 눈동자는 지름이 최대 1.4㎜에 이른다. 시력이 뛰어나지는 않지만 집광력(集光力)이 좋아 밤에 유용하다. 야행성 매복 사냥꾼인 이 열대거미에게는 큰 장점이다. 4개의 앞발에서 나오는 그물처럼 촘촘한 거미줄로 먹이를 잡는데, 이 거미줄에 닿은 먹이는 곧장 들러붙어 버리고 만다.

최초의 거미 화석

북아메리카와 유럽의 석탄층에서 발견된 '메소텔래'라는 원시 거미 아목의 화석은 3억 5900만~2억 9900만 년 전 것으로 추정된다. 이 거미는 자신의 실로 알을 감싸거나 방수막처럼 사용한 것으로 보이는데, 정교하게 거미줄을 짜는 법은 한참 후에 진화했기 때문이다.

이 아목 중에서 유일하게 살아 있는 과인 메소텔래는 실을 뿜어내는 4쌍의 방적돌기를 가지고 있어 **방적돌기가 가장 많은 거미**이기도 하다. 원래 다리였던 기관이 진화해 거미줄과 줄치기를 하는 실을 만들어내고 있다.

최고 큰 거미 화석

현재 남아 있는 몽골아라크네 쥐라시카의 암컷 표본은 몸길이가 24.6㎜, 앞다리가 56.5㎜이다. 약 1억 6400만 년 전 쥐라기 중기에 현 중국 북부지방에 서식했다.

가장 치명적인 독거미

호주 시드니 근교에 사는 시드니 퍼넬 웹의 독은 인체에 ㎏당 약 0.2㎎만 들어가도 치명적이다. 거미는 진화하는 동안 이 무시무시한 독을 얻게 되었다. 주 먹이는 곤충이지만 독은 특히 인간에게 위협적이다. 시드니 퍼넬 웹에 물려 죽은 사람만 최소 14명이며 이 중에는 15분 만에 목숨을 잃은 사람도 있다.

최초의 무당거미

현재 무당거미는 크고 강하며 복잡한 거미줄을 만든다. 크레타레너스 빌랄테로 알려진 최초의 종은 1990년에 스페인에서 외골격이 발굴되면서 알려졌다. 이 거미는 1억 4000만 년 전 백악기 초에 서식한 것으로 추정된다.

가장 오래된 거미줄 역시 백악기 시대로 거슬러 올라간다. 2009년 형제이자 아마추어 화석발굴가인 제이미와 조나단 히스코크는 영국 이스트서식스 주 한 해변에서 호박 속에 보존된 거미줄을 발견했다.

최초의 초식 거미

바기라 키플린지는 1896년 수컷 표본이 발견돼 세상에 알려졌다. 하지만 최초의 암컷 표본은 이 종의 극심한 성적 이형성(수

최고 큰 거미

1804년에 처음 발견된 이 육중한 매복 사냥꾼은 수리남, 가이아나, 프랑스령 기아나의 해안 열대우림지역에 서식한다. 수컷 골리앗 버드이터는 다리 길이만도 28㎝에 이른다. 1965년 4월 베네수엘라 리오카브로로 탐사를 나선 파블로 산마틴의 팀원들이 표본을 수집했는데 당시 이 거미의 몸집은 접시를 덮을 정도로 컸다. 로버트 버스타드가 번식시키고 영국 퍼스셔 알리스의 브라이언 버넷이 키운 같은 종의 2년생 표본 역시 1998년 2월 측정해보니 다리 길이가 28㎝에 달했다.

DID YOU KNOW?

골리앗 버드이터는 위협을 느끼면 다리의 뻣뻣한 털을 비벼 쉭쉭 소리를 낸다. 이런 거미의 울음소리는 4.5m 밖에서도 들린다. 물리면 매우 고통스럽지만 인간에게 위험하지는 않다.

100%

DATELINE **1500 BCE** 기원전 1500년

최초의 일기예보 시계

'클렙시드라'로 불리는 시간을 알려주는 장치가 고대 이집트에서 처음 사용되었다. 물을 용기에 담은 다음 일정한 속도로 비우는 방식으로 고안됐다. 현대의 기준으로 보면 정확하지 않지만, 해시계와 달리 흐린 날에도 사용할 수 있다.

FAST FACTS

공격을 받으면 타란툴라는 작은 가시 털을 세우는데 이것에 찔리면 사람은 일시적으로 눈이 먼다. • 남극은 거미가 없는 유일한 대륙이다. • 그램 단위로 비교해보면 거미줄은 강철보다 약 5배 단단하다.

가장 널리 분포하는 과부거미

남아프리카가 원산지인 라트로덱투스 속 갈색과부거미는 우연히 인간에 의해 전 세계로 퍼져나갔다. 미국에서부터 동아시아지역과 호주에 이르기까지 14개국에서 발견된 기록이 있다. 미국 캘리포니아 남부 특정 지역에 서식하는 더 독성이 강한 검은과부거미의 자리를 이 거미가 대체하고 있다는 증거가 나왔다.

TRIVIA

골리앗 버드이터는 거미줄이 필요 없다. 대신 새, 개구리, 생쥐와 같은 먹잇감에 몰래 다가가 덮친 뒤 2.5㎝ 이상 되는 긴 송곳니로 독을 주입한다.

컷과 암컷의 차이)으로 인해 110년이 더 지나서야 밝혀졌다. 이 깡충거미는 멕시코, 과테말라, 코스타리카에 서식하는데 아카시아 이파리 끝에 있는 단백질과 지방이 풍부한 벨트체(Beltian body)를 먹는다.

이 거미의 명칭은 《정글북》에 나오는 흑표범인 바기라와 작가인 러디어드 키플링의 이름을 따서 지었다.

최고 희귀한 거미

카우아이 동굴 늑대거미는 표본이 30개도 안 된다. 미국 하와이 카우아이 섬에 있는 어두운 동굴에서 살며 눈이 없다.

최고 시끄러운 거미

유럽에 사는 아니파에나 액센츄아타는 잎사귀에 복부를 진동시켜 윙윙거리는 소리를 내 암컷을 유혹한다. 암컷은 소리가 아닌 진동으로 이를 감지할 수 있다.

미국거미 종인 리코사 굴로사의 수컷은 촉수와 복부를 마른 잎사귀에 두드려 '갸릉갸릉' 하는 소리를 낸다.

독이 최고 적은 거미

독특한 근대 거미 중에서 삼빗무당거미는 독샘이 없다. 대신 이 거미는 먹이를 줄로 감싼 다음 그 위에 소화효소를 뿌린다.

최고 작은 거미줄

난쟁이거미의 거미줄은 지름이 10㎜가 채 안 된다. 44개의 소형 종 중에서 파투 마플레시는 몸길이가 0.3㎜로 **최고 작은 거미**다.

최고 큰 거미 독샘

남아메리카의 포뉴트리아 니그리벤터의 독샘은 길이 10.2㎜에 지름이 2.7㎜로 최대 1.35㎎의 독을 함유하고 있다. 이 독은 인간을 마비시키거나 질식시킬 수 있으며 이 거미 1마리가 가진 독으로 생쥐 225마리를 죽일 수 있다.

최고 튼튼한 거미줄

마다가스카르에서 발견된 다윈의 나무껍질거미는 인장강도(물체가 잡아당기는 힘에 견딜 수 있는 최대한의 응력)가 최대 520메가줄로, 세상에서 가장 튼튼한 거미줄을 만든다. 이 거미줄은 앞서 살펴본 어느 거미줄보다 강도가 2배 이상 세다. 나무껍질거미는 또한 **최고 거대한 거미줄**을 만들 수 있다. 두 강둑 사이를 이을 정도인데, 최대 2.8㎡까지 가능하다.

최고 높은 곳에 사는 거미

히말라야 깡충거미는 1924년 네팔 에베레스트 산 6,700m 지점에서 처음 발견되었다. 이 거미는 바닥에 얼어붙은 돌 아래 산다. 1975년에 처음 소개된 깡충거미는 낮은 고도에서 바람에 날려 온 작은 곤충을 먹고 사는 것으로 추정된다.

최초로 기록된 전쟁

카데시 전투에서 이집트가 히타이트에게 패했다.
파라오 람세스 2세는 자신의 선전을 적은 일련의 게시물을 왕국 전역에 뿌렸다.

1274 BCE
기원전 1274년

DATELINE

공룡 DINOSAURS

과학적으로 설명된 최초의 공룡
메갈로사우루스 버클랜디는 1824년에 처음 묘사되었다. 영국 옥스퍼드셔 우드스톡 근처의 한 채석장에서 작업하던 인부들이 두 발로 걷는 이 육식 동물의 화석을 발견했다.

최초의 스테고사우루스
후아양고사우루스 타이바이는 약 1억 6500만 년 전인 쥐라기 중기에 중국 쓰촨 성 후아양에 살았다. 공식적으로 언급되며 이름이 붙여진 것은 1982년이다.
가장 긴 골판을 가지고 있는 공룡은 1억 6000만~1억 6400만 년 전 현 영국에 서식했던 초식 스테고사우루스 속인 로리카토사우루스다. 화석으로 남은 꼬리 위 골판은 1m 길이지만 각초(角鞘)로 덮여 있어 실제로는 2배는 될 것으로 추정된다. 이 골판은 무기로 사용되었거나 짝짓기할 때 상대를 유혹하는 용도로 활용되었을 것으로 보인다.

이빨이 최고 많은 공룡
오리부리 하드로사우루스는 부리에 이가 없는 초식 공룡이다. 그러나 턱 안쪽에는 질긴 식물을 씹어 먹기 위해 최대 960개에 이르는 날카로운 이빨이 나 있었다.

최고 긴 공룡
1980년 미국 뉴멕시코에서 발굴된 디플로도쿠스는 개별 뼈를 토대로 비교한 결과 몸길이가 39~52m였다. 땅을 흔드는 도마뱀이라는 뜻을 지닌 세이스모사우루스 할리는 미국 와이오밍 공룡센터에서 1999년 마침내 복원되었는데 몸길이가 41m에 달했다.

몸집이 최고 작은 공룡
날개가 달린 미크로랍토르 자오이아누스는 몸길이가 39㎝인데 이 중 꼬리 길이가 24㎝였다. 1999년 중국 랴오닝 성 차오양에서 발굴된 아주 작은 종의 화석은 이 공룡이 약 1억 1000만~1억 2000만 년 전에 살아 있었다는 사실을 알려준다.

몸집이 최고 큰 플레시오사우루스

육식 해양 파충류인 리오플레우로돈은 몸길이가 25m까지 자랐다. 목이 짧고 3m 길이의 머리에 강력한 4개의 물갈퀴가 있다. 약 1억 5000만~1억 6500만 년 전인 쥐라기 중후기에 걸쳐 살았으나 엄밀히 말해서 공룡은 아니고 기룡이라고 부르는 파충류에 속한다. 플레시오사우루스는 크게 2아목으로 나뉜다. 리오플레우로돈이 속한 목이 짧은 플리오사우로이데아, 목이 긴 플레시오사우로이데아가 그것이다.

최고 큰…

타조공룡
타조공룡류(외형이 타조와 비슷해 붙은 이름)에서 최고 큰 종은 데이노케이루스 미리피쿠스다. 6900만~7100만 년 전 백악기 후기에 현 몽골지역에 서식했다. 현재까지 3종의 표본이 알려졌는데 가장 큰 건 몸길이가 11m, 무게가 6.36톤이다. 데이노케이루스 미리피쿠스의 팔 길이는 2.4m로 **두 발로 서는 공룡 중에서 최고 긴 팔**을 가지고 있었다. 손에는 커다란

DID YOU KNOW?
오메이사우루스(아래 참조)의 목은 17개의 가늘고 긴 뼈로 이루어져 있으며 몸길이보다 4배 더 길다. 비교하자면 현재 기린의 목뼈는 7개에 불과하며 목 길이가 몸길이의 2배밖에 되지 않는다.

꼬리가 가장 긴 공룡
디플로도쿠스는 약 1억 4500만 년 전 쥐라기 후기에 현 북아메리카 지역에 살았다. 13m 길이의 꼬리는 긴 목과 균형을 이루는 데 쓰였을 거라 추정된다.

몸길이에 비해 꼬리가 가장 긴 공룡
라엘리나사우라 아미카그래피카는 몸길이가 3m이지만 꼬리가 2.25m로 머리, 목, 몸을 합친 길이의 3배에 달했다. 1억 2000만~1억 2500만 년 전에 살았다.

몸통이 가장 넓은 공룡
꼬리 끝에 커다란 곤봉이 달린 안킬로사우루스는 몸통의 너비가 최대 2.5m에 달했다. 등 전체가 갑각과 골판, 돌기로 이루어져 있으며 눈꺼풀을 포함한 머리도 마찬가지다.

몸길이에 비해 목이 최고 긴 공룡
오메이사우루스 티안푸엔시스는 목 길이가 9.1m이지만 몸은 2.3m에 불과했다. 1억 6000만~1억 6400만 년 전인 쥐라기 시대에 살았다.

DATELINE **1271 BCE** 기원전 1271년

최초의 평화 협정
3년간 전쟁을 치른 뒤 이집트의 왕 람세스 2세와 히타이트의 왕 하투실리 3세가 평화 협정을 맺었다. 협약의 내용은 은으로 된 평판에 아카드 설형문자와 이집트 상형문자로 기록되었다.

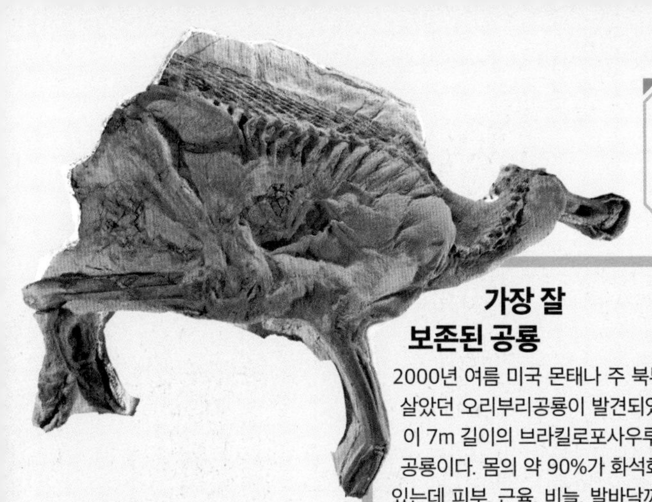

FAST FACTS

공룡은 1억 6500만 년 동안 지구에 살았다(인간은 200만 년). • 1841년 영국의 과학자 리처드 오언이 '끔찍한 도마뱀(Terrible lizard)'이라는 뜻으로 공룡(Dinosaur)이라는 말을 처음 만들어냈다. • 공룡 종의 대부분은 초식성이다.

가장 잘 보존된 공룡

2000년 여름 미국 몬태나 주 북부지방에서 7700만 년 전에 살았던 오리부리공룡이 발견되었다. 레오나르도라고 불리는 이 7m 길이의 브라킬로포사우루스는 미라로 발견된 네 번째 공룡이다. 몸의 약 90%가 화석화된 부드러운 조직에 감싸져 있는데 피부, 근육, 비늘, 발바닥까지 고스란히 보존되어 있으며 위에는 마지막으로 먹은 음식이 들어 있었다. 이 공룡은 죽을 당시 나이가 3~4살로 추정된다.

손톱이 박힌 손가락이 3개 있었다.

깃털 날개가 달린 육식조

2015년 10월에 공식적으로 알려진 다코타랍토르 스테이니는 몸길이가 5~6m였다. 이 공룡의 날개에 깃털이 있었다는 사실은 척골이라고 부르는 팔뼈 아래쪽 가장자리에 일렬로 돌기가 나 있는 것을 통해 확인할 수 있다.

척골돌기로 부르는 이 부분은 현존하는 새들에서도 볼 수 있는데 날개 깃털의 힘을 강화하는 역할을 한다.

4개의 날개가 달린 공룡

중국 랴오닝 성에서 발견된 후 2014년에 공식적으로 알려진 이 유일한 표본의 이름은 창유랩터 양기다. 완전히 다 자란 성체인 이 표본은 몸길이가 1.2m이며 살아 있을 때 무게가 4㎏ 정도 나갔을 것으로 추정된다. 칠면조와 거의 같은 크기다. 미크로랍토르 과에 속한 이 공룡은 앞다리와 뒷다리에 비행용 깃털이 길게 나 있어서 날개가 4개 달린 공룡이라 불리며 실제로 날 수 있었을 것으로 보인다. 약 1억 2500만 년 전인 백악기 전기에 살았다.

육식동물이 남긴 최대 배설물 화석

캐나다 왕립 서스캐처원 박물관에 보관 중인 가장 큰 육식동물의 분석(동물 배설물 화석)은 티라노사우루스의 것이다. 1995년에 발견된 이 선사시대 대변은 지름이 50㎝에 무게가 7㎏ 이상이다. 배설물을 분석하여 이 공룡의 주식과 식습관(음식을 삼켰는지 씹었는지 등의 여부)을 비롯해 위장에 음식이 얼마나 오래 남아 있었는지도 알 수 있었다.

최고 많이 모인 공룡 알

2004년 11월 중국 광둥 성의 헤이안 박물관에서 열린 전시에 1만 8개의 공룡 알이 한자리에 모였다. 모든 알은 백악기 후기(약 1억~6600만 년 전)의 것으로 새 같은 공룡과 오리부리공룡의 알도 포함되어 있다.

최고 무거운 각룡

거대한 뿔 3개가 달린 초식성 트리케라톱스 호리두스는 무게가 14톤에 달했다. 6600만~6800만 년 전 백악기 후기에 현 북아메리카에 살았다.

최고 무거운 공룡

대부분의 과학자가 가장 무거운 공룡으로 아르헨티나의 티타노사우리드인 아르헨티노사우루스를 꼽는다. 이 거대란 척추동물은 무게가 약 100톤에 가까웠다.

최고 큰 육식 공룡

스피노사우루스는 현 사하라 지역에서 약 1억 만 년 전에 살았다. 몸길이가 17m, 무게는 7~9톤이었다.

가장 큰 신전

초가 잔빌 신전으로 알려진 테라스식 신전이 현 이란 지역에 엘람의 운타스 왕을 위해 지어졌다. 양쪽 너비가 대략 100m, 높이는 50m였다.

1250 BCE

기원전 1250년

DATELINE

개와 고양이 CATS & DOGS

역대 최고 작은 고양이
블루 포인트 히말라야 페르시아고양이인 수컷 팅커 토이는 성묘임에도 키가 7㎝, 몸길이가 19㎝밖에 되지 않는다. 이 작은 고양이는 미국 일리노이 주 테일러빌에 사는 카트리나와 스콧 포브스 부부가 키운다.

현존하는 최고 작은 고양이
9살인 암컷 먼치킨고양이 릴리풋은 2013년 7월 19일 기준 바닥에서 어깨까지 높이가 13.3㎝였다. 이 고양이의 주인은 미국 캘리포니아 내퍼에 사는 크리스텔 영이다.

최고 빠른 고양이 종
이집션 마우는 시속 48㎞로 달릴 수 있어 '고양이계의 그레이하운드'로 불린다. 또한 힘센 근육질의 뒷다리 덕분에 엄청난 도약력도 가지고 있다. 이름과는 달리 유럽과 미국이 원산지다.

고양이 최고 점프
2013년 10월 27일 미국 텍사스 주 오스틴에 사는 사만사 마틴이 키우는 유기고양이 앨리가 1.82m 높이로 점프했다.

쥐잡기 최고 선수
영국 퍼스킨로스 주 글렌터렛 양조장에 사는 삼색 털 얼룩고양이 암컷 타우저(1963년 4월 21일생)는 2만 8,899마리의 쥐를 잡았다. 1987년 3월 20일에 죽을 때까지 하루 평균 3마리의 쥐를 잡은 셈이다.

최고 부자 고양이
1988년에 사망한 벤 레아(영국)는 1,250만 달러를 대저택에서 함께 살던 15마리 고양이 중 가장 오래 산 블래키에게 상속했다.

DID YOU KNOW?
사바나고양이 종은 2001년 국제고양이협회(TICA)의 인정을 받았고 2012년에 챔피언 자리에 올랐다. 인간과 친밀하게 지내는 한편 고양이의 특성과는 사뭇 다르게 물놀이와 공 물어오기도 즐긴다. 또한 목줄을 매고 산책하러 나가는 훈련을 시키기도 쉽다.

역대 최고 큰 집고양이

'트러블'로 불리는 사바나 아일랜드 트러블은 2011년 10월 30일 미국 네바다 주 리노에서 열린 실버 캣츠 캣 쇼에서 측정한 결과 키가 48.3㎝였다. 데비 마라스피니(미국)의 소유인 이 고양이는 2012년 8월 15일 폐사했다. 트러블은 F2 사바나고양이로, 집고양이와 아프리카 종의 혼종이었다. 공식적으로 집고양이로 분류되나 이국적인 생김새와 진한 무늬, 긴 다리와 몸이 야생에서 살던 조상을 닮았다.

1분 동안 최다 묘기를 선보인 고양이

2015년 9월 10일 디가(호주)와 주인 로버트 돌웻(미국)이 호주 트위드 헤드에서 20가지 묘기를 선보였다(위). 하이파이브하기, 구르기, 스케이트보드 타기, 로버트의 손 위에 올라서기 등이었다. 고양이 보호소에서 입양된 이 고양이는 실제 스케이트보드장에서 도전하기도 했다.

현존하는 가장 긴 고양이

켈시 길(영국)의 고양이 루도는 2015년 10월 6일 영국 웨이크필드에서 측정했을 때 몸길이가 118.33㎝였다. 루도는 가장 오래된 미국 종으로 메인 주의 이름을 딴 메인 쿤 종이다. 실제로는 불가능한 이야기지만 이 고양이의 전형적인 갈색 줄무늬와 풍부한 모양은 반 야생 고양이와 너구리가 짝짓기를 해서 나왔다는 설이 있다. 메인 쿤 종은 튼튼한 체력과 다정하고 생기 넘치는 성격으로 100년이 넘도록 가정용 고양이로 사랑받아 왔다.

DATELINE **850 BCE** 기원전 850년

최고 오래된 다리
판석으로 된 싱글 아치 다리가 서머나(현 터키 이즈미르)의 멜레스 강 위로 지어졌다.
이 다리는 21세기까지 사용되었다.

FAST FACTS

초기 구석기 시대 동아시아 인류는 약 1만 5000년 전부터 늑대의 공격성을 억제시킨 개를 길렀다. • 고양이는 설치류의 수를 줄이기 위해 약 9000년 전부터 먹이를 주며 키우기 시작한 것으로 보인다.

최고 큰 암컷 개

2014년 11월 14일 미국 플로리다 주 포트 마이어스에서 측정한 리지(그레이트데인 종)의 신장은 96.41㎝였다. 7살이었지만 소유주인 그렉 샘플은 리지가 3살 때 이미 다 자랐다고 말했다. 그렉은 리지가 밖으로 나가면 모두의 시선을 끌기 때문에 '명물'이라고 부른다.

역대 최고 작은 개

아서 마플스(영국)가 키우던 난쟁이 요크셔테리어는 신장이 7.11㎝, 몸길이가 9.5㎝였다.

바네사 샘러(미국)가 키우는 밀리라는 이름의 암컷 치와와는 2013년 2월 21일 기준 키가 9.65㎝로, **살아 있는 최고 작은 개**로 등극했다.

폴레트 켈러(미국)가 키우는 암컷 치와와 헤븐 센트 브랜디는 **몸길이가 최고 짧은 개**다. 2005년 1월 31일 기준 코에서 꼬리 끝까지의 길이가 15.2㎝였다.

역대 최고 큰 개

그레이트데인 종인 제우스(미국)는 2011년 10월 4일 측정 결과 신장 111.8㎝를 기록했다. 이 개는 미시간 옷세고에서 데니즈 둘락 및 가족들과 함께 살았다.

25m 거리의 물속에서 가장 빨리 사람을 구한 개

잭 더 블랙 봄 뮐하드는 뉴펀들랜드 종으로 독일 구호단체 DLRG의 구조견이다. 2013년 6월 11일 독일 카스터씨 호수에서 조련사인 한스 요아킴 브리크만과 함께 1분 36.81초 만에 사람을 구해냈다.

뒷다리로 20계단을 가장 빨리 올라간 개

2016년 1월 9일 중국 베이징에서 CCTV가 생중계한 <기네스 세계기록 특집> 무대에서 중국 푸들 아스널이 뒷다리를 사용해 7.47초 만에 계단을 올랐다. 주인 수 리강은 개가 균형을 잃을까봐 묘기를 부리는 동안 천천히 하라고 외쳤다.

최초의 시험관 개

건강한 7마리 강아지들(순종 비글 5마리와 비글-코커스패니얼 혼종 2마리)이 2015년 대리모를 통해 시험관 아기로 태어났다.

최고 부자 개

1931년 엘라 웬델(미국)이 자신의 스탠더드 푸들 토비에게 1,500만 달러를 상속했다. 그녀가 죽은 뒤 토비는 하인 3명에게 보살핌을 받았다.

1분 동안 최다 묘기를 선보인 개

스머프와 그의 긍지 높은 주인 사라 험프리(영국)는 2015년 8월 7일 영국 하트퍼드셔에서 물건 들기, 구르기, 인사하기, 사라의 팔 위로 뛰어넘기 등 32가지 묘기를 선보였다(위). 재능이 많아 영화, TV 쇼에도 출현했으며 영화 <살인을 부르는 관광객>(영국)으로 칸 영화제에서 뛰어난 연기를 선보이는 개에게 주는 팜독상(The palm dog award)을 받았다.

꼬리가 가장 긴 개

일제 로츠(벨기에)가 키우는 아이리시울프하운드 종 케온은 2015년 8월 18일 벨기에 베스테를로에서 잰 꼬리 길이가 76.8㎝에 달했다. 일제의 아들들이 케온의 꼬리가 전 기록 보유견인 울프하운드의 꼬리보다 4.5㎝ 더 길다는 사실을 알리자 일제가 케온을 대신해 기네스북에 기록신청을 낸 거다.

최초의 올림픽 경기

첫 경기는 7월에 열린 도보경주였다. 그리스 남부 엘리스 출신 요리사 코로이보스가 이 경기에서 우승을 차지했다. 올림픽은 제우스 신에게 감사하기 위해 생긴 대회였다.

776 BCE
기원전 776년

DATELINE

놀라운 동물들 FANTASTIC BEASTS

가장 큰
소 품종

키아니나 종은 로마 시대 이전 중동에서 이탈리아 키아나 밸리로 들여왔다. 현재 4종이 남아 있으며, 가장 큰 종은 아레초와 시에나 일대 평원과 구릉지에 서식하는 발디키아나 키아니나다. 평균 어깨높이가 1.73m, 무게는 1,300㎏ 정도 나가지만 일부 키아니나 황소는 몸길이가 1.9m에 이른다.

역대
최고 큰 소

패트리샤 미즈 핸슨(미국)이 소유한 블러섬은 2014년 5월 24일 미국 일리노이 주 오렌지빌에서 측정한 결과 발굽에서 기갑(어깻죽지 사이의 솟은 부분)까지의 높이가 1.9m였다.

최고 큰
비단털쥐

유럽비단털쥐는 머리부터 몸에 이르는 길이가 최대 34㎝, 꼬리 길이가 최대 6㎝여서 전체 길이가 약 40㎝에 이른다. 유라시아 야생 전역에 분포하지만 유럽 국가에서는 멸종 위기 동물로 지정되어 있다. 포획된 뒤에도 8년 정도 살 수 있다.

가장 보기 드문
잡종 말

동식물연구가 찰스 다윈은 《가축 및 재배식물의 변이》(1869)를 통해 독특한 3혼종 표본에 관해 설명했다.

"수년 전 나는 런던 동물원에서 수컷 나귀와 암컷 얼룩말 사이에서 태어난 암갈색 암말을 보았다. 이 동물은 성체가 되어도 줄무늬가 생기지 않는다. 하지만 사육사에게 들어보니 어릴 때는 어깨에 선명한 줄무늬가, 엉덩이와 다리에도 희미한 줄무늬가 있었다고 한다. 이 종의 경우 나이 들어서가 아니라 어릴 때 더 분명한 줄무늬가 생기기 때문에 특히 흥미롭다."

이 혼종의 아비는 수태능력이 있는 수컷 동크라(수컷 당나귀가 암컷 얼룩말과 짝짓기해서 태어난 드문 잡종)였다.

포획된 최고령 매너티

2016년 3월 31일 기준 스누티(1948년 7월 21일생)는 67년 254일을 살았다. 1949년 새끼일 때 미국 플로리다 주 브레이든턴에 있는 사우스 플로리다 박물관으로 왔다. 스누티는 다른 2마리의 매너티와 함께 23만ℓ의 풀장에 산다. 장수 비결은 제약된 환경에서 살아가고 있는 데서 찾을 수 있다. 야생에선 녹조, 보트 충돌, 버려진 그물로 인해 매너티 대부분이 10살이 채 되기도 전에 목숨을 잃는다.

가장 보기 드문
애완 유대류

1966년 8월 오스트레일리아 알프스의 이스턴 빅토리아 산장 주방에서 마운틴 피그미 포섬 수컷 1마리가 발견되었다. 포유

DID YOU KNOW?

라스푸틴이 속한 검은목 발리서 종은 상당히 특이한 외모를 가지고 있다. 어깨까지는 검은색이고 그 아래부터 꼬리까지는 흰색이다. 이 이름은 러시아 황제 니콜라이 2세의 신비로운 고문이자, 맹렬한 눈동자와 길고 검은 수염이 인상적인 그리고리 라스푸틴(1869~1916)에게서 따왔다.

최고 큰 뿔을 가진 살아 있는 염소

8년생 들염소인 라스푸틴(오스트리아)은 2015년 6월 5일 측정해보니 뿔의 양 끝 사이 거리가 1.35m였다.

- **살아 있는 최고 큰 뿔을 가진 수소**: 2014년 10월 4일 미국 캔자스 주 그린리프에 사는 텍사스 롱혼 종 레이지 제이 블루그래스(미국)의 뿔 길이는 2.97m이다. **현존하는 최장신 남성** 술탄 쾨센(터키)보다 더 크다.
- **최고 긴 뿔을 가진 수소**: 미국 텍사스 주 디킨슨 목장에 있는 지브롤터라는 이름의 텍사스 롱혼 수소가 3.16m 기록을 세웠다.
- **최고 긴 뿔을 가진 황소**: 2002년 8월 21일 고팔이라는 이름의 황소가 둘레 0.76m, 길이 1.37m의 뿔을 가진 것으로 확인되었다. 이 황소는 인도 구자라트의 바그만 마하비라 파슈 락샤 켄드라 앙코르왈라 아힌사 다함 동물보호센터에 있다.
- **최고 긴 뿔을 가진 양**: 길이 1.91m의 마르코 폴로 양이 주인공이다. 이 종은 타지키스탄, 아프가니스탄, 파키스탄, 인도의 경계를 이루는 파미르 산맥에서만 서식한다.

DATELINE **510 BCE** 기원전 510년

최초의 상설극장
그리스 아테네에 디오니소스의 야외극장이 세워졌다. 약 1만 7,000명을 수용할 수 있는 이 극장은 '원형'으로 돌을 쌓아 올려 무대를 내려다볼 수 있도록 설계되었다.

FAST FACTS

염소와 양은 눈동자가 직사각형이다. • 어린 토끼 중 약 15%만이 1살이 될 수 있다. • 많은 수컷과 암컷 앵무새가 거의 똑같은 생김새를 지녔다. • 카마는 단봉낙타와 라마의 잡종이다.

가장 긴 토끼

2010년 4월 6일 영국 신문 <데일리 메일>에 실린 기사에 따르면 아네트 에드워즈(영국)가 키우는 플레미시토끼 다리우스의 몸길이는 129.5㎝이다. 사진은 6세 소녀 조지아 해들리가 이 토끼를 안고 있는 모습이다.

동물학자인 존 시벡(호주)이 이 동물을 곧장 데려다 길렀는데 이 포섬은 과학적으로 처음 알려진 살아 있는 표본이었다. 그전까지 마운틴 피그미 포섬은 2만 년 전 화석으로만 알려져 있어서 오래전에 멸종된 것으로 여겨졌다.

아마존앵무새 중 최고 작은 종

멕시코, 남아메리카, 카리브 해 군도에 서식하는 아마존앵무새는 애완동물로 인기가 높다. 현재까지 약 30종이 알려졌는데, 그중 가장 작은 종은 블랙 빌드 아마존으로 몸길이가 25㎝에 불과하며 자메이카 섬의 중부 열대우림 산악지대에 산다.

한때는 쉽게 볼 수 있었지만 산림이 파괴되고 애완용으로 거래되거나 밀렵으로 인해 개체수가 줄어들었다. 현재 세계자연보전연맹이 정한 취약종으로 분류되었다.

마지막 마스카렌앵무

세계자연보전연맹이 인정한 마지막 마스카렌앵무는 바바리아의 막시밀리안 1세 요제프 왕의 소유였다. 그는 왕궁 정원에서 이 새를 키웠고 이후 독일 뮌헨의 동물원에 보냈다. 이 앵무새는 그곳에서 1834년까지 살면서 나이를 먹었다. 이 종은 인도양 마스카렌 제도의 레위니옹 섬이 원산지이나 야생에서 발견된 기록은 1770년대가 마지막이다.

양 1마리에서 깎아낸 최고 많은 털

2015년 9월 3일 오스트레일리아수도주 웨스턴 크릭에서 양털 깎기 챔피언인 이안 엘킨스가 호주 동물 구호단체가 구출한 양 크리스의 털을 깎았더니 총 41.1㎏의 양털이 나왔다. 처음 발견될 당시 크리스는 수년 동안 야생에서 털이 너무 많이 자라 거의 설 수 없을 지경이었으며, 감염을 막기 위해 급하게 털을 깎아야 했다. 털을 깎는 데만 약 45분이 걸렸다.

뒷다리로 10m를 최고 빨리 이동한 말

2016년 2월 10일 아랍 에미리트 두바이의 폴로 승마클럽에서 16살인 회색 거세마 데저트 키스멧이 뒷발로 서서 10m를 9.21초 만에 걸었다. 데저트 키스멧은 H.H 셰이카 마리암 빈트 모하메드 빈 라시드 알 메크툼의 소유이며 루이 데 수사가 훈련시켰다.

최고 높이 점프를 선보인 라마

2015년 6월 14일 영국 체셔의 알리홀 애견 대축제에서 수 윌리엄스(영국)가 키우는 카스파가 1.13m 높이의 장애물을 넘었다. 이 장애물은 말이 일정한 간격을 두고 넘는 경기용이었다.

최대 왕국(백분율)

아케메네스 왕국에는 당시 세계의 총인구 1억 1,240만 명의 44%에 해당하는 4,940만 명이 살았다. 중앙아시아, 지중해, 북아프리카, 트라키아, 마케도니아 일부가 이 왕국에 속했다.

490 BCE

기원전 490년

DATELINE

인간 HUMANS

DATELINE

480 BCE
기원전 480년

최대 해군 전투
9월에 피레우스 항구 근처 그리스 해안가에서 살라미스 해전이 발발했다.
약 20만 명이 참여한 대규모 전투로 패배한 페르시아군은 800척의 함대에, 승리한 아테네군과 동맹군은 370척의 함대에 나누어 탔다.

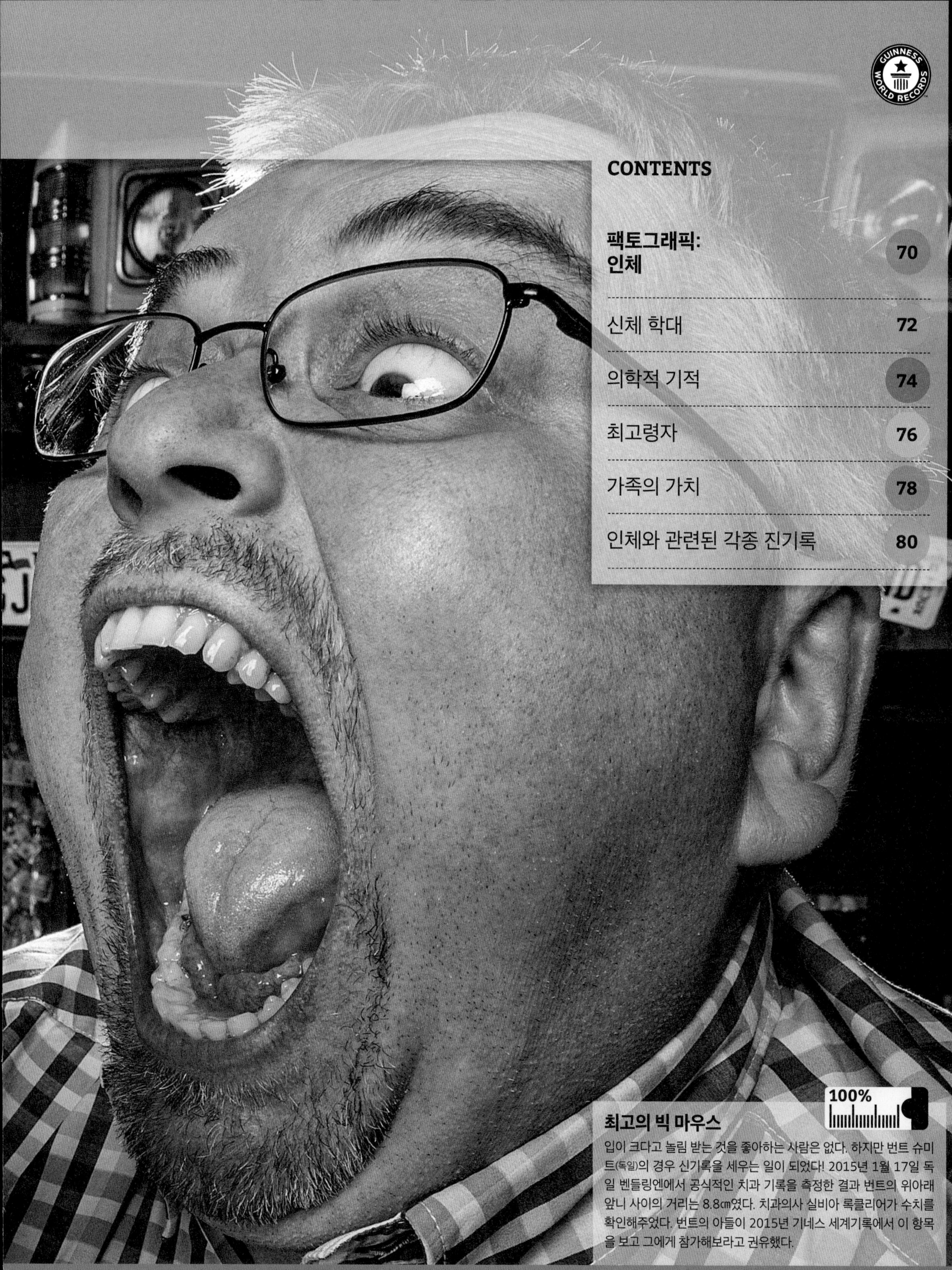

CONTENTS

100%

최고의 빅 마우스

입이 크다고 놀림 받는 것을 좋아하는 사람은 없다. 하지만 번트 슈미트(독일)의 경우 신기록을 세우는 일이 되었다! 2015년 1월 17일 독일 벤들링엔에서 공식적인 치과 기록을 측정한 결과 번트의 위아래 앞니 사이의 거리는 8.8㎝였다. 치과의사 실비아 록클리어가 수치를 확인해주었다. 번트의 아들이 2015년 기네스 세계기록에서 이 항목을 보고 그에게 참가해보라고 권유했다.

최초의 역사책

그리스의 정치인 투키디데스의 《펠로폰네소스 전쟁사》는 과거의 사건들을 자세히 살피고 이해하기 위해 기록된 최초의 작품이다. 8권으로 구성된 이 책은 기원전 431~404년에 있었던 스파르타와 아테네의 전쟁에 관한 정치·군사적 상황을 자세하게 기록했다.

400 BCE 기원전 400년

DATELINE

인체 BODY PARTS

복잡하고 여러 기능을 하면서도 상당히 정교한 인체는 일반적으로 아주 효율적으로 작용해 언제 어떤 부분이 동작하는지 전혀 인식하지 못한다. 이 책을 읽고 있는 지금 이 순간에도 당신의 두뇌는 집중력을 높이고자 산소를 흡입하며 피부는 계속 활성화되고 눈은 글을 읽기 위해 아주 빠르게 움직인다. 그러니 인체에 숨은 기관들이 기네스 기록을 보유하지 않을 수 없다. 이 장에 등장하는 그림은 다 실물 크기다.

가장 큰 장기

피부는 다른 모든 장기와 인체를 보호하는 역할을 하며 온도와 습도를 조절하는 자체 기관이기도 하다. 일반 성인은 1.5~2㎡의 피부를 가지고 있다. 하지만 폐를 완전히 늘인다면 피부의 넓이는 80~100㎡로 넓어져 테니스 코트의 약 절반 크기로 커진다!

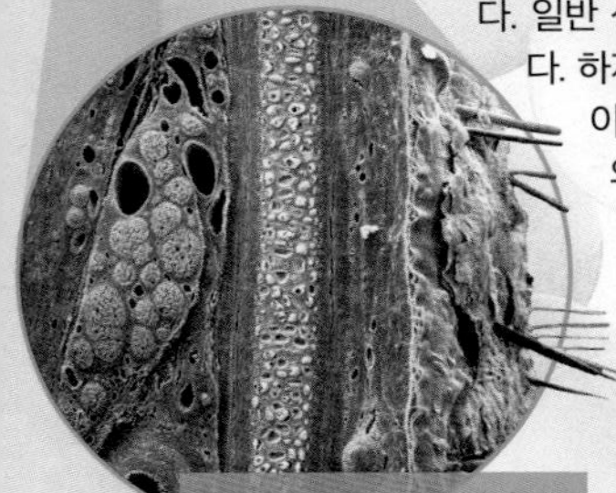

피부는 3겹으로 돼 있다. 방수 기능이 있는 외표피를 비롯해 모낭, 혈관, 땀샘이 자리한 진피층과 지방층 혹은 피하조직이 있다.

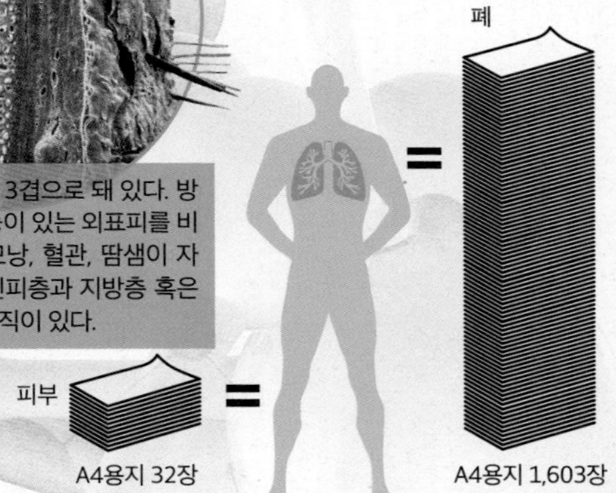

가장 작은 뼈

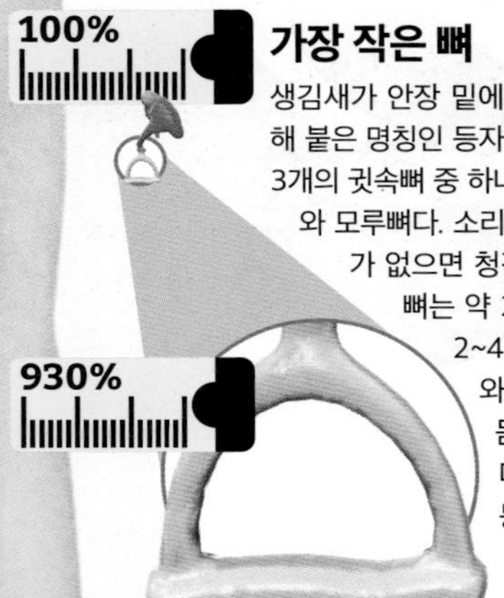

생김새가 안장 밑에 달린 등자(발걸이)와 유사해 붙은 명칭인 등자뼈는 귀 중앙에 들어 있는 3개의 귓속뼈 중 하나다. 나머지 2개는 망치뼈와 모루뼈다. 소리의 진동을 전달하는 이 뼈가 없으면 청각이 크게 감퇴한다. 등자뼈는 약 2.6~3.4㎜ 길이며 무게가 2~4.3㎎ 정도 나간다. 모루뼈와 함께 **가장 작은 관절**이자 몸에서 **가장 작은 근육**이며 1.27㎜가 채 되지 않는 등골근으로 움직인다.

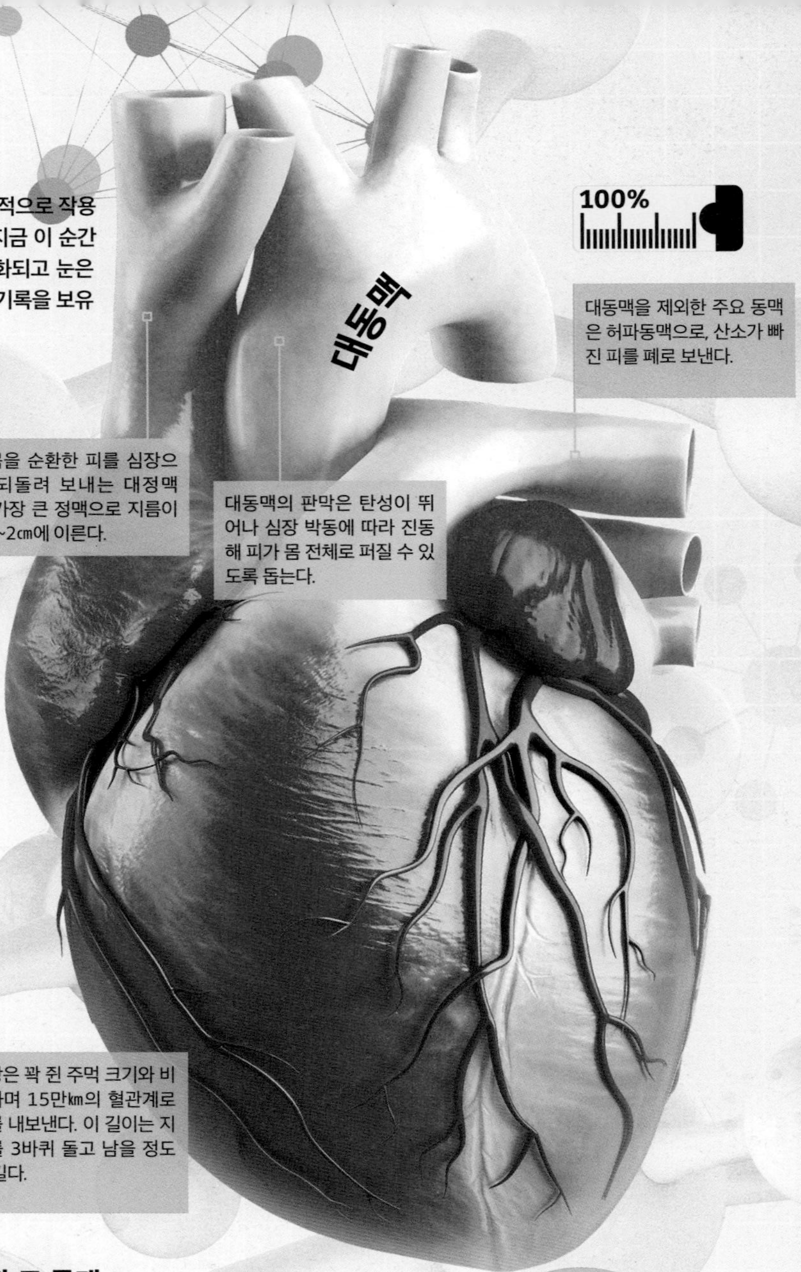

온몸을 순환한 피를 심장으로 되돌려 보내는 대정맥은 가장 큰 정맥으로 지름이 1.2~2㎝에 이른다.

대동맥의 판막은 탄성이 뛰어나 심장 박동에 따라 진동해 피가 몸 전체로 퍼질 수 있도록 돕는다.

대동맥을 제외한 주요 동맥은 허파동맥으로, 산소가 빠진 피를 폐로 보낸다.

심장은 꽉 쥔 주먹 크기와 비슷하며 15만㎞의 혈관계로 피를 내보낸다. 이 길이는 지구를 3바퀴 돌고 남을 정도로 길다.

가장 큰 동맥

대동맥은 산소가 포함된 피를 몸으로 보낸다. 일반적으로 지름이 3㎝ 정도이며 좌심실에서 심장을 지난다. 너비는 오른쪽 주황색 원의 크기와 같다. 대동맥이 심장의 관상동맥으로 혈액을 보내며, 여기서 다시 머리부터 골반까지 연결된 동맥을 따라 피가 주요 장기로 공급된다. 이때 혈관 폭은 1.75㎝로 좁아지고 다리로 혈액을 보내는 장골동맥으로 다시 분산된다.

심장은 불수의근으로 이루어져 있어서 항상 자체적으로 움직인다. 하루에 10만 번 정도 뛰며 평생 평균 30억 회에 이른다.

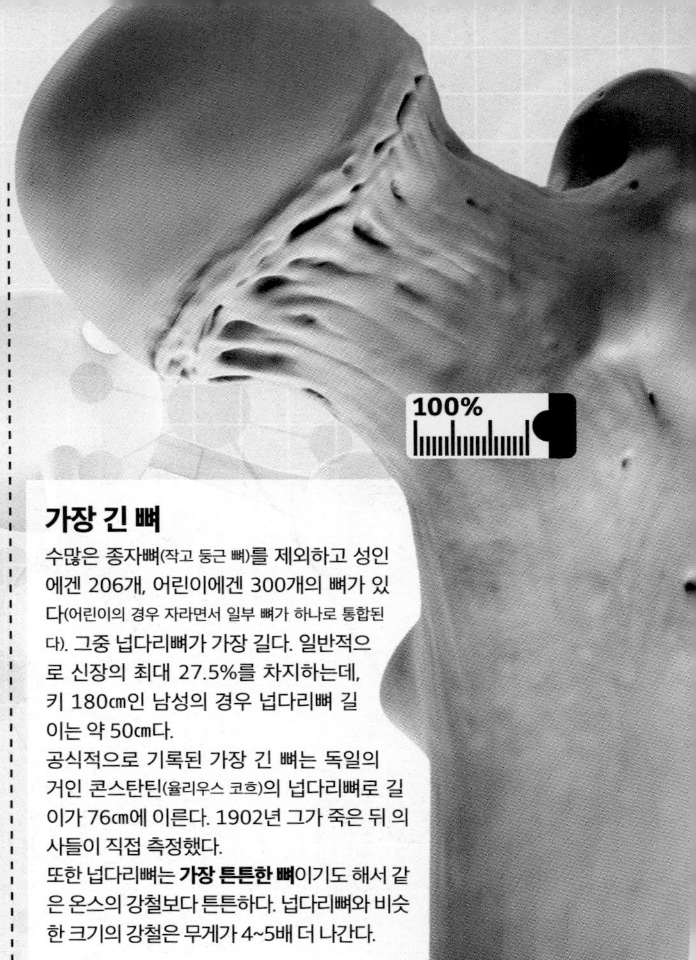

가장 긴 뼈

수많은 종자뼈(작고 둥근 뼈)를 제외하고 성인에겐 206개, 어린이에겐 300개의 뼈가 있다(어린이의 경우 자라면서 일부 뼈가 하나로 통합된다). 그중 넙다리뼈가 가장 길다. 일반적으로 신장의 최대 27.5%를 차지하는데, 키 180㎝인 남성의 경우 넙다리뼈 길이는 약 50㎝다.

공식적으로 기록된 가장 긴 뼈는 독일의 거인 콘스탄틴(율리우스 코흐)의 넙다리뼈로 길이가 76㎝에 이른다. 1902년 그가 죽은 뒤 의사들이 직접 측정했다.

또한 넙다리뼈는 **가장 튼튼한 뼈**이기도 해서 같은 온스의 강철보다 튼튼하다. 넙다리뼈와 비슷한 크기의 강철은 무게가 4~5배 더 나간다.

넙다리뼈는 서는 것부터 익스트림 스포츠를 즐기는 것까지 인간의 모든 활동에서 체중을 지탱한다. 미국 스포츠의과대학에 따르면 건강한 성인 여성은 체중의 30배가 넘는 무게를 지탱할 수 있다고 한다.

가장 큰 내부 장기(아래 오른쪽 참조)인 간은 인체에서 가장 큰 분비기관이기도 하다. 분비기관은 호르몬 같은 물질을 분비해 혈액 속에 방출한다. 간의 경우 지방을 소화하는 데 도움을 주는 담즙을 분비한다.

간은 다양한 크기와 형태를 가진 네 부분 혹은 '엽(Lobe)'으로 나뉜다. 감염균과 싸우고 혈액 속 유독물질을 없애며 영양소와 비타민, 혈당을 보관하는 역할을 한다. 간에는 항상 혈액의 10% 정도가 들어 있다(성인의 경우 0.57ℓ).

제일 활동적인 근육

눈 근육은 하루에 10만 회 이상 움직이며 0.01초 만에 반응하는, 인체에서 **최고 빠른 운동신경을 가진 근육**이다. 7가지 공동 근육작용을 통해 눈은 움직이는 다양한 사물을 추적할 수 있다. 또한 안구 수용체가 과부하 되는 것을 막아 시력을 유지한다.

눈구멍에는 외안근 3쌍이 안구를 잡고 있어서 눈을 위아래, 좌우, 원형으로 굴릴 수 있게 해준다.

가장 큰 내부 장기

성인의 경우 간의 무게는 1.2~1.5㎏으로 피파 축구공의 무게와 같다. 갈비뼈 아래쪽 뒤에 위치한 간은 100가지 이상의 중요한 기능을 담당한다. 자체적으로 재생할 수 있는 유일한 장기로 간의 일부를 타인에게 기증하면 그 자리가 다시 자라 원래 크기로 돌아간다. 게다가 기증한 부분은 수혜자의 인체에 맞게 자란다!

가장 큰 종자뼈

종자뼈는 관절 주위에 복잡하게 배열된 힘줄 속에서 도르래 역할을 하는 뼈다. 종자뼈 대부분은 두께가 겨우 몇 ㎜에 불과하며 달걀이나 참깨와 같은 모양을 하고 있다(종자뼈라는 용어는 라틴어로 참깨를 뜻하는 'Sesamum'에서 왔다). 인체에서 가장 큰 종자뼈는 무릎 연골에서 만나는 넙다리뼈와 정강이뼈의 끝을 보호해주는 무릎뼈다. 사람의 평균 무릎뼈는 폭이 44㎜, 총 길이가 36㎜에 이른다.

DID YOU KNOW?

뼈에는 핵심이자 부드러운 조직인 골수가 있다. 적색 골수는 새로운 혈구를 만든다. 황색 골수에는 지방이 들어 있으며 넙다리뼈와 같이 긴 뼈에서 발견된다. 어린이의 골수는 거의 적색 골수다. 성인의 경우 적색과 황색이 반씩 들어 있다.

가장 큰 뼛속에는 스펀지 같은 부분이 있다. 아주 미세하게 얇은 이 벌집 형태의 물질 사이에 골수가 들어 있다.

혈관과 신경은 뼈를 타고 흐른다. 적혈구와 백혈구는 뼈의 내부를 구성한 다음 혈류를 타고 몸 전체로 움직인다.

신체 학대 BODY MODIFIERS

최다 플래시 터널 피어싱(얼굴)
2014년 11월 27일 기준 조엘 미글러(독일)는 얼굴에 11개의 플래시 터널 피어싱을 했다.

최대 플래시 터널 피어싱(귀)
2014년 4월 14일 미국 하와이 보건소에서 칼라웰로 카이위(미국)가 귓불에 10.5㎝ 크기의 플래시 터널 피어싱을 했다.

최대 입술 접시 피어싱
2014년 10월 아타예 일리지다네(에티오피아)는 너비 19.5㎝, 둘레 59.5㎝의 접시를 입술에 끼워 넣었다. 기존 최대 기록은 너비 15㎝의 점토로 만든 접시였다.

최다 얼굴 피어싱
악셀 로잘레스(아르헨티나)는 2012년 2월 17일 기준, 얼굴에 280개의 피어싱을 했다. 같은 날 프란시스코 베카(미국)는 16개로 **허에 가장 많은 피어싱**을 했다.

최다 신체 개조(여자)

뱀파이어 레이디로 불리는 마리아 호세 크리스테나(멕시코)는 이마, 가슴, 팔의 경피 이식 부위에 엄청난 문신을 했고 눈썹, 입, 코, 혀, 귓불, 배꼽과 가슴에 여러 개의 피어싱을 했다. 2011년 2월 8일 기준, 그녀는 몸의 96%를 문신으로 덮어서 **현존하는 가장 문신이 많은 여성**으로도 선정되었다.

한 번에 최다 외과용 봉합 바늘을 사용한 피어싱
2014년 12월 14일 러스 폭스는 캐나다 브리티시컬럼비아 메이플리지의 '위키드 타투 앤 피어싱'에서 8시간 12분 동안 4,550개의 바늘을 이용해 매튜 멘지크에게 피어싱해주었다.

피어싱을 최고 많이 한 노인
앨버트 왕자로 불리는 존 린치(영국, 1930년 11월생)는 2008년 10월 17일 영국 런던에서 확인한 결과 머리와 목에 한 151개의 피어싱을 포함해 총 241개의 피어싱을 하고 있었다.

문신을 최고 많이 한 노인(남자)
톰 레퍼드(영국)는 표범 무늬로 신체의 99.9%를 문신했다.

최장 문신 작업(여러 명)
알레 타투로 불리는 알레산드로 보나코시(이탈리아)는 2014년 10월 10일~10월 12일에 이탈리아 팔레르모에서 50시간 8분 동안 문신했다. 그는 리카르도 리비에치오(이탈리아)와 함께 **12시간 동안 최고 많은 문신(단체) 기록**(2013년 10월 26일 12명의 타투이스트가 836개의 문신)도 세웠다. 2015년 10월 10일엔 77명이 **문신으로 문장 만들기**("평화, 행복, 가족, 열정, 예술, 사랑, 문신, 음악을 위한 세상을 한 걸음씩 다 같이 만들어 가보자.") **최다 인원**에 도전했다.

최고 많은 문신…
- **사각형:** 매트 곤(미국)은 머리에 201개를 포함해 총 848개의 사각형 문신을 몸에 새겼다.

DID YOU KNOW?
문신은 선택한 이미지에 따라 타투이스트가 바늘로 1분에 50~3,000번을 찔러 피부를 물들이는 작업이다. 문신은 주인과 함께 늙어가며 차츰 옅어지고 글귀를 새긴 경우 시간이 지나면서 점차 읽기 힘들어진다.

문신을 가장 많이 한 노인(여자)

2015년 6월 3일 기준 미국 플로리다 주 맬번에서 샬롯 구텐베르크(미국)가 몸의 91.5%를 문신으로 덮었다. 그녀는 2006년 자신에게 주는 생일선물로 처음 나비 문신을 한 것이 '갤러리'의 시작이라고 말했다. 그 이후로 약 1,000시간의 문신 작업을 거쳐 샬롯의 바디아트는 꽃과 동물, 일본 신도의 상징, 다리를 감싸는 용까지 급성장했다. 그녀는 일본 문화에서 영감을 받았지만 빅토리아시대 벙어리장갑과 같은 자신만의 이미지도 담았다. 샬롯은 머리 전체에 문신을 계속해 머리카락 속으로 '비밀의 화원'을 꾸밀 생각이다.

피어싱을 가장 많이 한 여자

2000년 5월 4일까지 일레인 데이비드슨(브라질/영국)은 총 462개의 피어싱을 했다. 얼굴에 192개, 몸에 270개였다. 2006년 6월 8일 기준, 일레인은 4,225개를 기록, **평생 피어싱을 가장 많이 한 사람(여자)**으로 선정되었다. 그녀는 계속 피어싱을 추가하거나 액세서리를 교체하는데 주로 얼굴 부위를 바꾼다.

DATELINE
341 BCE
기원전 341년

최초의 석궁 사용
석궁 사용에 대한 기록은 중국 린이 현 마링 전투가 처음이다. 피스톨처럼 잡는 방식의 단발식 무기였을 것으로 추정된다.

최다 신체 개조(커플)

빅터 휴고 페랄타(우루과이)와 아내 가브리엘라 페랄타(아르헨티나)는 2014년 7월 7일 이탈리아 밀라노에서 열린 '로 쇼 데 레코드'에서 84개의 신체 개조를 인정받았다. 이들은 피어싱 50개, 신체 이식 14개, 마이크로더멀(물질을 몸 안에 심는 피어싱의 일종) 8개, 치아이식 5개, 귀 확장 피어싱 4개, 귀 볼트 2개, 혓바닥 피어싱 1개를 했다.

FAST FACTS

석기시대 사람들은 자연 염료로 직접 문신을 했던 것으로 보인다. • 1770년대부터 유럽과 미국에서는 서커스에서 주로 문신을 볼 수 있었다. • 초창기 문신을 많이 해 유명해진 영국인 존 러드퍼드는 1820년대부터 서커스 투어를 시작했다.

문신을 가장 많이 한 사람

럭키 다이아몬드 리치(호주 국적, 뉴질랜드 태생)는 문신을 여러 겹으로 했다. 그는 1,000시간 이상을 들여 수백 명의 타투이스트에게서 문신을 받았다. 처음에는 몸 전체에 전 세계의 다채로운 디자인을 새겼는데 이는 시작에 불과했다. 이후 럭키는 눈꺼풀, 발가락 사이 피부, 귓속, 심지어 잇몸까지 온몸을 100% 검은색으로 물들였다. 현재 그는 검은 피부 위에 흰색으로 문신하고 흰 문신 위에는 다른 색의 문신을 넣는다!

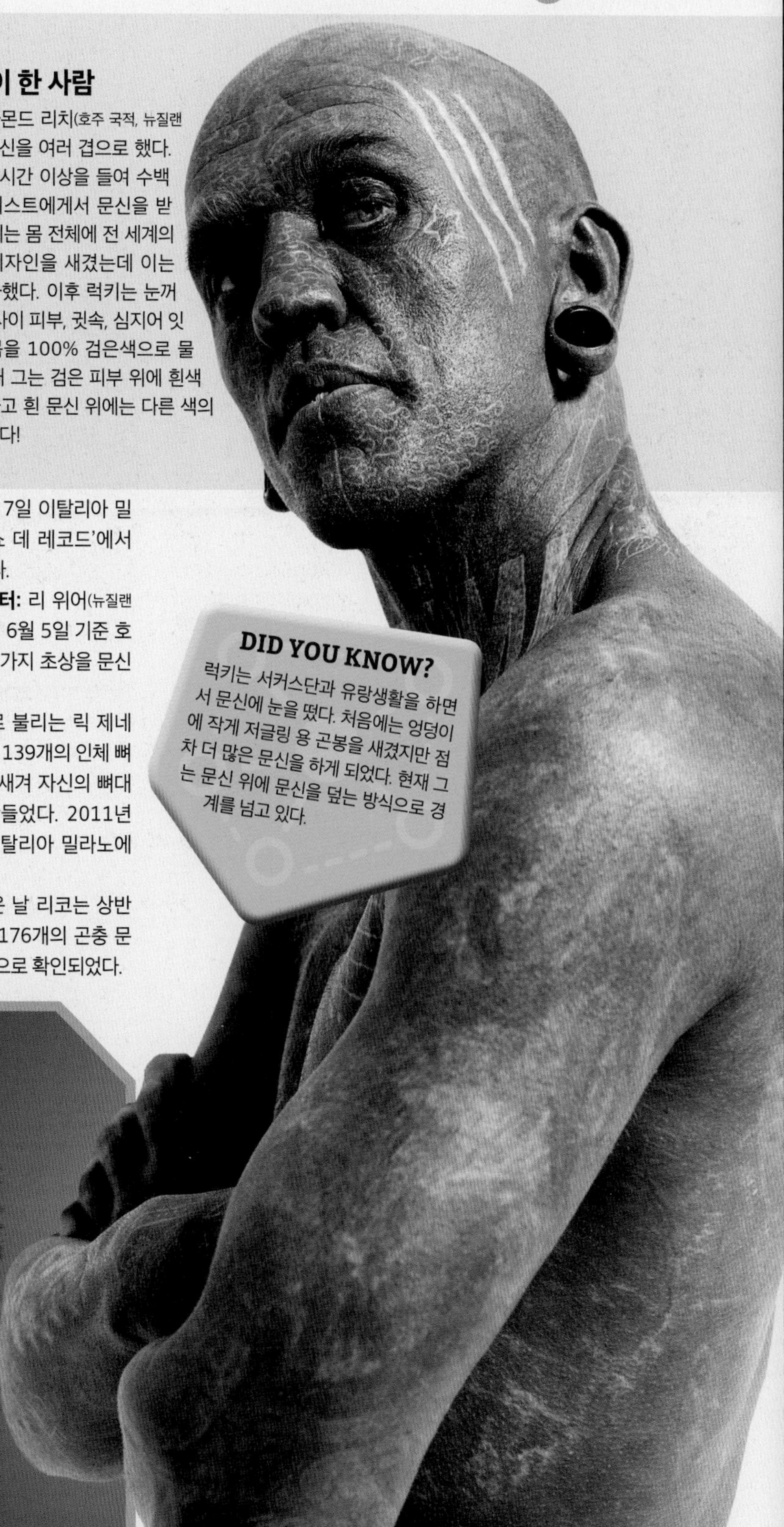

2014년 7월 7일 이탈리아 밀라노의 '로 쇼 데 레코드'에서 확인한 수치다.

- **만화 캐릭터:** 리 위어(뉴질랜드)는 2014년 6월 5일 기준 호머 심슨의 41가지 초상을 문신으로 새겼다.
- **뼈:** 리코로 불리는 릭 제네스트(캐나다)는 139개의 인체 뼈를 문신으로 새겨 자신의 뼈대를 새롭게 만들었다. 2011년 4월 27일 이탈리아 밀라노에서 검증했다.
- **곤충:** 같은 날 리코는 상반신과 머리에 176개의 곤충 문신이 있는 것으로 확인되었다.

DID YOU KNOW?

럭키는 서커스단과 유랑생활을 하면서 문신에 눈을 떴다. 처음에는 엉덩이에 작게 저글링 용 곤봉을 새겼지만 점차 더 많은 문신을 하게 되었다. 현재 그는 문신 위에 문신을 덮는 방식으로 경계를 넘고 있다.

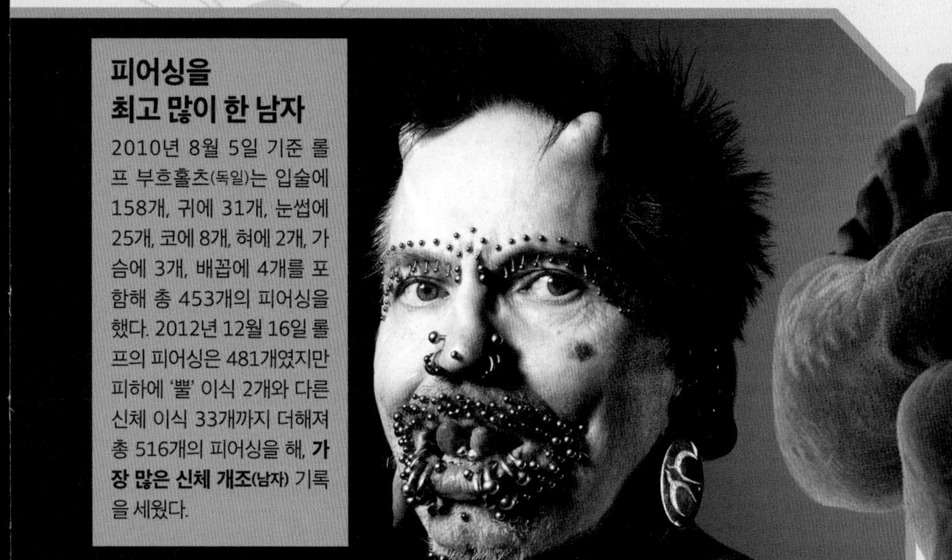

피어싱을 최고 많이 한 남자

2010년 8월 5일 기준 롤프 부호홀츠(독일)는 입술에 158개, 귀에 31개, 눈썹에 25개, 코에 8개, 혀에 2개, 가슴에 3개, 배꼽에 4개를 포함해 총 453개의 피어싱을 했다. 2012년 12월 16일 롤프의 피어싱은 481개였지만 피하에 '뿔' 이식 2개와 다른 신체 이식 33개까지 더해져 총 516개의 피어싱을 해, **가장 많은 신체 개조(남자)** 기록을 세웠다.

최대 규모의 실물 크기 동상

후에 병마용으로 알려진 6,000~8,000개의 실물 크기 점토 군인과 기타 인물상이 중국 시안 근처 진시황의 무덤에서 발견됐다. 이 동상들은 1974년에 출토되었다.

221 BCE 기원전 221년 DATELINE

의학적 기적 MEDICAL CLES

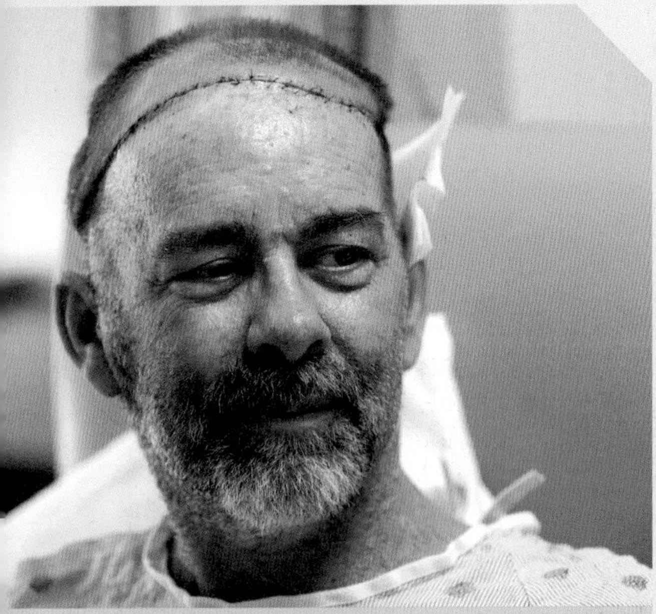

최초의 두개골과 두피 이식

평활근육종(희소 암의 일종) 치료를 하고 난 뒤 제임스 보이센(미국)은 두개골 윗부분이 남아 있지 않았다. 2015년 5월 22일 15시간 동안 엄청나게 공들인 현미경수술 끝에 그는 부분적으로 두개골과 두피를 이식받았다. 그는 또한 새로운 신장과 췌장도 얻었다. 이 수술은 미국 텍사스 주 허드슨 메소디스트 병원에서 진행됐고 이 병원과 앤더슨 암센터의 수술팀이 함께 참여했다.

3D 인쇄를 이용한 가장 광범위한 두개골 이식

2013년 11월, 신경외과의인 본 베르웨익과 안면외과의인 말릭 무라딘(둘 다 네덜란드)이 3D 인쇄 기법을 활용해 두개골의 약 90%를 교체하는 수술을 진행했다. 환자는 22세 여성으로 두개골이 두꺼워지는 병을 앓고 있었다. 자라는 뼈가 뇌에 압력을 가해서 중요한 신체 기능에 영향을 미치는 상태였다. 수술은 네덜란드 위트레흐트 대학병원에서 23시간 동안 계속됐다.

최연소 장기 기증자

2015년 12월 1일 호프 리(영국)가 태어난 지 74분 만에 신장과 간세포를 기증했다.

최다 이식된 장기

통계상 최신 년도인 2013년에 가장 많이 이식된 장기는 신장이다. 세계 장기기증과 이식 기구에 따르면 그해 총 11만 8,127건의 장기 이식 중에서 7만 9,325건의 신장 이식수술이 이루어져 전체의 약 67%를 차지했다.

이 자료에 따르면 2013년 노르웨이는 **인구 100만 명당 장기 이식이 가장 많이 이루어진 국가**다. 100만 명당 95번의 장기 이식이 이루어졌다.

같은 해 스페인은 **사망자 장기 기증 수가 가장 많은 국가**로 뽑혔다. 인구 100만 명당 35.3개의 장기가 기증되었다.

최초의…

생체공학 뼈 이식

2006년 7월 영국 런던의 유니버시티 칼리지 과학자들이 영국 미들섹스의 마운트 버논 병원에서 티타늄 막대를 인간의 뼈에 곧바로 장착하는 초기 임상시험에 성공했다고 밝혔다. 막대와 핀은 오랫동안 골절된 뼈를 접합하는 용도로 사용되었는데 금속 막대를 피부에 관통시킨 것은 이번이 처음이다. 보철용 수족을 칭칭 감아 고정하는 것이 아닌 남은 뼈에 곧바로 연결하는 것이 목표다.

생체공학 인공 뇌

해마는 뇌의 일부로 장기 기억을 생성하고 저장하는 일을 담당한다. 시어도어 버거 교수(미국)가 인공 해마를 개발했다. 2011년 미국 노스캐롤라이나 주 웨이크 포레스트에서 샘 데드와일러와 로버트 햅슨은 살아 있는 쥐 실험을 성공적으로 마쳤다. 이 인공 해마는 전극을 사용해 손상 입은 해마 신경의 투입과 산출을 모두 기록한다. 외부 프로세서 배열을 통해 투입을 분석하고 적절한 반응을 생성해 산출 패턴을 보낸다. 건강한 해마의 기능을 모방한 방식이다. 2013년 인공

가장 민감한 생체공학 피부

전자 혹은 전기기계식 생체공학 부품은 인체 일부를 대체하거나 강화하는 역할을 한다. 2014년에 대한민국 서울과 미국 매사추세츠 케임브리지 연구소의 학자들이 공동으로 인조 생체공학 피부 분야의 혁신을 이뤘다. 얇은 고무 소재의 시트에 전자 센서가 격자로 배치되어 있어 온도, 압력, 습도라는 3가지 감각 요인을 측정할 수 있다.

DID YOU KNOW?

생체공학 피부는 민감해질 수 있다. 손가락의 경우 손목과는 달리 센서의 밀도를 크게 높일 수 있다. 작동을 시작하면 센서가 소량의 전류를 발생시켜 체내 신경을 자극한다.

DATELINE **200 BCE** 기원전 200년

최초의 배터리

알려지지 않은 한 발명가가 현 이라크 바그다드에서 산을 가득 채운 세라믹 용기에 구리 실린더와 철 막대를 넣어 1.5V의 전기를 만들어냈다.

FAST FACTS

2013년 오스트리아 과학자들이 뇌 질환 연구를 위해 세포에서 완두콩 크기의 뇌를 배양했다. • 외과 의사들은 2015년 양에게 로봇 심장을 이식했다. • 이집트 룩소르에서 기원전 900~600년경의 인공 발가락이 발견되었다.

DID YOU KNOW?

인간 로봇 프랭크는 현재 미국 워싱턴 DC 스미스소니언 항공우주과학관에 소장되어 있다. 그곳에서 프랭크는 레이저로 스캔해 만든 베르톨트 마이어 교수의 얼굴을 하고 과학관에 찾아온 사람들과 이야기를 나눈다.

인간 로봇 속 가장 많은 생체공학 장기

프랭크(프랑켄슈타인의 줄임말)는 생체공학 부품이 인체의 역할을 대신할 수 있다는 점을 증명한 사례다. 2013년 10월 17일 공개된 프랭크는 18개의 생체공학 인체를 가지고 있다. 현 독일 켐니츠 공과대학 교수 베르톨트 마이어(위)의 요청으로 달로 스미손 프로덕션과 섀도 로봇(둘 다 영국)에서 제작했다.

해마는 성공적으로 영장류 실험을 마쳤다. 덕분에 알츠하이머와 같은 뇌 손상 질환을 완치할 가능성이 생겼다.

황반변성을 극복한 생체공학 눈

2015년 7월 레이 플린(영국)은 황반변성 때문에 부분적으로 상실한 시력을 생체공학 눈을 이식해 고친 최초의 인물이 되었다. 수술은 영국 맨체스터 로열 안과병원에서 진행되었다. 황반변성은 선진국에서 시력 상실을 일으키는 가장 흔한 질병이다.

체내 단두증에서 살아난 아이

2015년 10월에 생후 16개월 된 제이슨 테일러(호주)는 자동차 사고로 1번과 2번 척추가 골절되고 인대가 끊어지는 사고를 당했다. 이 말은 곧 아이의 머리가 목에서 분리되는 체내 단두증을 의미한다. 68%가 사망하는 치명적인 증상으로, 생존할지라도 대부분 몸이 마비된다.
다행히 제이슨의 척수는 망가지지 않았다. 집도의인 제프리 아스킨과 그의 팀이 호주 브리즈번 레이디 실렌토 아동병원에서 제이슨을 치료하는 데 성공했다.

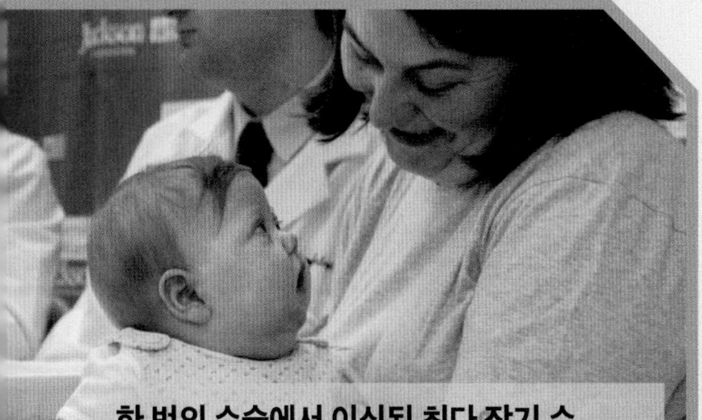

한 번의 수술에서 이식된 최다 장기 수

생후 6개월 된 이탈리아의 알레시아 디 마테오(2003~2005)는 2004년 1월 31일 미국 마이애미/잭슨기념대학병원의 홀츠 아동병원에서 12시간에 걸쳐 장기 8개를 이식받았다. 이식한 장기는 간, 위, 췌장, 소장과 대장, 비장, 신장 두 쪽이었다. 하지만 안타깝게도 알레시아는 수술한 지 1년이 채 안 돼 합병증으로 사망했다.

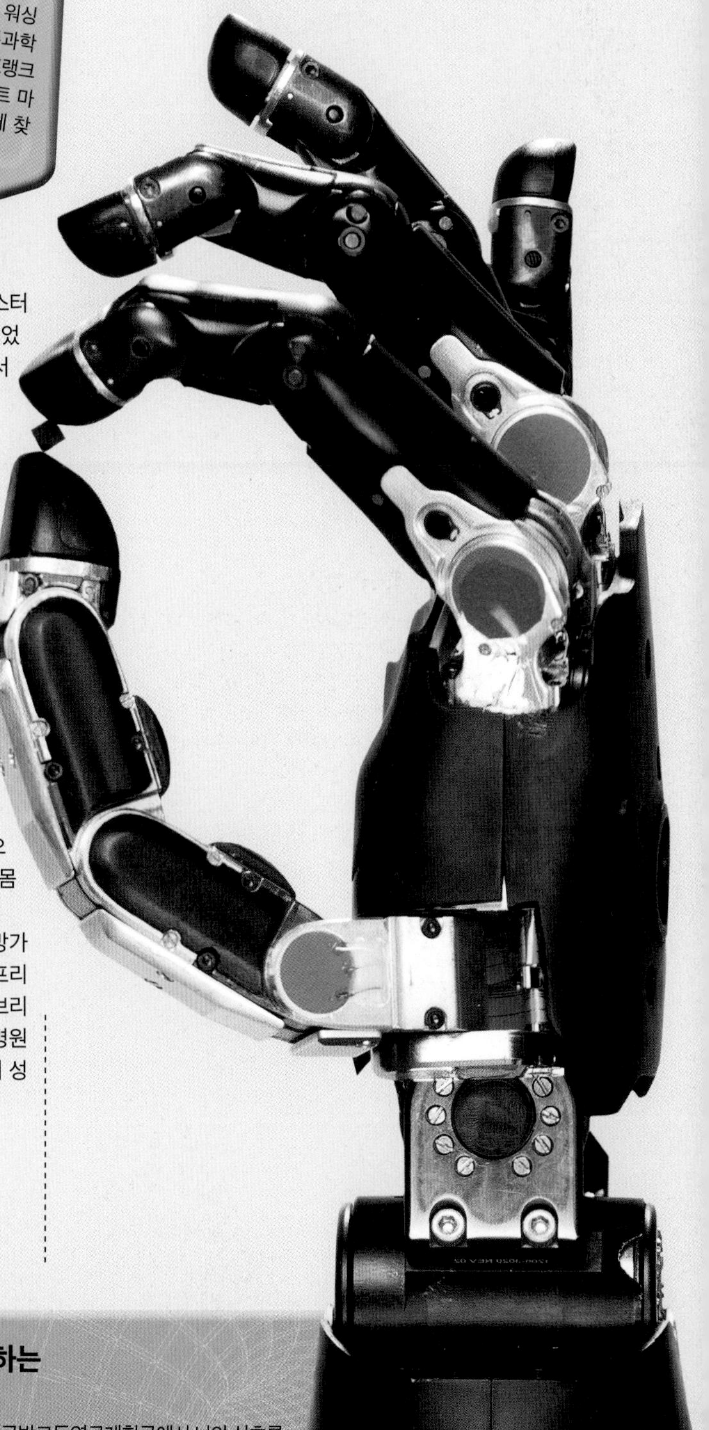

뇌의 지시로 작동하는 최초의 의수

2015년 9월 미국 국방성 국방고등연구계획국에서 뇌의 신호를 받아 움직이는 최초의 의수를 개발했다. 이 의수는 촉감을 전달할 수 있어서 사용자가 사물을 망가뜨리지 않고 집을 수 있다. 척수 부상으로 10년 동안 마비를 겪은 28세 남성에게 이식된 이 의수는 국방고등연구계획국이 메릴랜드 주 존스홉킨스대학교 응용물리학 연구소 과학자들과 협력해 개발했다.

100%

가장 오래된 아날로그 컴퓨터

그리스의 한 발명가가 오늘날 안티키테라 메커니즘(Antikythera mechanism)으로 알려진 복잡한 기계식 컴퓨터를 만들었다. 이 컴퓨터는 난파로 인해 사라졌다가 1901년에 다시 발견되었다.

100 BCE 기원전 100년 DATELINE

최고령자 OLDEST

최고령 파일럿

조지 닐(캐나다, 1918년 11월 21일~2016년 4월 4일)은 2015년 6월 2일 기준으로 96세 193일의 나이에도 불구하고 꾸준히 경비행기를 몰았다. 16세에 처음 비행 교육을 받은 조지는 45년 경력의 드 하빌랜드 테스트 파일럿으로, 개인 소유 비행기 DHC-1 칩멍크를 몰았다.

최고령 밴드

골든 시니어 트리오(일본)는 재즈 앙상블로 2015년 7월 5일 기준 평균 나이가 83세 19일이었다. 위 사진은 기네스 세계기록 심사관인 카오루 이시카와와 함께한 모습이다. 나오테루 나베시마(비브라폰, 89세 52일, 셋 중 제일 왼쪽), 젠소 오츠카(피아노, 81세 140일, 가운데), 나오스케 미야모토(베이스, 78세 234일, 오른쪽) 순이다. 모두가 어린 시절부터 음악에 대한 열정을 이어오다가 2008년 9월 18일 밴드를 창단했다. 이들의 레퍼토리는 장르를 뛰어넘는데 베토벤의 <피아노 소나타 C 단조 No. 8, Op. 13(비창)>을 재즈로 편곡한 곡도 있다.

역대 최고령자

잔 루이즈 칼망(프랑스)은 122년 164일을 살았다. 1875년 2월 21일에 태어난 잔은 1997년 8월 4일 프랑스 아를의 양로원에서 숨을 거두었다. 1990년 그녀는 114세 11개월의 나이로 엉덩이 수술을 무사히 마쳐 **최고령 수술환자**라는 기록도 세웠다. 역대 가장 오래 산 남자는 지로에몬 기무라(일본, 1897년 4월 19일생)로 2013년 6월 12일에 116세 54일의 나이로 숨을 거두었다.

최고령 에베레스트 등반

유이치로 미우라(일본, 1932년 10월 12일생)가 2013년 5월 23일 80세 223일의 나이로 에베레스트 최정상에 올랐다. 덕분에 그는 **8,000m 이상 산을 오른 최고령자**라는 타이틀을 얻었다.

2012년 5월 19일 타마에 와타나베(일본, 1938년 11월 21일생)는 73세 180일의 나이로 에베레스트를 두 번째 올라 **최고령 에베레스트 등반 여성**이란 기록을 세웠다.

최고령 암벽 하강

2015년 7월 12일 영국 포츠머스의 스피네이커 타워에서 101세 55일의 나이로 도리스 시슬리 롱 MBE(영국, 1914년 5월 18일생)가 자일을 타고 내려왔다.

홀로 바다를 횡단한 최고령 여성

다이애나 호프(영국, 1944년 5월 1일생)는 55세 135일의 나이로 스타 아틀란틱 2호를 타고 대서양을 동쪽에서 서쪽으로 횡단하는 여정을 시작했다. 여정은 1999년 9월 13일에 시작해 2000년 1월 5일에 끝났다.

영국해협을 수영해 건넌 최고령자

2014년 9월 6일 오토 타닝(남아공, 1941년 3월 13일생)이 73세 177일의 나이로 영국 도버 셰익스피어 비치에서 프랑스 칼레 근방 위상베이까지 총 12시간 52분 동안 헤엄쳐 건넜다. **영국해협을 수영해 건넌 최고령 여성**은 2010년 8월 8일 64세 257일의 나이로 17시간 11분 만에 완주한 수 올드험(호주, 1945년 11월 24일생)이다.

DID YOU KNOW?

기네스 세계기록의 수석 기록사인 마르코 프리가티가 이스라엘 하이파에서 최고령자인 이스라엘 크리스탈에게 인증서를 수여했다. 가족들이 지켜보는 가운데 인증서를 받은 크리스탈의 소감은 간단했다. "전 장수의 비결이 무엇인지 모릅니다."

현존하는 최고령자

2016년 3월 11일 기준 살아 있는 최고령자는 112세 178일의 나이를 기록한 이스라엘 크리스탈(이스라엘, 왼쪽)이었다. 노인학 연구소와 유대인기록협회가 인증해주었다. 크리스탈은 1903년 9월 15일 러시아 자르노 근처 말레니크의 마을에서 태어났다. 1950년 이후로 이스라엘 하이파에서 살고 있다.

수잔나 무샤트 존스(미국, 오른쪽)는 2016년 5월 4일 기준 116년 303일을 살았다. 1899년 7월 6일 생인 존스는 뉴욕 브루클린에 거주하며 116번째 생일 바로 전에 인증서를 받았고 두 차례 생일파티를 열었다. 그녀는 **생존해 있는 최고령자**다.

DATELINE **75 BCE** 기원전 75년

제일 오래된 유대교 회당

와디 켈트 유대교 회당은 중동의 예리코와 예루살렘 사이에 있는 하스몬 겨울 궁전 건물의 일부로 돌출되어 있다. 기원전 31년 지진으로 무너졌다.

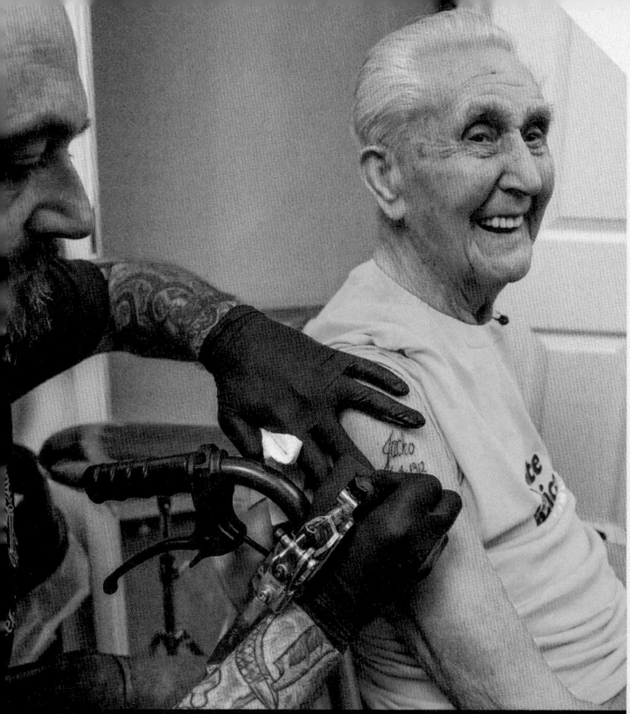

최고령 문신

잭 레이놀즈(영국, 1912년 4월 6일생)는 2016년 4월 6일 104세 생일을 기념해 영국 체스터필드에 있는 피트 후즈 타투숍에서 자신이 직접 디자인한 'Jacko 6.4.1912'라는 문신을 팔뚝에 새겨 넣었다. 잭은 느긋한 모습으로 "머리를 자르는 것보다 문신이 더 편해요."라고 말했다. 영국 ITV 채널의 <굿모닝 브리튼>이 그의 사연을 비롯해 다음날 집에서 기네스 인증서를 받는 모습까지 카메라에 담았다.

FAST FACTS

노화와 장수를 연구하는 학문인 노인학(Gerontology)은 그리스어로 노인을 뜻하는 Geron과 설명을 뜻하는 Logos에서 비롯되었다. • 110세 이상 장수하는 사람 50명 중 23명이 일본에서 태어났다. • 120세까지 살 가능성은 100억분의 1이다.

실버 스포츠 스타

최고령 보디빌더는 짐 애링턴(미국, 1932년 9월 1일생, 왼쪽)으로 2015년 9월 7일 캘리포니아 주 베니스에서 열린 프로 보디빌딩대회에 나갔을 당시 나이가 83세 6일이었다. 짐은 40년 넘게 보디빌딩을 했고 참가자 60명 중 4등을 차지했다.

경쟁심 많은 단거리 주자인 히데키치 미야자키(일본, 1910년 9월 22일생, 오른쪽)는 2015년 9월 23일 일본 교토에서 열린 교토 마스터스 대회에 참여했을 때 105세 1일이었다. 그는 이 대회 3연속 **최고령 주자**로 선정되었다. 미야자키는 100m를 42.22초에 주파했다.

최고령 무중력 유영

2005년 4월 10일 미국 플로리다 주 포트로더데일에서 우고 산소네티(이탈리아, 1919년 1월 10일생)가 86세 90일의 나이에 무중력 상태로 만든 보잉 727 안에서 유영했다.

달에 간 최고령자

1971년 2월 4일 앨런 셰퍼드(미국, 1923년 11월 18일생)는 아폴로 14호의 임무를 수행하는 동안 47세 78일의 나이로 달 위를 걸었다.

앨범을 낸 최고령자

2014년 6월 2일, 97세 74일의 나이로 데임 베라 린(영국, 본명 베라 웰치, 1917년 3월 20일생)이 편집 앨범인 <National treasure: the ultimate collection>(Decca)을 발표했다.

호주의 예술가인 허버트 헨리 '스모키' 도슨 MBE(1913년 3월 19일~2008년 2월 13일)는 **신곡으로 앨범을 낸 최고령자**다. 2005년 8월 22일 <Homestead of My Dreams>가 발매되었을 때의 나이는 92세 156일이었다.

최고령 EGOT 수상

'쇼 비즈니스의 그랜드슬램'으로 불리는 EGOT는 에미상, 그래미상, 오스카상, 토니상을 모두 받는 걸 뜻한다. 이 타이틀을 거머쥔 사람은 겨우 12명에 불과한데, 이중 최고령자는 영국의 배우이자 감독인 존 길구드(1904년 4월 14일~2000년 5월 21일)다. 그는 1991년에 87세 133일의 나이로 이 영예를 안았다. 1961년에 토니상(<빅피쉬 리틀 피쉬>로 최우수 드라마감독상), 1979년에 그래미상(<에이지스 오브 맨>으로 최우수 다큐멘터리와 드라마상), 1982년에 오스카상(<아더왕>으로 최우수 조연상)을 받았고 마침내 1991년 에미상(<섬머즈 리스>로 미니시리즈와 특별 부분 남우주연상)까지 수상했다.

DID YOU KNOW?

지구 궤도를 돈 최초의 미국인이 된 이후로 존 글렌은 탐사 임무를 수행한 STS-95를 타고 36년 8개월 9일 만에 다시 궤도를 돌았다. 1962년 2월 20일 존은 4시간 56분 동안 지구를 3바퀴 돌았다.

슈퍼센터내리언: 최고령 톱 10

'슈퍼센터내리언(Supercentenarian)'은 110세 이상 나이를 먹은 사람을 지칭한다. 2016년 5월 4일 기준 50명의 슈퍼센터내리언이 있으며, 이 중 49명이 여성이고 1명이 남성이다.

	이름	생년월일	나이
1	수잔나 무샤트 존스(미국)	1899년 7월 6일	116세 303일
2	엠마 모라노 마르티누치(이탈리아)	1899년 11월 29일	116세 157일
3	바이올렛 브라운(자메이카)	1900년 3월 10일	116세 55일
4	나비 타지마(일본)	1900년 8월 4일	115세 274일
5	치요 마야코(일본)	1901년 5월 2일	115세 2일
6	에우독시아 바볼(프랑스)	1901년 10월 1일	114세 216일
7	아나 벨라 루비오(스페인)	1901년 10월 29일	114세 188일
8	미츠 토요다(일본)	1902년 2월 15일	114세 79일
9	마리에 조세핀 고데트(이탈리아)	1902년 3월 25일	114세 40일
10	유키에 히노(일본)	1902년 4월 17일	114세 17일

출처: 노인학 연구 그룹

최고령 우주비행사

1998년 10월 29일 존 글렌(미국, 1921년 7월 18일생, 오른쪽)은 STS-95 우주왕복선 임무에 페이로드 전문가로 탑승해 77세 103일의 나이로 최고령 우주비행사가 되었다. 9일 동안 우주비행사들은 약 80가지 실험을 진행했다.

최고령 여자 우주비행사는 2007년 8월 8일 국제우주정거장으로 가는 임무를 위해 STS-118에 탑승한 바버라 모건(미국, 1951년 11월 28일생)으로 탑승 당시 나이는 55세 253일이었다. 모건은 교육 담당 및 로봇 팔을 동작하는 임무를 맡았다.

제일 오래 번영한 왕국

기원전 31년 악티움 해전에서 안토니우스와 클레오파트라 연합군을 무너뜨린 뒤 옥타비아누스는 로마공화국을 해체하고 스스로 아우구스투스 황제가 되었다. 새로운 로마 왕국은 이후 503년 동안 번영을 누렸다.

27 BCE 기원전 27년

DATELINE

가족의 가치 FAMILY VALUES

현존하는 12명의 최고령 형제자매

매그누스와 엘리자베스 올센(덴마크)의 12자녀는 모두 1920년~1938년 사이에 페로 제도에서 태어났다. 이들의 나이를 합하면 1,000세가 넘는데, 정확히 1,025세 41일이다. 2014년 8월 27일 자매 5명, 형제 7명이 모두 모여 나이를 확인했다.

합산 나이가 최고 많은 부모와 자식

사라 나우스(미국, 1880~1999)는 한때 현존하는 최고령 여성이었다. 1999년 12월 30일 119세인 그녀와 96세인 딸 캐서린 나우스 설리번(미국, 1903~2005)의 나이를 합치니 무려 215세가 되었다!

반면에 **현존하는 부모와 자녀의 합산 나이가 가장 많은** 주인공은 자메이카 출신 어머니와 아들인 바이올렛 브라운(1900년 3월 10일생)과 할랜드 페어웨더(1920년 4월 15일생)로, 2015년 4월 21일 기준 총 210세 48일을 기록했다. 또한 바이올렛은 빅토리아 여왕의 마지막 국민이기도 하다.

현존하는 9명의 최고령 형제자매

프란시스코 멜리스와 아내 엘레오노라 마멜리(둘 다 이탈리아)는 1907년 8월 22일에 첫 아이인 콘솔라타를 낳았다. 이후 27년 동안 콘솔라타는 8명의 형제자매를 얻게 되었다. 2014년 6월 20일 콘솔라타가 106살이 되었을 때 9명의 형제자매 합산 나이는 837세 6일이었다.

한 마라톤에 참여한 최고령 3대

2015년 2월 22일 도쿄 마라톤에 참가한 아버지, 딸, 손자 3대의 나이가 합계 173세 163일로 최고령을 기록했다. 시게츠구 아난과 야수코 나카타케는 나란히 6시간 42분 28초를 기록했고, 손자인 수구루 나카타케는 2초 일찍 들어왔다.

최다 세대가 함께 사는 집

1989년에 4대 손자까지 태어나 오거스타 번지(미국)는 7대가 함께 사는 집의 여성 가장이 되었다.

쌍둥이를 최고 많이 낳은 어머니

러시아 슈야에 사는 발렌티나 바실리에프는 18세기에 네쌍둥이를 4번 낳았다. 그녀는 또한 세쌍둥이를 7번, 쌍둥이를 16번 잉태했다. 총 69명의 자녀를 두어 최고의 다산 어머니로 뽑혔다.

최다 100세 형제자매

클라크 가문(아일랜드)이 5명의 100세 형제자매가 있다고 주장했다. 조셉, 찰리, 패트릭, 제임스, 마거릿이 그 주인공이다. 2014년 5월 30일 마거릿의 100세 생일에 이것이 사실로 입증되었다.

최고령 신랑 신부(합산 나이)

결혼식을 한 최고령 신랑 신부 합산 나이는 194세 280일이었다. 이 기록은 사랑에 빠진 조지 커비(영국, 1912년 6월 13일생)와 도린 커비(영국, 출생명 니 럭키, 1923년 9월 6일생)가 2015년 6월 13일 영국 이스트 서섹스 주 이스트본에서 결혼하면서 세웠다.

태어날 때 체중이 같은 최다 형제

호주 퀸즐랜드 출신의 메건과 루크 벨 부부의 4형제 중 3형제인 올리버, 키아누, 피닉스는 2007년~2013년 사이 태어날 때 몸무게가 3.4㎏으로 정확히 일치했다. 놀랍게도 벨의 첫째 아들 하이든은 겨우 0.03㎏ 더 무거워서 3.43㎏을 기록했다.

DATELINE **40 CE** 서기 40년

최장 로마 송수로

로마의 엔지니어들은 네마우수스 거주 지역(현 프랑스 님에 해당)에 깨끗한 식수를 공급하기 위해 오늘날 가르교로 불리는 275m 길이의 송수로를 건설했다.

FAST FACTS

영국 왕실 가문은 새로운 탄생이 있을 때마다 41발의 예포를 쏜다. • OECD 국가 중에서 터키의 평균 가족 수가 가장 많다. OECD 평균은 2.63명이지만 터키는 4.11명이다. • 미국의 평균 결혼 연령은 28세다.

마라톤을 완주한 최다 가족

대부분 사이드라인에 서서 마라톤에 출전한 가족들을 응원하지만 휴 가문(아일랜드)은 그렇지 않았다. 2014년 10월 27일, 더블린 마라톤에서 이 가문의 친척 30명이(사진은 27명) 함께 트랙을 달렸다. 가장 빠른 기록을 세운 힐러리 휴는 3시간 34분 28초 만에 완주했다.

국제 럭비 선수권대회에 참가한 최다 형제

2014년 4월 12일 슬로베니아 류블랴나 시스카 파크에서 열린 유럽 내셔널컵에서 아치, 잭, 프랭크, 조지, 맥스 스코픽(모두 슬로베니아)은 자국을 대표해 불가리아를 상대로 경기에 나섰다.

최다 겹사돈 형제자매

1977년~1996년 사이 나란드라 나스와 타라모니 로이의 딸 5명이 트라르포다 카르마커와 카나 라니 로이의 아들 5명과 결혼했다(모두 방글라데시).

할리우드 명예의 거리에 제일 많이 오른 가족

2004년 연기 재능을 물려받은 <E.T>의 아역스타 드류 배리모어(미국)가 명예의 거리에 오른 일곱 번째 배리모어가 되었다. 증삼촌인 라이오넬 배리모어가 별 2개, 증숙모인 에델, 할아버지 존, 할머니 돌로레스 코스텔로, 증조할아버지 모리스 코스텔로와 그녀의 아버지 존 D 배리모어가 각각 별 1개를 받았다. 가족 합산 8개의 별을 얻은 셈이다.

한 자동차 경주에 참여한 최다 형제

아르토, 마티, 아리, 지르키, 마르커스, 파시 힌트살라(모두 핀란드)는 2010년 8월 14일 핀란드 리민카에서 열린 베카만 자동차 경주에서 서로 기량을 겨루었다.

최고령 입양

입양하기에 늦은 시기는 없다는 점을 입증해주듯 2015년 6월 9일 메리 뱅크스 스미스(미국, 왼쪽)는 76세 96일의 나이에 텍사스 주 댈러스의 법정에서 뮤리엘 뱅크스 클레이턴(미국, 오른쪽)의 딸이 되었다. 이로써 뮤리엘은 92세 322일의 나이로 최고령 양부모가 되었다. 오래 기다린 만큼 두 사람의 기쁨은 더 컸다. 메리는 이렇게 소감을 밝혔다. "정말로 기쁩니다. 어머니는 오랫동안 제 어머니로 있어 주셨는데 이제야 공식적으로 인정받게 되네요."

DID YOU KNOW?

메리와 뮤리엘은 실제로는 사촌지간이다. 메리의 아버지와 뮤리엘의 어머니가 오누이 사이이기 때문이다. 아버지가 죽고 어머니가 보호시설로 들어가자 메리는 여러 친척 손에 키워지다가 14세부터 뮤리엘과 같이 살았고 비로소 가장 큰 행복을 느꼈다.

한 가정 최다 윤년 세대

피터 안소니 키오그(아일랜드, 1940년생, 가운데), 아들 피터 에릭(영국, 1964년생, 오른쪽), 손녀 베타니(영국, 1996년생, 왼쪽)는 4년에 한 번씩 2월 29일에 생일을 맞는다.

최초로 기록된 화산 분출

베수비오 산이 분출해 이탈리아 폼페이의 도시를 덮쳤다. 로마의 정치가이자 작가인 플리니우스가 역사학자 친구인 타키투스에게 두 차례 편지를 보내 이 사건과 이후 상황을 자세히 알려주었다.

79 CE

서기 79년

DATELINE

인체와 관련된 각종 진기록 BODY EXTREMES

역대 최고로 키 큰 남자
1940년 6월 27일 기준 로버트 퍼싱 웨들로우의 키는 272㎝였다. 그의 발 치수는 47㎝였으며 손목에서 중지 끝까지의 길이는 32.3㎝에 달했다. 그래서 역사상 가장 큰 발과 가장 큰 손이라는 기록도 가지고 있다.

최고 큰 아프로 머리

타일러 라이트(미국)는 높이 25.4㎝, 너비 22.9㎝, 둘레 177㎝의 머리를 가진 자랑스런 주인공이다. 테일러의 아프로 머리는 그가 12세이던 2015년 6월 19일 미국 미주리 주 세인트루이스에서 측정했다. 가장 큰 아프로 머리의 여자 주인공은 에빈 듀가스(미국)다. 높이 16㎝, 너비 21㎝, 둘레가 139㎝에 이른다. 2012년 3월 31일 이탈리아 로마의 '로 쇼 데 레코드'에서 측정한 기록이다.

최장신…

- **남자**이자 **사람**: 현존하는 가장 큰 사람은 술탄 쾨센(터키)으로 2011년 2월 8일 기준 신장이 251㎝였다. 역대 가장 키가 큰 사람은 위의 내용을 참조하라.
- **여자**: 2012년 12월 기준 시디카 파르벤(인도)의 키는 최소 222.2㎝였다. 시디카가 질환으로 똑바로 서 있을 수 없어서 정확한 신장을 재기 어려웠다. 그녀를 살핀 데바시시 사하 박사는 제대로 설 경우 최소 233.6㎝는 될 거로 추정했다.

가장 긴…

- **턱수염(역대)**: 1927년에 사망했을 당시 한스 N. 랑세스(노르웨이)의 턱수염 길이는 5.33m였다. 이 놀라운 기록을 자랑한 턱수염은 1967년 워싱턴 DC 스미소니언협회에 등장했다.
- **턱수염(현재)**: 사완 싱(캐나다)은 2011년 9월 8일 기준으로 2.495m의 턱수염을 길렀다. 사완은 캐나다 브리티시컬럼비아 서리에 있는 구루 나나크 시크 사원에서 신도들을 이끌었다.
- **양쪽 손톱(역대, 남자)**: 멜빈 부스(미국)의 손톱 길이는 2009년 5월 30일 기준 9.85m였다.
- **양쪽 손톱(역대, 여자)**: 리 레드먼드(미국)는 1979년부터 손톱을 기르기 시작했다. 그녀는 8.65m의 손톱에 매니큐어까지 칠하며 정성껏 관리했다. 이 기록은 2008년 2월 23일 스페인 마드리드에서 열린 '로 쇼 데 레코드'에서 입증됐다.
- **머리카락(남자)**: 1949년 인도 승려 스와미 판다라산나디의 머리카락 길이는 7.92m로 알려졌다. 완전히 엉켜서 풀 수 없을 정도로 꼬인 머리 모양 덕분에 긴 길이를 유지할 수 있었다.

최단신…

- **여자**: 조티 암지(인도, 왼쪽에서 첫 번째)는 2011년 12월 16일 기준 키가 62.8㎝였다.
- **남자**: 키가 54.6㎝였던 찬드라 바하두르 당기(네팔, 1939~2015)는 이제 역사상 최단신 남자로 남게 되었다. 거동이 가능했던 찬드라는 현존하는 거동이 불가능한 남자보다 키가 작았지만 대체적으로는 반대 경우가 더 많다. 그가 죽은 이후로 기네스 세계기록은 기록 범주를 분류했다. 현존하는 최단신 남자(거동 가능)는 다시금 카겐드라 타파 마거(네팔, 가운데)가 되었는데, 2010년 10월 14일 측정해보니 67.08㎝였다. 현존하는 최단신 남자(거동 불가)는 2011년 6월 12일 기준 59.93㎝를 기록한 준리 바라윙(필리핀, 왼쪽에서 세 번째)이다.

DATELINE **112 CE** 서기 112년

최초의 쇼핑몰
이탈리아 로마에 있는 트라야누스의 포럼에는 6층 높이에 150개의 상점과 사무실이 들어선 시장도 있었다. 다마스쿠스의 건축가 아폴로도루스가 설계했다.

FAST FACTS
머리카락에는 혈류 속 물질이 잠시 보존된다. 그래서 법의학에서 증거로 유용하게 사용된다. • 모든 포유류 중에서 영장류만 손톱을 가지고 있다. • 인간의 혀 '무늬'는 지문처럼 고유한 특성이 있다.

수염이 수북한 최연소 여자

하르남 콜(영국, 1990년 11월 29일생)은 24세 282일의 나이로 2015년 9월 7일 영국 슬라우에서 풍성한 수염을 인증했다. 그녀는 11세 때부터 수염이 나기 시작했다. 하르남은 내 몸 사랑하기를 열렬히 실천하는 왕따 퇴치 운동가이기도 하다.

최장 수염을 가진 여자는 비비안 휠러(미국, 삽입 사진)다. 2011년 4월 8일 이탈리아 밀라노에서 열린 '로 쇼 데 레코드'에서 모낭부터 끝까지의 길이가 25.5㎝로 판명되었다. 비비안이 말했다. "기네스 세계기록을 보유하고 있으면 정말로 도움이 돼요. 있는 그대로의 제 모습을 자랑스럽게 해주거든요. 사회 활동을 하는 기회도 되고요."

DID YOU KNOW?
발 하나에는 인대 107개, 관절 33개, 뼈 26개, 근육 19개가 있다. 양발 합산 총 52개의 뼈가 있어 성인 골격의 약 25%를 차지한다. 손가락과 발가락에 있는 뼈는 지골이라 부른다.

- **머리카락(여자):** 2004년 5월 8일 기준 시에 치우핑(중국)의 머리카락 길이는 5.627m에 달했다. 그녀는 1973년부터 머리카락을 기르기 시작했다.
- **콧수염:** 2010년 3월 4일 이탈리아 로마의 '로 쇼 데 레코드'에서 측정한 램 싱 차우한(인도)의 콧수염 길이는 4.29m였다.
- **코(현재):** 2010년 3월 18일 기준 메흐메트 오지우렉(터키)의 콧등에서 코끝까지의 길이는 8.8㎝였다.
- **혀(남자):** 2012년 11월 27일 기준 닉 스토벌(미국)의 혀 길이(다문 윗입술 중간에서 혀끝까지)는 10.1㎝였다.
- **혀(여자):** 2010년 9월 29일 기준 샤넬 테퍼(미국)의 혀는 9.75㎝였다.

가장 무거운…

- **남자(역대):** 존 브로워 미노크(미국, 1941~1983)는 1978년 3월 기준 몸무게가 635㎏이었다.
- **여자(역대):** 로잘리 브레드퍼드(미국, 1943~2006)는 1987년 1월 최고 몸무게가 544㎏이었다.
- **여자(현재):** 2010년 5월 13일 기준 폴린 포터(미국)의 몸무게는 291.6㎏을 넘어섰다.

최고 긴 눈썹

2016년 1월 6일 중국 내몽골 만저우리에서 측정한 정 수센(중국)의 한쪽 눈썹 길이는 자그마치 19.1㎝에 달했다.
가장 긴 귀 털은 이보다 조금 짧다. 안토니 빅터(인도)의 외이(귓바퀴 중앙)에 난 털은 제일 긴 부분이 18.1㎝였다.

최대로 발 틀기

2015년 9월 23일 영국 런던에서 맥스웰 데이(영국)가 오른발을 157도까지 돌렸다. 그는 기존 기록 보유자의 사진을 보고 기네스 세계기록에 자신이 기록을 깰 수 있다고 연락해왔다. 실제로 맥스웰은 양발을 모두 돌릴 수 있지만, 왼발은 '겨우' 143도에 그쳤다.

최초의 가스전
페르시아 군대가 터널 소유권을 얻으려고 시리아 동부 두라 에우로포스의 로마군 주둔지를 공격했다. 이들은 아스팔트와 황에 불을 붙여 터널을 유독 연기로 가득 메웠다.
254 CE 서기 254년 DATELINE

기록학 RECORDOLOGY

DID YOU KNOW?

월리는 영국의 삽화가 마틴 핸드포드가 만든 캐릭터다. 작은 방울이 달린 꼭 끼는 털실 모자를 쓴 월리는 지역마다 다르게 불린다. 북아메리카에서는 왈도, 프랑스에서는 찰리, 독일에서는 월터, 노르웨이에서는 윌리, 덴마크에서는 홀게르, 스웨덴에서는 휴고, 이탈리아에서는 우발도라고 부른다!

DATELINE

330 CE
서기 330년

가장 오래된 여행 가이드
이름을 밝히지 않은 여행가가 프랑스에서 예루살렘으로 가는 순례 안내 책자 《보르도인의 성지순례기》를 썼다. 책은 여정을 따라 묵을 수 있는 호스텔, 여인숙, 마구간에 대해서도 알려준다.

CONTENTS

월리 복장을 하고 모인 최다 인원

월리는 어디에 있을까? 2011년 6월 19일 아일랜드 더블린의 메리온 스퀘어 웨스트에서 열린 길거리 퍼포먼스 세계 챔피언십에 참가했다면 사방에서 월리를 볼 수 있었을 것이다! 총 3,872명의 참가자가 월리의 트레이드마크인 털모자와 붉은 줄무늬 의상을 입고 나타났으니까 말이다. 이들은 모두 뜻깊은 취지로 모였다. 이날 팔린 월리 의상비 전액은 말라위에서 운영하는 아일랜드 자선 단체 아프리카 어웨어에 곧바로 기부되었다.

기둥 위에 최고 오래 앉아 있기
가톨릭 신비주의자이자 은둔자인 주행승 성 시메온이 39년 동안 앉아 있던 15m 기둥 위에서 사망했다. 그는 단 한 차례 아래로 내려온 셈인데 이 때문에 기둥은 처음보다 높이가 살짝 증가했다.

459 CE
서기 459년

DATELINE

FACTOGRAPHIC

이 사진을 보세요! PICTURE THIS!

매년 기네스 세계기록 사진 에디터들은 기록 보유자들의 생생한 이미지를 얻기 위해 전 세계를 누빈다. 우리 사진가들의 뛰어난 활약을 축하하고자 역대 가장 기억에 남는 사진 10장을 추려보았다. 사진 속에 등장하는 기록 보유자들은 기네스 세계기록에 영감을 주는 멋진 대표 사절이자 기록의 다양성과 폭넓은 범위를 상징적으로 알려주는 인물이기도 하다.

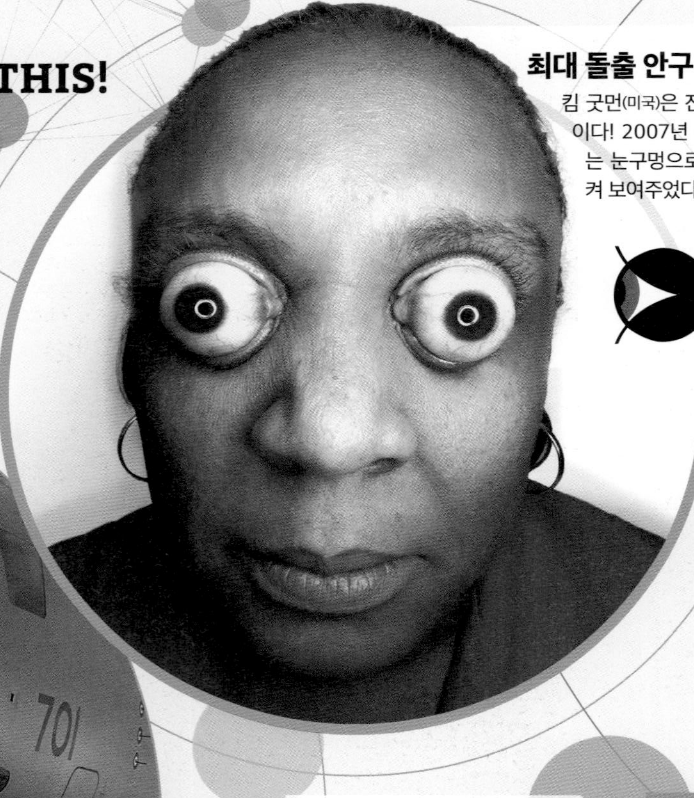

최대 돌출 안구

킴 굿먼(미국)은 진정한 아이코닉(Eye-conic)이다! 2007년 터키 이스탄불에서 그녀는 눈구멍으로부터 눈을 12㎜ 돌출시켜 보여주었다.

늪지 스노클링 트라이애슬론 최단 시간 주파(여자)

세계 늪지 스노클링 트라이애슬론대회를 가장 빠르게 완주한 사람은 벤트(영국)다. 2010년 6월 11일 영국 웨일스 란우르티드 웰스에서 열린 이 대회에서 2시간 45분 40초를 기록했다.

달리기 12㎞ | 늪지 스노클링 82m | 사이클링 31㎞

DID YOU KNOW?

케빈 페스트는 1분 16초 만에 비행기를 8.8m 끌었다. 이 근육질의 사나이가 보유한 다른 기록으로는 **가장 무거운 집 끌기**(35.8톤)와 **동시에 가장 많은 차 끌기**(15대)가 있다.

최고 무게 비행기 끌기

2009년 9월 17일 캐나다 온타리오 주에 사는 목사 케빈 페스트가 188.83톤이라는 어마어마한 무게의 CC-177 글로브마스터 3을 끌었다. 그는 온타리오 주 트렌턴에 있는 캐나다 공군기지에서 아주 힘들게 비행기를 끌었다. 재미있는 사실은 이 글로브마스터 3의 무게가 역대 가장 무거운 흰긴수염고래(1947년 3월 20일 기준 190톤)의 무게와 거의 같다는 점이다.

가장 큰 개와 가장 작은 개

2007년 우리는 미국 캘리포니아 주 새크라멘토에서 가장 힘이 센 개와 가장 온순한 개를 함께 데리고 사진을 찍었다. 어깨까지의 높이가 107㎝인 그레이트데인 종 깁슨은 키가 10.16㎝에 불과한 치와와 종 부부보다 10배 더 컸다.

빅맥을 최고 많이 먹은 인물

2012년 도널드 A 고스케(미국)는 자신의 40번째 생일을 기념하기 위해 맥도널드로 가서 2만 6,000번째 빅맥을 먹었다! 도널드는 이 패스트푸드 사의 열혈 단골로 1972년 5월 17일 이후 하루도 빠지지 않고 이곳에서 햄버거를 먹었다. 도널드가 평생 먹은 빅맥의 소고기를 모두 합하면 너비 2.6m, 두께 50㎝, 무게 2.3톤의 버거 패티가 완성된다!

최대 규모 <스타워즈> 수집품

스티브 샌스위트(미국)는 가장 좋아하는 연작 영화의 개봉이 더디자 관련된 수많은 기념품을 모으며 마음을 달랬다. 왼쪽 사진에서 알 수 있듯 그는 <스타워즈> 관련 기념품을 아주 많이 보유하고 있다. 공식적으로 세어보니 총 9만 2,360개였다. 하지만 그는 약 50만 개를 가지고 있어서 공식 기록은 실제 보유량의 18.4%밖에 되지 않는다.

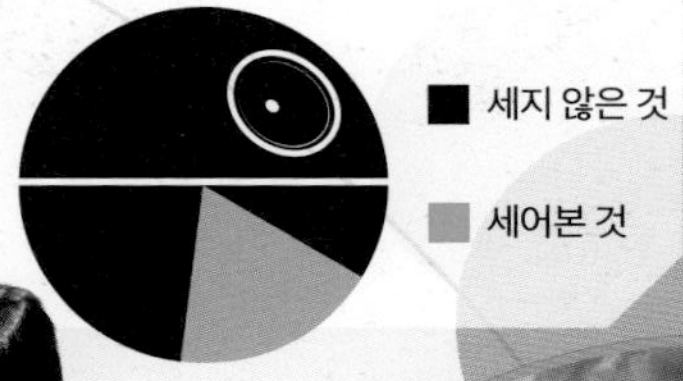

걸어 다니는 최대 로봇

페니는 무선으로 제어하는 로봇 공룡으로 길이가 15.72m, 높이는 8.2m에 이른다. 독일 젠트에 있는 줄너 일렉트로니크 AG사(독일)가 연례 민속 축제를 위해 제작했다. 이 무시무시한 괴물은 2ℓ짜리 터보 디젤 엔진으로 작동하며 무게가 11톤으로 실제 가장 큰 파충류인 코모도드래곤(약 70㎏) 158마리와 맞먹는다.

스쿠터 타고 최고 빨리 30m를 달린 개

캐런 코브(미국)가 키우는 노르망 더 스쿠터 독이 2013년 7월 12일 미국 조지아주 매리에타에서 놀라운 속도 기록을 세웠다. 이 멋진 개는 스쿠터를 타고 30m를 20.77초에 달렸다. 평균 시속 5.2㎞로 달린 셈이다. 일반적으로 개는 2세 아이의 지능을 가지고 있으며 기본적인 산술이 가능하다고 한다!

최대 몬스터 트럭

빅풋 5는 높이가 4.7m이고 타이어의 크기만도 3m에 달한다. 1986년 미국 미주리 주 세인트루이스에 사는 밥 챈들러가 제작한 17대 중 하나이다. 빅풋 5는 현재 세인트루이스에 영구적으로 세워져 있으며 지역 축제에 이따금 모습을 드러낸다. 중량이 1만 7,236㎏으로 수컷 아프리카코끼리 3마리의 무게와 맞먹는다.

엄청 무서운 여성과 노인

이 놀라운 인물 사진의 주인공은 피어싱을 한 일레인 데이비드슨(영국, 브라질 태생, 왼쪽)과 존 린치(영국, 오른쪽)다. 마지막으로 세어보았을 때 이들의 피어싱 개수는 스터드, 로드를 포함해 총 703개였다. 피어싱당 7.5g이라고 가정하면 음료수 캔 354개를 만들 수 있을 정도의 금속이 들어간 셈이다.

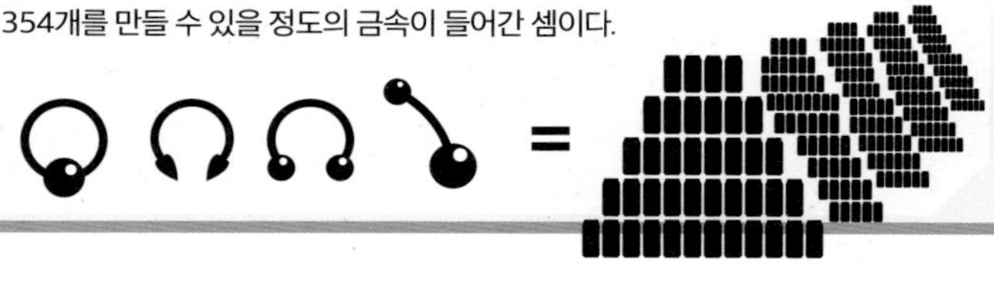

음식 FOOD

최대 중량의 채소 스튜

2015년 3월 21일 크로르 파인 푸즈 사(이집트)는 4,155㎏에 달하는 엄청난 양의 스튜를 끓였다. 이집트 카이로에서 준비하는 데만 무려 12시간이 걸렸다. 이집트의 전통 음식 중 하나인 이 스튜엔 익힌 파바콩에 레몬즙, 허브, 향신료를 함께 뿌린다.

1분 안에 캐롤라이나 리퍼 고추 많이 먹기

2015년 4월 26일 미국 뉴욕에서 러셀 토드(미국)가 1분 동안 캐롤라이나 리퍼 고추 70g을 먹었다. 캐롤라이나 리퍼는 세상에서 가장 매운 고추로, 퍼커버트 페퍼 사(미국)에서 재배한 이 고추의 경우 매운맛을 측정하는 스코빌 지수가 무려 156만 9,300에 달한다.

12인치 피자 한 판 빨리 먹기

2015년 4월 12일 필리핀 타구익에서 캘빈 메디나(필리핀)가 23.62초 만에 피자 한 판을 먹어치웠다.

최고가 샌드위치

'진짜 그릴 치즈' 샌드위치가 2014년 10월 29일 미국 뉴욕 세렌디피티 3에서 214달러에 팔렸다.

1분 동안 최다 소시지 만들기

2015년 11월 2일 영국 치체스터에서 열린 자선 행사에서 오하간스 소시지의 리암 오하간(영국)이 1분 동안 44개의 소시지를 만들었다.

컵케이크로 만든 최대 모자이크

2015년 9월 5일 스파르 그룹(남아공)이 138.56㎡ 크기의 컵케이크 모자이크를 만들었다. 총 3만 3,660개 컵케이크가 들어간 이 모자이크는 2015 럭비 월드컵에 출전하는 남아공 스프링복스팀을 응원하고, 소아암 의식의 달 자선기금을 마련하기 위해 기획됐다.

한 콘에 아이스크림 최고 많이 올리기

2015년 9월 20일 이탈리아 포르노 디 졸도에서 드미트리 판시에라(이탈리아)가 한 콘 위에 아이스크림 121 스쿠프(아이스크림 전용 스푼)를 올리고 조심스럽게 균형을 잡았다. 덕분에 그는 2014년 7월 20일 같은 곳에서 열린 젤라티아모 축제에서 자신이 세운 109 스쿠프 기록을 깨트렸다. 이 축제는 발 디 조도 지역에서 생산한 아이스크림을 홍보하는 연례행사다. 콘은 위에 올라오는 모든 것을 지탱해야 한다. **가장 큰 아이스크림콘**은 높이가 3.08m로 2015년 7월 26일 노르웨이 크리스티안산에서 헤닉-올센 이스 에스와 트론드 L 웨이엔(둘 다 노르웨이)이 만들었다.

DATELINE **650 CE** 서기 650년

최대 규모 앵글로색슨의 보물

한 재향군인이 영국 스태퍼드셔에 5㎏의 금을 파묻었다. 2009년 발견되면서 큰 반향을 일으켰다.

FAST FACTS
미국인은 하루에 40.4헥타르의 피자를 먹는다. • 핫도그는 아폴로 11호를 타고 달에 간 우주인이 먹은 최초의 음식이다. • 하인즈 케첩은 매년 110억 개가 팔린다.

가장 긴 소시지
2014년 12월 1일 루마니아 플로이에슈티에서 S.C 카르푸 루마니아 S.A와 알디스 SRL 칼라라시(둘 다 루마니아)가 62.75㎞ 길이의 소시지를 만들었다. 이는 미 국방성의 모든 복도를 합한 길이의 2.5배에 이른다!

1분 안에 라임 반토막 내기 챔피언
2015년 3월 19일 페루 리마에서 줄리오 세자르 타바라(페루)가 라틴 TV <레포르테 세메날>에 출연해 1분 동안 100개의 라임을 반으로 갈랐다. 별명이 '라임 닌자'인 그는 페루 피우라 근처 한 해산물 레스토랑에서 일한다.

가장 큰…

치즈 조각상: 2015년 9월 18일 미국 캘리포니아 주 할리우드의 멜트 패스트푸드 식당에서 위스콘신 체더 치즈 덩어리를 조각해 691.27㎏짜리 치즈버거 조각상을 만들었다.

맥주잔: 2014년 7월 6일 영국 웨스트요크셔 핼리팩스에서 스토드 폴드 브루잉 사의 앙구스 우드와 에드 듀피(모두 영국)가 2,082ℓ짜리 맥주잔을 생산했다. 이 양은 욕조 26개를 가득 채웠을 때의 양과 동일하다.

쌀과자: 2014년 10월 26일 일본 지바 현 노다에서 JCI 노다 사(일본)가 2.35㎡ 크기의 쌀과자를 선보였다.

떡: 2015년 4월 13일 캄보디아 시엠레아프에서 살라켓 시엠레아프(캄보디아)가 젖소 6마리 무게에 해당하는 4,040㎏의 떡을 만들었다.

바비큐: 2015년 4월 14일 오스트리아 시드니에서 양돈연합(호주)이 그랜드피아노 2대 무게와 맞먹는 707㎏의 바비큐를 만들었다.

지상 최대의 피자
면적이 1,261.65㎡에 달하는 거대한 피자(**최대 무글루텐 피자**)는 테니스장의 5배에 해당하는 엄청난 크기를 자랑한다! 2012년 12월 13일 이탈리아 로마에서 열린 피에라 디 로마 무역박람회에서 NIP 푸드 사의 다빌리오 나르디, 안드레아 마노키, 마르코 나르디, 마테오 나르디, 마테오 지아노테(모두 이탈리아)가 이 피자를 준비했다.

DID YOU KNOW?
이 엄청난 100% 무글루텐 피자는 최초의 로마 황제인 옥타비우스 아우구스투스를 기념해 '옥타비아'라는 이름이 붙었다. 글루텐을 넣지 않은 음식은 콜레스테롤 수치를 낮추고 소화기 건강을 증진하며 에너지를 높여주는 등 건강에 여러모로 좋다.

최고 오래된 바이킹 선박
전투에서 패한 바이킹 침략자들이 에스토니아 사레마 섬에 배를 세우고 죽은 동료들을 묻었다. 이 배의 잔해가 바이킹 뱃사람에 대해 알려주는 가장 오래된 사료라고 할 수 있다.

700 CE
서기 700년
DATELINE

거대 농작물 GARDEN GIANTS

최고로 무거운 호박

스위스의 베니 마이어가 성인 15명 무게에 해당하는 1,054㎏짜리 가정 재배종 호박으로 2014 유럽 최우량 호박의 영광을 차지했다. 2014년 10월 12일 독일 루트비히스부르크에서 열린 '그레이트 펌킨 커먼웰스'에서 이 초대형 호박은 유전자변형종이 아니라는 게 입증됐다.

역대 가장 무거운 과일과 채소

과일/채소명	무게	재배자	일자
사과	1.849kg	키사토 이와사키(일본)	2005년 10월 24일
아보카도	2.19kg	가브리엘 라미레즈 나힘(베네수엘라)	2009년 1월 28일
비트	23.4kg	이안 닐(영국)	2001년 9월 7일
브로콜리	15.87kg	존, 메리 에번스(둘 다 미국)	1993년
양배추	62.71kg	스콧 A. 로브(미국)	2012년 8월 31일
캔털루프 멜론	29.4kg	스콧, 마디 로브(둘 다 미국)	2004년 8월 16일
셀러리	33.9kg	이안 닐(영국)	2011년 9월 23일
체리	21.69g	제라르도 매기핀토(이탈리아)	2003월 6월 21일
애호박	29.25kg	버나드 레버리(영국)	1990년
무화과	290g	메타브 오머 (영국)	2014년 8월 24일
마늘 밑동	1.19kg	로버트 커크패트릭(미국)	1985년
구스베리	64.49g	캘빈 아처(영국)	2013년 8월 21일
그레이프프루트	3.210kg	클로이 디아스 듀트라(브라질)	2006년 11월 9일
레몬	5.265kg	아론 쉬모엘(이스라엘)	2003년 1월 8일
망고	3.435kg	서지오, 마리아 소코로 보디오간(둘 다 필리핀)	2009년 8월 27일
파스닙	7.85kg	데이비드 토마스(영국)	2011년 9월 23일
복숭아	725g	폴 프라이데이(미국)	2002년 8월 23일
배	2.948kg	JA 아이치 토요다 나시 부카이(일본)	2011년 11월11일
자두	323.77g	미나미 알프스시 JA 코마노 섹션 키요(일본)	2012년 7월24일
감자	4.98kg	피터 글레이즈브룩(영국)	2011년 9월 4일
호박	1,054kg	베니 마이어(스위스)	2014년 10월 12일
무	31.1kg	마나부 오노(일본)	2003년 2월 9일
고구마	37kg	마누엘 피레즈 피레즈(스페인)	2004년 3월 8일
순무	17.78kg	스캇, 마디 로브(둘 다 미국)	2004년 9월 1일

최대 면적의 장미 관목

미국 애리조나 주 툼스톤에 있는 목향장미는 몸통 둘레가 4.09m에 높이가 2.75m에 달하며 743㎡ 범위를 뒤덮는다.

꽃이 최고 많이 핀 난

2014년 5월 20일 중국 랴오닝 성 번시에서 시 유앙펭(중국)이 키운 난에 91개의 꽃이 핀 사실이 확인되었다.

한 줄기에 최고 많이 열린 토마토

2013년 9월 11일 영국 웨스트미들랜즈 코번트리에서 서진트 싱 케인스(영국)는 한 줄기에서 무려 1,355개의 토마토를 수확했다.

가장 큰 캐슈 나무

1888년 지역 어부가 심었다고 알려진 브라질 나탈에 있는 한 캐슈 나무는 테니스장 28개 면적에 해당하는 약 7,500㎡ 너비를 자랑하며 연간 최대 8만 개의 열매를 생산한다.

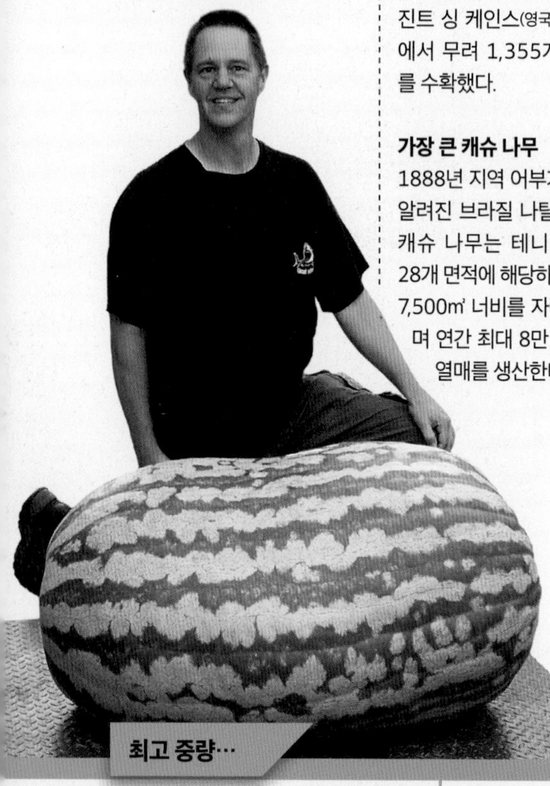

최고 중량…

수박

크리스 켄트(미국)는 159㎏짜리 수박을 키웠다. 2013년 10월 4일 미국 오하이오 주 해밀턴에서 열린 오퍼레이션 펌킨 축제에서 그 무게를 측정했다.

양파

2014년 9월 12일 토니 글로버(영국)가 무게 8.5㎏짜리 양파를 선보였다. 이 양파는 영국 노스요크셔 해러게이트의 해러게이트 가을 꽃 축제에 등장했다.

당근

피터 글레이즈브룩(영국)이 9.1㎏짜리 최고 중량의 당근을 재배했다. 토니의 거대한 양파(왼쪽)와 더불어 2014년 9월 12일 해러게이트 가을꽃 축제에서 그 무게를 측정했다.

오이

2015년 9월 26일 영국 맬번의 쓰리 카운티 쇼그라운드에서 열린 가을축제에 데이비드 토마스(영국)가 12.9㎏에 달하는 놀라운 오이를 출품했다.

DATELINE **717CE** 서기 717년

최고 오래된 가족 사업

불교 승려인 가르요 호시가 일본 아와주 마을에서 치료 효과가 있다고 널리 알려진 샘 근처에 전통 여관을 열었다. 현재 호시의 46대손이 여관을 운영 중이다.

자이언트 딸기

코지 나카오(일본)가 8x12㎝ 크기에 둘레가 25~30㎝에 이르는 250g짜리 가장 무거운 딸기를 재배했다. 2015년 1월 28일 일본 후쿠오카 현 후쿠오카 시에서 무게를 측정했다.

FAST FACTS

딸기는 사실 열매가 아니다. 하지만 바나나, 수박, 아보카도는 열매가 맞다. • 식물학적으로 채소라는 것은 존재하지 않는다. • 땅콩, 코코넛, 캐슈너트, 잣은 견과류가 아니지만 피칸, 도토리, 헤이즐넛은 맞다.

역대 가장 키 큰 식물

식물명	높이	재배자	일자
비름	8.48m	제스 엘드리드(미국)	2007년 10월 25일
바질	3.34m	아나스타샤 그리고라키(그리스)	2012년 7월 4일
콩(얼룩 반점 흰강낭콩)	14.1m	스테이튼 로리에(미국)	2003년 11월 7일
선인장(가정 재배)	24m	스리 다르마스탈라 만주나테스와라 치의학대학(인도)	2009년 12월 23일
콜레우스	2.5m	낸시 리 스필로브(미국)	2004년 10월 31일
콜라드	4.06m	우드로 윌슨 그레인저(미국)	2007년 5월 24일
코스모스	3.75m	코스모스 집행위원회(일본)	2003년 10월 17일
목화	9.75m	D M 윌리엄스(미국)	2011년 7월 15일
수선화	1.65m	M 로웨(영국)	1979년
민들레	1.77m	조 리딩, 조이 푸스코(둘 다 캐나다)	2011년 9월 12일
푸크시아(덩굴)	11.4m	라인하드 바이엘러(독일)	2005년 6월 13일
케일	5.54m	고세 하이스마(호주)	1987년
루핀	1.96m	A H 퍼넬(이스라엘)	1993년
파파야나무	13.4m	프라산타 말(인도)	2003년 9월 2일
파슬리	2.37m	데이비드 브레너(미국)	2009년 6월 10일
피망	4.87m	로라 리앙(미국)	1999년
피튜니아	5.8m	버나드 레버리(영국)	1994년
장미(덩굴)	27.7m	앤, 찰리 그랜트(둘 다 미국)	2004년 8월 1일
장미 관목(지지대)	5.66m	로버트 벤델(미국)	2009년 10월 12일
사탕수수	12.5m	후바야 고다(인도)	2014년 6월 21일
해바라기	9.17m	한스-피터 쉬퍼(독일)	2014년 8월 28일
옥수수	10.74m	제이슨 칼(미국)	2011년 12월 22일
엉겅퀴	2.4 m	크리스틴 새들러(캐나다)	2010년 8월26일

최고 긴…

비트

2015년 9월 26일 영국 우스터셔 맬번의 '쓰리카운티 쇼그라운드'에서 조 에테르턴(영국)이 7.212m 길이의 비트를 선보였다. 세상에서 최고 긴 뱀인 그물무늬비단뱀의 길이가 6.25m다.

1년 전 같은 대회에서 조는 6.28m에 이르는 가장 긴 파스닙(배추 뿌리같이 생긴 채소)을 선보였다.

표주박

2015년 9월 19일 캐나다 온타리오 주 브레이스브리지 가을 박람회에서 앨런 이튼(캐나다)이 3.797m의 표주박을 선보였다.

오이

2011년 9월 26일 영국 셉턴 말렛 로열 바스 앤 웨스트 쇼에서 이안 닐(영국)이 1.07m 길이의 오이를 출품했다.

무

2015년 10월 25일 영국 웨일스 궨트의 쿰브란에서 제이미 커트니-포테이, 가레스 포테이, 캐빈 포테이(모두 영국)가 2.235m에 이르는 무를 선보였다.

스웨덴 순무

2013년 9월 이안 닐(영국)이 맬번 가을 축제 기간에 벌어진 거대 채소선발대회에서 54㎏에 달하는 순무를 선보였다.

대파

2015년 9월 26일 맬번 가을축제에 폴 로체스터(영국)가 10.6㎏의 대파를 출품했다. 아버지 윌프레드의 방법대로 채소에 음악을 틀어준 것이 성공 비결이라고 밝혔다.

콜리플라워

2014년 4월 21일 거대 야채 전문가인 피터 글레이즈브룩(영국)이 27.48㎏의 콜리플라워를 키워냈다. 사진은 그와 아내 메리다.

최고 오래된 대학

모로코 페즈에 세워진 카루인대학교는 지금까지도 배움의 전당으로 남아 있다. 전문 분야는 이슬람 연구와 아랍어다.

859 CE

서기 859년

DATELINE

초콜릿 CHOCOLATE

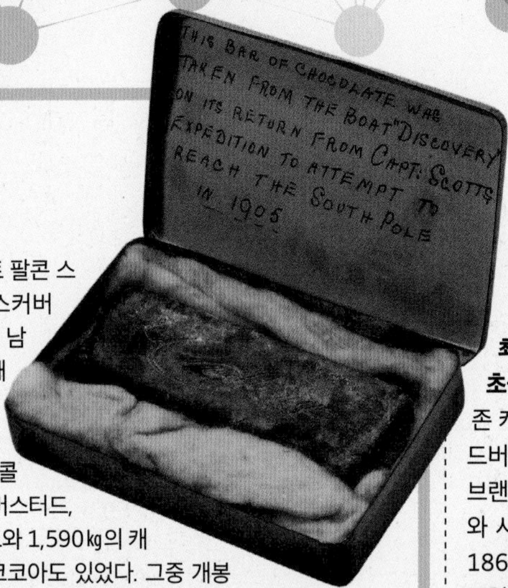

최고가에 경매로 팔린 초콜릿 바

영국 탐험가 로버트 팔콘 스콧이 1901년 디스커버리의 탐험을 위해 남극으로 출발할 때 많은 생필품 브랜드에서 물자를 기부했다. 그중에는 콜먼 사의 잉글리시 머스터드, 버드 사의 커스터드와 1,590㎏의 캐드버리 초콜릿과 코코아도 있었다. 그중 개봉하지 않은 채로 담배 상자에 들어있는 10㎝ 길이 초콜릿 바가 2001년 9월 25일 영국 런던 크리스티 경매장에서 이름이 알려지지 않은 구매자에게 687달러에 팔렸다.

가장 오래전 초콜릿

2007년 인류학자 존 헨더슨(미국)이 온두라스의 푸에르토 에스콘디도 근교에서 출토된 기원전 1150년경 도자기 파편에서 카카오의 흔적을 발견했다. 카카오를 발효시켜 도수가 약한 알코올음료를 만든 것으로 추정된다.

비록 카카오를 베이스로 한 음료가 불과 몇백 년 전에 나왔지만 가장 오래된 초콜릿 음료 제조법에 대한 최초의 기록은 1631년으로 거슬러 올라간다. 스페인 의사 안토니오 콜메네로가 쓴 《초콜릿 혹은 인디언 음료》는 초콜릿이 지닌 효능을 설명했는데 기침과 질병을 치료하며 임신에도 도움을 준다고 기록했다.

최초의 화이트 초콜릿

화이트 초콜릿은 1930년 네슬레 사에서 처음 출시했고 스위스에서 '갈락'이라는 이름으로 팔렸다. 이후 밀키 바, 알파인 화이트 등 다양한 이름으로 여러 나라에서 판매되었다.

최초의 밸런타인 초콜릿 상자

존 캐드버리의 장남 리처드 캐드버리(영국)가 현재 이 유명한 브랜드의 설립자다. 그는 과자와 사랑을 상업적으로 결합해 1868년 밸런타인데이에 하트 모양의 초콜릿 상자를 최초로 만들었다.

TRIVIA

초콜릿은 중앙아메리카와 남아메리카 열대지역이 원산지인 코코아 혹은 카카오 나무의 열매(꼬투리)에서 나온다. 코코아 생두는 실제로 꼬투리(아래)의 씨앗이다. 수확한 뒤 생두를 발효시켜 말린다.

최대 크기의 초콜릿 산타클로스

2011년 이탈리아 칸투의 미라벨로 쇼핑센터에 5m 크기의 코코아로 만든 산타클로스 모형이 세워졌다. 이탈리아 크레모나에서 가족이 운영하는 초콜릿 상점 토스카의 쇼콜라티에 6명이 3주 동안 작업했다. 설탕을 입힌 이 거대한 산타는 속이 비었지만 무게가 무려 1.7톤이었다. 이는 실제 산타클로스 20명의 무게와 맞먹는다.

1인당 최대 초콜릿 소비량

매년 전 세계 과자 소비량을 조사해본 결과 스위스의 초콜릿 소비량이 가장 높았다. 2015년 1인당 초콜릿 평균 소비가 9.3㎏이었다.

종류가 최고 많은 초콜릿 바

현재까지 네슬레에서 만든 키캣 브랜드가 120종류로 가장 많다. 오이 맛, 고추냉이 맛, 수박 맛, 소금 맛 등이 있으며 당연히 밀크초콜릿도 있다.

최고 긴 초콜릿 조각품

몰타의 쇼콜라티에 거장 앤드루 파루기아는 벨기에 초콜릿 약 1,285㎏으로 780시간 이상 작업해 세상에서 가장 달콤한 열차를 만들어냈다. 벨기에 초콜릿 후원자를 기리기 위해 벨코라도 익스프레스라고 이름 붙인 이 조각은 2012 브뤼셀 초콜릿 위크를 기념해 만든 것으로 다 자란 흰긴수염고래보다 긴 34.05m를 자랑한다.

50㎝ 높이의 이 열차는 한쪽은 현대적인 전기 기관차 모양으로, 다른 쪽은 고전적인 증기 기관차 모양으로 만들어졌다. 오른쪽 사진은 2012년 11월 19일 벨기에 브뤼셀 남역에서 열린 출범식에 참여한 파루기아의 모습(오른쪽)이다.

DATELINE **870 CE** 서기 870년

최고 큰 고대 성
프라하 성 축조 시작.
완공된 성의 면적은 7.3헥타르에 달했다.

FAST FACTS

122세까지 살았던 **세계 최고령자** 잔 루이즈 칼망(프랑스)은 초콜릿을 장수 비결로 꼽았다. • 화이트 초콜릿은 코코아 분말이 들어가지 않기 때문에 엄밀히 말해서 초콜릿이 아니다.

초콜릿 최다 판매량

초콜릿은 상당히 큰 사업이다. 가장 많이 팔리는 초콜릿 브랜드를 살펴보자.

	브랜드명	제조사	수익(2014)
1	캐드버리	몬데레즈 인터내셔널(미국)	62억 3,890만 달러
2	킨더	페레로 그룹(룩셈부르크/이탈리아)	46억 210만 달러
3	허쉬	허쉬컴퍼니(미국)	32억 1,440만 달러
4	엠앤엠즈	마스 INC(미국)	32억 710만 달러
5	스니커즈	마스 INC(미국)	29억 8,010만 달러
6	밀카	몬데레즈 인터내셔널(미국)	26억 3,190만 달러
7	키캣	네슬레 SA(스위스)	26억 640만 달러
8	갤럭시/도브	마스 INC(미국)	25억 7,330만 달러
9	페레로 로쉐	페레로 그룹(룩셈부르크/이탈리아)	22억 1,080만 달러
10	리세스	허쉬컴퍼니(미국)	21억 6,100만 달러

자료 출처: 유로모니터 인터내셔널, 추정치

최대 크기의 초콜릿 상자

2008년 4월 2일 과자 소매업체 손톤스와 소도구 제작사인 러셀 벡 스튜디오(둘 다 영국)가 5.04m 높이의 커다란 초콜릿 상자를 만들었다. 소형차 무게에 육박하는 1,690㎏의 이 상자는 손톤스의 일반 상자 무게인 250g보다 6,760배 더 무겁다.

가장 큰…

부활절 달걀 초콜릿

2011년 이탈리아 고르테누오바의 르 아키에리에 쇼핑센터에서 10.39m 높이에 무게 7,200㎏인 초콜릿 달걀이 등장했다. 런던 이층 버스보다 2배 더 큰 이 달걀은 가장 큰 부활절 달걀이기도 하다.

초콜릿 송로버섯

2012년 1월 21일 이탈리아 리미니에서 미르코 델라 베키아, 안드레아 안드리게티, 리미니 피에라, 파브리 1905, 이캄, 마르텔라토(모두 이탈리아)가 성인 남성 11명의 무게와 맞먹는 802㎏의 거대한 송로버섯을 만들었다. 1m 너비의 이 송로버섯 속에는 다크 초콜릿, 크림, 아마레나 체리가 섞여 있었다.

초콜릿 토끼

브라질 그라마두에서 열린 초콜릿 축제에서 6,000개의 초콜릿을 부수고 으깨어 베헤모스 토끼 모양을 만들었다. 2014년 4월 12일 세낙-RS 에 이전시(브라질)가 3,850㎏에 달하는 이 조각상을 공개했다. 토끼는 2013년 브라질 피파 월드컵 컵을 든 모습이었다.

초콜릿 종

2011년 6월 16일 프랑스 세레스카스테의 봉봉 베르디에가 무게 293㎏에 달하는 초콜릿 종을 만들었다. 1.51m 높이의 이 금박을 입힌 초콜릿 종은 강렬한 여름 온도에 녹아내리는 것을 막기 위해 그늘로 옮겨야 했다. 이 초콜릿을 차갑게 유지하기 위해 선풍기까지 동원되었다.

초콜릿 조각품

2015년 9월 30일 아픽션 초콜릿 사(중국)에서 4.08m 길이의 초콜릿 조각품을 만들었다. 1만 187㎏인 이 초콜릿은 기존 최대 무게인 1,900㎏을 가뿐히 넘어섰다.

앤드루 파루기아(90쪽 초콜릿 기차 참조)가 만든 최고 높이의 초콜릿 조각품은 2014년 11월 27일 아랍 에미리트 두바이 공항에 등장한 부르즈 할리파 빌딩이다. 13.5m 높이인 이 조각품은 세계에서 가장 높은 빌딩을 61배 축소한 것이다.

한편 일본 오사카 남바 워크몰에서는 2012년 최대 초콜릿 캔디 조각을 만들었는데 설탕을 입힌 하트모양에 무게가 267.4㎏이었다.

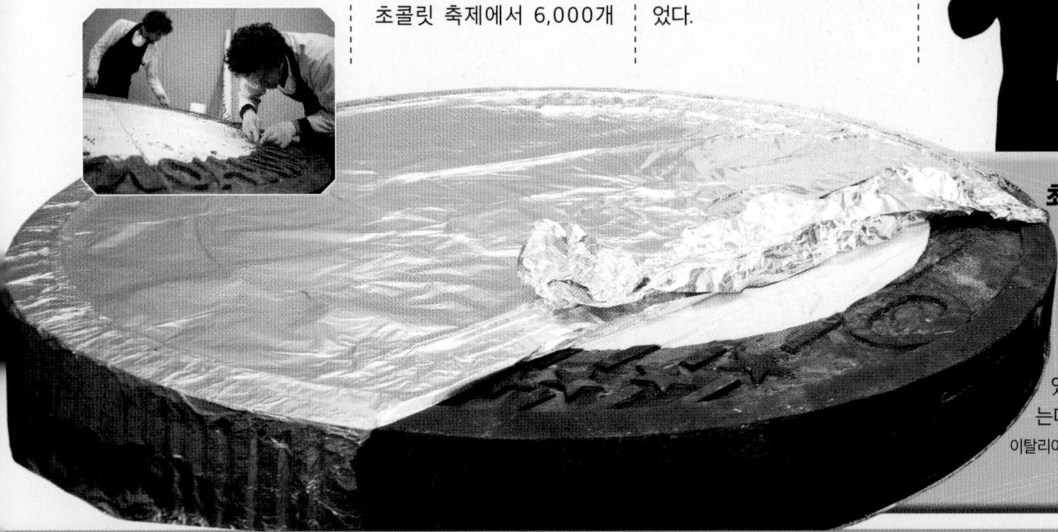

최고 큰 초콜릿 동전

658㎏에 달하는 이 거대한 1유로 동전 초콜릿은 기네스 세계기록의 날을 맞아 이탈리아 볼로냐에서 2012년 11월 15일 BF 세르비즈 SRL이 주최한 치오코쇼에 등장했다. 이 동전의 지름은 성인 남성의 평균 키보다 큰 1.96m이며 두께는 17㎝였다. 이 커다란 동전을 만들기까지 22시간이 걸렸는데 이후 조각가인 스테파노와 로마소 코멜리(둘 다 이탈리아)가 추가로 12시간을 들여 다듬었다.

가장 오래된 의회
아이슬란드에서 대규모 집회가 열려 모든 가문의 남자들이 모여 법에 관해 논의했다. 아이슬란드의 의회인 알싱(Althing)은 지금도 이어지고 있다.

930 CE
서기 930년

DATELINE

선글라스 수집광

일명 '숙모'로 불리는 베티 웹스터(미국)는 1999년 미국 하와이 카무엘라의 레스토랑에서 일하며 특이한 선글라스를 모으기 시작했다. 2015년 10월 2일에 세어보니 총 1,506개였다. '선글라스를 낀 웨이트리스'로 하와이 유명인사가 된 베티는 옷과 선글라스의 색을 맞추며 늘 새로운 디자인을 찾는다. 그녀의 팬들이 정기적으로 수집에 도움을 주고 있다.

사인 골프공
2015년 3월 1일 기준 조 갈리아디(미국)는 각기 다른 사인 공 204개를 보유하고 있다.

만화책
2015년 8월 6일 밥 브레탈(미국)이 10만 1,822권으로 자기 기록을 세 번째 경신했다. 어릴 때부터 한 달에 약 100권의 만화책을 사 읽었다고 한다.

코르크 따개
2015년 6월 18일 기준 이온 키레스쿠(루마니아)는 10년이 넘게 2만 3,965개를 수집했다. 2015년 8월엔 코르크 따개 박물관을 열었다.

<더 다크 아이> 기념품
2015년 4월 11일 기준 RPG 게임 마니아인 알렉산더 그림(독일)이 2,848개의 인쇄물, 인형, 비디오게임, 미니어처 등의 기념품을 모았다.

<닥터 후> 기념품
1974년 크리스마스 선물로 노란색 '범프 앤 고' 달렉을 받은 것을 시작으로, 이안 오브라이언(영국)은 2015년 7월 25일 기준 총 2,021개의 <닥터 후> 기념품을 모았다.

용 관련 아이템
용의 해에 태어난 후앙 샤오징(중국)은 2015년 4월 18일 기준 40년 동안 3,201개의 다양한 용 아이템을 수집했다.

옥
람충푼(홍콩)은 2015년 6월 20일 기준 옥 작품 7,176개를 수집했다. 그는 2011년 12월 23일 총 6,360개로 **최다 양초 수집 기록**도 갖고 있다.

<루팡 3세> 기념품
2015년 4월 12일 기준 다리오 카라브리아(이탈리아)가 일본 만화 캐릭터의 책, 잡지, 피규어, 열쇠고리, 기타 탭, 장난감까지 총 2,281개를 수집했다.

DID YOU KNOW?
분석에는 뼈와 식물, 꽃가루 등의 물질이 들어 있어 고생물학자들에게 큰 가치를 인정받는다. 분석은 해당 동물이 살았던 시대에 공존한 동식물들을 알 수 있게 해주며 멸종된 생태계에 관한 정보도 제공한다.

최대의 분석 수집가

2015년 8월 1일 미국 플로리다 주 브레이든턴의 사우스 플로리다 박물관 문서에 따르면 조지 프란드센(미국)이 1,277개의 분석을 소유하고 있다. 이 선사시대 분뇨는 미국의 15개 주와 전 세계 8개국에서 두루 수집한 것이다. 조지는 어릴 때 유타로 캠핑을 가서 분석을 처음 찾게 되었다. 그가 가장 '아끼는' 분석은 최대 크기로 무게가 1.92㎏이다(아래 오른쪽). 사우스캐롤라이나 주에서 발견했으며 약 2,380만~530만 년 전인 중신세 시대의 것으로 추정된다. 자연적으로 윤기가 돌고 암석과 같은 감촉을 지닌 이 분석은 약 6m 길이의 거대 악어의 배설물로 보인다. '분석(Coprolite)'은 그리스어로 '배설물 돌'을 의미하는 단어에서 비롯되었다.

DATELINE **960 CE** 서기 960년

최초의 지폐
중국 송나라(960~1279) 상인들이 처음으로 지폐와 같은 화폐를 쓰기 시작했다. 위조를 방지하기 위해 디자인 속에 비밀 암호도 새겼다.

FAST FACTS

수집가들은 각 분야에 따라 '적절한' 명칭이 있다. 아크토필리스트(테디베어), 델티올로지스트(엽서), 파나픽타그래피스트(만화책), 플란가놀로지스트(인형), 서크롤로지스트(설탕 봉지) 등이다.

DID YOU KNOW?

2011년~2014년까지 영화배우 데비 레이놀즈가 모은 3,500벌의 영화 의상이 미국 경매에 나왔다. 그녀는 수십 년에 걸쳐 특별한 의상을 수집했는데 메릴린 먼로가 <7년 만의 외출>(미국, 1955)에서 입었던 유명한 드레스도 200달러에 구입했다. 이 드레스는 460만 달러에 팔렸다.

라켓

2015년 7월 1일 이고르 쿠체(슬로바키아)가 1890년~1985년에 제작된 역사적인 나무 테니스 라켓 1,260개를 공개했다.

<스카이랜더스> 기념품

2015년 1월 27일 기준 크리스토퍼 덴살리자(미국)는 피규어, 카드, 각종 커버, 가는 끈, 포스터 등 4,100개의 기념품을 모았다.

<늪지의 괴물> 기념품

존 보이런(미국)은 2015년 3월 21일 기준 501가지 만화와 관련된 797개의 기념품을 수집했다. 존이 가장 좋아하는 건 <늪지의 괴물> 텔레비전 스태프용 재킷과 원작 만화로 만든 예술 작품이다.

유리 찻잔 홀더

유리 찻잔 홀더는 그 자체로 예술 작품으로 불린다. 2015년 4월 11일 기준 세르게이 크루글로프(러시아)가 금속이나 에나멜 세공이 들어간 홀더 1,921개를 수집했다.

비디오게임

2016년 1월 12일 기준 조엘 홉킨스(호주)는 1만 7,466개의 게임에 자신의 이름을 올렸다.

동물 아이템 수집

선물 받아서, 장식용으로, 혹은 단순히 봉제 장난감이나 특정 동물이 좋아서 수집을 시작했을 수도 있다. 하지만 이내 수집가들은 관련된 것이라면 무엇이든 모으게 된다.

	주제	보유량	수집가	인증 일자
1	쥐	4만 7,398	크리스타 베멘부르크(독일)	2014년 10월 13일
	토끼	2만 8,423	스티브 루반스키, 캔데스 프레이지(미국)	2011년 3월 25일
	고양이	2만 1,321	카르멘 데 알다나(과테말라)	2011년 3월 14일
	올빼미	1만 8,055	다이앤 터너(미국)	2005년 12월 20일
	돼지	1만 6,779	앤 랭턴(영국)	2011년 7월 13일
2	소	1만 5,144	루스 크로스너(미국)	2015년 6월 9일
	펭귄	1만 1,062	브리짓 버렌즈(독일)	2011년 3월 14일
	개구리	1만 502	쉴라 크라운(영국)	2002년 5월 12일
	악어	6,739	앤드류 그레이(영국)	2015년 9월 2일
	닭	6,505	세실, 조안 딕슨(미국)	2006년 6월 28일
	코끼리	5,779	재닛 멜러니 브릴리(미국)	2008년 4월 8일
	원숭이	5,680	왕 링시안(중국)	2005년 3월 1일
	말	2,762	에드거 루즈레스(콜럼비아)	2013년 8월 26일
	기린	2,443	수사 포스터(독일)	2005년 8월 5일
3	양	1,365	타이레샤 앨람(미국)	2015년 11월 13일

1

2

3

최다 햄버거 아이템 수집가

2014년 9월 20일 기준, '햄버거 해리'로 불리는 해리 스펄(독일)이 미국 플로리다 주 데이토나 비치에서 햄버거 관련 용품 3,724개를 인증했다. 해리는 영화 <햄버거 특공대>(미국, 1997)에 등장하는 햄버거 전화기를 비롯해 햄버거 침대 2개와 햄버거 물침대도 가지고 있다. 그가 가장 아끼는 수집품은 '햄버거 할리'라고 부르는 햄버거 모양 할리 데이비드슨 오토바이. 1993년에 만든 1987 HD 스포스터 모델이다. 그는 또한 햄버거 장난감, 책, CD, 조각상, 포스터, 가방, 게임, 옷도 보유하고 있다.

가장 밝은 초신성
SN 1006이라는 별이 폭발하면서 지구에서 보이는 가장 밝은 별인 시리우스보다 약 1,500배 더 밝은 빛을 내뿜었다. 이 잔해는 2년 동안 볼 수 있었다.

1006
1006년
DATELINE

대규모 참가 MASS PARTICIPATION

최대 규모 팬터마임 동물 경주

2015년 8월 31일 뉴캐슬 경마장에서 2인 1조로 팬터마임 동물 탈을 쓰고 벌이는 이색 경주가 열렸다. 그레이트 노스 갤럽(영국)이 주관하는 행사로, 63개 팀이 참여해 지역 자선단체인 세인트 오스월드 호스피스의 기금 조성을 위한 특별한 경주를 펼쳤다.

올림머리
최다 인원

2015년 3월 19일 이탈리아 밀라노에서 50명의 스타일리스트가 빗과 헤어스프레이를 사용해 261명의 여성에게 올림머리를 해주었다. 둥글게 부푼 이 머리 모양은 1960년에 시카고 미용실 주인인 마가렛 빈치 헬트가 원래의 헤어스타일을 새롭게 변형시키며 탄생했다.

2015년 5월 16일 페달 포 호프 사(캐나다)가 캐나다 암 재단 기금 마련을 위해 연 행사에선 한층 더 극적인 헤어스타일 변화가 있었다. 267명이 온타리오 피터버러 공항에 모여 머리카락에 작별을 고하고 동시에 머리를 민 것이다.

최다 보디페인팅

2015년 7월 31일 폴란드 통신업체인 플레이 사가 코스트신 나드 오드라에서 열린 우드스톡 페스티벌 때 497명의 파티참가자를 모아 보디페인팅을 해주었다. 2014년 플레이 사가 주관한 같은 행사에서 모인 99명보다 많은 인파였다.

각목 던지기
최다 인원

2015년 8월 8일 69명이 한팀이 되어 6m 크기의 각목을 공중으로 던졌다. 캐나다 온타리오에서 열린 제70회 퍼거스 스코티시 페스티벌 앤 하이랜드 게임스 행사의 일환이었다.

조빙 릴레이
최다 인원

2015년 4월 25일 237명의 참가자가 각자 커다란 플라스틱 공 안에서 달려 50m를 10초 안에 주파했다. 홍콩을 기반으로 한 GP22 사(중국)가 주체한 행사로 총 11.85㎞의 조빙 기록을 수립했다.

모래 천사 만들기
최다 인원

2015년 6월 6일 영국 펨브룩셔 프레시워터 웨스트 비치에서 352개의 모래 천사상이 만들어졌다. 청색기 상을 받은 41개 해변과 웨일스 보호단체가 국가 청정해안 유지를 위해 주최한 행사였다.

동시에 엉덩이춤 춘
최다 인원

2014년 11월 15일 미국 힙합 스타 빅 프리디아(일명 프레드릭 로스)는 406명과 함께 엉덩이춤을 추었다. 미국 루이지애나 뉴올리언스에서 열린 제8회 센트럴 시티 페스티벌에서 벌어진 행사였다.

침대에서 아침을 먹은
최다 인원

고객 서비스에 나선 최고의 호텔을 소개한다. 쉐라톤 랑팡 차오바이 리버 호텔이 특별한 '당신만의 아침 식사' 서비스를 선보였다. 2015년 8월 16일 손님 418명에게 페이스트리, 과일, 오렌지 주스, 요구르트를 아침 식사로 제공한 것이다. 특이하게 식사는 중국 베이징에 있는 이 호텔 잔디밭에 침대 225개를 놓고 진행됐다.

해골 분장을 한
최다 인원

2014년 11월 1일 멕시코 쿠아우테모크에서 열린 라 카트리나 페스티벌에서 509명이 해골 분장을 하고 모였다. 세상을 떠난 이를 기억하기 위해 제정한 멕시코의 죽음의 날 축제를 기념하기 위한 행사였다.

서프보드에 올라탄 최다 인원

파도를 타보자! 서핑해본 적이 있다면 얼마나 힘든 일인지 잘 알 것이다. 그런데 66명의 사람이 동시에 한 보드를 탄다면 어떨까. 이 꿈같은 일이 2015년 6월 20일 미국 캘리포니아 헌팅턴비치에서 열린 에픽 빅 보드 라이드 행사에서 벌어졌다. 또한 길이 12.83m, 폭 3.37m인 이 큰 보드는 **세계에서 가장 큰 서프보드** 기록에도 올랐다. 국제 서핑의 날을 기념하기 위한 행사로는 손색이 없었다.

DID YOU KNOW?

커다란 보드를 만들기 위해서는 많은 사람의 노력이 필요하다. 호주의 보드 제조사 뉴 하이먼이 캐드 프로그램으로 설계했고, 그런 다음 각 부분을 로드아일랜드에서 거푸집으로 생산했다. 조립은 캘리포니아 웨스터리 마린에서 보트 제작자들이 수작업으로 진행했다.

DATELINE **1040** 1040년

가장 역사가 오래된 양조장

바바리아(현 독일)에 있는 바이엔슈테판 수도원의 수도사들이 프라이징 근교에 양조장을 열라는 명을 받았다. 더 이상 수도사들이 작업하지는 않지만 976년이 지난 지금도 여전히 운영되고 있다.

FAST FACTS

최대 규모 요가 수업에는 학생 5,000명, 요가 전문가 1만 5,000명, 외교관과 외국인 500명, 인도 국립학군단 5,000명, 경찰 1,200명, 군인 5,000명이 참여했다.

외발자전거 타기
최다 인원
2014년 11월 1일 균형과 협동을 통해 1,682개의 외발자전거가 세계기록을 세웠다. 새롭게 시로 승격된 것을 축하하기 위해 타오위안 현 정부(중국 타이베이)의 주최로 진행된 행사였다.

바통 돌리기
최다 인원
오사카 바통돌리기협회(일본) 회원 2,002명이 2015년 9월 21일 시내 중심에 있는 체육관에 운집했다. 제25회 오사카 바통돌리기 대회에 참가한 것이다.

별 보기
최다 인원
2015년 8월 21일 호주의 전국과학주간에 1,869명의 별 애호가들이 망원경과 쌍안경을 들고 스트롬로 산 관측소에 모여 밤하늘을 관찰했다. 이는 그날 저녁에 집결하기로 했던 37군데 중 한 곳으로, 총 7,960명이 참가해 **다양한 장소에서 가장 많은 사람이 모인 기록**을 세웠다. 추운 날씨와 흐린 하늘에도 불구하고 별에 대한 열정을 가진 사람들 덕분에 가능한 일이었다.

버블랩 터트리기
최다 인원
2015년 9월 19일 덴버 의회가 주최한 지방 대회에 2,681명의 보이 스카우트가 모여 함께 버블랩을 터트렸다. 이들은 2015년 1월에 1,011명이 세운 기록의 2배를 손쉽게 넘어섰다. 이 행사는 미국 콜로라도주 앨버트에 있는 피스풀 밸리 스카우트에서 열렸다.

런웨이
최다 인원
2015년 7월 4일 온라인 업체 이리테일러베리와 컬쳐 리버풀 사(둘 다 영국)가 함께 특별한 패션쇼를 열었다. 전문 모델과 예비 모델이 한자리에 모여 런웨이를 한 것. 총 3,651명이 리버풀 부두 끝에서 패션쇼를 하는 진기록을 세웠다.

최다 교습

엄청난 인원이 모여 이루어진 이색적인 수업을 소개한다.

주제	주최자	참여 인원	일자
예술	라이온스 클럽 인터내셔널 디스트릭 323G1(인도)	1만 4,135명	2014년 11월 11일
줌바	만달루용 시(필리핀)	1만 2,975명	2015년 7월 19일
요리	원플러스원 내추럴 플라워(중국)	6,334명	2015년 12월 20일
수학	마테센트럼, 엔 브라 스타트(둘 다 스웨덴)	3,611명	2015년 11월 18일
마법	이스라엘 카글리오스트로 옥스맨(이스라엘)	1,476명	2015년 6월 1일
화학	테크노폴리스(벨기에)	1,018명	2015년 5월 5일
축구	넉라이온 풋볼 클럽(이스라엘)	686명	2014년 5월 23일
하키	컨달 매너 스쿨(영국)	509명	2015년 3월 21일
용접	쓰리 파이어 카운슬, 미 보이 스카우트(둘 다 미국)	275명	2015년 4월 11일
세그웨이	소니 픽쳐스 엔터테인먼트(미국)	108명	2015년 4월 11일

최대 규모 요가 수업

2015년 6월 21일 세계 요가의 날을 맞아 3만 5,985명이 가부좌를 틀었다. 인도 아유시(아유르베다, 요가와 자연요법, 우나니, 시다 자연요법)가 주최한 행사로, 자연주의 웰빙을 추구하는 취지로 뉴델리 중심부 라지파트에 모인 인파가 1.4㎞ 길이에 달했다. 군인, 공무원, 학생들, 심지어 인도 수상인 나렌드라 모디(왼쪽)가 참여해 유연함을 선보였다.

최초의 로켓 사용
중국의 석학이자 군 기술자였던 증공량이 '불화살'을 사용한 기록을 남겼다. 석궁에 화약을 묻힌 로켓과 같은 단순한 형태로 중국 송나라 군대가 사용했다.

1042
1042년

DATELINE

코스프레 COSPLAY

특정 복장을 하고 모인 최다 인원…

만화 주인공

만화 팬을 위한 행사에는 코스프레를 한 사람들이 몰린다. 2015년 9월 25일 미국 유타 솔트레이크시티에서 열린 솔트레이크 코믹 콘테스트에 만화책에 등장하는 영웅과 악당 분장을 한 1,784명이 모였다.

달렉

코스프레를 즐기는 사람들은 영화나 텔레비전 쇼에 나온 누군가를 모방하다 마침내 원작에 버금가는 모습으로 등장한다. 2008년 11월 29일 영국 레스터 국립우주센터 잔디밭에는 <닥터 후>에 나오는 최강 악당 달렉으로 변신한 95명이 모였다. 이들은 움직이는 대상을 향해 눈자루를 흔들며 "없애 버려!"라고 소리쳤다.

《드래곤볼》 등장인물

코스프레는 미국 공상과학 만화 팬들에 의해 생겨났지만, 문화적인 현상으로 널리 퍼져 지금은 일본 애니메이션과 만화 장면을 따라 하는 사람들도 무척 많다. 특히 코스프레하는 사람들 사이에서 만화 《드래곤볼》과 애니메이션 〈드래곤볼 Z〉의 인기가 높다. 에디토리얼 플라네타 사(스페인)의 주최로 2012년 11월 1일 스페인 바르셀로나에서 열린 살로 델 망가 코믹 페스티벌에서 307명의 《드래곤볼》 인물들이 무대에 올랐다.

로빈 후드

영국 캠핑 앤 캐러밴 클럽이 2011년 8월 27일 전설의 궁수로 변신한 1,215명을 모아 기록을 세웠다. 이들은 내셔널 피스트 오브 랜턴 캠핑주간에 영국 노팅엄셔의 뉴어크 쇼그라운드에 모여 가상의 활 솜씨를 뽐냈다.

해리 포터

2015년 3월 5일 탠브리지 하우스 학교(영국) 교사들이 해리 포터로 분장한 학생 521명을 위해 폴리주스 마법약을 만들었다. 참가자들은 마법사 모자를 쓰고 호그와트 교복을 입고 안경을 써 완벽한 변신에 성공했다.

리벳공 로지

우리도 할 수 있다! 미국의 상징적인 전쟁 여성 노동자의 외침에 고무된 여성 1,084명이 보일러공 작업복을 입고 2015년 8월 15일 캘리포니아의 제2차 세계대전 홈프런트 국립역사공원 앞에 모였다.

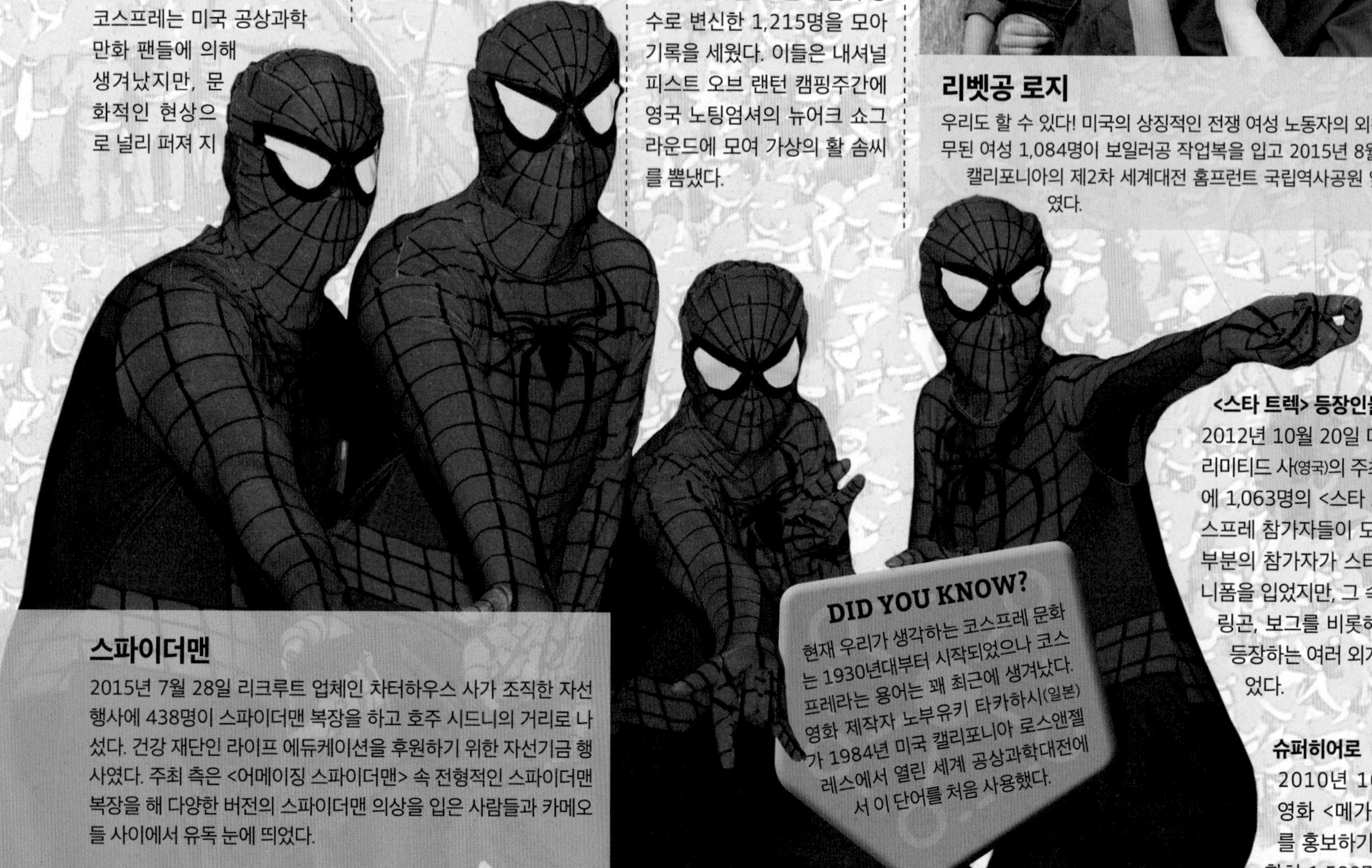

스파이더맨

2015년 7월 28일 리크루트 업체인 차터하우스 사가 조직한 자선 행사에 438명이 스파이더맨 복장을 하고 호주 시드니의 거리로 나섰다. 건강 재단인 라이프 에듀케이션을 후원하기 위한 자선기금 행사였다. 주최 측은 <어메이징 스파이더맨> 속 전형적인 스파이더맨 복장을 해 다양한 버전의 스파이더맨 의상을 입은 사람들과 카메오들 사이에서 유독 눈에 띄었다.

DID YOU KNOW?

현재 우리가 생각하는 코스프레 문화는 1930년대부터 시작되었으나 코스프레라는 용어는 꽤 최근에 생겨났다. 영화 제작자 노부유키 타카하시(일본)가 1984년 미국 캘리포니아 로스앤젤레스에서 열린 세계 공상과학대전에서 이 단어를 처음 사용했다.

<스타 트렉> 등장인물

2012년 10월 20일 미디어 텐 리미티드 사(영국)의 주최로 런던에 1,063명의 <스타 트렉> 코스프레 참가자들이 모였다. 대부분의 참가자가 스타플릿 유니폼을 입었지만, 그 속에는 클링곤, 보그를 비롯해 원작에 등장하는 여러 외계인도 있었다.

슈퍼히어로

2010년 10월 2일 영화 <메가마인드>를 홍보하기 위해 정확히 1,580명의 배트

DATELINE **1187** 1187년

가장 큰 모놀리식 성당

에티오피아 랄리벨라에 위치한 세계 구세주의 집 축조가 시작되었다.

건물을 쌓아 올리는 방식이 아니라 땅을 파고 단일 암반층에 교회를 지었는데, 교회는 바닥면에서 10m 높이로 세워졌다.

FAST FACTS
코스프레는 코스튬과 플레이의 합성어다. • 2015년 세계 코스프레 서밋에는 26개국에서 온 다양한 팀이 참가했다. • 코스프레는 경쟁이 심해서 참가자들은 자신만의 복장을 만들어야 했다.

산타클로스
2014년 12월 27일 인도 케랄라 주 나가 삭탄 템푸란 그라운드에 산타 복장을 한 1만 8,112명이 모여 발 디딜 틈 없는 붉은 물결을 이뤘다. 지역 자선 단체 기금 모금을 위해 트리수르 시티젠리와 트리수르 아르키디오세즈(인도)가 연 행사였다.

맨, 스파이더맨을 비롯한 여러 영웅이 로스앤젤레스의 파라마운트 사 앞에 모였다.

비디오게임 속 등장인물
비디오게임 속에 잘 차려입은 등장인물들이 나오면서 사람들은 게임 코스프레를 즐기게 되었다. 2013년 9월 7일 핀란드 탐페레에 있는 세르켄니에미 테마파크에 게임 속 등장인물 코스프레를 한 491명의 사람들이 모였다. 이 놀이동산은 게임으로 유명한데 2012년에는 앵그리버드 랜드를 개장했다.

좀비
2014년 10월 11일 미국 미네소타 주 미니애폴리스 거리에 1만 5,458명의 시신이 신음을 내며 걸어 나왔다. 매년 열리는 좀비 술집 순례 행사의 일환이었다.

헐크
2012년 7월 13일 여행객과 지역 주민 574명이 초록 괴물 헐크로 변신해 머크노 매니아 페스티벌이 열린 아일랜드 캐슬블레이니 거리로 나왔다.

피터 팬
2014년 8월 29일 굿맨 메이슨 사 인사팀이 주최한 자선 행사에서 피터 팬 의상을 입은 280명이 런던에 모였다. 인정 많은《피터 팬》의 작가 J M 배리가 후원한 그레이트 오몬드 스트리트 아동병원의 자선기금 모으기 행사였다. 피터 팬들은 세인트 폴 대성당의 계단 앞에 집결했다.

가장 큰 신세계 문명
잉카제국이 엄청나게 세력을 확산해 현 남부 콜롬비아인 남아메리카 태평양 해안을 따라 칠레 중부까지 뻗어 나갔다. 인구는 대략 1,000만 명으로 추산된다.

1200
1200년

DATELINE

커다란 물건 BIG STUFF

최대 크기의 외바퀴손수레

길이 11.28m, 바퀴지름이 2.81m에 달하는 이 초대형 외바퀴손수레는 10명이 합심해서 300시간 넘게 공들여 만든 작품이다. 하임마베르엔 보케 e.V 사(독일)가 제작한 이 수레는 2015년 5월 14일 독일 보케에서 선보였다.

DID YOU KNOW?

아래에 등장한 이 기록적인 악기는 자작나무 합판으로 만들어졌다. 목과 헤드는 소나무를 사용했으며 줄감개가 4개 달렸다. 일반 크기의 우쿨렐레와 마찬가지로 정확한 프렛으로 반음과 음이 분리된다.

가장 큰…

빈백

2015년 9월 15일 미국 뉴햄프셔 주 내슈어에서 요기보 사(미국)가 64.3m 너비에 부피가 39.82㎥인 빈백(커다란 천 속에 작은 플라스틱 조각들을 채워 넣은 의자)을 출시했다.

치즈 슬라이서

2015년 3월 7일 노르웨이 크비첼 스키 리조트에서 크리스틴 건스테드(노르웨이)가 7.79m 길이의 치즈 슬라이서를 선보였다.

컬러링 북

지엘로나 소와 퍼블리싱 하우스(폴란드)가 출간한 컬러링 북은 10㎡ 크기로, 색칠할 부분이 '아주' 많다. 2014년 5월 24일 폴란드 바르샤바의 체육관에서 그 크기를 측정했다.

편자

켄터키 더비 박물관(미국)이 폭 2.06m, 높이 2.13m의 거대 편자를 만들었다. 2015년 9월 9일 미국 켄터키 주 루이빌에 있는 이글 사인 앤 디자인에서 측정했다.

도시락

알투스 빌호엔과 빌겐호프 맨즈 레지던스가 공동으로 폭 2.6m, 부피 8.47㎥에 이르는 거대 도시락을 만들었다. 이 도시락은 2015년 4월 12일 남아프리카 스텔렌보스에 등장했다.

잡지

리버 그룹과 폴스타(둘 다 영국)가 2015년 8월호 <헬시> 잡지를 너비 2.35m, 높이 3.05m

최대 크기 접이식 의자

인터마켓과 네이렛 페이로니(둘 다 프랑스)가 협력해 높이 4.77m에 이르는 접이식 의자를 만들었다. 이 높다란 의자는 2015년 5월 27일 프랑스 봉듀플레에 등장해 위용을 자랑했다.

초대형 우쿨렐레

로렌스 스텀프(미국, 아래)가 연주와 튜닝을 할 수 있는 3.99m짜리 세상에서 가장 큰 우쿨렐레를 만들었다. 2015년 12월 11일 미국 미시간 주 랜싱에서 선보인 이 악기는 일반적인 소프라노 우쿨렐레와 같은 재료와 방식으로 만들어졌지만 7.5배 더 크다.

DATELINE **1250**
1250년

최초의 총
일화에 따르면 중국과 북아프리카에서 화기를 사용했다고 전하나 최초의 총기 제작 기록은 다음 세기까지 나타나지 않았다.

FAST FACTS

가장 큰 도시락(98쪽 참조)에는 일반 크기의 샌드위치 2만 5,500개를 넣을 수 있다.
• **가장 큰 텔레비전 리모컨**(아래)은 일반 리모컨에 비해 24배 더 크며 만드는 데 68일이나 걸렸다.

초대형 아이스크림 스쿠프

드미트리 판시에라(이탈리아)가 2015년 9월 20일 이탈리아 포르노 디 졸도에서 세상에서 가장 큰 아이스크림 스쿠프를 선보였다. 총 길이가 1.95m, 너비가 58㎝에 깊이가 17㎝인 이 스쿠프를 이용해 실제로 아이스크림을 뜰 수 있다.

가장 큰 텔레비전 리모컨

수라이와 라제시 쿠마 매허 형제(인도)가 4.5m 길이의 텔레비전 리모컨을 만들었다. 2015년 9월 21일 인도 삼발푸르에서 선보인 이 리모컨은 일반 리모컨과 다름없이 제대로 작동한다.

크기로 제작했다. 이 크기는 2015년 6월 30일 영국 셰필드에서 측정했다.

절구
2015년 3월 28일 스페인 마카엘에 등장한 절구를 측정해보니 높이가 3.29m, 입구 지름이 3.07m였다. 절구 방망이는 길이 4.73m, 가장 넓은 곳의 지름이 0.85m였다. 마카엘 시의회(스페인)에서 제작했다.

돼지저금통
저금을 아무리 좋아한다 해도 길이 8.03m, 높이 5.58m의 돼지저금통을 다 채우기는 힘들다. 이것은 크레이스파카세 루트비히스부르크(독일)에서 제작했고 2015년 5월 18일 독일 루트비히스부르크에서 크기를 측정했다.

포스터
7,164.78㎡에 이르는 커다란 포스터는 파리드 라프타(이라크)가 만든 것으로 2016년 2월 26일 이라크 카르발라에서 선보였다. 이라크의 지도를 묘사한 이 포스터는 길이 99.58m, 너비 71.95m에 달한다. 카바라 경기장에 전시되었다.

우산
장시 쿤탁 인더스트리얼 사(중국)에서 지름 22.9m 크기의 우산을 만들었다. 2015년 8월 3일 중국 장시 성에서 선보였다.

가장 긴 몬스터 트럭

빅 토이즈 레이싱 사의 브래드와 젠 캠벨(둘 다 미국)이 9.7m 길이에 달하는 몬스터 트럭 신시티 허슬러를 탄생시켰다. 2014년 7월 10일 미국 애리조나 주 화이트 힐스의 라스트 스톱 항공기 격납고에서 크기를 측정해보니 높이가 3.6m, 무게는 6,800㎏에 달했다. 수컷 코끼리와 맞먹는 무게로 12명이 한꺼번에 탈 수 있다. 강력한 750마력 엔진을 달았지만 엄청난 무게 때문에 최대 속도가 시속 72.4㎞에 불과하다. 이 거대한 트럭은 현재 루스 맨(미국)이 소유하고 있다.

최초의 법의학 부검
귀족의 미심쩍은 죽음을 수사하기 위해서 이탈리아 내과 의사인 바르톨로메 다 바리그나나가 최초의 법의학 부검을 했다. 그는 이후 법적으로 필요한 다른 부검에도 참여했다.

1302
1302년

DATELINE

작은 마을의 큰 물건들 SMALLTOWN BIG STUFF

GALLERY

큰 도시에는 신기한 아이디어가 많지만 가끔은 작은 마을에서도 이런 것들을 찾아볼 수 있다. 특히 일리노이 주 케이시는 세상에서 가장 큰 물건들을 볼 수 있는 곳으로, 짐 보린은 이곳에서 '작은 마을 큰 물건 프로젝트'를 추진했다. 짐은 이 장에 등장하는 사진 속 물건들뿐 아니라 **가장 큰 뜨개바늘**(3.98m), **가장 큰 코바늘**(1.86m), **가장 큰 풍경**(12.8m)도 만들었다. 한편 오하이오 주에는 **가장 큰 요요**가, 미시간 주에는 **가장 큰 체인톱과 타이어 조각상**(모두 사진 수록)이 있다.

1

3

2

4

최대 크기 쇠스랑 1

2015년 10월 20일 케이시에서 짐 보린이 너비 2.56m, 길이 18.64m에 이르는 커다란 쇠스랑을 만들어 신기록을 수립했다. 기존 쇠스랑보다 12배 더 크고 볼링장 길이와 맞먹는다. 현재 리처드 팜 레스토랑 외관에 설치돼 있다. 짐은 커다란 농기구를 만들어 레스토랑에 소박한 정취를 더하고 케이시의 농경 사회를 형상화하고자 했다. 이 쇠스랑의 무게는 880㎏이다.

최대 크기 나막신 2

전통 나막신은 네덜란드가 원조지만 가장 큰 나막신은 짐의 고향에 있다. 2015년 10월 20일 짐은 기존 기록(네덜란드)보다 1피트(약 30.48㎝)씩 더 큰 길이 3.5m, 너비 1.77m, 높이 1.48m의 나막신을 선보였다. 소나무 61개를 쌓아 만든 이 신발의 무게는 한 짝당 680㎏에 달한다. 짐과 2명의 팀 동료가 전기톱으로 조각한 다음 사포질을 하고 마감재를 발라 완성했다.

최대 크기 골프 티 3

2013년 1월 29일, 케이시 컨트리클럽에서 사용하는 일반 티를 토대로 어마어마한 크기의 골프 티를 제작했다. 높이 9.37m에 헤드 지름이 1.91m이며 축의 너비가 64㎝에 이른다. 짐을 비롯해 보린 엔터프라이즈 사의 직원들이 소나무 합판을 이어 붙여 큰 덩어리를 만든 다음 체인톱으로 형태를 잡았다. 이 티는 컨트리클럽에 영구적으로 세워져 있다.

최대 크기 흔들의자 4

높이 17.09m, 너비 9.99m로, 머리 판에는 '평화의 비둘기'를 새겼다. 나무와 철로 만든 이 의자는 2015년 10월 20일 짐과 그의 팀에게 새로운 기록을 안겨주었다. 각 부분의 무게를 모두 측정해보니 2만 955㎏에 달했는데 이것은 미국 거대 의자 역사를 새로 쓴 수치였다. 기존 최고 기록은 1905년 매사추세츠 가드너의 시민들이 만든 3.6m짜리 의자였다.

DATELINE **1311** 1311년

최고층 건물
160m에 달하는 영국의 링컨 대성당이 기자 대피라미드를 제치고 세상에서 가장 높은 건물이 되었다. 1088년에 처음 축조가 시작되었고 1549년까지 기록을 유지하다가 이후 첨탑이 붕괴됐다.

DID YOU KNOW?

1866년 11월 20일 오하이오 주 신시내티의 한 업체가 장난감 요요로 제일 처음 특허(반델로어라고 부름)를 받았다. 이 장난감은 기원전 440년 전 고대 그리스에서 꽃병 모양을 본떠 처음 만들어졌다.

최대 크기 우편함(부피) 5

2015년 10월 20일 짐과 그의 팀은 또 다른 케이시의 명물을 선보였다. 바로 미국 표준 우편함을 크게 만든 것이다. 내부 면적이 162.63㎡이며 우편함 기둥 안이 계단으로 되어 있어 방문자들이 올라가 볼 수도 있다. 우편을 수신하는 용도로 만들어졌고(우편물이 들어가면 붉은 깃발이 세워진다), 내부 공간을 우정 역사박물관으로 쓸 계획이다. 케이시 시내 비즈니스 구역에 설치되었다.

최대 크기 요요 6

2012년 9월 15일 오하이오 주 신시내티에서 베스 존슨(미국)이 3년에 걸쳐 나무로 만든 요요인 '후아요'를 선보였다. 지름 3.62m, 무게 2.09톤으로, 36.5m까지 내려가며 다시 튀어 오르게 하려면 68톤의 크레인에 밧줄을 매달아 들어올려야 한다. 거대한 후아요는 세 차례 시범을 보이는 동안 손상되었지만 베스의 인내와 뛰어난 수리 실력으로 마침내 빛을 보게 되었다.

최대 크기 타이어 조각상 7

미시간 주 최고 명물은 94주간도로 바로 옆 앨런 파크에 있는 24.4m 높이(8층 높이)의 커다란 유니로열 타이어 조각상이다. 1965년 뉴욕 세계 박람회를 위해 페리스 대관람차용으로 제작되어 24개의 곤돌라에 200만 명을 태웠었다. 10.8톤인 이 타이어는 유리 섬유 표면에 15㎝ 깊이의 홈이 있고 실제 유니로열 사의 타이어보다 960배 크다. 61m 높이의 차량에 어울릴 크기다!

최대 크기 체인톱 8

1996년 미시간 주 온어웨이에 있는 모란 아이언 워크 사의 짐 '홀리에' 디클레어가 길이 6.98m, 높이 1.83m의 체인톱을 만들었다. '빅 구스'라는 이름이 붙은 이 초대형 톱은 미시간 주 이시페밍에 있는 다 유퍼스 투어리스트 트랩에 전시되어 있다. 무게가 거의 3.6톤이며 V8 엔진으로 작동하지만, 안전상의 이유로(고속도로 옆에 있어서) 완전히 사용된 적이 거의 없다.

최악의 전염병
흑사병으로 알려진 최악의 전염병(박테리아 감염)이 발발해 전 세계적으로 7,500만 명이 사망했다.

1351
1351년

DATELINE

공 묘기 BALL SKILLS

테니스공 받아치기 최장 기록

2015년 8월 8일 미국 코네티컷 주 웨스턴의 웨스턴 라켓 클럽에서 안젤로 A 로제티와 에토레 로제티(둘 다 미국)가 테니스공 받아치기(바닥에 공이 닿지 않아야 함) 3만 576회에 성공했다. 두 형제는 한때 **가장 긴 테니스 경기** 기록을 보유했지만, 현 기록(5만 970 스트로크)은 2013년 7월 20일 독일 바이로이트에서 프랑크와 데니스 푸흐만(둘 다 독일)이 세웠다.

물속에서 걸으며 축구공 헤딩하기 최다 기록

조엔 르퐁 로드리게스(쿠바)가 물속에서 1,503회 축구공 헤딩 기록을 달성했다. 2013년 8월 10일 쿠바 하바나의 네시오날 데 쿠바 호텔 수영장에서 이 신기록을 세웠다.

발가락으로 농구공 돌리기 최장 기록

2015년 3월 12일 미국 플로리다 주 윌버 바이더씨에서 버니 보헴(미국)이 25.52초 동안 발가락으로 농구공을 돌렸다. 만능 스포츠맨인 버니는 서핑도 할 수 있어 2013년 8월 31일 **서핑하면서 농구공 돌리기 최장 기록**도 세웠다. 미국 플로리다 주 데이토나 비치의 폰스 인렛에서 열린 '오피셜리 어메이징 쇼'에서 33.25초의 기록을 남겼다.

공 하나는 너무 쉽다고? **한 손가락으로 2개의 농구공을 돌린 최장 기록**은 4분 31초다. 첸 웨이웨이(중국)가 2014년 7월 7일 이탈리아 밀라노에서 열린 '로 쇼 데 레코드'에서 공 2개를 나란히 올린 상태로 이 놀라운 묘기를 선보였다.

30초 동안 최다 골프공 퍼팅

2015년 7월 9일 영국 런던에서 열린 <그들만의 리그>에서 축구 선수 애런 램지(영국)가 30초 동안 골프 클럽으로 61개의 공을 쳐 냈다.

같은 텔레비전 쇼에서 전 프리미어리그 스타 제이미 레드냅은 **가장 높이 공 던져 받기 기록**을 세웠다. 그는 18.6m 높이로 공을 차올린 뒤 받아내는 데 성공했다.

코로 농구공 돌리기 최장 기록

2015년 11월 5일 미국 애리조나 주 피닉스에서 할렘 글로브트로터스 팀의 '스쿠터' 크리스턴슨이 7.7초 동안 코로 농구공 돌리기를 해냈다. 2015 기네스 세계기록의 날을 축하하기 위해 나선 글로브트로터스 팀이 세운 7기록 중 하나다. 다른 기록은 다음과 같다. '천둥' 로우의 **눈 가리고 최장거리 슈팅**(21.18m), '제우스' 맥클러킨의 **1분 동안 최다 슬램덩크**(15회), '만능박사' 프랭클린의 **무릎 꿇고 거꾸로 슈팅 최장 거리**(18.47m), '개미' 앳킨슨과 '치즈' 키솔름이 짝을 이뤄 **1분 동안 최다 3점 슛 넣기**(19회, 모두 미국).

DATELINE **1373**
1373년

지금도 유지되는 가장 오래된 조약
6월 16일 영국과 포르투갈 외교관들이 앵글로 포르투갈 동맹조약을 맺었다.
이 조약은 그간 수많은 국제 충돌과 정부 변화에도 유지되어 현재까지 효력을 지닌다.

FAST FACTS

피파 축구공은 일반 탁구공보다 약 170배 더 무겁다. • 처음 농구 경기할 땐 축구공을 사용했다. • 골프공은 공식적으로 정해진 최소 무게가 없다.

1분 동안 얼굴로 축구공 돌리기 최다 기록

2013년 11월 2일 터키 이스탄불에서 빅터 루빌라(아르헨티나)가 1분 동안 35회 돌리기에 성공했다. 이 기록은 말테페 파크 쇼핑센터(터키)와의 협력을 통해 이루어졌다. 또한 빅터는 **축구공 저글링 최다 기록**(5회)도 갖고 있다. 2006년 그가 세운 기록은 2014년 마르코 페르메이르(네덜란드)가 세운 기록과 동일하다.

입으로 하는 탁구공 저글링 최다 기록

토니 페르코스(미국, 체코 태생)는 입으로 탁구공 7개를 연달아 던지고 받을 수 있다. 그는 입속에 있던 7개의 공을 공중에 뱉었다가 다시 입속으로 받는다.

머리에 축구공 올리고 가장 멀리 가기

2011년 10월 22일 압둘 하림(방글라데시)이 축구공을 머리 위에 올리고 15.2㎞를 걸었다. 그는 방글라데시 다카의 국립 방가반드 경기장에서 400m 트랙을 38바퀴 돌았다.

정강이에 축구공 올리고 균형 잡기 최장 기록은 1분 55초로 2014년 11월 13일 독일 작센주 미트바이다에서 시난 오즈투르크(독일)가 세웠다.

볼링공 최다 껴안기

2015년 11월 2일 미국 유타주 버밍엄 시티에서 채드 맥린(미국)이 13개의 볼링공을 동시에 안았다(월드틴핑볼링협회가 인증함). 공 4개를 손가락에 끼우고 7개는 팔에, 2개는 종아리에 끼워 성공했다.

손등으로 굴린 가장 무거운 공

2016년 1월 9일 시에 지아준(중국)이 4.5㎏에 달하는 공 2개를 손으로 돌렸다. 이는 NBA 농구공 7개 무게와 맞먹는다. 이로써 그는 2015년에 자신이 세운 기존 기록을 0.31㎏ 더 늘렸다.

1분간 최다 어라운드 더 월드

축구공을 공중으로 차올린 후 발을 회전시키는 묘기다. 축구 묘기 선수 존 판워스(영국, 아래)가 2008년 10월 3일 영국 런던에서 85회로 기록을 세웠다.

1분간 최다 어라운드 더 문

공을 목 뒤쪽에서 살짝 튕긴 상태로 목을 한 바퀴 돌려 공을 감싸는 묘기다. 2010년 2월 14일 독일 노르트호른에서 아드리안 포겔(독일)이 61회로 최다 기록을 세웠다.

1분간 최다 어라운드 더 월드 (여자)

2013년 7월 18일 영국 에든버러에서 로라 비온도(이탈리아/베네수엘라)가 어라운드 더 월드(왼쪽 참조)를 57회 성공했다. 같은 날 그녀는 **1분간 최다 헤딩(여자)** 기록도 세웠다.

외줄 타며 몸으로 축구공 받기 최장 기록

컨디션이 좋을 때도 몸으로 축구공을 받는 묘기는 쉽지 않다. 그런데 이 묘기를 공중에서 한다면 어떨까? 2015년 12월 14일 영국 런던 브렌트퍼드에서 존 판워스가 외줄에서 균형을 잡으면서 19초 동안 축구공을 던지고 받았다(왼쪽).
또한 그는 2015년 8월 25일 영국 맨체스터 국립축구박물관에서 **30초 동안 가장 많이 공 튕겨 받기**(28회) 기록도 세웠다. 아래 사진은 판워스가 시범을 보이는 모습이다.

1374 DATELINE

최악의 무도병

7월에 독일 아헨에서 수많은 남녀가 광란의 춤판을 벌였다. 일부는 지쳐 쓰러질 때까지 춤을 추었는데 이 중세 질병에 대한 정확한 원인은 밝혀지지 않았다.

1374년

여정 JOURNEYS

사만다 크리스토포레티와의 질의응답(Q&A)

Q. 여성으로서도 그렇지만 다른 우주비행사들보다도 월등히 오랜 시간을 우주에서 보낸 소감은 어떠신가요?

A. 그 부분에 대해서 깊게 생각해본 적은 없어요. 인류는 거의 16년 동안 꾸준히 국제우주정거장으로 나갔고 대부분의 임무가 5~6개월 간의 여정이에요. 전 다른 분들보다 몇 주 더 길었을 뿐(그리고 기존 최고 기록보다 겨우 며칠 길 뿐) 그렇게 큰 차이가 있다고 느끼지 못했어요.

Q. 많은 시간을 우주에 머물면서 가장 기억에 남는 일이 있다면요?

A. 우주에 있다는 사실 자체로 완전한 경험이기에 더 특별히 기억에 남는 것은 없어요. 동료들과 지상의 팀원들과 함께 일하는 것이 좋았고 날마다 최선을 다하면서 조금씩 '외계'에 있는 인류가 되어보려고 했어요. 물론 몸무게가 느껴지지 않는 것과 창밖으로 바라보는 풍경…… 일일이 다 설명할 수는 없지만 모든 순간을 즐겼어요!

Q. 우주에 다녀온 뒤로 삶에 대한 관점이 어떻게 달라졌나요? 많은 부분이 바뀌었나요?

A. 삶에 대한 관점이 크게 달라졌다고 생각하지 않아요. 적어도 저는요. 간혹 사람들은 우주비행사라면 삶에 관한 철학적인 질문에 특별한 통찰이나 영적인 자각을 얻을 것이라 생각하는 것 같아요. 사실 저희도 삶의 목적이나 신의 존재와 같은 물음에 관해서 평범한 사람들과 별반 다르지 않아요. 다만 이것만큼은 확실하게 알고 있어요. 우리가 지구라는 별에 머물고 있는 구성원이라는 점을 인식하지 못한다면 인류가 오래 번영할 수 없다는 것이죠.

Q. 당신처럼 되고 싶어 하는 어린이들을 위해 해주고 싶은 말이 있다면요?

A. 과학, 기술, 항공 중 한 부분을 직업으로 선택해야 할 거예요. 아니, 어쩌면 아이들이 우주비행사가 될 시대에는 다른 분야를 선택해도 될지는 모르겠어요. 예상하기 어렵네요. 건강을 유지하고 운동을 즐기고 안주하지 않고 스스로 도전할 수 있는 일을 해야 해요. 전 항상 아이들에게 이렇게 말해요. 갈림길에서 선택을 해야 한다면 더 힘든 쪽을 고르라고요.

Q. 기네스 세계기록 보유자가 된 소감은 어떠신가요?

A. 정말 생각지도 못했어요! 이렇게 훌륭한 타이틀을 얻을 특별한 일을 하지 않았는데 시기가 맞아 떨어졌고 운이 좋았다 생각합니다.

DATELINE

1407
1407년

최대 왕궁
명 황제 영락제가 중국 베이징에 새로운 왕궁을 건설하라 명했다. 현재 자금성으로 불리는 이 복잡한 건축물은 약 980개의 건물로 이루어져 있으며 100만 명이 넘는 일꾼들이 10년에 걸쳐 세웠다.

CONTENTS

DID YOU KNOW?

"저 성운 안에 커피가 있어요. 음, 그러니까 제 말은 드래곤 안에 말이에요." <스타 트렉> 의상을 입은 크리스토포레티가 창밖으로 보이는 드래곤 우주화물선을 가리켰다. 2015년 5월 **우주 최초의 에스프레소 머신**이 국제우주정거장에 생겼다. 3D 인쇄한 극미중력 컵을 사용해 궤도에서 신선한 커피를 즐길 수 있다!

최고 오래 우주에 머문 여성

2014년 11월 23일 유럽우주기구의 우주비행사 사만사 크리스토포레티(이탈리아)가 국제우주정거장으로 가기 위해 카자흐스탄의 바이코누르 우주기지에서 출발했다. 무중력 상태를 연구하는 것이 그녀의 임무였는데 2015년 4월 귀환 일정이 지연되면서 가장 오래 우주에 머문 여성 기록을 세우게 되었다. 2015년 6월 11일, 지구를 떠난 지 199일 16시간 43분 만에 그녀는 다시 땅을 밟게 되었다. 사진은 <스타 트렉> 의상을 입고 창문 7개가 있는 우주정거장 큐폴라에 있는 크리스토포레티의 모습이다.

가장 오래된 돋보기

중세 한 런던 사람이 부서진 뿔테 안경을 쓰레기 더미에 버렸다. 500년이 지난 뒤 발견된 이 사료가 최초의 돋보기로 불린다.

1450

1450년

DATELINE

FACTOGRAPHIC

에베레스트 MOUNT EVEREST

수많은 탐험가에게 지상 최대의 도전은 8,848m 세계 최고봉인 에베레스트를 정복하는 것이다. 그렇지만 도전에 앞서 몇 달간 준비(비용은 말할 것도 없고)가 필요하다. 산에 도착하면 몇 주 동안 희박한 대기와 들쭉날쭉한 온도 변화에 적응해야 한다. 게다가 아주 강인한 정신력도 필요하다. 여러 등반가가 정상에 도착하는 비결의 "9할은 정신력"이라고 밝혔다. 그렇게 정상에 서면 곧 세상의 지붕에 오른 셈이다. 이 장에서는 그 대장정에 오른 몇몇 도전에 대해 살펴본다.

DID YOU KNOW?

가장 높은 베이스캠프에서 에베레스트 정상까지 약 1.6㎞ 거리다. 그리 먼 거리는 아니지만 일반적으로 이곳에서 정상에 오르기까지 약 12시간이 걸린다.

필요한 에너지

에베레스트를 정복하려면 등반가는 엄청난 에너지를 비축해야 한다. 정상까지 도달하는 마지막 단계에서 2만 칼로리가 소모되기 때문이다. 이는 바나나 225개에 해당하는 열량이다. 혹은 큰 스테이크 46개나 치즈버거 66개(오른쪽)에 해당한다!

지상 최고도의 산

에베레스트 꼭대기는 해발 8,848m다. 평균 비행기 고도보다 약간 낮은 수치이며 세상에서 가장 높은 빌딩인 두바이의 부르즈 할리파의 10배, 뉴욕의 엠파이어 스테이트 빌딩의 20배 더 높다. 티베트와 네팔 국경 지대 동 히말라야에 솟은 이 산은 인도 정부 조사 부처에서 1856년 세계 최고봉으로 지정했다. 1865년 인도에 주둔 중이던 영국 공유지 감독관이 이 산의 이름을 선임의 이름을 따 '조지 에베레스트 대령'이라 지었다.

최대 규모 에베레스트 청소

2008년부터 네팔 에베레스트 환경 탐사대가 등반으로 생긴 각종 쓰레기를 처리하기 위해 매년 산을 오른다. 약 1만 2,000㎏의 밧줄, 텐트, 음식 포장지, 산소통, 가스통 및 기타 폐기물들을 처리해 왔다. 2009년에 치운 쓰레기 6,000㎏ 중에는 1973년에 추락한 헬리콥터의 잔해 700㎏도 속해 있다. 또한 동사한 시신 115㎏도 포함되는데 옆의 사진은 이를 벽돌로 환산한 것이다.

등반에 필요한 용품

사진 속 인물은 **한 계절에 에베레스트를 양쪽 루트에서 모두 오른 최초의 등반가** 데이비드 리아노 곤살레스(멕시코)다. 그는 2013년 5월 11일 네팔 남쪽 루트를 통해 정상에 올랐고 5월 19일에는 티베트 북쪽 루트로 다시 정상에 올랐다. 기네스북 사진 촬영을 위해 데이비드가 등반 때 착용한 옷차림을 해주었고 기록을 세울 수 있게 도와준 여러 장비에 대해서도 알려주었다.

등반가는 기후와 고도 변화에 적응할 수 있도록 공기층이 있는 얇은 옷을 입는다. 해발 8,000m에서는 얼굴을 가릴 후드가 달린 따뜻한 올인원 다운점퍼가 필수다.

확장 가능한 경량 배낭에 옷, 침낭, 식량, 물, 카메라와 다른 장비를 챙긴다.

등반가 대부분이 산소통과 마스크를 챙긴다. 정상의 산소 수치는 해수면의 3분의 1밖에 되지 않는다. 산소통을 준비하지 않으면 뇌가 집중하기 힘들어 몸이 금방 지친다.

등반을 위해 얇은 속 장갑이 들어 있는 벙어리장갑 2개를 준비한다. 외부 재질은 방수가 되는 소재여야 한다. 손가락장갑보다 벙어리장갑이 더 낫다. 손가락장갑은 추위에 취약하기 때문이다. 속 장갑 안에는 손난로 기능이 달려 있다.

등반 로프는 튼튼하고 가벼워야 한다. 일부는 눈에 젖어도 무거워지지 않는 소재로 되어 있다.

가벼운 얼음도끼는 손목 줄에 매단다. 가파른 곳을 오를 때 도끼가 떨어지지 않도록 해주어 유용하다.

암반이나 얼음 위에서 미끄러지지 않는 부착식 아이젠이 필수다. 높이 올라가면 등반가들은 두 겹으로 된 부츠를 신는다. 외피는 눈과 얼음이 안으로 들어오지 않도록 막아준다.

에베레스트 정복하기

해마다 에베레스트에 도전하는 사람 수는 크게 늘지만 여전히 성공하는 경우는 그리 많지 않다. 최초의 정복자들에 관한 기록을 살펴보자.

일자	기록
1953년 5월 29일	**최초 등반:** 에드먼드 퍼시벌 힐러리(뉴질랜드) 셰르파 텐징 노르가이(네팔)
1975년 5월 16일	**최초 등반(여자):** 준코 타베이(일본)
1978년 5월 8일	**산소통 없이 최초 등반:** 레인홀드 메스너(이탈리아), 피터 하벨러(호주)
1980년 8월 20일	**최초의 솔로 등정:** 레인홀드 메스너(이탈리아)
2004년 5월 21일	**가장 빠른 등반:** 펨바 도르제 셰르파(네팔), 8시간 10분(남쪽 루트)
2006년 5월 11일	**최다 인원 등반(여자):** 6명, 락파 셰르파(네팔)
2011년 5월 11일	**최다 인원 등반:** 21명, 아파 셰르파(2013년 5월 23일 푸르바 타시 셰르파가 대등한 인원과 동일)
2012년 5월 19일	**하루 등반 최다 인원:** 245명

DID YOU KNOW?

에베레스트 하루 등반 최다 인원 기록은 2012년 5월 19일 245명이 정상에 오르면서 수립됐다. 이날 찍은 사진에서 알 수 있듯 산이 매우 붐벼 정상 근처에 교통 체증이 생길 정도였다.

등반에 들어가는 비용

에베레스트에 오르려면 4만 5,000달러가 기본으로 들어가며 서양 여행사를 통하는 여정의 경우 6만 5,000달러까지 비용이 올라간다. 총액은 트렉의 난이도, 가이드 여부, 북쪽 루트(티베트 쪽)와 남쪽 루트(네팔 쪽)의 선택에 따라 달라진다. 비용은 다음과 같은 항목이 포함된다.

이동: 카트만두와 베이스캠프까지 가는 비용 500~7,000달러
야크: 하루 150달러, 최소 2,400달러
짐꾼: 하루 75달러, 최소 1,350달러. 베이스캠프로 장비를 옮겨주어야 하므로 왕복 필요.
가이드(셰르파): 명당 5,000달러. 가이드의 추가 산소통 비(개당 550달러) 추가.
등반 허가(인당): 북쪽 루트 7,000달러, 남쪽 루트 1만 1,000달러
장비 및 물품: 1만 2,000달러. 의복, 식량, 베이스캠프의 네팔인 요리사, 추가 산소통, 의료용품(1,000달러) 포함.
야영지 사용료: 2,000달러
출처: thebmc.co.uk, alanarnette.com, grindtv.com

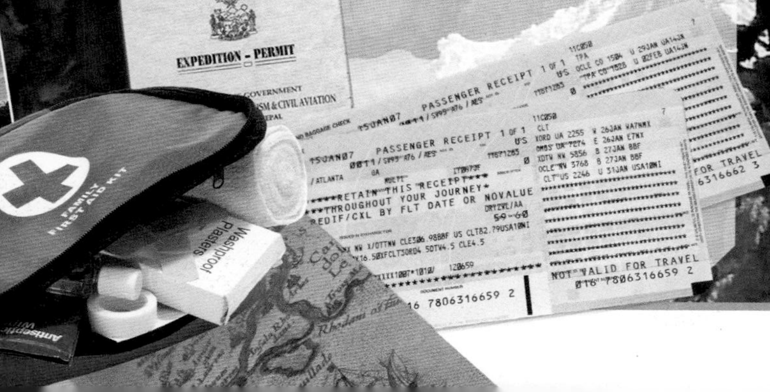

탐험 1500년~1970년 EXPLORATION 1500–1970

1500 1600 1700 1800

이 장 전반에 걸쳐 신기록을 세운 역사를 살펴본다. 연대기 순으로 따라가다 보면 현재에 가까워질수록 탐험이 더 늘어난다는 사실을 알게 될 것이다. 세상에 대한 지식이 더 많아지고 기술의 발달로 장비, 차량, 선박 등이 좋아진 덕분이다. 기록을 세우겠다는 열정도 한몫했다. 하지만 수백 년 동안 바뀌지 않고 남아 있는 부분도 있다. 인내, 자신에 대한 믿음, 용기는 여전히 수천 마일이라는 먼 여행을 떠나는 사람에게 꼭 필요한 조건이다.

▲ **1522년: 최초의 세계 일주**는 9월 8일 스페인 함선 빅토리아호가 후안 세바스티앙 엘카노(스페인)의 명으로 스페인 세비아에 도착하면서 이루어졌다. 이 함선은 포르투갈 탐험가 페르디난드 마젤란이 이끄는 탐험대의 일부로, 다른 4척의 배와 함께 1519년 9월 20일 스페인 안달루시아의 산루카르데 바라메다를 출발했다. 그들은 혼 곶을 돌고 필리핀을 지나 태평양을 횡단한 다음 희망봉을 지나 유럽으로 돌아왔다. 빅토리아호는 여정을 마친 유일한 함선으로 239명의 유럽인이 출항했지만 18명만 돌아왔다.

1577년~1580년: 프랜시스 드레이크 경이 지구를 한 바퀴 돌아 **완전한 세계 일주를 한 최초의 인물**이자 최초의 영국인이 되었다. 이 여정은 1,000일 이상 걸렸고 드레이크는 그 과정에서 몰래 스페인의 보물선을 약탈하기도 했다. 5척의 배가 항해를 떠났지만, 그가 탄 기함(원래 펠리칸호로 알려졌지만 1578년 골든 하인드로 명칭이 바뀌었다)만이 돌아왔다.

1607년~1611년: 영국인 탐험가 헨리 허드슨이 북극을 통해 아시아 무역 항로를 개척하고자 4차례 항해에 나섰다. 비록 실패했지만, 그가 완성한 북아메리카 지도는 현 항해 지식을 세우는 데 엄청난 공헌을 했다.

1620년: 9월에 필그림 파더스가 영국 플리머스 항에서 **메이플라워호**를 타고 신세계를 찾아 떠났다. 이들은 뉴잉글랜드의 최초 정착 식민지인 플리머스를 발견했다.

1642년: 네덜란드의 탐험가 아벌 타스만이 반 디멘즈랜드라고 이름 붙인 나라를 발견했다. 이곳은 후에 그의 이름을 따 태즈메이니아(호주의 남동쪽 섬)로 불리게 된다. 항해하는 동안 그는 뉴질랜드를 발견했고 이후 영국인 제임스 쿡 선장이 1769년에 그곳에 도달해 자세한 지도를 그렸다. 타스만은 피지와 통가에 닿았고 호주 북부 해안의 지도를 개척했지만 유용한 무역이나 운송 노선을 확립하지 못한 탓에 실패를 안고 고향으로 돌아왔다.

▲ **1766년~1769년:** 해군제독 루이 앙투안 드 부갱빌이 진두지휘한 최초의 프랑스 세계일주 항해에 남자로 변장한 잔 바렛이 보조 식물학자로 참여했다. 그녀는 **세계 일주를 한 최초의 여성**이 되었고 폭넓은 현장 연구를 통해 새로운 식물 종을 많이 발견했다.

▲ **1871년:** 영국인 형제 존(위)과 로버트 네이러가 **최초로 존 오그로츠에서 랜즈엔드 곶까지 도보로 이동**했다. 두 사람은 하루 평균 40㎞를 걸었지만 유람을 위해 수많은 우회를 거쳤다. 그래서 일직선 거리의 2배가 넘는 2,208㎞를 이동했다. 1916년에 두 사람의 도보여행을 기록한 책(오른쪽)이 출간되었다.

1889년: 프랑스 파리에 300m 높이의 에펠탑이 완공되었다. 그해 열리는 만국박람회의 입구로 처음 만들어진 이 단철 건조물은 **세상에서 가장 높은 건물**로 남아 있다가 41년 뒤 미국 뉴욕에 생긴 319m 높이의 크라이슬러 빌딩에 자리를 내주었다. 2016년 현재 파리에서 가장 높은 건물로 남아 있다.

1903년: 12월 17일 오전 10시 35분 형인 윌버 라이트가 만든 12마력 체인 구동의 플라이어 1을 타고 동생 오빌 라이트가 미국 노스캐롤라이나 주 키티호크에서 36.5m 비행에 성공했다(둘 다 미국). 그는 **최초의 동력 엔진 비행기**를 타고 고도 2.4~3.6m 상공을 날았다.

DATELINE **1455** 1455년

기계로 인쇄한 최초의 활자 책
요하네스 구텐베르크(약 1398~1468)로 알려진 한네 줌 겐스플라이슈 주 라덴이 약 1455년경 독일 마인츠에서 구텐베르크 성경을 인쇄했다.

FAST FACTS

마젤란은 최초의 세계 일주 여행자로 유명하지만, 고향으로 돌아오지 못하고 필리핀에서 피살당했다. • **최초의 동력 비행**은 12초 동안 지속되었다. • 존 오그로츠 마을은 네덜란드 도선업자인 얀 데 후르트의 이름에서 유래한 지명이다.

1900 **1950** **1970**

▶ **1911년:** 12월 14일 오전 11시 **남극에 성공적으로 도달한 최초의 탐험**이 이루어졌다. 로알 아문센 대장(오른쪽)이 이끄는 노르웨이 남성 5명이 그 주인공이다. 이들은 훼일스 만에서 개썰매를 타고 53일을 달려 남극에 도달했다.

▲ **1953년:** 5월 29일 오전 11시 30분 에드먼드 퍼시벌 힐러리(뉴질랜드, 위 왼쪽)와 인도 티베트족인 텐징 노르가이(출생명 남기알 왕디, 위 오른쪽)가 **최초로 에베레스트 등정**에 성공했다. 이 사진은 역사적인 날 하루 전에 찍은 것이다.

1961년: 우주비행사 유리 알렉세예비치 가가린 소령이 4월 12일 보스토크 1호를 타고 우주로 나가 **최초의 인간 우주비행** 기록을 세웠다. 카자흐스탄 바이코누르 우주기지에서 그리니치 표준시로 오전 6시 7분에 발사됐고 118분 뒤에 러시아 사라토프 지역에 있는 엥겔스 근방 스멜로프카에 착륙했다.

1963년: 발렌티나 블라디미로브나 테레시코바 중위(구소련)가 **우주로 나간 최초의 여성**이 되었다. 그녀는 6월 16일 오전 9시 30분 바이코누르 우주기지에서 보스토크 6호에 몸을 실었다.

▶ **1924년: 최초의 공중 세계 일주**는 미군 소속 더글러스 월드 크루저 수상비행기 2대가 이룬 성과로, 4월 6일 미국 워싱턴 주 시애틀에서 출발해 그해 9월 28일 다시 그 자리로 돌아왔다. 시카고는 로웰 H 스미스 중위와 레슬리 P 아널드 중위가 몰았고, 뉴올리언스는 에릭 H 넬슨과 존 하딩 중위(모두 미국)가 몰았다.

▲ **1969년:** "이글호가 착륙했다." 7월 21일 닐 암스트롱과 버즈 올드린(둘 다 미국)이 **달에 간 최초의 인류**가 되었다. 암스트롱은 2시 56분 15초(그리니치 표준시)에 달 표면에 발을 디뎠고 뒤이어 올드린이 3시 11분에 내렸다.

▲ **1933년:** 7월 15일~7월 22일 사이 윌리 포스트(미국)가 민간수송기 록히드 베가인 위니 매를 타고 **처음으로 홀로 세계 비행 일주**를 마쳤다. 미국 뉴욕에서 출발해 그곳으로 돌아오는 여정으로 2만 5,099㎞를 비행했다.

▲ **1950년:** 8,091m 높이의 안나푸르나 제1봉이 세상에서 10번째로 높은 산이 되었다. 이 산은 네팔 히말라야에 있다. 6월 3일 모리스 헤어초크와 루이 라쉬날(둘 다 프랑스)이 **첫 등정**에 성공했다.

▲ **1969년: 홀로 바다를 노 저어 건넌 최초의 인물**은 존 페어팩스(영국, 위)로 1969년 1월 20일~7월 19일까지 브리타니아의 대서양을 동에서 서로 횡단했다. 같은 해 로빈 녹스 존스턴(영국)이 요트 수하일리를 타고 **세계 항해에 성공한 최초의 인물(개인이자 논스톱)**이 되었다. 그는 1968년 6월 14일 <선데이 타임스> 배 골든 글로브 레이스에 참여해 영국 팰머스를 떠나 1969년 4월 22일에 돌아왔다.

가장 오래된 안드로이드 설계
레오나르도 다 빈치(이탈리아)가 인간의 형상을 한 로봇을 그렸다. 완성 모델은 전해지지 않았으나 그의 다른 드로잉을 살펴보면 인간의 몸에 케이블과 도르래로 작동하는 해부학적인 관절이 붙어 있는 형태다.

1495
1495년

DATELINE

탐험 1971년~1995년 EXPLORATION 1971–1995

1971 1980

▲ **1974년:** 10월 5일 데이비드 쿤스트(미국, 위)가 **최초의 도보 세계 일주**를 했다. 그는 1970년 6월 20일에 출발해 4대륙을 가로질러 2만 3,250㎞를 횡단했다. 조지 매튜 스킬링(미국)도 1897년~1904년까지 도보로 세계 일주를 했다고 알려졌지만 사실 여부가 입증되지 않았다.

▲ **1980년:** 8월 20일 레인홀드 메스너(이탈리아)가 **에베레스트 최초 솔로 등반** 기록을 세웠다. 해발 6,500m에 위치한 베이스캠프에서 정상까지 오르는 데 3일이 걸렸다. 그가 산소통을 준비하지 않아서 등반이 더욱 힘들었다.

▲ **1983년:** 9월 18일, 조지 미건(영국)이 **팬아메리칸 하이웨이를 도보로 최단 기간 주파**했다. 1977년 1월 26일 출발해 2,426일 동안 3만 608㎞를 걸었다. 그의 여정은 남아메리카 최남단에서 시작해 북아메리카 최북단에 도달하는 것이었다.

▲ **1978년:** 탐험가이자 산악인인 나오미 우에무라(일본)가 5월 1일 오전 4시 45분 빙하를 가로질러 **개인 최초 북극 등반**에 성공했다. 그는 3월 7일 캐나다 북부 엘즈미어 섬 케이프 에드워드를 출발해 770㎞를 이동했다. 이 여정은 개썰매와 물자를 조달받으며 이루어졌다.

▲ **1975년:** 5월 16일 준코 타베이(일본)가 **에베레스트를 오른 최초의 여성**이 되었다. 그녀는 1992년 6월 28일 푼착 자야 산 정상에 오르며 **세븐 서미츠(7대륙을 대표하는 최고봉)를 등반한 최초의 여성**이 되었다.

▲ **1982년:** 8월 29일 라눌프 피엔스 경(위 왼쪽)과 찰스 버튼(위 오른쪽, 둘 다 영국)이 **처음으로 남극과 북극을 모두 지나 세계 일주**를 하고 영국 런던 그리니치로 돌아왔다. 두 사람은 1979년 9월 2일 그리니치에서 출발해 1980년 12월 15일 남극을 지나고 1982년 4월 10일 북극에 도착했다. 이들의 대장정은 총 5만 6,000㎞였다.

DATELINE 1535 1535년

가장 큰 갑옷
대략 이 시기에 2.057m짜리 갑옷이 만들어져 14세기 랭커스터의 초대 공작 존 오브 곤트가 입은 것으로 추정된다.
이 갑옷은 독일에서 만들어졌으며 영국 런던 HM 타워 안에 있는 화이트 타워에 전시되어 있다.

FAST FACTS

2011년 칠레 팬아메리칸 하이웨이 근처에서 고래 무덤이 발견되었다. • 남극과 북극은 3억 3000만 년마다 400여 차례 위치가 바뀌었다. • 대서양은 커지고 있는 반면 태평양은 줄어들고 있다.

1985 1990 1995

▲ **1985년:** 6월 30일~8월 20일까지 한스피터 벡(호주)이 외발자전거를 타고 웨스턴오스트레일리아의 포트 헤들랜드에서 빅토리아 주 멜버른까지 6,237㎞를 달렸다. 51일 23시간 25분의 대장정은 **외발자전거를 타고 최단 기간 호주 횡단** 기록을 수립했다.

▲ **1986년:** 12월 14일~12월 23일까지 리처드 G 딕 루탄과 제나 예거(둘 다 미국)는 9일 동안 **연료를 주입하지 않고 비행하는 최초의 세계 일주**를 했다. 두 사람이 탄 이 특이한 비행기 보이저는 딕의 형인 버트가 설계하고 만들었다.

▶ **1986년:** 8월 5일 패트릭 모로(캐나다)가 인도네시아의 푼착 자야처럼 오세아니아에서 가장 높은 봉우리인 카르스텐스에 올랐다. 이로써 7대륙의 가장 높은 산을 지칭하는 **세븐 서미츠에 오른 최초의 인물**이 되었다.

▲ **1988년:** 레미 프리카(프랑스)는 4월 2일~5월 31일까지 4.2m 길이의 수상스키를 타고 59일 동안 **대서양을 가장 빨리 '걸어서' 건넜다.** 그는 물자와 생수 같은 필수품을 실은 플랫폼을 끌고 5,636㎞를 항해했다.

1989년과 1991년: 전 세계 6개 대륙, 지구 둘레인 적도 길이(24,901마일; 4만 75km)의 거리를 교통법규를 지키며 자동차로 일주한 세계 최초이자 최고 속도의 기록자는 인도의 살루 초우드리(Saloo Choudhury)와 그의 아내 니나 초우드리(Neena Choudhury)다. 이 여정은 총 69일 19시간 5분 동안 계속됐고, 1989년 9월 9일에 시작해 11월 17일에 끝났다. 그들은 힌두스탄 모터스의 1989년식 '콘테사 클래식'을 몰고 인도 델리를 출발해 다시 그곳으로 돌아왔다.

▲ **1989년:** 5월 14일 8인의 빙하 도보 원정대가 북극에 도달하면서, 로버트 스완(영국)은 **남극과 북극을 모두 걸어서 정복한 최초의 인물**이 되었다. 3년 전인 1986년 1월 11일 그는 '스콧의 발자취' 탐험에 참여한 3인을 이끌고 남극으로 향했다.

▲ **1992년: 최단 시간 대서양 횡단**은 8월 6일~8월 9일까지 2일 10시간 34분 47초를 기록한 호화 요트 데스트리에호가 세웠다. 세라레 피오리오 선장(이탈리아)이 모는 68.1m 길이의 이 요트는 가스 터빈 프로펠러가 장착돼 있고, 평균 시속이 98㎞이다.

1993년: 1월 7일 에르링 카에(노르웨이)가 **최초의 개인 남극 등정**에 성공했다. 그는 버크너 섬을 출발해 미개척 길 1,400㎞를 50일 동안 걸었다.

▲ **1994년:** 뵈르게 아우스랜드(노르웨이)는 3월 2일~4월 23일까지 **미개척 길로 북극에 가장 빨리 도달**했다. 그는 세베르나야제믈랴 제도 내 러시아 군도에 있는 케이프 아르크티체스키에서 출발했다. 이 업적은 그에게 **육지에서 북극까지 어떤 지원 없이 홀로 도달한 최초의 인물**이라는 기록도 안겨주었다.

▶ **1995년:** 1985년 1월 17일~1995년 4월 2일까지 214개국을 거쳐 73만 5,000㎞ 이상을 달린 에밀리오 스코토(아르헨티나)가 **오토바이 최장 여행** 기록을 세웠다.

가장 오래된 식물원
이탈리아 파도바 지역에 오르토 보타니코가 생겼다. 세상을 상징하는 원형 정원에 가장자리로 물길이 흐르는 원래의 설계가 지금도 남아 있다. 지금은 과학 연구용으로 사용된다.

1545
1545년
DATELINE

탐험 1996년~2005년 EXPLORATION 1996-2005

1996 | 1999 | 2000

▲ **1996년:** 피터 버드(영국)가 **노를 젓는 보트를 타고 가장 오래 바다에 머물렀다.** 1974년~1996년까지 총 3만 4,238㎞를 건넜다. 대서양을 동에서 서로, 마찬가지로 태평양을 동에서 서로, 다시 서에서 동으로 왕복했다.

▲ **1998년:** 국제우주정거장이 착공에 들어갔다. 총비용이 1,000억 달러를 초과하면서 인간이 만든 **가장 비싼 구조물**이 되었다.

▶ **1998년:** 데이비드 헴플먼 애덤스(영국)가 세븐 서미츠 오르기, 해안에서 출발해 북극과 남극 횡단하기를 포함한 **어드벤처 그랜드슬램을 달성한 최초의 인물**이 되었다. 그는 1980년에 여정을 시작해 18년 뒤인 1998년 동료 탐험가 룬 젤드네스와 함께 3월~5월까지 북극을 걸으며 이 기록을 달성했다.

▲ **1999년:** 엠마뉴엘 콩드르(프랑스)가 바다에서 이룬 7번의 대장정 중 첫걸음을 내디뎠다. **개인 최다 바다 횡단** 기록을 위해 그는 페달 보트를 타고 대서양을 동에서 서로 건넜다. 2001년에는 대서양을 동서로 횡단했고 2002년에는 반대로 건넜다. 2004년 62일 19시간 48분 동안 다시 동서로 건너면서 **대서양을 노를 저어 가장 빨리 건넌 인물**이 되었다(위). 2005년에는 일본 초우시에서 미국 오리건 주 코어스 베이까지 태평양을 129일 17시간 22분 만에 건넜다. 마지막으로 2013년 11월 30일~2014년 1월 25일까지 56일 7시간 29분 11초의 기록으로 **인도양을 노를 저어 가장 빨리 건넌 인물**이 되었다.

▼ **1999년:** 1월 10일 앙투안 데 슈당(프랑스)이 **에베레스트의 세 봉우리를 산소통 없이 등반한 최초의 인물**이 되었다. 그는 1996년 4월 25일부터 이 도전을 시작했다.

1999년: 미국 메인 키터리에 사는 로버트 한센이 1월 12일~2월 9일까지 **스노모빌을 타고 어떤 도움 없이 가장 오래 여행한 개인** 기록을 세웠다. 그는 마인 메드웨이에서 출발해 미국 미네소타 인터내셔널 폴스로 갔다가 되돌아오는 7,993㎞ 여정을 거쳤다.

▲ **2000년:** 5월 31일~9월 6일까지 콜린 보딜(영국)이 **초경량 비행기를 타고 가장 빨리 세계 일주**를 한 기록을 세웠다. 그는 영국 서리 주 웨이브리지에 있는 브룩랜드 비행장에서 메인에어 블레이드 912 플렉스윙을 타고 99일간 비행한 뒤 다시 이곳으로 돌아왔다. 그 과정에서 보딜은 또 다른 기록 보유자인 제니퍼 머레이(영국)와 함께 날았다. 그녀는 보딜과 같은 날 같은 시간에 **헬리콥터를 타고 최단 기간 세계 일주를 한 여성**이 되었다.

▼ **2001년:** 에릭 웨이언메이어(미국)는 망막이 분리된 상태로 태어나 13세에 완전히 시력을 잃었다. 그럼에도 5월 25일 그는 **에베레스트를 정복한 최초의 시각장애인**이 되었다. 2016년 4월 기준 유일한 기록 보유자로, 에릭은 또한 암벽 등반, 스키, 패러글라이딩도 즐긴다.

DATELINE **1556** 1556년

지진으로 인한 최대 사망자 수
2월 2일 중국 허난과 산시 지방에서 발생한 지진으로 83만 명이 사망했다.

FAST FACTS

바다는 지구 대기보다 약 50% 더 탄소를 품을 수 있다. • 남극을 소유한 국가는 없다. • 국제우주정거장은 15개의 기밀구조 모듈로 되어 있다(미국 7개, 러시아 5개, 일본 2개, 유럽 1개).

2001 2004 2005

▲ **2001년: 남극과 북극을 모두 정복한 최초의 부부**인 마이크와 피오나 손윌(둘 다 영국)이 5월 5일 북극에 도착했다. 부부는 2000년 1월 4일 스키를 타고 남극에 도달했다. 두 여정 모두 공중 지원을 받았고 부부는 팀 동료인 캐서린 하틀리(영국)와 함께 했다. 피오나 손윌과 하틀리는 **스키를 타고 가장 빨리 북극에 도달한 인물(여자)** 기록(55일)도 세웠다.

▲ **2004년:** 사라와 샐리 케틀(둘 다 영국)이 **모녀 팀 최초로 노를 저어 바다를 건넌 기록**을 세웠다. 이들은 1월 20일~5월 5일 사이에 콜더데일 요크셔 챌린저를 타고 대서양을 동에서 서로 횡단했다.

2002년: 비행사이자 모험가인 스티브 포셋(미국, 1944~2007, 오른쪽)이 6월 19일~7월 2일까지 버드 라이트 스피릿 오브 프리덤을 타고 **기구(Balloon)로 세계 일주를 한 최초의 인물**이 되었다. 그는 호주에서 출발해 그곳으로 되돌아왔다.

2002년: 가장 긴 외발자전거 여행을 위해 라스 클루센(미국)이 4월 22일 미국 오리건 주 틸라묵을 출발했다. 그의 국토 종주는 48개 주, 1만 4,686.8㎞ 거리를 달리고서 11월 12일 캘리포니아 로스앤젤레스에서 마무리되었다.

▲ **2005년:** 박영석(한국)이 4월 30일 도보로 북극에 도달해 **산악 그랜드슬램을 달성한 최초의 인물**이 되었다. 해발 8,000m가 넘는 7대륙의 최고봉 14곳을 오르고 북극과 남극을 걸어서 도달했다. 그의 여정은 1993년 5월 16일 에베레스트에 오르며 시작되었다.

▶ **2002년:** 티나 쉐글렌(스웨덴)은 2월 1일 **아무 도움 없이 남극에 이른 최초의 여성**이 되었다. 남편 토마스와 함께 2001년 11월 30일 63일간의 장정(헤라클레스 만에서 출발)을 시작했다.

▲ **2005년:** 3월 1일~3월 3일 사이 스티브 포셋은 **연료를 보충하지 않고 비행해 세계 일주를 한 최초의 인물**이 되었다. 버진 애틀랜틱 글로벌 플라이어를 타고 미국 캔자스 주 살리나를 출발해 67시간 1분 만에 같은 곳으로 되돌아왔다. 스케일드 콤퍼지츠 사가 만든 이 비행기는 5톤의 연료를 싣고 날았다.

▲ **2005년:** 플라비오 자르딤과 디오고 게레(둘 다 브라질)가 '블루 데스티네이션 익스페디션'의 일환으로 브라질 해안 추이에서 출발해 7월 18일 오이아포키에 도착했다. 14개월 동안 총 8,120㎞에 이르는 **최장 윈드서핑 여정**이었다.

화기를 사용한 첫 암살

1월 23일 스코틀랜드 여왕 메리의 추종자였던 스코틀랜드 보스웰라우의 제임스 해밀턴이 카빈총으로 머리 주의 백작이자 스코틀랜드를 섭정하던 제임스 스튜어트를 살해했다.

1570
1570년
DATELINE

탐험 2006년~2009년 EXPLORATION 2006–2009

2006

▲ **2006년:** 5월 18일 디 카파리(영국)는 **홀로 서쪽으로 떠난 논스톱 항해로 세계 일주에 성공한 최초의 여성**이 되었다. 22m 길이의 단선체선인 아비바를 타고 어떤 물자 지원도 없이 2005년 11월 20일 영국 포츠머스에서 출발해 178일 3시간 5분 34초 만에 항해를 끝냈다. 약 3년 뒤인 2009년 2월 16일 카파리는 **양방향으로 논스톱 세계 일주를 한 최초의 여성** 기록을 세웠다.

▲ **2006년:** 11월 19일~12월 28일까지 한나 맥켄드(영국)가 남극 대륙의 가장자리인 헤라클레스 만에서 스키를 타고 남극점까지 39일 9시간 33분 만에 도달했다. 그녀는 **어떤 도움이나 지원 없이 홀로 가장 빨리 남극에 도달한 최초의 여성** 기록을 세웠다. 남극점은 고도 2,834m에 위치한다. 가는 길 전체가 언덕이라 맥켄드는 하루에 필요한 6,000칼로리를 섭취할 수 있도록 물자를 준비했다.

2006년: 지구에서 가장 오르기 힘든 곳은 에베레스트와 북극, 그리고 남극이다(일명 '세 봉우리'). 4월 24일 세실 스코그(노르웨이)가 북극에 도달하면서 이 **세 봉우리를 가장 빨리 완주한 여성**이 되었다. 기록을 달성하는 데 1년 336일이 걸렸다.

2007

▲ **2007년:** 5월 23일 제니퍼 머레이와 콜린 보딜(모두 영국)이 **헬리콥터를 타고 남극과 북극을 지나 세계를 일주한 최초의 인물**이 되었다. 이들은 2006년 12월 5일 벨 407 헬리콥터를 타고 미국 텍사스 주 포트워스에서 출발했다. 이들의 비행은 170일 22시간 47분 17초로 **헬리콥터로 남극과 북극을 지나 가장 빨리 세계를 돈 기록**도 함께 세웠다.

▲ **2007년:** 8월 4일, 18세 301일의 나이로 사만다 라슨(미국)은 카르스텐즈 산을 포함해 **세븐 서미츠를 등반한 최연소 여성**이 되었다.

▲ **2007년:** 2월 1일~4월 8일까지 마틴 스트렐(슬로베니아)은 67일간 페루 아탈라야에서 브라질 벨렘까지 아마존 강 전체를 헤엄쳐 건넜다. 총 5,268㎞에 달하는 **최장 거리 개방 구역 수영** 기록을 세웠다. 그는 매일 9~127㎞를 헤엄쳤다.

▲ **2007년:** 10월 6일 제이슨 루이스(영국)가 **최초로 무동력 세계 일주**에 성공했다. 바람이나 모터의 도움 없이 오직 인간의 힘에 의지해 13년 만에 이룬 성과였다. 제이슨이 이 대장정을 하는 동안 이따금 친구와 몇몇 지원군이 들러 함께했다.

DATELINE **1580** 1580년

최장 기간 포위된 성
1570년 8월 일본 오사카에 있는 이시야마 혼간지의 요새가 오다 노부나가 장군이 이끄는 적진에 포위됐다. 1580년 8월까지 이코이키 전사들이 성을 지켰지만 결국 함락되어 불타고 말았다.

참고: 기네스 세계기록은 더 이상 16세 이하의 도전은 받아들이지 않는다.

FAST FACTS

남극대륙의 감버트세프스 산맥은 4,800m 두께의 빙하 아래 묻혀 있다. • 해수면 아래 3m까지는 지구 대기만큼 많은 열을 보유하고 있다. • 1974년까지는 아무도 에베레스트 정상에 오르지 못했다.

2008 **2009**

▲ **2008년:** 9월 28일 롭 톰슨(뉴질랜드)이 중국 상해에서 **스케이트보드를 타고 가장 긴 여정**을 마쳤다. 그는 2007년 6월 24일 스위스 레이신에서 1만 2,159㎞의 대장정을 시작했다. 오로지 바퀴 3벌과 스케이트보드 데크 3개만 가지고 유럽을 건너 미국 전역을 돌고 중국을 서에서 동으로 이동했다.

▲ **2009년:** 사라 오텐(영국, 1985년 5월 26일생)이 4월 1일~8월 3일까지 노를 저어 인도양을 횡단했을 때 그녀의 나이는 23세 310일이었다. 세렌디피티를 타고 호주와 모리셔스 사이 7,740㎞를 건너 **홀로 인도양을 노를 저어 건넌 최연소이자 최초의 여성**이 되었다.

▲ **2009년:** 5월 8일~11월 13일까지 믹 도슨과 크리스 마틴(모두 영국)이 보쟁글스를 타고 일본 초우시에서 미국 캘리포니아 주 샌프란시스코 금문교까지 노를 저어 이동했다. 189일 10시간 39분이 걸린 이들의 여정은 **태평양을 서에서 동으로 노를 저어 횡단한 최초의 팀**으로 기록됐다.

▲ **2009년:** 8월 27일 마이클 퍼험(영국, 1992년 3월 16일생)은 **지원 없이 논스톱으로 홀로 세계일주를 한 최연소 인물**이 되었다. 2008년 11월 15일 토탈리머니닷컴을 타고 포츠머스에서 출발할 때 그의 나이는 16세 244일이었다.

▶ **2008년:** 프란시스 조용(프랑스)이 1월 20일 프랑스 브레스트에 도착해 57일 13시간 34분 6초로 **가장 빠른 개인 항해 세계 일주** 기록을 세웠다. 그는 29.5m의 삼동선 IDEC 2를 타고 3만 8,900㎞를 항해했다. 조용은 또한 2013년 6월 16일 **가장 빠른 대서양 횡단 개인** 기록도 세웠다. 그는 5,333㎞를 5일 2시간 56분 만에 횡단했다.

◀ **2009년:** 레이 자하브, 케빈 발레리, 리처드 웨버(모두 캐나다)가 헤라클레스 만을 출발해 1월 7일 남극에 도달했다. 총 33일 23시간 30분 여정으로 **아무런 지원과 도움을 받지 않고 가장 빨리 남극에 도달한 팀**이 되었다. 이들의 개인 최고 기록은 하루 55.56㎞를 이동한 것이다.

가장 오래된 증권 거래소
네덜란드 암스테르담의 증권 거래소는 네덜란드 동인도 회사가 발행한 주식을 거래하기 위해 세워졌다.

1602
1602년
DATELINE

2010

2011

▲ **2010년:** 앨런 베이트(영국)가 3월 31일~8월 4일까지 **자전거로 가장 빨리 세계 일주**를 했다. 그는 자전거로 2만 9,467.91㎞를 달렸는데 이동한 거리까지 포함하면 4만 2,608.76㎞가 된다. 총 125일 21시간 45분이 걸린 이 대장정은 태국 방콕 왕궁에서 시작되어 그 자리에 돌아와 끝을 맺었다.

▶ **2010년:** 에드 스태퍼드(영국)는 **아마존 강을 도보로 이동한 최초의 인물**이다. 2년 4개월 8일(860일) 만인 8월 9일에 달성한 기록이다. 그는 태평양에서 233㎞를 걸어 아마존으로 간 다음 강을 따라 6,992m를 걸어 해안에서 해안까지 총 7,225㎞를 도보로 이동했다.

▲ **2010년:** 1월 3일 케이티 스포츠(미국, 1987년 4월 18일생)는 22세 260일의 나이로 세네갈 다카르에서 페달을 밟아 대서양을 동에서 서로 횡단하는 항해를 시작했다. 70일간의 항해 끝에 3월 14일 가이아나의 조지타운에 도착해 **노를 저어 바다를 홀로 횡단한 최연소 여성**이 되었다.

▶ **2010년:** 버논 테야스(미국)가 133일 동안 코지우스코와 카르스텐즈를 포함한 정상을 모두 정복했다. 테야스는 1월 18일 빈슨 산괴에서 출발해 아콩카과, 카르스텐즈 피라미드, 코지우스코, 킬리만자로, 엘부르즈, 에베레스트를 모두 오른 뒤 5월 31일 마지막 정상인 매킨리 산의 데날리에 올랐다. **카르스텐즈를 포함해 세븐 서미츠를 가장 빨리 오른 기록**이다. 사진은 랩스틱 기타를 들고 에베레스트 정상에 선 그의 모습이다.

▲ **2011년:** 1월 13일 크리스티앙 에이드(노르웨이)가 24일 1시간 13분 만에 남극에 도달해 **지원과 도움 없이 가장 빨리 남극에 도달한 개인** 기록을 세웠다. 그는 2010년 12월 20일 론 빙붕의 남서쪽 끝자락인 헤라클레스 만에서 1,150㎞에 달하는 도전을 시작했다. 에이드는 하루 평균 47㎞를 걸었지만, 마지막 날에는 스키로 90㎞를 이동했다. 사진은 남극에 서 있는 미러볼에 비친 그의 모습이다.

DATELINE **1610** 1610년

가장 많은 살인을 저지른 여성
엘리자베스 바토리라는 백작 부인이 현 슬로바키아에 있는 자신의 성에 구금되었다. 그녀는 한 세기 전, 소녀와 젊은 여성의 피를 빨기 위해 최대 600명을 살해했다고 한다.

FAST FACTS

히말라야는 약 6000만 년 전에 생겼다. 정상에 있는 암반에선 해저에서 생긴 4억 5000만 년 전 화석이 발견됐다. • 킬리만자로의 최고봉인 키보는 휴화산이다. 나머지 두 봉우리는 사화산이다.

▲ 2012년: 가버 라콘차이(헝가리)가 7.5m 길이의 카누를 타고 76일간 대서양을 동에서 서로 횡단했다. 포르투갈 라고스에서 출발해 3월 25일 카리브 해 안티구아 섬에 도착한 그는 **바다를 카누로 횡단한 최초의 인물**이 되었다.

▶ 2012년: 7월 21일 에르덴 에루크(터키)가 5년 11일 12시간 22분의 대장정을 마치고 **인간 동력으로 세계 일주를 한 최초의 개인** 기록을 세웠다. 그는 보트, 카약, 하이킹, 사이클을 활용해 3대륙 3대양을 건너 출발지점인 미국 캘리포니아 주 보데가 만으로 돌아왔다.

▲ 2013년: 영국계 미국인 바네사 아우디 리스 오브라이언이 295일 만에 코지우스코와 카르스텐즈를 모두 등반하는 데 성공했다. 2012년 5월 19일 에베레스트를 시작으로 2013년 3월 10일 킬리만자로에서 여정을 마무리했다. 이 도전은 **카르스텐즈를 포함해 세븐 서미츠를 최단기간 등반한 여성** 기록으로 남았다(남성의 기록은 116쪽 참조).

▼ 2013년: 트리플 세븐 서미츠는 각 대륙 최고봉 3곳을 지칭한다. 8월 23일 크리스티앙 스탱글(오스트리아)이 조지아와 러시아의 경계에 위치한 마지막 봉우리인 5,193m 높이의 시하라 산에 오르면서 **트리플 세븐 서미츠를 달성한 최초의 인물**이 되었다.

▶ 2013년: 5월 23일 푸르바 타시 셰르파(네팔, 오른쪽)가 세상에서 가장 높은 봉우리를 21번째 올랐다. 이로써 2011년 5월 11일 아파 셰르파(네팔)가 세운 **최다 에베레스트 등정** 기록과 동률을 이루었다.

2013년: 데이비드 리아노 곤살레스(멕시코)는 **한 계절에 에베레스트를 양방향에서 오른 최초의 인물**이다. 5월 11일 남쪽 루트인 네팔에서 등반을 시작했고, 5월 19일에는 북쪽 루트인 티베트에서 다시 에베레스트에 올랐다. 그는 두 번 모두 산소통을 동반했다.

▲ 2014년: 매튜 구스밀러(미국, 1994년 11월 29일생)가 **비행기를 타고 홀로 세계 일주를 한 최연소 인물**이 되었다. 그는 7월 14일 미국 캘리포니아 주 엘카혼에서 19세 227일의 나이로 여정을 마무리했다.

▲ 2015년: 1월 3일 사이먼 초크(영국)가 아홉 번째 해양 횡단을 마쳐 **개인 최다 해양 횡단** 기록을 세웠다. 그는 대서양과 인도양에서 홀로 그리고 팀을 이루어 바다를 건넜다.

▲ 2015년: 칼룸 게더콜(영국, 1995년 5월 15일)이 12월 20일 20세 219일의 나이로 대서양 횡단을 시작했다. 그는 **최연소 개인 해양 횡단** 기록을 세웠다.

가장 오래 사용되어온 국기

붉은 배경에 흰색 스칸디나비아 십자가가 세워진 디자인이 덴마크의 국기로 채택되었다. 1748년에 사각 형태를 띠게 된 이 국기를 덴마크에서는 '단네브로' 혹은 '데니시 클로스'라고 부른다.

1625

1625년

DATELINE

집에서 도전해보기 DO TRY THIS AT HOME...

DID YOU KNOW?

크리스티앙이 기록에 도전하면서 독일어로 골을 뜻하는 "토어!"를 외쳤다. 그는 라틴 아메리카 축구 해설자가 아주 길게 "고오오오오오올!"이라고 외치는 것처럼 '골'을 외칠 수 있는 스포츠 팬을 찾는 라디오 콘테스트에 참가해 이 도전을 펼쳤다.

DATELINE **1657** 1657년

작동하는 최초의 진자 시계
이탈리아의 발명가 갈릴레오가 진자로 움직이는 시계를 생각해냈지만 특허를 얻은 최초의 작동 모델은 천문학자이자 시계학자인 크리스티안 하위헌스(Christiaan Huygens, 네덜란드)가 발명했다.

CONTENTS

가장 긴 고함

이 장에서는 집에서 도전해볼 수 있는 기록들을 소개한다. 올림픽 선수나 할리우드 인기스타가 아니어도 기록을 세울 수 있다는 사실을 알려주기 위해서다. 그 주인공 중 한 사람은 독일에 사는 크리스티앙 키너로 그는 누구나 해볼 수 있는 도전인 세계에서 가장 오래 고함치기 기록을 보유했다. 스포츠 라디오 <스포츠1.FM>의 도움으로 축구팬이자 보루시아 도르트문트의 열혈 추종자인 크리스티앙은 2015년 4월 25일 독일 뮌헨에서 43.56초 동안 고함지르기에 성공했다. 정말 놀랍지 않은가!
무언가 근사한 일을 해보고 싶다면 이 장에서 소개하는 기록들에 도전해보는 건 어떨까?

가장 오래 발행되고 있는 간행물
<철학 회보>는 영국 과학 학술원인 왕립학회가 3월 6일에 처음 발간했다. 이 회보는 아이작 뉴턴, 찰스 다윈과 같은 많은 기고자가 참여하며 그 명성을 이어갔다.

1665
1665년

DATELINE

주방에서 해보기 IN YOUR KITCHEN

주방이 요리하고 설거지하는 공간이라고만 생각한다면 오산이다. 주방은 기네스 기록을 세울 수 있는 완벽한 곳이기도 하다! 평범한 도구부터 달걀, 설탕, 쌀처럼 일상적으로 먹는 음식에 이르기까지 주방 싱크대, 서랍, 과일바구니 등 모든 곳에 기회가 숨어 있다. 번개처럼 음식을 만들어내는 전문 요리사든 식도락을 즐기는 대식가든 간에 주방은 모두에게 공평한 기회를 제공한다.

달걀

1분간 머리로 가장 많이 깨기	142개	스콧 데임로우(미국)
1분간 한 손으로 가장 많이 깨기	32개	로스 맥커디(미국)
1분간 엉덩이로 앉아 가장 많이 깨기	72개	미셸 르빌랭(프랑스)
2분간 손목으로 가장 많이 깨기	78개	안토니오 알미제스(스페인)
팔꿈치로 달걀 10개 가장 빨리 깨기	12.64초	마우로 바그니니(이탈리아)
발로 달걀 상자에 들어 있는 6알을 에그컵으로 가장 빨리 옮기기	21.15초	애슐리 칼라일(미국)
달걀 12개로 가장 빨리 균형 잡기	1분 6.45초	브라이언 스포츠(미국)

바나나

1분간 껍질 벗겨 가장 많이 먹기	8개	패트릭 베르톨레티(미국)
1분간 가장 많이 부러뜨리기	99개	아쉬리타 퍼먼(미국)

숟가락

몸에 가장 많이 올려놓고 균형 잡기	52개	에티바 엘키에브(조지아)
1분간 가장 많이 구부리기	14개	아쉬리타 퍼먼(미국)
얼굴에 가장 많이 올려놓고 균형 잡기	31개	달리보 자블란코빅(세르비아)

각설탕

턱 위에 가장 많이 쌓아 올리기	17개	실비오 사바(이탈리아)
가장 높은 탑 쌓기	208㎝	카밀 구르종(프랑스)

크림 크래커

3개 가장 빨리 먹기	34.78초	암브로스 멘디(영국)

젤리

1분간 빨대로 젤리빈 최다 옮기기	36개	앤드류 카밀 무라드(레바논)
젓가락으로 젤리빈 30개 가장 빨리 골라내기	23.39초	실비오 사바(이탈리아)
젓가락으로 젤리베이비 30개 가장 빨리 골라내기	27.42초	스티븐 키쉬(영국)

엠앤엠즈/스마티즈

젓가락으로 1분간 가장 많이 먹기	65개	캐서린 렛클리프(영국)
가장 큰 모자이크 만들기	13.8㎡	잭슨 맥킨지(미국)
피넛 엠앤엠즈 500g 가장 빨리 골라내기	2분 12초	스티븐 키쉬(영국)
젓가락으로 30개 가장 빨리 골라내기	31.5초	잉거관(중국)

DATELINE **1670** 1670년

최고령으로 선출된 교황
클레멘스 10세(이탈리아, 본명 에밀리오 알티에리)는 79세 290일의 나이로 가톨릭교회의 수장이 되었다. 그는 6년 후 사망할 때까지 교황직을 유지했다.

양파

생양파 가장 빨리 먹기	29.5초	요스케 야마구치(일본)
50파운드의 양파 껍질 가장 빨리 벗기기	2분 39초	밥 블루머(캐나다)
1분간 가장 많이 껍질 벗기고 썰기	615g	마사노리 후지무라(일본)

페레로 로셰

1분간 가장 많이 먹기	9개	피터 체르빈스키(캐나다)
		패트릭 베르톨레티(미국)
15개 가장 빨리 먹기	2분 22초	피터 체르빈스키(캐나다)
가장 많이 쌓기	12개	실비오 사바(이탈리아)
손 안 대고 1개 가장 빨리 먹기	8.04초	토마스 갱스테드(노르웨이)

양념

케첩 1병 가장 빨리 마시기(396g)	32.37초	베네딕트 웨버(독일)
30초 안에 겨자 소스 가장 많이 마시기	416g	안드레 오르톨프(독일)
200㎖ 겨자 소스 가장 빨리 마시기	20.8초	아쉬리타 퍼먼(미국)

레몬

빨대로 1ℓ 레몬주스 가장 빨리 마시기	24.41초	스티븐 데처트 2세(미국)
가장 빨리 껍질 벗겨 먹기(1개)	8.25초	아쉬리타 퍼먼(미국)
가장 빨리 껍질 벗겨 먹기(3개)	28.5초	짐 링빌드(독일)
눈 가리고 30초간 가장 많이 잡기(2인 1조)	15개	아쉬리타 퍼먼, 비핀 라킨(둘 다 미국)
눈 가리고 1분간 가장 많이 잡기(2인 1조)	33개	아쉬리타 퍼먼, 비핀 라킨(둘 다 미국)

쌀과 파스타

1분간 젓가락으로 생쌀 가장 많이 옮기기	38개	실비오 사바(이탈리아)
1분간 젓가락으로 쌀알 가장 많이 먹기	23개	롭 비튼(미국)
3분간 젓가락으로 쌀알 가장 많이 먹기	134개	밥 블루머(캐나다)
3분간 토르텔리니 가장 많이 만들기	25개	프란시스코 보기안(이탈리아)
소스 뿌린 파스타 1그릇 가장 빨리 먹기(100g)	41초	피터 체르빈스키(캐나다)

꼬치

30초간 완두콩 가장 많이 먹기	40개	아쉬리타 퍼먼(미국)
1분간 완두콩 가장 많이 먹기	86개	파올로 베리(이탈리아)
3분간 옥수수콘 가장 많이 먹기	236개	이안 리처드 퍼비스(영국)
5분간 구운 콩 가장 많이 먹기	271개	아쉬리타 퍼먼(미국)

가장 많이 교수형을 선고한 판사
수석 재판관이던 조지 제프리(영국)는 서부 반란에 가담한 320명에게 반역죄로 사형을 선고했다. 이 재판은 이후 '피의 순회 재판'으로 불렸다.

1685
1685년
DATELINE

마당에서 해보기 IN YOUR BACKYARD

날씨가 좋다면 집안에만 틀어박혀 있을 필요가 없다. 뒷마당에서 세울 수 있는 기네스 기록이 수백 가지가 넘으니 말이다. 바람도 좀 쐬고 광합성도 할 겸 마당으로 나가 약간의 공간이 필요한 스포츠에 도전해보자. 앞으론 갖고 놀 일이 전혀 없을 거 같던 장난감을 다시 손에 익혀보자. 마당이 없다고? 걱정하지 않아도 된다. 소풍갈 채비를 하고 동네 공원으로 가 기록 도전을 위한 연습도 하며 가족 외출을 즐겨보는 건 어떨까?

프리스비/원반던지기

최장 비행(남자)	16.72초	돈 케인(미국)
최장 비행(여자)	11.81초	에이미 베켄(미국)
최장 거리(남자)	250m	크리스찬 샌드스트롬(스웨덴)
최장 거리(여자)	138.5m	제니퍼 그리핀(미국)
목표물을 향해 가장 멀리 던지기	45.7m	브로디 스미스(미국)
1분 안에 목표물 가장 많이 맞히기	27회	로익 듀몽(프랑스)
1분간 등 뒤로 가장 많이 잡기	24회	팀, 다니엘 하베니히(둘 다 미국)
1분간 원뿔 가장 많이 맞히기	12회	브로디 스미스(미국)

훌라후프

동시에 가장 많이 돌리기	200개	마라와 이브라힘(호주)
1분간 가장 많이 던지고 받아 돌리기	236회	리우룽룽(중국)
3인 1조로 1분간 가장 많이 돌리기	50회	폴 블레어(미국), 판보(중국), 딩허메이(중국)
1분간 트램펄린 위에서 가장 많이 돌리기	130회	켄 코바크(미국)

스페이스 호퍼(일명 호피티)

가장 빨리 100m 달리기	30.2초	아쉬리타 퍼먼(미국)

포고 스틱(일명 스카이 콩콩)

최고 높이 점프하기	3.2m	비프 허치슨(미국)
30초간 최다 못 박기	69개	실비오 사바(이탈리아)
1분간 가장 적게 점프하기	39회	비프 허치슨(미국)
1분간 가장 많이 점프하기	266회	톤 스타옵스(미국)
1분간 최다 풍선 터트리기	57개	마크 알드리지(영국)
1분간 최다 줄넘기하기	178회	아쉬리타 퍼먼(미국)

축구공

머리에 올리고 100m 가장 빨리 달리기	18.5초	다니엘 커팅(영국)
1분간 최다 '어라운드 더 문'	61회	아드리안 포겔(독일)
1분간 최다 '어라운드 더 월드'	85회	존 판워스(영국)
축구공으로 최다 저글링 하기	5개	빅터 루빌라(아르헨티나) 마르코 페르메이르(네덜란드)
한 손가락으로 가장 오래 돌리기	4분 21초	라파엘 해리스(이스라엘)
패스 50개 가장 빨리 하기	29.7초	조나단 고메즈(트리니다드토바고), 키스 콘시딘(영국)

물풍선

가장 멀리 던지고 받기(터트리지 않고)	38.8m	아쉬리타 퍼먼, 비핀 라킨(둘 다 미국)
1분간 가장 많이 던지고 받기	22회	아쉬리타 퍼먼, 비핀 라킨(둘 다 미국)
1분간 사람에게 가장 많이 던지기	32회	아쉬리타 퍼먼, 비핀 라킨(둘 다 미국)

DATELINE **1705** 1705년

최초로 인정받은 주기 혜성
영국의 천문학자 에드먼드 핼리가 기원전 240년 전 처음 기록된 혜성이 실제로 75년 주기로 지구를 찾아온다는 사실을 발견했다. 그는 이 핼리 혜성이 1758년에 다시 나타날 것이라고 성공적으로 예측했다.

트램펄린

최다 연속 공중제비	3,333회	브라이언 허드슨(영국)
30초간 최다 뒤로 공중제비	30회	셰인 코너 스미스(미국)
1분간 최다 앞으로 공중제비	40회	제드 에번스(영국)
1분간 최다 하이 프런트 드롭	26회	켄 코바크(미국)
1분간 최다 싯 드롭	49회	올레산드르 나코네크니(우크라이나)
1분간 최다 백 턱	30회	후 지카오(중국)

줄넘기

30초간 최다 뒤로 넘기	135회	히지키 이쿠야마(일본)
1분간 최다 3단 뛰기	113회	허춘안(중국)
최다 연속 3단 뛰기	423회	소조 하마다(일본)
최다 연속 4단 뛰기	78회	아키토시 모리구치(일본)
줄넘기하며 가장 빨리 100m 달리기	15.3초	알랭 트로티어(미국)

농구공

30초간 최다 허리 주변 돌리기	68회	코레이 리치(미국)
1분간 최다 바운스	444회	타네스와 구라가이(네팔)
공 3개를 동시에 가장 오래 돌리기	7.5초	토마스 코너스(영국)
한 손가락으로 가장 오래 돌리기 (한 손 사용)	10분 33초	루벤 알카레즈(스페인)
머리 위에서 가장 오래 돌리기	18.1초	마흐메트 케젝(독일)

마이크로 스쿠터

최고 높이 비니 홉	80㎝	마크 빈코(프랑스)
1분간 최다 테일휩	57회	다니엘 바렛(미국)
1분간 최다 뒤로 공중제비	12회	다코타 슈에츠(미국)

테니스공

1분간 눈 가리고 가장 많이 잡기	11개	안소니 켈리(호주)
1분간 라켓 핸들로 가장 많이 쳐내기	185개	플로리안 졸러(오스트리아)
라켓으로 가장 오래 튕기고 받기	4시간 8분 16초	필머 캠프벨(미국)
한 손에 가장 많이 들기	23개	마하데오 부지발(인도)
머리로 가장 오래 튕기고 받기	1시간 1분 2초	토마스 런드먼(스웨덴)
발로 가장 오래 튕기고 받기	5시간 28분 59초	자셋 구조스키(폴란드)

공중팽이(디아블로)

1분간 가장 많이 던지고 받기	16회	왕 유에치오(중국)
1분간 가장 많이 뒤로 저글링 하고 받기	67회	첸윤(중국)
1분간 최다 다리 주위에서 회전하기	117회	아드리안 히달고(스페인)
목 주변에서 최다 연속 튕기기	126회	하베이 우즈(영국)
다리 주변에서 4개로 가장 오래 저글링 하기	1분 21초	펑잔(대만)
가장 오래 그라인드 하기	1분 35초	헤리 피첸(영국)

가장 오래된 레스토랑
스페인 마드리드 중심가에 보틴 레스토랑이 문을 열었다.
손님이 각자 음식과 와인을 가져오면 이곳에서 조리를 해주었다. 아직도 성업 중이다.

1725
1725년

DATELINE

침실에서 해보기 IN YOUR BEDROOM

나이가 아무리 많이 들어도 몇몇 장난감과 게임은 절대 질리는 법이 없다. 저글링과 요요, 루빅큐브와 종이비행기 등 아주 오랫동안 사랑받아온 장난감은 처음 가지고 놀 때나 지금이나 꾸준히 도전 정신을 불러일으킨다. 처음이든 전에 해보았든 항상 개인 최고 기록을 경신할 기회를 주고 어쩌면 기네스 세계기록을 달성할 수도 있다. 이 도전에서 제일 좋은 점은 침실에서 할 수 있고 원한다면 잠옷 차림이라도 상관없다는 거다!

골프공

가장 많이 쌓기	9개	돈 아데이(미국)

저글링공

1분간 가장 많이 잡기(3개로)	422개	즈데네크 브라닥(체코)
최다 동시 저글링	11개	알렉스 바론(영국)
가장 오래 한 저글링(3개로, 눈 가리고)	6분 34초	데이비드 러시(미국)
가장 오래 한 저글링(4개로)	2시간 46분 48초	즈데네크 브라닥(체코)

종이비행기

1분간 가장 많이 접어서 날리고 받기(10인 1조)	25개	에어버스 그룹(프랑스)
연달아 목표물 가장 많이 맞히기	13회	후미히로 우노(일본)
1분간 입으로 가장 많이 받기	17회	아쉬리타 퍼먼, 비핀 라킨(둘 다 미국)
최장 비행 거리	69.14m	조 아욥, 존 콜린스(둘 다 미국)

미스터 포테이토 헤드

가장 빨리 조립하기	6.62초	사메트 두르마즈(터키)
눈 가리고 가장 빨리 조립하기	16.17초	조 제인 웨일리(영국)

루빅큐브(3x3x3)

가장 빨리 맞추기	4.90초	루키스 에터(미국)
한 손으로 가장 빨리 맞추기	6.88초	펠릭스 젬덱스(호주)
눈 가리고 가장 빨리 맞추기	21.05초	카이준 린(중국)
발로 가장 빨리 맞추기	20.57초	야콥 키파(폴란드)
가장 적게 돌려서 맞추기	19회	팀 웅(미국)

요요

워크 더 독 최장 거리	6.85m	아론 스팍스(영국)
1분간 최다 홉 더 펜스	144회	아론 스팍스(영국)
30초간 최다 리치 포 더 문	27회	아론 스팍스(영국)
30초간 최다 엘리 홉	71회	히로유키 스즈키(일본)
1분간 최다 묘기 부리기	51회	한스 반 단 엘젠(미국)

티들리윙크스

가장 길게 튕겨 넣기	9.52m	벤 소아레스(영국)
가장 높게 튕겨 넣기	3.49m	아드리안 존스(영국), 데이비드 스미스(영국), 에드 윈(영국)

DATELINE 1749 1749년

최초의 피뢰침

벤저민 프랭클린이 피뢰침을 발명했다. 건물 꼭대기에서 지하까지 이어지는 금속 막대를 고정해 번개가 건물에 손상을 입히지 않고 땅으로 흐를 수 있도록 했다.

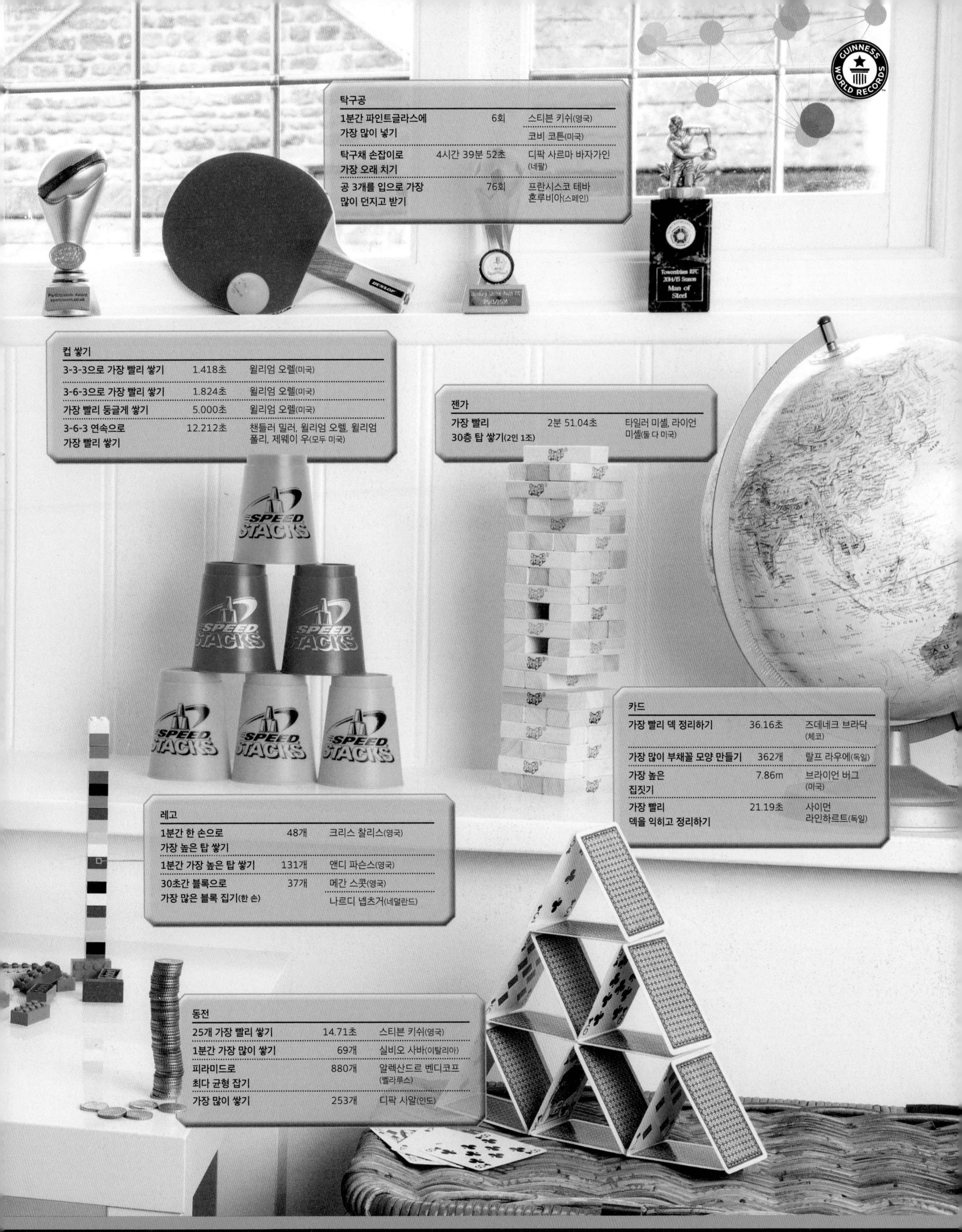

탁구공

1분간 파인트글라스에 가장 많이 넣기	6회	스티븐 키쉬(영국) / 코비 코튼(미국)
탁구채 손잡이로 가장 오래 치기	4시간 39분 52초	디팍 사르마 바자가인(네팔)
공 3개를 입으로 가장 많이 던지고 받기	76회	프란시스코 테바 혼루비아(스페인)

컵 쌓기

3-3-3으로 가장 빨리 쌓기	1.418초	윌리엄 오렐(미국)
3-6-3으로 가장 빨리 쌓기	1.824초	윌리엄 오렐(미국)
가장 빨리 둥글게 쌓기	5.000초	윌리엄 오렐(미국)
3-6-3 연속으로 가장 빨리 쌓기	12.212초	챈들러 밀러, 윌리엄 오렐, 윌리엄 폴리, 제웨이 우(모두 미국)

젠가

가장 빨리 30층 탑 쌓기(2인 1조)	2분 51.04초	타일러 미셸, 라이언 미셸(둘 다 미국)

카드

가장 빨리 덱 정리하기	36.16초	즈데네크 브라닥(체코)
가장 많이 부채꼴 모양 만들기	362개	랄프 라우에(독일)
가장 높은 집짓기	7.86m	브라이언 버그(미국)
가장 빨리 덱을 익히고 정리하기	21.19초	사이먼 라인하르트(독일)

레고

1분간 한 손으로 가장 높은 탑 쌓기	48개	크리스 찰리스(영국)
1분간 가장 높은 탑 쌓기	131개	앤디 파슨스(영국)
30초간 블록으로 가장 많은 블록 집기(한 손)	37개	메간 스콧(영국) / 나르디 넵초거(네덜란드)

동전

25개 가장 빨리 쌓기	14.71초	스티븐 키쉬(영국)
1분간 가장 많이 쌓기	69개	실비오 사바(이탈리아)
피라미드로 최다 균형 잡기	880개	알렉산드르 벤디코프(벨라루스)
가장 많이 쌓기	253개	디팍 시알(인도)

최고로 다작한 작곡가
게오르크 필리프 텔레만(독일)은 죽기 전까지 찬송가 12곡(1년 치), 오페라 40곡, 그리스도 수난곡 44곡, 관현악 모음곡 600곡을 비롯해 다수의 협주곡과 실내악을 남겼다.

1767
1767년

DATELINE

헬스장에서 해보기 IN YOUR GYM

무의미한 반복을 거듭하며 지루하게 운동하는 것보다 세계기록을 수립하겠다는 목표를 세워보는 건 어떤가? 러닝머신을 뛰든 아령 운동을 하든 펀치백을 때리든 모든 운동에 맞는 기네스 세계기록이 존재한다. 이 장에 소개하는 내용은 우리가 살펴본 수많은 분류 중 일부에 지나지 않으니 자신이 도전하고 싶은 종목이 없다고 실망할 필요도 없다. www.guinness-worldrecords.com에서 신청하면 기록 관리자들이 최선을 다해 도와줄 것이다.

로윙 머신(콘셉트 2)

가장 빠른 2,000m(남자)	5분 36.6초	롭 와델(뉴질랜드)
가장 빠른 2,000m(여자)	6분 28.4초	소피 발머리(프랑스)
가장 빠른 마라톤(남자)	2시간 28분 54초	글렌 굿먼(영국)
가장 빠른 마라톤(여자)	2시간 53분 16초	안나 베일리(영국)
가장 빠른 100만m	128시간 38분 19초	나이젤 고워(영국)
가장 빠른 '적도 도달'(4만 75㎞)	2년 6개월 20일	데이비드 홀비(영국)

러닝머신

50㎞ 최단 시간	3시간 55분 28초	젬마 카터(영국)
100㎞ 최단 시간(남자)	6시간 21분 40초	필 안소니(영국)
100㎞ 최단 시간(여자)	8시간 35분 5초	에디트 베르케스(헝가리)
12시간 최장 거리(남자)	131.35㎞	데이비드 스탠리(미국)
12시간 최장 거리(여자)	96.98㎞	디 보랜드(아일랜드)
24시간 최장 거리(남자)	257.88㎞	수레시 요아킴(캐나다/스리랑카)
24시간 최장 거리(여자)	247.20㎞	에디트 베르케스(헝가리)
1주일간 최장 거리(남자)	827.16㎞	마르코 빌라(브라질)
1주일간 최장 거리(여자)	833.05㎞	샤론 가이터(영국)

아령

1분간 프런트 레이즈 최고 중량	1,215㎏	에몬 킨(아일랜드)
1시간 동안 프런트 레이즈 최고 중량	18,830㎏	에몬 킨(아일랜드)
1분간 한 팔 연속 들기 최고 중량	1,975.85㎏	로버트 나탈리(미국)
1시간 동안 연속 들기 최고 중량	32,730㎏	에몬 킨(아일랜드)
1분간 스탠딩 프레스 최고 중량	910㎏	크리스틴 로데스(미국)
1분간 인클라인 플라이 최고 중량	2,160㎏	에몬 킨(아일랜드)
1시간 동안 인클라인 플라이 최고 중량	40,600㎏	에몬 킨(아일랜드)

DATELINE **1770** 1770년

최초의 근대 서커스
영국 런던에서 열린 곡마쇼에서 곡마사인 필립 애슐리(영국)가 곡예, 밧줄 묘기, 광대 묘기 일체를 선보였다.
1782년 그의 회사에서 함께 일했던 찰스 휴즈(영국)가 이런 쇼를 처음으로 서커스라 지칭했다.

실내용 자전거

1분간 달린 최장 거리	3.06㎞	미구엘 안젤 카스트로 로드리게스(스페인)
3분간 달린 최장 거리	5.80㎞	미구엘 안젤 카스트로 로드리게스(스페인)
1시간 동안 달린 최장 거리(남자)	122.00㎞	미구엘 안젤 카스트로 로드리게스(스페인)
1시간 동안 달린 최장 거리(여자)	35.30㎞	티나 턴잭(슬로베니아)
8시간 동안 달린 최장 거리	742.14㎞	필리프 바즈(프랑스)
12시간 동안 달린 최장 거리(남자)	832.35㎞	미구엘 안젤 카스트로 로드리게스(스페인)
12시간 동안 달린 최장 거리(여자)	348.00㎞	티나 턴잭(슬로베니아)
24시간 동안 달린 최장 거리	1,421.05㎞	필리페 바즈(프랑스)
최장 마라톤(시간)	268시간 32분 44초	제이미 맥도날드(영국)

펀치백

가장 오래 한 연속 펀치	52시간	카베 파테미안(영국)

스텝 보드

1분간 최다 오르내리기	105회	타카히로 모리시타(일본)
1시간 동안 최다 오르내리기	4,135회	만지트 싱(영국)
8시간 동안 최다 오르내리기	8,898회	아란 맥렐란(캐나다)
24시간 동안 최다 오르내리기	25,061회	수바시 사스네(인도)
40파운드 팩을 차고 1분간 최다 오르내리기	52회	로버트 나톨리(미국)
60파운드 팩을 차고 1분간 최다 오르내리기	47회	로버트 나톨리(미국)
80파운드 팩을 차고 1분간 최다 오르내리기	41회	로버트 나톨리(미국)
100파운드 팩을 차고 1분간 최다 오르내리기	40회	패디 도일(영국)

메디신볼

1분간 볼 위에서 최다 팔굽혀펴기	68회	모하마드 하산 버트(파키스탄)
볼 가장 오래 치고 받기	1분 34초	코니 스트롬베르그(스웨덴)

케틀벨

롱 사이클 1시간 최고 중량	33,184㎏	아나톨리 에조프(벨라루스)
스내치 1시간 최고 중량(남자)	34,160㎏	에브게니 나자레비치(벨라루스)
스내치 1시간 최고 중량(여자)	14,340㎏	리유보프 케레파하(우크라이나)
저크 1시간 최고 중량	53,424㎏	아나톨리 에조프(벨라루스)
스윙 1시간 최고 중량	12,400㎏	제임스 사워드 앤더슨(영국)
1분간 바닥에서 들어 올리기 최고 중량	4,347㎏	Anatoly Ezhov (벨라루스)

스위스볼

볼 10개 가장 빨리 뛰어 넘기	8.31초	닐 화이트(호주)
1분간 스쿼트로 들어 올린 최고 중량	1,979.6㎏	스티븐 버틀러(영국)
1시간 동안 볼 위에서 최다 무릎 구부리기	1,716회	스티븐 버틀러(영국)
볼 위에 가장 오래 서 있기	5시간 25분 36.98초	가렛 램(미국)
5분간 스위스볼 가장 많이 전달하기(팀)	198개	헬스 앤 다이어트 센터(영국)
두 볼 사이 최장 거리 점프	2.3m	닐 화이트(호주)

지금도 작동하는 가장 오래된 증기 엔진
제임스 와트가 설계하고 버밍엄 운하 회사(둘 다 영국)가 만든 스메디크 엔진이 영국 웨스트미들랜즈 스메디크에서 5월 27일부터 작동하기 시작했다. 이 엔진은 여러 운하 수문에서 물을 빼는 용도로 사용됐다.

1779
1779년

집에서 하면 안 되는 도전 DON'T TRY THIS AT HOME...

DID YOU KNOW?

요셉은 온몸이 불타오르는 것을 대비해 3겹으로 된 방호복을 입고 몸에도 열 차단 스턴트 젤을 발랐다. 스텝들이 요셉의 안전을 살핌과 동시에 계속해서 연료를 주입하면서 불꽃이 꺼지지 않고 오랫동안 탈 수 있도록 했다.

DATELINE **1783** 1783년

최초의 유인 비행

10월 15일 프랑수아 필라트르 드 로지에가 프랑스에서 조제프와 자크 몽골피에가 발명한 열기구를 타고 26m 상공으로 올라갔다(셋 다 프랑스). 11월 21일, 그와 마르키스 다를랑드는 **최초의 자유 유인 열기구 비행** 기록도 세웠다.

CONTENTS

무산소 상태에서 가장 오래 몸에 불붙이기

이 장에 등장하는 도전은 철저히 전문가들을 위한 것이므로 절대 집에서 따라 하지 않기를 바란다. 꼭 그래야 한다!

위험한 기록에 도전하는 이 장에 오스트리아의 전문 스턴트맨 요셉 토트링만큼 잘 어울리는 인물이 또 있을까? 2013년 11월 23일 오스트리아 잘츠부르크의 소방서에서 그는 산소 없이 5분 41초 동안 전신에 불을 붙였다. 당연히 이를 위해 아주 세심한 준비가 있었다. 언제든지 자신의 행동을 제어할 수 있도록 감정을 다스리고 머리를 차갑게 해 이성을 유지하는 일도 중요했다. 자칫 부주의한 몸짓 하나로 눈이나 입에 불이 붙을 수도 있기 때문이다.

2015년 9월 17일 요셉은 오스트리아 스티리아에서 기네스북의 사진 촬영을 위해 다시금 진귀한 장면을 연출했다. 그는 우리가 최고의 사진을 얻을 수 있도록 몸에 5차례 불을 붙였다! 요셉의 또 다른 불타는 신기록은 132쪽에서 찾아볼 수 있다.

최초의 근대 접종

예방접종의 효험을 입증하기 위해 에드워드 제너 박사(영국)가 한 아이를 우두에 감염시켰다. 몇 주 뒤 이 아이에게 천연두 균을 주입했지만 아이는 면역이 생겨 치명적인 질병에 걸리지 않았다.

1796

1796년

DATELINE

차량을 이용한 도전 VEHICLES

UTV 앞바퀴 가장 오래 들기

2014년 8월 23일 캐나다 뉴브런즈윅의 멍크턴 국제공항에서 로저 르블랑이 다목적 자동차(UTV)의 앞바퀴를 들고 1.14㎞를 주행했다. 언덕길을 포함한 로저의 주행 신기록은 혼다 700 파이오니어 UTV로 세웠는데, 두려움을 모르는 승객 4명도 함께 탔다. 제프 갈랜드, 질레스 듀푸이스, 폴 아르세노, 마틴 핀니가 그 주인공이다.

몬스터 트럭으로 최고 긴 경사로 점프

2013년 9월 1일 조 실베스터(미국)가 4,536㎏ 중량의 몬스터 트럭 베드 해비트를 끌고 미국 펜실베이니아 주 콜럼버스 컴필드 500에서 72.42m 경사로 점프에 성공했다. 그는 이 기록을 세우기 위해 시속 136.7㎞로 달렸다. 실베스터는 기존 기록 보유자였으나 2012년 댄 런트(미국)에게 챔피언 자리를 내줬다. 이 기록에 다시 도전한 이유가 무얼까? "날마다 한계를 시험하고 싶으니까요. 아드레날린이 솟구쳐요!"

치아로 최고 중량 자동차 끌기

2015년 1월 7일 중국 장쑤 성 장인에서 펼쳐진 CCTV의 <기네스 세계기록 특집> 방송에서 이고리 자리포브(러시아)가 치아로 1만 3,713.6㎏에 달하는 자동차를 5m 끌었다.

자동차 주행 최장 시간 막기

2015년 7월 26일 독일 마인의 ZDF 펜세 가르텐에서 제라드 슈엘(오스트리아)이 쉐보레 콜벳 Z06을 22.33초 동안 달리지 못하게 막았다.

손으로 최다 자동차 돌리기

2015년 1월 11일 중국 장쑤 성 장인에서 펼쳐진 CCTV <기네스 세계기록 특집> 방송에서 진 카론(캐나다)이 5분 동안 손으로 자동차를 13차례 돌렸다.

두 바퀴로 최고 빨리 달리기

2011년 7월 3일 영국 웨스트서식스 주에서 열린 '굿우드 페스티벌 오브 스피드'에서 테리 그랜트(영국)가 사이드 휠만 사용해 2분 55초 만에 1.6㎞를 달렸다.

몬스터 트럭 최고 속도

2014년 12월 15일 미국 텍사스 주 오스틴에 있는 서킷 오브 더 아메리카에서 마크 홀(미국)이 램 트럭을 몰고 시속 159.49㎞로 달렸다.

최고 빠른 오토바이 뒷바퀴 주행

1999년 4월 18일 패트릭 푸르스텐호프(스웨덴)가 시속 307.86㎞로 혼다 슈퍼 블랙버드 1,100cc 터보의 앞바퀴를 든 채 달렸다. 이 기록은 영국 레스터셔의 브런팅소프 프루빙 그라운드에서 측정되었다.

오토바이 최고 점프

2009년 7월 25일 미국 일리노이 주 시카고 버틀러 필드 그랜드 파크에서 열린 레드불 하이라이즈 대회에서 로니 레너(미국)가 쿼터파이프 램프 위에서 10.77m 점프했다.

DID YOU KNOW?

착지하는 순간 베드 해비트는 앞으로 너무 쏠려 전복될 뻔했다. 전에도 비슷한 일이 있었다. 2010년 실베스터가 베드 해비트로 처음 점프 연습할 때 앞부분 끝이 바닥에 닿으면서 트럭이 옆으로 돌아 충돌했다.

DATELINE **1800** 1800년

최고 긴 인간 뿔

디망쉬 부인으로 알려진 82세의 프랑스 여성이 6년 동안 이마에서 자란 뿔(정확히는 케라틴성 피부종양)을 제거하는 수술을 받았다. 뿔의 길이는 자그마치 24.9㎝였다.

FAST FACTS

몬스터 트럭의 타이어 크기는 여성의 평균 신장과 맞먹는 1.6~1.67m 정도다. • 이블 크니블(미국)은 오토바이 장거리 점프의 선구자로 총 433회 점프하면서 평생 가장 많은 뼈가 부서졌다.

역방향 경사로 최장 점프

2014년 2월 13일 미국 캘리포니아 주 발렌시아 식스플래그 매직 마운틴에서 롭 드렉(미국)이 MTV <롭 드렉의 판타지 팩토리> 공연 중에 자동차를 몰고 27.2m의 역방향 경사로 점프를 선보였다.

자동차 앞바퀴 오래 들기

2012년 8월 12일 캐나다의 '더 테미스카밍 드래그 앤 플라이 섬머 클래식'에서 니트로 마이크 쿤즈(캐나다)가 이 묘기로 763.4m를 이동했다.

오토바이 역방향 장거리 질주

2014년 10월 7일 인도 자발푸르에서 디파얀 초우드리가 오토바이를 타고 역방향으로 202㎞를 달렸다.

트럭 캡 경사로 최장 거리 점프

2015년 7월 24일 그레그 고드프리(미국)는 미국 몬태나 주 뷰트의 이글 카니블 데이 이벤트에서 트럭 캡을 타고 50.6m 점프에 성공했다. 이 시도로 고드프리는 2008년 11월 17일 미국 유타 주 솔트레이크시티의 '고드프리 트럭킹/로키 마운틴 레이스웨이'에서 세운 기록(15.39m)을 약 3배나 끌어올렸다.

얼음 위에서 오토바이 앞바퀴 들고 최고 빨리 달리기

2015년 2월 28일 스웨덴 아르순다에서 로버트 굴이 오토바이의 앞바퀴를 들고 시속 206.09㎞로 달렸다. 그는 징이 박힌 타이어를 장착하지 않은 채 표준 2011 BMW S1000RR 오토바이로 묘기를 선보였다.

최대의 자동차 공중제비

2015년 9월 14일 독일 프랑크푸르트의 니데라트 경마장에서 스턴트 운전사인 테리 그랜트와 재규어(둘 다 영국)가 지름 19.08m의 공중제비를 선보였다. 이 길이는 트랙의 가장 낮은 지점부터 원의 꼭대기 지점까지를 산출해 나온 수치다. 그랜트는 재규어 F-PACE를 몰았는데, 세계 자동차업계 언론들 앞에서 신차를 처음 공개하는 행사의 일환이었다.

DID YOU KNOW?

이 묘기를 위해 몇 달을 준비했다. 공중제비 꼭짓점에서 자동차의 속도는 시속 24.1㎞로 줄어든다. 주최 측에서는 이 지점에서 자동차가 추락하지 않도록 정확한 산출 공식을 대입했는데 자동차가 트랙에서 떨어지지 않으려면 시속 85.3㎞로 달려야 한다.

DATELINE

1801
1801년

최초의 승용차
12월 24일 발명가이자 광산 엔지니어인 리처드 트레비식(영국)이 증기 엔진으로 돌아가는 퍼핑 데빌(Puffing Devil)이라는 자동차에 승객을 태우고 영국 콘월의 캠번 지역을 달렸다.

불 속 도전 FIRE

불길 속에서 최장 거리 오토바이 몰기

2014년 9월 5일, 남아프리카 파리스에서 엔리코 슈먼과 안드레 데 코크(뒷좌석)가 오토바이에 사이드카를 장착하고 화염 터널 속 120.4m를 달렸다. 엔리코는 화염 때문에 앞을 잘 볼 수 없었지만 베테랑 운전 실력을 발휘해 무사히 탈출할 수 있었다.

불길 속을 최고 오래 달린 사륜 오토바이

2012년 4월 12일 이탈리아 로마에서 열린 '로 쇼 데 레코드'에서 댄 세르블린(이탈리아)이 불꽃을 뚫고 25m를 달렸다.

최고 멀리 날아간 인간 불화살

2014년 6월 14일 미국 인디애나 주 페루에서 열린 CCTV의 <기네스 세계기록 특집>과 '로 쇼 데 레코드'를 위해서 브라이언 마이저(미국)가 커다란 석궁 위에서 온몸에 불을 붙인 채 인간 화살이 되어 31.87m를 날았다.

전신에 불을 붙인 최다 인원

2013년 10월 19일 미국 오하이오 주 클리블랜드에서 21명이 동시에 몸에 불을 붙였다. 스턴트맨 테드 베칠러와 핫카드닷컴(둘 다 미국)이 주최한 이 행사는 클리블랜드 푸드뱅크의 자선기금을 모으기 위해 개최됐다.

몸에 최다 불심지 붙이기

2013년 12월 13일 영국 런던에서 파이로빌 스네이크 퍼버(일명 하이디 브래드쇼, 영국)가 몸에 31개의 불꽃 심지를 부착했다. 모든 심지가 동시에 타들어 가서 불붙지 않은 것은 하나도 없었다. 손에 있는 심지는 장갑에 맞도록 특별 제작한 장치에 꽂혀 있다.

불붙은 몸으로 말에 끌려가기(최장 시간)

2015년 6월 27일 온몸에 불을 붙인 상태로 전문 스턴트맨 요셉 토트링이 말에 매달려 500m를 끌려갔다. 요셉은 여러 겹으로 된 방호복과 쿨 젤로 몸을 보호하고 금속 정강이 보호대와 팔꿈치 패드를 착용했다. 특별히 훈련된 말이 시속 35km로 요셉을 끌고 가기 때문에 팔꿈치 패드는 꼭 필요한 장비였다. 오스트리아 스티리아 주 테이캄 프라드니츠에서 이 물불을 가리지 않는 남자를 돕기 위해 사륜 오토바이를 탄 스텝이 그의 몸에 적당량의 등유를 뿌려주면서 동행했다.

미리 측정해둔 거리인 500m를 완주한 뒤 요셉은 곧장 다른 기록에 도전했다. 이번에는 사륜 오토바이 뒤에 매달려 582m를 가서 **온몸에 불붙이고 가장 오래 차량에 끌려가기** 기록을 세웠다!

DATELINE **1814** 1814년

최연소 박사학위
4월 10일 오스트리아 로하우의 영재 칼 비테가 13세 283일의 나이로 독일 기센대학교에서 철학박사 학위를 받았다.

최초로 몸에 불붙이고 서핑한 사람

2015년 7월 22일 프랑스령 폴리네시아 타히티의 초포에서 전문 서퍼 제이미 오브라이언(미국)이 몸에 불을 붙이고 세상에서 가장 큰 파도를 탔다! 그는 불타는 상태로 파도의 안쪽으로 들어갔는데 후에 이 순간을 "평생 아드레날린이 가장 많이 솟구친 순간"이라고 회고했다.

FAST FACTS

불을 입안에 넣는 묘기는 기원전 133년 시칠리아에서 처음 기록되었다. • 영국인 사극 배우 로버트 파월은 불타는 석탄과 녹인 밀랍을 먹었다. • '불연성 여인'이라 불린 이탈리아의 조세핀 기아르델 리는 녹아내리는 납을 입에 넣었다.

DID YOU KNOW?

하와이에서 자란 제이미는 어린 나이에 서핑을 시작했다. 몸에 불을 붙이고 파도를 탄다는 생각은 인스타그램에서 받은 메시지에서 영감을 얻었다. 워낙 엄청난 도전이라 로스앤젤레스의 스턴트맨 라일리 하퍼가 이끄는 팀과 1년 동안 준비했다고 한다.

불타는 물속으로 다이빙하기

2014년 6월 21일 미국 로스앤젤레스에서 열린 NBC의 <쇼스톱핑 선데이 스페셜>에서 프로페서 스플래시로 알려진 대런 테일러(미국)가 8m 아래 불타는 물속으로 25.4㎝ 셸로 다이빙(얕은 다이빙)을 했다. 점프하기 직전 수면에 불이 붙었다.

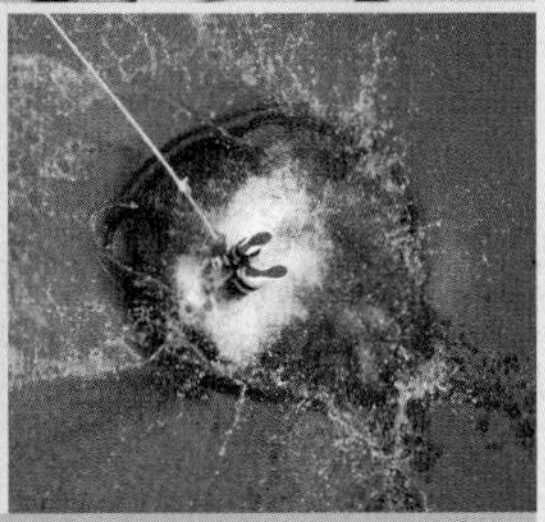

불과 물이 만난 최고 높이 번지점프

2012년 9월 14일 프랑스 노르망디 솔레브르 고가다리에서 요니 로크(프랑스)가 몸에 불을 붙이고 65.09m 아래로 번지점프 했다. 요니가 강물 속으로 들어가면서 불은 꺼졌다. 구스타브 에펠이 지은 이 철교는 1990년부터 번지점프 플랫폼으로 사용되고 있다.

칼을 목구멍 속에 넣은 채 불 곤봉 돌리기

2012년 9월 14일 영국 런던의 원더그라운드에서 그레이트 고르도 겜스비(호주)가 긴 칼을 목구멍 깊이 넣은 채 동시에 불붙은 곤봉 3개로 10초 동안 저글링을 선보였다.

같은 날 피파 '더 리퍼' 코람(호주)이 **다리를 한껏 벌린 상태로 불붙은 훌라후프 돌리기**를 성공해 이 기록에 대적했다.

1분 동안 최다 화염 뿜기

2015년 1월 9일 중국 장인에서 CCTV <기네스 세계기록 특집>에 출현한 주지안가오(중국)가 189회 화염을 뿜었다.

횃불 입으로 들기

2015년 8월 30일 미국 뉴저지 주 뉴어크에서 헥터 알렉산더 스핏파이어 곤살레스(미국)가 횃불을 3분 38.39초 동안 치아를 이용해 들고 있었다.

횃불

• **1분 동안 최다 불 끄기:** 미국 미네소타 주 섀코피에서 2014년 9월 7일 불 쇼 전문가인 브렛 파세크(미국)는 조수가 입에 넣어주는 횃불 99개를 전부 껐다.

• **30초/1분간 최다 켜고 끄기:** 2014년 7월 4일 영국 런던의 일렉트로웍츠에서 스네이크 퍼버(132쪽 참조)는 30초 동안 59개의 횃불을 켜고 껐다. 이듬해 9월 29일 그녀는 속도를 높여 1분간 126개의 횃불을 켜고 끄는 데 성공해 새로운 기록을 세웠다.

가장 치명적인 화산폭발

4월 5일 네덜란드 동인도(현 인도네시아)의 숨바와 섬에서 탐보라 화산이 폭발해 며칠 동안 분출했다. 약 7만 1,000명이 목숨을 잃었는데 이 중 일부는 폭발 이후 발생한 심각한 기후 변화로 인해 사망했다.

1815

1815년

DATELINE

물속 도전 WATER

물 위의 인간 피라미드

2013년 9월 14일 미국 위스콘신 주 그랜드래피즈의 와지카 호수에서 빅 풀 2013(미국)이 주최하는 수상 쇼가 펼쳐졌다. 위스콘신과 일리노이 주 다섯 스키팀(아쿠아 덕스, 백워터 갬블러스, 베드저랜드, 비버랜드 머스트-스키스, 워터 벅스) 선수 60명이 수상스키를 타고 물 위에 최대 규모의 피라미드 대형을 선보였다.

보트 1척을 끈 최다 수상스키 인원

2012년 1월 27일 호주 태즈메이니아 주 스트라한에서 홀스헤드 수상스키 클럽(호주) 회원 145명이 수상스키를 타고 보트 1척을 1.8㎞ 이상 끌었다.

최고 높이에서 물속으로 번지점프

2015년 6월 8일 영국 첸스토에서 레이먼드 우드콕(영국)이 기자의 대피라미드보다 더 높은 141.7m 높이에서 물속으로 번지점프 했다.

최고 높이 폭포 다이빙

2008년 10월 5일 중국 무단장 징푸 호수에 있는 디아오슈일루 폭포에서 디 후안란(중국)이 <기네스 세계기록 특집>을 위해 12.1m 아래로 뛰어내렸다.

수상스키로 최고 큰 선박 끌기

2010년 10월 1일 스페인 알칸테 해안에서 갈릴레오 TV 리포터인 얀 슈베데렉(독일)이 수상스키를 타고 6분 25초 동안 시속 26㎞로 아이다벨라호를 끌었다. 이 배는 그 무게가 6만 9,203톤에 이르고 총 길이 252m, 너비 32.2m에 13개의 갑판과 1,025개의 객실이 있다. 요셉 후스먼이라는 독일인 선장이 키를 잡았다.

최고 수심에서 자전거 타기

잠수 사이클링에서 비토리오 이노센테(이탈리아)만큼 깊이 내려간 이는 없다. 2008년 7월 21일 이탈리아 산타 마르게리타 리구레에서 그는 수심 66.5m에서 유유히 자전거를 탔다. **가장 멀리까지 간 물속 사이클링**은 2013년 9월 8일 독일 지른도르프의 비버르트바드 지른도르프에서 젠스 스퇴즈너(독일)가 세운 6.7㎞다.

최고 속도…

카이트 서핑(남자)

2013년 11월 11일 프랑스 생루이 포트에서 알렉산드르 카이저구스(프랑스)가 시속 104.8㎞로 카이트 서핑을 했다.

여자 최고 기록은 시속 93.3㎞다. 이 기록은 2010년 10월 28일 나미비아 뤼데리츠에서 열린 뤼데리츠 스피드 챌린지에서 프랑스의 샬롯트 콩소르티가 세웠다.

DID YOU KNOW?

해저 도전을 시작하기에 앞서 비토리오 이노센테는 잠수부들과 함께 물속으로 들어갔다. 그는 수심 28m 지점에서 자전거에 올라 밧줄을 잡고 신기록에 해당하는 깊이에 도달할 때까지 계속 내려갔다. 그리고 도착 지점에서 약 9분 동안 자전거를 탔다.

DATELINE **1826** 1826년

가장 오래된 동물원

영국 정치가 스탬퍼드 래플스가 설립한 런던 동물원은 최초의 과학 동물원이었다. 2년 뒤 리젠트 파크에 첫 우리가 설치되면서 런던 동물원이 되었다.

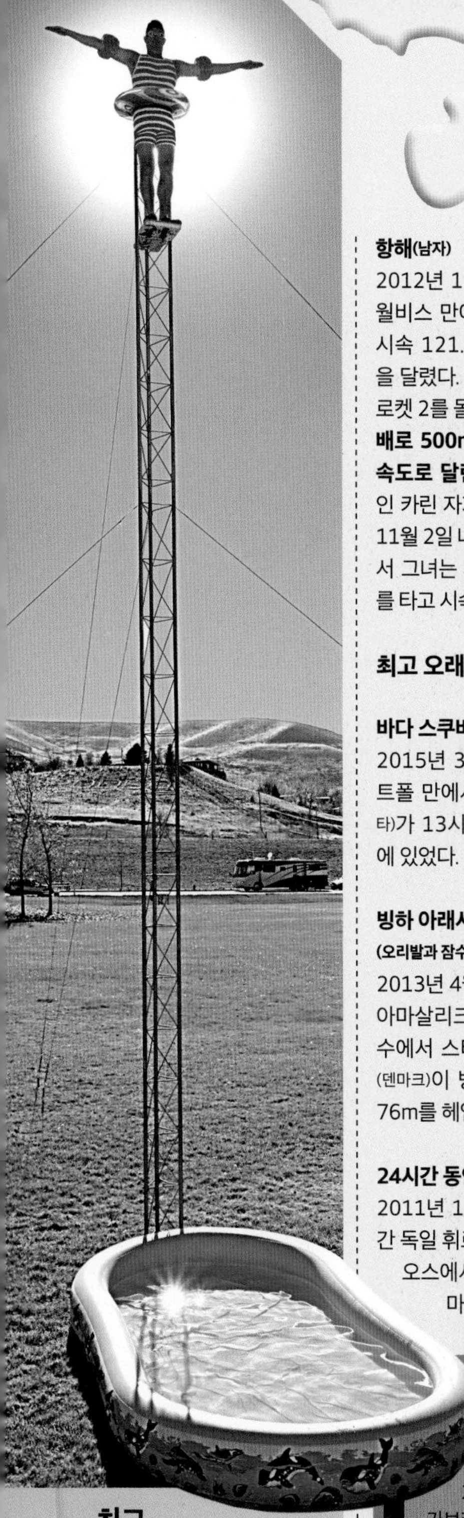

FAST FACTS

'Scuba(스쿠버)'는 수중호흡장치(Self-Contained Underwater Breathing Apparatus)의 약어다.
• 미국인 랠프 사무엘슨이 1922년 수상스키를 발명했다. 처음 스키를 만들 때 그는 통나무 통 널빤지를 사용했다.

항해(남자)
2012년 11월 24일 나미비아 월비스 만에서 폴 라슨(호주)이 시속 121.2㎞로 500m 물길을 달렸다. 그는 베스타스 세일로켓 2를 몰았다.
배로 500m 거리를 최고 빠른 속도로 달린 여자는 윈드서퍼인 카린 자기(스위스)다. 2015년 11월 2일 나미비아 뤼데리츠에서 그녀는 패트릭 스피드 보드를 타고 시속 85.7㎞로 달렸다.

최고 오래…

바다 스쿠버 다이빙하기(찬물)
2015년 3월 19일 몰타 세인트폴 만에서 대니얼 사무트(몰타)가 13시간 42분 동안 물속에 있었다.

빙하 아래서 숨 참고 수영하기 (오리발과 잠수복 없이)
2013년 4월 17일 동그린란드 아마살리크 섬의 쿼드로톡 호수에서 스티그 아발 세버린센(덴마크)이 빙하 아래 물속에서 76m를 헤엄쳤다.

빙하 아래로 최고 깊이 내려간 여성(무호흡)

2015년 5월 3일 그린란드 우마나크 만의 이케라사크에서 오로레 아소(프랑스)는 호흡 장치 없이 잠수복과 오리발만 착용한 채 57.9m 아래로 잠수했다. 원하는 깊이까지 내려갔다는 걸 증명할 수 있도록 하강을 돕는 밧줄에는 수심이 적힌 꼬리표가 달려 있었다. '북극을 위한 하나의 숨결'이란 이름의 이 프로젝트는 북극 환경 보호 의식을 높이기 위해 기획됐다.

24시간 동안 물속 걷기(개인)
2011년 11월 17일부터 이틀간 독일 휘르트의 MMC 스튜디오스에서 열린 RTL 스펜덴마라톤 경기에서 조이 켈리(독일)가 물속으로 16.3㎞를 걸었다. 이 도전은 도움이 필요한 아이들을 위한 자선 모금 행사의 하나로, 15만 5,716달러를 모았다.

숨 한 번 쉬고 물속 걷기
2015년 4월 19일 터키 차나칼레 아나파르탈라 올림픽 수영장에서 세르탄 아이딘(터키)이 물속에서 79.9m를 걸었다.

하천 보어에 서서 파도타기
2006년 3월 30일 영국 글로스터셔 서번 강의 보어에서 스티브 킹(영국)이 서핑으로 12.2㎞를 갔다.

최고 높이에서 셸로 다이빙

2014년 9월 9일 프로페서 스플래시로 알려진 대런 테일러가 11.56m 높이에서 점프해 불과 30㎝ 깊이의 물속으로 뛰어들었다. 이 놀라운 도전은 중국 푸젠 성 샤먼에서 열린 CCTV의 <기네스 세계기록 특집> 무대에서 선보였다. 이 기록 역시 전문가만이 도전할 수 있는 분야로, 프로페서 스플래시는 경험 많은 스턴트맨이다.

최고 수심 스쿠버 다이빙

2014년 9월 18일 이집트 다합의 홍해에서 아하메드 가브레(이집트, 오른쪽과 삽입 사진)가 332.35m 물속까지 들어갔다. 이 깊이는 미국 뉴욕에 있는 크라이슬러 빌딩 높이와 같다.
2004년 10월 25일 남아프리카의 노던케이프 주 뵈스만스가트 동굴에선 베르나 본 샤이크(남아프리카공화국)가 221m 물속까지 들어가 최고 수심 스쿠버 다이빙(여자) 기록을 세웠다. 그녀는 5시간 34분간 물속에 있었지만 내려가는 데는 12분밖에 걸리지 않았다. 대신 수면에 도달하기까지는 5시간 15분이 걸렸다. 잠수병에 걸리지 않기 위해 아주 천천히 올라와야 했기 때문이다.

최초의 만화
스위스 만화가 로돌프 퇴퍼가 30쪽짜리 만화《미스터 우든 헤드의 모험》을 그렸다. 이 만화는 10년이 지난 뒤에 출간되었다.
1827
1827년
DATELINE

기이한 도전 PERFORMERS

절대 따라 하지 마시오! 사과 입에 물고 톱으로 자르기

2013년 10월 12일 영국 사우스요크셔 도나캐스터 경마장 타투 잼에서 조니 스트레인지는 파트너 다니엘 마틴(둘 다 영국)이 입에 문 사과 12개를 체인톱으로 두 동강 내 이 분야 최고 기록을 세웠다. 같은 행사에서 조니는 1분 동안 자신의 입에 문 사과 체인톱으로 자르기 분야에서도 8개를 성공해 최고 기록을 경신했다.

작동 중인 전기톱 최고 멀리 던지고 받기

2012년 9월 14일 영국 런던 원더그라운드에서 스페이스 카우보이로 불리는 체인 헐트그렌이 전원을 켠 전기톱을 4m 거리에 서 있는 파트너 그레이트 고르도 겜스비(둘 다 호주)에게 던졌다.

물속에서 구속복 벗고 가장 빨리 탈출하기

2014년 7월 7일 이탈리아 밀라노에서 열린 '로 쇼 데 레코드' 무대에서 루카스 윌슨(캐나다)이 물속에서 구속복을 벗고 22.86초 만에 탈출에 성공했다.

눈꺼풀로 들어 올린 최고 무게

2012년 11월 15일 영국 레스터의 코싱턴 스포츠 홀에서 만지트 싱(영국)이 양쪽 눈꺼풀 근육을 이용해 24㎏ 무게를 들어 올렸다.

눈 가리고 줄타기 최고 높이

2014년 11월 2일 미국 일리노이 주 시카고에서 닉 월렌다(미국)가 170.04m 높이에서 눈을 가린 채로 줄을 탔다.

오토바이로 줄타기한 최고 기록은 130m 높이에서 666.1m를 전진한 것이다. 2010년 10월 16일 스페인 베니도름에서 무스타파 댄저(모로코)가 세운 기록이다.

1분 동안 혀에 최다 쥐덫 달기

2015년 7월 16일 캐나다 뉴브런즈윅 세인트존에서 스위트 페퍼 클로펙(캐나다)이 60초 동안 자신의 혀에 쥐덫 58개를 달았다. 2014년 케이시 세번(미국)이 세운 기록보다 5배 더 많다.

1분 동안 발로 최다 맥주병 따기

2013년 6월 5일 터키 이스탄불의 레콜라 듀니아시에서 즐라타로 알려진 곡예사 줄리아 귄텔(독일)이 1분간 발로 맥주 8병을 땄다. 이 도전으로 그녀는 2년 전 7병이었던 자신의 기록을 경신했다.
즐라타는 오른쪽 사진에서 보는 것처럼 팔꿈치로 상반신을 버티는 고난도 자세로 병 따기에 도전했다.

턱에 전기톱 세워서 균형 잡기

여러 차례 기네스 세계기록을 세운 아쉬리타 퍼먼(미국)이 2013년 9월 15일 미국 뉴욕 시에서 턱에 전기톱을 세우고 최장 시간인 1분 42.47초 동안 균형을 잡았다. 그가 사용한 톱의 무게는 4.75㎏이었다.

DID YOU KNOW?

2010년 디스커버리 채널에 즐라타가 소개된 뒤 한 의사가 그녀의 놀라운 유연성을 살펴보고자 MRI를 촬영했다. 평범한 사람들은 시간이 지나면 인대가 굳지만 즐라타의 경우 놀랍게도 어린아이의 유연성과 탄력을 그대로 유지하고 있었다.

DATELINE **1838** 1838년

사람을 찍은 최초의 사진
루이 다게르(프랑스)는 구두닦이 앞에 한 남자가 앉아 있는 거리 풍경을 시범 촬영했다. 남자가 가만히 오래 앉아 있어 준 덕분에 노출이 잘돼 사진이 선명하게 나왔다.

FAST FACTS

체인톱은 절골도라고 부르는 수술 도구에서 유래한 것으로 지금도 치과와 정형외과에서 사용된다. • 구속복은 1790년 프랑스의 천갈이 업자인 길러헤이 파리 근교 정신병원 환자용으로 고안한 것이다.

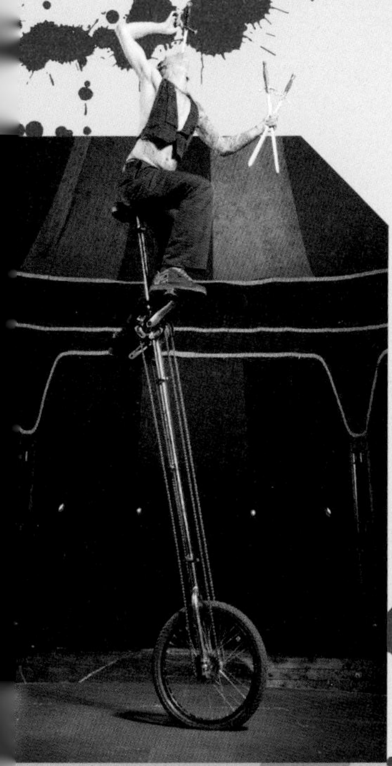

물속에서 1분 동안 최다 작살 잡기

2014년 11월 13일 호주 아미데일의 한 수영장에서 안소니 켈리(호주)가 2m 앞에서 발사된 작살 10개를 잡았다. 2014 기네스 세계기록을 기념하기 위한 행사에서 선보인 묘기였다.

위험천만한 외발자전거 곡예

2012년 9월 14일에 영국 런던의 원더그라운드에서 스페이스 카우보이(136쪽 참조)는 외발자전거 위에서 장칼 3개를 목구멍 깊이 넣어 외발자전거 위에서 가장 많은 칼을 삼킨 사람이 됐다. 칼은 길이 42㎝, 두께 3㎜, 너비 22㎜로, 그가 탄 외발자전거는 높이가 2.49m에 달했다.

칼을 목구멍에 넣은 채 1분간 최다 백덤블링하기

2014년 7월 2일 이탈리아 밀라노에서 메리얼 맹스로 불리는 제임스 룽튼(호주)이 41㎝ 길이의 칼을 목구멍에 넣은 채 짜릿한 백덤블링을 20차례나 선보였다. 칼을 삼키면 호흡이 어려워지기 때문에 제임스는 묘기를 하는 동안 숨을 참아야 했다. 1분간 두 번 칼을 잠시 뺀 다음 다시 삼키고 묘기를 계속했다.

귀로 끈 가장 무거운 물체

2014년 5월 12일 영국의 조니 스트레인지는 677.8㎏에 달하는 세스나 172P 비행기를 자신의 귀로 6.22m나 끌었다. 영국 에식스 노스윌드 비행장에서 벌어진 이 도전에서 조니는 귓불이 늘어날 정도로 전력을 다했다.

이마 위에 최다 볼링공 올리기

다재다능한 엔터테이너 매트 베이커(미국)는 이마로 무게를 지탱하는 데 일가견이 있다. 2014년 1월 31일 미국 아이다호 쾨르달렌에서 그는 30초 동안 이마에 6개의 볼링공을 올려놓았다. 매트는 크록센터 극장에서 300명의 관객을 앞에 두고 묘기를 선보였다.

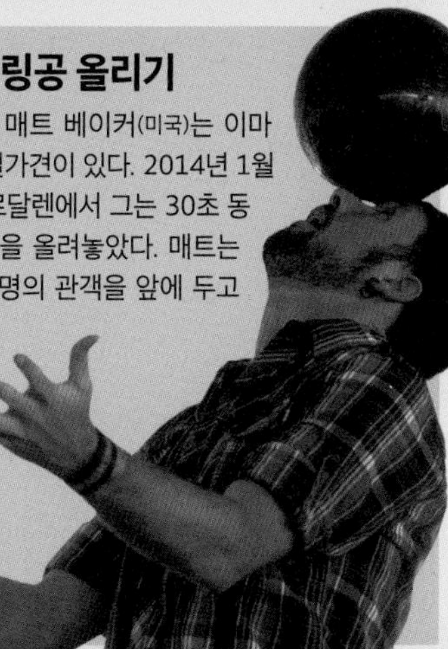

최초의 셀카
미국 사진작가 로버트 코넬리우스가 첫 셀카의 주인공으로 추정된다.
그는 수은과 요오드에 민감한 은판을 사용한 초기 사진 기법인 다게레오 타입으로 촬영했다.

1839
1839년

DATELINE

장난감 & 게임 TOYS & GAMES

DID YOU KNOW?

2013년 스웨덴 스톡홀름의 빅토르 뤼드베리 학교는 어린 십대들의 창의성을 키우기 위해 <마인크래프트>를 교과과정으로 채택했다. "각종 문제를 해결하고 미래를 위한 계획을 세우면서 도시 계획과 환경 문제까지 배울 수 있어요." 이 학교 교사 모니카 에크만의 말이다.

DATELINE **1844** 1844년

가장 오래된 지하철 터널

767m 길이의 애틀랜틱 애비뉴 터널이 완공됐다. 이 터널은 미국 뉴욕 브루클린 아래를 지났으며, 1861년에 폐쇄될 때까지 롱아일랜드 레일 로드의 열차들이 달렸다. 그리고 1981년까지 완전히 잊힌 채 땅 밑에 방치됐다.

CONTENTS

가장 많이 본 <마인크래프트> 비디오 채널

<더다이아몬드마인카트>는 <마인크래프트> 플레이어이자 유명한 게임 비평가인 댄 TDM(일명 다니엘 미들턴, 영국)의 유튜브 채널이다. 2015년 1월 27일 기준, <더다이아몬드마인카트>는 2012년 7월 14일에 첫 비디오를 올린 이래 1,705개의 비디오로 총 56억 1,548만 3,973뷰를 기록했다. 놀랍게도 댄의 비디오들은 매월 약 7,000만 뷰를 기록한 것이다.

그는 전 세계 팬들로부터 메일도 받는다. "제 장점은 스토리를 쌓아가고 트릭을 편집해 게임의 창의성을 높이는 거라 생각합니다." 그의 말이다.

비디오게임 채널이 '전용'이 되려면 콘텐츠의 85~90%가 특정 비디오게임 프랜차이즈와 관련되어야 한다.

가장 오랫동안 풀지 못한 암호
비즈네르 암호는 1553년에 만들어진 이래 수 세기 동안 인류가 풀지 못한 다중문자 암호로, 영국 수학자이자 전산 선구자인 찰스 배비지가 마침내 해독했다.

1854
1854년

DATELINE

FACTOGRAPHIC

레고학 LEGO-OLOGY

'LEGO'라는 이름은 leg와 godt를 합친 말로 '잘 논다'는 뜻이다. 레고 그룹은 1949년부터 '절로 결합되는 벽돌'들을 만들기 시작했다. 그리고 그 디자인은 1958년 이래 계속 이어져 왔다. 오늘날 새로 나온 레고 박스를 열어봐도 레고 브릭이 모두 표준이라는 걸 알 수 있을 것이다(오른쪽 사진은 1958년에 만들어진 700/5 레고 박스다). 오늘날 레고는 세계 어느 곳, 심지어 우주 밖에서도 볼 수 있다.

브릭 하나하나 전설로 만들기

모든 레고 브릭은 작은 플라스틱 알갱이들(아래), 그러니까 정확히는 아크릴로 나이트릴-뷰타다이엔 스타이렌(ABS)으로 만들어진다. 이 플라스틱 알갱이들이 제조 공장에 도착하면, 사일로 안으로 뿌려지고 다시 여러 관을 통해 사출 금형기로 옮겨진다. 거기에서 섭씨 310도까지 올라가는 열에 노출되면서 25~150톤의 압력에 눌려 레고 틀 속으로 들어간다. 몇 초 후 많은 브릭이 컨베이어 벨트 위로 떨어지면서 통 안에 담긴다. 다음엔 로봇들이 이 브릭을 집어 조립실로 가져가는데, 거기서 기계들이 레고를 찍어 미니피규어 같은 여러 부품으로 구성된 장난감을 만들어낸다.

최대 규모의 타이어 제조업체

당신이 알고 있는 타이어 브랜드를 다 떠올려보라. 연간 기준 어떤 제조업체가 가장 많은 타이어를 만들어낼까? 굿이어? 파이어스톤? 피렐리? 그 답은 바로 레고 그룹이다. 2015년에만 조립 완구용 타이어 6억 7,500만 개 이상을 찍어내 그 어떤 타이어 제조업체보다 많은 타이어를 찍어냈다. 그러나 이 장난감 타이어에 쓰이는 고무 합성물은 실제 차에는 쓸 수 없다.

전 세계적인 레고의 인기

레고 그룹은 1958년 1월 28일 지금은 유명해진 똑딱이 단추 조립식 레고 브릭을 특허 출원했다. 이 레고 브릭은 그 이후 늘 인기를 누려왔다. 매년 평균 약 450억 개의 브릭이 팔릴 정도. 서로 이어서 늘어놓으면 지구를 18바퀴 돌 수 있는 수치다. 또한 그만한 양의 브릭을 지표면 위로 쌓아 올릴 경우 달 궤도를 지나 4만 8,280㎞를 더 갈 정도로 높은 기둥을 만들 수 있다.

전 세계의 어린이들은 연간 약 50억 시간을 레고 브릭을 가지고 노는 거로 추정된다. 이 시간을 년으로 환산하면 약 57만 1,000년에 달하며, 이는 현대 인류가 지구에 산 기간의 거의 3배에 달한다.

수많은 레고 브릭이 전 세계로

레고 에듀케이션에 따르면, 지구 상의 모든 레고 브릭을 인구수로 나누면 한 사람당 평균 86개의 레고 브릭을 갖게 된다고 한다. 2012년에 시간당 520만 개를 찍어내 총 457억 개의 레고 브릭이 제작됐다는 걸 생각하면 불가능한 이야기도 아니다. 게다가 순식간에 팔려나가지 않는가! 거의 매년 초당 약 7개의 레고 세트가 팔려나가니까. 더욱이 크리스마스 시즌에는 그 수가 초당 28세트로 급증한다.

가장 멀리까지 간 레고 미니피규어

특별 제작된 세 점의 레고 미니피규어가 나사의 목성 탐사선 주노를 타고 우주로 머나먼 길을 떠났다. 이들을 태운 주노는 2011년 8월 5일에 발사되어, 지구로부터 총 28억㎞를 날아갔다. 세 미니피규어는 각각 로마의 신 주피터, 그의 아내 주노, 그리고 목성의 네 번째 큰 위성을 발견한 17세기 이탈리아 과학자 갈릴레오(오른쪽)의 형상을 하고 있다. (148쪽 참조)

숫자 생각해보기

레고의 가장 큰 매력 중 하나는 상상력이 허락하는 한 무궁무진한 방식으로 결합할 수 있다는 거다. 그걸 염두에 두고 생각해보라. 끼어 맞추는 단추가 2개씩 4줄(총 8개)인 레고 6개로 얼마나 많은 조합이 가능할까? 그 답은 아래와 같다.

답: 단추 2개씩 4줄짜리 레고 6개로 만들 수 있는 조합은 9억 1,510만 3,765가지이다.

레고로 지은 실제 크기 주택

높이 4.69m에 길이 9.39m, 폭이 5.75m인 방 4개짜리 이 2층 레고 브릭 건물은 2009년 9월 17일 영국 도킹에 세워졌다. 레고로 만든 가장 큰 집이다. 이는 '제임스 메이 장난감 가게'로, 제임스 메이(영국)가 1,200명의 자원봉사자와 함께 만들었다. 이 건물을 짓는 데 총 240만 개의 레고 브릭이 쓰였으며, 내부는 목재로 지지되어 있다. 참고로 일반적인 침실 3개짜리 집을 지으려면 표준 규격의 벽돌 약 9,000개가 필요하다.

최대 레고 세트 톱 5

간단한 레고 건물과 차량의 시대는 이미 오래전에 갔다. 오늘날 레고 그룹은 놀라울 만큼 복잡한 레고 세트들을 제작한다. 브릭 수 면에서 가장 큰 레고 세트는 5,922개의 부품이 들어간 타지마할이다. 다음은 5,195개인 밀레니엄 팰콘, 그 다음은 4,634개인 <고스터 버스터> 소방 본부(2016년 출시), 런던 타워 브리지는 4,287개로 4위다. 5위는 3,803개인 <스타워즈 2: 죽음의 별>(위)이다.

독특한 레고의 내부 모습

아티스트 제이슨 프리니(미국)는 기존의 레고를 독특하게 변형시켜 그 속 모습을 보여주었다. 그가 레고의 내부가 훤히 들여다보이는 독특한 방식을 적용하는 데는 오랜 시간이 걸리지 않았다. 제이슨은 45.7㎝ 높이의 특수 레고 피규어 3개를 구해, 발포 고무에 색칠하고 그 내부를 해부도처럼 만들었다. 그러나 이는 순전히 재미 삼아 한 일로, 스트리트아나토미닷컴에 이렇게 말했다. "이 해부도는 그냥 상상도입니다. 그러니까 예술 작품이죠."

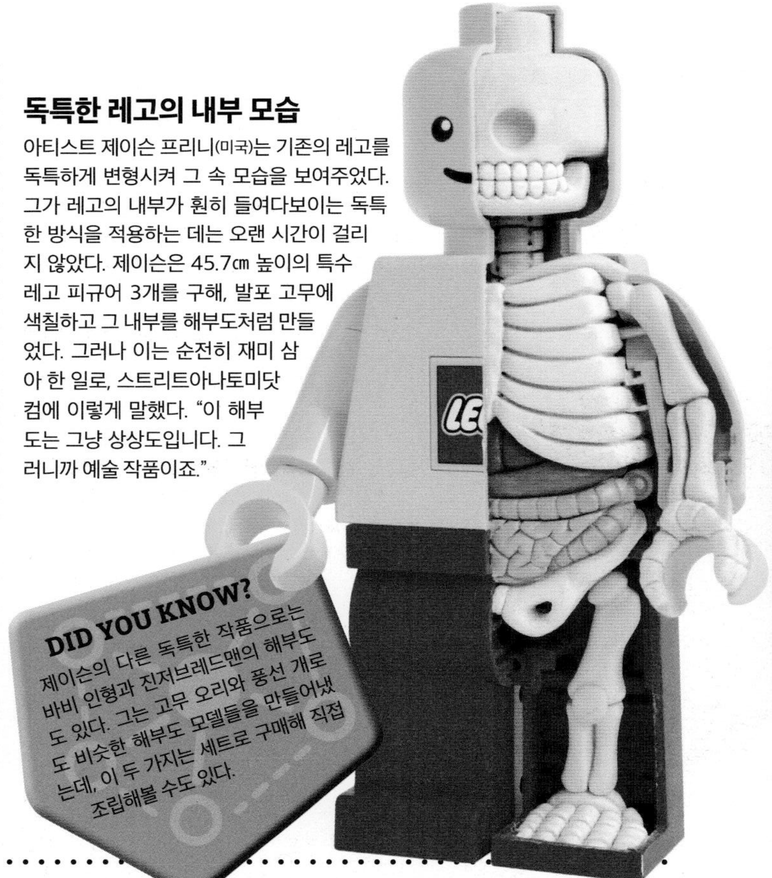

DID YOU KNOW?

제이슨의 다른 독특한 작품으로는 바비 인형과 진저브레드맨의 해부도도 있다. 그는 고무 오리와 풍선 개로도 비슷한 해부도 모델들을 만들어냈는데, 이 두 가지는 세트로 구매해 직접 조립해볼 수도 있다.

최대 인구 집단

지구에는 40억이 넘는 레고 미니피규어가 있으며, 그 숫자는 계속 늘어가고 있다(2015년에만 7억 2,500만 개가 더 만들어졌음). 만일 이것들이 진짜 사람이라면 지구에서 가장 많은 인구 집단이 될 것이다. 피규어는 순금으로 된 소장용에서부터 기네스 세계기록 심사관(아래 참조) 같은 맞춤형 인물에 이르기까지 그 종류가 엄청나다. 그간 제작된 모든 레고 미니피규어를 나란히 세운다면 적도를 2.5바퀴 이상 돌 수 있다.

레고 미니피규어의 여명기

1978년 아래의 빨간색 우주인처럼 다양한 미니피규어들이 도입되면서 레고 세계에 다시 생기가 돌았다. 이제 레고의 등장인물은 간호사와 소방수, 경찰, 산타클로스, 해리 포터에서부터 심지어 영화감독 스티븐 스필버그에 이르기까지 모든 사람을 포함하고 있다. 초기에는 모든 등장인물이 무표정하거나 웃고 있었지만, 1989년 해적 미니피규어가 나오면서 인상을 쓰거나 뚱한 표정도 짓게 되었다.

미스터 골드 시리즈

2013년에 출시된 시리즈 10 미니피규어들은 금빛 실크 모자나 외알 안경을 쓰거나 상단에 보석이 박힌 지팡이를 들었다. 5,000개 한정 판매된 '미스터 골드' 시리즈는 곧 수집가들의 인기 품목이 되었다. 이 미니피규어들은 곧 1,100달러에 되팔리면서, 실제 금보다 거의 3배나 비싼 몸값을 자랑했다.

휠체어에 탄 레고

조립용 휠체어는 이전에도 출시됐지만, 레고 그룹은 2016년 1월에 미니피규어 크기로 제작한 휠체어를 처음 선보였다. 동그란 모자를 쓴 이 피규어가 나오자 장애 아동들이 장난감 세계에서 제대로 대접받지 못한다고 주장해온 인권 운동가들도 환호했다.

미니피규어 명함

엠마 오언(오른쪽) 같은 일부 레고 그룹 직원들은 명함 대신 미니피규어를 사용한다. 이 미니피규어 명함은 이름과 직책, 연락처가 적혀 있을 뿐 아니라, 소유자 자신의 모습을 하고 있다.

장난감 & 보드게임 TOYS & BOARD GAMES

모형 자동차 최다 수집

실제로 자동차 운전광이기도 한 나빌 '빌리' 카람(레바논)은 장난감 포르쉐 911을 손에 넣은 1985년부터 모형 자동차를 수집하기 시작했다. 그 이후 그의 수집품은 크게 늘어나, 2011년 11월 17일 기네스 세계기록의 날 레바논 조우크에 있는 자신의 특별 박물관에서 세어본 그의 독특한 모형 자동차 수는 2만 7,777개에 달했다. 빌리는 또 다른 모형 자동차 관련 세계 기록도 갖고 있다. 자세한 것은 149쪽 참조.

루빅큐브를 가장 빨리 푼 기록들

2015년 11월 21일 당시 14세이던 루카스 에터(미국)는 미국 메릴랜드 클라크스빌의 리버힐 고등학교에서 열린 '리버힐 폴 2015'에서 5초 벽을 깨고 단 4.9초 만에 3×3 큐브를 풀었다. 이는 같은 날 키튼 엘리스(미국)가 세운 5.09초 기록을 깬 것이기도 하다.

미국 플로리다 주 브레이든턴의 세인트 스티븐스 주교학교에서는 그보다 한 달 전인 2015년 10월 15일 잭커리 그롬코(미국)가 만든 로봇이 2.39초 기록으로 **가장 빨리 루빅큐브를 푼 로봇**이 되었다.

한편 2015년 5월 10일 호주 캔버라에서는 펠릭스 젬데그스(호주)가 6.88초라는 새로운 기록으로 **한 손으로 가장 빨리 루빅큐브를 푼 사람**이 되었고, 2015년 10월 4일 광저우에서 열린 중국 선수권대회에서는 카이준린(중국)이 21.05초로 **눈을 가리고 가장 빨리 루빅큐브를 푼 사람**이 되었다.

가장 빠른 리모컨 배터리 모형 자동차

이름부터 그럴싸한 '라디오 컨트롤드 불릿'은 닉 케이스(미국, 오른쪽)가 만든 것으로, 2014년 10월 25일 미국 유타 주 세인트 조지에서 열린 무선조정스케일스피드협회(ROSSA) 세계선수권대회에서 시속 325.12㎞의 속도를 냈다.

최대 공중제비를 돈 리모컨 조정(RC) 모형 차

제이슨 브래드버리(영국)가 조정하는 VMX-450 RC 더트 바이크는 3.18m 높이까지 공중제비를 돌았다. 2013년 6월 15일 영국 웨스트미들랜즈 버밍엄에서 열린 채널 5의 <더 가젯 쇼>에서 세운 기록이다.

최고 빠른 RC 제트 엔진 모형 비행기

2013년 9월 14일 독일 작센-안할트의 WLP 발렌스테트 비행장에서 닐스 헤르브리히(독일)가 만든 터빈 구동 모형 비행기가 시속 706.97㎞로 날았다. 정확한 속도 측정을 위해 닐스는 리모컨으로 조정하여 비행기를 길이 200m, 너비 20m의 '측정 활주로' 쪽으로 날게 해야 했다.

DID YOU KNOW?

일반 크기의 <스카이랜더> 피규어는 가장 많이 팔린 양방향 게임 장난감으로, 2016년 1월까지 2억 4,000만 개 이상 팔렸다. 이 피규어는 근거리 무선 통신(NFC)을 이용해 같은 이름의 비디오게임 시리즈에 연결되어 게임 속에서 생명력을 갖는다.

최대 <스카이랜더>

2013년 7월 20일 기준 가장 큰 <스카이랜더>는 실물 크기의 트리 렉스로, 전 세계를 돌며 각종 전시회와 무역 박람회에 그 모습을 드러낸다. 높이가 3.15m인 이 조각상은 영국에 본사를 둔 모형 기업 스컬프처 스튜디오스(오른쪽 사진은 트리 렉스와 또 다른 캐릭터 제트-박과 함께 선 설립자 아덴 히네스다)가 폴리스타이렌을 파서 만든 뒤 유리 섬유로 코팅한 것이다. 트리 렉스는 <스카이랜더>의 자이언츠 피규어와 똑같은 크기의 복제품으로, 두 눈에 불까지 들어온다.

DATELINE **1859** 1859년

나이아가라 위에서 줄타기한 최초의 인물

장-프랑수아 그라베레(일명 샤를 블롱댕, 프랑스)는 나이아가라 폭포 상공에 335m 길이의 밧줄을 연결해 그 위를 걸어서 건넜다.

FAST FACTS

고대 이집트의 보드게임인 세네트는 기원전 2686년경에 만들어진 헤시 무덤에 그려져 있었다. • 엔지니어 리처드 T 제임스는 바다에서 각종 기구를 걸 용수철을 테스트하다가 우연히 슬링키를 만들었다.

최대 흔들 목마

2014년 7월 7일 중국 린이에서 가오밍(중국)이 제작한 3층 높이의 흔들 목마가 공개됐다. 아이들을 위한 민속놀이용으로 만들어진 이 흔들 목마는 높이가 8.20m에 길이가 12.72m이다.

슬링키 최다 수집

2014년 10월 25일 미국 뉴멕시코 주 로스 루나스의 수잔 수아조는 무려 1,054종의 슬링키를 갖고 있다며 자랑스레 공개했다. 워낙 많은 수집품이라 자체 보험까지 들었다.

최대 규모 모노폴리 보드

2015년 9월 6일 하스브로 사는 폴란드 바르샤바의 650회 창립 기념일을 축하하기 위해 거의 테니스 코트 2배 규모인 405.6㎡의 모노폴리 보드를 만들었다. 매머드 모노폴리 보드보다 6배나 큰 이 **최대 규모의 트위스터 게임**은 2015년 9월 23일 컨트리 가수 토마스 레트와 미국 텍사스 주 알링턴의 빅 머신 라벨 그룹이 1,200개의 일반 보드들을 끼워 맞춰 만들었다. 2,521㎡ 장소에서 게임이 가능했다.

최대 규모 장난감 권총 싸움

미국 아이오와 주 디모인에서 577명의 드레이크대학 학생들이 서로 장난감 권총 너프 블래스터로 다트와 고무 총알을 퍼부으면서 세계기록을 세웠다. 2015년 3월 28일 '도그타운 애프터 아워즈' 캠퍼스 행사에서 홍팀과 청팀이 치열한 총격전을 치른 것이다. 결과는? 추첨으로 결정이 났다.

최대 규모의 모형 차 제조업체

지금까지 가장 인기 높은 장난감 자동차는 핫 휠스(미국)로, 2014년에 8억 3,570만 달러어치가 팔렸다. 그 덕에 핫 휠스를 제작한 마텔 사(미국)는 2014년에 14억 7,730만 달러의 수입을 올려 최대 규모의 모형 차 제조업체가 되었다.

가장 오래 끈 푸즈볼 경기(복식)

2012년 8월 29일~9월 1일 사이에 알렉산더 쿠엔, 마누엘 라쳐, 베른트 노이루러, 디에트마르 노이루러(모두 오스트리아)는 오스트리아 인스부르크에서 61시간 17분 동안 푸즈볼 경기를 했다. 이로써 이들은 세 번째 신기록을 세우게 됐다.

최장 푸즈볼 테이블

2015년 9월 25일 마르코 베리 온루스(이탈리아)는 이탈리아 토리노 중심가인 비아 로마에 길이 121.4m의 테이블(사실상 서로 연결된 테이블들)을 설치해 테이블 풋볼(또는 푸즈볼)을 할 수 있게 했다. 빨간색과 파란색 운동복 차림을 한 2,332개의 플라스틱 선수들(또는 푸즈맨들)이 101개의 공을 서로 패스하고 차고 슈팅을 날렸는데, 이 모든 걸 조정한 건 424명의 양손이었다. 소말릴란드 하르게이사에 모하메드 아덴 셰이크 아동 의과대 부속병원 건립 및 유지를 위한 모금 행사의 일환이었다. 나중에 이 테이블은 전부 분해되어 참가 팀들이 기념으로 나눠 가졌다.

최초의 인조 플라스틱

알렉산더 파크스(영국)가 식물의 셀룰로스에서 추출한 물질을 이용해 성형하기 쉬운 파크신(Parkesine)을 개발했다. 이 발명품은 런던 국제 박람회에서 처음 공개됐다.

1862

1862년

DATELINE

체스 CHESS

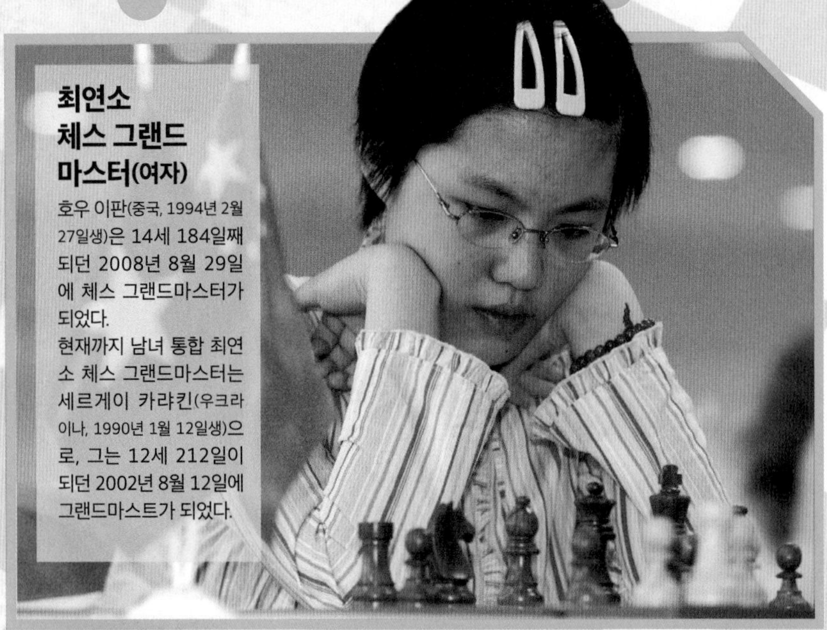

최연소 체스 그랜드 마스터(여자)

호우 이판(중국, 1994년 2월 27일생)은 14세 184일째 되던 2008년 8월 29일에 체스 그랜드마스터가 되었다.
현재까지 남녀 통합 최연소 체스 그랜드마스터는 세르게이 카랴킨(우크라이나, 1990년 1월 12일생)으로, 그는 12세 212일이 되던 2002년 8월 12일에 그랜드마스트가 되었다.

최연소 체스 세계챔피언

호우 이판(중국, 위)이 2010년 12월 24일 루안 루페이(중국)를 꺾고 세계챔피언이 되었을 때 나이는 16세 300일이었다.
그랜드마스터 가리 카스파로프(러시아, 본명 가릭 키모피치 바인슈타인, 1963년 4월 13일생)는 30여 년 전 **최연소 체스 세계챔피언(남자)**이 되었다. 1985년 11월 9일 같은 러시아 출신 아나톨리 카르포프에게 챔피언 타이틀을 뺏어올 때 그의 나이는 22세 210일이었다.

체스 세계챔피언을 꺾은 최초의 컴퓨터

IBM이 만든 체스 컴퓨터 딥 블루가 1997년 5월 11일 공식 시합에서 체스 세계챔피언 게리 카스파로프를 꺾었다. 시간 제한 룰을 적용한 시합으로, 딥 블루는 초당 약 2억 가지 경우의 수를 계산해낼 수 있었다. 이는 당시 체스 컴퓨터가 할 수 있는 가장 빠른 체스 자리 연산 능력이었다.

네트워크화된 최대 규모의 체스 컴퓨터

2004년 1월 30일 그랜드마스터 피터 하이네 닐슨(덴마크)은 56개국에서 연동하는 2,070개의 컴퓨터 집단 체스브레인과 체스 대결을 펼쳤다. 덴마크 코펜하겐에서 열린 이 시합은 34수 끝에 무승부로 끝났다.

가장 오래 끈 체스 시합

2015년 6월 22일~6월 24일까지 마그네 사가포스와 요아힘 베르그-젠센(둘 다 노르웨이)은 노르웨이 스타방에르에서 40시간 42분 동안 체스를 두었다.

가장 오래 계속된 우편 체스

라인하르트 스트라스자커 박사와 헨드릭 로에로프 반 후이스틴(둘 다 남아공)은 1946년에 처음 우편으로 체스를 두었다. 1999년 10월 13일 스트라스자커가 사망할 때까지 53년 이상 계속된 이들의 마라톤 게임 기록은 112회까지 이어졌다.

최고 빠른 대형 체스판 세팅 시간

2015년 10월 4일 알틴벡 베크무라토프(키르기스스탄)는 1분 44초 만에 대형 체스판을 세팅했다. 이는 러시아 모스크바 쿤트세보 플라자 쇼핑센터 개장식 때 기네스 세계기록 라이브 행사에서 세운 기록으로, 그 전날의 기록을 14.6초 단축한 것이다.

가장 느린 체스 선수(시계 도입 전)

1860년대 체스 시계가 도입되기 전까지만 해도 선수들은 생각할 시간이 충분했다. 한 수를 두는 데 제한 시간이 없었기 때문이다. 1857년 11월 퍼스트 아메리칸 체스 콘그레스 결승에서 폴 모피(미국)와 루이 파울젠(독일)은 56수를 두는 데 15시간 이상 걸렸다. 시간 대부분을 쓴 건 시합에서 진 파울젠으로, 한 수를 두는 데 무려 1시간 15분씩이나 공을 들였다.

DID YOU KNOW?

이 킹을 만든 디자인과 학생들은 점심시간에 체스를 두다 기록에 도전하게 됐다고 한다. 이들은 이 대형 말을 만들기 위해 실제 크기의 체스 킹 비율을 확대했고, 평소 작업하다 남은 자투리 재료들을 모아 재활용했다.

최대 체스 말

2014년 4월 4일 벨기에 칼름트호우트의 기톡 기술학교에서 높이 5.076m에 바닥 직경이 2.04m인 체스 킹이 등장했다. 목공 기술을 배우는 수업 시간에 학생들이 협력하여 만들었다고 한다. 팀워크 다지기는 물론, 고아와 암환자들을 위한 모금 운동을 하는 데에도 도움이 됐다.

DATELINE **1863** 1863년

최초의 탐정 소설
살인 사건으로 시작하는 찰스 펠릭스(영국)의 소설 《노팅힐 미스터리》는 1862년부터 1863년까지 잡지 <원스 어 위크>에 연재됐다. 이후 완성된 형태로 출간되어 고전적인 탐정 소설의 효시가 되었다.

FAST FACTS

러시아의 아나톨리 카르포프는 세계챔피언 보비 피셔(미국)가 타이틀을 내놓고 은퇴하면서, 승부 없이 1975 체스 세계선수권대회 챔피언이 되었다. • '체크메이트'라는 용어는 페르시아어 'Shah mat(왕이 죽었다는 뜻)'에서 온 것이다.

DID YOU KNOW?

약 2세기 전 루이스 섬에서 상아를 파서 만든 아름답고 특이한 고대 노르웨이 체스 말 59개가 발견됐다. 킹 체스 중 2개는 12세기 노르웨이 왕인 망누스 5세와 스베리르 왕으로 추측된다.

체스 세트 최다 수집

2012년 1월 30일 기준 아킨 고키아이(터키)는 터키 앙카라에서 체스 세트 412개를 소장하고 있었다. 변호사이자 사업가인 아킨은 1975년부터 체스를 수집했다. 전 세계에서 수집한 멋진 체스 세트들은 다양한 소재(나무, 금속, 대리석, 물고기 뼈 등)로 되어 있으며, 해리 포터나 프랑스 만화 캐릭터 아스테릭스 같은 인기 테마도 포함되어 있었다.

눈 가리고 동시에 최다 승리를 한 선수

눈을 가리게 되면 게임 내내 상대방의 움직임을 모두 기억해야만 한다. 2011년 11월 27일 독일 마스터인 마크 랑은 21시간 동안 46게임에서 25승 19 무승부를 거두었다.

동시에 최다 체스 게임을 한 개인

그랜드마스터이자 9차례 이란 챔피언을 지낸 에샨 가엠 마그하미는 2011년 2월 8일~2월 9일 이란 테헤란에서 동시에 135게임을 두었다. 안나-마리아 보트사리(그리스)는 2001년 2월 27일~2월 28일 **동시에 최다 연속 체스 게임**을 두었다. 총 1,102게임 중 단 7판만 무승부였고 나머지는 모두 승리였다.

기계로 만든 가장 작은 체스 세트

2010년에 미국 텍사스공과대학 학생들은 435제곱마이크론(머리카락 4개의 지름에 해당) 크기의 체스판을 만들었다. 게임 가능한 이 체스 세트는 전통적인 체스 말과 같은 초소형 마이크로 말들로 구성되며 각 크기는 50제곱마이크론이었다.

2008년 3월 3일에는 말라 시바(인도)가 손으로 만든 가장 작은 체스 세트(오른쪽)를 선보였다. 크기가 18㎟에 각 말의 높이는 4~6.5㎜였으며, 인도 차티스가르 주 빌라스푸르에서 검증되었다.

말을 가장 많이 움직인 체스

1989년 2월 17일 이반 니콜릭과 고란 아르소빅(둘 다 세르비아)은 20시간 15분 동안 계속된 시합에서 말을 269번 움직였다.

최장기 연속 체스 세계 1위(여자)

1989년 2월 1일~2015년 3월 1일까지 그랜드마스터 유디트 폴가(헝가리)는 무려 26년 28일간 여자 랭킹 1위를 차지하다 호우 이판(144쪽 참조)에게 자리를 내줬다. 그녀는 2005년 2,735점으로 체스 최고 점수(여자)를 기록했다.

체스 최고 점수

세계체스연맹(FIDE)은 Elo 랭킹 제도를 활용해 선수들에게 경기 실적에 따른 점수를 부여한다. 2014년 5월 그랜드마스터 망누스 칼센(노르웨이)은 2,882점으로 최고 랭킹을 받았다. 1개월 전 아제르바이잔에서 열린 삼키르 체스 토너먼트에서 워낙 인상적인 실적을 올렸기 때문이다. 체스 세계챔피언인 칼센이 그랜드마스터들을 상대로 5차례 이겨 대회 우승을 차지했던 것.

최초의 도로 교통사고 사망

8월 31일 아일랜드 과학자인 메리 워드는 도로를 주행하다 사촌의 실험용 증기 자동차에서 떨어져 사망했다.

1869
1869년
DATELINE

연쇄 반응 CHAIN REACTIONS

'도미노 효과'는 1977년에 기네스 세계기록에 처음 등장했다. 밥 스페카 주니어(미국)가 1976년 5월 2일 미국 펜실베이니아대학에서 2만 2,222개의 도미노를 쓰러뜨려 1만 1,111개라는 자신의 개인 최고 기록을 깨면서 세계 신기록을 세운 것이다.

최고 많이 쓰러진 도미노
2009년 11월 13일 89명으로 구성된 팀이 네덜란드 레이우아르던의 WTC 엑스포 센터에서 449만 1,863개의 도미노를 쓰러뜨려 '도미노 데이 2009'를 기념했다. 개인이 쓰러뜨린 최다 도미노는 32만 1,197개로, 2011년 12월 31일 중국 베이징의 중신그룹(CITIC) 궈안 그랜드 에퍽 시티에서 류양(중국)이 세운 기록이다.

가장 오랫동안 계속 쓰러지기
2008년 11월 7일 네덜란드 레이와르덴에서 열린 '도미노 데이 2008' 행사에서 60명의 팀원이 도미노 서클을 만들어 35분 22초 동안 계속 쓰러졌다.

도미노 건축물 최고 높이
2014년 4월 21일 독일 부흐로에서 마이클 회르만과 필립 짐머만(둘 다 독일)은 8,044개의 도미노로 9.17m 높이의 구조물을 세운 뒤 쓰러뜨렸다.

최장 인간 도미노 줄
2010년 8월 12일 중국 내몽골 자치구 오르도스 시에서 열린 오르도스 국제 나담 박람회에서 1만 267명이 인간 도미노 줄을 만들었다.

30초에 최고 많이 세운 도미노
많은 신기록을 세운 실비오 사바(이탈리아)는 2013년 4월 28일 이탈리아 밀라노 피오텔로에서 30초 만에 48개의 도미노를 세웠다. **한 도미노 위에 가장 많이 도미노를 쌓은 기록**은 시너스 도미노 엔터테인먼트사가 2014년 8월 12일 독일 뷔딩엔의 빌헬름-뤼케르트에서 쌓은 1,055개이다.

최고 많이 쓰러진 벽돌
2004년 1월 17일 독일 브레머하펜 시에서 16만 5,384개의 집 벽돌이 연달아 계속 쓰러졌다. 이는 뢰벤 톤바우스토페(독일)가 주관한 행사로, 쿡스하펜의 자원봉사자 1,305명의 도움을 받았다.

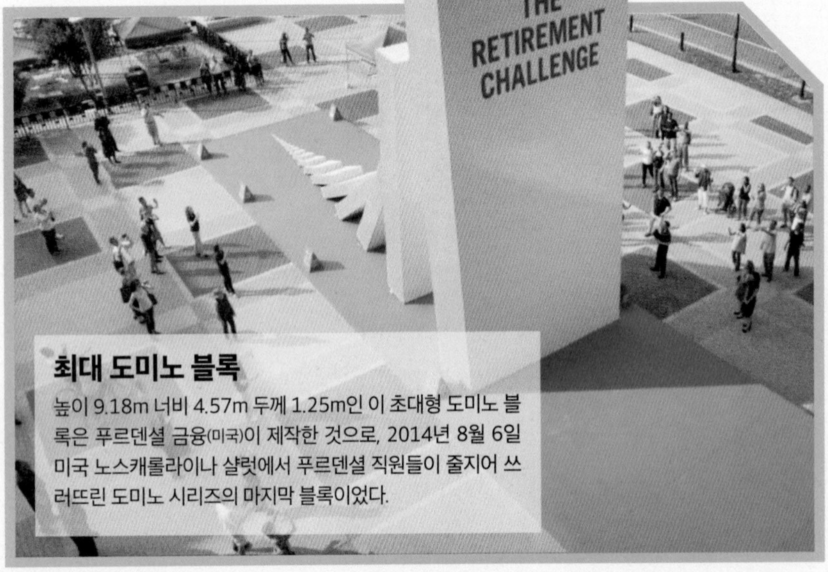

최대 도미노 블록
높이 9.18m 너비 4.57m 두께 1.25m인 이 초대형 도미노 블록은 푸르덴셜 금융(미국)이 제작한 것으로, 2014년 8월 6일 미국 노스캐롤라이나 샬럿에서 푸르덴셜 직원들이 줄지어 쓰러뜨린 도미노 시리즈의 마지막 블록이었다.

최대 규모의 스틱 폭탄
납작한 막대들을 서로 엮어 스프링 기능을 하도록 격자 모양을 만들면 스틱 밤, 즉 막대 폭탄이 된다. 이 중 하나를 제거하면 막대 하나하나 공중으로 튀어 오르는 연쇄 반응이 시작된다. 2015년 6월 6일 미국 매사추세츠 주 네이틱 고등학교 학생 15명으로 구성된 '폭탄 처리반'이 3만 1,370개의 나무 압설자(혀를 누르는 데 쓰는 의료 기구)로 만든 스틱 밤을 성공적으로 터뜨렸다.

가장 큰 레고 모듈 장치
그레이트 볼 콘트랩션(GBC)은 레고 테크닉에서 만든 모듈 시리즈로, 조그만 플라스틱 공이 모듈에서 모듈로 계속 넘어가게 되어 있다. 현재까지 가장 큰 GBC는 마이코 아츠와 벤 존크만(둘 다 네덜란드)이 만든 모듈 100개로 구성된 장치다. 2015년 12월 12일 영국 런던에서 열린 브릭 전시회에서 공개됐다.

도미노처럼 쓰러지는 책들
시너스 도미노 엔터테인먼트(독일)는 《기네스 세계기록 2016》 독일판 출간 기념으로 세계 베스트셀러 연감 1만 200부를 한자리에 모아 순차적으로 배열했다. 2015년 10월 14일 독일 프랑크푸르트 도서전에서 열린 행사로, 도미노식으로 정렬한 최다 권수를 기록했다. 다른 도미노 기록(오른쪽 참조)도 12명의 팀원이 함께 경신해 나갔다. 이 책들을 정렬하는 데만 최소 11시간이 걸렸다고 한다. 그러나 쓰러지는 데엔 1분밖에 안 걸렸다.

DATELINE **1876** 1876년

최초의 전화 통화
3월 미국 매사추세츠 주 보스턴에서 역사적인 대화가 오갔다. 2월 14일에 전화 특허를 출원한 알렉산더 그레이엄 벨(영국)이 다른 방에 있던 조수와 통화한 것으로, 그 내용은 "이리 와, 왓슨. 자네가 필요해."였다.

FAST FACTS

도미노는 원래 주사위 2개를 던져 나오는 모든 경우의 수(빈칸 포함)를 가늠하는 보드게임의 일종이었다. • 도미노에 찍힌 점들은 'Pips'라고 한다. • 도미노 쓰러뜨리기가 유행하기 시작한 건 1976년 미국 방송 <투나잇 쇼>의 한 프로그램에서부터였다.

3D 피라미드 형태로 쓰러진 최다 도미노

2014년 7월 21일 케빈 필스(독일)는 독일 바렌에 있는 피자 익스프레스에서 3D 피라미드 형태로 쌓은 1만 5,022개의 도미노를 쓰러뜨렸다.

가장 많은 쥐덫 연이어 작동시키기

중국 타이베이 화롄에 있는 시놀로지 사(대만)는 2013년 9월 13일 1,508개의 쥐덫으로 연쇄 반응을 일으켰다. 원래 1,509개의 쥐덫이 있었지만 1개는 불발이었다.

간이 화장실 10개 최고 빨리 쓰러뜨리기

2013년 6월 22일 독일 루스트에 있는 유로파 파크의 한 세트장에서 필립 라이헤(독일)가 간이 화장실 10개를 11.30초 안에 연이어 쓰러뜨렸다.

최대 규모 루브 골드버그

2015년 4월 23일 헝가리 세케슈페헤르바르에서 부다페스트 기술경제대학팀 11명은 382단계로 구성된 루브 골드버그를 선보였다. 이 장치의 많은 과정 중에는 물에 소금을 녹여 전도성을 변화시키고 공기압 피스톤을 이용해 공을 경사도로 내려보내는 작업 등이 포함돼 있다.

가장 긴 도미노 벽

2012년 7월 6일 시너스 도미노 엔터테인먼트 사는 독일 뷔딩겐의 빌헬름-뤼케르트 김나지움에서 도미노 3만 1,405개로 30m 길이의 도미노 벽을 세운 뒤 쓰러뜨렸다.

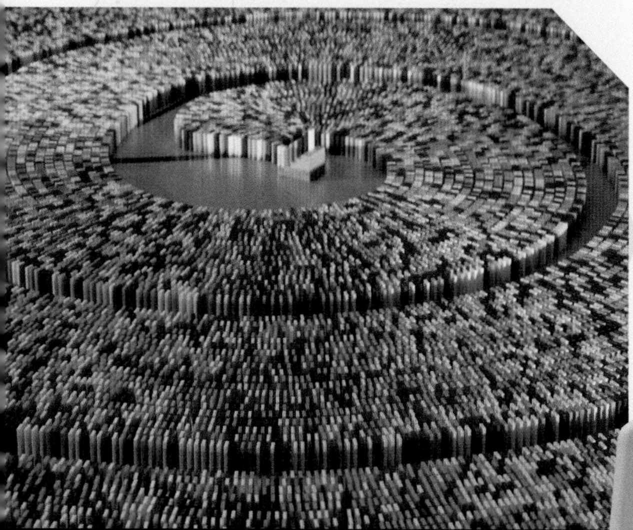

소용돌이 형태로 쓰러진 최다 도미노

시너스 도미노 엔터테인먼트 사는 2013년 7월 12일 독일 뷔딩겐에서 TV 쇼 <오피셜리 어메이징>에 나와 소용돌이 모양의 도미노 5만 5,555개를 쓰러뜨렸다. 이 팀은 같은 날 가장 작은 도미노 2,000개를 쓰러뜨리는 기록도 세웠다. 이 미니 도미노들은 각각 크기가 1×0.5×0.2㎝였다.

DID YOU KNOW?

'루브 골드버그'는 아주 간단한 일을 해내기 위해 아주 복잡하고 정교한 과정을 거치게 만든 연쇄 반응에 기반한 장치를 뜻한다. 만화로 이런 기계를 많이 그린 공학도 출신 미국인 풍자가의 이름(루이븐 루시어스 골드버그)에서 따온 것이다.

경연에 참가한 최대 규모 루브 골드버그

루브 골드버그 장치를 만드는 일은 이제 경쟁적인 소일거리가 되었다. 경연 대회에 나온 가장 복잡한 장치는 300단계를 거치는 장치로, 퍼듀 소사이어티 오브 프로페셔널 엔지니어스 루브 골드버그 팀(미국)이 만들었다. 직접 작동을 선보인 것은 2012년 3월 31일 미국 인디애나 주 퍼듀대학에서 열린 전미 루브 골드버그 대회에서다. 300단계 중 마지막 작업은 풍선을 불어 터뜨리는 것이었다.

최초의 백열전구

12월 18일 조지프 윌슨 스완(영국)은 영국 뉴캐슬화학협회가 주최한 한 모임에서 자신이 발명한 백열전등(전기 램프라고도 불렸음)을 시연했다. 그러나 이 전등은 금방 꺼졌다.

1878
1878년

DATELINE

액션피규어 & 인형 ACTION FIGURES & DOLLS

경매에서 팔린 최고가 인형
캐메르와 라인하르트(독일)가 1909년~1912년에 만든 진귀한 인형이 2014년 9월 24일 영국 런던 본함스 경매장에서 24만 2,500달러에 팔렸다. 실물과 똑같은 이 인형은 흰 옷을 입은 어린 소녀 인형으로, 작업 도중 포기한 디자인 실험작으로 보인다.

최고가 인형집
아스톨라트 인형집 캐슬은 미국 아티스트 일레인 딜이 13년간(1974~1987) 만든 것이다. 가격은 자그만치 850만 달러나 된다. 알프레드 로드 테니슨의 시 <샬럿의 아가씨>에 나오는 성을 모델로 만들었으며 그랜드 피아노(7,000달러), 장식된 책상(5,000달러), 털 한 가닥으로 그린 작은 초상화(1,840달러) 등 1만 점의 소품이 들어 있다. 이 인형집은 높이 2.7m, 무게 363㎏, 총 면적이 거의 2.78㎡에 달한다.

최고가 미니피규어 소장(단일 경매)
2015년 5월 27일 영국 노스요크셔 소너비의 벡티스 경매장에서 액션맨과 <스타워즈> 미니피규어들, 각종 액세서리가 25만 6,800달러에 팔렸다. 모두 은퇴한 장난감 판매원 더그 카펜터의 차고 안에 보관되어 있던 것들이다. 1980년대에 장난감 제조업체 팰리토이가 폐업한 뒤 그가 보관하고 있었던 것이다.

세계 최고의 액션피규어 브랜드

2015년 8월 19일 기준 소매 판매 실적에 따르면, 현재 세계 최고의 액션피규어 브랜드는 2014년에 7억 2,710만 달러 가까운 수익을 올린 플레이모빌(독일)이다. 이 회사의 유명한 인형 '클리키'는 키 7.5㎝의 사람 피규어로, 우주비행사, 중세 기사, 해적, 경찰 등 그 종류가 아주 다양하다. 독일 발명가 한스 벡이 개발한 이 브랜드는 1975년 이래 전 세계에서 판매됐다. 세세하고 독창적인 세팅, 한정판 생산, 끝없는 신제품 도입, 플레이모빌 TV 시리즈, 영화, 실물 크기의 체험 파크 등에 힘입어, 성인 수집가들까지 포함된 광범위한 플레이모빌 커뮤니티가 생겨나기도 했다.

최고가 <스타워즈> 미니피규어 소장(단일 경매) 역시 벡티스 경매장에서 팔렸다. 2015년 1월 28일 영국 <스타워즈> 팬클럽 회장이었던 크레이그 스티븐스(영국)가 70점의 미니피규어를 원래 포장된 상태 그대로 6만 3,209달러에 판 것이다.

최고가 레고 미니피규어
2010년 레고 그룹은 경연 대회상으로 <스타워즈> 현상금 사냥꾼 보바 펫을 닮은 14캐럿짜리 순금 미니피규어 2개를 제작했다. 미니피규어 가격 안내 웹사이트는 이들의 가격을 개당 1만 1,495.95달러로 책정했다. 목성으로 떠나 다시는 손에 넣을 수 없는 미니피규어(140쪽 참조)를 제외하면 이보다 더 비싼 미니피규어는 없다.

최고가 장난감 병정
손으로 제작된 최초의 장난감 병정 시제품(1963)이 2003년 8월 7일 미국 텍사스 주 댈러스의 헤리티지 코믹스 경매장에서 스티븐 A 겝피(미국)에게 20만 달러에 팔렸다. 이전 소유주는 장난감 병정의 제작자인 돈 레빈(미국)이었다.

최대 규모의 장난감 병정 수집
2016년 2월 28일 미국 조지아 주 메이컨에서는 조너선 페리 워터스(미국)가 각기 다른 1,020점의 장난감 병정 모델을 소유하고 있는 거로 검증됐다. 그 미니피규어들은 전부 1:32 비율의 축소품으로 세계 각국에서 모은 것이었다.
세계에서 가장 많은 장난감 병정을 소장한 공공장소는 스페인 발렌시아의 로스 솔다디토스 데 플로모 박물관이다. 이 박물관은 100만 점 이상의 장난감 병정을 소장하고 있고, 그중 8만 5,000점이 전시 중이다.

DID YOU KNOW?
바비 인형은 마텔 사의 공동 창업자 루스 핸들러(미국)가 만들어냈다. 바비라는 이름은 아기 인형 대신 종이 인형을 갖고 엄마 흉내를 내는 자신의 딸 바버라의 이름에서 따온 것이다. 동경의 대상인 바비 인형은 그렇게 탄생했다.

경매에서 팔린 최고가 바비 인형

2010년 10월 10일 미국 뉴욕 시 크리스티 경매장에선 단 하나 제작된 아름다운 바비 인형이 30만 2,500달러에 팔렸다. 높이 29.2㎝인 이 인형은 어깨끈 없는 검은색 이브닝드레스를 입고 진귀한 핑크빛 다이아몬드가 박힌 목걸이를 하고 있었다. 2010년 5월 4일 호주 패션 주간에 공개된 이 인형은 유명한 보석 디자이너 스테파노 칸투리(호주)가 디자인했다. 바비 인형 제조사 마텔의 요청으로 바비 기본 세트 호주 시판 홍보용으로 제작한 것으로, 그 기본 세트의 인형들은 평범한 옷을 입고 있었다. 모든 판매 수익금은 유방암 연구에 기부됐다.

최고가 <스타워즈> 액션피규어

<스타워즈: 제국의 역습> 30B 보바 펫 액션피규어 민트판은 2015년 1월 28일 경매에서 2만 2,684달러에 팔렸다. 최고가 <스타워즈> 액션피규어는 생산되지 않은 시제품 보바 펫이었다. 이베이에 15만 달러에 올라왔으나, 2016년 2월 26일까지 팔리지 않았다.

DATELINE **1883** 1883년
가장 시끄러운 소리
8월 27일 인도네시아의 화산섬 크라카타우가 폭발했는데, 그 소리가 5,000㎞ 밖에서도 들렸다. 지표면의 8% 이상에서 들을 수 있었을 거로 추정되며, 역사상 최대 규모의 수소폭탄 실험보다 그 위력이 26배나 강했다.

FAST FACTS

최초의 레고 미니피규어에는 움직일 수 있는 팔다리가 없었다. • 바비의 풀 네임은 바버라 밀리센트 로버츠이다. • 한스 벡은 아이들의 그림을 보고 플레이모빌의 얼굴을 만들었다. • 클리키들은 머리가 아주 크고 웃는 입에 코가 없었다.

DID YOU KNOW?

영국에서 나온 초창기 액션맨 피규어는 미국식 제복에 액세서리를 한 병사, 선원, 조종사였다. 그러다 점차 영국군 복장으로 바뀌었고, 제품군 역시 탐험가와 스포츠맨 같은 민간인으로 확장됐다.

바비 인형 최다 소장

어린 시절부터 열렬한 바비 인형 팬이었던 베니나 도르프만(독일)은 2011년 10월 기준 적어도 1만 5,000점의 각기 다른 옷을 입은 인형을 소유한 바비 인형 큐레이터다. 그녀는 1993년부터 수집을 시작했으며, 그녀의 보물 중에는 많은 빈티지 에디션이 포함되어 있다. 그중 가장 소중하고 귀한 것은 단순한 줄무늬 수영복을 입은 최초의 바비 인형으로, 바비의 공식 생일인 1959년 3월 9일에 첫선을 보였다.

가장 빨리 팔린 플레이모빌 피규어

플레이모빌 사에 따르면, 16세기 프로테스탄트 개혁가인 마틴 루터의 피규어가 2015년 2월 발매 72시간 안에 3만 4,000점 이상 팔렸다. 루터는 독일에 프로테스탄트 교회를 세웠던 인물로 이 피규어는 2017년에 있을 프로테스탄트 개혁 500주년을 앞두고 발매되었다. 독일에서만 95%가 팔려나갔다.

디오라마 최다 개인 소장

디오라마는 유명한 전투 장면 모형으로, 각종 건물과 나무, 기타 풍경은 물론 장난감 병사와 차량도 등장한다.

디오라마 최대 개인 소장은 레바논의 나빌 카람이 소유한 333종이다. 2011년 11월 17일 레바논 조우크 모스베에서 기네스 세계기록의 날을 기념해 그 수를 세어 보았다.

최대 <트랜스포머> 장난감

오랫동안 <트랜스포머> 인형을 만들어 온 하스브로 사(미국)는 2013년 8월에 발매한 타이탄급 메트로플렉스를 그간 팔린 가장 큰 트랜스포머 오토봇으로 꼽는다. 메트로플렉스는 높이가 60.9㎝로, 그 이전까지 가장 컸던 포트리스 막시무스보다 5㎝ 더 크다. 메트로플렉스는 로봇 형태를 취하지 않을 때는 전투 차량이나 온전한 도시 형태로 변신한다. 메트로플렉스와 맞먹는 라이벌은 악랄한 디셉티콘 군단의 트립티콘이다.

최초의 액션피규어

1940년대 연재만화에서 나온《G.I. 조》는 1964년에 하스브로 사에서 발매했다. 2년 후에는 영국 장난감 제조업체 팰리토이가 라이선스 계약을 맺고 액션맨으로 재탄생시켰다. 이후 지금까지 G.I. 조 피규어는 50년 넘게 제작되고 있다. 19개의 관절로 구성된 오리지널 G.I. 조 피규어는 하스브로의 부사장 돈 레빈이 '사내아이들이 갖고 놀만 한 바비 인형'을 구상하다 탄생했다. 이후 G.I. 조는 TV와 영화, 비디오게임의 스타가 되었다.

최초의 고층 빌딩

미국 시카고의 홈 인슈어런스 빌딩이 완공됐다. 소위 '고층 빌딩의 아버지'격인 이 10층짜리 건물은 최고 높이가 42m였다. 이후 다른 고층 건물들이 들어서면서 왜소해져 갔지만, 당시에는 엄청난 건물이었다.

1885

1885년

DATELINE

퍼즐 PUZZLES

시판 중인 최소형 조각 그림 맞추기 퍼즐 (500~1,000조각)

중국의 토막스 사는 복사지 A4 크기인 21×29.7㎝의 500조각짜리 다양한 조각 그림 맞추기 퍼즐을 생산한다. 이 퍼즐의 주제는 주로 유명한 미술 작품이나 세계 유산 풍경이다. 위 사진은 페루 안데스 산맥 마추픽추에 있는 고대 잉카 요새의 모습을 담은 조각 그림 맞추기 퍼즐의 일부다. 각 퍼즐 조각은 일반 퍼즐 조각의 약 3분의 1 크기다.

가장 오래된 미해결 숫자 문제

'완전수'란 자기 이외 인수의 합이 자기 자신이 되는 수로, 가장 작은 완전수는 6이다. 그 인수(6을 나눌 수 있는 숫자들)는 1, 2, 3이며, 그 합계가 6이 되기 때문이다. 그다음 완전수는 28, 496, 그리고 8,128이다.

지금까지 발견된 완전수는 전부 짝수다. 홀수도 완전수가 될 수 있을까? 일부 역사학자들에 따르면, 서기 1세기 때 게라사의 니코마코스나 그보다 500년 전의 유클리드 같은 고대 그리스인들은 이 문제를 놓고 머리를 싸맸다. 이후 몇 세기 동안 피에르 페르마와 르네 데카르트 같은 수학자들도 이 문제를 풀기 위해 애썼지만 결국 풀지 못했다.

스크래블 토너먼트 최고 득점

2012년 1월 21일 토 웨이빈(싱가포르)은 영국 벨파스트에서 열린 북아일랜드 스크래블 선수권대회 토너먼트전에서 릭 케네디(영국)를 상대로 850점을 기록했다. 이 경기에는 세계 영어권 스크래블선수협회(WESPA)의 규칙이 적용됐고 콜린스 스크래블 단어 목록이 사용됐다. 스크래블 토너먼트 오프닝 최고 득점은 126점으로 이는 제시 인먼(미국)이 2008년 7월 26일 미국 플로리다 주 올랜도에서 열린 전미 스크래블 선수권대회에서 올린 점수다.

퍼즐 세계선수권대회 개인 최다 승

울리히 보이그트(독일)는 퍼즐 세계선수권대회를 10번이나 석권하여(2000, 2001, 2003, 2005, 2006, 2008, 2009, 2012, 2013, 2014) 금메달을 땄다. 보이그트는 2014년 8월 17일 영국 런던에서 열린 23회 연례 선수권대회에서 마지막 우승을 따냈다.

시판 중인 최대 규모의 조각 그림 맞추기 퍼즐

가장 큰 퍼즐은 라벤스부르거(독일)가 만든 5.4×1.9m짜리 퍼즐이다. 2014년 9월에 처음 판매된 이 퍼즐은 '뉴욕 윈도'라 불리며, 뉴욕의 스카이라인을 아주 섬세하게 묘사하고 있다.

조각 수가 가장 많은 시판용 조각 그림 맞추기 퍼즐은 2014년 에두카(스페인)가 아프리카 파노라마 풍경을 담아 만든 3만 3,600조각의 '와일드라이프'이다.

최대 멀티-스도쿠 퍼즐

2015년 7월 25일 베이징 스도쿠협회(중국)는 중국 베이징에서 200개의 표준 격자로 된 멀티-스도쿠 퍼즐을 만들었다. 2015 세계 주니어 스도쿠 선수권대회에서 개최한 행사 중 하나였다.

최대 규모의 단어 찾기 퍼즐

이 페이지의 배경과 마찬가지인 아래 사진은 12만 9,600개의 글자 사이에 1만 500개의 단어가 숨겨진 단어 찾기 퍼즐의 일부이다. 이 퍼즐은 인도 라자스탄에서 아시시 두트 샤르마(인도)가 만든 것으로, 2015년 10월 18일에 검증됐다. 자이푸르의 아펙스 기술공학대학 총장인 샤르마 교수가 10년간 공을 들여 만든 작품이다. 공학도들에게 전문 용어를 가르치기 위해 그는 이 퍼즐 안에 많은 기술 용어는 물론 과학자와 발명가 이름도 집어넣었다.

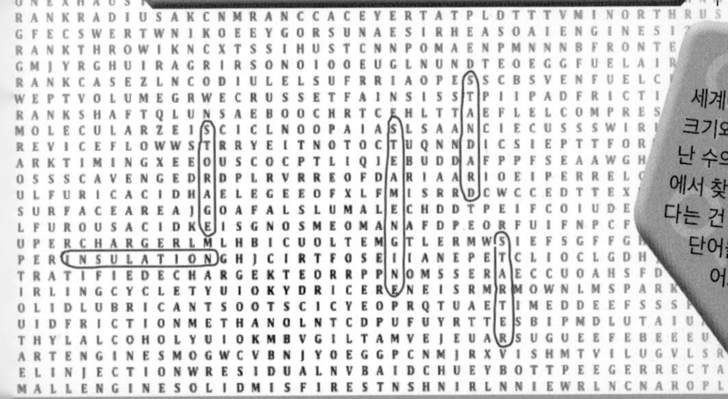

DID YOU KNOW?

세계에서 가장 큰 단어 찾기 퍼즐의 크기와 그 안에 들어갈 수 있는 엄청난 수의 단어 조합을 감안할 때, 그 안에서 찾을 수 있는 단어 목록을 확정한다는 건 불가능하다. 의도적으로 넣은 단어들 외에 우연히 만들어지는 단어도 많기 때문이다.

최대 조각 그림 맞추기 퍼즐

이 거대한 조각 그림 맞추기 퍼즐은 2만 1,600조각으로 되어 있으며 그 크기가 축구장보다 더 넓은 5,428.8㎡이다. 그레이트 이스트 아시아 서베이어스 & 컨설턴트 사가 만든 것으로, 2002년 11월 3일 홍콩의 카이탁 공항에서 777명이 끼워 맞췄다. 각 조각의 크기는 최대 0.5×0.5m였다.

초대형 기계적 퍼즐

'기계적' 퍼즐이란 개별적인 조각(주로 나무)을 서로 엮어 만드는 퍼즐로, 각 조각이 전체 구조를 하나로 연결한다. 스위스 건설 회사 호파 콘라드는 2013년 4월 16일 스위스 발차바에서 가장 큰 기계적 퍼즐을 만들었는데, '악마의 매듭'이라고 알려진 6조각짜리 퍼즐이었다. 각 조각은 길이가 6m, 너비가 40㎝, 두께가 40㎝였다.

최초의…

십자말풀이 퍼즐

십자말풀이 퍼즐은 1913년 12월 21일 미국 신문 <뉴욕 월드>의 일요일자 '오락' 지면에 처음 등장했다. 아서 윈(영국)

DATELINE **1886** 1886년

발행 부수 100만 부를 돌파한 최초의 신문

새로운 매스미디어 시대로 접어들면서, 프랑스 일간지 <르 쁘띠 쥬르날>이 발행 부수 100만 부를 돌파했다. 인기의 비결은 다름 아닌 작은 판형과 싼 가격이었다.

FAST FACTS

최초의 Crossword(십자말풀이)는 원래 'word-cross'라고 불렸다. • 십자말풀이를 만드는 것을 'Cruciverbalism'이라 한다. • 현대적인 스도쿠는 하워드 간즈(미국)가 만들었는데 그는 그걸 'Number place'라고 했다.

십자말풀이 선수권대회

암호 같은 십자말풀이를 푸는 일에 관한 한, 신기록을 세운 이 언어의 마술사들은 못 푸는 문제가 없다.

<타임스> 주최 전미 십자말풀이 선수권대회

타이틀	타이틀 보유자	기록	우승 일자
최다 우승	존 사이크스(영국)	10	1972~1975, 1977, 1980, 1983, 1985, 1989, 1990
최다 연승	마크 굿리페 (영국, 위 사진)	8	2008~2015

미국 십자말풀이 퍼즐 토너먼트

타이틀	타이틀 보유자	기록	우승 일자
최다 우승	존 델핀(미국)	7	1989~1991, 1995, 1999, 2002~2003
최다 연승	댄 페이어(미국)	6	2010~2015
최연소 우승	타일러 힌먼(미국, 1984년 11월 5일생)	20세 128일	2005년 3월 13일
최고령 우승	더그 '디 아이스맨' 홀리먼(미국, 1943년 7월 2일~2015년 11월 2일)	56세 254일	2000년 3월 12일

이 만든 이 퍼즐은 다이아몬드 모양의 격자를 바탕으로, 단순하고 명확한 힌트를 제공했고 검게 칠한 부분도 없었다.

당연한 얘기지만, 이 퍼즐에는 **최초의 십자말풀이 힌트**도 나왔다. 가로 1은 없어서, 그 최초의 힌트는 가로 2에 나왔는데, '싼 물건을 찾는 사람이 좋아하는 것은?'이었다. 정답은 '세일'.

아리송한 힌트들이 주어진 최초의 십자말풀이 퍼즐은 1925년 영국 신문 <웨스트민스터 가젯>의 토요판에 선보였다. 아리송한 힌트는 그 전에도 가끔 등장했지만, 에드워드 포이스 매더스(영국, 그는 후에 '토르케마다'라는 이름으로 십자말풀이 퍼즐을 냈음)는 오직 아리송한 힌트만 주었다. 그래서 그를 아리송한 십자말풀이 퍼즐의 창안자라 부르기도 한다.

가장 역사가 오랜 퍼즐 세계선수권대회

체코에 본부를 두고 있는 세계퍼즐연맹은 1992년 이후 국제퍼즐대회를 주관해오고 있다. 세계 퍼즐 선수권대회에서 치러지는 모든 퍼즐 게임은 논리에 기초한 단순한 퍼즐로, 언어와 상관없이 이해할 수 있다. 위 사진은 2015 퍼즐 그랑프리에 나왔던 퍼즐이다. 이 이미지 중 같은 게 2개 있는데, 그걸 모두 찾는 것이다. 시간이 얼마나 걸리나 해보라. 정답이 궁금하면 'Stop Press(인쇄를 멈추다, 255쪽)' 참조.

최초의 십자말풀이 책은 1924년 미국에서 나왔다. <뉴욕 월드>에 연재된 퍼즐들을 모아 편집한 《크로스워드 퍼즐북》은 딕 사이먼과 링컨 슈스터(둘 다 미국)가 내놓은 첫 책이었다. 이 책이 성공을 거둬 사이먼 앤드 슈스터 출판사가 생겼는데, 이 출판사는 지금도 십자말풀이 책을 내고 있다.

스도쿠 세계선수권대회

최초의 스도쿠 세계선수권대회는 세계퍼즐연맹의 주최로 2006년 3월 10일부터 이틀간 이탈리아 루카에서 열렸다. 이 대회에서 회계사 자나 틸로바(체코)는 22개국에서 온 85명을 꺾어 톱 18에 든 유일한 여성이 됐다.

뇌 기능 향상 비디오게임

1991년 어바인에 있는 캘리포니아대학의 리차드 헤이어(미국)가 테트리스 게임을 하는 사람들의 뇌를 스캔했다. 그 결과 입문자들의 경우 대뇌 글루코스 물질 대사율이 아주 높았다. 8주 동안 매일 게임을 하면 뇌 기능과 효율성이 눈에 띄게 좋아져서 게임 승률도 7배나 높아진다는 사실을 밝혀냈다.

최다 인원이 함께한 스도쿠 퍼즐 모임

2013년 5월 3일 중국 홍콩 취안완 구 얀차이 병원 림포옌 중등학교 학생과 부모, 교사, 졸업생 3,452명이 인근에 있는 싱문 계곡 스포츠 운동장에서 집단 스도쿠 퍼즐을 즐겼다.

현존하는 가장 오래된 영화

프랑스 발명가 루이 르 프랭스는 영국 리즈 라운드헤이 가든에서 싱글 렌즈 카메라와 종이 필름을 이용해 가족과 친구들 모습을 담은 2초짜리 무성 '가족 영화'를 만들었다.

1888

1888년

DATELINE

조립 완구 CONSTRUCTION TOYS

최고 빨리 쌓은 젠가 탑 (30층)

2014년 6월 7일 미국 뉴저지 주 파일스그로브에서 타일러와 라이언 미셸 형제는 2분 51.04초 만에 게임 규칙에 따라 30층짜리 젠가 탑을 쌓았다.

30초 동안 지그재그로 쌓은 최고 높은 레고 구조물(한 손 사용)

2015년 11월 1일 영국 버밍엄 NEC에서 열린 '브릭 2015' 마지막 날 레온 이프(영국)는 레고를 지그재그형으로 28층까지 쌓았다.

1분 안에 만든 최다 레고 성

2015년 10월 30일 '브릭 2015' 두 번째 날에 에드 디멘트(영국)는 성 하나당 평균 4초씩, 60초 동안 총 15개의 레고 성을 쌓았다. 이틀 후 같은 이벤트에서 잭 클라크(영국) 역시 같은 기록을 세웠다.

최대 인원이 엮어 만든 플라스틱 브릭 조각

2015년 7월 12일~8월 9일 홍콩의 22개 장소에서 자원봉사자 1만 9,274명이 메가 블록스 사가 주최한 브릭으로 조각 만들기 행사에 참여했다. 미드 존슨 뉴트리션과 마텔 이스트 아시아(둘 다 홍콩)가 후원한 이벤트로, 후에 모든 브릭은 자선 단체에 기증됐다.

가장 긴 레고 구조물

이 기록은 올림픽 수영장 32개 길이에 맞먹는 레고 밀리페드(선사시대의 절지동물)에게 돌아갔다. 2005년 2월 13일 이탈리아 토리노 그루글리아스코에서 콘소르지오 에세르센티 CC 숍빌 르 그루의 후원으로 만들어 길이가 1,578.81m로, 레고 브릭 290만 1,760개가 사용됐다.

개인이 만든 초대형 풍선 작품

2015년 7월 25일 미국 유타 주 리하이의 쌩스기빙 포인트에서 제레미 텔포드(미국)는 8,867개의 풍선으로 만든 20.09×9.93m짜리 거대한 모형 개를 공개했다. 이 최대 크기 풍선 개는 전시 내내 누워서 휴식을 취했다.

가장 많은 비디오게임의 토대가 된 장난감

레고 아일랜드(마인드스케이프 사, 1997)가 출시된 이후 2016년 2월 1일 기준 이 유명한 레고에 영향을 받아 나온 비디오게임만 자그마치 67가지에 이른다. 최근에 나온 <레고 디멘션즈>, <마블즈 어벤저스> 같은 게임은 물론 레고 바이어니클 프랜차이즈, 각종 엔터테인먼트 라이선스, 모바일 게임, 교육 게임, 스포티한 기타 부산물들까지 나왔다.

시판 중인 최대 레고 세트

경험 많은 레고 팬들을 위해 제작된 5,922조각의 타지마할 레고 세트는 완성될 경우 그 크기가 51×41㎝이다. 이 유명한 인도 사원에는 뾰족탑, 돔, 꼭대기 장식, 아치 등이 포함되어 있다.

시판 중인 최대 레고 테크닉 세트는 2,048개의 레고 조각으로 이루어진 1:12.5 비율의 메르세데스-벤츠 유니모그 U 400 트럭이다. 이 차량에는 공기압으로 움직이는 접이식 크레인에 제대로 작동되는 집게발까지 달려 있다. 사륜구동 차량에

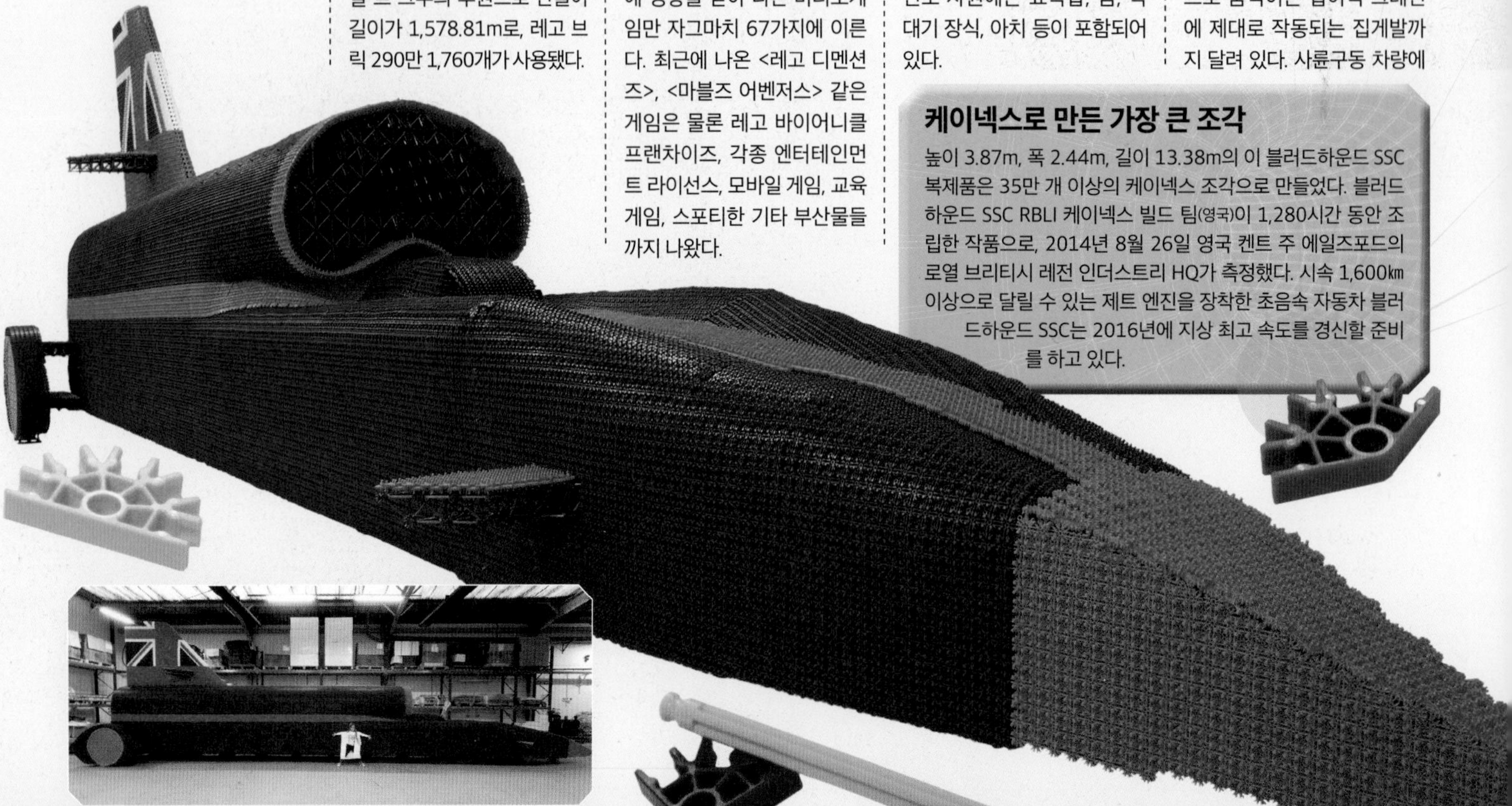

케이넥스로 만든 가장 큰 조각

높이 3.87m, 폭 2.44m, 길이 13.38m의 이 블러드하운드 SSC 복제품은 35만 개 이상의 케이넥스 조각으로 만들었다. 블러드하운드 SSC RBLI 케이넥스 빌드 팀(영국)이 1,280시간 동안 조립한 작품으로, 2014년 8월 26일 영국 켄트 주 에일즈포드의 로열 브리티시 레전 인더스트리 HQ가 측정했다. 시속 1,600㎞ 이상으로 달릴 수 있는 제트 엔진을 장착한 초음속 자동차 블러드하운드 SSC는 2016년에 지상 최고 속도를 경신할 준비를 하고 있다.

DATELINE **1889** 1889년

최초의 경주용 개조 자동차 공장

르네 파나르와 에밀 르바소(둘 다 프랑스)가 프랑스에 파나르-르바소 공장을 세웠다. 이들의 첫 경주용 개조 자동차는 그다음 해에 나왔다.

FAST FACTS

1901년 프랭크 혼비(영국)는 '메카닉스 메이드 이지'라는 이름으로 특허를 출원한 뒤 훗날 '메카노'로 변경했다. • 2015년 기준 3,600가지의 레고 종류가 있다. • 젠가의 발명자 레슬리 스캇은 젠가라는 이름을 '만들다'라는 뜻의 스와힐리어에서 따왔다.

레고로 지은 캐러밴

전국캐러밴위원회(NCC) 이벤트에 등장한 이 실물 크기의 캐러밴은 21만 5,158개의 레고 브릭으로 만들었다. 영국 이스트 햄프셔 보던에서 2015년 10월 8일 레고로 만든 최고 크기임을 인증받은 이 캐러밴은 3.6m 길이로, 조립하는 데 12주가 걸렸다. 붙박이 주방과 침대, 수돗물, 전기까지 설치되어 있다.

최대 메카노 건축물

2015년 7월 1일 영국 벨파스트퀸즈대학교가 메카노 1만 조각으로 만든 다리를 선보였다. 공학과 3학년 학생들과 현지 초등학생들이 만든 이 다리는 28.76m 길이로 벨파스트의 클라렌든 부두에 놓였다. 이날 행사에서 트레보 휘트테이커 학장과 메카노로 만든 로봇 G15 KS(삽입 사진)가 공식적으로 다리의 개통을 알렸다.

핸들은 실제 조작 가능하며, 최저 지상 간격을 위한 기어 블록과 서스펜션도 있고, 세밀한 엔진에 실제 작동되는 피스톤까지 달려 있다.

모형 풍선으로 만든 가장 큰 레고 피규어

래리 모스와 그의 팀(모두 미국)은 3일간 풍선 1,985개로 6m짜리 피규어를 만들어 2014년 11월 30일 영국 런던에서 공개했다.

1시간 내 최다 풍선 작품 제작

2007년 11월 14일 존 커시디(미국)은 미국 펜실베이니아 주 뉴타운의 벅스 카운티 커뮤니티 칼리지에서 1시간에 747개의 풍선 작품을 만들었다.

24시간 내 최다 풍선 작품 제작 기록은 6,176개이다. 분당 4개가 넘는 이 기록은 2004년 4월 16일~4월 17일 미국 미시간 주 노스빌에서 팀 서먼드(미국)가 세운 기록이다.

최대 레고 매머드

2015년 11월 1일 영국 버밍엄에서 열린 '브릭 2015'에서 브라이트 브릭스 사(영국)는 높이 2.47m에 길이 3.8m, 폭이 1.3m나 되는 거대한 빙하 시대 동물을 공개했다. 같은 날 브라이트 브릭스 사는 높이 3.17m에 길이 1.47m, 폭 0.8m짜리 레고로 만든 최대 규모의 모아 새(지금은 멸종된, 뉴질랜드에 살았던 대형 조류)도 선보였다.

최초의 무선 특허

6월 2일 이탈리아계 아일랜드인 발명가 굴리엘모 마르코니가 전자기파에 의한 통신 시스템 특허를 취득하며 무선 통신 시대를 열었다.

1896

1896년

DATELINE

비디오게임 VIDEOGAMES
GALLERY

10주년을 맞아 기네스북의 게임 부분은 한층 더 강력해졌다. 놀라운 게임 스토리, 허풍쟁이 블로거, e스포츠 프로들, 추억을 떠올리게 하는 빈티지 아케이드 게임에 이르기까지 알찬 내용을 만나볼 수 있다. 이 장에는 기록을 수립한 게이머들의 멋진 사진을 수록했다.

DID YOU KNOW?
캣 미스틱 건은 어린 시절부터 열혈 게이머였다. 2002년에 들어 대규모 게임 대회에 참가했고 마이크로소프트 사의 엑스박스 라이브 온라인게임 서비스의 베타테스터로 선정되기도 했다.

1

2

3

프로게이머 최고 수입(여자) 1

캣 미스틱 건(미국)은 2007년 프로로 전향 후 무려 12만 2,000달러를 벌었다. 그녀는 격투 게임부터 시작해 <데드 오어 얼라이브 4> 토너먼트 톱 3에 2회나 올랐지만 가장 큰 상금 액수는 WCG 게임 리얼리티쇼에서 우승해 받은 10만 달러다. 이 2010년 콘테스트는 e스포츠 프로 선수들이 <마리오 카트>, <록 밴드>, <헤일로: 리치>와 같은 여러 게임을 통해 경쟁하는 방식이다.

최고 높은 아케이드 게임기 2

높이 4.4m, 폭 1.93m, 깊이가 1.06m인 제이슨 캄브리스(미국)의 아케이드 디럭스는 기존 아케이드 게임기보다 무려 3배 더 크다. 이 커다란 게임기는 술탄 쾨센(**현존하는 가장 키 큰 남자**)의 키에 딱 맞지만, 그 밖의 다른 사람들은 의자나 사다리에 올라야 10.2㎝ 크기의 버튼을 동작할 수 있다. 이 게임기는 완벽하게 작동되며 다양한 고전 아케이드 게임을 즐길 수 있다.

<피파 게임> 최장 기록 3

2014년 11월 5일~11월 7일 게이머이자 축구 팬인 크리스토퍼 쿡(영국)이 자신이 좋아하는 두 분야를 결합해 최장 시간 게임 신기록을 세웠다. 그는 <피파 게임>을 48시간 49분 동안 했고 온라인과 오프라인 통합 총 120경기 이상 뛰었다. 그의 도전은 지체장애인들이 비디오게임을 즐길 수 있도록 특별한 게임 컨트롤러를 제작하는 스페셜 이펙트 사의 자선기금을 모으기 위해 시작됐다.

<젤다의 전설: 시간의 오카리나> 최단 기록 4

2015년 3월 16일 조엘 조든스톤 애크먼(사진)이 닌텐도 사가 1998년 출시한 서사 게임을 17분 55초 만에 끝냈다. 이 기록은 7월 10일까지 유지되다가 아이디 'skater82297'인 미국 게이머에게 자리를 내줬다(17분 45초). 둘 다 글리치를 사용해 게임의 큰 부분들을 생략하는 방식을 택했는데 원래대로라면 끝내기까지 30시간 정도 걸린다.

DATELINE **1901** 1901년

최초의 노벨상
12월 10일 전 세계적으로 유명한 시상식이 처음으로 거행되었다.
물리, 화학, 생리 의학, 문학, 평화 분야에 헌신한 사람에게 상을 수여했다.

<어쌔신 크리드 2> 최단 기록 5

2011년 3월 26일 프랑수아 '페드981' 페데스피엘이 <어쌔신 크리드 2>를 5시간 42분 만에 끝냈다. 그는 수많은 경비병을 휩쓸어버리고 도시를 수중에 넣어 목표를 달성했다. 그는 <어쌔신 크리드> 시리즈를 좋아하는 게이머로 <어쌔신 크리드: 브라더후드>와 <어쌔신 크리드: 레벨레이션>을 각각 2시간 23분, 2시간 48분 만에 끝낸 최단 시간 기록도 보유하고 있다.

<마인크래프트> 최장 기록 6

유투버인 커트 제이 맥(미국)은 2011년 <마인크래프트> 파랜드로 가는 여정을 시작해 272만 3,612블록(2,723km)을 지나 2016년 3월 28일 게임을 마무리했다. 파랜드는 일반 게임영역을 넘어선 곳에 위치하며 게임 코드 에러가 생성되어 거대한 흰개미 굴처럼 생긴 지역이다. 전에는 결코 갈 수 없던 곳으로, 5년간의 여정에도 불구하고 커트는 22%도 채 도달하지 못했다.

<슈퍼스매쉬 브로스·브롤> 최다 KO 7

클레이튼 쇼플러(미국)가 51번의 KO로 2013년 2월 8일 기네스 세계기록 도전자 웹사이트에 올랐다. 제로 수트 사무스 캐릭터로 플레이한 클레이튼은 플랫 존 2 끝에 서서 적들을 스크린 밖 '폭발선'까지 날려버렸다. 또한 클레이튼은 **<마리오와 소닉: 올림픽 게임>에서 해머던지기 최장 기록**도 가지고 있다. 그는 벡터 더 크로커다일 캐릭터를 써서 해머를 97.1m까지 던졌다.

GAMER'S EDITION

이 기록 보유자들이 기네스북의 게임 판을 위해 모두 사진을 찍어주었다. 최신 정보와 삽화가 수록된 게임 판은 최단 기록 주파와 최고점 및 다른 놀라운 성취들에 관한 내용을 담고 있다.

자동차 최초 육상 속도 기록

8월 5일 백만장자 바람둥이인 윌리엄 K 밴더빌트가 프랑스 아블리스에서 모스 레이싱카를 몰며 처음으로 시속 122.43㎞의 속도를 냈다.

1902

1902년

DATELINE

엔지니어링 & 건축 ENGINEERING & ARCHITECTURE

DATELINE **1903**
1903년

최초의 동력 구동식 비행
12월 17일 오전 10시 35분, 오빌 라이트(미국)는 미국 노스캐롤라이나 주 키티 호크 근처에서 자신의 형 윌버 라이트가 제작한 9kW짜리 체인 구동식 비행기 플라이어 I을 몰고 36.5m를 날았다. 이 비행은 2.4~3.6m 고도에서 약 12초간 지속됐다.

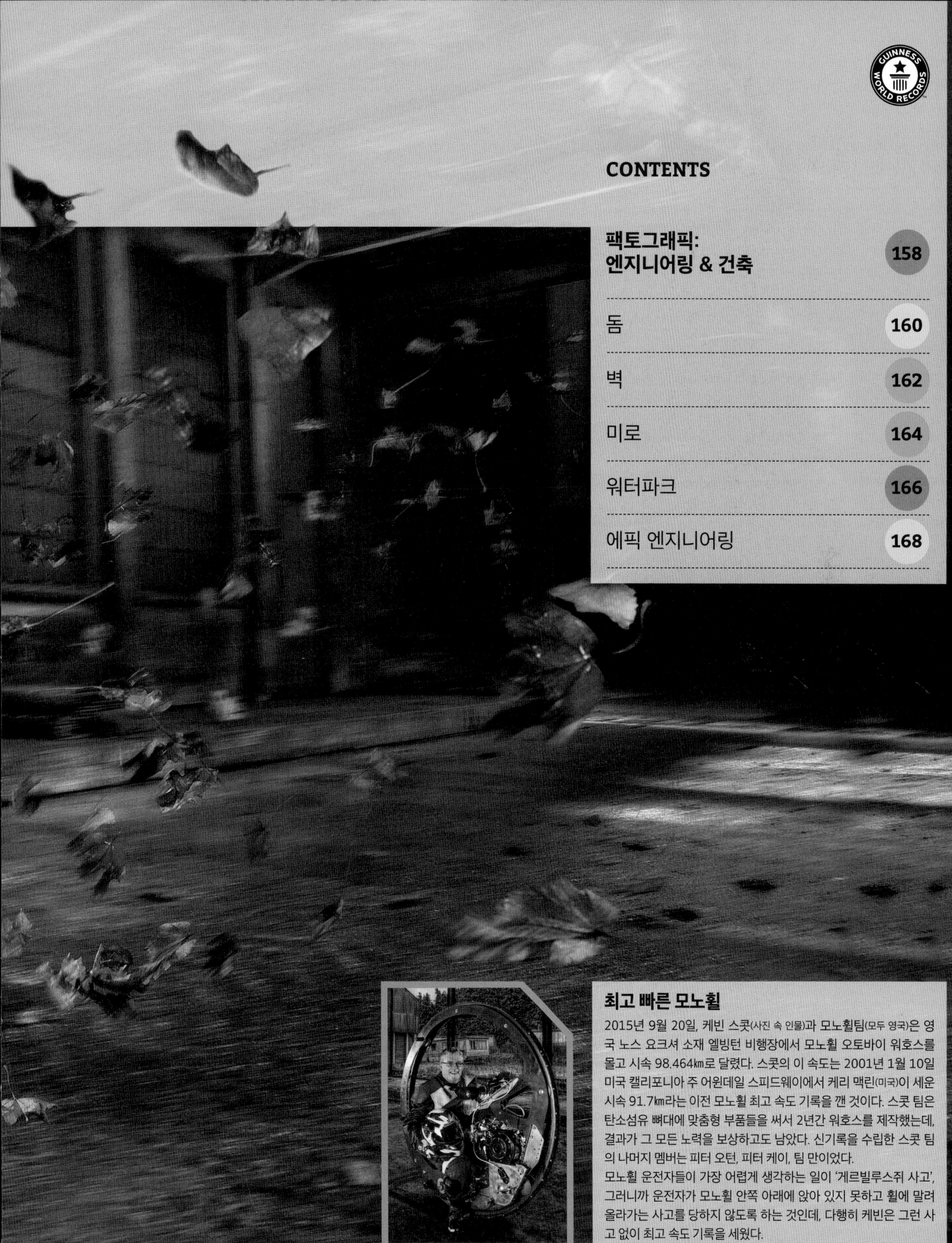

CONTENTS

최고 빠른 모노휠

2015년 9월 20일, 케빈 스콧(사진 속 인물)과 모노휠팀(모두 영국)은 영국 노스 요크셔 소재 엘빙턴 비행장에서 모노휠 오토바이 워호스를 몰고 시속 98.464㎞로 달렸다. 스콧의 이 속도는 2001년 1월 10일 미국 캘리포니아 주 어윈데일 스피드웨이에서 케리 맥린(미국)이 세운 시속 91.7㎞라는 이전 모노휠 최고 속도 기록을 깬 것이다. 스콧 팀은 탄소섬유 뼈대에 맞춤형 부품들을 써서 2년간 워호스를 제작했는데, 결과가 그 모든 노력을 보상하고도 남았다. 신기록을 수립한 스콧 팀의 나머지 멤버는 피터 오턴, 피터 케이, 팀 만이었다.

모노휠 운전자들이 가장 어렵게 생각하는 일이 '게르빌루스쥐 사고', 그러니까 운전자가 모노휠 안쪽 아래에 앉아 있지 못하고 휠에 말려 올라가는 사고를 당하지 않도록 하는 것인데, 다행히 케빈은 그런 사고 없이 최고 속도 기록을 세웠다.

최고 큰 다이아몬드

1월 26일, 남아프리카공화국 프리토리아 인근 프리미어 다이아몬드 광산에서 3,106캐럿짜리 다이아몬드가 발견됐다. 이 다이아몬드는 후에 '컬리넌'이라 이름 붙여졌으며, 당시의 영국 왕 에드워드 7세에게 헌정됐다.

1905

1905년

DATELINE

FACTOGRAPHIC

엔지니어링 & 건축
ENGINEERING & ARCHITECTURE

수천 년간 건물들은 진흙, 얼음, 찰흙, 돌 그리고 나무 같은 천연 재료들로 만들어졌다. 그러나 세월이 지나면서 인류는 계속 혁신적인 건축 재료와 기법들을 개발해 건축의 가능성을 뒤바꾸어놓았다. 믿기지 않는 일이지만, 세계에서 가장 높은 건물 10개 중 8개는 금세기 이후 완공되었고, 그 기록은 놀라운 엔지니어링 기술로 계속 경신되고 있다. 아래에 2016년 기준 가장 높은 건물 10개의 스냅 사진을 올린다. 비교를 위해, 유명한 옛 구조물들도 몇 개 같이 올린다. 건물 높이는 건물 최상단부까지를 계산했으며, 안테나와 깃대 같은 보조물들의 높이는 제외했다. 이는 세계에서 가장 높은 건물을 잴 때 적용되는 '높은 건물 및 도시 주거지 위원회(CTBUH)'의 높이 계산 방식이다.

1

부르즈 할리파
위치: 아랍 에미리트 두바이
완공: 2010년
높이: 828m
층: 163층(지하 1층)
계단 수: 2,909개
엘리베이터 최고 속도: 초당 10m
추가 정보:
- 이 건물을 걸어서 가장 빨리 오른 기록은 2011년 3월 29일 알랭 로베르(프랑스)가 세운 6시간 13분 55초이다.
- 이 건물을 자전거로 가장 빨리 오른 기록은 2012년 10월 18일 비토리오 브루모티(이탈리아)가 세운 2시간 20분 38초이다.

3

아브라즈 알-바이트 타워 (마카 로열 클록 타워)
위치: 사우디아라비아 메카
완공: 2012년
높이: 601m
층: 120층(지하 3층)
엘리베이터 최고 속도: 초당 6m
추가 정보:
- 도카아에 시계 문자판은 지름이 43m로 세계 최대이다.
- 건물 꼭대기 첨탑에는 35톤이나 되는 초승달 모양의 금 모자이크가 달려 있다.

5

타이베이 101
위치: 대만 타이베이
완공: 2004년
높이: 508m
층: 101층(지하 5층)
계단 수: 2,046개
엘리베이터 최고 속도: 초당 16.83m
추가 정보:
- 자전거를 타고 가장 많은 계단을 오른 기록은 2015년 3월 22일 크리스티안 헤르바(폴란드)가 세운 3,139계단으로, 3시간 12분 걸렸다. 그는 타이페이 101의 1층부터 52층까지 자전거를 타고 올라간 뒤, 엘리베이터를 타고 내려와 다시 91층까지 올라갔다.

7

국제 상업 센터
위치: 중국 홍콩
완공: 2010년
높이: 484m
층: 108층(지하 4층)
엘리베이터 최고 속도: 초당 9m
추가 정보:
- 건물 규모에 비해 에너지 효율성이 높다.

9

지펭 타워
위치: 중국 난징
완공: 2010년
높이: 450m
층: 66층(지하 5층)
엘리베이터 최고 속도: 초당 7m
추가 정보:
- 건물 정면을 휘감아 올라가는 하늘 정원들이 특징.

DID YOU KNOW?
원래 높이가 146.5m였던 이집트 기자의 대피라미드는 오늘날의 가장 높은 건물인 부르즈 할리파보다 5배 이상 낮다. 그러나 기원전 3세기에 지어진 이 건축물은 3,800년 동안 지구 상에서 가장 높은 건축물이었다.

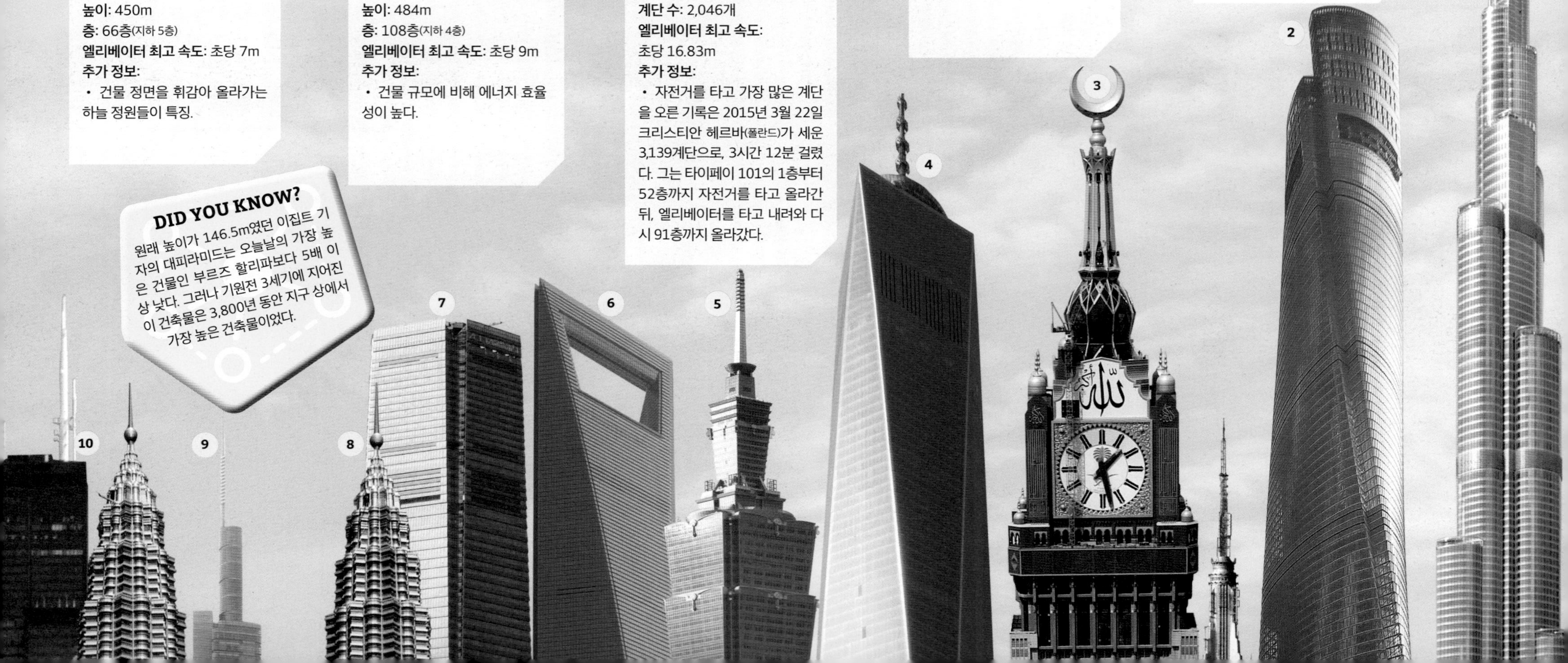

DID YOU KNOW?
2004년부터 2008년까지 엠파이어스테이트 빌딩의 24층은 직원들이 쉬는 '낮잠 공간'으로 쓰였다. 이 건물은 공식적으로는 102층이지만, 잘 알려지지 않은 103층에 극소수 사람들만 이용하는 개인 전망대가 있다.

피사의 사탑
높이: 가장 높은 쪽으로 56.67m
완공: 1372년

자유의 여신상
높이: 92.99m
완공: 1886년

에펠탑
높이: 300m
완공: 1889년

엠파이어스테이트 빌딩
높이: 381m
완공: 1931년

10

윌리스 타워

위치: 미국 시카고
완공: 1974년
높이: 442.1m
층: 108층(지하 3층)
엘리베이터 최고 속도: 초당 8.1m
추가 정보:
- 1973년에 완공. 이전 이름은 시어즈 타워. 25년간 세계에서 가장 높은 건물이었다.

8

페트로나스 트윈 타워

위치: 말레이시아 쿠알라룸푸르
완공: 1998년
높이: 451.9m
층: 88층(지하 5층)
엘리베이터 최고 속도: 초당 7m
추가 정보:
- 각 41층과 42층 높이에서 '구름다리'가 두 건물을 잇고 있다.

6

상하이 세계금융센터

위치: 중국 상하이
완공: 2008년
높이: 492m
층: 101층(지하 3층)
엘리베이터 최고 속도: 초당 10m
추가 정보:
- 부등변 사각형 모양의 꼭대기 때문에 '병따개'라 불리기도.

4

원 월드 트레이드 센터

위치: 미국 뉴욕
완공: 2014년
높이: 541.3m
층: 94층(지하 5층)
계단 수: 1,970개 (90층까지)
엘리베이터 최고 속도: 초당 10.16m
추가 정보:
- 피트로 환산한 높이 1776은 미국 독립 선언문 발표 연도를 의미한다.

2

상하이 타워

위치: 중국 상하이
완공: 2015년
높이: 632m
층: 128층(지하 5층)
엘리베이터 최고 속도: 초당 18m
추가 정보:
- 이 건물의 뒤틀린 모습은 바람 저항력을 높이기 위한 것이다.

"모든 수치와 단위 변환은 CTBUH에서 제공했음."

돔 DOMES GALLERY

전 세계의 성당과 사원, 모스크, 묘 등을 장식하는 우아한 반구형 돔은 원래 목재가 귀한 지역에서 간단히 지붕을 씌우는 방법으로 시작됐다. 고대의 중동, 인도, 지중해 지역에서는 작은 오두막이나 무덤을 덮는 데 목재 대신 진흙 벽돌이 쓰였다. 기념비적인 건축물에 돔을 처음 적용하기 시작한 건 로마인들이다. 이후 건축가들이 중앙 지붕 창을 통해 자연광이 들어오게 하는 등 돔을 여러 형태로 발전시켰고 돔 안쪽도 아름답게 꾸몄다.

3

2

1

1 최초의 지오데식 돔

지오데식 돔은 직선 부재를 써서 구면 분할을 한 돔 형식의 구조물이다. 발터 바우에르스펠트(독일)가 만든 자이스 천문관은 1926년 1월 18일에 문을 열었다. 대칭적인 20면체 구조물로, 높이가 8.5m다. 각 면은 3,500개의 가는 쇠막대들로 된 삼각형 모양의 받침대들이 모여, 반구형의 기본 구조를 이룬다. 이 돔 내부에서는 행성과 항성들의 모습을 볼 수 있다.

2 최대 철골 돔

영국 벅스턴 소재 데본샤이어 로열 병원의 철골 돔은 그 지름이 44.2m로, 1881년에 지어졌다. 유명한 로마 판테온 신전보다 조금 더 큰 이 건물은 꼭대기에 조그만 둥근 지붕이 있는 원형 지붕 창을 통해 안쪽으로 빛이 들어온다. 이 건물은 원래 18세기의 큰 호텔 일부였으나, 병원으로 개조되면서 돔이 얹혀졌으며, 현재 더비대학교가 소유하고 있다.

3 가장 북쪽의 유리 돔 방들

북극권에서 북쪽으로 250㎞ 이상 떨어진 핀란드 라플란드의 우거진 산악 지대에 위치한 카크슬라우타넨 북극 리조트에는 난방 시설이 된 아주 편안한 '이글루' 호텔 방들이 있다. 보온이 잘되는 각 유리 돔에는 숙박객 4명이 묵을 수 있으며, 맑은 밤에는 수많은 별을 볼 수 있다. 8월부터 4월까지는 그 지역에서 연간 200일 이상 장엄한 북극광 현상도 볼 수 있다.

4 최대 목조 돔 주택

케빈 시아(미국)의 '그린 돔'은 미국 롱아일랜드에 있는 목재 뼈대의 친환경 지오데식 돔 주택으로, 높이가 21.33m, 너비가 13.41m이다. 이 주택의 전기는 전부 태양열 및 풍력 발전으로 공급되며, 옥상에 식물을 심어 단열 효과는 물론 자연스레 빗물을 보존하고 야생 동물도 보호한다. 케빈이 말하는 이 '히피의 달 기지국'은 2015년 기준 100만 달러에 당신 집이 될 수도 있었다.

DATELINE

1906

1906년

최초의 장편 영화

호주 빅토리아 멜버른에서 제작된 <켈리 갱 이야기>는 12월 26일 멜버른 시 시청에서 개봉됐다. 악명 높은 무장 강도 네드 켈리의 이 전기 영화는 관객들 사이에서 큰 인기를 끌었다.

4

5

6

7

5 최대 돔

에이럽 앤 DP 건축가들이 디자인한 13억 달러짜리 스포츠 허브 국립 경기장(싱가포르)은 스스로 지탱되는 최대 돔이다. 지름이 312m로, 날개를 쭉 편 A380 에어버스 4대가 들어갈 정도다. 가벼운 플라스틱 지붕은 가운데가 접이식이어서 거대한 프로젝터 스크린처럼 2배로 늘어나며, 기계화된 바닥은 48시간 이내에 다른 스포츠나 문화 행사 등에 맞춰 그 모습을 바꿀 수 있다.

6 최대 수중 관람 돔

2014년 1월 28일 개장한 중국 주하이 시 헝친 소재 치메롱 오션 킹덤의 고래상어 전시장에는 바깥 지름이 12m에 달하는 관람 돔이 있다. 아크릴 소재의 둥근 지붕과 지지 원기둥의 높이가 6m이며, 2개의 터널을 통해 접근할 수 있다. 관람객은 머리 위로 수중 환경을 360도 각도로 즐길 수 있으며, 수족관 안에는 최대 어류인 고래상어와 쥐가오리 같은 거대한 수중 생물이 있다.

7 최고 높은 극장 돔

(위의 큰 사진 참조) 중국 베이징 국립 공연예술센터의 높이는 자유의 여신상과 비슷한 46.68m이며 면적이 3만 500㎡이다. 티타늄과 유리를 입힌 타원형 강철 구조물 덕에 '거대한 달걀'이라 불리기도 한다. 호수 위에 뜬 달걀 모습을 한 3억 2,500만 달러짜리 이 건축물 안에는 오페라 하우스(2,398석), 콘서트홀(2,019석), 그리고 극장(1,035석과 556석) 2개가 자리 잡고 있다.

DID YOU KNOW?

베이징 국립 공연예술센터는 10층 높이와 맞먹는 32.5m 깊이의 지하로 내려가 있다. 소음 제거 기술 덕에 공연 도중에 누군가가 자리를 뜬다 해도 아무 소리도 나지 않는다.

가장 긴 전쟁 기념벽

미국 워싱턴 DC에 있는 총 길이 150.42m의 베트남전 참전 용사 기념벽은 마야 잉 린(미국)이 디자인했으며 1982년에 완공됐다. 이 기념벽은 검은색 화강암으로 제작된 길이 75.21m짜리 벽 2개로 구성돼 있으며, 거기에 남녀 참전 용사 5만 8,307명의 이름이 사망 시기 순으로 새겨져 있다.

가장 두꺼운 벽

우르(현 이라크의 텔 알-무카이야르)의 성벽은 그 두께가 27m로 흰긴수염고래의 길이와 비슷했으며 진흙 벽돌로 만들어졌다. 그러나 큰 요새의 일부였던 이 우르 성벽은 기원전 2006년 현재의 이란 남서부 지역에서 생겨난 엘람 왕국에 의해 완전히 파괴됐다.

최초의 이중벽 단열

1860년에 건설된 영국 노샘프턴의 오버스톤 홀은 이중벽(가운데 공기층을 놓고 두 겹으로 쌓은 벽) 공법을 쓴 최초의 건물이다. 건축가 윌리엄 밀포드 튜론이 오버스톤 백작 부부를 위해 독특한 현대식 저택으로 디자인했다. 역사적 중요성을 인정받은 이 저택의 정면 뒤쪽에는 중앙 난방 장치와 가스등 등이 있다.

가장 긴 요새 성벽

인도 라자스탄 쿰발가르 요새의 성벽들은 15세기에 라나 쿰바(인도)에 의해 건설된 것으로, 그 길이가 36㎞, 폭이 5m에 달한다. 이 성벽을 사이에 두고 메와르 왕국과 마르와르 왕국이 서로 대립했는데, 그 안쪽 요새는 메와르 왕국 지도자들의 마지막 도피처로 이용됐다.

가장 긴 고대 도시 성벽

중국 장쑤 성에 있는 난징 도시 성벽은 그 길이가 35.2㎞로, 명나라 때 처음 건설됐다. 21년간 20만 명이 동원되어 건설된 이 성벽은 평균 높이가 12m이며, 성문이 13개 있다. 현재 약 3분의 2가 남아 있다.

가장 긴 방조제

33.89㎞의 한국 새만금 방조제로, 2010년 4월 27일에 완공됐다. 이 방조제 공사는 한국 역사상 최대 규모의 토목 공사로, 26억 달러가 들었다. 이 방조제는 414㎢의 바닷물과 개펄을 안고 있는데, 이는 한국 수도인 서울의 약 3분의 2에 해당하는 면적이다.

최초의 커튼 월 사무실 빌딩

'커튼 월'은 건물 바깥쪽에 덧붙이는 구조물 없는 외벽을 뜻한다. 영국 리버풀 워터 스트리트에 있는 오리엘 챔버스는 지금까지 남아 있는 가장 오래된 금속 뼈대에 유리 커튼 월을 덧붙인 건물로 1864년에 완공됐다. 건축가 피터 엘리스가 건물 주인인 토마스 앤더슨 목사를 위해 디자인했다.

가장 긴 성벽

중국 만리장성은 주 성벽 길이만 3,460㎞(영국 국토 길이의 거의 3배)에, 거기서 뻗어 나간 성벽 길이도 3,530㎞에 달한다. 이 성벽은 몽골 족같이 약탈을 일삼는 북쪽 유목 민족들을 막기 위한 것으로, 진시황(기원전 221~210) 치하에서 건설되기 시작했다. 높이는 4.5m에서 12m까지 다양하며, 폭은 9.8m까지 된다. 만리장성은 발해 만의 산하이관에서 시작해 위먼관과 양관에서 끝난다. 2000년 넘도록 계속 확장 또는 재건됐지만, 현재의 성벽 대부분은 명나라(1368~1644) 때 건설되었다. 1966년 이래 약 51.5㎞의 성벽이 파괴되었고, 1979년 7월에는 그 일부가 댐 건설을 위해 폭파되었다.

한 벽화로 덮인 가장 많은 건물 벽들

2014년~2015년까지 거리 미술가 그룹 저먼 크루는 멕시코 도시 파추카의 209개 건물 벽에 한 가지 밝은 색 패턴을 칠했다. <엘 마크로 무랄 바리오 데 팔미타스>라는 제목의 이 벽화는 그 면적이 2만㎡에 달한다. 벽화를 완성하는 데 2만ℓ 이상의 페인트가 들어갔으며 주민들의 도움을 받아 14개월 만에 완성됐다. 집들 사이에 이어진 줄무늬가 모여 멀리서 보면 힘차게 소용돌이치는 무지개 모양이 된다.

가장 긴 불의 벽

2009년 3월 14일, 해병대 지역사회 서비스(미국)는 미국 애

DATELINE **1909**
1909년

북극에 처음 도달한 사람들
캐나다 엘즈미어 섬에서 출발한 미국인 로버트 피어리와 매트 헨슨이 4월 6일 드디어 북극에 도달했다.
두 사람이 정확히 북극까지 도달했는지는 역사학자들도 의견이 분분하나 다른 경쟁자들에 비해 훨씬 가깝게 다가간 것만은 분명하다.

FAST FACTS

1979년 독일 여성 에이야-리타 에크뢰프-베를리네르-마우어(그녀의 성은 '베를린 장벽'을 뜻함)는 베를린 장벽과 결혼했다. • 2011년, 영국 국립 페인팅 및 장식 쇼에서 최초의 월페이퍼 만들기 대회가 열렸다.

현존하는 가장 긴 고대 로마 성벽

길이가 118㎞에 달하는 하드리아누스의 방벽은 방어 및 관세 장벽 용도로 로마의 브리타니아(현재의 영국) 지역에 건설됐다. 서쪽으로는 솔웨이 만에서 동쪽으로는 타인 강에 이른다. 이 성벽은 서기 122년 하드리아누스 로마 황제의 명령으로 건설되기 시작한 것으로 보인다. 로마 병사들에 의해 주로 돌로 만들어졌으며, 폭은 2.5~3m, 높이는 4.5~6m이다.

리조나 주의 미 해병대 비행기지 유마에서 열린 연례 에어쇼에서 3,102m 길이의 불의 벽을 만들어내 기지 설립 50주년을 기념했다.

최고 높은 암벽 등반 연습용 인공벽

2011년 12월 9일 미국 조지아 주 화이츠버그에 있는 배닝 전통 제재소에 세운 암벽 등반 연습용 인공벽은 그 높이가 14층 건물과 맞먹는 41.89m였다. 오른쪽에는 또 다른 기록을 세운 암벽 등반 연습용 인공벽이 있다.

최고 높은 암벽 등반 인공벽

베이스캠프 경기장의 일부인 이 현기증 나는 인공벽은 49.85m의 암벽 등반 경험을 안겨준다. 미국 네바다 주 리노에 있는 16층짜리 휘트니 피크 호텔의 측면에 부착돼 있으며 2011년 10월 1일에 공개됐다. 꼭대기는 호텔보다 높은 57.3m로, 그 유명한 나이아가라 호스슈 폭포보다 높다.

가장 큰 수직 정원

클린어웨이 사와 샤인 그린 에너지 엔터프라이즈 사(둘 다 대만 기업)는 2015년 1월 29일 타이베이 가오슝에서 2,593.77㎡에 달하는 그린 월(수직 정원의 다른 말)을 공개했다. 이 벽의 '일몰' 디자인을 만들어내기 위해 10만 종이 넘는 식물을 사용하고 있다.

DID YOU KNOW?

중국 만리장성이 우주(또는 달)에서 보이는 유일한 인공 구조물이라는 얘기는 우주 비행이 시작되기 전부터 전해져온 잘못된 이야기다. 2003년 중국 우주비행사 양 리웨이는 우주에 갔을 때 만리장성을 볼 수 없었다는 걸 인정했다.

가장 값비싼 장물

8월 21일 프랑스 파리 루브르 박물관에서 값을 매길 수 없을 만큼 귀한 레오나르도 다 빈치의 그림 <모나리자>가 사라졌다. 이 그림은 1913년에 되돌아왔으며, 빈첸초 페루지아(이탈리아)가 절도 혐의로 기소됐다.

1911 1911년 DATELINE

미로 MAZES

최고 오래된 생울타리 미로

영국 서리 주에 있는 햄프턴 코트 궁전의 미로는 영국 왕 윌리엄 3세와 메리 2세를 위해 만들어졌다. 조지 런던과 헨리 와이즈가 디자인했으며, 1690년에 서어 나무를 심어 완성됐다. 면적은 0.2헥타르이다.

똑같은 출입구가 가장 많은 미로

인도 러크나우 시의 바라 이맘바라에 있는 불 불라이야 미로에는 똑같은 출입구가 489개나 있다. 계단도 여럿 있고 좁은 통로도 약 1,000개이며, 일부 통로는 막다른 길로, 일부 통로는 깎아지른 절벽 형태로 끝난다. 이 난해한 3층 미로는 1791년 아와드의 통치자 아사프-우드-다울라의 무덤이 있는 커다란 중앙 방에 침입자들이 접근하는 것을 막기 위해 만들어졌다.

TRIVIA

엄밀히 구분하면 아래 왼쪽의 미로(maze)는 입구부터 출구까지 길이 여럿이지만, 오른쪽 미로(labyrinth)는 막다른 길이나 샛길이 없이 한 길뿐이다. 그러나 변수는 많아 미로에 대한 정의 자체가 수시로 달라지는 경우가 많다.

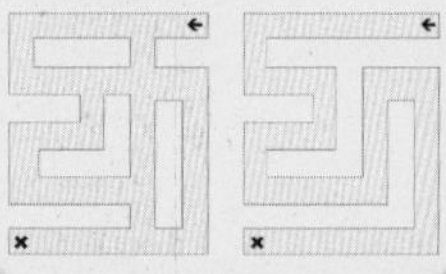

손으로 그린 최대 미로

2014년 8월 11일 데이비드 A 북 주니어(미국)는 미국 워싱턴에 있는 코빙턴 도서관에서 길이 15.2m에 폭 1.12m의 미로를 그렸다. 그러나 오른쪽에서 보듯, 기네스 세계기록 심사관 샨타 치니아가 그 미로 한가운데로 들어가는 건 그리 오래 걸리지 않았다.

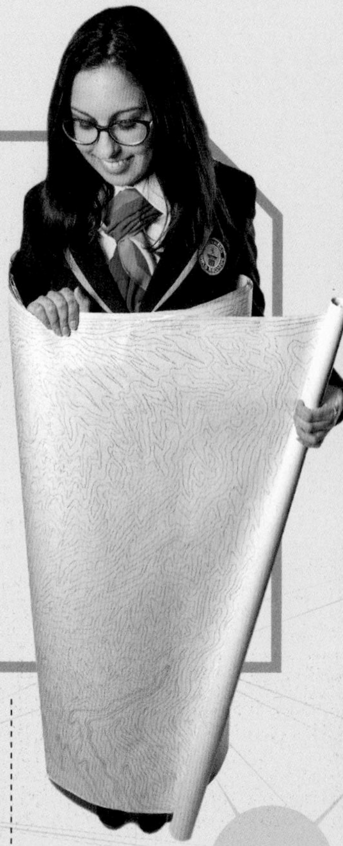

책이 가장 많은 미로

영국 런던 사우스뱅크 센터 내 로열 페스티벌 홀의 아마제메 미로는 2012년 8월 브라질인 마르코스 사보야와 구알테르 푸포가 프로덕션 회사 헝그리 맨과 함께 만든 것으로, 벽들이 25만 권의 책으로 되어 있다. 총면적 500㎡의 이 미로는 아르헨티나 작가 호르헤 루이스 보르헤스의 미로 사랑에서 영감을 받은 것으로, 디자인도 그 작가의 지문에서 따왔다.

최대 미로

이탈리아 파르마 부근 폰타넬라토에 있는 델라 마소네 미로는 면적이 6.8헥타르이며, 미로 길이는 2.9㎞이다. 5m에 달하는 30종 이상의 대나무들이 생울타리 역할을 하고 있다. 또한 이 미로는 4개의 사분원호가 로마풍으로 서로 연결된 형태이며 그 안의 길들 역시 직각을 이루고 있다. 전직 미술 출판업자 프랑코 마리아 리치가 건축가 피에르 카를로 본템피 및 다비데 두토와 함께 만들었으며 제작비가 1,100만 달러가 들었고 2015년 6월 1일에 문을 열었다.

최대 고대 이집트 미로

기원전 1844년~1797년 아메넴헤트 3세가 하와라에 건설한 신전은 퍼즐처럼 복잡미묘한 건축물이었다. 고대 그리스 역사학자 헤로도토스는 이 신전을 똑같은 뜰들로 이루어진 미로라면서, 그 뜰들은 가짜 문들이 즐비한 꾸불꾸불한 회랑들로 연결되어 있다고 적었다. 이 신전은 아메넴헤트 3세의 무덤이기도 하지만, 이집트 통치자들의 종교 중심지나 회합 장소로도 쓰였을 거로 보인다.

불공드리면서 도는 최대 미로

한국 경상남도에 있는 15세기의 절 해인사에는 약 18×18m 면적의 사각형 미로가 있다. 불공을 드리고 명상하면서 색색의 표지들로 장식된 4개의 사분원호 안에 있는 이 수직 미로 길을 걷는 데 약 30분이 걸린다. 현재 유네스코 세계문화유산으로 지정돼 있다.

최대 임시 옥수수밭 미로

쿨 패치 펌프킨스(미국) 사람들은 미국 캘리포니아 주 딕슨에 있는 자신들의 땅에 이 엄청난 옥수수밭 미로를 만들었다. 2014년 10월 3일 측정 당시 총면적이 24.28헥타르에 달했는데, 이는 기자의 대피라미드 바닥 면적의 4배와 맞먹는다.

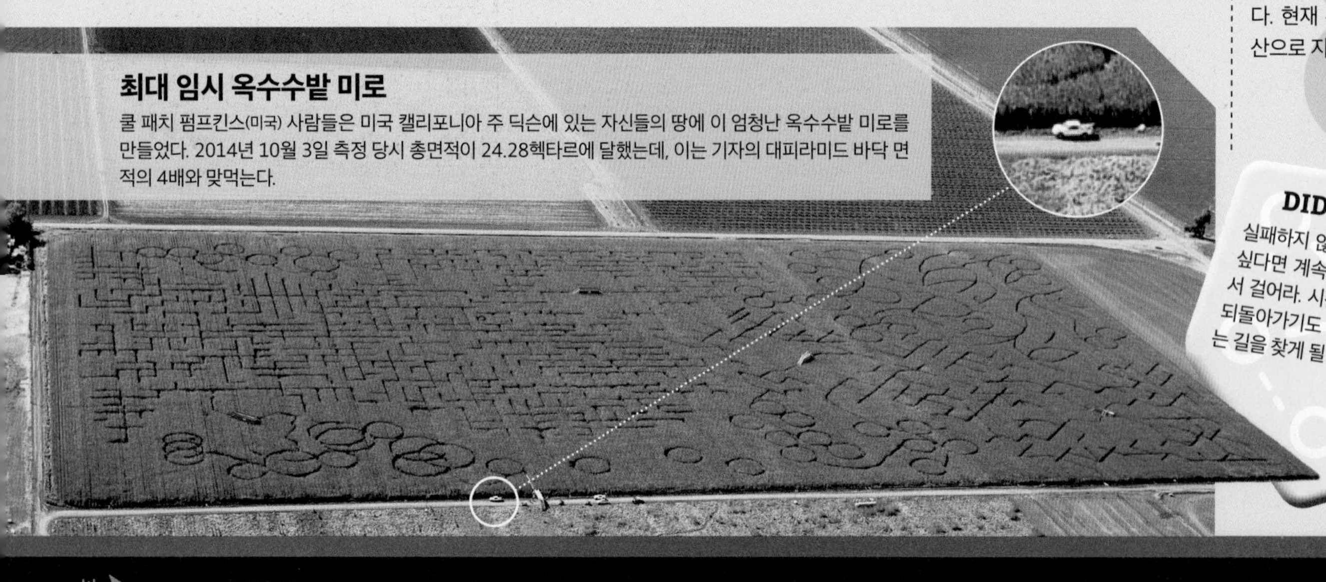

DID YOU KNOW?

실패하지 않고 미로의 끝에 도달하고 싶다면 계속 오른손으로 벽을 짚으면서 걸어라. 시간이 좀 걸리고 왔던 길로 되돌아가기도 하겠지만 결국 빠져나가는 길을 찾게 될 것이다.

DATELINE **1912** 1912년

움직이는 비행기에서의 첫 낙하산 점프

3월 1일 알버트 베리(미국) 대위가 미국 미주리 주 세인트루이스 상공 약 460m를 날던 복엽 비행기에서 뛰어내려 제퍼슨 배럭스의 땅에 안전하게 착륙했다.

FAST FACTS

'Maze(미로)'라는 말은 '망상' 또는 '당혹스러움'을 뜻하는 고대 영어에서 유래했다.
• **가장 큰 임시 옥수수밭 미로**(164쪽 아래)는 워낙 커, 일부 방문객들은 그 안에서 길을 잃어 911로 도움 요청 전화를 해야 했다.

가장 큰 3D 목재 패널 미로

덴마크 실케보르그에 있는 라비린시아 미로는 면적이 1,300㎡로, 콘크리트 기둥들 안에 낙엽송 목재 패널들을 끼워 넣어 만들어졌다. 1998년에 건설되어 2005년에 재건됐으며, 미로의 총 길이가 1㎞이다. 대부분의 방문객은 색색의 깃발이 꽂힌 네 군데 모서리에 도달한 뒤 중앙 출구로 빠져나가기까지 약 30~45분이 걸린다. 미로를 제대로 찾아 나온 사람에게는 기네스 세계기록 인증서를 준다.

나무를 심어 만든 가장 큰 영구적 미로

오래된 노르망 전나무 농장에 만들어진 덴마크 삼쇠 섬의 삼쇠 미로는 면적이 6만㎡에 미로의 총 길이가 5,130m이다. 에릭 포울센과 카렌 포울센이 디자인해 1999년 9월에 완공했고 2000년 5월 6일에 문을 열었다.

최대 유리 블록 미로

이탈리아 시에나의 키안티 조각 공원에는 2007년 영국 미로 역사 전문가 제프 사워드가 만든 유리 미로가 있다. 지름 9m에 3,600개의 블록으로 이루어진 팔각형 모양의 이 미로는 이탈리아 롬바르디의 발 카모니카 계곡에서 발견된 기원전 800~700년의 석조 디자인을 본떠 만든 것이다. 방문객들은 이 미로 한가운데서 네모난 주황색 의자와 '자신'이란 글자가 적힌 거울을 보게 된다.

최대 팩맨 미로

2015년 1월 7일 미국 캘리포니아 주 로스앤젤레스에 면적 580.86㎡의 실제 팩맨 미로가 버드 라이트(Bud Light) 슈퍼볼 광고를 위해 만들어졌다. 앤호이저-부쉬, 에너지 BBDO, 반다이 남코 게임즈 아메리카, 모자이크 사(전부 미국 기업)가 만든 이 미로에는 4개의 파워-펠릿과 242개의 팩-돗이 있으며, 그것들이 실제 팩맨 비디오게임처럼 플레이어가 지나가면 꺼지게 프로그램화되어 있다.

최대 수직 미로

2012년 1월에 완공된 아랍에미리트 두바이의 알 로스타마니 미로 타워의 전면부 면적은 테니스 코트 15개와 맞먹는 3,947㎡이다. 전면부와 후면부의 발코니 선들은 유명한 퍼즐 디자이너 아드리안 피셔(영국)가 만들어낸 진짜 미로이다. 오른쪽 사진의 인물은 알 로스타마니 그룹의 부회장 하산 압둘라 알 로스타마니이다.

산업계 최초의 움직이는 조립 라인
10월 7일 포드 자동차(미국)는 미국 미시간 주 하이랜드 파크에서 공장문을 열었다.
이 공장에서 자동차는 컨베이어벨트를 따라 움직이며 각 작업 장소에서 특정 부품들이 조립되어, 마지막에 완성된 형태로 나왔다.

1913
1913년
DATELINE

워터파크 WATER PARKS

최장 보디 슬라이드

코스타리카 과나카스테 주 린콘 데 라 비에하의 부에나 비스타 에코 로지 & 어드벤처 센터에 있는 정글 슬라이드(에코 슬라이드라고도 함)의 길이는 425m이다. 사람들은 몸에 안전 고무 튜브를 두른 채 자연 정글을 닮은 환경 속을 누비는 짜릿한 여행을 즐길 수 있다.

최고 높은 보디 슬라이드
2002년에 제작된 브라질 리우데자네이루 아구아스 쿠엔테스 컨트리클럽의 킬리만자로 워터 슬라이드는 낙하 거리가 49.9m다. 이 슬라이드는 그 지역 지형을 잘 이용해 기록적인 낙하 거리를 만들어냈다. 언덕 꼭대기에 만들어 그 언덕을 잘 활용한 것.

최대 파도 풀장
세계워터파크협회에 따르면, 가장 큰 파도 풀장(인공 바다라고도 함)은 면적이 1만 3,600㎡로, 타이 방콕 시암 파크에 있다.

최고 긴 공기 주입식 워터 슬라이드
2015년 7월 10일 기준 미국 뉴저지 주 버넌의 액션 파크 내에 리브 모어 오썸이 제작한 601.98m 길이의 공기 주입식 워터 슬라이드가 가장 길다.

최고 긴 슬립 앤 슬라이드
2015년 10월 16일 요르단 암만의 오렌지 요르단과 지야드 마자위 코퍼레이션, 모나코 비즈니스 개발(모두 요르단 기업)이 만든 611.7m의 슬립 앤 슬라이드가 가장 길다. 잘 미끄러지도록 전 구간에 물이 뿌려지게 되어 있다.

최고 긴 튜브/매트 워터 슬라이드
2010년 11월 18일 기네스 세계기록의 날에 인정받은 독일 에르딩 소재 갤럭시 에르딩의 매직아이는 길이가 356.32m이다. 이 시설의 높이는 22m

최장 워터 코스터

2012년 5월 11일에 개장한 미국 인디애나 주 산타클로스의 할리데이 월드 & 스플래싱 사파리 내 매머드는 총 트랙 길이가 537m이다. 6명씩이 탈 수 있는 둥근 보트 11대가 동시에 운용될 수 있다. 가다 보면 7군데 낙하지점도 지나고 칠흑같이 어두운 폐쇄 터널들도 지나게 된다.

DID YOU KNOW?
특수 제작된 포일 지붕 덕에 트로피컬 아일랜즈에는 자외선이 실내에까지 들어온다. 덕분에 방문객들은 그 안에서 자연스럽게 선탠을 즐길 수 있다. 이 거대한 워터파크는 하루 6,000명까지 수용할 수 있다.

최대 실내 워터파크

원래 비행선 격납고였던 독일 크라우스닉의 트로피컬 아일랜즈는 메인 홀이 6만 6,000㎡로, 아치들로 떠받치는 막 구조물이다. 1만 4,000톤의 강철로 만들어졌으며 높이가 107m이다. 실내 공간은 축구장 8개가 들어갈 크기로, 높이가 자유의 여신상을 세워놓고 에펠탑을 눕혀놓을 수 있을 정도다. 2004년에 개장한 이 공원은 맹그로브 정글, 식물 5만 종이 있는 열대우림, 작은 늪, 온천, 사우나들(앙코르와트 풍 사원 내의 사우나 포함), 테마 숙박 시설 등을 갖추고 있다. 돔 안에서 기구 타기를 즐기는 게 가능할 정도다.

DATELINE **1916** 1916년
가장 강력한 증기 기관차
볼드윈 로코모티브 워크스 사(미국)는 3단 연결식 6기통 2-8-8-8-4 탱크 엔진인 No. 700을 제작했는데, 복합 작동 시 7만 5,432㎏, 단독 작동 시 9만 519㎏의 견인력(구동륜의 가장자리에서 발휘되는 힘)을 자랑했다.

FAST FACTS

매머드 워터 코스터는 747 점보제트기의 7배 이상 더 길다. • **가장 큰 파도 풀장**은 미식축구장의 2.5배이다. • 2014년 한 워터파크의 **최다 입장객 수**는 텍사스 주 휴스턴 인구보다 많았다.

DID YOU KNOW?

플로라이딩의 경우, 서핑, 스케이트보딩, 웨이크보딩, 스노보딩 등 여러 스포츠가 합쳐진 것이다. 인공 파도 위에서 균형을 유지하고 때론 각종 기술을 부리기 위해 그 모든 스포츠 동작을 활용한다.

가장 높은 플로라이딩 파도

플로라이딩 파도란 고압력의 수막이 곡면 위에 작용하면서 생기며, 서핑이나 웨이크보딩 같은 보드 스포츠인 플로라이딩(플로보딩)에 쓰인다. 2015년 9월 24일, 파도 모의 실험기 다 웨이브는 프랑스 몽퇴 스플레시월드에서 3.5m 높이의 플로라이딩 파도를 만들어냈다.

로 2007년 5월에 개장했으며, 클라러 프라이차이트안라겐 AG가 제작했다.

가장 많은 워터 슬라이드가 있는 워터파크
2015년 7월 1일 개장한 중국 허난 성 정저우의 인지 카이펑 워터 슬라이드는 50개다.

가장 많은 워터 슬라이드가 딸린 싱글 타워
1991년 화이트워터 웨스트 인더스트리즈 사(캐나다)가 디자인하고 제작한 타워는 일본 고베 롯코 아일랜드의 스플래시 가든에 있다. 50개의 워터 슬라이드가 타워의 높은 곳(16m)과 낮은 곳(12.4m)에서 출발하는데, 사람들은 각 슬라이드를 따라 서로 다른 구불구불한 루트로 미끄러져 내려가 7개의 수영장 중 하나에 도달한다.

최다 인원이 워터 슬라이드를 탄 기록
베르제 불텐(네덜란드)은 2014년 7월 30일 네덜란드 오버레이설 주에서 1시간 내에 396명이 한 워터 슬라이드를 타고 내려오는 행사를 열었다. 4시간 동안 최다 인원이 워터 슬라이드를 탄 기록은 620명으로, 2014년 6월 21일 스위스 뮌헨부흐제에서 청년 단체 주겐베르크에 의해 수립됐다.

가장 많이 워터 슬라이드를 탄 사람(6개월간)
세바스찬 스미스(영국)는 2013년 5월 1일~10월 31일 사이에 퍼스트 초이스 홀리데이 사를 위한 테스트 차 유럽과 북아프리카에서 186개의 워터 슬라이드를 탔다.

최대 인파를 기록한 워터파크

통계 기관인 에이컴과 TEA에서 발표하는 <세계 테마파크 입장객 보고서>에 따르면, 2014년 중국 광둥 광저우의 침롱 워터파크에 225만 9,000명의 입장객이 방문했다.

최고 높은 워터 슬라이드

미국 캔자스 주 캔자스 시의 슐리터반 워터파크에 있는 페어릭트는 2014년 4월 18일 기준 51.38m다. 거의 나이아가라 폭포만 한 높이로, 제작하는 데 2년 이상 걸렸다.

최초의 논스톱 대서양 횡단 비행
6월 14일 존 윌리엄 알콕과 아서 휘튼 브라운(둘 다 영국)은 캐나다 뉴펀들랜드의 세인트존스에서 복엽 비행기 비커즈 비미를 타고 이륙해, 16시간 12분쯤 뒤에 아일랜드 클리프덴에 착륙했다.
1919
1919년
DATELINE

에픽 엔지니어링 EPIC ENGINEERING

터널과 터널을 잇는 가장 긴 다리

중국 후난 성 지서우 부근에 있는 아이자이 교는 탑에서 탑까지의 거리가 1,176m이고 다리의 총 길이는 1,534m이다. 더항 계곡 위에 매달려 있는 이 현수교의 높이는 336m로, 터널과 터널을 잇는 가장 높은 다리이기도 하다. 2012년 지서우-차동 고속도로 일부로 개통됐다.
이 다리는 산악 지대를 뚫어 만든 두 터널에 직접 연결되어 있어, 운전자들이 터널 위를 빠져나오기 전까지는 다리가 보이질 않는다.

가장 긴 현수교

1998년에 개통된 일본 혼슈-시코쿠 간 아카시 해협 대교는 전장이 3,911.1m, 중앙 지간이 1,990.8m에 달하는 세계에서 가장 긴 현수교이다.

가장 긴 철도 터널

2010년 10월 15일 엔지니어들은 스위스 알프스 지하 2,000m 지점에 길이 57㎞에 달하는 고트하르트 베이스 터널 시추 작업을 끝냈다. 이 터널은 건설 기간이 14년이나 되며, 2016년에 개통되면 하루에 300대의 열차가 통과하게 된다.

가장 높은 콘크리트 댐

스위스 딕선스 강에 있는 그랜드 딕선스 댐의 높이는 285m로, 이집트 기자 대피라미드의 거의 2배이다. 길이가 700m인 이 댐 공사에는 596만㎥의 콘크리트가 들어갔는데, 이는 적도를 빙 돌아가며 1.5m 높이로 10㎝ 두께의 벽을 건설할 수 있는 양이다. 바닥이 넓고 꼭대기가 좁은 삼각형 모양의 일명 '중력 댐'으로, 가장 높은 중력 댐이기도 하다. 이와 같은 디자인과 1,500만 톤의 무게(엠파이어 스테이트 빌딩의 45배) 덕에, 이 댐은 4억㎥의 수압에도 견딜 수 있다.

가장 큰 인공섬

1955년~1968년 사이에 방대한 간척 사업을 통해 만들어진 네덜란드의 인공섬은 플레보폴데르다. 한때 조이데르 해라고 불리던 얕은 만의 일부로 면적이 약 969.95㎢이며, 일련의 호수들에 의해 네덜란드 본토와 구분된다.

가장 큰 가스화 및 탄소 포집 발전소

2016년 기준 미국 미시시피 주 동부에 있는 582메가와트급 발전소 켐퍼 프로젝트는 매년 약 400만 톤의 현지 갈탄을 연료로 쓰고 있다.
이 발전소는 획기적인 혁신을 통해 먼지의 대부분과 독성 수은의 90%, 황화수소의 99%, 이산화탄소의 65% 등 유해 가스의 배출을 상당량 억제하고 있다. 전환된 이산화탄소는 석유 회수 증진에 활용된다. 현재 켐퍼 발전소는 미국 내 최초의 '청정 석탄' 시설로 명성을 날리고 있다.

가장 높은 캔틸레버식 유리 바닥 스카이워크

2007년 3월 28일 일반에 공개된 미국 애리조나 주의 그랜드 캐니언 스카이워크는 최대 높이가 250m이다. 그랜드 캐니언 서부 후알라파이 인디언보호구역에 있는 이 스카이워크는 U자 모양을 한 20m 너비의 캔틸레버식 유리 바닥 전망대로, 그랜드 캐니언 한쪽 절벽에 돌출되어 있다. 라스베이거스 사업가 데이비드 진이 아이디어를 내고 록사 엔지니어링이 현실화한 이 스카이워크는 진도 8.0 규모의 지진과 시속 160㎞의 강풍에도 견딜 수 있다. 그리고 한 번에 120명이 올라설 수 있다.

최고가의 지상 설치 망원경

세계 최대 전파망원경 알마(ALMA)는 반경 16㎞에 펼쳐진 66개의 고성능 안테나로 이루어져 있으며, 설치비가 13억 달러에 이른다. 해발 5,050m인 칠레 안데스 산맥의 차이난토르 고원에 설치된 이 전파망원경은 우주에서 가장 차가운 물체들로부터 오는 빛을 연구하는 데 쓰인다. 지름 12m에 달하는 주력 안테나 50개가 '간섭계'라는 이름의 망원경 역할을 한다. 무선 접시 안테나의 거의 완벽에 가까운 표면이 우주의 빛을 최대한 포착해내고 있다.

DATELINE **1921** 1921년

가장 멀리 날아간 홈런
7월 18일 전설적인 야구 선수 조지 허먼 베이브 루스가 뉴욕 양키스 선수 시절 미국 미시간 주 디트로이트 내빈 필드에서 디트로이트 타이거스를 상대로 175m짜리 홈런을 날렸다.

최대의 시계 문자판

사우디아라비아 메카의 120층짜리 빌딩 마카 로열 클록 타워 호텔(또는 아브라즈 알-바이트에 있는 타워) 꼭대기의 도카아에 시계 문자판은 지름이 43m로, 영국 런던에 있는 엘리자베스 타워(빅벤이라고 잘못 불리기도 하는데, 빅벤은 탑 안에 있는 시계) 시계 문자판의 약 6배이다.

FAST FACTS

최초의 피라미드 구조물들은 5000년 전 메소포타미아에서 처음 만들어진 것으로 추정된다. • 서기 2세기 무렵 로마인들이 건설한 스페인의 페르세포네 중력 댐은 **가장 오래된 인공댐**으로 알려져 있다.

최초의 인공 안개 건물

블러 빌딩(Blur Building)은 건축가 딜러 스코피디오 + 렌프로(미국)가 이베르동 레벵에서 열린 '2002 스위스 엑스포'를 위해 스위스 누사텔 호수 위에 건설한 강철 구조물로, 인공 구름으로 둘러싸이게 돼 있었다. 3만 1,400개의 고압 분사기가 물을 뿜어대 끊임없이 변하는 안개 효과를 연출해 냈다.

가장 큰…

• **고대 경기장:** 이탈리아 로마에서는 서기 550년까지 610m 길이의 원형 경기장 키르쿠스 막시무스에서 25만 5,000명의 관중이 전차 경주와 각종 운동 경기, 기타 볼거리들을 관전했다.

• **원형 경기장:** 서기 80년에 완공된 로마의 콜로세움(플라비안 원형 경기장이라고도 함)은 그 면적이 국제적 기준의 축구장 3개와 맞먹는 2헥타르이다. 8만 7,000명에 이르는 관중이 여기에 모여 검투사와 야수들의 목숨 건 싸움을 지켜봤다.

• **피라미드:** 멕시코시티 남동쪽 촐룰라 데 리바다비아에 있는 케찰코아틀 피라미드는 높이가 54m에 바닥 면적이 약 18.2헥타르이다. 이 아스텍 구조물은 인류 역사상 가장 큰 기념물이기도 하다.

DID YOU KNOW?

세고비아 수도교의 화강암 벽돌들은 회반죽 없이 연결되어 있는데, 그 지역에 시멘트를 만들 석회석이 없었기 때문으로 보인다. 그 때문에 다리에 유연성이 생겨, 작은 지진과 강풍에도 지금까지 잘 보존되고 있다.

최대의 로마 송수로

19세기 이후 지금까지 사용 중인 스페인 세고비아 지역의 송수로는 퓨엔테 프리 강부터 세고비아까지 32.6㎞ 넘는 거리에 물을 흘려보내고 있다. 가장 높은 곳의 길이가 683m인 다리 부분은 높이가 28m로, 각기 다른 디자인의 기둥 120개가 떠받치는 166개의 아치가 두 줄로 늘어서 있다. 서기 1세기 때 건설된 거로 보이는 이 송수로에는 많은 물탱크와 정화 분지, 수로 등이 포함되어 있다.

가장 많은 수익을 올린 무성 영화

영화 <빅 퍼레이드>(미국)는 2,200만 달러의 수익을 올렸다. 이 기록은 <아티스트>(프랑스, 2011)가 개봉되면서 깨졌는데, 이 영화는 무성 영화 시대의 전통을 최대한 살린 영화로, 2016년 1월 기준 1억 3,300만 달러 이상의 수익을 올렸다.

1925
1925년
DATELINE

예술 & 미디어 ARTS & MEDIA

DATELINE

1927
1927년

지상에서의 시속 320㎞ 첫 돌파
3월 29일, 영국 레이서 헨리 세그레이브는 미국 플로리다 주 데이토나 비치에서 자신의 선빔 1000HP('미스터리'라고 알려진 12기통 트윈 엔진 장착)를 몰고 시속 327.97㎞로 달렸다.

CONTENTS

미국 박스오피스 사상 가장 빨리 5억 달러의 수익을 올린 영화

SF 블록버스터 <스타워즈 : 깨어난 포스>는 미국에서 2015년 12월 18일 개봉, 10일 안에 5억 4,005만 8,914달러의 수익을 올려 이전 시리즈들에 새로운 박스오피스 기록을 추가했다. 무려 하루 평균 5,400만 5,891달러의 수익을 올린 것으로, 17일간 5억 달러 수익이라는 이정표를 세웠던 <쥐라기 월드>(2015)도 뛰어넘는 기록이다.

놀랄 일도 아니지만, <스타워즈 : 깨어난 포스>는 미국 박스오피스 사상 **가장 빨리 1억 달러 수익을 올린 영화이자 가장 빨리 2억 달러 수익을 올린 영화**가 되었다.

에베레스트 산을 넘어간 최초의 비행
비행 중대장 더글라스 더글라스-해밀턴(영국)은 조종석 뚜껑이 없는 복엽 비행기 2대를 이끌고 에베레스트 산 정상을 넘었다. 희박한 산소와 강풍 속에서 어렵게 산 정상에서 바로 30m 위를 비행하는 데 성공한 것이다.

1933
1933년

DATELINE

영화와 돈 MOVIE MONEY

영화관에 들어가는 것은 매일매일 우리를 즐겁게 해줄 일들이 벌어지는 마법의 세계에 들어가는 것이다. 하지만 마법이 펼쳐지고 있는 스크린 바로 뒤 멀지 않은 비즈니스 세계에서는 그야말로 먹느냐 먹히느냐 하는 치열한 경쟁이 벌어지고 있다. 매혹적인 마법의 세계 밖으로 떠나는 여행에 동참해 상상 뒤에 감춰진 생생한 현실을 들여다보라.

DID YOU KNOW?

발리우드(Bollywood)와 날리우드(Nollywood), 그리고 할리우드의 영화들 가운데 해당 국가에서 가장 높은 수익을 올린 작품은 무엇일까? 각각 <PK>(인도, 2014), <애틀랜타에서의 30일>(나이지리아, 2014), <스타워즈: 깨어난 포스>(미국, 2015)이다.

영화 표: 누가 얼마나 가져가나?

위의 이미지와 오른쪽 도표는 당신이 산 영화 표 관련 수입을 쪼갠 것으로, 영화 표 수입이 영화 제작사와 영화관 간에 어떻게 배분되는지를 보여준다. 평균 10달러의 영화 표를 4주 이상 판매한다는 기준으로 수치를 뽑은 것이다. 영화관 측은 임대료와 난방비 같은 기본 경비를 제해야 하기 때문에 첫 주에는 영화사가 무려 수입의 90%(때론 100%)를 가져간다. 영화관 측 기본 경비는 주일이 거듭되면서 낮아지며, 첫 주의 손실은 구내매점 수입으로 상쇄된다.

광고 및 마케팅	$2.00	20%
제작비: 의상, 세트, 보험, 각종 허가비 및 권리비 등	$1.70	17%
배포: 영화의 대량 복제 및 배송	$1.00	10%
영화배우 출연료	$0.80	8%
영화관 직원들 비용, 추가 투자 및 이익	$3.00	30%
기본 경비: 영화관 기본 운영비를 상쇄하기 위한 자동공제 경비	$1.50	15%

쇼비즈니스$$

한때 세계 영화의 수도였던 할리우드는 이제 연간 영화 제작 편수 면에서 발리우드의 나라 인도에 뒤처져 3위가 되었다. 유네스코와 인도중앙영화심의위원회에 따르면, 인도는 2013년 기준 1,724편의 영화를 제작한 **최다 영화 제작국**이다. 급부상 중인 나이지리아 영화계는 날리우드라 불리기도 하는데, 연간 약 1,000편의 영화를 제작해 큰 격차가 없다. 유네스코에 따르면, 미국은 가장 최근 연간 738편 정도로 훨씬 적은 영화가 제작되지만, 150여 편의 초대형 할리우드 대작들은 발리우드와 날리우드의 합계보다 거의 5배나 많은 수익을 올린다. 더-넘버스 닷컴에 따르면, 2015년에 미국과 캐나다에서는 13억 장의 영화표가 팔려(인도의 경우 연간 약 30~40억 장) 113억 달러를 벌어들여, 미국과 캐나다는 **영화표 판매액 기준 최대의 국내 영화 시장**이다.

천문학적인 비용들

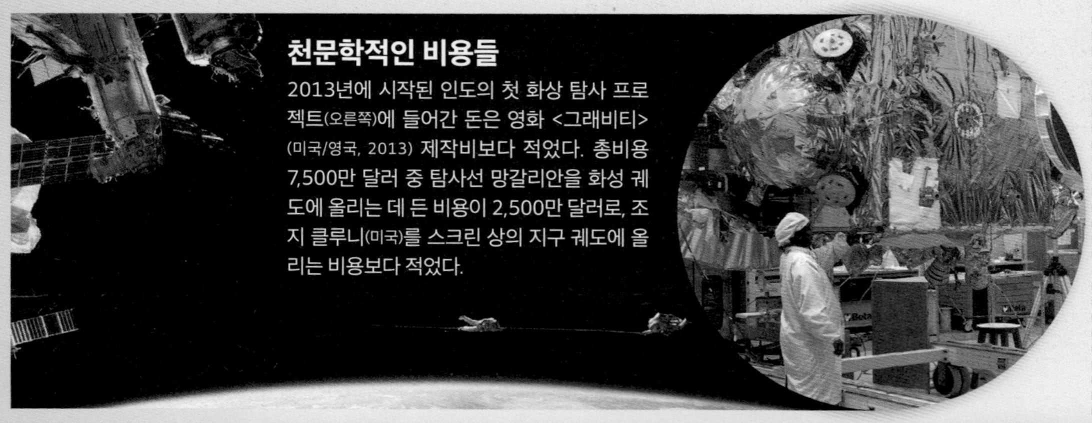

2013년에 시작된 인도의 첫 화상 탐사 프로젝트(오른쪽)에 들어간 돈은 영화 <그래비티>(미국/영국, 2013) 제작비보다 적었다. 총비용 7,500만 달러 중 탐사선 망갈리안을 화성 궤도에 올리는 데 든 비용이 2,500만 달러로, 조지 클루니(미국)를 스크린 상의 지구 궤도에 올리는 비용보다 적었다.

말 한 마디 한 마디가 금값

아널드 슈워제네거(오스트리아/미국)는 영화 <터미네이터 2: 심판의 날>(미국, 1991)에서 착한 터미네이터 역을 맡아 1,500만 달러를 받았다. 겨우 700단어의 대사였으므로 한 단어당 2만 1,428달러를 받은 꼴이다. “Hasta la vista, baby(안녕, 잘 가, 베이비).”라는 대사로 8만 5,712달러를 번 건데, 이 금액 기준을 다른 고전 영화의 대사에 대입해보면 <바람과 함께 사라지다>(미국, 1939)의 대사 “Frankly, my dear, I don' give a damn(솔직히 내 알 바 아니오.).”라면 그는 17만 1,242달러를, <대부>(미국, 1972)의 대사 “I'm gonna make him an offer he can't refuse(그가 거절할 수 없는 제안을 하겠어).”라면 19만 2,852달러를 벌었을 것이다.

최고 수익을 올린 영화 시리즈들

편수가 많은 영화 시리즈일수록 수익 잠재력 또한 커진다. 그러나 다음 10대 히트 시리즈물 목록을 보면, 시리즈 편수와 수익 간에 직접적인 연관은 없다는 걸 알게 된다(**최고 평균 총수익 올린 영화 시리즈**는 단 2편, 평균 14억 6,000만 달러의 수익을 낸 <어벤저스>). 놀라운 일은 <스타워즈> 시리즈가 1위가 아니라는 것. 이 시리즈는 장난감과 기타 상품 수익 170억 달러를 포함해 총 419억 8,000만 달러의 수익을 올려, **종합적으로 가장 가치 있는 영화 시리즈**로 꼽힌다.

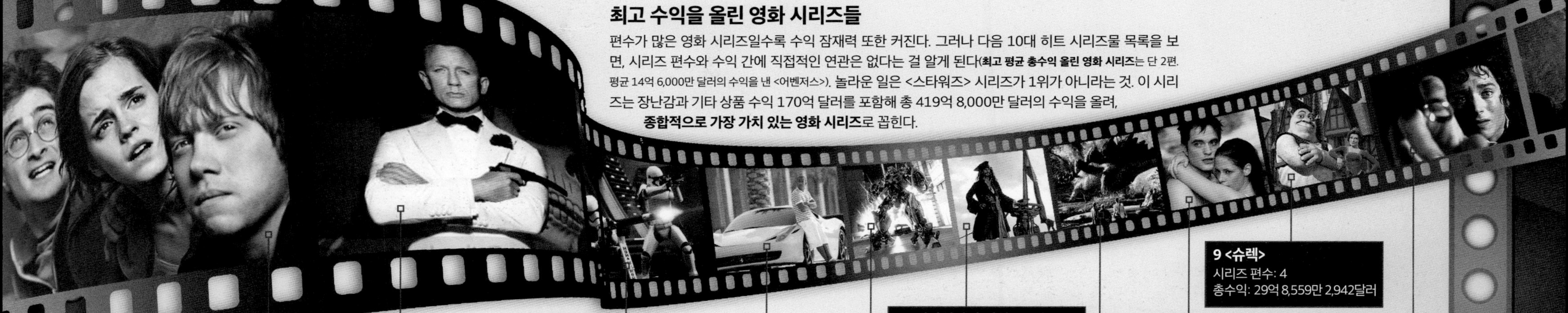

1 <해리 포터>
시리즈 편수: 8
총수익: 77억 2,617만 4,542달러

2 <제임스 본드>
시리즈 편수: 24
총수익: 69억 849만 9,629달러

3 <스타워즈>
시리즈 편수: 7
총수익: 64억 7,036만 5,105달러

4 <분노의 질주>
시리즈 편수: 7
총수익: 38억 9,762만 1,978달러

5 <트랜스포머>
시리즈 편수: 4
총수익: 37억 7,244만 7,523달러

6 <캐러비안의 해적>
시리즈 편수: 4
총수익: 37억 1,025만 4,215달러

7 <쥐라기 공원>
시리즈 편수: 4
총수익: 36억 9,366만 7,453달러

8 <트와일라잇>
시리즈 편수: 5
총수익: 33억 1,508만 5,502달러

9 <슈렉>
시리즈 편수: 4
총수익: 29억 8,559만 2,942달러

10 <반지의 제왕>
시리즈 편수: 3
총수익: 29억 6,332만 9,534달러

마법 같은 가격 인상

영화관 매점의 팝콘, 사탕류, 음료의 판매액은 영화관 총수입의 약 4%밖에 안 되지만, 영화관은 전체 이익의 84%를 이런 제품들에서 거둔다. 그러나 이는 오른쪽 사진에서 보듯 일반 크기 제품과 비교했을 때의 가격 인상률을 고려하면 놀랄일도 아니다.

영화관에서 판매하는 작은 팝콘 한 봉지는 보통 가격의 19배나 된다. 그보다는 좀 덜하지만, 작은 슬러시는 보통 가격의 13배, 작은 탄산음료는 11배, 그리고 다양한 간식 한 봉지는 4배나 한다. 살 때 아주 조심해야 한다.

팝콘의 힘

영화로 돈을 벌고 싶다면 팝콘을 팔기 좋은 장소를 찾아내 영화관을 지으라는 말이 있다. 영화관 팝콘과 '고급' 음식들의 가격을 비교해보면 그 이유를 금방 알 수 있다.

팝콘 큰 통 하나 값은 100g당 5.50달러인데, 그 돈이면 잘 고를 경우 100g의 허릿살 스테이크(5.22달러)나 바닷가재(4.90달러)를 살 수 있다. 100g짜리 진짜 캐비어 1병도 팝콘값의 3배가 안 된다. 팝콘은 1912년 이후 미국 영화관에서 팔리고 있는데, 엄청난 이익을 남기든 아니든 아마 팝콘을 먹는 것은 앞으로도 영원히 영화 관람에서 빠뜨릴 수 없는 경험이 될 것이다.

미술품 판매 ART SALES

현존 화가가 그린 최고가 그림

깃발을 주제로 한 미국 화가 제스퍼 존스의 시리즈 그림 중 하나인 <깃발>(1958)은 2010년 억만장자 헤지펀드 투자가인 스티븐 A 코헨(미국)에게 개인적으로 1억 1,000만 달러에 팔린 거로 알려져 있다.

최고 매출을 올린 단일 미술품 경매

2014년 11월 12일 미국 뉴욕 시에서 열린 크리스티의 '전후 및 현대 미술(Post-War and Contemporary Art)' 이브닝 경매에선 총 8억 5,288만 7,000 달러의 미술품들이 팔렸다. 앤디 워홀, 로이 리히텐슈타인, 제프 쿤스(모두 미국)와 윌렘 데 쿠닝(미국/네덜란드) 등의 작품이 경매에 부쳐졌다.

경매에서 가장 큰 돈을 번 화가

데이먼 허스트(영국)는 2008년 9월 15일~9월 16일에 열린 런던 소더비 경매에서 167점을 팔아 2억 80만 달러를 벌었다.

경매에서 최고 비싸게 팔린 것들

그림

2015년 5월 11일 미국 뉴욕 시 크리스티 경매에서 파블로 피카소가 1955년 2월 14일에 그린 <알제의 여인들>이 1억 7,930만 달러에 팔렸다(경매사의 수수료만 12%가 넘음). 전화로 낙찰 받은 구매자는 이름을 밝히길 거부했다. 아래 그림은 **개인 거래에서 팔린 가장 비싼 그림**이다.

최고 비싼 달 표면 그림

지금은 베스트셀러 화가인 미국 우주비행사 앨런 빈은 아폴로 12호(1969년 11월 14일~11월 24일)의 달 착륙선 조종사였고 스카이랩 3 임무(1973년 7월 28일~9월 25일)의 지휘관이었다. <우리가 그 모든 걸 다시 할 수 있다면 - 미식축구를 할 준비가 됐는가?>(아래)는 달에서 미식축구공을 쫓고 있는 빈의 모습을 묘사하고 있다. 이 그림은 2004년 한 익명의 구매자에게 18만 2,369달러에 팔렸다.

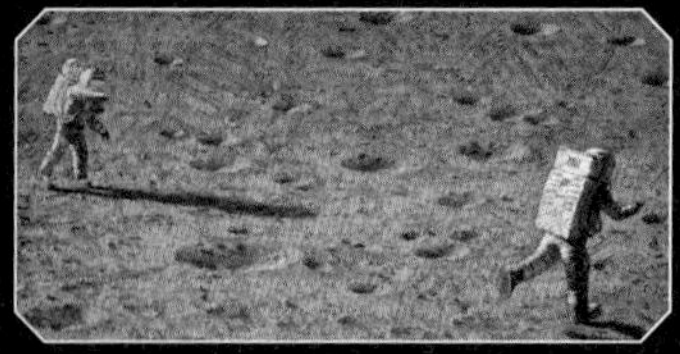

온라인에서 판매된 그림

고립감과 고독감을 잘 보여주는 에드워드 호퍼(미국)의 작품 <케이프 코드에서의 10월>(1946)은 2012년 11월 28일 크리스티 인터넷 경매에서 960만 달러에 팔렸다.

TRIVIA

레오나르도 다 빈치가 그린 <모나리자>는 한때 프랑스 황제 나폴레옹의 침실에 걸려 있었다. 이 작품의 정확한 이탈리아어 제목은 <Monna Lisa(My Lady Lisa)>이다.

DID YOU KNOW?

<나페아 파아 이포이포>는 수십 년간 스위스 바젤 미술관에 대여돼 오다 루돌프 슈테린이 팔기로 결심해 경매 시장에 나왔다. 그 전의 최고가 그림은 폴 세잔(프랑스)의 <카드 놀이하는 사람들>(1890년대)로, 2011년 2억 5,000만 달러에 카타르 왕실에 팔렸다.

세계 최고가 그림

프랑스 후기 인상파 화가 폴 고갱이 1892년에 그린 <나페아 파아 이포이포(언제 결혼하니?)>(위 그림)는 2015년 2월 약 3억 달러에 팔린 거로 알려져 있다. 소더비 경매장 퇴직 중역의 소장품 가운데 개인적으로 익명의 구매자에게 팔린 것.

7개월 후 미국의 거부 켄 그리핀이 윌렘 데 쿠닝의 <인터체인지>(1955)를 3억 달러에, 또 잭슨 폴락(미국)의 <넘버 17A>(1948)도 2억 달러에 사들인 거로 알려져 있다.

DATELINE **1935** 1935년

지상에서의 시속 480㎞ 첫 돌파

9월 3일 말콤 캠벨 경(영국)은 미국 유타 주 보네빌에서 캠벨-레일턴 블루 버드를 몰고 시속 482.8㎞로 달렸다. 그 차의 엔진은 롤스로이스 R V12 엔진이었다.

FAST FACTS

1961년 뉴욕 현대미술관에서는 앙리 마티스의 그림 <배>가 46일 동안 실수로 거꾸로 전시됐다. • 앨런 빈은 자신의 그림에 달에서 가져온 실제 먼지를 사용했다. • 1912년부터 1948년까지 올림픽 경기에는 미술 경연이 포함됐다.

경매에서 팔린 현존 미술가의 최고가 작품

2013년 11월 12일 미국 뉴욕 시에서 열린 크리스티 경매에서 높이가 3.6m인 제프 쿤스의 주황색 스테인리스 스틸 조각 <풍선 개>가 5,840만 달러에 한 익명의 전화 입찰자에게 팔렸다. 5점의 <풍선 개> 조각 중 하나로, 1990년대에 쿤스가 만든 이 조각들은 색이 다 다르다.

개인 그림 소장품들
2015년 11월 4일 미국 뉴욕 시 소더비 경매에서 억만장자 부동산 개발업자의 그림 69점이 3억 7,700만 달러에 팔렸다. 아메데오 모딜리아니(이탈리아)의 <폴레트 주르뎅의 초상>(1919)은 4,280만 달러에 팔렸다.

렘브란트의 그림
2009년 12월 8일 영국 런던의 크리스티 경매에서 <허리에 양손을 얹은 한 남자의 상반신 초상>(1658)이 한 익명의 전화 입찰자에게 2,850만 달러에 팔렸다.

로댕의 조각
2013년 5월 7일 미국 뉴욕 시 소더비 경매에서는 프랑스 조각가 로댕의 <생각하는 사람>이 1,530만 달러에 팔렸다.

복제화
2013년 3월 20일 영국 런던 킹 스트리트 크리스티 경매에서는 에드바르 뭉크(노르웨이)의 복제화 <해변의 여인>(1896)이 300만 달러에 팔렸다. 낙찰 예상가 100만 달러의 3배였다. 뭉크는 총 11점의 복제화를 만든 것으로 알려져 있다.

옛 거장의 소묘
2009년 12월 9일 영국 런던의 크리스티 경매에서 라파엘로(이탈리아)의 <뮤즈의 초상>이 4,778만 8,400달러에 팔렸다.

DID YOU KNOW?
<손가락질하는 남자>(오른쪽)는 1947년 뉴욕 시의 한 전시회에 참여하라는 촉박한 통보를 받고 하룻밤 사이에, 즉 자정부터 오전 9시 사이에 만들어진 거로 알려져 있다. 원래 조각의 왼쪽 팔은 제2의 인물을 안고 있었는데, 조각가가 없앤 거로 보인다.

개인적으로 팔린 최고가 그림들

살아 있는 동안 큰돈을 번 미술가는 거의 없다. 그러나 일단 세상을 떠나고 나면, 그들의 작품 가격은 천정부지로 치솟기도 한다. 아래에 개인적으로 팔린 가장 비싼 그림 10점을 소개한다. 개인적인 거래에서는 정확한 가격이 공개되지 않는 경우가 많아서, 아래의 가격은 전부 추정치이다.

	제목/그린 시기	화가	가격(달러)	팔린 일자
=1	<나페아 파아 이포이포.>(1892)	폴 고갱(프랑스)	3억	2015년 1월
=1	<인터체인지>(1955)*	윌렘 데 쿠닝(미국/네덜란드)	3억	2015년 9월
3	<카드 놀이하는 사람들>(1890년대)	폴 세잔(프랑스)	2억 5,000만	2011년
4	<넘버 17A>(1948)*	잭슨 폴락(미국)	2억	2015년 9월
5	<No.6(보라, 초록, 빨강)>(1951)	마크 로스코(미국)	1억 8,600만	2014년 8월
6	<마르텐 솔만스와 오프옌 코피트의 초상화>(1634)	렘브란트 하르먼스 판 레인(네덜란드)	1억 8,000만	2015년 9월
7	<꿈>(1932)	파블로 피카소(스페인)	1억 5,500만	2013년 3월 26일
8	<No. 5, 1948>(1948)	잭슨 폴락(미국)	1억 4,000만	2006년 11월 2일
9	<여자 III.>(1953)	윌렘 데 쿠닝(미국/네덜란드)	1억 3,750만	2006년 11월 18일
10	<아델레 블로흐-바우어 1세의 초상>(1907)	구스타프 클림트(오스트리아)	1억 3,500만	2006년 1월 18일

* 공동 판매

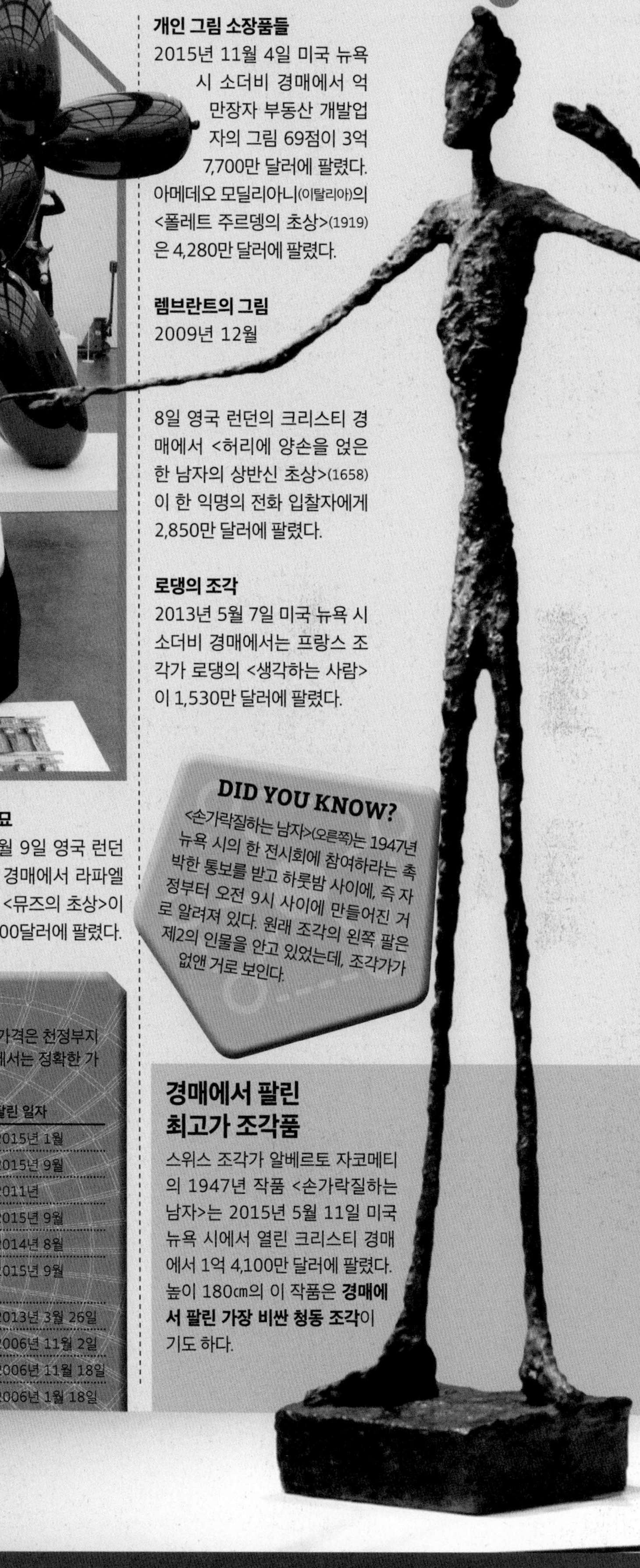

경매에서 팔린 최고가 조각품

스위스 조각가 알베르토 자코메티의 1947년 작품 <손가락질하는 남자>는 2015년 5월 11일 미국 뉴욕 시에서 열린 크리스티 경매에서 1억 4,100만 달러에 팔렸다. 높이 180㎝의 이 작품은 **경매에서 팔린 가장 비싼 청동 조각**이기도 하다.

가장 큰 비행선
213.9톤 무게의 독일 비행선 LZ 129 힌덴부르크가 처녀비행을 했다. 2년 후에는 그라프 제펠린 II가 날아올랐다. 가스 용량이 20만㎥에 길이가 245m였다.

1936
1936년
DATELINE

셰익스피어 SHAKESPEARE

웨스트엔드에서 최고 오래 공연된 셰익스피어 연극

놀랍게도 윌리엄 셰익스피어 작품들은 그간 런던 웨스트엔드 극장가에서 그 자체로 큰 성공을 거둔 적이 없다. 그러나 미국 순회 공연단 리듀스드 셰익스피어 컴퍼니가 코믹하게 만든 <셰익스피어 전집 요약판>은 1996년 3월 7일~2005년 4월 3일까지 3,744회나 공연됐다.

베스트셀러 극작가

윌리엄 셰익스피어(1594~1616)의 희곡과 시는 그의 사망 이후 400년간 40억 부 이상 팔린 것으로 보인다.

브로드웨이에서의 최장기 셰익스피어 연극 공연

마가릿 웹스터가 연출한 연극 <오셀로>는 1943년 10월에 브로드웨이에서 막을 올려 296회 공연됐다. 그 공연에선 폴 로브슨이 주인공 역을 맡아, 브로드웨이에서 오셀로 연기를 한 최초의 아프리카계 미국인이 되었다.

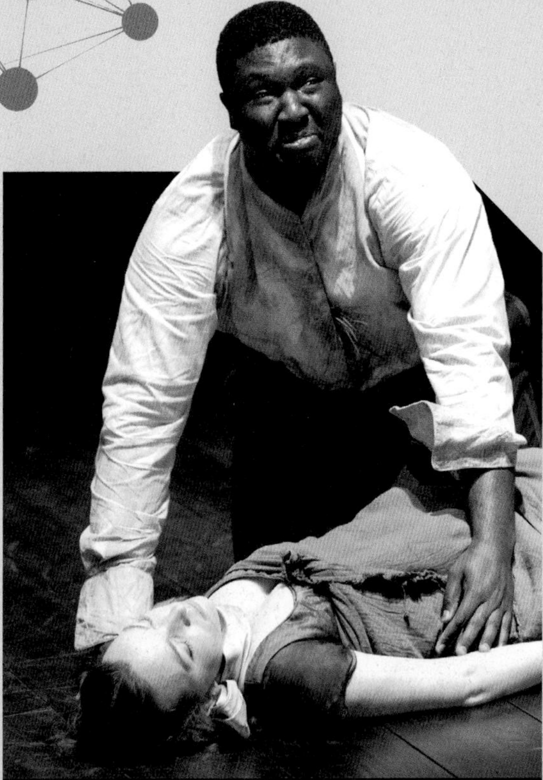

리어 왕 연기를 한 가장 젊은 전문 연극배우

셰익스피어의 리어 왕은 자신의 왕국을 두 딸에게 넘겨주고 나머지 한 딸과는 의절한 노인이다. 대부분의 배우에게 리어 왕 역은 오랜 경력의 절정인데, 영국 배우 논소 애노지(1979년 5월 28일생)는 겨우 23세가 되던 2002년에 로열 셰익스피어 컴퍼니의 <리어 왕>에서 리어 왕 역을 맡았다.

햄릿의 독백을 가장 빨리 암송한 사람

1995년 8월 30일 션 섀넌(캐나다)은 영국 에든버러에서 260개의 단어로 된 "사느냐 죽느냐 그것이 문제로다." 독백을 23.8초(1분당 655단어)에 암송했다. 《햄릿》 3막 1장에 나오는 이 독백은 죽음에 대한 것이다. 햄릿은 고통을 참으며 계속 살 것인지 아니면 스스로 그런 삶을 끝낼 것인지를 놓고 번민하며, 그러면서 죽음 뒤에 도사린 '미지의 세계'가 가진 초자연적인 공포를 두려워한다.

셰익스피어 희곡에서 가장 긴 연설

《로미오와 줄리엣》 1막 4장(57~99행)에서 로미오의 친구 머큐시는 꿈이라는 주제에 대해 43행의 대사를 하게 된다.

극 중에서 줄리엣이 로미오를 처음 만난 건 13세 때다. 그래서 줄리엣 역은 보통 13세 정도의 어린 여배우가 맡는데, 2010년 당시 76세였던 시안 필립스(영국)는 영국 브리스틀 올드 빅 극장에서 줄리엣 역을 연기해, **줄리엣 역을 맡은 가장 나이 든 배우**가 되었다.

경매에서 최고가에 팔린 셰익스피어 문학 작품

최초의 셰익스피어 희곡 전집은 1623년에 출간된 《퍼스트 폴리오》로 아이작 자가드와 에드워드 블런트가 펴냈다. 그 작품의 유일한 5부 중 1부가 2001년 10월 8일 미국 뉴욕시 크리스티 경매에서 616만 6,000달러에 팔렸는데, 이는 17세기의 책에 지불된 최고 액수이다.

가장 빠른 증기 기관차

런던 앤 노스 이스턴 철도 회사의 Class A4 No. 4468 말라드호는 7월 3일 영국 러틀랜드 에센다인 인근 스토크 뱅크에서 시속 201㎞까지 속도를 냈다.

FAST FACTS

보통 셰익스피어는 1564년 4월 23일, 세인트 조지 축일에 태어났다고 알려졌지만 정확한 건 아니다. • 셰익스피어란 이름의 철자는 현존하는 그의 서명 6개에서 모두 다르게 표기돼 있다.

최고 수익을 올린 셰익스피어 영화

바즈 루어만이 감독한 셰익스피어 원작의 <로미오와 줄리엣>(미국)은 1996년 11월 1일~1997년 2월 14일까지 일반에 공개돼 1억 4,754만 2,381달러를 벌어들였다. 희곡을 영화화한 이 드라마틱한 고예산 영화에선 리어나도 디캐프리오와 클레어 데인즈가 비운의 연인 역을 맡았다.

셰익스피어는 영화와 TV 제작물 1,121편에 대한 저작권을 갖고 있어, 2016년 2월 기준으로 가장 많은 작품이 영화화된 작가다. 그 속엔 106편의 <햄릿>, 99편의 <맥베스>, 64편의 <로미오와 줄리엣>이 포함된다. 가장 최근에 영화화된 것은 마이클 패스벤더와 마리옹 코티아르 주연의 <맥베스>(영국·프랑스·미국, 2015), <할렘의 로미오와 줄리엣>(미국, 2015), BBC의 사극 시리즈 <할로우 크라운>(2012) 등이다.

셰익스피어 희곡에서 대사가 가장 많은 극 중 인물

햄릿은 죽음과 인간 조건에 대해 숙고하는 1,495행의 대사를 내뱉는다. 위의 사진은 2008년~2009년 작 <햄릿>에서 햄릿 역을 맡은 데이비드 테넌트(영국). 《햄릿》은 4,042행에 2만 9,551개의 단어가 들어 있는 가장 긴 셰익스피어 희곡이다.

로렌스 올리비에 상을 가장 많이 받은 배우

2016년 4월 3일 기준, 데임 주디 덴치(영국)는 8개의 올리비에 상을 받았다. 그녀가 가장 최근에 받은 상은 셰익스피어의 <겨울 이야기>(2015, 위)에서 파우리나 역으로 받은 여우 조연상이다. 그녀는 <맥베스>(1977)와 <클레오파트라>(1987) 공연으로 올리비에 상을 수상하기도 했다.

최고 빨리 셰익스피어 희곡 37편 전편의 공연을 본 사람

댄 윌슨(영국)은 2014년 11월 27일~2015년 10월 21일까지 328일 사이에 셰익스피어의 희곡 전편의 공연을 보았다.

DID YOU KNOW?

1587년에 지어진 더 로즈(아래)는 런던에 세워진 다섯 번째 극장 전용 건물이었다. 이 극장에서 크리스토퍼 말로와 셰익스피어 같은 엘리자베스 시대 최고 극작가들의 작품을 공연했다. 그러나 이 극장은 1605년에 이르러 더 이상 극장으로 쓰이지 않았다.

가장 많은 죽음이 나오는 셰익스피어 희곡

셰익스피어의 희곡들에는 74명의 죽음이 나온다. 그중 가장 피비린내 나는 작품은 참수와 자살, 식인 등으로 14명의 죽음이 나오는《타이투스 안드로니카스》이다.

TRIVIA

1890년 셰익스피어 열혈 팬이던 유진 시펠린은 셰익스피어의 희곡에 나오는 모든 새를 북아메리카로 들여오기 시작했다. 아뿔싸! 근데 그가 풀어놓은 찌르레기는 지금 토종 새들에게 엄청난 위협이 되면서 골칫덩이 취급을 받고 있다.

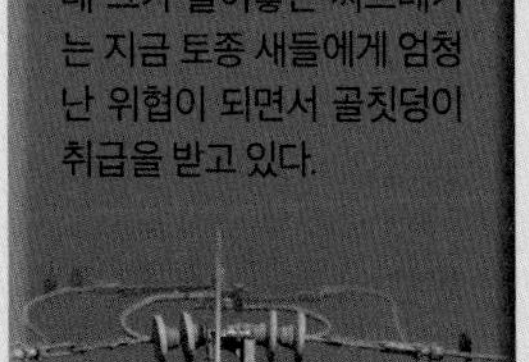

셰익스피어 연극에 대한 문서 상의 첫 언급들

셰익스피어 작품들이 언제 처음 공연됐는지에 대한 기록은 거의 없지만, <헨리 6세> 3부작은 그 기록이 분명한 첫 작품이다. 1592년 3월 3일에 <헨리 6세>가 영국 런던 서더크의 더 로즈 극장에서 공연되었다. 같은 해에 극작가 로버트 그린이 한 팸플릿에서 <헨리 6세> 한 편의 한 행을 인용했고, 토머스 내시는 <헨리 6세> 3부작 중 첫 편의 주인공인 군인 존 탤벗의 연기에 대해 적었다.

셰익스피어 초상화의 진위에 대해서도 논란이 많다. 그러나 1600년~1610년 사이에 그려진 <찬도스 초상화>가 실재 인물을 그린 것이라는 주장이 널리 믿어지고 있다.

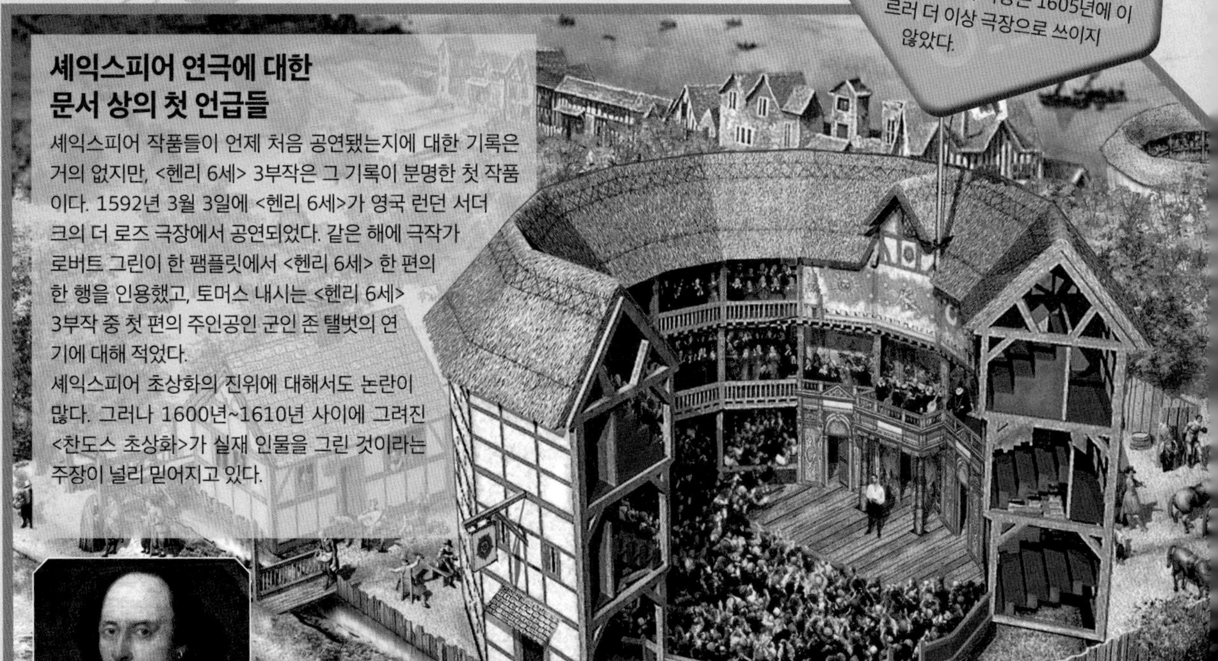

우주에 쏘아 올린 최초의 인공 물체

10월 3일 독일 발트 해 연안 페네뮌데에서 쏘아 올린 독일의 V-2 로켓은 세 번째 시도이자 가장 성공적인 시험 발사로, 지구 표면 위 고도 80.4㎞까지 올라갔다.

1942

1942년

DATELINE

최고 많은 댓글이 달린 웨이보 포스트

2012년 9월 10일 자신이 좋아하는 축구팀 맨체스터 유나이티드에 대한 동영상을 올리면서, 팝스타 루한(중국)은 그것이 불러올 반응을 전혀 예상 못했다. 웨이보 소셜 네트워크에 올린 그의 포스트에는 2016년 4월 19일까지 1억 89만 9,012개의 댓글이 달렸다.

최고 연 수입을 올린 DJ

<포브스>에 따르면, 스코틀랜드 DJ 캘빈 해리스(본명 Adam Wiles)는 2015년 6월 1일까지 12개월간 6,600만 달러를 벌었다. 2015년 3월에 해리스는 미국 가수 테일러 스위프트와 교제하기 시작했다. 2015년 6월 <포브스>에 따르면, 둘은 연 수입이 1억 4,600만 달러로 **수입이 최고 많은 유명인 커플**이다.

최다 판매 디지털 싱글

칼리 레이 젭슨(캐나다)의 노래 <Call me maybe>는 2011년 발표된 이래 전 세계에서 1,800만 장이 팔렸다. 그래미상 후보로 노미네이트된 이 싱글은 19개국에서 1위에 올랐다.

미국에서 1주일간 최다 다운로드된 싱글

아델(영국)의 노래 <Hello>는 발매 첫 주인 2015년 10월 23일~10월 29일까지 약 112만 2,000회 다운로드되었다.

경매에서 팔린 최고가 레코드판

앨범 <The Beatles>의 모노 음반은 2015년 12월 5일 LA 줄리언스 옥션에서 전 비틀스 멤버 링고 스타(영국)에게 79만 달러에 팔렸다. 0000001이란 번호가 매겨진 이 음반은 1968년 차트 1위에 오른 <The Beatles> 앨범 중 가장 먼저 제작된 것이다.

최초로 싱글 3개를 1,000만 장 이상 판 남자 가수

브루노 마스(미국)의 <Just the way you are>(2010), <Grenade>(2010), <Uptown funk>(2014) 등, 싱글 3개는 모두 전 세계적으로 1,000만 장 이상 팔렸다.

스포티파이

- **1일 최다 스트리밍된 트랙:** 2015년 7월 31일 원 디렉션(영국·아일랜드)의 <Drag me down>은 475만 회 스트리밍됐다.
- **1주일간 최다 스트리밍된 트랙:** 저스틴 비버의 <What do you mean?>은 2015년 8월 28일~9월 3일 사이 3,072만 3,708회 스트리밍됐다.
- **1주일간 최다 스트리밍된 앨범:** 저스틴 비버의 차트 1위 앨범 <Purpose>는 2015년 11월 13일 발매 이후 1주 동안 전 세계적으로 2억 500만 회 스트리밍됐다.
- **1년간 최다 스트리밍된 가수:** 2015년 캐나다 래퍼 드레이크(본명 Aubrey Drake Graham)의 노래는 4,600만 명으로부터 18억 회 스트리밍됐다.

아델의 귀환

아델은 2011년 한 해에 **미국과 영국에서 동시에 가장 많은 앨범과 싱글을 판매한 최초의 여성 가수**가 되었다. 2015년에 발표된 그녀의 3집 LP 앨범 <25>는 11월 20일 발매 후 4일 만에 243만 3,000장이 팔려, 곧 미국에서 가장 빨리 팔린 팝 앨범이 되었다. <빌보드>에 따르면, 이 앨범은 발매 이후 24시간 만에 애플 아이튠스 스토어에서 90만 장 이상이 다운로드되어, **아이튠스에서 가장 빨리 팔린 앨범**이 되었다. 그리고 2015년 11월 30일 영국 앨범 차트에서 100만 장 판매를 기록해, **영국에서 최단 기간에 100만 장 판매 기록을 세운 앨범**이 되었다.

가장 큰 전함
일본 전함 야마토와 무사시는 만재 배수량이 7만 1,111톤, 전체 길이가 263m, 폭은 38.7m, 적재 흡수량이 10.8m였다.

스포티파이에서 연간 최다 스트리밍 기록을 세운 앨범

2015년 8월 28일에 발매된 캐나다 리듬앤블루스 가수 더 위켄드(일명 Abel Tesfaye)의 앨범 <Beauty behind the madness>는 2014년 12월 1일~2015년 12월 1일 사이 스포티파이에서 최다 스트리밍 기록을 세운 앨범이 됐다. 2015년에 총 6,000만 명의 시청자를 끌어모은 것이다.

- **1년간 최다 스트리밍된 여가수:** 2015년에 리한나(바베이도스, 본명 Robyn Rihanna Fenty)의 노래들은 10억 회 이상 스트리밍됐다.
- **최다 스트리밍된 가수:** 에드 쉬런(영국)의 트랙들은 2015년 12월 1일 기준 스포티파이에서 30억 회 이상 스트리밍됐다.

트위터에서 최다 팔로워를 거느린 사람

2016년 4월 19일 기준 케이티 페리(미국, @Katyperry)는 트위터상에서 8,694만 4,886명의 팔로워를 거느리고 있다. 2위와 3위는 **트위터에서 최다 팔로워를 거느린 남자 가수** 저스틴 비버(@justinbieber)와 테일러 스위프트(@taylorswift)로, 각각 7,973만 7,002명과 7,551만 7,216명의 팔로워를 거느리고 있다. 같은 날 기준으로 원 디렉션(@onedirection)은 2,809만 2,141명의 팔로워를 둬 **트위터에서 가장 인기 있는 밴드** 자리를 지켰다.

FAST FACTS

샤키라는 스페인어, 포르투갈어, 이탈리아어, 영어를 할 줄 안다. • 2015년에 슈퍼스타 DJ 캘빈 해리스는 조르지오 아르마니 속옷 광고의 새 '얼굴'이 되었다. • 한창 때 아델의 앨범 <25>는 빌보드 톱 100의 나머지 앨범 전체의 배 이상 팔렸다.

유튜브 & 베보(VEVO)

유튜브에서 최단 기간에 10억 뷰에 도달한 비디오

아델의 <Hello>는 2015년 10월 22일 유튜브에 업로드되어, 겨우 88일 만에 10억 뷰에 도달했다. 이는 2012년 12월 21일 싸이(한국)의 <강남 스타일> 뮤직비디오가 최초로 10억 뷰에 도달한(159일 만에) 이후 18번째로 10억 뷰에 도달한 비디오였다.

- **유튜브에서 가장 많은 사람이 본 음악 채널:** 2009년 9월 25일 이후 베보 채널에 120개의 비디오가 업로드됐다. 2016년 4월 19일에는 저스틴 비버가 베보 누적 뷰 104억 7,865만 1,389회를 기록했다.
- **24시간 동안 베보에서 가장 많이 본 비디오:** 데이비드 보위(영국, 본명 David Jones)가 69세의 나이로 세상을 떠난 다음 날인 2016년 1월 11일, 그의 노래들이 비디오 호스팅 플랫폼 베보에서 5,100만 회의 뷰를 기록했다.

페이스북에서 최다 '좋아요'를 받은 여성

2016년 4월 19일 기준 가수 샤키라(콜롬비아)의 페이스북 페이지는 1억 453만 7,619명의 팬이 '좋아요'를 눌렀다. <Hips don't lie>를 부른 이 유명 가수는 **페이스북 사상 1억 명으로부터 '좋아요'를 받은 최초의 인물**(2014년 7월 18일 기준)이며, 축구 선수 크리스티아누 호날두(1억 1,104만 7,562명으로부터 '좋아요' 받음)에 이어 소셜 미디어 네트워크에서 두 번째로 인기 있는 유명인이기도 하다.

최고 연 수입을 올린 여성 팝스타

<포브스>에 따르면, 케이티 페리는 2015년 6월까지 12개월간 1억 3,500만 달러를 벌었다. 권투 선수 플로이드 메이웨더 주니어(미국, 3억 달러)와 매니 파키아오(필리핀, 1억 6,000만 달러)에 이어 '세계에서 가장 많이 버는 유명인' 명단 3위에 이름을 올린 것. 페리에 이어 <포브스> 선정 2015년도 부자 리스트에 오른 음악가로는 원 디렉션(4위, 1억 3,000만 달러), 컨트리 가수 가스 브룩스(6위, 9,000만 달러), 테일러 스위프트(8위, 8,000만 달러) 등이 있다.

최초의 범용 전자식 컴퓨터
미 육군이 제작한 에니악 컴퓨터는 무게가 27톤에 규격이 2.6×0.9×24m로, 포탄의 탄도를 계산하는 데 사용되었다.
1946
1946년
DATELINE

미국 디지털 송 최장기 주간 1위 곡

두 싱글이 빌보드 디지털 송 차트 1위 자리에 총 13주간 머물렀다. 티-페인이 피처링한 플로 라이다(미국, 오른쪽)의 <Low>는 2007년 12월 15일~2008년 3월 8일 사이에, 그리고 브루노 마스(미국)가 피처링한 마크 론슨(영국)의 <Uptown funk>는 2015년 1월 3일~4월 11일 사이에 3차례 합쳐 13주 기록을 세웠다. 위 사진에선 론슨(뒷줄 왼쪽 끝)이 브루노 마스(앞줄 왼쪽에서 세 번째)와 자신의 백킹 밴드인 더 훌리건스와 함께 포즈를 취했다.

영국 앨범 차트에 동시에 가장 많은 앨범을 올린 가수

데이비드 보위는 2016년 1월 21일 자 오피셜 앨범 차트에서 19개 앨범을 톱 100에 올렸다. 2016년 1월 10일 암으로 사망한 그가 영국 톱 40의 4분의 1을 석권한 것이다. 그의 25번째 정규 앨범 <Blackstar>는 14만 6,168장이 팔리면서 No. 1 앨범이 됐다. 'Thin white duke'으로 불리는 그는 영국에서 10번째로 많은 차트 1위 앨범 발표 가수가 되었다.

영국 싱글 차트 최초로 1주에 톱 3을 석권한 가수

영국 오피셜 싱글 차트 65년(1952~현재) 사상 1주에 1~3위를 석권한 가수는 저스틴 비버(캐나다)가 최초로, 그는 2016년 1월 14일 싱글 차트에서 <Love yourself>, <Sorry>, <What do you mean?>을 각각 1, 2, 3위에 올렸다.

비버는 2016년 12월 14일 자 빌보드 핫 100 차트에 17곡을 올려 **동시에 미국 싱글 차트에 최다 곡을 올린 가수**가 됐는데, 최고 순위에 오른 곡은 <Sorry>(2위)였다. 또 17개 트랙 중 13개 트랙이 새로운 진입 곡이어서, **동시에 빌보드 핫 100차트에 최다 새로운 싱글을 진입시킨 솔로 가수**가 되기도 했다.

DID YOU KNOW?

엘비스 프레슬리, 섀도우즈, 비틀스, 존 레넌, 프랭키 고즈 투 할리우드는 모두 동시에 영국 차트 1, 2위를 석권한 가수들이다. 그러나 동시에 1~3위를 석권한 가수는 저스틴 비버가 처음이다.

RIAA로부터 최초로 1억 장 싱글 판매 인정을 받은 가수

미국레코딩산업협회(RIAA)는 50만 장 판매된 싱글은 골드 레코드, 100만 장 판매된 싱글은 플래티넘 레코드로 인정한다.

2015년 7월 RIAA는 리한나가 미국에서 최초로 싱글 1억 장 판매를 기록했다고 발표했다.

최고 많은 노래가 실린 디지털 앨범

포켓 가즈(영국)는 2015년 12월에 나온 앨범 <100×30>에 30초가 조금 넘는 노래 100곡을 넣었다. 30초가 넘어야 저작권료를 지불하는 디지털 음악업계의 관행에 항의하기 위함이었다.

최다 관중을 모은 뮤직 페스티벌(한 장소)

2015년 6월 26일~6월 28일까지 열린 오스트리아의 야외 무료 페스티벌 도나우인젤페스트(다뉴브 섬 페스티벌)는 330만 명의 관중을 끌어모았다.

차트들

빌보드 핫 100 1위로 데뷔한 최연소 남성 솔로 아티스트

저스틴 비버(1994년 3월 1일생)가 <What do you mean?>으로 2015년 9월 19일 빌보드 핫 100차트 1위로 데뷔했을 때, 그는 정확히 21살 202일이었다.

빌보드 핫 100차트에 최다 곡 올린 솔로 아티스트

2016년 4월 30일 기준 미국 래퍼 릴 웨인은 빌보드 핫 100 차트에 129개의 다른 곡을 올렸다. 그의 데뷔곡은 1999년에 나온 <Back that thang up>이었다.

DATELINE 1947 1947년

가장 큰 비행기

11월 2일 '스프루스 구스'로 더 잘 알려진 하워드 휴즈 H-4 허큘리스는 미국 캘리포니아 해안에서 처음이자 마지막 비행에 올랐다. 이 거대한 비행정은 날개폭이 97.51m에 길이가 66.65m였다.

FAST FACTS

데이비드 보위의 왼쪽 동공은 학창 시절에 벌인 싸움 이후 영구적으로 확장됐다. • 리한나는 3옥타브의 음역을 넘나드는 메조소프라노이다. • 마크 론슨은 <Uptown funk>에서 자신의 기타 파트를 위해 82회나 재녹음을 했다.

빌보드 핫 100 톱 10에 최장기 연속 머문 가수(남자)

더 위켄드는 2015년 4월 7일 ~2016년 1월 9일까지 45주간 빌보드 핫 100차트 톱 10 안에 들어, 최장기 연속 톱 10에 들어간 솔로 남성 가수가 되었다. 그 역사적인 기록을 이룬 싱글은 <Earned it>(2015년 3월 7일~7월 4일), <Can't feel my face>(2015년 7월 11일~11월 14일), <The hills>(2015년 8월 1일, 8월 29일~2016년 1월 9일)였다.

영국 톱 40에 한 싱글로 최장기 연속 주간 머문 가수

에드 시런(영국)의 <Thinking out loud>는 2014년 7월 5일에 영국 오피셜 싱글 차트에 데뷔해 2015년 7월 11일까지 54주 연속 40위 안에 머물렀다. 이 곡은 2주간 1위였고, 톱 10 안에 20주를 머물렀다.

온라인 사상 최다 뷰를 기록한 뮤직비디오(여자)

테일러 스위프트(미국)의 <Blank space>는 2016년 4월 19일 기준 비디오 호스팅 플랫폼 베보에서 15억 6,613만 8,812회의 뷰를 기록했다.

DID YOU KNOW?

<Blank space> 뮤직비디오는 이틀 만에 유명한 고전 영화 <시민 케인>(1941)에 나왔던 미국 뉴욕 주 롱아일랜드의 오헤카 캐슬에서 촬영됐다. 스위프트는 실제로 비디오 촬영을 위해 백마 위에 서기도 했지만, 셸비 AC 코브라 차량을 골프채로 때려 망가뜨리진 않았다.

빌보드 아티스트 100차트 사상 최장기 주간 1위 가수

2016년 4월 30일 기준 테일러 스위프트(미국)는 총 31주간 빌보드 아티스트 100차트 1위에 오르는 신기록을 세웠다. 이는 두 번째로 많은 주간 1위 기록을 세운 저스틴 비버보다 20주가 많은 기록이다. 그녀의 이 39주 기록 중 2014년 11월 8일~2015년 1월 24일까지 12주는 연속 1위에 오른 기간이다.

데뷔 앨범 중 최장기 연속 영국 톱 10에 머문 앨범

2015년 9월 26일 자 오피셜 앨범 차트에서 샘 스미스(영국)의 앨범 <In the lonely hour>(2014)는 69주 연속 톱 10에 머물렀으며, 175만 장 이상 팔렸다.

최고 많은 단어가 들어간 히트 싱글

에미넴(미국)의 <Rap God>에는 6분 4초 안에 1,560단어, 즉 평균 초당 4.28단어가 들어 있다. 어느 15초 구간에서는 97단어가 들어가 초당 6.46단어꼴이다. <Rap God>은 2013년 10월 26일 영국 싱글 차트에 5위, 2013년 11월 2일 미국 빌보드 핫 100차트에 7위로 데뷔했다. <Rap God>에 영감을 얻어 나온 해리 쇼타 쇼(영국)의 싱글 <Animal>에는 6분 9초 동안 1,771단어(초당 4.79 단어꼴)가 들어가, **최다 단어가 들어간 싱글**로 꼽힌다. "이건 정말 우리 음악에 발전과 재미를 더해주는 일입니다." MC 쇼타가 웹사이트 UKF에서 한 말이다. <Animal>은 2015년 6월 4일 BBC 라디오 1Xtra에서 처음 소개됐다.

가장 요란한 사이렌

3월에 미국 자동차 제조업체 크라이슬러는 핵 공격을 대중에게 알리기 위한 목적으로 V형 8기통 엔진 공습 사이렌을 만들기 시작했다. 138데시벨의 소리를 내뿜어 40㎞ 밖에서도 들릴 정도였다.

1952
1952년

DATELINE

영화 MOVIES

영화 속 자동차 추격 씬에 등장한 최고가 차량

24번째 공식 제임스 본드 영화인 <007 스펙터>(영국·미국, 2015)의 주요 액션 장면들 가운데 하나로 본드(다니엘 크레이그)가 로마 거리에서 애스턴 마틴 DB10 시제품을 몰고 시속 160㎞까지 속도를 내며 달리는 장면이 나온다. 비 대량 생산 모델로 단 10대만 만들어진 이 차는 순전히 이 영화를 위해 제작된 것으로, 시가 460만 달러 정도 된다. 악당인 미스터 힝크스(데이브 바티스타)는 역시 특수 제작된 슈퍼카 재규어 C-X75를 몰고 본드를 뒤쫓는데, 그 차는 시가 100만 달러로 추산된다. 자동차 추격 씬에 쓰인 이 두 차량의 총 시가는 560만 달러이다.

최고 연 소득을 올린 남자 배우와 여자 배우

<포브스>가 선정한 '세계에서 가장 돈 잘 버는 유명인' 명단에 따르면, <헝거 게임>의 스타 제니퍼 로렌스(미국)는 2015년 6월 30일까지 1년간 5,200만 달러를 벌었다. 명단에서 그녀는 두 번째로 연 소득이 높은 배우로, 2014년 6월~2015년 6월까지 8,000만 달러를 번 로버트 다우니 주니어(미국)만이 그녀보다 앞섰다. 이는 <어벤저스: 에이지 오브 울트론>에서 아이언맨 역으로 번 돈을 포함한 것이다.

DID YOU KNOW?

조 사이먼과 잭 커비가 만들어낸 캡틴 아메리카는 1941년 3월에 동명의 만화에 처음 그 모습을 드러냈다. 당시의 캡틴 아메리카는 우리에게 익숙한 원형 방패 대신 삼각형 방패를 들고 있었다. 1944년에 처음 흑백 시리즈 영화로 개봉됐는데, 딕 퍼셀이 캡틴 아메리카 역을 맡았으며 방패가 없었다.

최대 영화 흥행 기록

더-넘버스 닷컴에 따르면, 2015년 9월 22일 기준 <아바타>(미국·영국, 2009)는 전 세계에서 총 27억 8,391만 8,982달러의 수입을 올렸다.

최대 수입을 올린 여성 액션 배우

2016년 2월 8일 기준 제니퍼 로렌스가 역사상 가장 큰 성공을 거둔 여성 액션 스타이다. 더-넘버스 닷컴에 따르면, <헝거 게임> 시리즈(캣니스 에버딘 역)와 그녀가 출연한 2편의 <엑스맨>(레이븐 다크홀름 / 미스틱 역)은 전 세계적으로 40억 573만 5,448달러의 수입을 올렸다.

개봉 첫 주 주말 최대 수입을 올린 R등급 영화

<데드풀>(미국)은 2016년 2월 12일~2월 14일까지 개봉 주말 3일간에 전 세계에서 2억 6,000만 달러를 벌었다. 또한 2016년 4월 13일까지 7억 5,898만 7,687달러의 수입을 올려, **최대 수입을 올린 R등급 영화**가 되었다.

최대 규모의 IMAX 개봉

2015년 3월 3일 <분노의 질주: 더 세븐>(미국)은 전 세계 총 810개의 아이맥스 영화관에서 개봉했다(그 이전까지는 2014년 11월 760개의 아이맥스 영화관 개봉 기록을 세운 <인터스텔라>가 최고였다).

2015년 6월 18일 기준 <분노의 질주: 더 세븐>은 전 세계에서 총 15억 1,624만 6,709달러의 수입을 올려, **최대 수입을 올린 자동차 추격 영화**가 됐다.

가장 긴 영화 예고편

2014년 7월 앤더스 웨베르그(스웨덴) 감독은 2020년에 개봉 예정인 720시간짜리 영화 <앰비언스>의 72분짜리 예고편을 공개했다.

TRIVIA

영국 코미디 배우 사이먼 페그는 2편의 SF 영화에 출연했다. <스타 트렉> 시리즈에서 몽고메리 '스코티' 스콧(위), 또 최신 <스타워즈> 시리즈에서 운카르 플럿(아래) 역을 맡은 것.

할리우드 영화 제작사에 최대 수입을 벌어준 배우(현재)

<포브스>에 따르면, 2015년 6월까지 <캡틴 아메리카>의 스타 크리스 에반스(미국)만큼 출연료에 비해 영화 제작사에 큰돈을 벌어준 할리우드 배우는 없다. 그는 <어벤저스: 에이지 오브 울트론>(미국, 2015), <캡틴 아메리카: 윈터 솔져>(미국, 2014)를 비롯해 최근 출연한 주요 영화 3편에서 자신의 출연료 1달러당 181.80달러의 수익을 올렸다.

DATELINE **1953** 1953년

최초의 에베레스트 등반
에드먼드 퍼시벌 힐러리(뉴질랜드)와 텐징 노르게이(인도-티베트)가 5월 29일 오전 11시 30분에 높이 8,848m의 세계 최고봉 정상에 올랐다.

FAST FACTS

다니엘 크레그는 가장 긴 세 편의 본드 영화 <카지노 로열>(2006), <스카이폴>(2012), <스펙터>(2015)에 출연했다. • 로버트 다우니 주니어의 아이언 맨 갑옷은 약 450 조각이다. • <스타워즈: 깨어난 포스>는 5월에 개봉 안 한 최초의 <스타워즈> 시리즈다.

최대 주말 흥행을 기록한 영화

<스타워즈: 깨어난 포스>는 미국 내에서 가장 빨리 총수입 5억 달러(170쪽 참조)에 도달했으며, 또 2015년 12월 18일~12월 20일 사이의 주말에 개봉되어 2억 4,790만 달러의 수입을 올림으로써 개봉된 주말에 미국 내 최대 흥행 기록을 세운 영화가 되었다.

최고로 많은 시각 효과가 들어간 영화

블록버스터 영화에서 시각적인 특수효과(VFX) 장면 수는 계속 늘어가는 추세다. 그런 점에서 최근 인도 영화계는 할리우드와의 경쟁에서 앞서가고 있다. SS 라자몰리 감독의 중세 판타지 서사 영화 <전사 바후발리>에는 약 4,500개의 VFX 장면이 들어간다. 5개국 16개의 특수 효과 스튜디오에 소속된 600명의 VFX 직원들이 만든 장면들이다.

가장 많이 연결되는 현존 배우

버지니아대학교(미국)의 '베이컨의 신탁'은 미국 배우 케빈 베이컨의 이름을 딴 게임 소프트웨어로, 인터넷 영화 데이터베이스에 올린 190만 편의 영화와 TV 쇼, 290만 남녀 영화배우의 정보를 통해 인적 연결 상태를 보여준다.

2015년 12월 4일 기준 가장 많이 연결되는 현존 배우, 즉 '할리우드 우주의 중심'에 있는 배우는 최저 점수 2.83285를 기록한 에릭 로버츠(미국)이다.

최장 제임스 본드 영화

<스펙터>는 상영 시간이 총 148분으로, 본드 시리즈 중 가장 긴 영화다. **최단 본드 영화**는 106분인 <퀀텀 오브 솔러스>(2008)이다.

<스펙터>는 기본 제작비가 2억 4,500만 달러로 추정돼 **최대 제작비의 본드 영화**로도 꼽힌다. 그러나 최대 수입을 올린 본드 영화는 아니다. 그 영광은 11억 1,052만 6,891달러의 수입을 올린 <스카이폴>(영국·미국, 2012)이 가져갔다. 제스퍼 크리스텐슨(덴마크)은 **본드 시리즈에 최다 출연한 악당**이다. 그는 <카지노 로열>(2006)과 <퀀텀 오브 솔러스>, <스펙터>에서 미스터 화이트 역을 맡았다.

제임스 본드로 최다 출연한 배우는 숀 코너리와 로저 무어(둘 다 영국)이다. 코너리는 첫 본드 영화 <닥터 노>(영국, 1962)에 나왔고, 무어는 <죽느냐 사느냐>(영국, 1973)에 처음 출연했다.

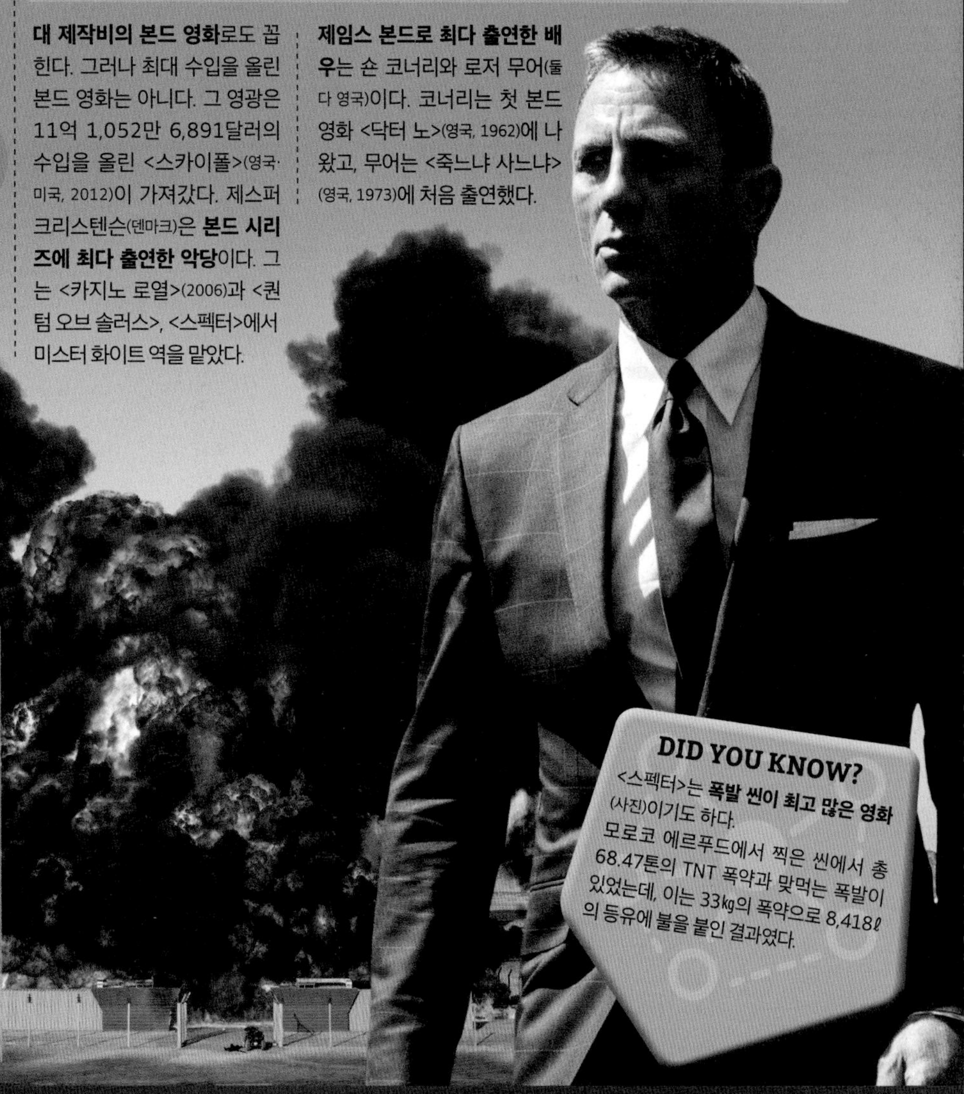

옷차림이 끝내주는: 본드와 <스펙터>

다니엘 크레이그는 제임스 본드 역으로 최대 출연료를 받았다. <스펙터>에서 첩보원 007 요원 역으로 총 3,900만 달러를 받은 것으로 추정된다. 이 영화에서 크레이그는 최소한 시중 소매가 5만 6,220달러어치의 의상과 액세서리를 걸쳐, 그가 맡은 본드는 **최고 비싼 옷을 입은 영화 속 등장인물**이 되었다.

<스펙터>의 수석 스턴트 코디네이터인 개리 파월에 따르면, 영화 촬영 중 총 4,800만 달러어치의 차량이 파괴되어, <스펙터>는 **촬영 중 최다 차량 파손비가 발생한 영화**가 되기도 했다. 그 비용에는 이 영화를 위해 제작된 애스턴 마틴 DB10 시제품 10대 중 7대의 가격도 포함된다.

<스펙터>에 삽입된 샘 스미스(영국)의 주제곡 <Writing's on the wall>은 2015년 10월 10일 1위로 데뷔해, **영국 차트 1위에 오른 최초의 본드 주제곡**이 되었다.

DID YOU KNOW?

<스펙터>는 **폭발 씬이 최고 많은 영화**(사진)이기도 하다. 모로코 에르푸드에서 찍은 씬에서 총 68.47톤의 TNT 폭약과 맞먹는 폭발이 있었는데, 이는 33㎏의 폭약으로 8,418ℓ의 등유에 불을 붙인 결과였다.

4분 안에 1마일을 달린 최초의 인물

5월 6일 영국 옥스퍼드대학교에서 3,000명의 군중이 지켜보는 가운데 25세의 로저 배니스터(영국)가 3분 59.4초에 1마일을 달렸다. 그때까지 많은 사람이 그런 기록은 불가능하다고 생각했었다.

디즈니 DISNEY GALLERY

월터(월트) 엘리아스 디즈니(미국, 1901~1966)는 의심할 여지 없이 모든 시대를 통틀어 가장 유명한 영화 제작자이다. 그의 이름을 딴 영화들도 많은 기록을 세웠지만(중요한 것들은 여기에서 소개), 월트 디즈니 자신도 **생애 최다 오스카상 수상**(26회), **1년에 최다 오스카상 수상**(1954년에 4회), **최다 연속 오스카상 수상**(1932년~1940년까지 8회) 등 많은 기록을 세웠다.

1

3

4

2

1 최대 흥행 수입을 올린 애니메이션(물가 상승률 반영)

디즈니 최초의 장편 극영화 <백설 공주와 일곱 난쟁이>(1937)는 전 세계적으로 1억 8,490만 달러(오늘날의 16억 달러)의 흥행 수입을 올렸다. 이 영화는 1938년 3월 10일 아카데미 특별상(1개의 트로피와 7개의 미니어처 트로피)을 받았다. 이 영화는 **최초로 사운드 트랙을 갖게 된 영화**이기도 하다.

2 최초로 오스카 최우수 영화 후보에 오른 애니메이션

1992년 3월 30일에 열린 시상식에서 <미녀와 야수>는 오스카 최우수 영화 최종 후보 명단에 오른 최초의 애니메이션이다. 비록 <양들의 침묵>에 밀렸지만, <미녀와 야수>는 최우수 주제가상을, 앨런 맨킨은 최우수 영화 음악상을 받았다. 1994년 4월엔 **뮤지컬로 만들어진 최초의 디즈니 영화**가 되었다.

3 최다 판매 애니메이션 사운드 트랙

<라이언 킹>(1994)의 사운드트랙은 미국에선 770만 장, 전 세계엔 약 1,000만 장이 팔린 걸로 추산된다. 또한 **가정용 비디오 최고 판매 기록**(5,500만 편)을 갖고 있으며 **가장 많이 팔린 브로드웨이 뮤지컬**이기도 하다. 1997년 10월에 막을 올려 2015년 1월까지 1,209만 1,055석의 표를 팔아 11억 2,000만 달러의 수입을 올렸다.

4 가장 긍정적인 평가를 받은 영화

2016년 1월 기준 로튼 토메이토스(영화평 집계 웹사이트)에서 약 410편의 영화가 100% 지지를 받았다. 특히 <토이 스토리 2>(1999)는 163회의 언론평가에서 긍정적인 평을 받았다. 2010년 6월 18일 <토이 스토리 3>은 **개봉 첫 주 가장 큰 성공을 거둔 3D 애니메이션**(1억 1,030만 7,189달러 수입)이 되었으며 전 세계 10억 달러 수입(10억 6,300만 달러)을 돌파한 첫 애니메이션이 되었다.

DATELINE **1956** 1956년

최초의 대서양 횡단 전화 케이블

9월 25일, 스코틀랜드와 영국 그리고 캐나다 뉴펀들랜드 주 클레런빌을 잇는 전화 케이블 대서양 횡단 넘버 원(TAT-1)이 개통됐다. 처음 24시간 동안 영국과 미국 간에 588건, 영국과 캐나다 간에 119건의 통화가 기록됐다.

DID YOU KNOW?

미국 플로리다 주에 있는 매혹적인 디즈니 왕국은 테마파크 중 가장 높은 성을 자랑한다. 신데렐라 성으로 알려진 이 성은 높이가 57.6m로, 실존하는 유럽의 여러 성을 본떠 지었다. 1971년에 개관했으며, 그 이미지는 현재 디즈니 로고의 일부를 이루고 있다.

최고 수입을 올린 인형 영화 5

1950년대에 TV에 처음 등장한 <개구리 인형 커밋>과 <미스 피기> 그리고 다른 머펫 시리즈는 오랫동안 큰 성공을 거뒀다. 그중에는 8편의 극영화와 2편의 TV 영화도 포함된다. 현재까지 가장 큰 흥행 수입을 거둔 시리즈는 2011년 디즈니에서 다시 제작한 <더 머펫츠>이다. 더-넘버스 닷컴에 따르면, 그 영화는 2012년 3월 30일까지 1억 6,097만 1,922달러의 수입을 올렸다.

최고 수익 올린 컴퓨터 애니메이션 6

2013년과 2014년에 재개봉한 <겨울 왕국>은 더-넘버스 닷컴에 따르면, 2015년 6월 5일까지 전 세계적으로 12억 7,423만 4,980달러의 수입을 올려, **최다 수익을 올린 디즈니 영화**가 되었다. 독일 저작권 감시 기업인 엑시피오에 따르면, <겨울 왕국>은 그해 2,991만 9,000달러 상당의 불법 다운로드를 당해, **그해에 저작권 침해를 가장 많이 당한 애니메이션 영화**가 되기도 했다.

VES상 최다 수상 애니메이션 7

팽창 로봇 베이맥스와 인간 친구 히로가 주연인 <빅 히어로 6>(2014)은 2015년 2월 4일 시각효과협회(VES) 시상식에서 5개의 상을 받았다. 이 영화 속 놀라운 디지털 세계를 만들어내기 위해 디즈니는 4개의 작업실, 4,600개의 컴퓨터를 동원했다. 이는 24시간에 40만 개의 애니메이션 작업을 할 수 있는 **영화 제작에 동원된 가장 강력한 군단이자 최고의 컴퓨터 환경**이었다.

개봉 첫 주말 최고 수익을 올린 오리지널 영화 8

디즈니가 픽사 스튜디오를 인수한 뒤 처음 제작한 <인사이드 아웃>은 2015년 6월 19일~6월 21일 사이에 미국 내 3,946개 영화관에서 개봉되어 9,044만 272달러의 총수입을 올렸다. <아바타>(2009)의 6년간 기록을 깬 것이다. 또한 평론가들로부터도 좋은 반응을 얻어 2016년 시상식에서 오스카 최우수 장편 애니메이션상을 받았다.

최초로 궤도에 오른 인공위성
10월 4일, 구소련의 카자흐스탄 티우라탐에 있는 바이코누르 우주기지에서 스푸트니크 1호가 대륙간 탄도미사일에 실려 발사됐다. 이 위성의 수명은 92일 정도로 추정된다.

1957
1957년

DATELINE

TV

가장 좋은 평을 받는 TV 시리즈(현재)

범죄 드라마 <파고>(FX, 미국) 시즌 2는 메타크리틱의 33개 평가에서 100점 만점에 96점의 메타스코어('보편적인 찬사' 수준)를 받았고, 2016년 4월 26일 기준 10점 만점에 9.4점의 사용자 평가를 받았다.

가장 부유한 TV 쇼 창안자

자신이 만들고 진행한 토크 쇼(1986~2011)로 가장 잘 알려진 '미디어의 여왕' 오프라 윈프리(미국)는 2016년 4월 <포브스>에 실린 400인 리스트에서 31억 달러의 순자산을 갖고 있었다. <포브스>는 존 더몰의 순자산이 14억 9,000만 달러라면서 그를 2016년 4월 기준 가장 부유한 남성 TV 쇼 창안자로 꼽았다. 그는 <빅 브라더>로 리얼리티 TV 개념을 세계에 알렸고, <더 보이스 오브 홀란드>를 만들어 세계적인 히트물 <더 보이스>로 발전시켰다.

최고 수입을 올리는 코미디언(현재)

<포브스>에 따르면, 제리 사인필드는 2014년 6월~2015년 6월 사이에 대개는 라이브 공연에서, 그리고 자기 이름을 딴 TV 코미디 시리즈들에서 3,600만 달러를 벌어들였다.

대본이 있는 TV 쇼가 최다 방영된 해

TV 채널 FX(미국)에 따르면, 2015년에 네트워크와 스트리밍 서비스들은 기록적으로 많은 409편의

트위터에서 팔로워가 최고 많은 TV 유명인

2016년 4월 18일 기준 팔로워 5,798만 8,099명을 거느린 엘렌 드제너러스(미국, 위 왼쪽, @TheEllenShow)가 트위터에서 가장 인기 있는 TV 유명인이었다. 스탠드업 코미디언이던 그녀는 2003년 이래 <엘렌 드제너러스 쇼>를 진행하고 있다.

같은 날 기준 트위터에서 **가장 많은 팔로워를 거느린 남성 TV 유명인**은 3,917만 3,743명의 팔로워를 가진 지미 펄론(미국, 위 오른쪽, @JimmyFallon)이었다.

최고 수입을 올리는 TV 스타(현재, 남녀)

<포브스>에 따르면, 시트콤 <빅뱅 이론>(CBS, 미국)의 스타인 칼리 쿠오코(미국, 오른쪽 여자)와 <모던 패밀리>(ABC, 미국)의 소피아 베르가라(콜롬비아)는 2014년 6월부터 1년간 약 2,850만 달러를 벌었다. 반면 <빅뱅 이론>의 주인공인 짐 파슨스(미국, 오른쪽 남자)는 약 2,900만 달러를 벌었다. 닐슨 조사에 따르면, 이 프로그램의 11화인 <Opening night excitation>(아래)은 **최대 라이브 + 7 관객 동원 TV 쇼**로 기록되면서 총 2,438만 달러를 벌어들였다.

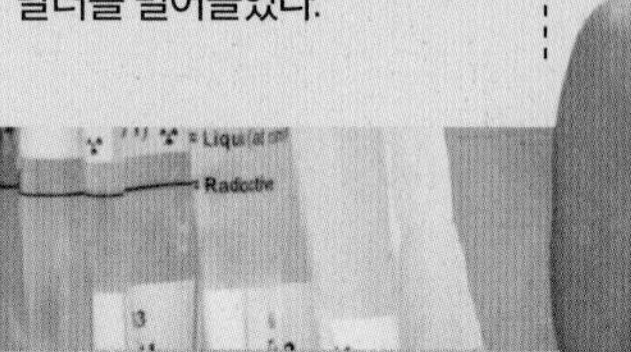

TRIVIA

2015년에는 <빅뱅 이론> 레고 세트가 발매되어 해당 프로그램과 레고 팬들을 즐겁게 해주었다. 이 레고 세트에는 특유의 스타일로 차려입은 등장인물 7명의 미니 피규어들이 등장해 셸던과 레오나드의 거실을 세밀하게 재현하고 있다. 이 세트는 레고 팬 디자이너 2명이 만들었으며, 콘셉트는 레고 사의 아이디어 크라우드소싱(공개 모집) 커뮤니티에서 나왔다.

DATELINE **1960** 1960년

인간이 가장 깊이 내려간 기록

1월 23일 자크 피카르 박사(스위스)와 도널드 월시(미국)는 스위스에서 제작된 미 해군 심해 탐사선 트리에스테를 타고 지구에서 가장 깊은 지점으로 알려진 마리아나 해구의 챌린저 심연에서 1만 911m까지 시험 잠수를 했다.

FAST FACTS

<스폰지밥 네모 바지>는 진짜 해양 생물학자인 스티븐 힐렌버그가 만들었다. • 바진가 리에키 해파리란 이름은 <빅뱅 이론>에서 셸든이 자주 쓰는 말 '바징가!'에서 온 것이다. • <워킹 데드>는 만화책에서 생겨났다.

가장 성공적인 케이블 TV 시리즈 첫 방영

엔터테인먼트 위클리 웹사이트에 따르면, 호러/드라마 시리즈 <피어 더 워킹 데드>(AMC, 미국)는 2015년 8월 23일 90분짜리 첫 방영에서 1,010만 시청자를 끌어들였고, 18세~49세 사이 성인들로부터 6.3이라는 놀라운 평점을 받았다. 시즌 1은 엄청난 인기를 누렸던 오리지널 시리즈 <워킹 데드>보다 더 높은 평가를 받았다.

니켈로디언 키즈 초이스 상을 최다 수상한 만화

2003년 이래로 <스펀지밥 네모 바지>(13회)만큼 자주 '좋아하는 만화 영화상'을 받은 애니메이션 시리즈는 없다. 2009년부터 마지막 8회는 연속 수상이었다. 2008년 그 행진에 제동을 건 만화는 <아바타: 더 라스트 에어 벤더>.

연 수입 1위인 TV 요리사

<포브스>의 유명인사 100인 리스트에 따르면, 영국 요리사 고든 램지는 2014년 6월~2015년 6월 사이에 약 6,000만 달러를 벌어들였다. 그는 <헬즈 키친>, <마스터셰프 USA>, <램지의 키친> 등 자신이 진행하는 TV 요리 방송으로 유명하다. 램지는 현재 전 세계에 20개 이상의 식당을 소유 또는 관리하고 있으며, 그의 식당들은 그간 16개의 미슐랭 스타를 받았다.

드라마와 코미디, 시리즈물을 방영했다.

최장기 방영 중인 TV 스케치 코미디 쇼(현재)
원래 제목이 <웃음 챔피언들>이었던 콜롬비아의<행복한 토요일>은 2016년 2월 20일 기준 카라콜 채널에서 무려 44년 15일째 방영 중이다.

최장기 방영 중인 TV 음악 탤런트 쇼는 NHK(일본)가 창안한 <노래자랑>이다. 1953년 3월 15일에 처음 방영된 가라오케 기반의 이 범아시아 쇼는 63년 후인 2016년 2월 29일까지도 계속 방영 중이었다.

세계적으로 가장 많이 시청한 쇼(현재)
유로데이터 TV 월드와이드는 많은 나라를 상대로 가장 우수한 TV 쇼 에피소드를 조사한다. 그 보고서에 따르면, 범죄 드라마 <NCIS>(CBS, 미국)는 200개 이상의 시장에 팔려 2014년에 5,500만 시청자들이 보았는데, 이는 <왕좌의 게임>과 <워킹 데드>를 훨씬 뛰어넘는 기록이다.

DID YOU KNOW?

피터 딘클리지(미국, 아래 오른쪽)는 티리온 라니스터 역으로 에미상과 골든 글로브상을 받았다. 그는 TV 시리즈 <왕좌의 게임> 원작의 저자인 조지 R R 마틴이 제일 먼저 택한 배우였다.

<왕좌의 게임>

2016년 2월 2일 기준 HBO의 빅 히트 판타지 시리즈 <왕좌의 게임>은 2012년 이래 시각효과협회로부터 16개의 상을 받아 **최다 VES상 수상 TV 시리즈**가 되었다.
2015년 9월 20일, <왕좌의 게임>은 다섯 번째 시즌 때 **한 시즌 최다 에미상(12개)을 수상한 TV 시리즈**가 되었다.
불법 다운로드 감시 웹사이트인 토렌트프리크에 따르면, 이 시리즈는 2015년에 4년 연속 **저작권 침해를 가장 많이 당한 TV 프로그램**으로 꼽혔다. 2015년 4월~6월까지 에피소드당 1,440만 회의 불법 다운로드를 당한 것이다.
시즌 5의 마지막은 **동시에 최다 시청자(25만 8,131명)가 공유한 단일 토렌트 파일**이었으며, 약 799만 7,000명인 미국 내 시청자들에게도 <왕좌의 게임> 시즌 중 가장 성공적인 시즌으로 꼽혔다.

최초의 유인 우주 비행
4월 12일 그리니치 표준시로 오전 6시 7분에 우주비행사 유리 가가린(구소련)은 카자흐스탄 바이코누르 우주기지에서 보스토크 1호를 타고 이륙했다. 그는 4만 868.6㎞를 비행한 뒤 118분 후에 착륙했다.

1961
1961년
DATELINE

유튜브에서 최다 구독자를 가진 밴드

원 디렉션(영국/아일랜드)은 지금은 휴식 중이지만, 그들의 베보 채널은 여전히 강력해 2016년 4월 11일 기준 1,984만 2,367명의 구독자를 갖고 있다. 이 밴드의 계좌는 그들이 영국 탤런트 쇼 <더 액스 팩터>에 출연 중이던 2010년 12월 4일에 개설됐다.

유튜브 최다 구독
(2016년 4월 11일 기준)

TV 쇼
자기 이름을 딴 토크쇼의 뒷이야기가 담긴 장면을 보여주는 <엘렌 쇼>는 1,565만 54명이 구독하며, 59억 회 이상의 뷰를 기록 중이다.

코미디 채널
코미디언 저먼 가멘디아(칠레)의 <홀라소이저먼> 채널은 구독자가 2,721만 540명이다.

'페일 비디오' 채널
주킨 미디어(미국)의 <페일아미> 채널은 구독자가 1,026만 4,097명이다.

패션/미용 채널
유야(멕시코)는 구독자가 1,406만 9,841명이다. 2009년에 비디오 웹로그를 시작했다.

뮤지션(남자)
캐나다 팝스타 저스틴 비버의 베보 채널은 구독자가 2,071만 1,202명이다.

유튜브에서 최다 구독자를 가진 '언박싱' 채널

'언박싱(Unboxing: 포장을 풀고 조립하고 설명해주는 온라인 비디오)' 분야의 선구자는 'DisneyCollectorBR' 또는 'FunToyzCollector'로 불리는 익명의 브라질 여성 유튜버이다. 2016년 4월 11일 기준 그녀는 693만 6,644명의 구독자 팬을 거느리고 있다. 유튜브 통계 전문가 소셜 블레이드는 DisneyCollectorBR은 2015년에 2,340만 달러를 벌어들인 거로 추정된다고 말해, 그녀는 가장 수입이 많은 유튜브 기여자로 꼽힌다.

유튜브에서 최다 구독자를 가진 뮤지션(여자)

2016년 4월 11일을 기준으로 리한나는 그녀의 베보 채널에 2,020만 4,099명의 구독자를 갖고 있다.

트위터에서 처음 100만 팔로워를 거느린 인물

2014년 8월 17일 영국인 유튜버 겸 블로거인 톰 캐셀(또는 '신디케이트')은 트위터에서 사상 처음 100만 팔로워를 거느렸다.

최고 많이 본 애플리케이션 예고편

2016년 4월 11일 기준 유튜브에서 <마이 토킹 톰> 앱 예고편은 1억 6,326만 6,308명이 보았다. 톰이라 불리는 새끼 고양이를 다 클 때까지 키우는 게임 앱으로, 다양한 미니 게임이 포함되었다.

바인에서 최다 팔로워를 거느린 사람

2016년 4월 11일 기준 앤드루 베철러라고도 불리는 킹 바흐(캐나다 출신 미국인, 위 왼쪽)는 트위터 소유의 비디오 공유 네트워크 바인(Vine)에서 1,546만 4,061명의 팔로워를 거느리고 있다. 배우이기도 한 그가 바인에 올려 화제가 된 6초짜리 온라인 영상들은 같은 날 58억 이상의 비디오 루프를 기록했다.
베네수엘라 출신의 미국인 렐레 폰스(또는 엘레노라 폰스 마로네세, 위 오른쪽)는 2016년 4월 11일 기준 1,084만 2,047명의 팔로워로 **바인에서 최다 팔로워를 거느린 여성**이다. 그녀의 비디오는 대개 자신과 친구, 가족들에 대한 유머와 짓궂은 장난들로 가득하다. 그녀는 2015년 <타임>이 선정한 가장 영향력 있는 십대 30명 중 하나다.

DATELINE **1962** 1962년

가장 성공적인 행성 간 임무
12월 14일, 미국 탐사선 마리너 2호는 금성 표면에서 3만 5,000㎞ 이내 거리를 근접 비행했다.
관찰 결과 극도로 뜨거운 금성의 환경이 드러났다. 2016년 기준, 마리너 2호는 전력이 다 됐지만 여전히 태양 궤도를 돌고 있다.

유튜브 인기 1위 여성 비디오게임 방송인

사람들을 웃게 하는 걸 좋아한다는 자칭 '진정한 괴짜' 유튜버인 티파니 'iHasCupquake' 헤레라(미국)는 2016년 4월 11일 기준 439만 6,662명의 유료 후원자를 갖고 있다. 그녀의 채널에는 창의적인 '괴짜 문화' 콘텐츠가 담겨 있으며, 게임 어드벤처 중에서도 <마인크래프트>를 아주 중점적으로 다룬다. 그녀는 '괴짜 베이킹'과 DIY 비디오에도 조예가 깊다.

DID YOU KNOW?

많은 재능을 가진 퓨디파이(PewDiePie)는 멀티플랫폼 스타이다. 그는 유튜브 채널 외에 자신의 비디오게임(<브로피스트의 전설>)도 갖고 있으며, 2015년에는 영감을 주는 자립 안내서를 익살맞게 패러디한 책《이 책은 당신을 사랑한다》를 쓰기도 했다.

최다 구독자를 가진 유튜브 채널

2016년 4월 20일 기준 최다 구독자를 가진 유튜브 채널은 4,324만 8,969명의 구독자를 가진 퓨디파이다. 퓨디파이, 즉 펠릭스 아르비드 울프 셸버그(스웨덴)는 게임 논평가로, 게임에 대한 재미있는 논평으로 유명하다. 같은 날 기준 그의 비디오들은 117억 6,679만 3,379뷰를 기록했다. 2016년 2월 유튜브 레드 유료 서비스에 <스케어 퓨디파이>라는 새로운 웹 시리즈가 시작됐다. 이 시리즈에서 셸버그는 자신이 해온 공포 비디오게임들에 영감을 받아 제작된 무시무시한 세트 주변을 직접 돌아본다.

FAST FACTS

유튜브에서는 매일 약 40억 뷰가 발생한다. • 비디오 공유 서비스 바인은 비네트(Vignette)의 줄임말이다. • 바인에서는 매일 6초짜리 루프들이 15억 개 정도 플레이 된다.

유튜브 최다 뷰

교육용 비디오

<휠즈 언 더 버스/플러스 훨씬 많은 동요들/리틀베이비범의 54분 모음> 비디오는 2016년 4월 11일 기준 13억 3,462만 2,451뷰를 기록 중이다. 어린이 관람가 54분 비디오엔 유명 동요와 애니메이션 캐릭터들이 나온다. 앱 개발자 겸 애니메이션 제작자인 데릭과 캐니스 홀더(둘 다 영국)가 만든 이 비디오는 2014년 8월 9일 그들의 리틀베이비범 채널에 포스팅됐다.

영화 예고편(공식적인)

2015년 10월 19일에 포스팅된 <스타워즈: 깨어난 포스>는 2016년 4월 11일 기준 9,151만 2,152뷰를 기록했다.

같은 날 가장 많이 본 슈퍼히어로 영화 예고편은 마블 사가 제작한 <어벤져스: 에이지 오브 울트론>(미국)으로, 총 7,884만 9,269뷰를 기록했다.

중력이 줄어든 항공기 안에서 찍은 최초의 뮤직비디오

2016년 2월 13일 유튜브에 오른 록 밴드 오케이 고(미국)의 <Upside & inside out> 비디오는 중력이 줄어든 항공기 안에서 한 번에 찍은 것이다. 기네스북은 오케이 고의 리더 다미안 쿨라쉬와 이 독특한 프로젝트에 대해 이런 얘기를 나누었다.

중력이 줄어든 항공기 안에서 뮤직비디오를 찍는다는 아이디어는 어떻게 나왔나요?

2007년인가 2008년인가, 새로운 민간 벤처 기업(스페이스 X와 버진 갤럭틱)이 민간인들의 우주여행에 대한 사람들의 관심을 불러일으켰을 때, 포물선 비행 또는 무중력 상태 체험 얘기를 들었습니다. 근데 무중력 상태에서 찍은 뮤직비디오는 전혀 없더군요. 몇몇 비슷한 예술 및 광고 프로젝트들이 있었지만, 연출과 계획이 그리 치밀하지 못했어요. 그저 즉흥적으로 찍은 뒤 가장 흥미로운 부분들을 모아 몽타주로 만든 정도였죠. 우리 프로젝트의 목표는 독특한 시각으로 이벤트를 계획해 놀랍고도 즐거운 순간들을 보여주자는 거였어요.

이번 비디오는 여태껏 만든 비디오들에 비해 얼마나 복잡했나요? 가장 만들기 힘든 비디오였나요?

확실히 그간 만들어온 비디오 중에 육체적으로 가장 힘든 비디오였어요. 무중력 상태와 더블 중력 상태 사이를 오가는 게 정말 힘들었거든요.

어렸을 때 기네스 세계기록의 팬이었나요?

그럼요. 학교 도서관에서 몇 시간씩 기네스북을 숙독하곤 했어요. 특히 그림들에 푹 빠졌었죠. 아주 손톱이 긴 그 남자는 다들 기억할걸요. 우리가 거기 포함된다니 정말 영광이에요.

게임용 비디오

<마인크래프트>에서 탄생해 요르단 '캡틴스파클즈' 마론(미국)에 의해 업로드된 비디오는 2016년 4월 21일 기준 1억 6,031만 2,315뷰를 기록 중이다. 원제목이 <리벤지 - 어셔의 DJ Got Us Fallin in Love의 마인크래프트 패러디>인 이 비디오의 사운드트랙은 2016년에 수정되었다(법적 이유 때문인 걸로 추정됨). 현재 '트라이하드닌자'를 담고 있는 이 비디오는 제목도 '마인크래프트 리벤지 오리지널 뮤직비디오'로 바뀌었다.

비디오

2012년 7월 15일 포스팅된 싸이(본명 박재상, 한국)의 <강남 스타일> 비디오는 2016년 4월 11일 기준 25억 5,438만 660뷰를 기록 중이다. 특이한 춤동작으로 1,072만 1,274회의 '좋아요'를 받아, 최고 인기 비디오이기도 하다.

지상 속도 기록: 최초의 시속 650㎞ 돌파

8월 5일 미국 유타 주 보너빌에서 크레이그 브리드러브(미국)는 제트 엔진으로 달리는 스피릿 오브 아메리카를 몰고 시속 655.836㎞로 달렸다.

1963

1963년

DATELINE

과학 & 기술 SCIENCE & TECHNOLOGY

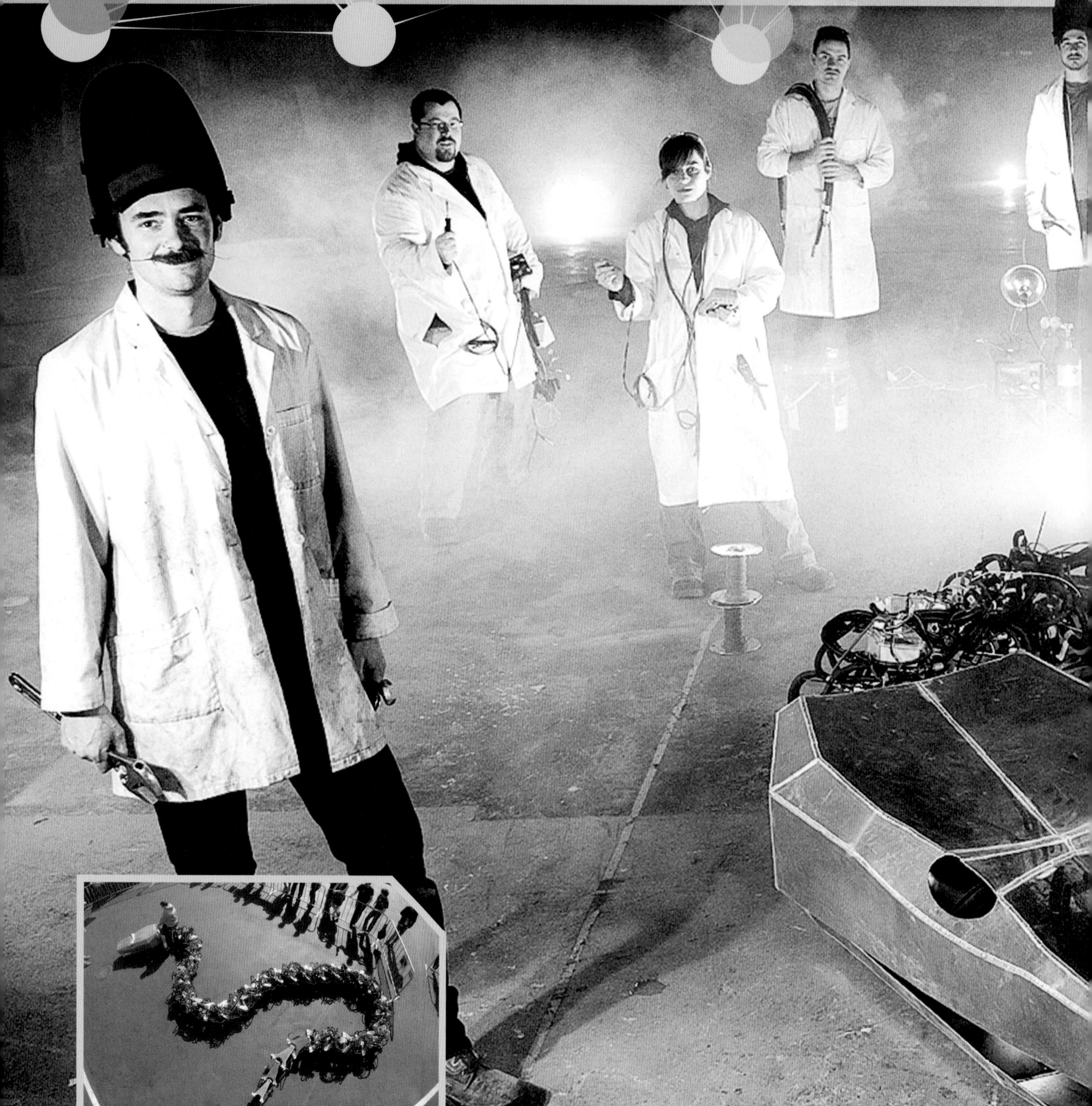

DATELINE

1964
1964년

우주에 간 최초의 민간인
10월 12일과 13일 콘스탄틴 페오크트스토프(구소련)는 보스호드 1호를 타고 단독 우주 비행을 했다.
엔지니어인 그는 스푸트니크 인공위성은 물론 보스토크와 보스호트, 소유스의 캡슐 디자인에도 참여했지만 군인은 아니었다.

CONTENTS

가장 큰 로봇 뱀

2011년~2015년 사이에 제작된 강력한 '티타노보아'는 길이가 15.2m, 너비가 60.9㎝, 무게가 794㎏이다. 지금은 화석으로만 남아 있는 멸종된 뱀 티타노보아의 실물 크기 그대로 만든 것이다. 시속 4㎞ 속도로 기어가는 이 로봇은 동력원이 리튬 배터리이며, 8개의 마이크로컨트롤러에 의해 유압 장치 방식으로 움직인다. 또한 34개의 알루미늄 등뼈, 어떤 지형에도 적응하는 미끌미끌한 배비늘, 유압 기름 '피'를 갖고 있다. 캐나다 밴쿠버의 eatART 연구소에서 과학자, 엔지니어, 예술가, 기술자들이 팀을 이뤄 제작한 이 로봇은 북미의 각종 디자인 페어에 자주 선보인다(왼쪽 삽입 사진). 기후 변화 이벤트 홍보용으로 쓰이기도 하고 각종 축제에서 댄스플로어를 뜨겁게 달구기도 한다.

시속 960㎞를 돌파한 최초의 차
크레이그 브리드러브(미국)는 11월 15일 미국 유타 주 보너빌에서 제트 엔진으로 달리는 스피릿 오브 아메리카 소닉 1을 몰고 시속 966.5㎞로 지상 최고 속도 기록을 세웠다.

1965
1965년
DATELINE

FACTOGRAPHIC

공상과학 소설 vs 과학 SCI-FI vs SCIENCE

공상과학 소설은 대개 과학적인 사실들을 예견한다. 우주여행은 쥘 베른의 소설《지구에서 달까지》(1865)의 주요 테마이며, 영화 <2001: 스페이스 오디세이>(미국/영국, 1968)에는 음성 제어 컴퓨터 HAL 9000이 나오고, H G 웰스의 소설《잠든 자 깨어나다》(1910)에는 자동문이 나온다. 공상과학 소설 등에서 미래 지향적인 콘셉트와 기술의 또 다른 예들을 살펴보고, 그것들이 얼마나 현실에 가까워지고 있는지를 보자.

Vs

킬러 로봇

- **픽션:** 영화 <터미네이터>(미국, 1984)에는 전설적인 자유의 투사를 낳게 될 한 여성을 돕기 위해 미래로부터 온 무시무시한 사이보그 킬러(아널드 슈워제네거, 위 왼쪽)가 나온다.
- **사실:** 1979년 1월 25일 로버트 윌리엄스(미국)는 **로봇에게 살해된 최초의 인간**이 되었다. 미국 미시간 주 플랫 록의 포드 자동차 회사 주물 공장에서 생산 라인의 로봇 팔에 머리를 맞는 사고를 당한 것이다. 그 로봇은 공장 내에서 자동차 부품들을 옮기는 시스템 일부였다. 그런데 갑자기 작동이 둔해져 윌리엄스가 그 안에 들어가 부품들을 회수하려다 머리를 맞고 즉사한 거다.

Vs

휴대용 통신 기기

- **픽션:** 1960년대 TV 시리즈 <스타 트렉>에는 모바일 통신 기기들이 나온다. 덮개를 열면 외계 행성에 있는 요원들이 우주선 엔터프라이즈 승무원들과 연락을 할 수 있었다.
- **사실:** 모토로라의 마틴 쿠퍼(미국)는 SF 만화에서 영감을 받아 무게가 800g으로 '벽돌'이란 별명이 붙을 만큼 큰 최초의 휴대전화를 만들었다. 1973년 4월 3일 라이벌인 조엘 엥겔(벨연구소 소장)에게 한 전화가 첫 통화였다. 오늘날 아이폰 6 같은 휴대전화(위 오른쪽)는 장거리 통화는 물론 온라인 접속, 앱 다운로드, 아주 선명한 사진 촬영 등이 가능하다.

Vs

시간 여행

- **픽션:** <닥터 후>에서 닥터(가장 최근에는 영국 배우 피터 카팔디가 역을 맡음, 위 왼쪽)는 자신의 타임머신 타디스(TARDIS)를 타고 과거에서 미래로 쉽게 시공간 여행을 한다.
- **사실:** 우주비행사 겐나디 파달카(구소련, 위 오른쪽)는 2015년 9월 12일 168일간의 우주 임무를 마치고 지구로 귀환했다. 이전의 4차례 임무까지 더하면, 우주에서 보낸 가장 긴 누적 시간인 879일간을 지구 대기권 밖에서 보낸 셈이다. 알베르트 아인슈타인의 상대성 이론에 따르면 그는 시간 속을 여행한 것이기도 해, 그의 내부 체내 시계는 지구 시계보다 아주 조금 천천히 갔을 것이다. 그러니까 상대성 이론으로 그는 0.02초 정도 시간이 앞서간 지구로 돌아온 것이다.

Vs

멸종된 종들의 소생

- **픽션:** 마이클 크라이튼의 소설을 영화화한 <쥐라기 공원>(미국, 1993, 가까운 오른쪽)은 과학자들이 선사시대의 DNA에서 공룡을 복제해내는 세상을 그리고 있다.
- **사실:** 흔히 수산양이라고 알려진 피레네 아이벡스(카르파 피레나이카)는 2000년에 멸종되었다. 과학자들은 마지막 종들에서 취한 세포를 보존했다가, 2003년 7월 그 샘플에서 채취한 세포핵을 염소 알에 주입, 거기에서 DNA를 추출했다. 그런 다음 그 DNA를 대리모 염소들(제일 오른쪽)에게 심었다. 그 가운데 겨우 7마리만 임신했고, 그중 1마리만 새끼를 낳았다. 유감스럽게도 2㎏의 그 새끼 염소도 아주 잠깐밖에 살지 못했다.

Vs

우주에서 홀로 되다

- **픽션:** 영화 <마션>(미국, 2015)에서, 맷 데이먼은 화성에서 사나운 폭풍 때문에 동료들과 떨어져 혼자가 된 우주비행사 마크 와트니 역을 맡았다. 그가 죽었다고 생각한 동료 우주비행사들은 화성을 떠난다. 와트니는 과연 자신이 아직 살아 있다는 걸 알리고 또 구조될 때까지 살아남을 수 있을까?
- **사실:** 아폴로 15호 임무 수행 기간(1971년 7월 26일~8월 7일) 중, 동료 우주비행사 데이비드 스콧과 제임스 어윈(둘 다 미국)이 달 표면의 해들리 기지에 있는 동안, 알프레드 M 워든(미국, 위 오른쪽)은 사령선 인데버를 타고 달 궤도를 돌고 있었다. 그러니까 워든은 가장 가까운 사람들로부터도 무려 3,596.4㎞나 떨어진 곳에 있어 **역사상 가장 고립된 인간**이 되었다. 대개 동료들로부터 고립되어 있으면 불안해하지만 워든은 달랐다. "첫째, 그때 전 그들에게 행운을 빌었어요. '다들 잘 해내길 바라네.' 둘째, 그들이 멀리 있어 좋았어요. 사령선을 독점할 수 있었으니까요." 워든이 2014년 BBC에 한 말이다.

DID YOU KNOW?

영화 <프로메테우스>에서 인조인간 데이비드 8은 우주선 승무원들이 동면 중에 영화 <아라비아의 로렌스>(영국, 1962)를 보고 매료된다. 그는 이 영화 대사들을 인용하기도 하며, 심지어 이 영화의 주인공 피터 오툴의 헤어스타일을 모방하기도 한다.

Vs 너무도 인간 같은 휴머노이드 로봇

• **픽션:** 영화 <프로메테우스>(미국, 2012, 위)에서 안드로이드인 데이비드 8은 고도로 발달된 인간 같은 로봇(또는 인조인간)이다. 그는 USCSS 프로메테우스호의 승무원들과 함께 과학 수사관 역할을 한다.

• **사실:** 2011년 3월, 오사카대학교와 로봇공학 기업 코코로(둘 다 일본)는 현재까지로선 **가장 인간과 비슷한 안드로이드**(왼쪽 사진 중 왼쪽)로 평가받은 로봇을 공개했다. 제미노이드 DK라 불리는 이 로봇은 덴마크 올보르대학교 테크놀로지 교수 헨릭 샤르페(왼쪽 사진 중 오른쪽)와 닮은 모습으로 만들어졌다. 20만 달러의 개발비가 들어간 이 로봇은 인간의 피부와 닮은 고무 합성물로 되어 있다. 또한 고도로 섬세한 기압식 액추에이터로 작동해 동작과 제스처, 얼굴 표정 등이 아주 진짜 같다.

DID YOU KNOW?
'구글 운전사' 소프트웨어를 사용하면 완전 자동 운전이 가능하다. 그러나 구글은 도심지의 작은 도로들을 지날 때, 또 처음 차를 움직일 때와 멈출 때는 운전자가 통제하도록 하고 있다. 구글은 2020년까지 운전자 없는 차를 상용화할 계획이다.

운전사 없는 택시

• **픽션:** 2084년을 배경으로 한 <토털 리콜>(미국, 1990)에서는 아널드 슈워제네거가 운전자 대신 로봇이 있는 '자니 캡'이라는 택시를 타는 장면이 몇 군데 나온다.

• **사실:** 무인 운전 기술은 이미 나와 있다. 2012년 5월 7일 미국 네바다에서는 최초의 자동 차량 자격증을 발행했다. 이 획기적인 차량은 '구글 운전사' 소프트웨어가 장착된 도요타 프리우스였다. 디지털 컨트롤러가 GPS 위치 확인 기술과 자세한 지역 지도들, 자동차 주변 지역을 3D로 보여주는 LIDAR(레이저 레이더 스캐너) 기술, 그리고 일반 차들에 부착된 주차 센서 기술 같은 다른 많은 탐지기를 활용하는 방식이다. '구글 운전사'는 아직 상용화 전이지만, 2015년 6월 3일 구글은 자신들이 이미 **무인 자동차의 최대 누적 운전 거리**인 100만 마일 자동 운전 기록을 넘었다고 발표했다.

DID YOU KNOW?
콘셉트 디자이너 랠프 매쾨리는 <스타워즈>의 모습을 결정하는 데 중요한 역할을 했다. 그가 그린 로봇 C-3PO의 초기 그림 중 하나는 분명 프리츠 랭의 무성 SF 영화 <메트로폴리스>(1927)에 나온 자이노이드(여성 로봇)의 모습에서 따온 것이다.

민첩한 안드로이드들

• **픽션:** 드로이드 C-3PO(왼쪽)는 <스타워즈>(미국, 1977, 나중에 <스타워즈 에피소드 4: 새로운 희망>으로 제목 변경)에서 처음 선보였다. C-3PO는 언어와 예절의 마스터이다.

• **사실:** 1992년 이후 미국 기업 보스턴 다이내믹스는 주로 미국군의 자금 지원으로 첨단 로봇들을 개발해오고 있다. 이 기업은 4족 보행 로봇 빅도그 제작으로 잘 알려져 있으며, 2족 보행 휴머노이드 로봇 아틀라스(오른쪽)도 제작했다. 가장 최근 버전은 전기로 움직이며, 스테레오 카메라가 장착돼 균형을 유지할 수 있고 연구소 내부는 물론 외부 지형도 돌아다닐 수 있어, 가장 민첩한 휴머노이드 로봇으로 꼽힌다. 관절로 이루어진 손 덕에 연장도 다룰 수 있다. 다소 어색한 C-3PO와 달리 아틀라스의 동작은 부드럽고 인간에 가깝다.

3D 인쇄 3D PRINTING

모든 주민이 3D 인쇄된 최초의 마을

스페인 기업 그루포 식노바는 스페인 남부의 작은 마을 토레붸피라딜라의 주민 318명 전원을 단 하루 만에 스캔했다. 새로운 클론스캔 3D 기계와 2.1m 높이의 3D 컬러스캐너를 이용해 1인당 15초만에 스캔을 끝낸 거다. 그런 다음 클라우드 스토리지에 사람들의 3D 컬러 모델들을 널리 쓰이는 모든 3D 프린터 파일 포맷으로 업로드했다. 스캔 된 주민들은 모두 스캔 된 지 1주일 이내에 자신의 미니어처 클론을 선물 받았다(삽입 사진).

최고 많이 3D 인쇄된 3D 프린터

요즘은 자동차 부품에서 의료 장비에 이르는 모든 것을 3D 인쇄할 수 있다. 더 놀라운 일은 3D 프린터 자체를 3D 인쇄할 수도 있다는 것. 오픈 소스 방식의 렙랩 스내피 1.1C 프린터는 2.4㎏ 무게의 플라스틱 필라멘트를 이용해 110개의 부품 중 86개를 인쇄해 만들어졌다. 렙랩의 디자이너 아드리안 보이어(영국)와 함께 이 프린터를 디자인한 가스 미테트(미국)는 사람들에게 프린터 디자인을 무료로 공유 또는 수정해 주면서 각자 자신의 3D 프린터를 3D 인쇄하라고 권하고 있다.

3D 인쇄된 가장 큰 보트

시애틀의 시페어 페스티벌에서는 매년 재활용 우유 용기로 제작한 최우수 패들 보트를 뽑는 대회가 열린다. 2012년 6월, 워싱턴 오픈 오브젝트 패브리케이터스(WOOF) 팀이 길이 2m, 무게 18㎏인 3D 인쇄된 보트를 가지고 대회에 참가했다. 이 보트는 우유 용기를 갈아 만든 플라스틱으로 만들어졌다.

가장 널리 3D 인쇄되는 의료 장비

1,600만 개에 달하는 전 세계 보청기 중 1,000만 개 이상은 3D 인쇄로 만들어진다. 3D 인쇄 기술 덕에 보청기는 추가 비용 없이 각 개인에 맞춰 제작될 수 있다. 대량 생산 모델에 비해 착용자에게 더 잘 맞으면서도 더 싼 보청기 제작이 가능해진 것이다. 미국 보청기 제조업체들은 3D 인쇄에 완전히 매료되어 현재 모든 업체가 3D 인쇄를 활용 중이다.

의료계에서는 늘 약 복용을 대체할 통증 완화 수단에 관심이 많다. 그 한 예가 3D 인쇄된 미세 침으로, 이 침은 3D 인쇄된 가장 작은 의료 장비인 지름 1㎜짜리 바늘들로 이루어져 있다. 이 장비의 25개 바늘은 각기 지름이 20마이크로미터로, 인간 머리카락의 5분의 1이다.

3D 인쇄된 가장 빠른 로봇

2015년 5월 UC 버클리(미국)의 엔지니어들은 3D 인쇄된 부품들을 이용해 로봇 바퀴벌레를 만들었다. 부품들은 구부러뜨리거나 펴도 부러지지 않아, 로봇 바퀴벌레 X2-VelociRoACH는 보통 성인 인간의 조깅과 러닝 사이의 속도와 맞먹는 초당 4.9m의 속도로 돌아다닐 수 있다.
오보틱스(현재의 스페로) 사에서 시판 중인 로봇 '올리'도 그에 못지않게 빨라 초당 4.26m씩 돌아다니며, 역시 3D 인쇄된 부품들로 제작된다.

3D 인쇄된 최초의 자동차

미첼레 아노에(이탈리아)가 디자인한 스트라티는 미국 일리노이 주 시카고에서 열린 국제 공작기계 전시회에서 2014년 9월에 5일간 인쇄됐다. 단 44시간 만에 제작되었으며, 3D 인쇄된 섀시와 차체(삽입 사진)가 장착된 완전히 운전 가능한 최초의 자동차이다. 크라우드펀드로 세워진 로컬 모터스 사(미국)의 작품으로, 자동차의 세부 디자인은 오크리지 국립연구소와 제조업체 사빅의 도움을 받았다.

3D 인쇄된 최초의 알약

2015년 7월, 한 의약품이 최초로 3D 인쇄됐다. 미국 뉴저지 주의 아프레셔 사가 만든 스프리탐이란 약으로, 발작과 관련된 증세를 완화하는 약이다. 한 가지 크기만 가능한 게 아니라 3D 인쇄를 통해 필요에 따라 다른 크기로도 만들 수 있다. 이 알약은 다공성

DATELINE **1966** 1966년

음식 없이 가장 오래 생존한 사람
7월 12일 앵거스 바비에리(영국)는 382일 만에 처음으로 음식을 먹었다. 차와 물만 마시는 동안 바비에리는 체중이 약 132.9㎏ 줄었다. 비만 환자였던 그는 굶주림이 건강에 미치는 영향을 조사하는 실험에 참여했던 것이다.

FAST FACTS

척 헐(미국)은 1983년 '스테레오리소그래피(얇은 막들로 3D 물체를 만드는 기법)'를 개발했다.

- 복셀젯 사(독일)는 2012년도 제임스 본드 영화 <스카이폴> 촬영용으로 3D 인쇄된 애스턴 마틴 DB5 모델 3대를 제작했다.

금속으로 3D 인쇄된 최고 큰 물체

2015년 중반에 롤스로이스 사는 3D 인쇄된 금속 부품들로 만든 제트 엔진을 테스트하기 시작했다. 트렌트 XWB-97 엔진에 3D 인쇄된 가장 큰 금속 부품, 즉 에어로포일이 48개인 제트 베어링 하우징을 쓴 것이다. 이 부품은 지름 1.5m에 깊이가 0.5m이며, 스웨덴 기업 아캄이 개발한 전자빔 용해법을 써 니켈로 제작된다.

3D 인쇄된 최초의 드레스

2000년 6월에 네덜란드 산업 엔지니어 지리 에벤하이스는 3D 인쇄된 천으로 '드레이프 드레스'를 만들었다. 소재는 나일론 입자로 제조되었고, 플라스틱 체인 메일 같은 일련의 링들로 되어 있었다.

3D 인쇄 관련 첫 유죄 선고

2014년 10월 21일 요시토모 이무라(일본)는 3D 인쇄된 플라스틱 총을 만든 죄로 2년 형을 받았다. 그는 무기 시험 발사 장면을 동영상으로 찍어 유튜브에 올리기도 했다.

3D 인쇄된 최초의 노트북

2014년 12월에 제시 로자노와 라이언 던우디(둘 다 영국)가 만든 'Pi-Top'은 라즈베리 Pi 2 마이크로컴퓨터를 기반으로 제작하여 3D 인쇄된 노트북이다. 부품 키트(스크린, 배터리, 컨트롤러 보드 포함)도 이용 가능하며, 디자인 파일이 있어 누구든 기존의 3D 프린터를 이용해 자신의 노트북을 인쇄할 수 있다.

3D 구조 덕에 약 4초면 녹는데, 이는 일반 비처방전 약보다 훨씬 빠른 것이다.

스프리탐은 2015년 7월에 미국 식품의약청의 허가를 받아, 상용화 허가를 받은 최초의 3D 인쇄된 약이 되었다.

3D 인쇄된 부품들로 만든 가장 강력한 로켓

2013년 8월에 나사는 니켈-크롬 합금 분말로 3D 인쇄된 연료 분사기가 딸린 로켓 엔진을 테스트했다. 이 연료 분사기는 연료용 액체 수소를 공급하며, 9만 rpm 이상의 속도로 회전하면서 분당 거의 5,500ℓ의 극저온 수소를 공급할 수 있다. 이 테스트에서 로켓은 거의 90킬로뉴턴의 추진력을 발휘했다.

DID YOU KNOW?

얼핏 보기엔 세계 최고의 제품 같지만, 이 할리 데이비드슨 복제품은 시속 24㎞밖에 안 나오는 등 한계가 있다. 당분간은 3D 인쇄된 이 오토바이를 몰고 도로를 달릴 사람은 없을 것 같다.

3D 인쇄된 최초의 오토바이

3D 인쇄된 자동차가 나오자, 오토바이광들이 언제 오토바이를 3D 인쇄하느냐 하는 건 시간문제였다. 미국 캘리포니아 롱비치에서 열린 2015 라피드 쇼에서, TE 커넥티버티 사(미국)는 3D 인쇄된 세계 최초의 오토바이를 공개했다. 이 오토바이의 주황색과 파란색 부품 100개 중 76개는 6.95㎞ 길이의 ABS 플라스틱 필라멘트와 청동 및 강철 부품을 이용해 3D 인쇄되었다. 이 부품들을 만들기 위해 여러 대의 프린터가 동원되어 총 1,700시간 동안 인쇄했다. 그러나 아직은 기술이 부족해 전동기와 타이어, 거울 등은 인쇄하지 못했다.

최초의 심장 이식

12월 3일 남아프리카공화국 외과의 크리스티안 바나드가 최초의 심장 이식을 성공리에 마쳤다. 환자는 이후 곧 결핵으로 죽었지만, 그의 새로운 심장은 18일 동안 외부 도움 없이 제 기능을 했다.

1967
1967년
DATELINE

가전 기술 CONSUMER TECH

브랜드 가치 1위 기업

인터브랜드의 연례 '최고 브랜드' 순위에 따르면, 현재 세계에서 가장 가치 있는 브랜드는 애플(미국)로, 그 가치가 2015년에 43%나 커져 1,702억 7,600만 달러에 이른다. 이는 2위 기업인 구글의 1,203억 1,400만 달러보다 한참 높다. 인터브랜드의 보고서에서 애플과 구글은 3년 연속 1, 2위를 차지하고 있다.

킥스타터 사상 최다 모금

2012년 5월 18일 크라우드 펀딩 사이트 킥스타터의 '페블: 아이폰과 안드로이드용 E-페이퍼 시계' 모금 프로젝트가 마감됐다. 이 프로젝트는 6만 8,929명의 후원자로부터 1,026만 6,845달러를 모금해 역대 최고 액수를 기록했다.

리모트/무선-제어 장난감 최다 판매 브랜드

에어 호그스는 스핀 마스터 사(캐나다)가 제조하는 자동차, 로켓, 자유 비행 헬리콥터 등 다양한 무선 제어 장난감들을 말한다. 2014년에 이 브랜드는 2억 3,960만 달러라는 기록적인 수입을 올렸다.

DID YOU KNOW?

스탠퍼드대학교(미국)에서 컴퓨터 공학을 전공한 안드레 카파시 박사는 소셜 미디어 사이트들을 심층 분석해 다음과 같은 '완벽한 셀카 찍는 법'을 알아냈다.
1. 여성은 흘러내리는 긴 머리를 할 것. 2. 얼굴이 프레임의 1/3을 차지하게 할 것. 3. 필터들을 사용할 것. 4. 테두리를 넣을 것.

버튼이 가장 많은 비디오게임 컨트롤러

게임 <록 밴드 3>(하모닉스/MTV 게임/EA, 2010)과 함께 출시된 무선 펜더 무스탕 프로-기타 컨트롤러에는 17프렛 기타의 가능한 모든 손가락 위치를 나타내는 113개의 버튼이 달려 있어, 콘솔 역사상 그 어떤 주변기기(심지어 표준 PC 키보드)보다 많은 개별 입력이 가능하다.

최고 긴 릴레이 체인 셀카

2016년 1월 10일 중국 광둥 주하이의 메이주 테크놀로지 사가 주관한 한 행사에서 총 586명이 줄을 서서 사진을 찍었다.
이 셀카들은 그 회사 제품들이 전시된 한 기술 박람회에서 촬영됐다.

가장 많이 팔린 8세대 비디오게임 콘솔

플레이스테이션 4(소니 인터랙티브 엔터테인먼트)는 2016년 4월 6일 기준 3,981만 대가 팔려 현재까지 최고 빨리 팔린 플레이스테이션일 뿐 아니라 최고 많이 팔린 8세대 콘솔이기도 하다. 같은 날 기준 플레이스테이션 4에 가장 근접한 라이벌인 엑스박스 원(마이크로소프트)은 1,806만 대가 팔렸다.

가장 많이 팔린 휴대용 비디오게임 콘솔

닌텐도 DS(2004년 출시)는 2016년 4월 13일 기준 전 세계에서 1억 5,488만 대가 팔렸다.

가장 많이 팔린 브랜드들

우리는 그 흔한 스마트폰에서부터 직장의 프린터와 모니터들, 그리고 가정에서 사용하는 노트북과 TV 등 수많은 전자 제품에 둘러싸여 있다. 이 시장은 거대하다.
시장 조사 기업 유로모니터에 따르면, 여기 나온 브랜드들은 2014년(판매 수치들이 나와 있는 가장 최근)에 가장 많이 팔린 제품들이다.

LCD TV
삼성(한국) 4,926만 7,500대

태블릿
아이패드(미국) 6,516만 7,900대

프린터
HP(미국) 2,224만 9,200대

내장형 내비게이션
가민(스위스) 913만 5,500대

웨어러블 전자 장치
핏비트(미국) 1,179만 4,000대

스마트폰
삼성(한국) 2억 6,900만 8,600대

DATELINE 1969 1969년

최초로 달에 발을 디딘 인류
아폴로 11호 임무 수행 중 닐 올덴 암스트롱은 7월 21일 그리니치 표준시로 오전 2시 56분 15초에 달에 발을 디딘 최초의 인간이 되었다. 그의 뒤를 이어 버즈 올드린(둘 다 미국)이 착륙선 이글호에서 나왔다.

최고 긴 셀카봉

2016년 2월 4일 영국 런던에서 열린 <주랜더 2> 개봉 시사회에서 영화배우 벤 스틸러(미국)는 트레이드마크인 '블루 스틸' 표정을 지은 채 기린이나 3층짜리 건물보다 더 높은 8.56m 길이의 셀카봉으로 사진을 찍었다. 파란 카펫에서 찍은 이 사진에는 그 외에 오언 윌슨, 페넬로페 크루스, 윌 페렐 등 같은 영화에 출연한 다른 배우들의 모습도 보인다. 삽입 사진은 스틸러가 기네스 세계기록 심사관 마크 매킨리로부터 공식 인증서를 받는 장면이다.

FAST FACTS

플라스마 디스플레이에서는 두 유리판 사이에 있는 미세한 기체 전지들을 이용한다. 각 전지가 작은 형광등 역할을 하는 것이다. • 2015년 디즈니는 테마파크 안에서 셀카봉 사용을 금했다. • '노모포비아'란 휴대폰이 없을 때 불안감을 느끼는 증상이다.

킥스타터에서 최다 모금을 한 햅틱 장비

'만지다'라는 뜻의 그리스어에서 온 '햅틱(Haptic)'은 진동이나 압력으로 인위적인 촉감을 재현하는 기술이다. 크라우드펀딩 사이트 킥스타터의 햅틱 기술 관련 모금 프로젝트 중에 이머즈 사(미국)의 KOR-FX 게임 조끼만큼 많은 자금을 모은 프로젝트는 아직 없다.

이 조끼는 2014년 7월 24일까지 1,202명의 후원자로부터 18만 3,449달러의 자금을 끌어모았는데, 폭탄 및 총알, 검 공격의 충격을 재현하고 가상 촉감을 실제 촉감처럼 느끼게 해준다.

DID YOU KNOW?

LED는 '발광 다이오드(Light-emitting diode)'의 줄임말로, 디스플레이 스크린의 백라이트를 밝힌다. 반면에 OLED 스크린은 유기 발광 다이오드로 밝힌다. 유기란 뛰어난 이미지 품질을 제공하는 스크린 뒤쪽 탄소 박막을 뜻한다.

인간이 지구에서 가장 멀리 간 거리
4월 15일 영국 서머타임으로 오전 0시 21분, 아폴로 13호의 승무원들은 달 표면으로부터 254㎞ 떨어진 달 뒤쪽에 있어 지구로부터 40만 171㎞ 멀리 있었다.

1970
1970년
DATELINE

4족 보행 로봇이 최고 멀리 간 거리

씽즈어 No.1은 2015년 10월 24일~27일 사이에 아무 도움 없이 혼자 134.03㎞를 걸어간 4족 로봇이다. 씽즈어(행인이란 뜻)는 중국 충칭우전대학교의 리킹두와 그의 팀이 만든 것으로, 이 대학교의 육상 경기 트랙을 1,405바퀴 돈 기록이다.

체포된 최초의 로봇

1982년 8월 18일 베벌리힐스 경찰서는 미국 로스앤젤레스 노스베벌리 드라이브에서 '명함을 불법 배포하고 소동을 피운 죄'로 DC-2라는 로봇을 구속했다. 로봇을 조종한 사람은 이 로봇을 만든 회사 소유주의 두 십대 아들들로 밝혀졌다. 그 애들이 3만 달러짜리 로봇을 재미 삼아 무단으로 조정했던 것.

최초의…

문서 기록된 로봇

철학자 아르키타스(기원전 428년경에 지금의 이탈리아 남부인 마그나 그라에키아의 타렌툼에서 출생)는 나무와 동물 방광으로 인공 비둘기를 만들었다. 당시 기록에 따르면, 아르키타스는 증기를 이용해 비둘기를 날아오르게 했으며, 그 비둘기는 증기가 다 떨어질 때까지 약 200m를 날아갔다.

산업 생산용 로봇

1961년 미국 뉴저지 주 유잉 타운십에 있는 인랜드 피셔 가이드 공장의 GM 조립 라인에 '유니메이트'가 설치됐다. 조지 데볼(미국)이 만든 유니메이트는

최초의 가정용 로봇 요리사

독일에서 매년 열리는 하노버 산업 기술 박람회(2015)에서 몰리 로보틱스 사(영국)는 최초의 소비자용 로봇 요리사를 선보였다. 박람회 참석자들 앞에서 랍스터 비스크를 요리한 이 로봇은 조리대/레인지/싱크대에 유연한 팔과 손이 한 쌍씩 달려 있다. 아이튠처럼 운영되는 온라인 요리 데이터베이스에서 전문 요리사가 만든 조리법을 다운로드받을 수도 있다. 일단 조리법이 저장되면 로봇은 필요할 때마다 반복해서 그 조리법대로 만들 수 있다.

최고 많은 크라우드펀딩에 성공한 소셜 로봇

2014년 펀딩 사이트 이디에고고에서는 지보(JIBO)라는 로봇을 제작하기 위한 모금 활동을 시작했다. 7월에 캠페인이 시작되면서 엄청난 관심을 불러일으켰고, 채 4시간도 안 돼 애초 목표인 10만 달러 모금에 성공했다. 최종적으로는 7,422명의 후원자로부터 371만 4,505달러를 모금했다.

지보는 주인 얼굴을 인식하고 이메일을 읽고 음성 명령과 각종 앱으로 소셜 미디어 상호 작용도 할 수 있는 로봇이다. 이 로봇은 미소와 찡그림 등을 식별해 주인의 기분까지 알아내며, 일련의 복잡한 인공지능(AI) 능력까지 갖추고 있다. 지보는 키가 28㎝에 무게는 2.7㎏이다. 오른쪽 사진은 지보를 만든 크리에이티브 팀의 팀장 신시아 브리질(미국)이다.

DATELINE **1971** 1971년

최초의 이메일

컴퓨터 엔지니어 레이 톰린슨(미국, 1941~2016)이 미국 매사추세츠 케임브리지에 역사적인 이메일을 보냈다. 당시의 텍스트는 보존되지 않았지만, 'QWERTYUIOP(키보드 맨 윗줄 자판들의 나열)' 같은 거였다고 톰린슨은 말했다.

FAST FACTS

레오나르도 다 빈치는 1495년경에 '로봇 기사'를 고안했다. 2002년 마크 로셰임은 그 로봇 기사를 직접 만들었으며, 이후 그 특징들을 나사를 위해 디자인한 로봇에 적용했다. • 로봇이란 단어는 체코어 Robota('강제 노동' 또는 '일'이란 뜻)에서 왔다.

가장 큰 로봇 물고기

2012년 5월 BMT 그룹(영국)의 엔지니어들은 스페인 히혼 항구에서 1.5m 길이의 로봇 물고기들을 성공적으로 테스트했다. 이 로봇들은 수질 오염 정도와 수중 산소 및 염분을 모니터해, 그 정보를 무선으로 해변까지 송신한다. 또한 생태계를 어지럽히지 않으면서 효율성을 높이기 위해 살아 있는 물고기처럼 꼬리를 이용해 헤엄친다. 로봇 물고기들은 음파 변환기를 통해 서로 교신하고 공동 작업을 할 수도 있다.

로봇이 푼 최대의 루빅큐브

2014년 3월 15일 영국 버밍엄 NEC에서 열린 빅뱅 박람회에서 로봇 멀티큐버 999가 9×9×9 루빅큐브를 푸는 데 성공했다. 데이비드 길데이(영국, 위)가 만든 이 로봇은 레고 마인드스톰즈 NXT 로봇 키트로 만들어졌으며 ARM 프로세서 기술로 움직인다. 로봇은 34분 25.89초 만에 이 정육면체 퍼즐을 풀었다.

조립 라인에서 다이 캐스팅을 옮겨 자동차 바디에 용접하는 데 사용됐다. 무게 1,814㎏에 가격은 2만 5,000달러였다.

'땀 흘리는' 로봇

2009년에 H1N1 돼지 인플루엔자 공포가 전국을 휩쓸고 간 뒤 일본 엔지니어들은 그 바이러스 증세를 보여주는 로봇을 만들었다. 이 로봇은 인간과 비슷한 크기의 몸에 인간처럼 '땀을 흘리는' 피부로 덮여 있다. 애니매트로닉스를 사용해 H1N1에 감염된 사람처럼 신음하고 울고 경련도 일으킨다. 효과적인 치료를 받지 못할 경우 로봇은 증세가 더 악화되어 '죽는다'. 이 로봇은 2009년 10월에 의사들을 위한 훈련용으로 출시되었다.

로봇 농구 대회

최초의 리바운드 럼블 대회가 2012년 1월 7일 미국 미주리주 세인트루이스 에드워드 존스 돔에서 열렸다. 코트 양 끝에는 인간 조작자들을 위한 구역이 있고 낮은 골대 1개, 중간 골대 2개, 높은 골대 1개 등 일련의 농구 골대들이 놓였다. 승자 진출 방식으로, 결승까지 모두 135초간의 경기로 진행됐다. 경기 전반에는 로봇들이 독자적으로('하이브리드' 모드로) 움직였고, 후반부에는 인간 조작자들이 직접('텔레오프' 모드로) 조정했다.

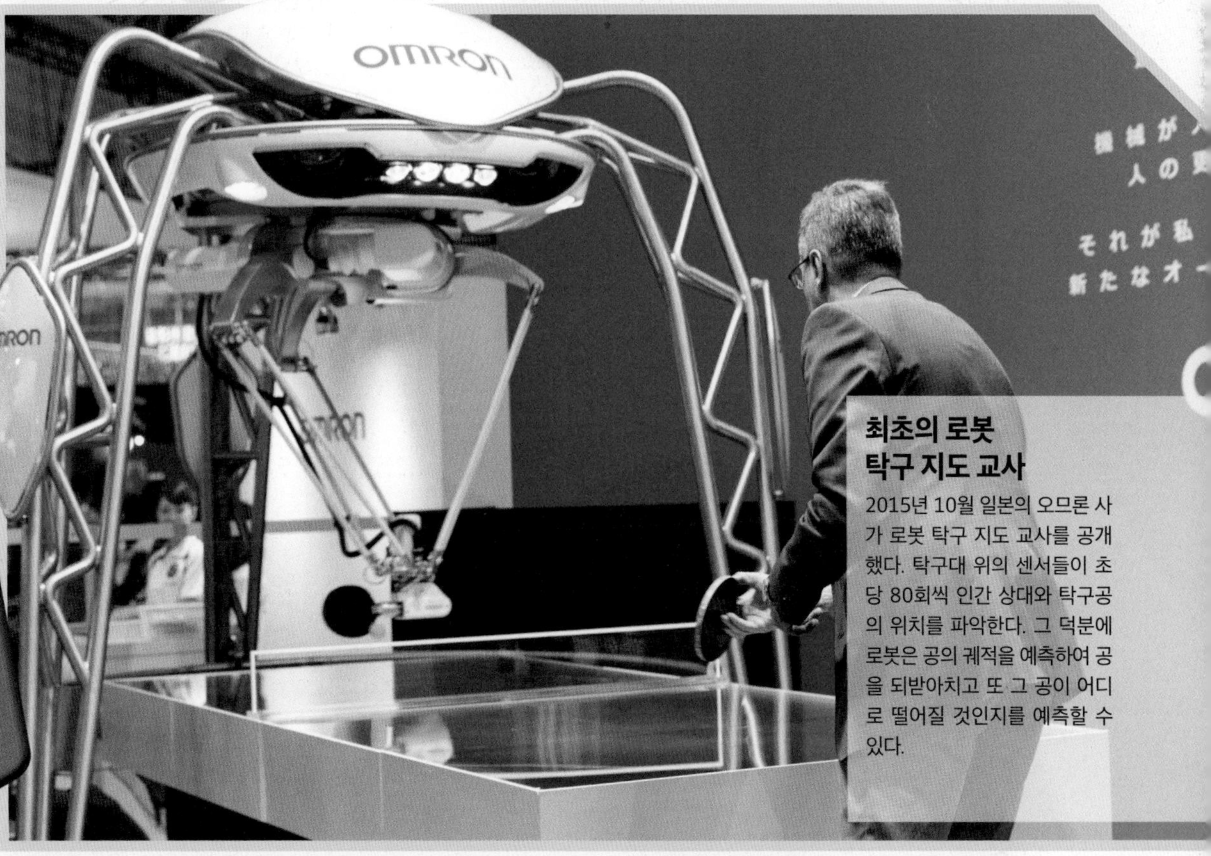

최초의 로봇 탁구 지도 교사

2015년 10월 일본의 오므론 사가 로봇 탁구 지도 교사를 공개했다. 탁구대 위의 센서들이 초당 80회씩 인간 상대와 탁구공의 위치를 파악한다. 그 덕분에 로봇은 공의 궤적을 예측하여 공을 되받아치고 또 그 공이 어디로 떨어질 것인지를 예측할 수 있다.

DID YOU KNOW?

탁구 지도 교사 소프트웨어는 공의 움직임과 관련된 모든 것들을 예측해낸다. 1초의 천분의 1 수준이라는 정확한 타이밍으로, 이 로봇은 제자의 탁구 실력을 길러주기 위해 인간은 상상도 못 할 능력으로 탁구공을 다룬다.

최초의 일체형 데스크톱 컴퓨터

휴렛패커드 사는 디스플레이, 키보드, 하드 드라이브, 프로세스 등이 하나로 합쳐진 HP 9830을 출시했다. 이 컴퓨터는 BASIC 프로그래밍 언어를 사용했다.

1972
1972년

DATELINE

작은 것들 SMALL STUFF

사용 가능한 최소형 전동 공구

2015년에 랜스 아베르네시(뉴질랜드)는 완벽하게 작동되는 높이 17㎜의 무선 전동 드릴을 3D 인쇄로 만들었다. 11.75㎜ 길이의 회전 드릴을 사용하며, 보청기 배터리로 움직인다. 랜스는 18.9㎜ 길이의 비슷한 전동 톱도 만들었다.

최고 빠른 나노 공학 진단기

2015년 10월 7일 한 과학자 팀이 나노미터 크기의 DNA 분석기 디자인을 공개했다. 이 분석기는 관절염과 에이즈 같은 질병에 나타나는 항체에 반응하는 합성 DNA를 사용해, 단 5분 만에 진단 결과가 나온다.

최고 강력한 MRI 장치

자기공명영상(MRI) 장치는 인체 내부를 스캐닝해 질병을 찾아낸다.

프랑스와 독일이 힘을 합쳐 만들어낸 MRI 장치 INUMAC은 11.7텔사(기존 장치들은 3 또는 7텔사)의 자기장을 자랑한다. 그래서 현재 촬영 가능한 크기의 10분의 1인 0.1㎜ 정육면체 이미지를 촬영할 수 있고, 일반 장치들보다 10배 빠른 0.1초마다 사진을 찍을 수 있다. 2016년에 프랑스의 뉴로스핀 센터에 설치되어, 뇌 질환 연구 및 진단에 도움이 될 전망이다.

가장 작은…

체온계

2007년 8월 9일 캐나다 온타리오 주 해밀턴의 맥마스터대학교 연구진은 녹색 형광 단백질(해파리가 빛을 내게 하는 물질)로 만든 체온계에 대한 논문을 발표했다. 이 체온계는 온도에 따라 번쩍이는 빛을 발한다. 그 형광 단백질(한 세포의 크기)은 길이가 약 4.2나노미터(0.0000042㎜)이고, 사람에게 사용해도 안전하며 현미경 수술을 모니터하는 데 쓰일 수 있다.

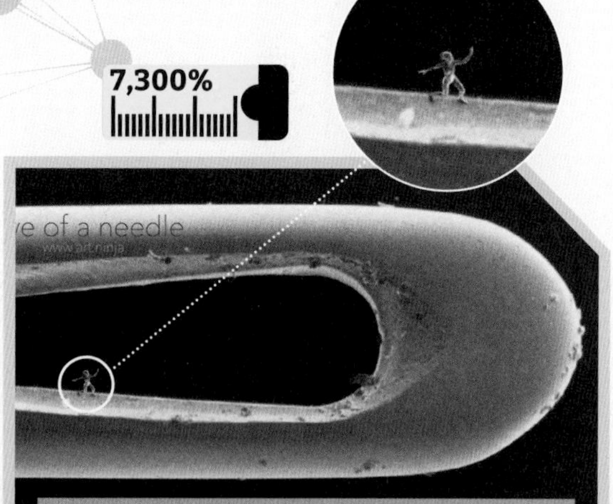

초미니 인간 조각상

존티 허위츠(영국, 남아공 출생)는 3D 인쇄로 크기가 80×100×30 마이크론(인간 머리카락 직경)인 여성 조각상을 만들었다. 자신의 첫사랑에서 영감을 얻은 이 조각은 2015년 2월 13일 독일 카를스루에 나노 마이크로 퍼실리티에서 검증받았다.

최소형 엔지니어링 트러스 골격

재료 과학 및 기계학 교수인 줄리아 그리어(미국)는 5나노미터(0.000005㎜) 두께의 벽으로 된 프랙털 나노트러스를 만들어냈다. 이 트러스는 프랑스 에펠탑과 같은 격자 골격 내에서 나노 구조를 이룬다. 99% 공기를 담은 상태로 다양한 패턴을 만들 수 있으면서 강철처럼 강해, 규모를 키우면 단단하면서도 가벼운 차량이나 건물을 만들 수도 있다.

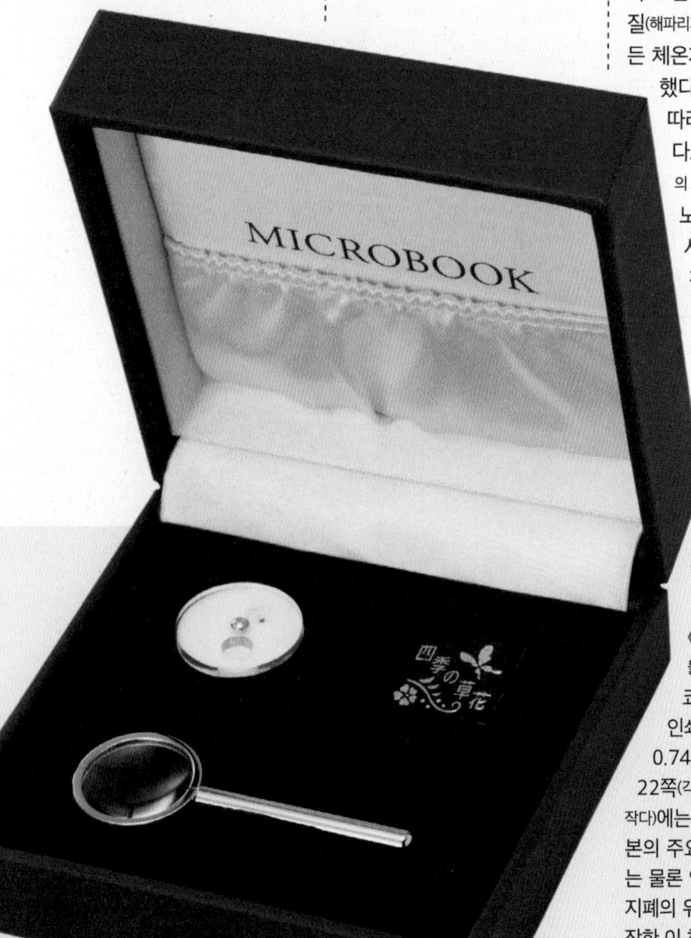

가장 작게 인쇄된 책

《시키 노 쿠사바나(4계절의 꽃들)》는 2012년 일본 도쿄 분쿄의 돗판 인쇄소에서 250부가 인쇄됐는데, 책을 덮었을 때 두께가 0.74×0.75㎜밖에 안 된다. 이 책의 22쪽(각 페이지는 바늘구멍을 빠져나갈 정도로 작다)에는 일본 꽃 그림들이 담겨 있고, 일본의 주요 문자인 히라가나와 가타카나는 물론 영어로 된 꽃 이름도 적혀 있다. 지폐의 위조방지 표시 인쇄용 기술로 제작한 이 책은 확대된 버전과 확대경을 세트로 묶어 2만 9,400엔에 팔렸다.

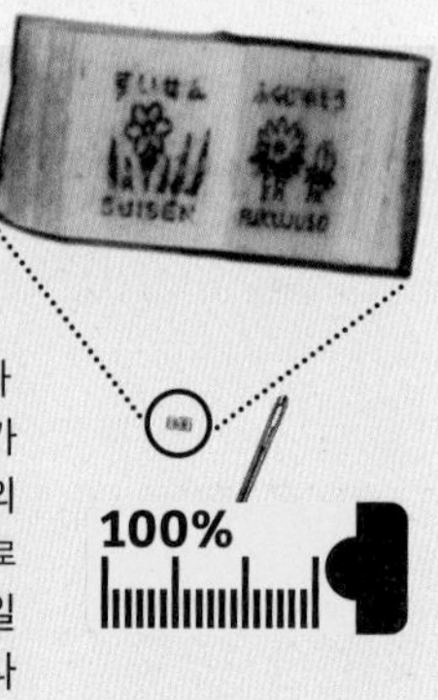

배터리

2011년에 미국 텍사스 주 휴스턴의 라이스대학교 엔지니어들은 AAA 배터리보다 6만 배나 작은 높이 0.5마이크론(0.0005㎜)에 두께 150나노미터(0.00015㎜)인 배터리를 공개했다. 이 배터리는 절반은 음극이고 절반은 양극인 나노 와이어로 되어 있다.

전동기 달린 모형 자동차

2003년 덴소 사(일본)의 엔지니어 팀은 길이가 4.785㎜밖에 안 되는 1936년형 도요타 AA

DATELINE **1973** 1973년

최초의 휴대전화

4월 3일 미국인 엔지니어 마틴 쿠퍼는 자신의 모토로라 다이나택 휴대전화 시제품으로 처음 전화를 걸었다. 자기 사무실 지붕 위에 있는 기지국을 이용해 거리에 서 있던 자신의 라이벌 AT&T의 조엘 엥겔에게 전화한 것이다.

FAST FACTS

나노미터(㎚)는 m의 10억분의 1 또는 인치의 2,500만분의 1이다. • 가장 작은 측정 단위는 ㎝의 10억분의 10억분의 10억분의 100만분의 1인 플랑크 길이(Planck length)이다.

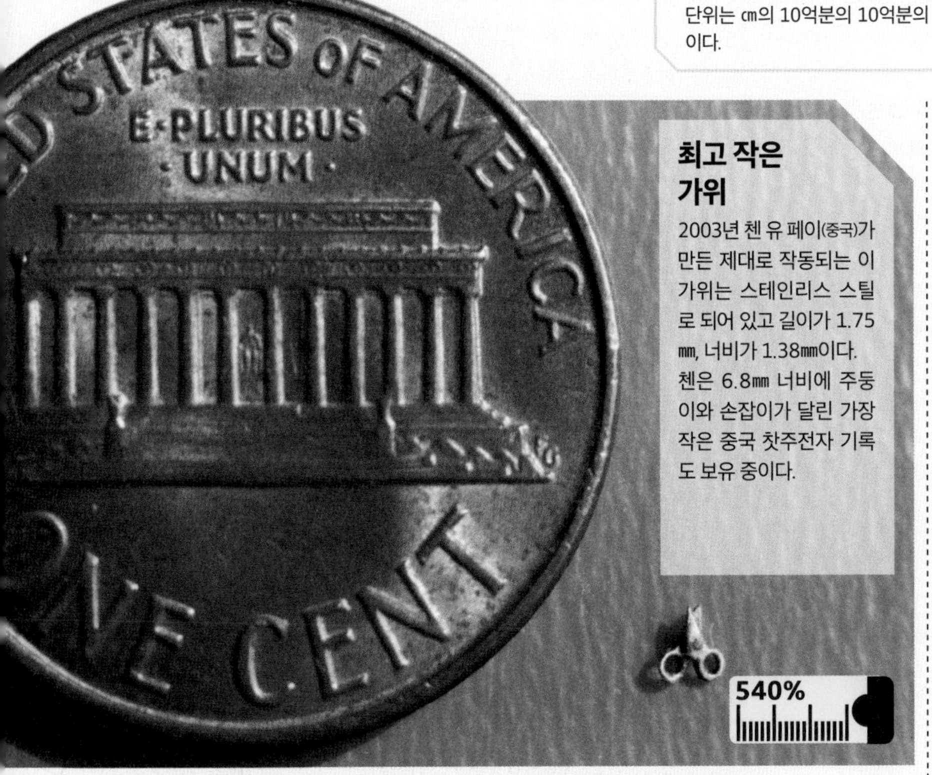

최고 작은 가위

2003년 첸 유 페이(중국)가 만든 제대로 작동되는 이 가위는 스테인리스 스틸로 되어 있고 길이가 1.75㎜, 너비가 1.38㎜이다. 첸은 6.8㎜ 너비에 주둥이와 손잡이가 달린 가장 작은 중국 찻주전자 기록도 보유 중이다.

세단 모델을 만들었다. 이 자동차에는 시속 최고 0.018㎞로 달리게 할 수 있는 작은 전동기가 장착돼 있었다.

2005년 라이스대학(미국) 과학자들이 가장 작은 모형 자동차를 만들었는데, 지름이 4나노미터도 안 되는 탄소 원자들로 되어 있었다.

이 '나노 자동차'에는 섀시와 독립된 2개의 차축, 버크민스터 풀러렌(일종의 구형 탄소 분자)으로 만든 4개의 바퀴가 있었다.

3D 지구 지도

2010년에 IBM의 과학자들은 자세한 3D 지구 지도를 만들었는데, 워낙 작아서 이 지도 1,000개의 크기가 소금 알갱이 하나와 비슷할 정도였다.

지구의 대륙들은 뾰족하게 깍은 연필심보다 10만 배나 더 미세한 실리콘으로 만들어졌다. 또한 지도의 지형들은 높이가 15나노미터(0.000015㎜)로 깎여 있다.

우주선 엔터프라이즈호

크기가 USS 엔터프라이즈호의 10억분의 1밖에 안 되는 '나노 트렉'은 일본 효고 현 히메지 공과대학의 다카유키 호시노와 신지 마쓰이(둘 다 일본)가 만들었다. 30-kV 이온 빔을 이용해 <스타 트렉>의 그 유명한 우주선 복제품을 조각해, 길이 8.8마이크론(0.0088㎜)의 엔터프라이즈호를 만든 거다. 이 깜찍한 조각품은 미국 플로리다 주 탬파에서 열린 '2003 전자, 이온, 광자 빔 기술 및 나노 제작 콘퍼런스'에서 최우수 이온 마이크로그래프상을 받았다.

동물 조각

2015년에 존티 허위츠(200쪽 참조)는 높이가 0.157㎜밖에 안 되는 실물 코끼리 조각인 Fragile giant를 만들었다.

최초로 실제 코끼리 사진으로 컴퓨터 모델을 만든 뒤, 다광자 석화술이라는 기법으로 3D 조각상을 만들어낸 것이다.

마이크로 크기의 3D 인쇄와 비슷한 과정을 거쳐 제작된 이 코끼리의 각 부위들은 ㎜의 수천 분의 1밖에 되지 않으며, 인간 지문의 한 선 위에 앉을 수 있을 정도로 작다.

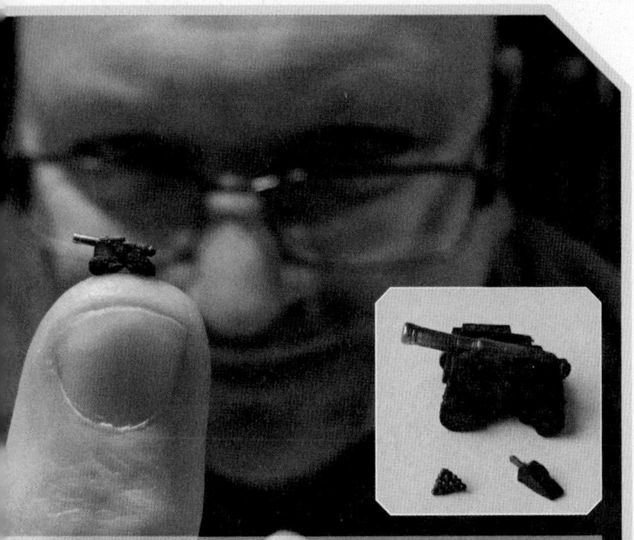

작동되는 최소형 대포

2015년 7월 4일 호주 멜버른에서 발사된 이 초소형 중화기는 마커스 헐(호주)이 손으로 만든 것으로, 길이가 6.88㎜에 폭이 4.34㎜, 높이가 2.8㎜이다. 지름 0.25㎜의 강철 포탄을 발사하며 붉은인(인의 동소체로 성냥, 불꽃 따위를 만드는 데 쓰인다)을 추진체로 사용한다.

가장 작은 자유의 여신상

자유의 여신상은 전 세계에 몇 개가 있는데, 물론 미국 뉴욕 리버티 섬에 있는 여신상이 가장 유명하다. 이 조각상은 높이가 무려 93.1m나 되지만, 세계에서 가장 작은 자유의 여신상은 영국 아티스트 윌라드 위건이 만든 것으로, 바늘구멍에 들어갈 만큼 작다. 높이가 0.5㎜인 이 조각상은 원본 여신상의 비율을 그대로 따랐다. 위건 자신이 직접 제작한 연장들을 사용해 조그만 금 조각을 일일이 손으로 파서 만든 것이다. 그는 손 떨림 현상을 줄이려고 심장박동 사이에 연장을 사용했다.

DID YOU KNOW?

위건의 조각들은 대부분 바늘구멍 안이나 핀 머리 위에 앉아 있으며, 현미경으로만 정확히 볼 수 있다. 위건은 5세 때 개미들이 살 집과 신발과 모자를 만들면서 마이크로 조각에 관심을 갖게 되었다.

태양열 발전으로 하늘을 난 최초의 비행기

11월 4일 아침에 무인 전기 비행기 아스트로플라이츠 선라이즈는 양쪽 날개에 장착된 태양열 전지판에서 얻은 동력으로 이륙했다. 이 비행기는 27회의 비행을 더 한 뒤 심한 난기류 속에서 파손됐다.

1974
1974년
DATELINE

레이저 LASERS

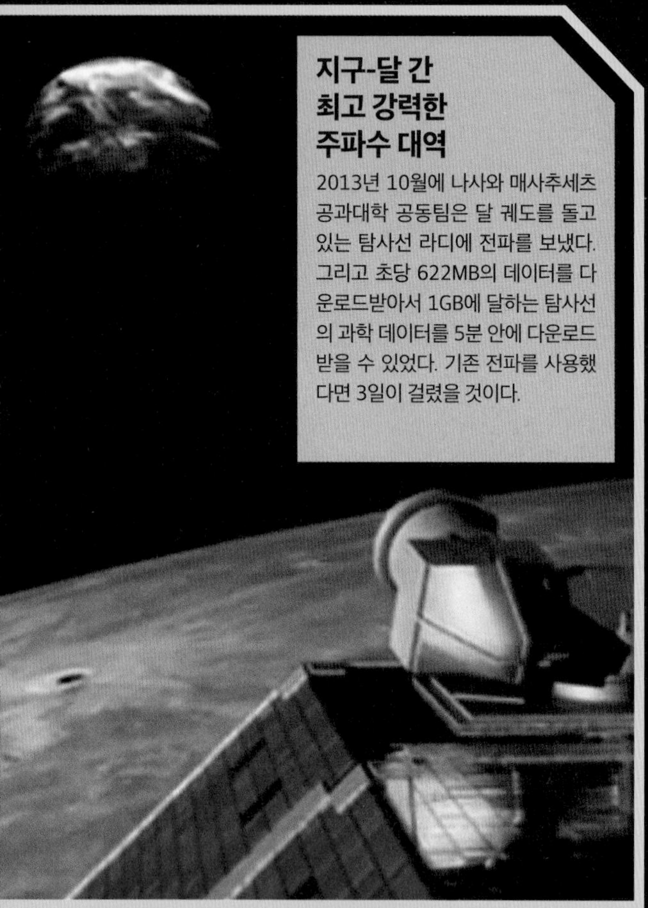

지구-달 간 최고 강력한 주파수 대역

2013년 10월에 나사와 매사추세츠 공과대학 공동팀은 달 궤도를 돌고 있는 탐사선 라디에 전파를 보냈다. 그리고 초당 622MB의 데이터를 다운로드받아서 1GB에 달하는 탐사선의 과학 데이터를 5분 안에 다운로드 받을 수 있었다. 기존 전파를 사용했다면 3일이 걸렸을 것이다.

단일 표적을 향해 쏜 최고 강력한 레이저 에너지

2009년 6월에 미국 캘리포니아 로렌스 리버모어 국립연구소 내 국립 핵융합 시설의 과학자들은 핵융합을 연구하기 위해 192개의 강력한 레이저들을 가동하기 시작했다. 이 레이저들은 핵융합 실험용 수소 연료 알갱이가 담긴 공동(空洞)이라는 손톱 크기의 용기로 집중되어 있었다. 2010년 1월 27일 과학자들은 레이저들을 몇십억 분의 1초 동안 쏘아 공동 표적에 1메가줄의 에너지를 집중시켰는데, 이는 TNT(폭약으로 널리 쓰이는 화합물) 0.2㎏의 폭발력과 맞먹는 것이었다.

전송된 레이저광으로 제일 멀리 간 비행

2012년 7월에 레이저모티브와 록히드 마틴 사(둘 다 미국)는 지상 설치 레이저와 레이저광을 전기로 전환하는 리시버를 이용해 무인 항공기 스토커를 48시간 이상 날렸다.

레이저 힘에 의한 최고 높은 비행 고도

2000년 10월 2일 라이트크래프트 테크놀로지 사(미국)는 지름 12.2㎝의 비행기를 빛의 힘만으로 71m 높이까지 날려 보냈다. 그들은 지상에서 미군의 10-kW 이산화탄소 레이저를 사용해 51g짜리 비행기에 레이저를 쐈고, 비행기는 그 레이저를 바로 밑까지 반사하면서 과열된 공기가 팽창되며 추진력이 생겼다. 이 시험 비행은 미국 뉴멕시코 내 화이트 샌즈 미사일 기지에서 진행됐다.

최고 먼 거리의 레이저 교신

2005년 5월 나사의 우주선 메신저호는 2,400만㎞ 거리에서 레이저 광선을 이용해 지구와 교신했다. 이 장거리 우주 교신 실험은 행성 간에 현재의 극초단파 교신 방법보다 더 효율적인 데이터 송신 방법을 찾기 위한 것이었다.

제일 짧은 레이저 파장

레이저는 일정한 파장, 특히 200~700나노미터 파장 사이에서 작동된다. 2009년 미국 캘리포니아 스탠퍼드 선형 가속기 센터의 LCLS 가속기는 0.15나노미터 파장(경질 X선을 방출한 최초의 자유 전자 레이저)을 만드는 데 성공했다.

그러나 2015년 8월 26일 일본 도쿄의 전기통신대학 과학자들이 0.15나노미터 파장을 가진 원자 X선 레이저를 만들었다고 발표했다. 이 팀은 현재 그런 레이저들을 좀 더 안정되고 일관성 있게 만들어 의학과 소립자 물리학 분야에 응용하는 방법을 모색 중이다.

레이저로 1분 동안 터트린 최다 풍선

2014년 9월 22일 다이엘 블랙(영국)은 영국 런던 UCL의 인스티튜트 오브 메이킹에서 자가 레이저로 60초에 55개의 풍선을 터뜨렸다. 이 레이저는 445나노미터의 파장을 일으켰고, 검은색 풍선들을 사용해 입사 에너지(표면을 때리는 에너지)를 최대한 많이 흡수하도록 했다.

DATELINE **1976** 1976년

최초의 휴대용 전자 비디오게임

마텔 사(미국)는 움직이는 부분이 없는 최초의 게임 장난감 <오토 레이스>를 출시했다. 플레이어가 경주에서 이기려면 자신의 자동차(조그만 LED 디스플레이상의 커다란 붉은 점)를 몰고 천천히 움직이는 경쟁자들(더 작은 점들)보다 더 빨리 달려야 했다.

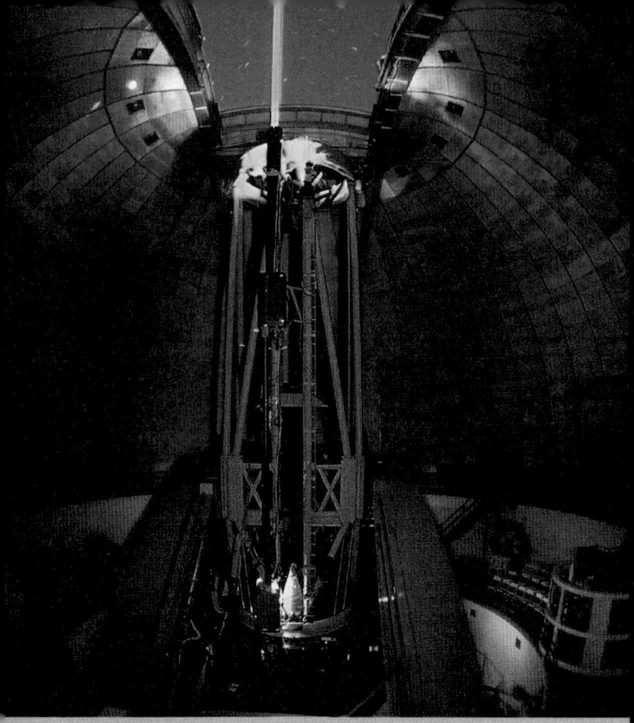

FAST FACTS

'Laser'는 '유도 방출에 의한 빛의 증폭'을 줄인 말이다. • 1969년 아폴로 11호 우주비행사들은 달과 지구 사이의 거리를 재기 위해 레이저를 사용했다. 그 결과는 손가락 너비 이내만큼이나 정확했다.

최초의 인공 안내 별

1992년 6월 1일 미국 캘리포니아의 리크 천문대와 로렌스 리버모어 국립연구소 과학자들은 대기권에 빛나는 나트륨 이온 인공 '별'을 만들기 위해 하늘에 레이저 광선을 쏘았다. 천문학자들은 이 별을 이용해 지구 대기권이 망원경의 이미지를 얼마나 '왜곡' 시키는지를 관측했고, 그런 다음 그 왜곡을 고려해 우주 공간의 다른 물체들을 볼 때 훨씬 더 정확한 이미지를 만들 수 있었다.

최초의 …

메이저

메이저(Maser: 분자 증폭기)는 레이저에 앞서 나타난 선구자였다. 찰스 하드 타운즈(미국)가 1951년에 처음 착안했으며, 1954년에 직접 실현에 옮겼다. 타운즈는 메이저를 발명하고 이후 초창기 레이저 발전에 공헌한 점을 인정받아 1964년에 노벨 물리학상을 공동 수상했다.

안티-레이저

2011년 2월 미국 예일대학교의 과학자들은 레이저 광선을 무력화시킬 수 있는 최초의 장치인 안티-레이저(Anti-laser)를 공개했다. 안티-레이저는 실리콘으로 만들어진 광 공진기를 사용해, 빛 에너지를 가두어 열로 소멸시킨다.
그 시제품은 특정 주파수의 레이저광의 99.4%를 흡수할 수 있었다. 안티-레이저는 광학 컴퓨팅과 의료 영상 분야에서 활용될 수 있다.

살아 있는 레이저

2011년 6월 미국 매사추세츠 종합병원 웰먼광의학센터의 과학자들은 인간의 신장에서 추출한 세포들로 살아 있는 세포에서 방출되는 최초의 레이저 광을 만들어냈다고 발표했다. 신장 세포는 발광 해파리의 DNA와 함께 주입되어, 푸른빛을 쬐면 초록색으로 빛났다. 과학자들은 거울을 이용해 그 세포에서 초록색 레이저광이 방출되게도 했다.

레이저에 의한 액체 냉각

2015년 11월 26일 미국 워싱턴대학의 과학자들은 레이저를 이용해 액체 상태의 물을 섭씨 20도 정도 냉각시켰다고 밝혔다.

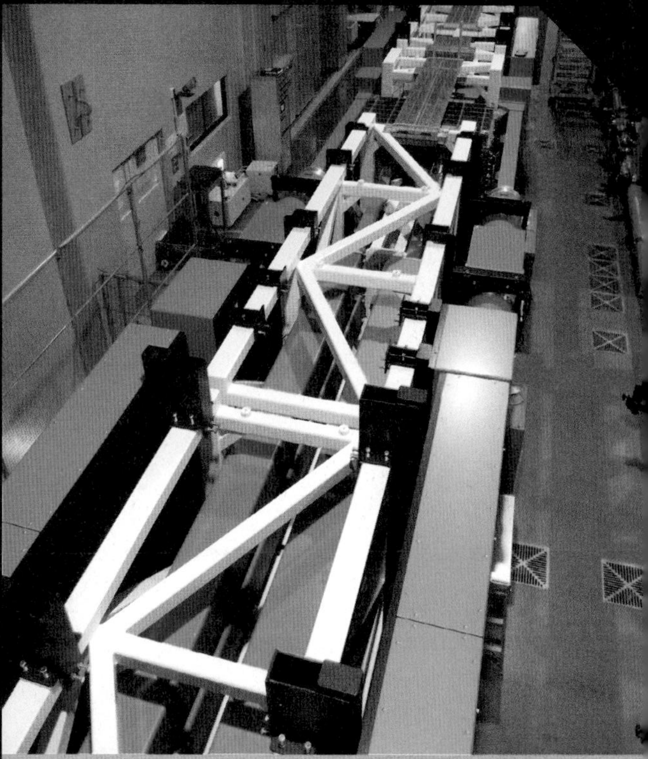

최강 출력의 레이저

2015년 7월 27일 일본 오사카대학 연구진은 1조분의 1초 동안 2페타와트의 출력으로 고속 점화 실험 레이저(LFEX)를 쏘았다. 참고로 2페타와트는 2,000조 와트이다.

DID YOU KNOW?

풍선 200개를 터뜨린 엔디야그(Nd:YAG) 레이저(오른쪽)의 이름은 그 속에 포함된 '네오디뮴 첨가 이트륨 알루미늄 가넷 크리스털'에서 딴 것이다. 이 레이저는 1964년 미국 뉴저지 주 벨 연구소에서 처음 선보였다.

레이저로 터뜨린 제일 긴 줄의 풍선들

ITV의 과학 기술 쇼 <잇츠 낫 로켓 사이언스>(영국)의 세 진행자가 2016년 1월 23일 영국 보어럼우드에서 엔디야그 레이저로 일렬로 늘어선 200개의 풍선을 터뜨렸다. 위 사진에는 신기록 도전에 입회한 기네스 세계기록 심사관 샘 메이슨과 함께한 세 사회자 레이첼 라일리, 로메시 란가나단, 벤 밀러(왼쪽부터, 모두 영국)가 보인다.

DATELINE

1977 1977년

최고 흥행 성적을 올린 SF 영화 시리즈

<스타워즈>(미국, 후에 <스타워즈 에피소드 4: 새로운 희망>으로 제목 변경)가 출시됐는데, 2016년 2월 기준 전 세계에서 64억 5,232만 4,357달러의 수입을 올린 최초의 시리즈 영화로 기록됐다.

첨단 과학 CUTTING-EDGE SCIENCE

지구 궤도에 유료 화물을 부린 뒤 지상으로 돌아온 최초의 로켓

2015년 12월 22일 스페이스X 사는 미국 플로리다 케이프 캐내버럴 공군기지에서 팰콘 9의 1단 로켓을 무사히 지상에 착륙시켰다. 이 로켓은 그 전날 발사되어 지구 궤도에 인공위성 11기를 부렸다. 팰콘 9는 2단 로켓이 유료 인공위성들을 지구 궤도에 부린 뒤 200㎞의 고도에 도달했다. 높이가 47m인 1단 로켓은 자체 동력으로 되돌아와 수직 착륙했다. 그 전 과정은 저속도 촬영 사진에 담겨 있다.

DID YOU KNOW?

에볼라 바이러스 백신 VSV-EBOV는 2003년 캐나다 위니펙 국립 미생물학연구소에서 처음 개발됐고, 2015년 3월 23일에 시험 사용되었다. 2015년 8월 기준 에볼라 환자와 접촉한 4,000명 이상의 환자들이 치료를 받았다.

최고 많은 원자의 양자 중첩

2015년 3월 26일 매사추세츠 공과대학(미국)과 벨그라데대학(세르비아)의 과학자들은 2,910개의 루비듐 원자를 양자 중첩했다고 발표했다.

이들은 약간 투명한 두 거울 사이에 과냉각한 입자들을 가둔 뒤 거기에 약한 레이저 펄스를 집중 투사했다.

양자 중첩은 입자들이 근본적으로 서로 뒤엉켜 이론상 먼 거리에서도 서로 영향을 미칠 수 있게 될 때 발생한다.

가장 짧은 펄스의 가시광선

과학자들은 단 380아토초 동안 지속되는 가벼운 펄스를 만들어냈다. 1아토초는 100경분의 1초(10^{-18})이다. 이는 독일 가르힝 막스 플랑크 양자광학 연구소의 엘레프테리오스 굴리엘마키스(그리스/독일)가 이끄는 연구팀이 거둔 성과다.

지금까지 알려진 최대 소수

2016년 1월 7일 미국 센트럴미주리대학교 커티스 쿠퍼 박사의 컴퓨터가 메르센 소수 $2^{74,207,281}-1$을 발견했다. 이 수에는 M74207281이란 이름이 주어졌다. 초당 2자리씩 읽을 경우 22,338,618자리 수를 읽는 데에 100일 이상이 걸린다.

혜성의 궤도를 돈 최초의 우주선

2014년 8월 6일 유럽 우주국

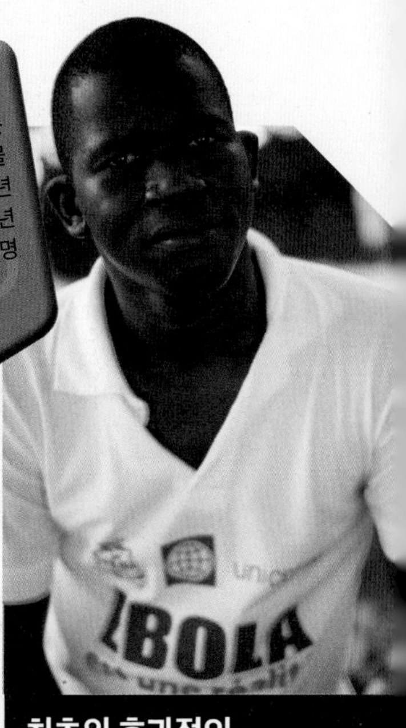

최초의 효과적인 에볼라 백신

실험 백신 VSV-EBOV는 기니에서 실험 사용돼 최소 75%를 웃도는 치료 성공률을 보였다. 실험 결과는 2015년 7월 31일 의학 저널 <랜싯>에 실렸다. 이 백신의 최초 수혜자는 기니의 모하메드 소우마(위)로, 그는 3개월 만에 완치 판정을 받았다.

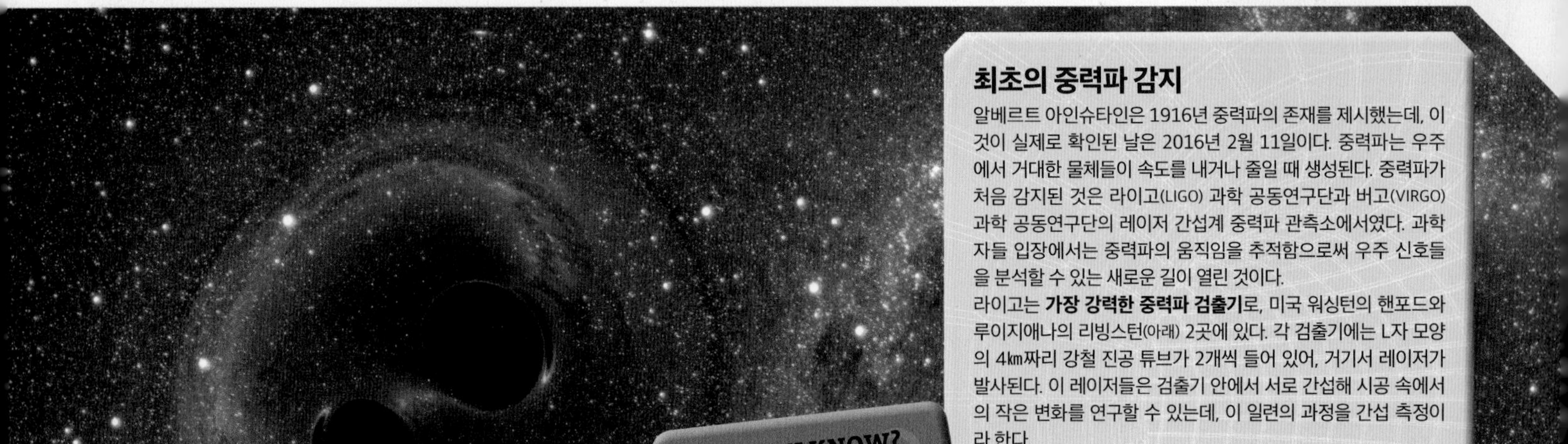

최초의 중력파 감지

알베르트 아인슈타인은 1916년 중력파의 존재를 제시했는데, 이것이 실제로 확인된 날은 2016년 2월 11일이다. 중력파는 우주에서 거대한 물체들이 속도를 내거나 줄일 때 생성된다. 중력파가 처음 감지된 것은 라이고(LIGO) 과학 공동연구단과 버고(VIRGO) 과학 공동연구단의 레이저 간섭계 중력파 관측소에서였다. 과학자들 입장에서는 중력파의 움직임을 추적함으로써 우주 신호들을 분석할 수 있는 새로운 길이 열린 것이다.

라이고는 **가장 강력한 중력파 검출기**로, 미국 워싱턴의 핸포드와 루이지애나의 리빙스턴(아래) 2곳에 있다. 각 검출기에는 L자 모양의 4㎞짜리 강철 진공 튜브가 2개씩 들어 있어, 거기서 레이저가 발사된다. 이 레이저들은 검출기 안에서 서로 간섭해 시공 속에서의 작은 변화를 연구할 수 있는데, 이 일련의 과정을 간섭 측정이라 한다.

DID YOU KNOW?

라이고로 감지된 중력파는 약 13억 광년 떨어진 은하계에서 두 블랙홀(약 36과 29 태양 질량)이 결합되면서(왼쪽의 상상도 참조) 발생한 것으로 추정된다. 이런 중력파의 움직임을 연구함으로써 과학자들은 우주에서 벌어지는 일들을 '들을 수' 있다.

DATELINE **1978** 1978년

투르 드 프랑스 최다 단계 우승

에디 먹스(벨기에)가 투르 드 프랑스 34단계 우승을 거두었다. 그의 첫 단계 우승은 1969년에 있었다. 그는 또 다른 3명의 참가자와 함께 투르 드 프랑스 최다 우승(5회: 1969~1972, 1974) 기록도 갖고 있다.

14,650%

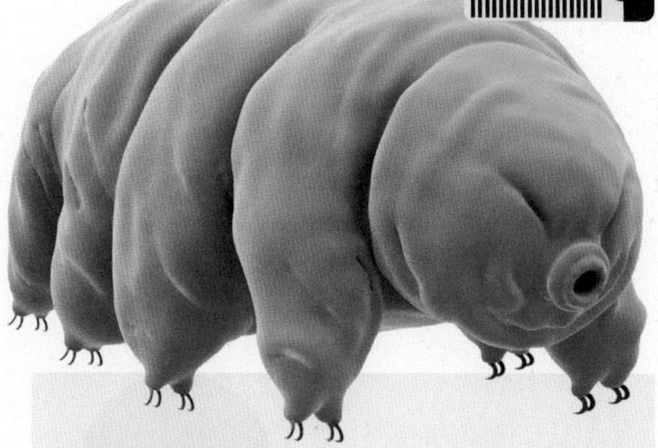

냉동된 완보동물의 최장 생존 기간

완보동물은 아주 미세하고 생명력이 강한 다리 8개짜리 수생 무척추동물이다. 2015년 12월 25일 일본 국립 극지연구소 과학자들은 1983년 11월 이후 얼음 속에 냉동돼 있던 두 완보동물을 소생시켰다고 발표했다. 외양 때문에 '물곰'이라고도 불린 이 생물들은 2014년 3월에 해동됐다. '잠자는 미녀(Sleeping beauty)'를 줄여 SB-1과 SB-2라 불렸으며 해동 후 움직이기 시작했는데, 둘 중 SB-1만 완전히 살아나 새끼도 낳았다(오른쪽).

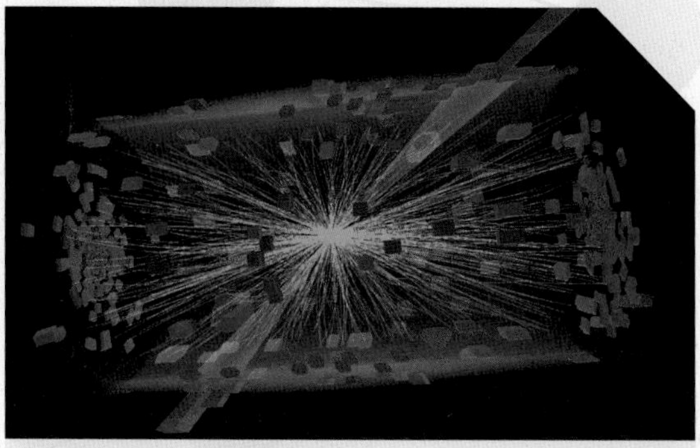

입자 충돌기 내에서의 최대 에너지 이온 충돌

2015년 11월 25일 스위스 제네바 유럽원자핵공동연구소 과학자들은 대형 강입자 충돌기를 사용해 1,045테라전자볼트(TeV)의 에너지로 두 납 이온 광선을 충돌시켰다고 발표했다. 이는 호박벌이 날아와 얼굴에 부딪히는 것과 비슷한 에너지다.

외계 물질로 3D 인쇄된 최초의 물건

2016년 1월 8일 미국 네바다 주 라스베이거스에서 열린 가전제품 전시회(CES)에서 플래니터리 리소시즈와 3D 시스템즈 사(둘 다 미국)는 운석 금속으로 3D 인쇄된 우주선 부품 모델을 공개했다. 이는 앞으로 인간이 태양계에서 소행성 금속으로 각종 장비와 부품을 만들 수 있다는 가능성을 보여준 것이다.

FAST FACTS

헬륨은 절대 영도(섭씨 영하 273.15도/화씨 영하 459.67도)로 냉각될 때 중력을 거슬러 흐르는 액체가 된다. • 과학자들은 오줌으로 휴대폰을 충전하는 방법을 개발해냈다. • 사람의 DNA 중 일부는 바나나와 같다.

가장 오래가는 디지털 저장 매체

2014년 1월 23일에 발표된 연구 결과에 따르면, 영국 사우샘프턴대학 광전자 연구센터의 연구진이 만든 나노 구조의 유리는 실온에서 300퀸틸리언(100경) 년 동안 안전하게 보존된다. 섭씨 188.8도 상태에서는 약 138억 년(대략 현재의 우주 나이) 갈 수 있는 것으로 추정된다. 초고속 펨토초 레이저를 이용해 이 유리에 3겹 나노 구조 점 상태로 데이터를 기록할 경우, 디스크당 360테라바이트의 저장 용량을 갖는다. 참고로 미국 의회도서관 내 모든 책의 데이터가 20테라바이트다.

DID YOU KNOW?

믿기 어렵지만, 나노 구조의 유리 디스크 1장에 초고속 레이저로 세계인권선언(왼쪽 원형 삽입 사진)을 새겼다. 현존하는 저장 매체 가운데 이보다 더 확실히 미래 세대들에게 전달될 수 있는 매체는 없다.

의 우주선 로제타는 67P/추류모프-게라시멘코 혜성의 궤도로 진입했다. 2014년 11월 12일에는 이 혜성의 표면을 분석하기 위해 착륙선 필래를 내보냈다. 2016년 1월 27일 기준 로제타는 539일간 67P의 궤도를 돌고 있어 최장기 혜성 궤도 관측 기록을 세우고 있다.

우주에서 가장 먼 물체

2016년 3월 3일 한 천문학자 팀은 허블 우주 망원경의 와이드 필드 카메라 3을 이용해 큰곰자리 내에서 은하계를 발견했다고 발표했다. 허블 망원경으로 탐지된 이 은하계 GN-z11에서 온 빛은 134억 년 전, 그러니까 빅뱅 이후 4억 년경의 것이다. 우주의 팽창을 감안할 때 GN-z11은 현재 지구에서 약 320억 광년 떨어져 있다.

가장 긴 X선 자유전자레이저

독일에 있는 X선 자유전자레이저(유로 XFEL)는 그 길이가 3.4㎞이고 3개 연구소에 걸쳐 있다. 이 X선 자유전자레이저에는 자력 사이를 움직이는 고속 전자들이 포함되어 있다. 레이저 자체는 길이가 2㎞이며, 가속 길이는 1.7㎞이다. 이 레이저를 사용하기 위해선 175억 전자볼트가 필요하며, 섭씨 영하 271도에서 가동된다.

최고령 이혼남
11월 21일 영국 이스트서식스의 해리 비드웰(101세)은 9년간의 결혼 생활 끝에 65세인 아내 루시와 이혼했다. 그는 전처가 가정적이지 못했다며 곧 새로운 파트너를 찾을 거라고 했다.

1980
1980년

스포츠 SPORTS

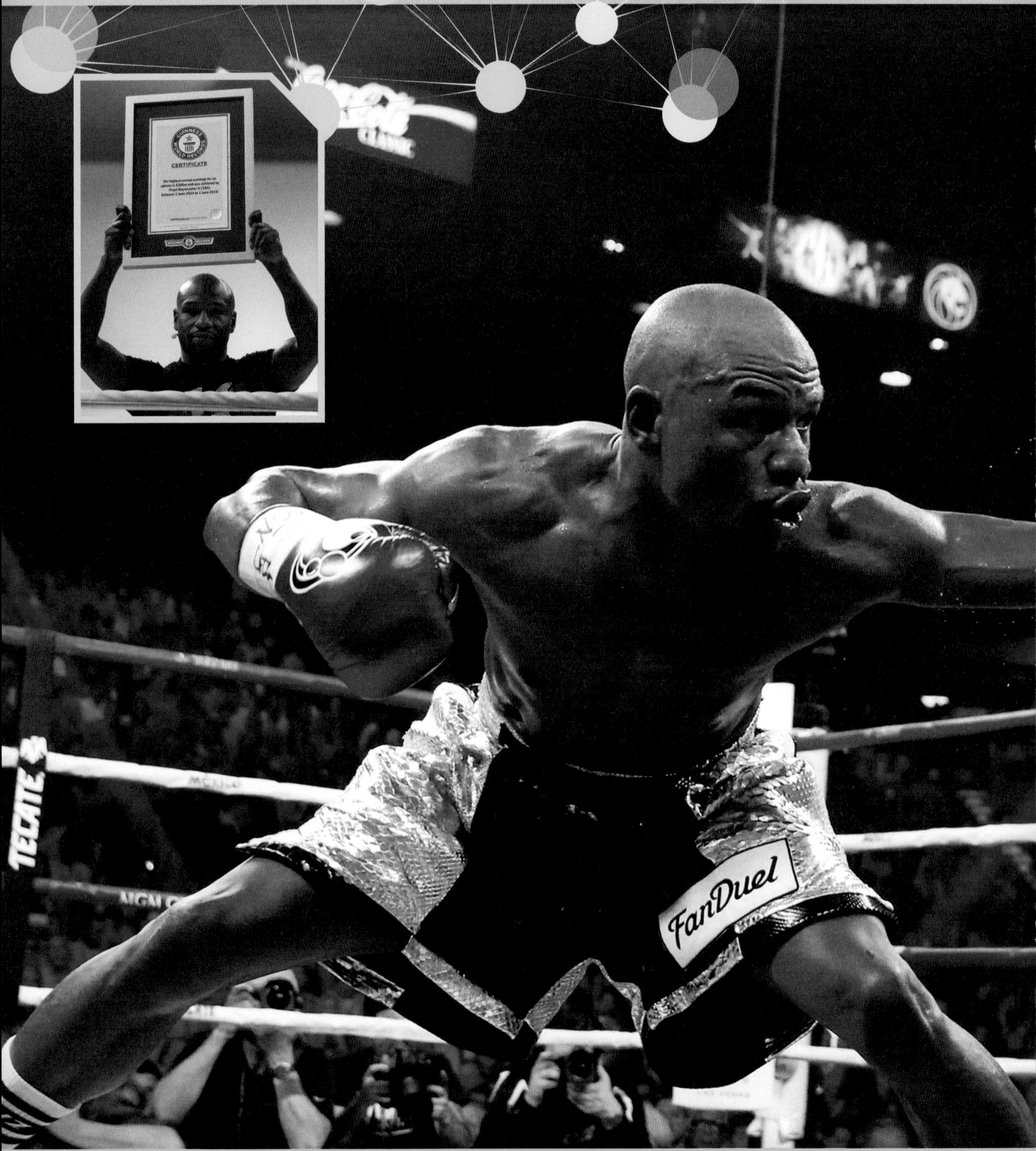

DATELINE **1981** 1981년

최초로 2,000만 대가 팔린 자동차
5월 15일 멕시코 푸에블라 폭스바겐 공장에서 2,000만 번째 폭스바겐 비틀이 조립 라인을 빠져나왔다. 이 차의 독일 내 생산은 3년간 중단된 상태였다.

GUINNESS WORLD RECORDS

CONTENTS

연 수입이 최고 많은 운동선수

<포브스>에 따르면, 플로이드 메이웨더 주니어(미국, 왼쪽 선수)는 2014년 6월~2015년 6월까지 무려 3억 달러를 벌어들였다. 왼쪽 위 삽입 사진에서 메이웨더가 그 사실을 인정한 기네스 세계기록 인증서를 자랑스레 들어 올리고 있다.

메이웨더는 2005년 6월 25일~2015년 9월 12일까지 15개 시합에 대한 1,953만 회의 유료 시청으로 13억 1,100만 달러를 벌어 **최다 유료 시청료를 받은 복싱 선수**로 꼽히기도 한다. 2015년 5월 2일 미국 네바다 주 라스베이거스 MGM 그랜드에서 열린 매니 파키아오(필리핀, 오른쪽 선수)와의 웰터급 타이틀전은 440만 회의 유료 시청으로 4억 2,500만 달러의 수입을 올려, **최다 유료 시청료 수입을 올린 복싱 시합**으로 꼽힌다.

피파 월드컵 사상 최연소 선수

6월 17일 스페인 자라고사 라 로마레다 경기장에서 열린 북아일랜드 대 유고슬라비아전에는 정확히 17세 41일이 된 노먼 화이트사이드가 출전했다. 경기는 득점 없이 끝났다.

1982

1982년

DATELINE

FACTOGRAPHIC

스포츠계의 재벌들 SPORT'S BIG HITTERS

스포츠는 거대한 시장이며, 갈수록 더 거대해져 가고 있다. 선수들은 급여 외에 승리 수당까지 받고 있으며, 유명 기업들의 후원(광고)과 출연료로도 돈을 번다. 세상에서 가장 돈 잘 버는 스포츠 스타들을 만나보자. 돈 단위는 미국 달러를 기준으로 했다.

2015년 최다 수입 운동선수들

최다 수입 운동선수들은 각양각색이다. 로저 페더러 선수는 다른 선수들(예를 들면 플로이드 메이웨더 주니어)에 비해 후원금 비중이 훨씬 더 크다. 색깔로 표시된 부분은 급여/승리 수당 및 후원금 비율을 보여준다(도표의 오른쪽 참조).

	이름/국적	스포츠	수입	급여/승리 수당	후원금
1	플로이드 메이웨더 Jr(미국)	복싱	3억	2억 8,500만	1,500만
2	매니 파키아오(필리핀)	복싱	1억 6,000만	1억 4,800만	1,200만
3	크리스티아누 호날두(포르투갈)	축구	7,960만	5,260만	2,700만
4	리오넬 메시(아르헨티나)	축구	7,380만	5,180만	2,200만
5	로저 페더러(스위스)	테니스	6,700만	900만	5,800만
6	르브론 제임스(미국)	농구	6,480만	2,080만	4,400만
7	케빈 듀란트(미국)	농구	5,420만	1,910만	3,500만
8	필 미컬슨(미국)	골프	5,080만	280만	4,800만
9	타이거 우즈(미국)	골프	5,060만	60만	5,000만
10	코비 브라이언트(미국)	농구	4,950만	2,350만	2,600만

자료 제공: <포브스> 단위: 달러

그래프로 본 수입 비중

= 700만 달러

후원금 | 급여/승리 수당

DID YOU KNOW?

2004년 2월 어린 리오넬 메시는 주당 1,800달러 조금 넘는 돈을 받고 바르셀로나팀과 계약을 맺었다. 그러나 2016년 기준 발롱도르상(가장 뛰어난 활약을 보여준 축구 선수에게 수여하는 상) 5회 수상에 빛나는 그는 주당 36만 2,500달러 이상의 수입을 올리고 있다.

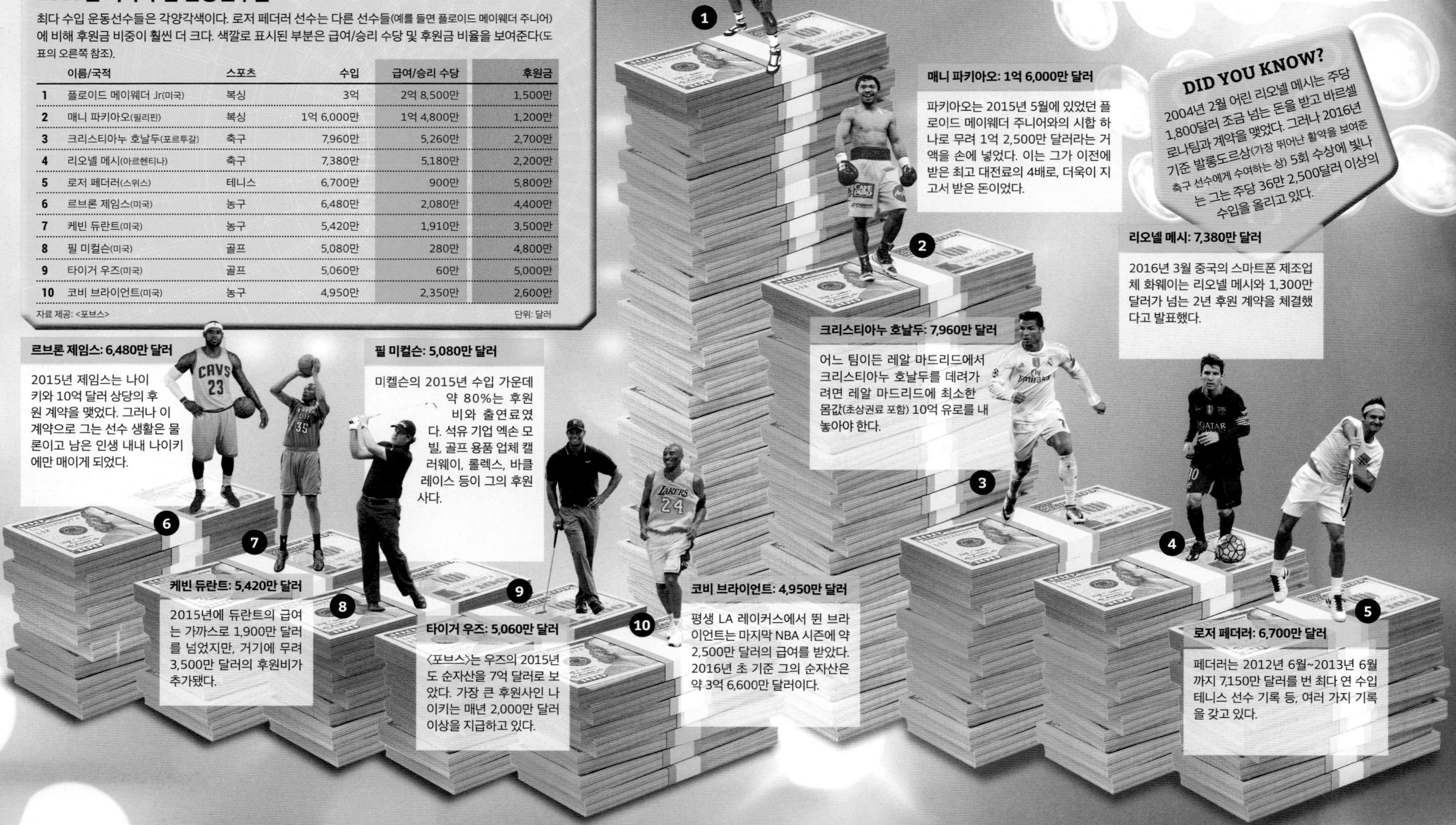

1 플로이드 메이웨더 주니어: 3억 달러

2015년도 플로이드 메이웨더 주니어의 수입은 2위 선수(아래 참조)의 거의 2배에 달한다. 그리고 '가장 위대한' 권투의 전설로 불리는 무하마드 알리가 20년간 번 6,900만 달러의 4배도 더 된다.

2 매니 파키아오: 1억 6,000만 달러

파키아오는 2015년 5월에 있었던 플로이드 메이웨더 주니어와의 시합 하나로 무려 1억 2,500만 달러라는 거액을 손에 넣었다. 이는 그가 이전에 받은 최고 대전료의 4배로, 더욱이 지고서 받은 돈이었다.

3 크리스티아누 호날두: 7,960만 달러

어느 팀이든 레알 마드리드에서 크리스티아누 호날두를 데려가려면 레알 마드리드에 최소한 몸값(초상권료 포함) 10억 유로를 내놓아야 한다.

4 리오넬 메시: 7,380만 달러

2016년 3월 중국의 스마트폰 제조업체 화웨이는 리오넬 메시와 1,300만 달러가 넘는 2년 후원 계약을 체결했다고 발표했다.

5 로저 페더러: 6,700만 달러

페더러는 2012년 6월~2013년 6월까지 7,150만 달러를 번 최다 연 수입 테니스 선수 기록 등, 여러 가지 기록을 갖고 있다.

6 르브론 제임스: 6,480만 달러

2015년 제임스는 나이키와 10억 달러 상당의 후원 계약을 맺었다. 그러나 이 계약으로 그는 선수 생활은 물론이고 남은 인생 내내 나이키에만 매이게 되었다.

7 케빈 듀란트: 5,420만 달러

2015년에 듀란트의 급여는 가까스로 1,900만 달러를 넘었지만, 거기에 무려 3,500만 달러의 후원비가 추가됐다.

8 필 미컬슨: 5,080만 달러

미켈슨의 2015년 수입 가운데 약 80%는 후원비와 출연료였다. 석유 기업 엑손 모빌, 골프 용품 업체 캘러웨이, 롤렉스, 바클레이스 등이 그의 후원사다.

9 타이거 우즈: 5,060만 달러

〈포브스〉는 우즈의 2015년도 순자산을 7억 달러로 보았다. 가장 큰 후원사인 나이키는 매년 2,000만 달러 이상을 지급하고 있다.

10 코비 브라이언트: 4,950만 달러

평생 LA 레이커스에서 뛴 브라이언트는 마지막 NBA 시즌에 약 2,500만 달러의 급여를 받았다. 2016년 초 기준 그의 순자산은 약 3억 6,600만 달러이다.

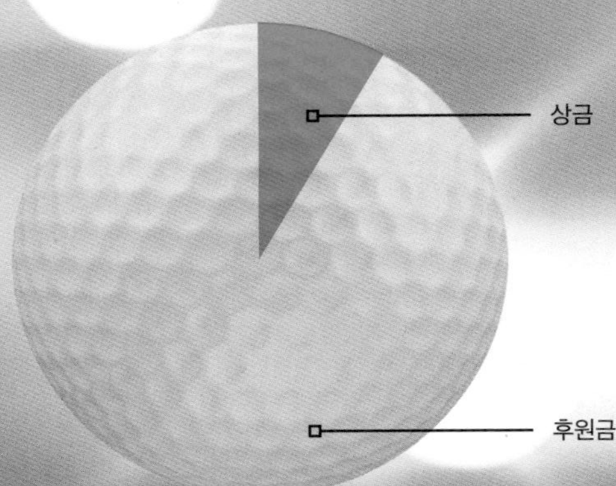

타이거 우즈의 수입

골프의 경우, 경기에서 버는 돈은 아무것도 아니다. 우즈는 20년간 프로골퍼 생활을 하면서 상금으로만 1억 5,600만 달러를 벌었다. 그것만으로도 엄청난 금액이지만, 같은 기간 중 그가 후원 계약으로 벌어들인 10억 달러 넘는 돈에 비하면 별 게 아니다.

2015년의 가장 부유한 은퇴 선수들

흔히 돈을 벌려면 현역으로 있어야 한다고 하지만, 운동선수의 경우 꼭 그렇지만도 않다. 운이 좋거나 재능이 뛰어난 소수의 선수는 후원금과 라이선스료, 출연료 등으로 은퇴 후에도 오랫동안 수입을 올린다.

	이름/국적	스포츠	수입(달러)
1	마이클 조던(미국, 오른쪽)	농구	1억 1,000만
2	데이비드 베컴(영국)	축구	6,500만
3	아놀드 파머(미국)	골프	4,000만
4	주니어 브리지먼(미국)	농구	3,200만
5	제리 리처드슨(미국)	미식축구	3,000만
6	잭 니클라우스(미국)	골프	2,600만
7	샤킬 오닐(미국)	농구	2,200만
8	로저 펜스케(미국)	자동차 경주	2,000만
9	게리 플레이어(남아프리카공화국)	골프	1,900만
10	어빈 '매직' 존슨(미국)	농구	1,800만

자료 제공: <포브스>

신성한 암소!

순자산이 3억 2,000만 달러로 추정되는 테니스 스타 로저 페더러는 세상에서 가장 부유한 운동선수 중 한 사람이다. 그가 받은 많은 상 가운데 가장 특이한 부상은 아마 2003년 처음 윔블던대회에서 우승한 뒤 받은 줄리엣이라는 암소일 것이다.

레알 마드리드의 2015년 입장료 수입은 6억 800만 달러였지만, 방송 수입이 무려 10억 9,100만 달러였다.

가장 부유한 상위 10팀

<포브스>는 매년 가장 부유한 팀 50개의 명단을 발표한다. 다음은 2015년 7월에 발표된 그 마지막 공식 명단 중 톱 10의 명단이다.

자료 제공: <포브스>

NBA 수입

미국프로농구(NBA)에서 선수들은 경기당 NBA 치어리더들이 받는 평균 급여의 600배 가까운 돈을 받는다.

NBA 가치

2015년 평균적인 NBA 팀 가치는 사상 최초로 10억 달러에 도달했다. 그중에서도 LA 레이커스의 가치는 <포브스>가 발표한 2015년도 평균 가치의 약 2.5배였다. 위의 사진은 2016년 4월 13일 자신의 마지막 경기에 출전한 레이커스의 전설 코비 브라이언트이다.

미식축구 AMERICAN FOOTBALL

최다 연속 패스 성공

마이애미 돌핀스의 쿼터백 라이언 탠힐은 두 NFL 경기에서 25연속 패스에 성공했다. 2015년 10월 18일 테네시 타이탄스를 상대로 7연속 패스에, 그리고 2015년 10월 25일 휴스턴 텍슨스를 상대로 18연속 패스에 성공한 것.

두 팀에서 슈퍼볼 우승을 차지한 최초의 쿼터백

페이턴 매닝은 2007년 2월 4일 슈퍼볼 XLI에서 인디애나폴리스 콜츠를 이끌고 시카고 베어스에 29대 17의 승리를 거두었다. 9년 후인 2016년 2월 7일 슈퍼볼 50에선 덴버 브롱크스를 이끌고 캐롤라이나 팬서스에 24대 10으로 승리했다. 후자의 승리로 매닝은 39세에 **슈퍼볼에서 우승한 가장 나이 많은 쿼터백**이 되었다. 더 자세한 매닝의 기록은 아래를 참조하면 된다.

[모두 미국 팀, 미국 선수다.]

1,000번째 패스를 받은 최연소 NFL 선수
애리조나 카디널스의 래리 피츠제럴드는 32세 97일이 되던 2015년 12월 6일에 1,000번째 패스 공을 받았다.

최장 야드 패스 기록
2015년 11월 15일 덴버 브롱코스의 페이턴 매닝은 마이애미 돌핀스와의 경기에서 350야드 패스에 성공해 NFL 사상 최고인 7만 1,871야드 패스를 기록했다. 그는 NFL 주전 쿼터백 중 **최초로 200경기 승리 기록**(1998년~2015년까지 인디애나폴리스 콜츠와 덴버 브롱코스 선수로 뛰면서 186회의 정규 시즌 경기와 14회의 포스트시즌 경기에서 승리) 을 세우기도 했다.

최다 경기에서 200야드 러싱 기록
아드리안 피터슨은 2015년 11월 15일 미네소타 바이킹스 선수 시절 오클랜드 레이더스를 상대로 30대 14로 승리하면서 203야드 러싱(직접 공을 들고 달림)을 했다. 이것은 피터슨의 여섯 번째 200야드 경기로, O. J. 심슨이 세운 기록과 같다.

최고 빨리 끝난 연장전 경기
2015년 10월 4일, 뉴올리언스 세인츠의 드루 브리스(아래)는 댈러스 카우보이스와의 경기에서 연장 13초 만에 C. J. 스필러에게 터치다운 패스를 해 26대 20으로 승리했다.

최다 러싱 터치다운 기록한 NFL 쿼터백

캠 뉴턴은 2011년 이후 캐롤라이나 팬서스에서 뛴 78경기에서 43회 터치다운을 했다. 이는 1985년~1999년 사이 스티브 영이 샌프란시스코 포티나이너스 선수 시절 15시즌 169경기에서 세운 기록과 같다.
뉴턴은 또 2016년 1월 3일 2회의 터치다운 패스와 2회의 터치다운으로 탬파베이 버커니어스에 38대 10으로 승리를 거두었다. **한 NFL 경기 최다(30) 터치다운 패스와 터치다운**을 기록한 것이다.

NFL 한 경기에서 나온 최다 터치다운 패스

2015년 11월 1일 뉴올리언스 세인츠가 뉴욕 자이언츠를 상대로 52대 49로 승리를 거두면서 총 13회의 터치다운 패스가 나왔다. 7회는 뉴올리언스 세인츠의 드루 브리스(위)가, 6회는 뉴욕 자이언츠의 엘리 매닝이 한 터치다운 패스였다. 그 이전 46년간은 12회의 터치다운 패스가 최다 기록이었다.

DATELINE **1983** 1983년

지각 속으로 가장 깊이 파고들어 간 기록
러시아 극지방 콜라 반도의 자폴리아르니 인근 지질학 탐사 시추공 굴착 작업은 자금난 때문에 중단됐다. 그 당시 파고들어 간 깊이가 1만 2,261m였다.

야구 BASEBALL

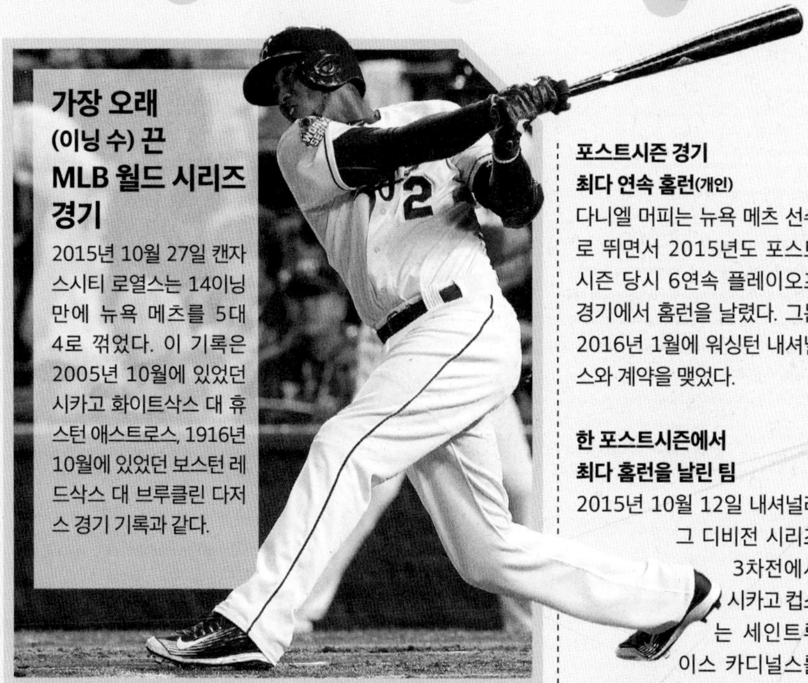

가장 오래 (이닝 수) 끈 MLB 월드 시리즈 경기

2015년 10월 27일 캔자스시티 로열스는 14이닝 만에 뉴욕 메츠를 5대 4로 꺾었다. 이 기록은 2005년 10월에 있었던 시카고 화이트삭스 대 휴스턴 애스트로스, 1916년 10월에 있었던 보스턴 레드삭스 대 브루클린 다저스 경기 기록과 같다.

[별도의 언급이 없는 한 모두 미국 팀, 미국 선수다.]

첫 경기에서 최다 타점을 올린 투수

2015년 6월 28일 신시내티 레즈를 상대로 승리 투수가 된 뉴욕 메츠의 스티븐 마츠가 첫 경기에서 4타점을 올렸다.

타석에서 세운 최장기 노 히트 기록

존 레스터는 2006년 6월 16일 ~2015년 7월 6일까지 보스턴 레드삭스, 오클랜드 애슬레틱스, 시카고 컵스의 선수로 뛰면서, 공식 정규 66시즌 타석에 올라 최장기 노 히트를 기록했다.

MLB 사상 최다 만루 홈런

알렉스 로드리게스는 1994년 이후 시애틀 매리너스와 텍사스 레인저스, 뉴욕 양키스의 선수로 뛰면서 25회의 만루 홈런을 기록했다.

포스트시즌 경기 최다 연속 홈런(개인)

다니엘 머피는 뉴욕 메츠 선수로 뛰면서 2015년도 포스트시즌 당시 6연속 플레이오프 경기에서 홈런을 날렸다. 그는 2016년 1월에 워싱턴 내셔널스와 계약을 맺었다.

한 포스트시즌에서 최다 홈런을 날린 팀

2015년 10월 12일 내셔널리그 디비전 시리즈 3차전에서 시카고 컵스는 세인트루이스 카디널스를 상대로 홈런 6개를 터뜨리며 8대 6으로 승리했다. 이 경기에서 카디널스도 홈런 2개를 날려 총 8개의 홈런이 나와, **한 포스트시즌에서 두 팀이 날린 최다 홈런 기록**이 되었다. 홈런을 날린 컵스의 타자는 스탈린 카스트로(도미니크공화국), 앤서니 리조, 덱스터 파울러, 크리스 브라이언트, 호르헤 솔러(쿠바), 카일 슈와버였고, 카디널스의 타자는 제이슨 헤이워드와 스티븐 피스코티였다.

최다 연속 무실책 기록한 MLB 외야수

닉 마카키스는 2012년 8월 10일~2015년 6월 25일까지 볼티모어 오리올스와 애틀랜타 브레이브스팀 선수로 뛰면서 398경기 연속 무실책을 이어갔다. 그는 2011년과 2014년에 아메리칸리그 외야수 부문 골드 글로브상 2회 수상자이기도 하다.

최고 득표율로 메이저리그 명예의 전당에 오른 선수

2016년 사상 최고 득표율로 켄 그리피 주니어는 메이저리그 명예의 전당에 올랐다. 총 440표 가운데 437표(99.3%)를 얻은 것. 시애틀 매리너스 소속인 그는 "정말 믿을 수 없는 일이었어요." 라며 좋아했다.

최다 사이클링 히트 기록

사이클링 히트란 타자가 한 경기에서 1루타, 2루타, 3루타, 홈런(순서는 무관)을 다 때리는 특이한 기록이다. 그 방면 최고 기록은 3회이며, 1883년~1890년(7일간 2회)에 존 레일리, 1921년~1928년에 밥 뮤젤, 1931년~1933년에 베이브 허먼, 그리고 2008년~2015년 8월 3일 사이에 아드리안 벨트레(사진)가 세웠다. 텍사스 레인저스의 벨트레는 통산 세 번째 사이클링 히트로 휴스턴 애스트로스와의 경기를 12대 9의 승리로 이끌었다.

최다 경기에서 왼손과 오른손 홈런을 날린 선수

두 선수가 14차례씩 한 경기에서 한 홈런은 왼손으로, 또 다른 홈런은 오른손으로 날렸다. 마크 테세이라(2003년 이후 텍사스 레인저스, 애틀랜타 브레이브스, 로스앤젤레스 에인절스, 뉴욕 양키스에서 활동)와 닉 스위셔(2004년 이후 오클랜드 애슬레틱스, 시카고 화이트 삭스, 뉴욕 양키스, 클리블랜드 인디언스, 애틀랜타 브레이브스에서 활동)가 바로 그 두 선수다.

DID YOU KNOW?

아드리안 벨트레(1979년 4월 7일생, 오른쪽)가 세 번째 사이클링 히트를 날린 것은 36세 때였다. 휴스턴 애스트로스와의 경기에서 1회에 3루타, 2회에 2루타, 3회에 1루타, 5회에 홈런을 날린 것.

지금까지 발견된 가장 값비싼 난파선

보물 사냥꾼 멜 피셔(미국, 1922~1998)는 7월 20일 플로리다 연안에서 누에스트라 세뇨라 데 아토차호를 발견했다. 이 배는 36.2톤의 금은과 에메랄드 32㎏을 실은 채 1622년에 침몰했다.

1985 1985년

DATELINE

농구 BASKETBALL

포스트시즌 개인 최다 3점 슛

2015년 NBA 플레이오프 기간 중 골든스테이트 워리어스의 스티븐 커리는 98개의 3점 슛을 기록했다. 워리어스는 2015/2016 시즌 초에 24연속 승리로 새로운 **NBA 시즌 초 최고 기록**을 세웠다.

[모든 기록은 NBA 기록이며, 모두 미국 팀, 미국 선수다.]

한 올스타 경기에서 한 팀이 올린 최다 득점
2016년 2월 14일에 열린 올스타전에서 서부 올스타들은 196득점을 기록했다.
올스타 경기에서 한 선수가 올린 최다 득점은 1962년 윌트 체임벌린이 올린 42득점이다. 그해에 **그는 NBA 한 경기에서 최다 득점**(100점)**을 올린 선수**가 되었다.

NBA 올스타 경기에서의 최다 득점은 르브론 제임스가 2005년~2016년 11차례 올스타 경기에서 얻은 291점이다.

포스트시즌 첫 쿼터 경기에서 한 팀이 올린 최다 득점
2015년 5월 25일 휴스턴 로키츠는 골든스테이트 워리어스를 상대로 포스트시즌 첫 쿼터에서 45득점을 했다. 이는 로스앤젤레스 레이커스(1985년 4월 18일), 댈러스 매버릭스(1986년 5월 4일)의 기록과 같다.

최다 득점이 나온 올스타 경기
2016년 2월 14일 두 올스타팀이 합쳐서 369득점을 했다. 서부 올스타팀이 동부를 196대 173으로 이겼다.

최초의 부자간 코치와 선수
2015년 1월 16일 오스틴 리버스는 클리블랜드 캐벌리어스를 상대로 11분간 로스앤젤레스 클리퍼스의 코치 닥 리버스 밑에서 뛰었다.

최다 연속 패배
필라델피아 세븐티식서스는 2015년 3월 27일~2015년 11월 29일까지 연속 28게임에 패배했다. 이들은 뉴저지 네츠를 상대로 시즌 초 **최다 연속 패배 기록**(18회)도 세웠다.

코비 브라이언트

2015/2016 시즌에 NBA를 은퇴한 로스앤젤레스 레이커스의 코비 브라이언트는 **최연소 경기 참여 기록**(18세 158일 되던 날), **최연소 2만 5,000점 득점 기록**(31세 151일 되던 날) 등 많은 기록을 갖고 있다. 또한 그는 르브론 제임스와 함께 **NBA 올스타 경기 최다 필드 골 기록**도 갖고 있다. 그는 3만 득점과 6,000어시스트, 6,000리바운드가 넘는 기록을 가진 유일한 NBA 선수이기도 하다.

DID YOU KNOW?
'털보' 제임스 하든은 2011/2012 시즌에 뛰어난 활약을 펼쳐 '올해의 NBA 식스맨'을 수상한 두 번째로 어린 선수가 되었다. 어린 시절부터 천식 발작을 앓아온 사람으로서는 대단한 일이 아닐 수 없다.

한 시즌 최다 3점 슛을 기록한 팀

휴스턴 로키츠는 2014/2015 시즌에 933개의 3점 슛을 성공시켜 NBA 기록을 세웠다. 그 과정에서 휴스턴 로키츠는 **한 시즌에 최다 3점 슛**(2,680개)**을 시도한 팀**이 되기도 했다. 제임스 하든(오른쪽)은 로키츠의 선수로 골든스테이트 워리어스를 맞아 **포스트시즌 개인 최다 턴오버 기록**(13회)을 세웠는데, 이는 2015년 5월 27일 로키츠의 플레이오프 시리즈 5차전에서 세운 기록이다.

DATELINE **1986** 1986년
최대 몬스터 트럭
여름 내내 밥 챈들러(미국)는 높이 4.7m에 무게가 1만 7,235㎏인 몬스터 트럭 빅풋 5를 만들었다. 이 트럭은 타이어 높이만 지상 3m나 됐다.

아이스하키 ICE HOCKEY

최다 승리 골

야로미르 야그르(체코)는 2016년 1월 30일 기준 통산 132 승리 골을 기록, 전설적인 캐나다 라이트 윙 고디 하우의 121골 기록을 마침내 깼다.

[모든 기록은 미국과 캐나다에서 치러진 NHL 경기 기록이다.]

최고 빠른 아이스하키 샷

2012년 1월 29일 캐나다 온타리오 오타와에서 벌어진 올스타들의 기량 경연에서 보스턴 부루인스의 지데노 차라(슬로바키아)가 시속 175.09㎞의 슬랩 샷을 때렸다.

최다 득점이 나온 올스타 경기

미국 오하이오 콜럼버스에서 열린 2015 NHL 올스타 경기에서는 총 29개의 골이 기록됐다. 토우스팀이 홀리그노팀을 17 대 12로 꺾었다.

최다 샷이 저지된 시즌

크리스 러셀은 2014/2015 시즌에 캘거리 플레임스(둘 다 캐나다)의 선수로 나와 283개의 샷을 막았다. 이전 기록은 2006/2007 시즌에 오타와 새너터스(캐나다)의 안톤 볼첸코브(러시아)가 세운 273개였다.

셧아웃에서 최다 득점 차단

셧아웃이란 골키퍼가 경기 내내 상대 팀의 득점을 막아내는 것이다. 2014년 1월 29일 에드먼턴 오일러스의 벤 스크리븐스(둘 다 캐나다)는 산호세 샤크스와의 경기에서 59득점을 막아내며 3대 0 승리를 이끌었다.

플레이오프에 가지 않고 올린 팀 최다 득점

2014/2015 시즌 스탠딩스에서 보스턴 브루인스는 96득점을 올렸지만, 포스트시즌 진출에는 실패했다. 브루인스는 41-27-14로 득점을 마쳤다.

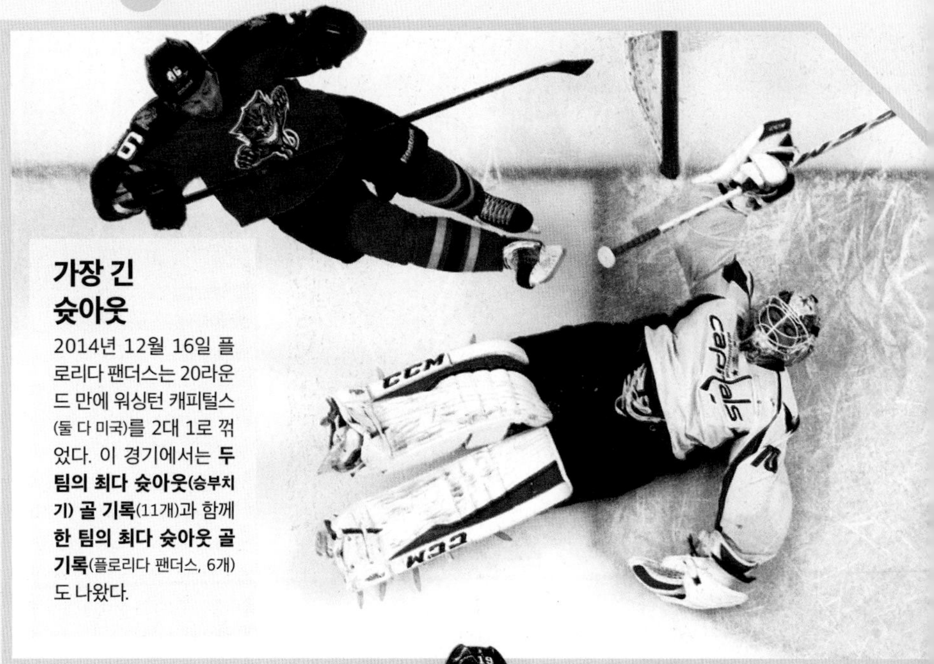

가장 긴 슛아웃

2014년 12월 16일 플로리다 팬더스는 20라운드 만에 워싱턴 캐피털스(둘 다 미국)를 2대 1로 꺾었다. 이 경기에서는 **두 팀의 최다 슛아웃(승부치기) 골 기록**(11개)과 함께 **한 팀의 최다 슛아웃 골 기록**(플로리다 팬더스, 6개)도 나왔다.

최다 슛아웃 골을 기록한 선수

슛아웃 골은 연장전 이후 동점인 경기에서도 나오는 법이다. 2014/2015 시즌 말에 조나단 테이스(캐나다, 위 왼쪽)는 시카고 블랙호크스(미국) 선수로 나서서 40개의 슛아웃 골을 날렸다. 사진은 테이스가 2015년 2월 9일 애리조나 코요테스(미국)의 셰인 도안(캐나다)과 퍽을 다투고 있는 장면이다.

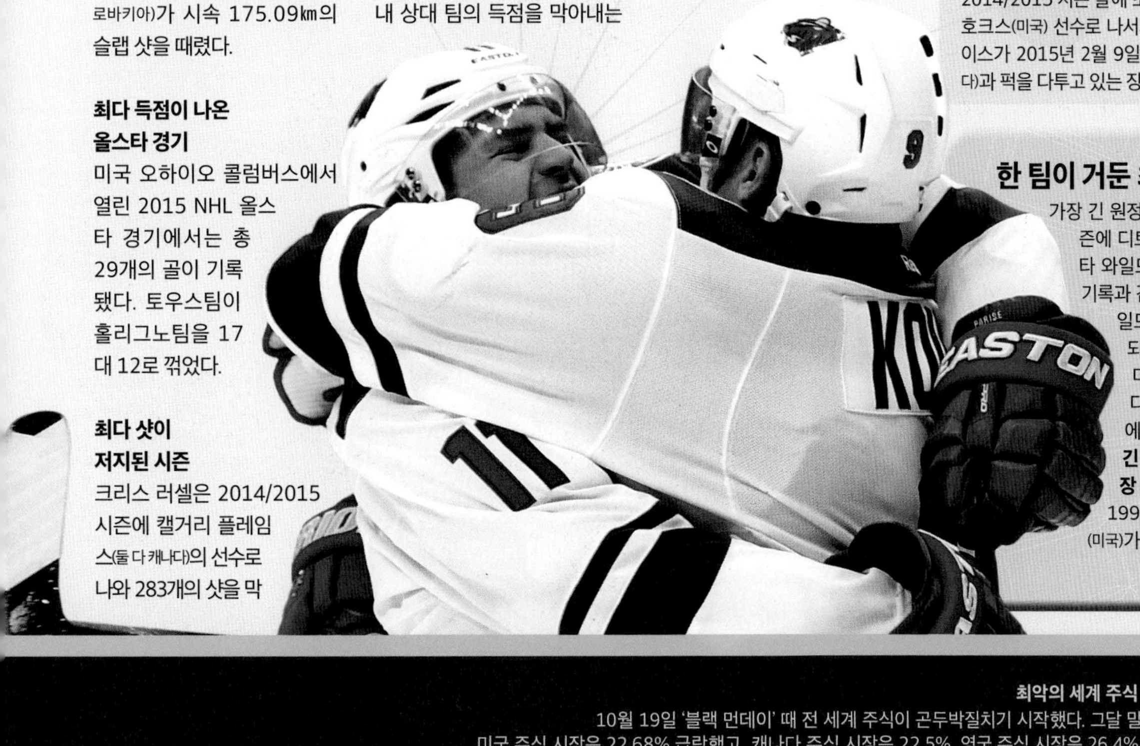

한 팀이 거둔 최장 원정 연승 기록

가장 긴 원정 연승 기록은 12경기로, 2005/2006 시즌에 디트로이트 레드윙스가 세웠다. 이는 미네소타 와일드(둘 다 미국)가 2014/2015 시즌에 거둔 기록과 같다. 왼쪽 사진은 1015년 10월 16일 와일드가 로스앤젤레스 킹스와 1대 1 동점이 되자 기뻐하는 잭 패리스(핀란드, 둘 중 왼쪽)와 미코 코이부(핀란드, 둘 중 오른쪽).

디트로이트 레드윙스는 2011/2012 시즌에 홈에서 23연승을 거둬 **한 팀이 세운 가장 긴 홈 연승 기록**을 세웠다. **한 팀이 세운 가장 긴 홈/원정 종합 연승 기록**은 17경기로, 1993년 3월 9일~4월 10일 피츠버그 펭귄스(미국)가 세웠다.

최악의 세계 주식 시장 폭락

10월 19일 '블랙 먼데이' 때 전 세계 주식이 곤두박질치기 시작했다. 그달 말에 이르러 미국 주식 시장은 22.68% 급락했고, 캐나다 주식 시장은 22.5%, 영국 주식 시장은 26.4% 급락했다.

1987

1987년

DATELINE

복싱 BOXING

최다 금메달을 획득한 AIBA 복싱 세계챔피언(라이트 헤비급)

훌리오 세자르 라 크루즈(쿠바, 왼쪽)는 2011년과 2013년, 2015년에 3회 연속 AIBA 타이틀을 획득했다. 라 크루즈는 2015년 카타르 도하에서 아일랜드의 조 워드(오른쪽)를 꺾었다.

최고 비싼 복싱 챔피언 벨트

2015년 5월 2일 플로이드 메이웨더 주니어가 받은 WBC의 에메랄드 벨트는 제작비가 100만 달러나 들었다. 그는 필리핀의 매니 파키아오(아래 참조)를 꺾은 뒤 이 벨트를 받았다.

최다 무패 전적을 자랑한 세계챔피언 복서

전설적인 헤비급 챔피언 로키 마르시아노(또는 로코 프란시스 마르체기아노, 미국)는 1947년 3월 17일~1955년 9월 21일 프로 선수로 뛰면서 49승 무패의 전적을 기록했다(그는 1956년 4월 27일 은퇴를 선언했다). 그 가운데 43승이 KO 또는 심판이 경기를 중단시키고 내린 승리 판정이었다. 5체급 통합 챔피언이었던 플로이드 메이웨더 주니어(미국)도 같은 기록을 갖고 있어, 1996년 10월 11일~2015년 9월 12일까지 49승 무패 기록을 세운 뒤 은퇴했다. 그 가운데 26승은 KO승이었다.

최고령 복싱 세계챔피언(여자)

자메이카계 미국인 복서 앨리시아 애슐리(1967년 8월 23일생)는 48세 67일이 되던 2015년 10월 29일 미국 뉴욕에서 크리스티나 맥마혼(아일랜드)을 꺾고 WBC 여자 슈퍼 밴텀급 타이틀을 되찾았다.

세계 헤비급 타이틀전 최다 기록 복서

2000년 10월 14일에 WBO 챔피언이 된 블라디미르 클리츠코(카자흐스탄)는 2015년 11월 28일에 치른 세계타이틀전으로 세계 최다 헤비급 타이틀전(28회)이라는 기록을 세웠다. 이는 조 루이스(미국) 기록(27회)을 깬 것이다(조 루이스는 1937년 6월 22일에 챔피언이 되어 1950년 9월 27일 27번째이자 마지막 타이틀전을 치렀다).

입장권 최다 판매 수입을 올린 복싱 경기

플로이드 메이웨더 주니어(미국)와 매니 파키아오(필리핀)의 웰터급 타이틀전은 1만 6,219장의 입장권 판매로 7,219만 8,500달러를 벌어들였다. 2015년 5월 2일 미국 네바다 주 라스베이거스 MGM 그랜드에서 열린 이 시합에서 메이웨더가 판정승을 거뒀다.

DID YOU KNOW?

파키아오를 상대로 한 메이웨더의 승리에는 불미스런 뒷얘기가 있다. 메이웨더가 승자가 내야 할 수수료 20만 달러를 내지 않아 단 2개월 만에 WBO에 의해 타이틀을 몰수당한 것이다.

DATELINE **1990** 1990년

가장 멀리서 찍은 지구 이미지

2월 14일 나사의 보이저 1호는 거의 65억㎞ 거리에서 지구 사진을 찍었다.

(지금도 진행 중인 보이저호의 놀라운 여행에 대해 더 알고 싶다면 24~25쪽 참조)

무술 MARTIAL ARTS

복싱 및 MMA 세계타이틀을 동시에 획득한 최초의 선수

홀리 홈(미국, 오른쪽)은 남녀 통틀어 복싱 세계챔피언과 종합격투기(MMA) 세계챔피언에 오른 선수다. 그녀는 2006년에 WBA 웰터급 챔피언이 되어 2013년까지 그 타이틀을 보유했다. 그리고 2015년 11월 14일 호주 멜버른에서 열린 UFC 대회 2회전에서 론다 로우지(미국, 왼쪽)를 KO로 꺾고 밴텀급 챔피언이 되었다. 그런데 로우지는 그해 초, 항복에 의한 최단 시간 UFC 타이틀전 승리 기록을 세운 선수였다. 2월 28일 미국 캘리포니아 주 로스앤젤레스 스테이플스 센터에서 열린 UFC 184에서 캣 진가노를 단 14초 만에 꺾은 것이다.

최고 등급 챔피언전 최다 승리

2015년 7월 26일 기준 하쿠호 쇼(몽골)는 최고 등급(마쿠우치) 챔피언전에서 35회 승리했다. 그는 또 2009년과 2010년에, 매년 최고 스모 선수들이 겨루는 90회의 정규 경기에서 **최다 승(86승) 스모 선수**가 되었다.

최고 등급 스모 경기를 가장 많이 치른 선수

교쿠덴호 마사루(몽골)는 1998년~2015년 7월 27일까지 최고 등급(마쿠우치) 스모 경기를 1,470회 치렀다. 2015년 5월 14일에 1,445회 경기를 치름으로써 가이오 히로유키의 기록을 깬 바 있다. 그는 또 최다 스모 경기 부문에서도 오시오(일본)에 이어 2위에 올랐다. 오시오는 1,891회, 그는 1,870회다.

옥타곤에서 최다 누적 시간 경기

옥타곤(UFC 경기가 열리는 팔각형 링)에서 최다 누적 시간을 보낸 UFC 선수는 프랭키 에드가(미국)로, 그는 2003년 2월 3일~2015년 12월 11일 사이에 5시간 37분 51초를 옥타곤에서 보냈다.

이는 에드가가 18회의 UFC 경기에서 올린 기록으로, 2013년에 21회의 경기에서 5시간 28분 12초를 보낸 조르주 생-피에르(캐나다)의 기록을 깬 것이다.

2010년 UFC 라이트급 챔피언인 에드가는 타이틀을 3차례 방어한 뒤 2012년에 벤슨 헨더슨에게 내주었다. 아래는 에드가(왼쪽)가 2015년 5월 16일 필리핀 수도 마닐라에서 동료 선수 유라이어 페이버(미국)를 꺾었을 때의 사진이다.

유도 세계챔피언전 최다 우승팀(여자)

일본 여자 유도팀은 총 5차례(2002, 2008, 2012, 2013, 2015) 우승했다.

유도 세계챔피언전 최다 우승(남자)

테디 리네르(프랑스)는 그간 유도 세계챔피언전에서 8개의 타이틀을 따냈다. 7개는 100㎏ 이상 헤비급(2007, 2009~2011, 2013~2015)에서, 1개는 2011년 프랑스 남자 유도팀의 일원으로 따냈다.

가라데 1 프리미어리그 최다 메달 획득

알리사 부친거와 베티나 플랑크(둘 다 오스트리아)는 2013년~2015년 사이에 각기 14개의 가라테 1 프리미어리그 메달을 획득했다.

가라데 1 프리미어리그 최연소 참가자

켄기찬 코카(터키, 1998년 10월 7일생)가 2015년 9월 5일 '가라데 1 이스탄불 2015' 이벤트에 참여했을 때 정확한 그의 나이는 16세 333일이었다.

최초의 웹사이트

8월 6일 스위스 제네바에서 컴퓨터 과학자팀 버너스-리(영국)가 월드 와이드 웹(http://info.cern.ch/) 시연을 위해 웹사이트를 만들었다.

1991

1991년

DATELINE

크리켓 CRICKET

T20 인터내셔널 사상 최다 협력 점수

2016년 1월 17일 뉴질랜드 세던 파크에서 열린 T20(120번 투구하는 경기 방식) 인터내셔널에서 뉴질랜드의 오프너인 마틴 굽틸(왼쪽)과 케인 윌리엄슨이 파키스탄을 상대로 171런이라는 놀라운 득점을 했다. 굽틸(58볼에서 87낫아웃)과 윌리엄슨(48볼에서 72낫아웃) 덕에 홈팀 선수들은 14볼을 남기고 17.4 오버로 홈인했다.

최초의 주·야간 테스트 매치

2015년 11월 27일~11월 29일 호주와 뉴질랜드는 애들레이드 오발 경기장(호주)에서 눈에 잘 띄는 분홍색 공을 사용해 주·야간 테스트 매치를 가졌다. 국제크리켓위원회(ICC)는 이 이벤트로 많은 관중을 끌고 싶었던 것이다.

테스트 매치 최단 시간 헌드레드 기록

2016년 2월 20일 호주를 상대로 벌인 자신의 마지막 테스트 매치에서 뉴질랜드팀 주장 브랜든 매컬럼은 16개의 4런과 4개의 6런으로 54볼 헌드레드 기록을 세웠다. 크라이스트처치(뉴질랜드)의 해글리 오발 경기장에서 79분 만에 이루어진 기록이다. 그는 176이닝 중 107개로, **테스트 매치 최다 6런 히트 기록**도 갖고 있다.

T20 매치 사상 최고 빠른 피프티

2016년 1월 18일 크리스 게일(자메이카)은 호주에서 멜버른 레니게이드스팀 선수로 뛰어 애들레이드 스트라이커스를 상대로 12-볼 피프티 기록을 세웠다. 이는 2007년 ICC 세계 T20 토너먼트에서 유브라즈 싱(인도)이 영국을 상대로 세운 기록과 같다.

ODI 시리즈 최다 런 득점 팀

2015년 6월 영국에서 열린 원-데이 국제 경기(ODI) 시리즈에서 영국(1,617)과 뉴질랜드(1,534)는 합계 3,151런을 기록했다. 그중 상당수는 조 버틀러와 조 루트, 오엔 모건(모두 영국), 로스 테일러, 케인 윌리엄스(모두 뉴질랜드)가 기록한 것이다. 결국 영국팀이 3대 2로 시리즈 우승을 차지했다.

테스트 매치 사상 가장 빠른 공

시속 160.4 km

2015년 11월 15일 호주 퍼스 WACA에서 열린 호주와 뉴질랜드 간 경기에서 호주의 미첼 스타크가 시속 160.4㎞로 공을 던졌다. 배트맨 바로 앞에 떨어진 이 좌완 투수의 공은 뉴질랜드의 배트맨 로스 테일러가 받았는데, 고비를 잘 넘겨 290점을 얻어낸 덕에 호주 원정 배트맨의 최다 테스트 매치 득점 기록을 세웠다. 스타크는 쇼알브 아크타르(파키스탄, 2003), 브렛 리(호주, 2005), 숀 테이트(호주, 2010)에 이어 국제 크리켓대회 사상 가장 빠른 시속 160㎞의 강속구를 던진 네 번째 선수가 되었다.

T20 인터내셔널 사상 위켓키퍼의 최다 아웃 성공

모하마드 샤흐자드(아프가니스탄, 위켓키퍼란 위켓 뒤에 서 있는 선수로, 야구에서 포수와 같은 역할이다)는 2015년 11월 29일 아랍 에미리트 아부다비의 셰이크 자예드 스타디움에서 오만을 상대로 5차례 아웃을 성공시켰다. 캐치 3회, 스텀핑 2회를 성공해 팀이 27런 차이로 승리하는 데 일조한 것이다.

테스트 매치 사상 가장 빠른 파이브-위켓 홀

2015년 8월 6일 영국의 스튜어트 브로드(오른쪽)는 영국 트렌트 브리지에서 열린 4차 애쉬즈 테스트 매치(국가 대 국가의 경기)에서 40분 만에 19개의 볼로 호주의 주전 배트맨 5명을 아웃시켰다. 이는 1947년 12월 4일 호주 브리즈번 크리켓 그라운드에서 인도를 맞아 2.3 에잇-볼 오버에 2런 5위켓 홀을 기록한 어니 토샥의 기록과 같다.

ICC 준회원국이 정회원국에 거둔 첫 승리

2015년 10월 아프가니스탄은 짐바브웨를 3대 2로 꺾어, 테스트 매치 국가를 상대로 첫 ODI 시리즈 승리를 거뒀다.

리미티드-오버즈 매치 최다 득점

2014년 11월 3일 인도 우티에서 JSS 인터내셔널 선수인 상크루트 스리람(인도)은 헤브론 스쿨을 상대로 무려 486낫아웃 기록을 세웠다.

아웃 사이의 최다 런 기록

2015년 12월 10일~2016년 2월 14일까지 애덤 보게스(호주)는 614런을 기록했다.

DID YOU KNOW?

ICC 정회원국(테스트 매치 참여국)은 10개국이다. ODI 시리즈 출전 자격을 갖춘 ICC 준회원국은 아프가니스탄, 홍콩, 아일랜드, 파푸아뉴기니, 스코틀랜드, 아랍 에미리트다. 2015년 10월 24일 기준 아프가니스탄은 테스트 매치 국가들을 상대로 첫 20 ODI 시리즈 중 6승을 거뒀다.

DATELINE **1996** 1996년

성체 세포로 복제된 최초의 동물

7월 5일 영국에서 대리모를 통해 새끼 양 돌리가 태어났다. 다 자란 피니시 도싯 종 양의 세포 복제에 성공한 것이다. 돌리는 자연 상태에서 새끼를 낳으면서 6살까지 살았다.

프레지던츠컵 최다 우승팀

미국은 2년마다 열리는 프레지던츠컵에서 1994년, 1996년, 2000년, 2005년, 2007년, 2009년, 2011년, 2013년, 2015년 총 9차례 우승했다. 이 대회는 라이더컵 출전 자격이 없는 선수들, 즉 유럽을 제외한 나머지 국가 선수들로 구성된 인터내셔널팀과 미국 간에 치러진다. 2015년에는 한국 인천에서 열려 미국이 $15\frac{1}{2}$대 $14\frac{1}{2}$점으로 이겼다.

남자 골프 메이저 최소 파 득점

2015년 8월 13일~8월 16일 사이에 제이슨 데이(호주)는 미국 위스콘신주 콜러 인근 휘슬링 스트레이츠 코스에서 열린 97회 프로골퍼협회(PGA) 챔피언십에서 20언더파(-20)를 기록했다. 데이는 268(68-67-66-67)로 첫 메이저 우승을 했다.

솔하임컵 사상 최대 역전극

2015년 9월 20일 독일 바덴-뷔르템베르크의 세인트 레온-로트 골프클럽에서 열린 솔하임컵 3일째이자 마지막 날 경기에서 미국은 유럽에 6대 10으로 지고 있었다. 그러나 놀랍게도 4점을 만회해 $14\frac{1}{2}$대 $13\frac{1}{2}$로 승리를 낚아챘다. **솔하임컵 사상 최저 점수 차 우승**이었다.

여자 골프 메이저 사상 최소 파 득점

5명의 골퍼가 서로 다른 세 메이저 대회에서 19언더파(-19) 기록을 세웠다. 첫 기록을 세운 골퍼는 1999 크래프트 나비스코 챔피언십에 참가했던 도티 페퍼(미국). 이후 2004 브리티시 오픈에 참가한 카렌 스터플스(영국), 2010년과 2011년 LPGA 챔피언십에 참가한 크리스티 커(미국)와 청 야니(대만) 등이 그 뒤를 이었다. 가장 최근 기록은 2015년 6월 11일~6월 14일 사이에 미국 뉴욕 해리슨에서 열린 LPGA 챔피언십에서 박인비(한국, 오른쪽)가 세웠다. 이들의 기록은 **LPGA 챔피언십 사상 최소 언더파 득점**이기도 하다.

최연소 여자 메이저 골프 챔피언십 우승

리디아 고(뉴질랜드, 1997년 4월 24일 한국 태생)가 2015년 9월 13일 프랑스 에비앙-레-방에서 열린 2015 에비앙 챔피언십에서 우승했을 때, 그녀의 나이는 18세 142일이었다. 이 기록을 세웠을 때 그녀는 이미 **1위에 오른 최연소 골퍼**(2015년 2월 1일 기준 17세 283일)였다. 그녀는 또 15세 124일이 되던 2012년 8월 26일, 캐나다 밴쿠버에서 열린 CN 캐나다 여자 오픈에서 **최연소 LPGA 투어 우승** 기록을 세우기도 했다.

DID YOU KNOW?

미키 라이트(미국)는 최초로 LPGA 챔피언십 연속 우승(1960~1961)을 기록했으며, **LPGA 챔피언십 최다 우승**(4회) 기록도 갖고 있다. 그녀는 또 베치 롤스(영국)와 함께 **최다 미국 여자 오픈 타이틀**(4개)도 갖고 있다.

LPGA 챔피언십 최다 연속 우승

박인비(한국)는 2013년~2015년 사이에 LPGA 챔피언십 우승을 3회 했는데, 두 번은 플레이오프에서, 한 번은 5타 차로 우승했다. 이 기록은 아니카 소렌스탐(스웨덴)이 2003년~2005년 사이에 세운 기록과 같다. 박인비의 기록을 좀 더 알고 싶으면 왼쪽 정보 참조.

PGA 시즌 사상 최고 수입

조던 스피스(미국, 1993년 7월 27일생)는 2015 PGA 투어를 석권해 1,203만 465달러의 수입을 올렸다. 그 시즌 이전까지 1,100만 달러 이상을 번 골퍼는 없었다. 그는 또 그 투어 마지막에 페덱스컵까지 손에 넣어 PGA의 기본 수입 외에 보너스로 1,000만 달러를 챙겼다. 그 덕에 스피스는 22세 62일째 되던 날 **최연소 페덱스컵 우승 골퍼**가 되었다. 거기에 투어 챔피언십까지 석권해 세계 랭킹 1위에 올랐다.

최다 연 수입 골퍼(현재)

2014년 6월~2015년 6월까지 필 미컬슨(미국)이 약 5,100만 달러를 벌어, <포브스>가 뽑은 순위에서 타이거 우즈를 제치고 1위를 차지했다.

지상에서의 최고 속도 기록

10월 15일 앤디 그린(영국)은 미국 네바다 주 블랙록 사막에서 제트 엔진이 달린 스러스트 SSC를 몰고 시속 1,227.985㎞로 시험 주행했다. 음속 장벽을 돌파한 최초의 자동차였다.

1997 1997년 DATELINE

익스트림 스포츠 EXTREME SPORTS

최고 높은 절벽 점프

2015년 8월 4일 유명한 절벽 점프 전문가 라소 샬러(스위스, 브라질 태생)는 까마득히 높은 스위스 마기아의 살토 폭포 위에서 58.8m 아래로 몸을 던졌다. 이탈리아 피사의 사탑보다 몇 m 더 높은 절벽이었다. 연속 동작 형태로 잡은 위 사진에서 보듯, 점프는 약 8m 깊이의 물속에 들어가며 끝이 났다.

[이 페이지에 나오는 비행 기록들은 국제항공연맹(FAI)이 제공한 것이거나 FAI가 인정한 이벤트에서 수립된 기록이다.]

패러글라이더로 최고 멀리 난 기록(남자)
3명의 패러글라이더 조종사들이 함께 직선거리 514㎞를 날았다. 2015년 10월 9일 프랭크 브라운, 마르첼로 프리에토, 도니제테 레모스(모두 브라질)가 브라질 파라이바 주의 타시마에서 몬세뇨르 타보사까지 날아간 것이다.
세이코 후쿠오카-나빌(프랑스, 일본 태생)은 2015년 12월 9일 호주 데닐리퀸에서 402㎞를 날아가 **패러글라이더로 제일 멀리 난 기록(여자)**을 세웠다.

행글라이더로 최고 먼 왕복 거리를 난 기록(여자)
2015년 7월 5일 영국의 캐슬린 리그는 호주 비스츨링에서 행글라이더를 타고 왕복 229.8㎞를 날았다.
행글라이더로 최고 먼 왕복 거리를 난 기록(남자)은 카를로스 푸네트 펠리세(스페인)와 랄프 미에데르호프(독일)가 갖고 있다. 두 사람은 2015년 12월 18일 나미비아 브그스도르프에서 출발해 410㎞를 난 뒤 되돌아왔다.

레드불 절벽 다이빙 월드 시리즈 최다 우승(여자)

레이첼 심슨(미국)은 레드불 절벽 다이빙 월드 시리즈에서 2014년과 2015년, 2회 우승했다. 영국의 개리 헌트는 2010년~2012년, 2014년~2015년 등 총 5회 우승해 **레드불 절벽 다이빙 월드 시리즈 최다 우승 기록(남자)**을 세웠다. 이 대회는 2009년에 시작됐다.

레드불 에어 레이스 챔피언십 최다 우승
폴 본홈(영국)은 2009년, 2010년, 2015년 이렇게 3회 레드불 에어 레이스 챔피언십에서 우승했다. 그는 이 대회가 생긴 2003년~2015년 사이에 열린 66회의 대회에 모두 참여했지만, 세 번째 타이틀을 획득한 뒤 에어 레이스 은퇴를 선언했다.

가장 빠른 1㎞ 얼음 수영(남자)
2015년 3월 20일 크리스토프 방드라취(독일)는 국제 얼음수영협회(IISA) 세계 챔피언십에서 정확히 13분 만에 1㎞를 완주했다. 2015년 대회는 얼기 직전인 러시아 무르만스크의 세메노프스코예 호수에서 열렸다.
같은 날 같은 대회에서 레나타 노바코바(체코)는 14분 21초를 기록, **가장 빠른 1㎞ 얼음 수영 선수(여자)**가 되었다.

얼음 또는 눈길 5㎞를 맨발로 가장 빨리 가기
라트비아의 에드가스 렌시스는 단 21분 28.48초 만에 깊은 눈 속을 걸어 5㎞를 완주했다. 2015년 1월 24일 라트비아 리가에 있는 다우가바 스타디움의 눈 트랙에서 세운 기록이다.

가장 빠른 15m 스피드 등반(여자)

우크라이나의 다닐로 볼디레프(오른쪽)는 2014년 9월 12일 스페인 기욘에서 열린 국제스포츠등반협회(IFSC) 세계 챔피언십에서 15m를 단 5.6초에 올라 라이벌인 스타니슬라프 코코린(러시아)을 꺾고 세계챔피언 타이틀을 가져갔다. 이는 리보르 흐로자(체코)가 5.73초로 새 기록을 세운 지 단 몇 주 만에 거둔 쾌거였다. 이 부문 최고 여자 기록은 2015년 7월 11일 프랑스 샤모니에서 열린 IFSC 월드컵에서 이울리이아 카플리나(러시아, 위)가 세운 7.53초이다. 그녀는 2개월 전에 이미 7.74초로 자신의 이전 기록을 0.11초 단축하며 새로운 세계기록을 세운 바 있다.

DATELINE **2000** 2000년

가장 등락 폭이 컸던 주가(24시간 만에)
수개월간 낙관적인 평가 속에 많은 투자를 받던 야후재팬의 주가가 3월 27일, 24시간 만에 54%나 폭락했다. 닷컴 기술 거품이 꺼지면서 다른 많은 기업도 비슷한 길을 걸었다.

스트리트 스포츠 STREET SPORTS

DID YOU KNOW?

월드컵스케이트보딩협회(WCS)는 프로 스케이터들의 순위를 매기고 관리하는 유일한 단체다. 이 협회는 1994년부터 활동을 시작해, 숱과 거리에서 열리는 가장 큰 규모의 국제 스케이트보딩 대회들을 주관하고 있다.

월드컵 스케이트보딩 스트리트 세계 랭킹 최다 석권

브라질의 켈빈 회플러는 2010년~2014년 사이에 월드컵 스케이트보딩 스트리트 세계 랭킹 5회 석권이라는 미증유의 기록을 세웠다.

프렌치 시티 프로 투어 최다 우승

에릭 말라베르뉴(프랑스)는 프랑스에서 가장 역사가 오래 된 연례 도시 거리 골프대회인 프렌치 시티 프로 투어에서 2회 우승했다(그는 2012년과 2015년에 로스 골포스 팀의 일원이기도 했다).

월드컵 스케이트보딩 스트리트 세계 랭킹 최다 석권(여자)

레티키아 부포니(브라질)는 2010년~2013년 사이에 총 4회나 월드컵 스케이트보딩 스트리트 세계 랭킹 1위에 올랐다. 그녀는 X 게임 챔피언에도 3회 올랐다.

X 게임

최다 메달 획득

1997년~2015년 6월 5일까지, 스케이트보더 밥 부른퀴시트(브라질)는 29개의 메달을 획득했다. 썸머 X 게임(익스트림 스포츠의 준말) 최다 스케이트보딩 스트리트 금메달 획득자는 2011년~2015년 사이에 6개를 획득한 나이자 휴스턴이다.

X 게임 자동차 스포츠 최연소 참가자

개빈 할리엔(미국, 1999년 8월 20일생)은 정확히 14세 292일째 되던 2014년 6월 8일, 미국 텍사스 주 오스틴에서 열린 오프로드 트럭 레이싱에 참가했다.

30초 내 최다 BMX 한 손 타임머신 묘기 성공

2015년 10월 10일 타카히로 이케다(일본)는 가카미가하라의 오아시스 공원에서 45회의 한 손 타임머신 묘기를 해냈다.

자전거 타고 뒤로 공중제비 최다 기록(한 번의 점프에)

제드 밀던(뉴질랜드)은 2015년 7월 12일 미국 데이비드슨빌의 파스트라나랜드에서 뒤로 공중제비 4회에 성공했다.

스케이트 보드를 타고 최고 높이 날아오른 기록

2015년 7월 18일, 대니 웨이(미국)는 여러 차례의 실패 끝에 미국 캘리포니아 주 알파인의 한 쿼터 파이프에서 7,772m를 날아오르는 놀라운 기록을 세웠다.

썸머 X 게임 사상 최다 연속 금메달

제이미 베스트윅(영국)은 2007년~2014년 사이에 썸머 X 게임에서 9회 연속 금메달을 획득했다. 그의 금메달은 모두 BMX 숱 대회에서 딴 것이어서, 그는 **썸머 X 게임 사상 최다 연속 BMX(묘기 자전거) 숱 부문 금메달 수상자**이기도 하다. 그가 8년간 9개의 메달을 수상한 것은 2013년에 X 게임이 2회 열렸기 때문이다. 그의 놀라운 연승 기록은 2015년 6월 그가 1점 차로 빈스 바이론(호주)에게 1위를 내주면서 끝났다.

가장 많은 개인을 희생시킨 테러 행위

9월 11일 미국 뉴욕 시 세계무역센터의 쌍둥이 빌딩에 비행기 2대가 고의 충돌 사고를 냈다. 공식 사망자 수는 사고 이후 각종 합병증으로 사망한 사람들을 포함해 총 2,753명이었다.

2001

2001년

오토 스포츠 AUTO SPORTS

최다 연속 F1 레이스 우승

루이스 해밀턴(영국)은 2014년 7월 27일~2015년 7월 5일까지 18회 연속 포뮬러 1(F1) 대회를 석권했다. 1970년에 잭키 스튜어트(영국)가 최소 트랙 한 바퀴 정도를 앞서면서 세운 17회 연승 기록을 깬 것이다. 해밀턴의 독주는 헝가리 그랑프리대회에서 끝났다. 그는 유리한 폴 포지션 위치에서 출발했지만 첫 바퀴에서 최종 우승자 세바스티안 베텔에게 따라잡혔다.

최다 연속 F1 그랑프리 참가
니코 로스버그(독일)는 2006년 3월 12일~2015년 11월 29일까지 윌리엄스와 메르세데스를 대표해 185회 연속 참가했다.

F1 시즌 최다 폴 포지션을 차지한 자동차 제조사
2011년 레드불 레이싱(오스트리아)은 F1 한 시즌에서 18회 폴 포지션을 차지한 첫 번째 자동차 제조사가 됐다. 이는 2014년과 2015년에 메르세데스(독일)가 세운 기록과 같다. 메르세데스는 F1 한 시즌에서 최다 1, 2위(2015년 3월 15일~11월 29일까지 12회)를 기록한 자동차 제조사이기도 하다.

르망 24시간 레이스 최고 빠른 트랙 일주
2015년 6월 14일 그 유명한 프랑스 르망 24시간 레이스에서 앙드레 로테레르(독일)는 아우디 R18 e-트론 쿼트로를 몰고 3분 17.475초 기록으로 트랙을 완주했다. 그 3일 전에는 닐 야니(스위스)가 포르쉐 919 하이브리드를 몰고 3분 16.887초 기록으로 **최고 빠른 르망 24시간 레이스 연습 일주** 기록을 세웠다.

랠리 세계 챔피언십 최고 평균 속도
2015년 8월 2일에 네스테 랠리 핀란드에서 자리-마티 라트발라(핀란드)는 평균 시속 125.44㎞로 달렸다.

MOTOGP(500cc급) 대회 사상 최다 세계 챔피언십 우승

이탈리아의 발렌티노 로시는 MotoGP(500cc) 클래스에서 86차례 오토바이 세계챔피언 자리에 올랐다. 그는 혼다와 두카티, 야마하의 오타바이를 탔다. 로시의 첫 번째 500cc 챔피언십 우승은 2001년 브리티시 그랑프리에서 혼다를 타고 달성됐다. 2002년 브리티시 그랑프리가 MotoGP로 바뀌기 전까지, 그는 500cc급에서 12차례 더 우승을 차지했다. 이후 그는 2015 시즌에서의 4회 우승을 포함해 그랑프리 레이스에서 73회 우승했다. 지아코모 아고스티니(이탈리아)는 로시의 112회보다 많은 122회 우승 기록을 갖고 있지만, 그중 500cc급 우승 기록은 68회뿐이다.

최다 연속 NASCAR 레이스 참가

제프 고든(미국)은 1992년 11월 15일~2015년 11월 22일까지 스프린트컵 시리즈 23시즌 동안 헨드릭 모터스포츠 사 소속 선수로 797회 NASCAR 레이스에 참가했다. 고든은 23년 동안 단 한 번도 스프린트컵 시리즈 레이스에 빠진 적이 없다. 그는 은퇴 직전인 2015년 9월에 릭키 러드(미국)가 갖고 있던 788회 레이스 참가라는 '아이언맨' 기록을 깼다.

가장 오래 걸린 인디애나폴리스 500 우승 탈환

후안 파블로 몬토야(콜롬비아)는 인디애나폴리스 500에서 우승한 뒤 14년 361일 만에 다시 우승을 되찾는 진기록을 세웠다. 2000년 5월 28일 인디애나폴리스 500에서 첫 우승을 한 뒤 2015년 5월 24일 인디카 레이스에서 비로소 두 번째 우승을 한 것이다.

DATELINE **2002** 2002년

무인 정찰기가 참가한 최초의 공중전
12월에 미국의 무인 정찰기 MQ-1 프레데터가 정찰 임무 중에 이라크의 미그-25로부터 공격을 받았다. 두 비행기는 서로 미사일을 쐈는데 프레데터의 미사일이 미그기에서 발사한 미사일에 의해 표적에서 벗어나는 바람에 결국 공중전은 미그-25의 승리로 끝났다.

사이클링 CYCLING

최초로 3종목 석권

폴린 페랑-프레보(프랑스)는 2014년 9월 27일 스페인에서 열린 UCI 로드 세계선수권대회와 2015년 2월 1일 체코에서 열린 사이클로-크로스 세계 챔피언십, 그리고 2015년 9월 6일 안도라에서 열린 산악자전거 세계 챔피언십에서 모두 우승했다. 이로써 도보, 사이클로-크로스, 산악자전거 3종목을 석권한 최초의 선수가 됐다.

DID YOU KNOW?

폴린 페랑-프레보(왼쪽)가 참가하는 사이클로-크로스 스포츠는 난관이 많다. 선수들은 도로와 크로스컨트리 구역에서 자전거를 타거나 둘러매고 달려야 하며, 또 모래밭과 허들 외에 기타 장애물들도 넘어야 한다.

혼자 타는 휴먼-파워드 차량(HPV)의 최고 속도

2015년 9월 19일 미국 네바다 주에서 열린 세계 휴먼 파워드 스피드 챌린지에서 아에로벨로 팀의 토드 라이헤르트(캐나다)가 시속 139.45㎞를 기록했다. 사실 그는 9월 17일에 시속 137.93㎞로, 9월 18일에는 시속 139.2㎞로 이미 기록 경신을 했다.

투르 드 스위스 사이클링대회 최다 스테이지 우승

투르 드 스위스는 1933년 이후 매년(2차 세계대전 기간 제외) 열리고 있다. 이 대회의 최다 스테이지 우승 기록은 1940년~1951년 사이에 스위스의 페르디난드 퀴블러가 세운 11승으로 동료 스위스 선수인 후고 코블렛도 1950년~1955년 사이에 같은 기록을 세웠다. 가장 최근인 2011년~2015년 사이에는 피터 사간(슬로바키아)이 또 11승을 올렸다.

투르 드 프랑스 첫 스테이지에서 가장 빠른 평균 속도

로한 데니스(호주)는 2015년 7월 4일 네덜란드 위트레흐트에서 열린 투르 첫 스테이지에서 평균 시속 55.446㎞를 기록했다.

최다 연속 그랜드투어 완주

사이클 분야에서의 그랜드투어는 투르 드 프랑스, 지로 디 이탈리아, 부엘타 아 에스파냐이다. 아담 한센(호주)은 2011년 9월 11일~2015년 9월 13일까지 연속 13회 그랜드투어를 완주해, 1958년 이후 깨지지 않던 기록을 깼다.

1시간에 자전거로 가장 멀리 간 기록 (남자)

2015년 6월 7일 브래들리 위긴스 경(영국, 오른쪽)은 영국 런던올림픽 경륜장에서 자전거를 타고 1시간에 총거리 54.526㎞를 달렸다. 알렉스 다우셋(영국)이 겨우 1개월 전에 세운 52.937㎞ 기록을 깬 것이다.

2016년 1월 22일 브리디 오도넬(호주)은 호주 애들레이드 슈퍼-돔에서 1시간에 46.882㎞를 달려 여자 최고 기록을 세웠다.

UCI 월드 투어에서의 최다 우승팀

국제사이클연맹(UCI) 월드투어는 뛰어난 남성 사이클 선수들이 참가하는 유명한 로드투어 레이스로, 모비스타팀(스페인)이 3차례 우승했다(2013~2015).

UCI 트랙 세계선수권대회 최고의 수혜국

프랑스는 금메달 138개, 은메달 107개, 동메달 120개로 총 365개의 메달을 가져갔다. 이는 아마추어 선수들이 참여했던 1893년의 1회 대회부터 2015년 2월 사이에 세워진 기록이다.

최대의 은행 강도 사건
8월 6일부터 이틀간 브라질 포르탈레자의 방코 센트럴에 강도들이 들이닥쳐 6,980만 달러를 훔쳐갔다. 현재까지 관계 당국은 그중 900만 달러만 회수했다.

2005
2005년
DATELINE

럭비 RUGBY

최다 럭비 유니언 월드컵 우승

뉴질랜드는 1987년, 2011년, 2015년 이렇게 3회 월드컵에서 우승했다. 이들은 2015년 결승전에선 호주를 34대 17로 꺾었는데, 그때까지 양 팀은 토너먼트에서 2회씩 우승했었다. 이는 결승전 최다 합산 점수이기도 했다.

리그 챌린지컵 결승 개인 최다 트라이 기록

2015년 8월 29일 리즈 라이노스의 톰 브리스코(영국, 왼쪽)는 영국 런던 웸블리 스타디움에서 헐 킹스턴 로버스를 상대로 5개의 트라이를 기록했다. 1999년 라이노스의 르로이 리벳이 세운 4개 기록을 깬 것이다.

프로 12 럭비 유니언 매치에서 함께 뛴 최초의 부자 선수

리건 킹과 제이콥 카울리(둘 다 뉴질랜드)는 2015년 10월 30일 영국 웨일스 레넬리의 파크 y 스칼릿츠에서 함께 스칼릿츠 선수로 나서 뉴포트 켄트 드래곤스를 상대로 뛰었다. 당시 18세였던 카울리는 윙어 포지션으로 데뷔했다.

골든 포인트로 판가름난 최초의 NRL 결승전

2015년 10월 4일 ANZ 스타디움(호주)에서 열린 올-퀸즐랜드 결승에서 노스 퀸즐랜드 카우보이스가 브리즈번 브론코스를 17대 16으로 꺾었다.

사상 최대의 역전

2015년 10월 6일 루마니아는 영국 레스터 시티 스타디움에서 열린 풀 매치에서 하프타임 이후에 15점을 만회해 캐나다를 17대 15로 꺾었다.

결승전 최대 점수 차

2015년 8월 29일 영국 런던 웸블리 스타디움에서 열린 결승전에서 리즈 라이노스는 헐 킹스턴 로버스를 50대 0으로 꺾었다.

럭비 유니언 월드컵 사상 가장 오랜 뒤의 승리

2015년 9월 19일 영국 브라이튼의 브라이튼 커뮤니티 스타디움에서 일본은 24년 340일 간의 침묵 끝에 남아프리카공화국을 상대로 스릴 넘치는 승리를 거뒀다.

럭비 유니언 월드컵 최다 관중

아일랜드와 루마니아의 풀 매치를 2015년 9월 27일 8만 9,267명이 관람했다.

2015년 10월 10일 영국 맨체스터의 올드 트래퍼드에서는 **슈퍼리그 결승전 사상 최대 관중**인 7만 3,512명이 리즈 라이노스가 위건 워리어스를 꺾는 장면을 지켜봤다.

월드컵 토너먼트 개인 최다 트라이 기록

올 블랙의 줄리안 사베아는 2015 럭비 유니언 월드컵에서 나미비아를 상대로 2, 그루지야를 상대로 3, 프랑스를 상대로 3, 이렇게 총 8개의 트라이를 기록했다. 이는 같은 뉴질랜드 선수 조나 로무(1975~2015)가 1999년에 처음 세운 8개(통가 2, 영국 1, 이탈리아 2, 스코틀랜드 1, 프랑스 2) 기록과 같다. 브라이안 하바나(남아공) 역시 2007년에 트라이 8개(사모아 4, 미국 2, 아르헨티나 2) 기록을 세웠다.

럭비 유니언 월드컵 최연소 선수

스크럼하프(공을 스크럼 안에 넣는 하프백 선수)인 바실 로브자니드제(1996년 10월 14일생)는 2015년 9월 19일 영국 글로스터의 킹스홀름 구장에서 조지아 선수로 출전해 통가와 맞붙었다. 당시 그의 나이는 18세 340일이었다. 이날 조지아의 17대 10 승리는 월드컵에서 거둔 세 번째 승리였다.

DATELINE **2006** 2006년

최초의 트윗

트위터의 창립자 잭 도시(미국)는 3월 21일 태평양 표준시 오전 9시 50분에 '이제 막 트윗을 시작했다'라는 내용으로 최초의 트윗을 날렸다. 그의 마이크로블로깅과 소셜 네트워킹 툴 덕에 유저들은 월드와이드웹 또는 SMS를 통해 140글자까지 문자메시지를 포스팅할 수 있게 됐다.

테니스 TENNIS

최장기 연속 ATP 우승

로저 페더러(스위스)는 남자프로테니스협회(ATP) 월드투어에서 15년 연속(2001~2015) 최소 하나 이상의 타이틀을 획득했다. 2015년에 6개의 투어 타이틀을 보태 총 17회 그랜드슬램을 달성하면서, 이반 렌들이 갖고 있던 14년 연속(1980~1993) ATP 타이틀 획득 기록을 깼다.

최장기 그랜드슬램 단식 우승(오픈 시대)

세레나 윌리엄스(미국)는 1999년 9월 11일 US 오픈에서 자신의 첫 그랜드슬램 단식 우승을 달성했다. 그녀의 21번째이자 가장 최근의 그랜드슬램은 15년 303일 뒤인 2015년 7월 11일 영국 런던 윔블던 챔피언십에서 달성됐다. 세레나(1981년 9월 26일생)는 33세 288일이 되던 날 이 기록을 세움으로써 그랜드슬램 단식 우승 최고령 선수(여성)가 되었다.

최고령자의 첫 그랜드슬램

플라비아 페네타(이탈리아, 1982년 2월 25일생)는 33세 199일이 되던 2015년 9월 12일 미국 뉴욕 시 플러싱 메도스에서 열린 US 오픈에서 우승했다. 이는 그녀의 49번째 그랜드슬램 도전으로 페네타는 이 경기 이후 은퇴를 선언했다.

그랜드슬램 사상 최다 대결

2016년 호주 오픈까지, 노박 조코비치(세르비아)와 로저 페더러는 그랜드슬램 토너먼트에서 15차례 만났다. 그중 9경기에서 조코비치가 이겼다.

호주 오픈 단식 최다 우승

2016년 1월 31일 노박 조코비치는 호주 오픈에서 여섯 번째 단식 우승을 차지했다.

ATP 사상 최다 에이스 서브

이보 카로비치(크로아티아)는 2016년 4월 20일 기준 ATP 월드투어에서 567회의 단식 경기에서 1만 519개라는 놀라운 숫자의 에이스 서브를 기록했다.

그랜드슬램 경기 최초의 경기 중 인터뷰

2015년 8월 31일 뉴욕 시 플러싱 메도스에서 열린 US 오픈에서 코코 반데웨이는 동료 미국인 선수 슬로안 스티븐스를 상대로 치른 1라운드 경기 첫 세트가 끝난 뒤 ESPN의 팸 슈리버로부터 두 가지 질문을 받고 답했다. 하지만 그녀는 6대 4, 6대 3으로 이긴 후, 35초간의 인터뷰에 대해 이렇게 말했다.

"무슨 말을 했는지 기억도 안 나요. 그녀(슈리버)가 뭘 물었는지도 모르겠고요."

최다 연 수입 선수

<포브스>가 발표하는 연 수입은 우승 상금과 후원금이 모두 반영된 수치다.

- **남자(역대):** 로저 페더러(스위스), 7,150만 달러(2012~2013)
- **남자(현재):** 로저 페더러(스위스), 6,700만 달러(2014~2015)
- **여자(현재):** 마리아 샤라포바(러시아), 2,950만 달러(2014~2015)

WTA 매치 사상 최다 에이스 서브

사빈 리시츠키(세르비아)는 2015년 6월 17일 영국 버밍엄의 아에곤 클래식에서 벨린다 벤치치를 맞아 벌인 2라운드 매치에서 10서비스 게임 중 27에이스를 기록했다.
놀랄 일도 아니지만, 리시츠키는 2014년 7월 29일 시속 210.8㎞의 서브를 날려 **가장 빠른 서브(여자)** 기록도 갖고 있다.

DID YOU KNOW?

노박 조코비치는 플로리다 마이애미 오픈에서 우승한 뒤 2016년 4월 3일 기준 통산 9,819만 9,548달러의 수입(싱글 및 더블 매치 수입)을 올려, 로저 페더러가 올린 수입 9,785만 5,881달러를 앞질렀다.

한 테니스 시즌에서의 최다 수입

세계 랭킹 1위인 노박 조코비치는 2015 시즌에 그랜드슬램(호주 오픈, 윔블던, US 오픈), **한 시즌 최다 ATP 마스터스 1,000 타이틀**(6), **한 시즌 최다 ATP 마스터스 1,000 파이널**(8)을 기록하면서 2,164만 6,145달러의 수입을 올렸다.
한 테니스 시즌 최다 수입을 기록한 여자 선수는 2013년 세레나 윌리엄스가 세운 1,238만 5,572달러이다.

다우존스 산업 평균 지수 최대 폭락
9월 29일 미 의회가 납세자와 금융시장을 지키기 위한 미국 정부의 '구제 금융 법안'을 가결하자, 다우존스 주가지수가 777.68포인트나 폭락했다.

2008
2008년
DATELINE

클럽 축구 CLUB SOCCER

분데스리가 사상 교체 선수의 최다 득점

2015년 9월 22일 독일 뮌헨의 알리안츠 아레나에서 로베르트 레반도프스키(폴란드)는 바이에른 뮌헨 선수로 나와 볼프스부르크를 상대로 5골을 넣었다. 그는 8분 59초 안에 그 골을 모두 넣어 **분데스리가 사상 한 선수가 세운 최단기 5골**로 기록됐다. 또 그의 처음 3골은 단 3분 22초 안에 들어가, **분데스리가 사상 한 선수가 세운 최단기 해트 트릭**으로 기록됐다.

한 선수가 넣은 최다 골
프리미어리그 한 경기에서 5골을 넣은 5명의 선수가 있다. 1995년 3월 4일 입스위치와의 경기에서 앤디 콜(영국, 맨체스터 유나이티드), 1999년 9월 19일 셰필드 웬즈데이와의 경기에서 앨런 시어러(영국, 뉴캐슬 유나이티드), 2009년 11월 22일 위건 애슬레틱과의 경기에서 저메인 데포(영국, 토트넘 홋스퍼), 2010년 11월 27일 블랙번 로버스와의 경기에서 디미타르 베르바토프(불가리아, 맨체스터 유나이티드), 2015년 10월 3일 뉴캐슬 유나이티드와의 경기에서 세르히오 아궤로(아르헨티나, 맨체스터 시티).

UEFA 챔피언스리그 최고 점수 차 승리
8대 0이라는 이 놀라운 기록의 주인공은 두 팀이다. 2007년 11월 6일 베식타스(터키)를 꺾은 리버풀(영국), 2015년 12월 8일 말뫼(스웨덴)를 꺾은 레알 마드리드(스페인).

여성 챔피언스리그 최다 승
FFC 프랑크푸르트(독일)가 4회(2001-2002, 2005-2006, 2007-2008, 2014-2015) 우승을 차지했다.

최고 몸값 선수(이적료 포함)
2007년 7월~2015년 8월까지 앙헬 디 마리아(아르헨티나)의 4차례 이적료는 총 1억 3,260만 달러였다.

최고 빨리 들어간 골

- **프리미어리그:** 9.7초. 2000년 12월 9일 브래드포드 시티전에서 레들리 킹(영국, 토트넘 홋스퍼).
- **세리에 A:** 8.2초. 2001년 12월 2일 피오렌티나전에서 파올로 포지(이탈리아, 피아첸차).
- **분데스리가:** 9초. 2014년 8월 23일 보루시아 도르트문트전에서 카림 벨라라비(독일, 바이엘 레버쿠젠). 2015년 8월 22일 바이에른 뮌헨전에서 케빈 볼란드(독일, TSG 1899 호펜하임)가 세운 기록도 동일.
- **라 리가:** 7.8초. 2008년 1월 20일 에스파뇰전에서 호세바 요렌테(스페인, 레알 바야돌리드).
- **리그 앙:** 8초. 1992년 2월 15일 칸전에서 미셸 리오(프랑스, 캉).
- **메이저리그 사커(MLS):** 7초. 2015년 10월 18일 필라델피아 유니언전에서 마이크 그렐라(미국, 뉴욕 레드불스).
- **UEFA 유로파리그:** 13.21초. 2015년 3월 12일 비야레알전에서 비톨로(스페인, 세비야).

프리미어리그 최다 클린 시트

페트르 체흐(체코)는 2004년 8월 15일~2016년 2월 7일까지 174경기에 첼시(2004~2015)와 아스널(2015~) 두 클럽의 골키퍼로 뛰면서 단 1골도 허용하지 않았다.

프리미어리그 사상 최다 연속 득점

2015년 8월 29일~2015년 11월 28일까지 제이미 바디(영국)는 레스터 시티 선수로 나서 11게임 연속 득점을 올렸다. 이 기록은 영국 레스터 킹 파워 스타디움에서 열린 맨체스터 유나이티드와의 경기에서 넣은 시즌 14호 골로 끝이 났다.

한 클럽에서의 최다 골 득점

2016년 2월 2일 웨인 루니(영국, 맨체스터 유나이티드)는 영국 프리미어리그 통산 177번째 골을 넣었다. 프리미어리그 사상 선수가 한 클럽에서 기록한 최다 득점으로, 루니는 2004년 10월 24일 아스널과의 경기에 출전해 맨체스터에 첫 골을 안겼었다. 삽입 사진은 루니가 2016년 1월 17일 176호 골 기록에 대한 기네스 인증서를 받아 든 모습이다.

DATELINE **2009** 2009년

100m 달리기 최고 기록
8월 16일 독일 베를린에서 열린 100m 달리기에서 우사인 볼트(자메이카)가 9초58로 세계신기록을 세웠다. 이는 꼭 1년 전 중국 베이징에서 세운 9초69라는 자신의 기록을 깬 것이다.

국제 축구 INTERNATIONAL SOCCER

피파 여자 월드컵 결승전 최다 개인 골

칼리 로이드(1982년 7월 16일생)는 2015년 7월 5일 캐나다 밴쿠버에서 열린 일본과의 결승전에서 미국 선수로 나와 3골을 기록했다. 3분 만에 터진 그녀의 첫 골은 **피파 여자 월드컵 결승전 사상 제일 빨리 들어간 골**이 됐고, 그녀는 32세 354일의 나이로 **피파 여자 월드컵 결승전 사상 최고령 골 득점자**가 되었다. 미국은 1991년, 1999년, 2015년 이렇게 3차례 우승한 **여자 월드컵 최다 우승팀**이다.

피파 클럽 월드컵 경기 개인 최다 골
2015년 12월 17일 일본 요코하마의 요코하마 국제경기장에서 열린 2015 준결승전에서 스페인 바르셀로나의 루이스 수아레스(우루과이)가 광저우 에버그란데(중국)를 상대로 3골을 기록했다.

피파 여자 월드컵 최고령 골 득점자
2015년 6월 9일 캐나다 몬트리올에서 브라질팀의 미라일데스 마시엘 모타(1978년 3월 3일생)가 한국팀을 상대로 선취 골을 뽑았다. 당시 그녀의 나이는 36세 98일이었다.

CONCACAF 골드컵 사상 최다 승
멕시코는 북중미축구연맹(CONCACAF) 골드컵에서 7회(1993, 1996, 1998, 2003, 2009, 2011, 2015) 우승을 차지했다.

코파 아메리카 축구 토너먼트 최다 연속 최고 득점자
코파 아메리카에서 페드로 페트로네(우루과이)는 1923년과 1924년에, 그리고 파올로 게레로(페루)는 2011년과 2015년에 최다 득점 기록을 세웠다.

국제 축구 사상 최다 클린 시트
스페인의 이케르 카시야스는 2000년 6월 7일~2015년 11월 13일까지 100경기 무실점 기록을 세웠다.

UEFA 유럽 선수권대회 출전 자격을 얻은 가장 작은 나라
2015년 9월 6일 아이슬란드(인구 33만 1,918명)는 아이슬란드 레이캬비크에서 열린 카자흐스탄과의 경기를 0대 0으로 비겨 2016 UEFA 유럽 선수권대회 출전 자격을 얻었다.

피파 비치 사커 월드컵 개인 최다 골
조앙 빅토르 사라이바(포르투갈)는 2005년 5월 8일~2015년 7월 19일까지 비치 사커 월드컵에서 총 87골을 기록했다.

피파 여자 월드컵 결승전 최다 골

마르타 비에이라 다 실바(브라질)는 2003년 9월 21일~2015년 6월 9일까지 브라질 여자 국가대표팀 선수로 뛰면서 여자 월드컵 결승전에서 15골을 성공시켰다.

다른 나라에서의 아프리카 네이션스컵 최다 우승(감독)

헤르베 레나르(프랑스)는 두 나라에서 아프리카 네이션스컵 우승을 차지한 감독이다. 2012년에는 잠비아를 이끌고 승부차기로 코트디부아르를 꺾었고, 3년 후에는 코트디부아르를 이끌고 가나를 상대로 역시 승부차기로 우승했다.

UEFA 챔피언십 예선전 사상 최다 골

1998년 10월 14일~2015년 9월 4일까지 로비 킨(아일랜드, 왼쪽)은 총 23개의 골을 넣었다. 유로 2000 이후 예선전마다 득점했으며, 유로 2012에서는 토너먼트 7위를 기록했다. **단일 UEFA 챔피언십 예선 토너먼트 최다 골**은 13개로, 2006년 9월 6일~2007년 11월 17일까지 북아일랜드의 데이비드 힐리가 처음 달성했다. 2014년 9월 7일~2015년 10월 11일까지 로베르트 레완도우스키도 같은 기록을 세웠다.

DID YOU KNOW?
데이비드 힐리의 북아일랜드팀은 유로 2008 예선전에서 졌지만, 그는 당시 자기 팀의 골 17개 가운데 13개를 성공시켰다. 로베르트 레완도우스키는 폴란드가 지브롤터를 7대 0으로 대파할 때 4골을 넣었고, 2015년 조지아전에서는 4분 만에 해트 트릭을 기록했다.

가장 높은 빌딩
1월 4일 아랍 에미리트 두바이에서 부르즈 할리파(할리파 타워)가 공식 개관했다.
828m 높이를 자랑하는 이 빌딩은 에마르 부동산과 건축회사 SOM이 공동 개발했다.

2010
2010년
DATELINE

트랙 TRACK

IAAF 육상 세계선수권대회 100m 최다 우승(여자)
셸리-앤 프레이저-프라이스(자메이카)는 3차례(2009, 2013, 2015) IAAF 육상 세계선수권대회 여자 100m 우승을 차지했다.

육상 세계선수권대회 4×400m 계주 최다 연승(남자)
라숀 메릿은 IAAF 육상 세계선수권대회 4×400m 계주 결승에서 6회 연속(2005, 2007, 2009, 2011, 2013, 2015) 우승했다.

IAAF 크로스컨트리 세계선수권대회 최다 연승 국가(여자)
케냐는 IAAF 크로스컨트리 세계선수권대회에서 5회(2009~2015) 우승했다.

제일 빠른 T44 100m 기록(남자)
카타르 도하에서 열린 2015 국제장애인올림픽위원회(IPC) 육상 세계선수권대회에서는 많은 신기록이 쏟아졌다. T44(무릎 아래 절단 또는 그에 준하는 장애) 100m 최고 기록은 2015년 10월 29일 리처드 브라운(미국)이 세운 10초61이다.
6일 전에는 오마라 두란드(쿠바)가 53초05로 **T12 400m(여자) 최고 기록**을 세웠다. T12는 시각 장애를 가진 선수들의 경기다.
2016년 2월 7일 호주 캔버라에서 열린 IPC 그랑프리에서는 이시스 홀트(호주)가 28초38로 T35 200m 최고 기록을 세웠다. T35는 동적 균형에 장애를 가진 선수들의 경기다.

IAAF 육상 세계선수권대회 최다 400m 메달 획득(남자)

라숀 메릿(미국)은 국제육상경기연맹(IAAF) 육상 세계선수권대회 남자 400m에서 5개의 메달을 땄다(2007, 2009, 2011, 2013, 2015). 그는 또 2009년과 2013년에 금메달을 딴 더블 세계챔피언이다.

최고 빠른 20㎞ 로드워크 기록(여자)

2015년 6월 6일 스페인 라코루냐의 그랑프리 칸토네스 드 마르차에서 중국의 류홍이 20㎞ 로드워크를 1시간 24분 38초에 끝냈다.

DID YOU KNOW?
2008 베이징올림픽에서 100m 신기록 수립을 앞두고 우사인 볼트는 느긋하기 짝이 없었다. "아침은 건너뛰고 11시에 일어나 TV를 보며 앉아 있다가 치킨너깃을 먹고 2시간 잤어요…. 그 뒤 다시 돌아가 치킨너깃을 좀 더 먹었죠."

IAAF 레이스 워킹 챌린지 최다 우승(여자)
류홍(중국)은 IAAF 레이스 워킹 챌린지에서 3회(2012, 2014, 2015) 우승했다.

IAAF 육상 세계선수권대회 100m 최다 우승(남자)

그간 1983년, 1987년, 1991년에 칼 루이스(미국), 1997년, 1999년, 2001년에 모리스 그린, 2009년, 2013년, 2015년에 우사인 볼트(자메이카, 오른쪽), 이렇게 세 선수가 IAAF 육상 세계선수권대회 남자 100m 달리기에서 3회씩 우승했다.
볼트는 **IAAF 육상 세계선수권대회 최다 금메달 획득**(2009년~2015년까지 11개) 기록도 갖고 있다. 그가 2007년~2015년 사이에 획득한 13개의 메달(11개는 금메달, 2개는 은메달)은 **IAAF 육상 세계선수권대회 최다 메달**(남자)이기도 하다.
마지막으로 볼트는 **최초의 올림픽 2회 연속 100m, 200m 달리기 우승**(2008 베이징올림픽과 2012 런던 올림픽) 기록도 갖고 있다.

최고 빠른 T42 200m 기록(남자)

T42는 팔다리 절단 수술을 받은 선수 등, 팔다리 장애가 있는 선수들이 참가하는 대회다. T42 200m 달리기 최고 기록은 2015년 10월 27일~10월 28일 열린 IPC 세계선수권대회 준결승과 결승전에서 리처드 화이트헤드(영국)가 세운 24초10이다.

DATELINE **2011** 2011년
최대의 금전적 손실을 입힌 자연재해
3월 11일 지진이 일본 도호쿠의 태평양 연안을 강타했다.
<이코노미스트>는 일본의 금전적 손실을 2,100억 달러로 추산했는데, 그중 350억 달러만 보험 처리가 가능했다.

필드 FIELD

최장거리 해머던지기(여자)

아니타 블로다르츠크(폴란드)는 2015년 8월 1일 폴란드 체트니에오에서 열린 카밀라 스코리모프스카 메모리얼 스로즈 페스티벌에서 해머던지기 81.08m 기록을 세웠다. 2014년 8월 31일 독일 베를린에서 세운 자신의 79.58m 기록을 깬 것이다.

최장거리 해머던지기

아니타 블로다르츠크의 해머던지기 기록(위 참조)은 비교적 최근에 세워졌지만, 남자 기록은 그 전에 세워졌다.

유리 세디흐(구소련, 지금은 러시아)가 1986년 8월 30일 독일 슈투트가르트에서 86.74m를 던졌다.

IAAF 해머던지기 챌린지 최다 우승(여자)

베티 하이들러(독일)는 IAAF 해머던지기 챌린지에서 3회(2010~2012) 우승했다. 2013년~2015년 사이에는 아니타 블로다르츠크가 같은 기록을 세웠다.

다이아몬드 레이스 최다 육상 타이틀 획득(남자)

다이아몬드리그는 2010년에 골든리그를 대체하면서 중요한 연례 육상 경기로 자리 잡았다. 이 리그는 5월~9월까지 서로 다른 14곳 장소에서 32가지 종목(남자 16가지, 여자 16가지)에 걸쳐 치러진다. 프랑스의 르노 라빌레니가 2010년~2015년까지 당대 높이뛰기에서 6개의 다이아몬드 레이스 타이틀을 획득했다.

라빌레니는 산드라 페르코빅(크로아티아, 오른쪽)과 함께 **다이아몬드 레이스 개인 육상 최다 우승** 기록을 갖고 있다. 두 선수 모두 2010년~2015년 9월 11일 사이 27승을 거뒀다. 라빌레니는 2015 시즌 말까지 135점을 올려서 **다이아몬드리그 최다 득점(남자)** 기록도 갖고 있다.

그러나 전체적으로 **다이아몬드리그 최다 득점**은 2010년~2015년까지 원반던지기에서 페르코빅이 올린 138점이다.

다이아몬드리그 육상 경기에서 득점을 올린 최연소 선수는 라자로 마르티네스(쿠바, 1997년 11월 3일생)로, 그는 16세 196일이 되던 2014년 5월 18일 중국 상하이에서 3단 뛰기 2위에 올랐다.

IAAF 골든리그에서 가장 잭팟을 많이 터뜨린 선수는 히샴 엘 게루주(모로코)이다. 그는 1998년과 2000년~2002년에 '잭팟'을 4회 터뜨렸는데, 이는 마리온 존스와 사냐 리처즈(둘 다 미국)보다 1회 많은 것이다. 골든리그는 2010년에 다이아몬드리그로 명칭이 바뀌었다.

다이아몬드 레이스 최다 타이틀 획득(여자)

다이아몬드 레이스 타이틀을 4회 넘게 획득한 여자 선수는 아직 없다. 밀가 케모스 체이와(케냐)는 2010년~2013년 사이에 3,000m 장애물 경주에서 처음 4회 기록을 세웠다. 2014년에는 발레리 애덤스(뉴질랜드)가 투포환에서, 칼리스 스펜서(자메이카)가 400m 허들에서 같은 기록을 세웠다. 2015년에는 돈 하퍼-넬슨(미국), 셸리-앤 프레이저-프라이스(자메이카), 앨리슨 펠릭스(미국), 바르보라 스포타코바(체코), 산드라 페르코빅(위), 이렇게 5명이 새로 4회 타이틀을 획득했다.

10종 경기 사상 최다 득점(남자)

2012년에 올림픽 금메달을 딴 이후 10종 경기 선수 애슈턴 이튼(미국)은 점점 더 강해졌다. 2015년 8월 29일 중국 베이징에서 열린 15회 IAAF 세계선수권대회에서 그는 10종 경기(사진은 투창과 멀리뛰기)에서 총점 9.045점을 기록했다. 이로써 그는 2012년에 세운 자신의 기록을 6점 차로 깨면서 세계선수권대회에서 두 번째 금메달을 따냈다.

가장 빠른 자유낙하

펠릭스 바움가르트너(오스트리아)는 39㎞ 상공에서 시속 1,357.6㎞의 속도로 뛰어내려, 가장 높은 곳에서의 낙하산 자유낙하에 성공했다. 그는 성층권에서 뛰어내려 자유낙하로 음속 장벽을 돌파한 최초의 사람이기도 하다.

2012
2012년
DATELINE

수영 SWIMMING

FINA 수영 세계선수권대회 최연소 참가자 (여자)

2015년 8월 7일 러시아 카잔에서 열린 16회 FINA 수영 세계선수권대회에서 당시 10세이던 알자인 타레크(바레인, 2005년 4월 14일생)가 50m 접영에 출전했다.

50m 평영 최고 기록(남자)

2015년 8월 4일 러시아 카잔에서 열린 16회 국제수영연맹(FINA) 수영 세계선수권대회에서 애덤 피티(영국)가 50m 평영을 26초42로 경기를 마쳤다. 피티는 그 2배 거리에서도 뛰어났다. 2015년 4월 17일 영국 런던에서 열린 브리티시 수영 선수권대회에서 57초92로 **100m 평영 최고 기록(남자)**을 세운 것.

FINA 수영 월드컵 최다 메달(여자)

헝가리의 카틴카 호스주는 월드컵에서 152개의 메달을 땄다(2012~2015). 또한 2015년 8월 3일 러시아 카잔에서 열린 16회 FINA 수영 세계선수권대회에서 2분 6초12로 **200m 메들리 최고 기록(여자)**도 세웠다.

FINA 세계 수영 월드컵 최다 메달(남자) 기록은 채드 드 클로스(남아공)가 2009년~2015년 사이에 딴 85개다.

4×100m 장거리 자유형 계주 최고 기록(혼합)

2015년 8월 8일 16회 FINA 수영 세계선수권대회에서 미국(라이언 록티, 나단 에이드리언, 시몬 마누엘, 미시 프랭클린)은 3분 23초05로 4×100m 장거리 자유형 계주 최고 기록을 세웠다.

100m 접영 최고 기록(여자)

2015년 8월 3일 16회 FINA 수영 세계선수권대회에서 사라 셰스트룀(스웨덴)이 55초64로 여자 100m 접영 최고 기록을 세웠다. 그녀는 2014년에 이미 스웨덴 보로스에서 24초43으로 **50m 접영 최고 기록(여자)**을 세운 바 있다.

800m 자유형 최고 기록(여자)

케이티 레데키(미국, 1997년 3월 17일생)는 2016년 1월 17일 미국 텍사스 주 오스틴에서 열린 아레나 프로 수영 시리즈에서 8분 6초68로 800m 자유형 우승을 차지했다. 그녀는 2015년 8월 8일 러시아 카잔에서 열린 FINA 수영 세계선수권대회에서 15분 25초48로 **1,500m 장거리 자유형 최고 기록(여자)**을 세운 바 있다. 레데키는 이미 15세 139일이 되던 2012년 8월 3일 런던 올림픽에서 8분 14초63으로 **최연소 올림픽 800m 자유형 금메달리스트(여자)**가 되었다.

DID YOU KNOW?

레데키(왼쪽)는 2012 런던올림픽 여자 800m 자유형에서 이미 여자 세계 2위의 기록을 세웠다. 당시 그녀보다 빨랐던 여자 선수는 2008년 베이징올림픽에서 8분 14초10을 기록한 영국의 레베카 애들링턴밖에 없었다.

DATELINE **2013** 2013년

힉스 입자의 존재를 밝힌 최초의 증거

3월 14일 스위스 제네바 유럽원자핵공동연구소의 대형 강입자 충돌기를 통한 두 가지 실험 결과, 그때까지 이론상으로만 알려졌던 힉스 입자의 존재가 밝혀졌다.

수상 스포츠 WATER SPORTS

FINA 선수권대회 10m 플랫폼 다이빙 최다 메달(남자)

그레그 루가니스(미국)는 FINA 선수권대회 사상 최초로 10m 플랫폼 다이빙에서 금메달 3개(1978, 1982, 1986)를 획득한 남자 선수다. 후에 치우보(중국, 위. 2011, 2013, 2015)도 같은 기록을 세웠다.

FINA 선수권대회 다이빙 한 종목 최다 금메달(남자)

친카이(중국)는 3m 싱크로나이즈드 스프링보드에서 5개의 금메달을 땄다. 그는 2015년에 차오 위안과 호흡을 맞췄지만, 그 전에 왕펑(2007, 2009), 롹위퉁(2011), 허총(2013)과도 함께 금메달을 땄다.

FINA 수구 월드리그 최다 우승(남자)

세르비아 수구팀은 월드리그에서 9차례(2005~2008, 2010~2011, 2013~2015) 우승했다. 또한 2015 세계 수구 리그 슈퍼 파이널에서 크로아티아를 9대 6으로 꺾고 3회 연속 토너먼트 우승을 하기도 했다. 2005년 이후 세르비아와 몬테네그로, 그리고 크로아티아가 남자 토너먼트를 휩쓸고 있다.

세계 서핑대회 최연소 우승자

2009년 7월 12일 가브리엘 메디나(브라질, 1993년 12월 22일생)는 브라질 플로리아노폴리스에서 열린 2009 마데시아 서프 인터내셔널에서 15세 202일의 나이에 우승을 차지했다. 그는 또한 2014년에는 20세 362일의 나이로 두 번째로 어린 세계챔피언이 되었다.

더블 스컬 라이트급 최고 기록(여자)

2015년 6월 20일 영국(샤롯테 테일러와 캐서린 코플랜드)은 이탈리아 바레세에서 6분 48초38의 기록을 세웠다. 세계 조정컵 준결승에서 세운 기록이다.

ICF 카누 슬랄롬 선수권대회 한 종목 최다 금메달(남자)

국제카누연맹(ICF) 슬랄롬 선수권대회는 올림픽이 열리는 해를 빼고 매년 열린다. 미칼 마티칸(슬로바키아)이 C1 단체전에서 8차례(1997, 2003, 2009~2011, 2013~2015) 금메달을 땄다.

ICF 카누 스프린트 선수권대회 K1 5,000m 최다 메달(여자)

라리나 리트빈추크(벨라루스)가 금메달 1개(2015), 은메달 2개(2011, 2014), 동메달 1개(2010)로 최다 메달 보유자다.

WSL 서핑 선수권대회 한 시즌 최다 득점(여자)

2015년에 하와이의 캐리사 무어(위)는 6만 6,200점으로 2014년 6만 4,200점을 딴 스테파니 길모어(호주)의 기록을 깨면서 자신의 세 번째 세계 타이틀을 차지했다.

싱크로나이즈드 스위밍 선수권대회 최다 연속 금메달

러시아는 2009년 7월 23일~2015년 7월 26일까지 FINA 세계 싱크로나이즈드 스위밍 선수권대회에서 연속 19개의 메달을 땄다. 왼쪽 사진은 2015년 러시아 카잔에서 열린 선수권대회에 참석한 나탈리아 이셴코(러시아). 그녀는 2005년~2015년 사이에 **FINA 선수권대회 싱크로나이즈드 스위밍 개인 최다 금메달 획득**(19개) 기록을 세웠다.

에볼라가 가장 많이 발병한 국가들

에볼라 바이러스(EVD)는 기니, 라이베리아, 시에라리온 같은 아프리카 국가에서 퍼지고 있으며, 2016년 1월까지 1만 1,300명 이상의 목숨을 앗아갔다.

2014
2014년
DATELINE

스포츠 종합 SPORTS ROUND-UP

FIS 알파인 스키 선수권대회 슈퍼 G 레이스 최다 우승

린지 본(미국)은 2006년 3월 3일~2016년 1월 24일까지 국제스키연맹(FIS) 월드컵 슈퍼 G 레이스에서 27회 우승했다. 또한 그녀는 2004년 12월 3일~2015년 12월 12일까지 **FIS 알파인 스키 월드컵 레이스 최다 우승**(71회) 기록을, 2016년 2월 6일엔 이탈리아 코르티나 담페초에서 38번째 우승을 함으로써 **FIS 알파인 스키 월드컵 여자 활강 최다 우승 기록**도 세웠다.

마장마술 프리스타일 최고 득점

2014년 12월 17일 영국 런던올림피아에서 열린 국제승마연맹(FEI) 월드컵 마술 프리스타일에서 샤롯 뒤자르댕(영국)은 발레그로를 타고 94.3%를 기록했다. 그녀는 같은 대회에서 바로 전날 **마장마술 최다 그랑프리 점수**인 87.46%를 기록했었다.

최고 오래된 스포츠 트로피

고대 실버 에로우 대회는 영국 랭커셔 스코튼 마을에서 1673년 5월 14일~2015년 5월 16일 사이 307회나 열린 양궁 토너먼트다. '고대 스코튼 실버 에로우'는 이 대회에서 주는 상으로, 선수들은 342년의 역사를 가진 이 상을 받기 위해 지금도 경쟁한다.

프로 스누커 경기 사상 가장 오랜 끈 프레임

2015년 10월 10일 독일 뮐하임의 루르 오픈 대회에서 배리 핀치스와 앨런 맥매너스(둘 다 영국)의 경기 여섯 번째 프레임은 100분 24초나 계속됐다.

메이저리그 라크로스 사상 최대 득점

케이시 포웰(미국)은 2001년 6월 7일~2015년 7월 25일까지 총 504득점을 기록했다.

올-아일랜드 시니어 헐링 선수권대회 최다 승

킬케니(아일랜드)가 36회(1904~1905, 1907, 1909, 1911~1913, 1922, 1932~1933, 1935, 1939, 1947, 1957, 1963, 1967, 1969, 1972, 1974~1975, 1979, 1982~1983, 1992~1993, 2000, 2002~2003, 2006~2009, 2011~2012, 2014~2015) 우승했다.

ANZ 챔피언십 최다 승

3개 호주팀 애들레이드 썬더버즈(2010, 2013), 멜버른 빅센즈(2009, 2014), 퀸즐랜드 파이어버즈(2011, 2015)가 2회씩 우승했다.

브리티시 오픈 크로케 선수권대회 최다 승

로버트 풀포드(영국)가 11회(1991~1992, 1996, 1998, 2003~2004, 2006~2008, 2014~2015) 우승을 차지했다.

PDC 다트 세계선수권대회 개인 최다 180 만점

프로다트연맹(PDC) 세계선수권대회 개인 최다 만점 기록은 개리 앤더슨(영국)이 2014년 12월 18일~2015년 1월 4일 사이 영국 런던 알렉산드라 팰리스에서 세운 64회다. 앤더슨은 16회 우승 경력의 필 테일러를 결승에서 7대 6으로 꺾고 세계선수권자가 되었다. 19개의 만점을 던져 2011년 에이드리언 루이스가 세운 이전 토너먼트 기록 60개를 넘어선 것.

DID YOU KNOW?

개리 앤더슨은 원래 자신을 '드림 보이'라 불렀지만, 오늘날에는 '플라잉 스콧츠맨'이란 별명으로 더 유명하다. 그는 세계 프로 다트 선수권대회의 첫 우승자다.

EHF 핸드볼 챔피언십리그 최다 승

FC 바르셀로나 핸드볼(스페인)이 9회(1991, 1996~2000, 2005, 2011, 2015) 우승했다.

DATELINE **2015** 2015년

가장 따뜻했던 해

세계기상기구(WMO)에 따르면, 2015년의 지구 평균 기온은 섭씨 0.76도다.
이는 1961년~1990년 사이의 평균 온도보다 높고, 산업혁명 이전 시대의 평균 기온보다 1도 높은 것이었다.

FAST FACTS
날아가는 다트의 평균 속도는 시속 64㎞이다. • 피겨 스케이터들은 분당 300회 이상 돌 수 있다. • 크로케는 1900년 파리올림픽에서만 올림픽 종목이었는데, 당시 프랑스가 우승했다.

여자 하키 선수권대회 최다 우승팀

그간 3팀이 여자 하키 선수권대회 6승 기록을 세웠다. 제일 먼저 호주(1991, 1993, 1995, 1997, 1999, 2003)가 6승을 달성했고 그다음 네덜란드(1987, 2000, 2004~2005, 2007, 2011), 가장 최근에 아르헨티나(위. 2001, 2008~2010, 2012, 2014)도 같은 기록을 세웠다.

피겨 스케이팅 최고 총점(남자)

2015년 12월 12일 스페인 바르셀로나에서 열린 국제빙상연맹(ISU) 그랑프리 파이널 2015-2016에서 일본의 유즈루 하뉴가 330.43점을 기록했다. 이는 쇼트 프로그램과 롱 프로그램 점수를 합한 것이었다. 하뉴는 110.95점으로 **피겨 스케이팅 쇼트 프로그램 최고 점수(남자)**를, 219.48점으로 **롱 프로그램 최고 점수(남자)**를 땄다.

남자 하키 선수권대회 팀 최다 승

호주는 하키 선수권대회에서 총 13회(1983~1885, 1989~1990, 1993, 1999, 2005, 2008~2012) 우승 트로피를 안았다. 독일은 10회로 2위이다.

여자 하키 선수권대회 개인 최다 승

아르헨티나의 루시아나 아이마르(위 사진에서 트로피 든 선수)는 지금까지 6회 우승했다. 이는 그간 자기 팀의 선수권대회 우승 횟수와 같은 기록이다.

FIVB 비치발리볼 월드투어 최다 금메달

- **여자:** 라리사 프랑카(브라질)는 2004년 7월 10일~2015년 10월 4일까지 국제배구연맹(FIVB) 비치발리볼 월드투어에서 57개의 금메달을 땄다.
- **남자:** 에미누엘 레구(브라질)는 1995년 6월 25일~2012년 7월 14일까지 비치발리볼 월드투어에서 77개의 금메달을 땄다.

ANZ 선수권대회 개인 최다 골 득점

자니엘레 파울러-레이드(자메이카, 아래 왼쪽)는 '남부 더비'에서 사우던 스틸의 선수로 나서 캔터베리 택틱스(둘 다 뉴질랜드)를 상대로 가진 두 차례의 ANZ 선수권대회 네트볼 경기에서 65골을 기록했다. 첫 번째는 2013년 3월 30일 뉴질랜드 크라이스트처치에서, 두 번째는 2013년 6월 9일 뉴질랜드 더니든에서였다.

중력파 최초 감지
라이고 과학 공동연구단과 버고 과학 공동연구단은 미국 내 두 장소에서 중력파가 기록됐다는 사실을 확인했다. 이로써 물리학자 알베르트 아인슈타인의 100년 전 예견이 입증되었다.

2016
2016년
DATELINE

육상 경기: 트랙/울트라 ATHLETICS: TRACK / ULTRA

100m 최고 기록

우사인 볼트는 2009년 8월 16일 독일 베를린에서 남자 100m를 9초58로 달려 세계 신기록을 세웠다. 이는 정확히 1년 전 중국 베이징올림픽에서 세운 자신의 9초69 기록을 깬 것이다. 2009년 8월 20일 볼트는 200m에서도 자신이 세계 일인자임을 입증했다. 19초19로 200m 우승까지 한 건데, 그 역시 1년 전 베이징에서 세운 자신의 기록(19초30)을 깬 신기록이었다.

4×1,500m 계주 최고 기록(여자)

머시 체로노, 아이린 제라가트, 페이스 킵예곤, 헬렌 오리비(모두 케냐)는 2014년 5월 24일 바하마 나소의 T 로빈슨 스타디움에서 벌어진 여자 4×1,500m 계주에서 세계 최강 실력을 입증했다. 이들이 세운 16분 33초58이란 기록은 2014년 4월에 같은 케냐팀이 세운 기록보다 약 32초 빨랐다.

별(*) 표시된 것은 현재 스포츠 관련 기관의 인정을 기다리고 있는 기록이다.

육상 경기 - 실외 트랙 종목

남자	시간/거리	이름 & 국적	장소	일자
100m	09초58	우사인 볼트(자메이카)	독일 베를린	2009년 8월 16일
200m	19초19	우사인 볼트(자메이카)	독일 베를린	2009년 8월 20일
400m	43초18	마이클 존슨(미국)	스페인 세비야	1999년 8월 26일
800m	1분 40초91	데이비드 레쿠타 루디샤(케냐)	영국 런던	2012년 8월 9일
1,000m	2분 11초96	노아 느게이(케냐)	이탈리아 리에티	1999년 9월 5일
1,500m	3분 26초	히샴 엘 게루주(모로코)	이탈리아 로마	1998년 7월 14일
1마일	3분 43초13	히샴 엘 게루주(모로코)	이탈리아 로마	1999년 7월 7일
2,000m	4분 44초79	히샴 엘 게루주(모로코)	독일 베를린	1999년 9월 7일
3,000m	7분 20초67	다니엘 코멘(케냐)	이탈리아 리에티	1996년 9월 1일
5,000m	12분 37초35	케네니사 베켈레(에티오피아)	네덜란드 헹겔로	2004년 5월 31일
10,000m	26분 17초53	케네니사 베켈레(에티오피아)	벨기에 브뤼셀	2005년 8월 26일
20,000m	56분 26초	하일레 게브르셀라시에(에티오피아)	체코 오스트라바	2007년 6월 27일
1시간	21,285m	하일레 게브르셀라시에(에티오피아)	체코 오스트라바	2007년 6월 27일
25,000m	1시간 12분 25초40	모세스 체루이욧 모소프(케냐)	미국 유진	2011년 6월 3일
30,000m	1시간 26분 47초40	모세스 체루이욧 모소프(케냐)	미국 유진	2011년 6월 3일
3,000m 장애물 경주	7분 53초63	사이프 사에드 샤힌(카타르)	벨기에 브뤼셀	2004년 9월 3일
110m 허들	12초80	에리스 메리트(미국)	벨기에 브뤼셀	2012년 9월 7일
400m 허들	46초78	케빈 영(미국)	스페인 바르셀로나	1992년 8월 6일
4x100m 계주	36초84	자메이카(요한 블레이크, 우사인 볼트, 마이클 프레터, 네스타 카터)	영국 런던	2012년 8월 11일
4x200m 계주	1분 18초63	자메이카(요한 블레이크, 니켈 애쉬미데, 와렌 웨어, 제르메이네 브라운)	바하마 나소	2014년 5월 24일
4x400m 계주	2분 54초29	미국(앤드류 밸먼, 퀸시 와츠, 해리 레이놀즈, 마이클 존슨)	독일 슈투트가르트	1993년 8월 22일
4x800m 계주	7분 02초43	케냐(조셉 무투아, 윌리암 이암포이, 이스마엘 콤비치, 윌프레드 분게이)	벨기에 브뤼셀	2006년 8월 25일
4x1,500m 계주	14분 22초22	케냐(콜린스 체보이, 실라스 키플라갓, 제임스 키플라갓 마갓, 아스벨 키프롭)	바하마 나소	2014년 5월 25일

여자	시간/거리	이름 & 국적	장소	일자
100m	10초49	플로렌스 그리피스 조이너(미국)	미국 인디애나폴리스	1988년 7월 16일
200m	21초34	플로렌스 그리피스 조이너(미국)	한국 서울	1988년 9월 29일
400m	47초60	마리타 코흐(동독)	호주 캔버라	1985년 10월 6일
800m	1분 53초28	자밀라 크라토치빌로바(체코)	독일 뮌헨	1983년 7월 26일
1,000m	2분 28초98	스베틀라나 마스테르코바(러시아)	벨기에 브뤼셀	1996년 8월 23일
1,500m	3분 50초07	젠제베 디바바(에티오피아)	모나코 퐁비에유	2015년 7월 17일
1마일	4분 12초56	스베틀라나 마스테르코바(러시아)	스위스 취리히	1996년 8월 14일
2,000m	5분 25초36	소니아 오설리반(아일랜드)	영국 에든버러	1994년 7월 8일
3,000m	8분 06초11	왕쥔샤(중국)	중국 베이징	1993년 9월 13일
5,000m	14분 11초15	티루네시 디바바(에티오피아)	노르웨이 오슬로	2008년 6월 6일
10,000m	29분 31초78	왕쥔샤(중국)	중국 베이징	1993년 9월 8일
20,000m	1시간 5분 26초60	테글라 로루페(케냐)	독일 보르크홀츠하우젠	2000년 9월 3일
1시간	18,517m	디레 투네(에티오피아)	체코 오스트라바	2008년 6월 12일
25,000m	1시간 27분 05초90	테글라 로루페(케냐)	독일 멘게르스키르첸	2002년 9월 21일
30,000m	1시간 45분 50초	테글라 로루페(케냐)	독일 바르슈타인	2003년 6월 6일
3,000m 장애물 경주	8분 58초81	굴나라 사미토바-갈키나(러시아)	중국 베이징	2008년 8월 17일
100m 허들	12초21	요단카 돈코바(불가리아)	불가리아 스타라 자고라	1988년 8월 20일
400m 허들	52초34	율리야 페촌키나(러시아)	러시아 툴라	2003년 8월 8일
4x100m 계주	40초82	미국(티아나 매디슨, 앨리슨 펠릭스, 비안카 나이트, 카멜리타 지터)	영국 런던	2012년 8월 10일
4x200m 계주	1분 27초46	미국 '블루'(라타샤 젠킨스, 라타샤 콜랜더-리차드슨, 낸신 페리, 마리온 존스)	미국 필라델피아	2000년 4월 29일
4x400m 계주	3분 15초17	구소련(타니아나 레도프스카야, 올가 나자로바, 마리아 피니기나, 올가 브리즈기나)	한국 서울	1988년 10월 1일
4x800m 계주	7분 50초17	구소련(나데즈다 올리자렌코, 리우보프 구리나, 리오드밀라 보리소바, 이리나 디아로프스카야)	러시아 모스크바	1984년 8월 5일
4x1,500m 계주	16분 33초58	케냐(머시 체로노, 아이린 제라가트, 페이스 킵예곤, 헬렌 오리비)	바하마 나소	2014년 5월 24일

육상 경기 - 실내 트랙 종목

남자	시간	이름 & 국적	장소	일자
50m	05초56	도노반 베일리(캐나다)	미국 리노	1996년 2월 9일
60m	06초39	모리스 그린(미국)	스페인 마드리드	1998년 2월 3일
			미국 애틀랜타	2001년 3월 3일
200m	19초92	프랭키 프레더릭스(나미비아)	프랑스 리에뱅	1996년 2월 18일
400m	44초57	케론 클레멘트(미국)	미국 페이엣빌	2005년 3월 12일
800m	1분 42초67	윌슨 킵케터(덴마크)	프랑스 파리	1997년 3월 9일
1,000m	2분 14초20	아얀레 소울레이만(지부티)	스웨덴 스톡홀름	2016년 2월 17일
1,500m	3분 31초18	히샴 엘 게루주(모로코)	독일 슈투트가르트	1997년 2월 2일
1마일	3분 48초45	히샴 엘 게루주(모로코)	벨기에 겐트	1997년 2월 12일
3,000m	7분 24초90	다니엘 코멘(케냐)	헝가리 부다페스트	1998년 2월 6일
5,000m	12분 49초60	케네니사 베켈레(에티오피아)	영국 버밍엄	2004년 2월 20일
50m 허들	06초25	마크 맥코이(캐나다)	일본 고베	1986년 3월 5일
60m 허들	07초30	콜린 잭슨(영국)	독일 진델핑겐	1994년 3월 6일
4×200m 계주	1분 22초11	영국 & 북아일랜드(린포드 크리스티, 대런 브레이스웨이트, 아데 마페, 존 레기스)	영국 글래스고	1991년 3월 3일
4×400m 계주	3분 02초13	미국(카일 클레몬스, 데이빗 베르버그, 킹 버틀러 III, 캘빈 스미스)	폴란드 소포트	2014년 3월 9일
4×800m 계주	7분 13초11	미국 올스타즈(리처드 존스, 데이빗 토렌스, 두앤 솔로몬, 에릭 소윈스키)	미국 보스턴	2014년 2월 8일
5,000m 워킹	18분 07초08	미하일 슈헨니코프(러시아)	러시아 모스크바	1995년 2월 14일

GBR = 그레이트 브리튼(Great Britain), 국제육상경기연맹(IAAF)의 국가 분류에 따름

여자	시간	이름 & 국적	장소	일자
50m	05초96	이리나 프리발로바(러시아)	스페인 마드리드	1995년 2월 9일
60m	06초92	이리나 프리발로바(러시아)	스페인 마드리드	1993년 2월 11일
				1995년 2월 9일
200m	21초87	멀린 오티(자메이카)	프랑스 리에뱅	1993년 2월 13일
400m	49초59	자밀라 크라토치빌로바(체코)	이탈리아 밀라노	1982년 3월 7일
800m	1분 55초82	조란다 바타겔(슬로베니아)	오스트리아 비엔나	2002년 3월 3일
1,000m	2분 30초94	마리아 데 로데스 무토라(무잠비크)	스웨덴 스톡홀름	1999년 2월 25일
1,500m	3분 55초17	젠제베 디바바(에티오피아)	독일 칼스루에	2014년 2월 1일
1마일	4분 13초31	젠제베 디바바(에티오피아)	스웨덴 스톡홀름	2016년 2월 17일
3,000m	8분 16초60	젠제베 디바바(에티오피아)	스웨덴 스톡홀름	2014년 2월 6일
5,000m	14분 18초86	젠제베 디바바(에티오피아)	스웨덴 스톡홀름	2015년 2월 19일
50m 허들	06초58	코르넬리아 오스츠케나트(동독)	독일 베를린	1988년 2월 20일
60m 허들	07초68	수사나 칼루어(스웨덴)	독일 칼스루에	2008년 2월 10일
4×200m 계주	1분 32초41	러시아(예카테리나 콘드라트예바, 이리나 카바로바, 율리야 페초니키나, 율리아 구슈치나)	영국 글래스고	2005년 1월 29일
4×400m 계주	3분 23초37	러시아(율리아 구슈치나, 올가 코트리아로바, 올가 자이트세바, 올레스야 크라스노모베츠)	영국 글래스고	2006년 1월 28일
4×800m 계주	8분 06초24	모스크바팀(알렉산드라 불라노바, 예카테리나 마르티노바, 엘레나 코파노바, 안나 발라크시나)	러시아 모스크바	2011년 2월 18일
3,000m 워킹	11분 40초33	클라우디아 스테프(루마니아)	루마니아 부쿠레슈티	1999년 1월 30일

실내 1마일 달리기 최고 기록(여자)

2016년 2월 17일 스웨덴 수도 스톡홀름 글로브 아레나에서 열린 실내 1마일 달리기에서 에티오피아의 젠제베 디바바가 4분 13초31의 기록을 세웠다.

육상 경기 - 울트라 장거리

남자	시간/거리	이름 & 국적	장소	일자
50㎞	2시간 48분 06초	제프 노먼(영국)	영국 팀펄리	1980년 6월 7일
100㎞	6시간 10분 20초	도널드 리치(영국)	영국 런던	1978년 10월 28일
100마일	11시간 28분 03초	올레그 카리토노프(러시아)	영국 런던	2002년 10월 20일
1,000㎞	5일 16시간 17분	이아니스 코우로스(그리스)	호주 콜락	1984년 11월 26일~12월 1일
1,000마일	11일 13시간 54분 58초	피터 실키나스(리투아니아)	호주 나낭고	1998년 3월 11일~23일
6시간	97.2㎞	도널드 리치(영국)	영국 런던	1978년 10월 28일
12시간	163.785㎞	자흐 비터(미국)	미국 피닉스	2013년 12월 14일
24시간	303.506㎞	이아니스 코우로스(그리스)	호주 애들레이드	1997년 10월 4~5일
48시간	473.495㎞	이아니스 코우로스(그리스)	프랑스 슈흐제흐	1996년 5월 3일~5일
6일	1,038.851㎞	이아니스 코우로스(그리스)	호주 콜락	2005년 11월 20일~26일

여자	시간/거리	이름 & 국적	장소	일자
50㎞	3시간 18분 52초	캐롤린 헌터-로(영국)	영국 배리	1996년 3월 3일
100㎞	7시간 14분 06초	노리미 사쿠라이(일본)	이탈리아 베로나	2003년 9월 27일
100마일	13시간 52분 07초	나미 쿠도(일본)	중국 타이베이	2011년 12월 10일
1,000㎞	7일 1시간 28분 29초	엘리노어 로빈슨(영국)	호주 나낭고	1998년 3월 11일~18일
1,000마일	13일 1시간 54분 02초	엘리노어 로빈슨(영국)	호주 나낭고	1998년 3월 11일~23일
6시간	83.2㎞	노리미 사쿠라이(일본)	이탈리아 베로나	2003년 9월 27일
12시간	147.6㎞	앤 트라슨(미국)	미국 헤이워드	1991년 8월 3일~4일
24시간	255.303㎞	마미 쿠도(일본)	중국 타이베이	2011년 12월 10일~11일
48시간	397.103㎞	이나기키 수미에(일본)	프랑스 슈흐제흐	2010년 5월 21일~23일
6일	883.631㎞	산드라 바윅(뉴질랜드)	호주 캠벨타운	1990년 11월 18일~24일

육상 경기/사이클링 ATHLETICS/CYCLING

30㎞ 로드 레이스 최고 기록

2016년 1월 22일에 열린 두바이 마라톤에서 아모스 초게 킵루토와 에드윈 키벳 코에크(둘 다 케냐), 시사이 렘마(에티오피아, 위)는 모두 30㎞ 지점을 1시간 27분 20초에 끊었다.

육상 경기 - 로드 레이스

남자	시간	이름 & 국적	장소	일자
10㎞	26분 44초	레오나드 패트릭 코몬(케냐)	네덜란드 위트레흐트	2010년 9월 26일
15㎞	41분 13초	레오나드 패트릭 코몬(케냐)	네덜란드 네이메헌	2010년 11월 21일
20㎞	55분 21초	제르세나이 타데세(에리트레아)	포르투갈 리스본	2010년 3월 21일
하프 마라톤	58분 23초	제르세나이 타데세(에리트레아)	포르투갈 리스본	2010년 3월 21일
25㎞	1시간 11분 18초	데니스 킵루토 키메토(케냐)	독일 베를린	2012년 5월 6일
30㎞*	1시간 27분 20초	아모스 초게 킵루토(케냐) 에드윈 키벳 코에크(케냐) 시사이 렘마(에티오피아)	아랍 에미리트 두바이	2016년 1월 22일
마라톤	2시간 2분 57초	데니스 킵루토 키메토(케냐)	독일 베를린	2014년 9월 28일
100㎞	6시간 13분 33초	타카히로 스나다(일본)	일본 도쿄	1998년 6월 21일
로드 릴레이	1시간 57분 06초	케냐(조세파트 느남비리, 마틴 마타티, 다니엘 므완기, 메쿠보 모구수, 오네스무스 느예레레, 존 카리우키)	일본 치바	2005년 11월 23일
여자	**시간**	**이름 & 국적**	**장소**	**일자**
10㎞	30분 21초	폴라 레드클리프(영국)	푸에르토리코 산후안	2003년 2월 23일
15㎞	46분 14초	플로렌스 제벳 키플라갓(케냐)	스페인 바르셀로나	2015년 2월 15일
20㎞	1시간 1분 54초	플로렌스 제벳 키플라갓(케냐)	스페인 바르셀로나	2015년 2월 15일
하프 마라톤	1시간 5분 09초	플로렌스 제벳 키플라갓(케냐)	스페인 바르셀로나	2015년 2월 15일
25㎞	1시간 19분 53초	메리 제프코스게이 케이타니(케냐)	독일 베를린	2010년 5월 9일
30㎞	1시간 38분 49초	미즈키 노구치(일본)	독일 베를린	2005년 9월 25일
마라톤	2시간 15분 25초	폴라 레드클리프(영국)	영국 런던	2003년 4월 13일
100㎞	6시간 33분 11초	토모에 아베(일본)	일본 도쿄	2000년 6월 25일
로드 릴레이	2시간 11분 41초	중국(지앙보, 동 얀메이, 자오 펭팅, 마 자이제, 란리신, 리나)	중국 베이징	1998년 2월 28일

별(*) 표시된 것은 현재 스포츠 관련 기관의 인정을 기다리고 있는 기록이다.

장대높이뛰기 최고 기록(여자, 실내)

제니퍼 슈어(미국)는 러시아의 옐레나 이신바예바 뒤를 이어 역대 두 번째로 장대높이뛰기 5m를 넘은 유일한 여자 선수다. 그녀는 2013년에 처음 5m 장대높이뛰기를 5.02m로 넘었다. 그리고 3년 후 미국 뉴욕 브록포트의 골든 이글 멀티 앤 인비테이셔널에서 개인 기록을 1㎝ 더 높였다. 슈어는 2012 런던올림픽에서 금메달을 획득해 2016년 4월 기준 올림픽 챔피언이다. 그녀는 2008 중국 베이징올림픽에선 은메달을 땄다.

육상 경기 - 경보

남자	시간	이름 & 국적	장소	일자
20,000m	1시간 17분 25초60	베르나르도 세구라(멕시코)	노르웨이 베르겐	1994년 5월 7일
20㎞(로드)	1시간 16분 36초	유스케 수주키(일본)	일본 노미	2015년 3월 15일
30,000m	2시간 1분 44초10	마우리지오 다밀라노(이탈리아)	이탈리아 쿠네오	1992년 10월 3일
50,000m	3시간 35분 27초20	요한 디니츠(프랑스)	프랑스 랭스	2011년 3월 12일
50㎞(로드)	3시간 32분 33초	요한 디니츠(프랑스)	스위스 취리히	2014년 8월 15일
여자	**시간**	**이름 & 국적**	**장소**	**일자**
10,000m	41분 56초23	나데즈다 리아슈키나(구소련)	미국 시애틀	1990년 7월 24일
20,000m	1시간 26분 52초30	올림피아다 이바노바(러시아)	호주 브리즈번	2001년 9월 6일
20㎞(로드)	1시간 24분 38초	류홍(중국)	스페인 라코루냐	2015년 6월 6일

육상 경기 - 실내 필드 종목

남자	거리/점수	이름 & 국적	장소	일자	
높이뛰기	2.43m	하비에르 소토마요르(쿠바)	헝가리 부다페스트	1989년 3월 4일	+ 60m, 06초79; 멀리뛰기, 8.16m; 쇼트, 14.56m; 높이뛰기, 2.03m; 60m 허들, 07초68; 장대높이뛰기, 5.20m; 1,000m, 2분 32초78
장대높이뛰기	6.16m	르노 라빌레니(프랑스)	우크라이나 도네츠크	2014년 2월 15일	
멀리뛰기	8.79m	칼 루이스(미국)	미국 뉴욕	1984년 1월 27일	
3단 뛰기	17.92m	테디 탐고(프랑스)	프랑스 파리	2011년 3월 6일	
쇼트	22.66m	랜디 반스(미국)	미국 로스앤젤리스	1989년 1월 20일	
7종 경기	6,645점	애쉬튼 이튼(미국)	터키 이스탄불	2012년 3월 10일	
여자	**거리/점수**	**이름 & 국적**	**장소**	**일자**	
높이뛰기	2.08m	카즈사 베르그크비스트(스웨덴)	독일 아른슈타트	2006년 2월 4일	++ 60m 허들, 08초38; 높이뛰기, 1.84m; 쇼트, 16.51m; 멀리뛰기, 6.57m; 800m, 2분 11초15
장대높이뛰기*	5.03m	제니퍼 슈어(미국)	미국 브록포트	2016년 1월 30일	
멀리뛰기	7.37m	하이케 드레슬러(독일)	오스트리아 비엔나	1988년 2월 13일	
3단 뛰기	15.36m	타니아나 레베데바(러시아)	헝가리 부다페스트	2004년 3월 6일	
쇼트	22.50m	헬레나 피빈게로바(체코)	체코 야블로네츠	1977년 2월 19일	
5종 경기	5,013점	나탈리아 도브린스카(우크라이나)	터키 이스탄불	2012년 3월 9일	

별(*) 표시된 것은 현재 스포츠 관련 기관의 인정을 기다리고 있는 기록이다.

육상 경기 - 실외 필드 종목

남자	거리/점수	이름 & 국적	장소	일자
높이뛰기	2.45m	하비에르 소토마요르(쿠바)	헝가리 부다페스트	1993년 7월 27일
장대높이뛰기	6.14m	세르게이 부브카(우크라이나)	이탈리아 세스트리에레	1994년 7월 31일
멀리뛰기	8.95m	마이크 파월(미국)	일본 도쿄	1991년 8월 30일
3단 뛰기	18.29m	조나단 에드워즈(영국)	스웨덴 고센버그	1995년 8월 7일
쇼트	23.12m	랜디 반즈(미국)	미국 로스앤젤레스	1990년 5월 20일
원반던지기	74.08m	쥐르겐 슐트(동독)	독일 노이브란덴부르크	1986년 6월 6일
해머던지기	86.74m	유리 세디흐(구소련)	독일 슈투트가르트	1986년 8월 30일
창던지기	98.48m	얀 젤레즈니(체코)	독일 예나	1996년 5월 25일
10종 경기+	9,045점	애슈턴 이튼(미국)	중국 베이징	2015년 8월 29일
여자	**거리/점수**	**이름 & 국적**	**장소**	**일자**
높이뛰기	2.09m	스테프카 코스타디노바(불가리아)	이탈리아 로마	1987년 8월 30일
장대높이뛰기	5.06m	옐레나 이신바예바(러시아)	스위스 취리히	2009년 8월 28일
멀리뛰기	7.52m	갈리나 크리스야코바(구소련)	러시아 레닌그라드	1988년 6월 11일
3단 뛰기	15.50m	이네사 크라베츠(우크라이나)	스웨덴 고센버그	1995년 8월 10일
쇼트	22.63m	나탈리아 리소프스카야(구소련)	러시아 모스크바	1987년 6월 7일
원반던지기	76.80m	가브리엘레 라인쉬(동독)	독일 노이브란덴부르크	1988년 7월 9일
해머던지기	81.08m	아니타 볼다르치크(폴란드)	폴란드 체트니에오	2015년 8월 1일
창던지기	72.28m	바르보라 스포타코바(체코)	독일 슈투트가르트	2008년 9월 13일
7종 경기++	7,291점	재키 조이너-커시(미국)	한국 서울	1988년 9월 24일
10종 경기+++	8,358점	오스트라 스쿠지테(리투아니아)	미국 컬럼비아	2005년 4월 15일

+ 100m, 10초23; 멀리뛰기, 7.88m; 쇼트, 14.52m; 높이뛰기, 2.01m; 400m, 45초00; 원반던지기, 43.34m; 장대높이뛰기, 5.20m; 창던지기, 63.63m; 1,500m, 4분 17초52

++100m 허들, 12초69; 높이뛰기, 1.86m; 쇼트, 15.80m; 200m, 22초56; 멀리뛰기, 7.27m; 창던지기, 45.66m; 800m, 2분 8초51

+++100m, 12초49; 멀리뛰기, 6.12m; 쇼트, 16.42m; 높이뛰기, 1.78m; 400m, 57초19; 100m 허들, 14초22; 원반던지기, 46.19m; 장대높이뛰기, 3.10m; 창던지기, 48.78m; 1,500m, 5분 15초86

10종 경기 최고 점수

2015년 애슈턴 이튼(미국)은 IAAF 선수권대회에서 9,045점으로 두 번째 금메달을 차지했다. 놀라운 실력으로 자신의 이전 기록을 6점 차로 깬 것.

사이클링 - 앱솔루트 트랙

남자	시간/거리	이름 & 국적	장소	일자
200m(플라잉 스타트)	09초347	프랑스와 페비스(프랑스)	멕시코 아과스칼리엔테스	2013년 12월 6일
500m(플라잉 스타트)	24초758	크리스 호이(영국)	볼리비아 라파스	2007년 5월 13일
750m 단체전(스탠딩 스타트)	41초871	독일(요하임 아일러스, 르네 엔더스, 로베르트 푀르스테만)	멕시코 아과스칼리엔테스	2013년 12월 5일
1㎞(스탠딩 스타트)	56초303	프랑스와 페비스(프랑스)	멕시코 아과스칼리엔테스	2013년 12월 7일
4㎞(스탠딩 스타트)	4분 10초534	잭 보브리지(호주)	호주 시드니	2011년 2월 2일
4㎞ 단체전(스탠딩 스타트)	3분 51초659	영국(에드워드 클랜시, 피터 케낙, 지레인트 토마스, 스티븐 버크)	영국 런던	2012년 8월 3일
1시간	54.526㎞	브래들리 위긴스(영국)	영국 런던	2015년 6월 7일
여자	**시간/거리**	**이름 & 국적**	**장소**	**일자**
200m(플라잉 스타트)	10초384	크리스티나 보겔(독일)	멕시코 아과스칼리엔테스	2013년 12월 7일
500m(플라잉 스타트)	29초234	올가 스트렐트소바(러시아)	러시아 모스크바	2014년 5월 30일
500m(스탠딩 스타트)	32초836	안나 미어스(호주)	멕시코 아과스칼리엔테스	2013년 12월 6일
500m 단체전(스탠딩 스타트)	32초034	중국(진지에 공, 티안시 종)	프랑스 생-깡땡-앙-이브린	2015년 2월 18일
3㎞(스탠딩 스타트)	3분 22초269	사라 햄머(미국)	멕시코 아과스칼리엔테스	2010년 5월 11일
4㎞ 단체전(스탠딩 스타트)	4분 13초683	호주(에이미 큐어, 아네트 에드먼드슨, 애쉴리 안쿠디노프, 멜리사 호스킨스)	프랑스 생-깡땡-앙-이브린	2015년 2월 19일
1시간	47.980㎞	이블린 스티븐스(미국)	미국 콜로라도 스프링스	2016년 2월 27일

4㎞ 퍼슈트 단체전 최고 기록(여자)

2015년 2월 19일 프랑스 생-깡땡-앙-이브린에서 열린 UCI 트랙 사이클링 월드컵대회에서 호주팀(에이미 큐어, 아네트 에드먼드슨, 애슐리 앤쿠디노프, 멜리사 호스킨스)은 4㎞ 퍼슈트 단체전을 4분 13초683으로 마쳤다.

스탠딩 스타트 1시간 최장 주행거리

2015년 6월 7일 브래들리 위긴스 경(영국)은 영국 런던 올림픽경륜장에서 자전거를 타고 54.526㎞를 달렸다.

이 종목 첫 기록은 1893년 5월 11일 앙리 데그랑주(프랑스)에서 나왔는데 당시의 기록은 '겨우' 35.325㎞였다. 선수들의 몸 관리와 사이클링 기술이 발전되면서 그 거리도 많이 늘어났다.

다이빙/아이스 스케이팅 DIVING/ICE SKATING

최장 거리 프리다이빙 (유동 무호흡, 핀 제거)

이 종목에서 다이버는 핀이나 호흡 보조 장치 없이 물속에서 최대한 멀리 헤엄쳐 가야 한다. 마테우스 말리나(폴란드)는 2014년 11월 9일 체코 브르노에서 226m 기록을 세웠다.

프리다이빙

남자 잠영	깊이	이름 & 국적	장소	일자
고정 웨이트, 핀 사용	128m	알렉세이 몰차노바(러시아)	그리스 칼라마타	2013년 9월 19일
고정 웨이트, 핀 제거	101m	윌리엄 트루브리지(뉴질랜드)	바하마	2010년 12월 16일
변화 웨이트	146m	스타브로스 카스트리나키스(그리스)	그리스 칼라마타	2015년 11월 1일
무제한	214m	허버트 니치(오스트리아)	그리스 스페체스	2007년 6월 14일
프리 이머전	121m	윌리엄 트루브리지(뉴질랜드)	바하마	2011년 4월 17일
남자 유동 무호흡	**거리**	**이름 & 국적**	**장소**	**일자**
핀 사용	281m	고란 콜락(크로아티아)	세르비아 베오그라드	2013년 6월 21일
핀 제거	226m	마테우스 말리나(폴란드)	체코 브르노	2014년 11월 9일
남자 정지 무호흡	**시간**	**이름 & 국적**	**장소**	**일자**
지속	11분 54초	브란코 페트로빅(세르비아)	랍 에미리트 두바이	2014년 10월 7일
여자 잠영	**깊이**	**이름 & 국적**	**장소**	**일자**
고정 웨이트, 핀 사용	101m	나탈리아 몰차노바(러시아)	그리스 칼라마타	2011년 9월 15일
고정 웨이트, 핀 제거	70m	나탈리아 몰차노바(러시아)	이집트 다하브	2014년 5월 15일
변화 웨이트	130m	난자 반 덴 브로에크(네덜란드)	이집트 샤름 엘-셰이크	2015년 10월 18일
무제한	160m	타냐 스트리터(미국)	터키 카이코스 제도	2002년 8월 17일
프리 이머전	91m	나탈리아 몰차노바(러시아)	그리스 칼라마타	2013년 9월 15일
여자 유동 무호흡	**거리**	**이름 & 국적**	**장소**	**일자**
핀 사용	237m	나탈리아 몰차노바(러시아)	이탈리아 칼리아리	2014년 9월 19일
핀 제거	182m	나탈리아 몰차노바(러시아)	세르비아 베오그라드	2013년 6월 21일
여자 정지 무호흡	**시간**	**이름 & 국적**	**장소**	**일자**
지속	9분 02초	나탈리아 몰차노바(러시아)	세르비아 베오그라드	2013년 6월 21일

싱글 스컬 라이트급 최고 기록(여자)

2015년 6월 20일 조 맥브라이드(뉴질랜드)는 이탈리아 바레세에서 열린 조정 월드컵 레가타에서 여자 싱글 스컬 라이트급 경기를 7분 24초46만에 끝냈다. 당시 꼭 19세이던 맥브라이드는 이 레가타 준결승에서 자신이 태어나기도 전에 세워진 기록을 깼다. 이후 2015년에 그녀는 프랑스 애그블레트 호수에서 열린 조정 세계선수권대회 싱글 스컬 라이트급에서 금메달을 땄다.

조정 (모든 종목은 2,000m 코스 이상에서 열린 것이다.)

남자	시간	이름 & 국적	장소	일자
싱글 스컬	6분 33초35	마헤 드라이스데일(뉴질랜드)	폴란드 포즈난	2009년 8월 29일
더블 스컬	5분 59초72	크로아티아(발렌트 신코빅, 마틴 신코빅)	네덜란드 암스테르담	2014년 8월 29일
쿼드러플 스컬	5분 32초26	우크라이나(모로조프, 도브고드코, 나드토카 미카이)	네덜란드 암스테르담	2014년 8월 30일
무타 페어	6분 08초50	뉴질랜드(에릭 머레이, 해미시 본드)	영국 런던	2012년 7월 28일
무타 포	5분 37초86	영국(리드, 제임스, 트리그스-호지, 그레고리)	스위스 루체른	2012년 5월 25일
유타 페어**	6분 33초26	뉴질랜드(칼레브 셰퍼드, 에릭 머레이, 해미시 본드)	네덜란드 암스테르담	2014년 8월 29일
유타 포**	5분 58초96	독일(운게마흐, 아이츠홀츠, 바이라우흐,라베, 데데르딩)	오스트리아 비엔나	1991년 8월 24일
에이트	5분 19초35	캐나다(브라운, 베르겐, 맥카베, 크시마, 프라이스, 깁슨, 번스, 크로더스, 하워드)	스위스 루체른	2012년 5월 25일
라이트급	**시간**	**이름 & 국적**	**장소**	**일자**
싱글 스컬**	6분 43초37	마르첼로 미아니(이탈리아)	네덜란드 암스테르담	2014년 8월 29일
더블 스컬	6분 05초36	남아공(존 스미스, 제임스 톰슨)	네덜란드 암스테르담	2014년 8월 29일
쿼드러플 스컬**	5분 42초75	그리스(마그다니스, 기안나로스, E 콘솔라스, G 콘솔라스)	네덜란드 암스테르담	2014년 8월 29일
무타 페어**	6분 22초91	스위스(시몬 니엡만, 루카스 트라머)	네덜란드 암스테르담	2014년 8월 29일
무타 포	5분 43초16	덴마크(바르소, 조르겐센, 라르센, 윈테르)	네덜란드 암스테르담	2014년 8월 29일
에이트**	5분 30초24	독일(알테나, 다히케, 코브르, 스톰포르프스키,멜게스, 뫼르츠, 부치하이트, 폰 바르버그, 카스카)	캐나다 몬트리올	1992년 8월 13일
여자	**시간**	**이름 & 국적**	**장소**	**일자**
싱글 스컬	7분 07초71	룸야나 네이코바(영국)	스페인 세비야	2002년 9월 21일
더블 스컬	6분 37초31	샐리 케호에, 올림피아 알데르세이(호주)	네덜란드 암스테르담	2014년 8월 29일
쿼드러플 스컬	6분 06초84	독일(안네카트린 티에레, 카리나 뵈르, 줄리아 라에르, 리사 슈미드라)	네덜란드 암스테르담	2014년 8월 30일
무타 페어	6분 50초61	영국(헬렌 글로버, 헤더 스태닝)	네덜란드 암스테르담	2014년 8월 30일
무타 포**	6분 14초36	뉴질랜드(프랜더가스트, 프랏, 가울러, 베반)	네덜란드 암스테르담	2014년 8월 29일
에이트	5분 54초16	미국(레간, 폴크, 스나이더, 시몬즈, 룩작, 로빈스, 슈메터링, 오피츠, 린드)	스위스 루체른	2013년 7월 14일
라이트급	**시간**	**이름 & 국적**	**장소**	**일자**
싱글 스컬**	7분 24초46	조 맥브라이드(뉴질랜드)	이탈리아 바레세	2015년 6월 20일
더블 스컬	6분 48초38	영국(샤롯테 테일러, 캐서린 크롤랜드)	이탈리아 바레세	2015년 6월 20일
쿼드러플 스컬**	6분 15초95	네덜란드(보에네르, 파울리스, 크라이이캄프, 헤드)	네덜란드 암스테르담	2014년 8월 29일
무타 페어**	7분 18초32	호주(엘리자 블레어, 저스틴 조이스)	프랑스 애그블레트 호수	1997년 9월 6일

** 비올림픽 보트 종목

스피드 스케이팅 - 롱 트랙

남자	시간/점수	이름 & 국적	장소	일자
500m	33초98	파벨 쿨리즈니코프(러시아)	미국 솔트레이크시티	2015년 11월 20일
2x500m	1분 08초11	파벨 쿨리즈니코프(러시아)	미국 솔트레이크시티	2015년 11월 20일~22일
			캐나다 캘거리	2015년 11월 13일~15일
1,000m	1분 06초42	샤니 데이비스(미국)	미국 솔트레이크시티	2009년 3월 7일
1,500m	1분 41초04	샤니 데이비스(미국)	미국 솔트레이크시티	2009년 12월 11일
3,000m	3분 37초28	에스킬 에르빅(노르웨이)	캐나다 캘거리	2005년 11월 5일
5,000m	6분 03초32	스벤 크라머(네덜란드)	캐나다 캘거리	2007년 11월 17일
10,000m	12분 36초30	테드-잔 블로에멘(캐나다, 네덜란드 태생)	미국 솔트레이크시티	2015년 12월 21일
500/1,000/500/1,000m	136.790점	미셸 뮬더(네덜란드)	미국 솔트레이크시티	2013년 1월 27일
500/3,000/1,500/5,000m	146.365점	에르벤 웨네마르스(네덜란드)	캐나다 캘거리	2005년 8월 12일~13일
500/5,000/1,500/10,000m	145.742점	샤니 데이비스(미국)	캐나다 캘거리	2005년 3월 18일~19일
퍼슈트 단체전(8바퀴)	3분 35초60	네덜란드(블록휴이센, 크라머, 베르와이즈)	미국 솔트레이크시티	2013년 11월 16일
여자	**시간/점수**	**이름 & 국적**	**장소**	**일자**
500m	36초36	이상화(한국)	미국 솔트레이크시티	2013년 11월 16일
2 x 500m	1분 12초93	이상화(한국)	미국 솔트레이크시티	2013년 11월 15일~16일
1,000m	1분 12초18	브리타니 보우(미국)	미국 솔트레이크시티	2015년 11월 22일
1,500m	1분 50초85	헤더 리차드슨-베르그스마(미국)	미국 솔트레이크시티	2015년 11월 21일
3,000m	3분 53초34	신디 클라센(캐나다)	캐나다 캘거리	2006년 3월 18일
5,000m	6분 42초66	마르티나 사블리코바(체코)	미국 솔트레이크시티	2011년 2월 18일
500/1,000/500/1,000m	147.735점	헤더 리차드슨-베르그스마(미국)	캐나다 캘거리	2013년 1월 20일
500/1,500/1,000/3,000m	155.576점	신디 클라센(캐나다)	캐나다 캘거리	2001년 3월 15일~17일
500/3,000/1,500/5,000m	154.580점	신디 클라센(캐나다)	캐나다 캘거리	2006년 3월 18일~19일
퍼슈트 단체전(6바퀴)	2분 55초79	캐나다(크리스티나 그로브스, 크리스틴 네스빗, 브리타니 슈슬러)	캐나다 캘거리	2009년 12월 6일

스피드 스케이팅 - 쇼트 트랙

남자	시간	이름 & 국적	장소	일자
500m	39초937	존 'Jr.' 클레스키(미국)	캐나다 캘거리	2012년 10월 21일
1,000m	1분 22초607	세멘 엘리스트라토프(러시아)	독일 드레스덴	2016년 2월 6일
1,500m	2분 09초041	노진규(한국)	중국 상하이	2011년 12월 10일
3,000m	4분 31초891	노진규(한국)	폴란드 바르샤바	2011년 3월 19일
5,000m 계주	6분 30초958	캐나다(마이클 길데이, 샤를 아믈랭, 프랑수아 아믈랭, 올리비에 장)	캐나다 캘거리	2012년 10월 19일
여자	**시간**	**이름 & 국적**	**장소**	**일자**
500m	42초504	판커신(중국)	미국 솔트레이크시티	2014년 11월 9일
1,000m	1분 26초661	심석희(한국)	캐나다 캘거리	2012년 10월 21일
1,500m	2분 16초729	저우양(중국)	미국 솔트레이크시티	2008년 2월 9일
3,000m	4분 46초983	정은주(한국)	중국 하얼빈	2008년 3월 15일
3,000m 계주	4분 06초215	한국(박승희, 김아랑, 심석희, 조해리)	러시아 콜롬나	2013년 11월 17일

피겨 스케이팅

남자	점수	이름 & 국적	장소	일자
혼합 토탈	330.43점	유즈루 하뉴(일본)	스페인 바르셀로나	2015년 12월 12일
쇼트 프로그램	110.95점	유즈루 하뉴(일본)	스페인 바르셀로나	2015년 12월 10일
프리 스케이팅	219.48점	유즈루 하뉴(일본)	스페인 바르셀로나	2015년 12월 12일
여자	**점수**	**이름 & 국적**	**장소**	**일자**
혼합 토탈	228.56점	김연아(한국)	캐나다 밴쿠버	2010년 2월 25일
쇼트 프로그램	78.66점	마오 아사다(일본)	일본 사이타마	2014년 3월 27일
프리 스케이팅/롱 프로그램	150.10점	에브게니아 메드베데바(러시아)	미국 보스턴	2016년 4월 2일
페어	**점수**	**이름 & 국적**	**장소**	**일자**
혼합 토탈	237.31점	타티아나 볼로소자 & 막심 트란코프(러시아)	미국 디트로이트	2013년 10월 20일
쇼트 프로그램	84.17점	타티아나 볼로소자 & 막심 트란코프(러시아)	러시아 소치	2014년 2월 11일
프리 스케이팅	154.66점	타티아나 볼로소자 & 막심 트란코프(러시아)	미국 디트로이트	2013년 10월 20일
아이스 댄스	**점수**	**이름 & 국적**	**장소**	**일자**
혼합 토탈	195.52점	메릴 데이비스 & 찰리 화이트(미국)	러시아 소치	2014년 2월 17일
쇼트 댄스	78.89점	메릴 데이비스 & 찰리 화이트(미국)	러시아 소치	2014년 2월 16일
프리 댄스	118.17점	가브리엘라 파다다키스 & 기욤 시제론(프랑스)	미국 보스턴	2016년 3월 31일

1,500m 스피드 스케이팅 최고 기록(여자)

헤더 리처드슨-베르그스마(미국)는 2015년 11월 21일 미국 유타 주 솔트레이크시티에서 열린 ISU 스피드 스케이팅 월드컵 여자 1,500m 스피드 스케이팅에서 1분 50초85를 기록했다.

프리 스케이팅 롱프로그램 최고 점수(여자)

에브게니아 메드베데바(러시아)는 2016년 4월 2일 미국 매사추세츠 주 보스턴에서 열린 ISU 세계선수권대회에서 150.10점을 기록했다. 그녀는 쇼트 프로그램에서 3위에 그쳤음에도 불구하고 출중한 실력으로 대회 금메달을 획득했다.

수영 SWIMMING

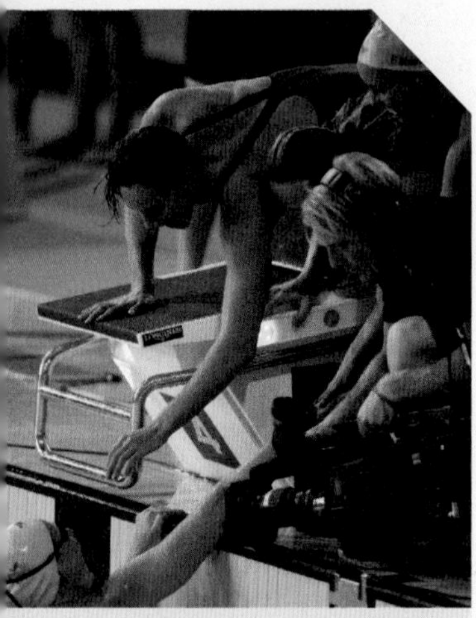

롱 코스 4×100m 자유형 계주 최고 기록(여자)

2014년 7월 24일 호주팀(브론테 캠벨, 케이트 캠벨, 엠마 맥키언, 멜라니 슐랑어)은 여자 롱 코스 4×100m 자유형 계주를 3분 30초98로 끊어 우승했다. 이 신기록은 영국 글래스고에서 열린 2014 영연방 경기 대회에서 수립됐다. 위 사진은 팀 동료들이 지켜보는 가운데 브론테 캠벨이 언니인 케이트 캠벨을 환영하는 모습이다.

수영 - 롱 코스(50m 풀장)

남자	시간	이름 & 국적	장소	일자
50m 자유형	20초91	케사르 클레오 필호(브라질)	브라질 상파울루	2009년 12월 18일
100m 자유형	46초91	케사르 클레오 필호(브라질)	이탈리아 로마	2009년 7월 30일
200m 자유형	1분 42초	파울 비더만(독일)	이탈리아 로마	2009년 7월 28일
400m 자유형	3분 40초07	파울 비더만(독일)	이탈리아 로마	2009년 7월 26일
800m 자유형	7분 32초12	장린(중국)	이탈리아 로마	2009년 7월 29일
1,500m 자유형	14분 31초02	쑨양(중국)	영국 런던	2012년 8월 4일
4×100m 자유형 계주	3분 08초24	미국(마이클 펠프스, 개릿 웨버-게일, 컬린 존스, 제이슨 레작)	중국 베이징	2008년 8월 11일
4×200m 자유형 계주	6분 58초55	미국(마이클 펠프스, 리키 베렌스, 데이비드 월터스, 라이언 록티)	이탈리아 로마	2009년 7월 31일
50m 접영	22초43	라파엘 무뇨스(스페인)	스페인 말라가	2009년 4월 5일
100m 접영	49초82	마이클 펠프스(미국)	이탈리아 로마	2009년 8월 1일
200m 접영	1분 51초51	마이클 펠프스(미국)	이탈리아 로마	2009년 7월 29일
50m 배영	24초04	리엄 탠콕(영국)	이탈리아 로마	2009년 8월 2일
100m 배영	51초94	아론 페어졸(미국)	미국 인디애나폴리스	2009년 7월 8일
200m 배영	1분 51초92	아론 페어졸(미국)	이탈리아 로마	2009년 7월 31일
50m 평영	26초42	애덤 피티(영국)	러시아 카잔	2015년 8월 4일
100m 평영	57초92	애덤 피티(영국)	영국 런던	2015년 4월 17일
200m 평영	2분 07초01	아키히로 야마구치(일본)	일본 기후	2012년 9월 15일
200m 혼영	1분 54초	라이언 록티(미국)	중국 상하이	2011년 7월 28일
400m 혼영	4분 03초84	마이클 펠프스(미국)	중국 베이징	2008년 8월 10일
4×100m 혼영 계주	3분 27초28	미국(아론 페어졸, 에릭 센토, 마이클 펠프스, 데이비드 월터스)	이탈리아 로마	2009년 8월 2일

여자	시간	이름 & 국적	장소	일자
50m 자유형	23초73	브리타 슈테펜(독일)	이탈리아 로마	2009년 8월 2일
100m 자유형	52초07	브리타 슈테펜(독일)	이탈리아 로마	2009년 7월 31일
200m 자유형	1분 52초98	페데리카 펠레그리니(이탈리아)	이탈리아 로마	2009년 7월 29일
400m 자유형	3분 58초37	케이티 레데키(미국)	호주 골드 코스트	2014년 8월 23일
800m 자유형	8분 06초68	케이티 레데키(미국)	미국 오스틴	2016년 1월 17일
1,500m 자유형	15분 25초48	케이티 레데키(미국)	러시아 카잔	2015년 8월 4일
4×100m 자유형 계주	3분 30초98	호주(브론테 캠벨, 멜라니 슐랑어, 엠마 맥키언, 케이트 캠벨)	영국 글래스고	2014년 7월 24일
4×200m 자유형 계주	7분 42초08	중국(위양, 주 첸 웨이, 류징, 팡 지아잉)	이탈리아 로마	2009년 7월 30일
50m 접영	24초43	사라 셰스트룀(스웨덴)	스웨덴 부로스	2014년 7월 5일
100m 접영	55초64	사라 셰스트룀(스웨덴)	러시아 카잔	2015년 8월 3일
200m 접영	2분 01초81	류쯔거(중국)	중국 지난	2009년 10월 21일
50m 배영	27초06	자오징(중국)	이탈리아 로마	2009년 7월 30일
100m 배영	58초12	젬마 스포포스(영국)	이탈리아 로마	2009년 7월 28일
200m 배영	2분 04초06	미시 프랭클린(미국)	영국 런던	2012년 8월 3일
50m 평영	29초48	루타 메이루티테(리투아니아)	스페인 바르셀로나	2013년 8월 3일
100m 평영	1분 04초35	루타 메이루티테(리투아니아)	스페인 바르셀로나	2013년 7월 29일
200m 평영	2분 19초11	리키 페더슨(덴마크)	스페인 바르셀로나	2013년 8월 1일
200m 혼영	2분 06초12	카틴카 호스주(헝가리)	러시아 카잔	2015년 8월 3일
400m 혼영	4분 28초43	예시웬(중국)	영국 런던	2012년 7월 28일
4×100m 혼영 계주	3분 52초05	미국(미시 프랭클린, 레베카 소니, 다나 볼머, 앨리슨 슈미트)	영국 런던	2012년 8월 4일

롱 코스 100m 자유형 최고 기록(여자)

2009년 7월 31일 이탈리아 로마에서 열린 수영 세계선수권대회 여자 롱 코스 100m 자유형에서 독일의 브리타 슈테펜이 52초07의 기록을 세웠다. 단 4일 전에 자신이 세운 52초22의 기록을 깬 것이다.

롱 코스 200m 혼영 최고 기록(여자)

2015년 8월 3일 러시아 카잔에서 열린 16회 FINA 수영 세계선수권대회에서 카틴카 호스주(헝가리)는 2분 6초12의 기록으로 롱 코스 200m 혼영을 마쳤다. 이는 2009년 수영 세계선수권대회에서 자신이 세운 기록을 0.03초 앞당긴 것이다.

수영 - 쇼트 코스(25m 풀장)

남자	시간	이름 & 국적	장소	일자
50m 자유형	20초26	플로랑 마나우두(프랑스)	카타르 도하	2014년 12월 5일
100m 자유형	44초94	아마우리 레베옥스(프랑스)	크로아티아 리예카	2008년 12월 13일
200m 자유형	1분 39초37	파울 비더만(독일)	독일 베를린	2009년 11월 15일
400m 자유형	3분 32초25	야닉 아넬(프랑스)	프랑스 앙제	2012년 11월 15일
800m 자유형	7분 23초42	그랜트 해켓(호주)	호주 멜버른	2008년 7월 20일
1,500m 자유형	14분 10초10	그랜트 해켓(호주)	호주 퍼스	2001년 8월 7일
4×100m 자유형 계주	3분 03초30	미국(나단 애드리언, 매트 그레버스, 개릿 웨버-게일, 마이클 펠프스)	영국 맨체스터	2009년 12월 19일
4×200m 자유형 계주	6분 49초04	러시아(니키타 로빈트세프, 다닐라 이조토프, 에브게니 라구노프, 알렉산더 수코루코프)	아랍 에미리트 두바이	2010년 12월 16일
50m 접영	21초80	스테펜 다이블러(독일)	독일 베를린	2009년 11월 14일
100m 접영	48초44	채드 르 클로스(남아공)	카타르 도하	2014년 12월 4일
200m 접영	1분 48초56	채드 르 클로스(남아공)	싱가포르 싱가포르	2013년 11월 5일
50m 배영	22초22	플로랑 마나우두(프랑스)	카타르 도하	2014년 12월 6일
100m 배영	48초92	매튜 그레버스(미국)	미국 인디애나폴리스	2015년 12월 12일
200m 배영	1분 45초63	미치 라킨(호주)	호주 시드니	2015년 11월 27일
50m 평영	25초25	카메론 판 데르 부르흐(남아공)	독일 베를린	2009년 11월 14일
100m 평영	55초61	카메론 판 데르 부르흐(남아공)	독일 베를린	2009년 11월 15일
200m 평영	2분 00초48	다니엘 기우르타(헝가리)	아랍 에미리트 두바이	2014년 8월 31일
100m 혼영	50초66	마르쿠스 다이블러(독일)	카타르 도하	2014년 12월 7일
200m 혼영	1분 49초63	라이언 록티(미국)	터키 이스탄불	2012년 12월 14일
400m 혼영	3분 55초50	라이언 록티(미국)	아랍 에미리트 두바이	2010년 12월 16일
4×100m 혼영 계주	3분 19초16	러시아(스타니슬라프 도네츠, 세르게이 게이벨, 에브게니 코로티슈킨, 다니타 니조토프)	러시아 상트페테르부르크	2009년 12월 20일

여자	시간	이름 & 국적	장소	일자
50m 자유형	23초24	라노미 크로모위드조조(네덜란드)	네덜란드 아인트호벤 미국 인디애나폴리스	2013년 8월 7일 2015년 12월 12일
100m 자유형	50초91	케이트 캠벨(호주)	호주 시드니	2015년 11월 28일
200m 자유형	1분 50초78	사라 셰스트룀(스웨덴)	카타르 도하	2014년 12월 7일
400m 자유형	3분 54초52	미레아 벨몬테(스페인)	독일 베를린	2013년 8월 11일
800m 자유형	7분 59초34	미레아 벨몬테(스페인)	독일 베를린	2013년 8월 10일
1,500m 자유형	15분 19초71	미레아 벨몬테(스페인)	스페인 사바델	2014년 12월 12일
4×100m 자유형 계주	3분 26초53	네덜란드(펨케 힘스케르크, 잉케 데커,라노미 크로모위드조조, 마우드 반 데르 미어)	카타르 도하	2014년 12월 5일
4×200m 자유형 계주	7분 32초85	네덜란드(펨케 힘스케르크, 잉케 데커,라노미 크로모위드조조, 샤론 판 루벤달)	카타르 도하	2014년 12월 3일
50m 접영	24초38	테레세 알샤마르(스웨덴)	싱가로프 싱가포르	2009년 11월 22일
100m 접영	54초61	사라 셰스트룀(스웨덴)	카타르 도하	2014년 12월 7일
200m 접영	1분 59초61	미레아 벨몬테(스페인)	카타르 도하	2014년 12월 3일
50m 배영	25초67	에티엔 메데이로스(브라질)	카타르 도하	2014년 12월 7일
100m 배영	55초03	카틴카 호스주(헝가리)	카타르 도하	2014년 12월 4일
200m 배영	1분 59초23	카틴카 호스주(헝가리)	카타르 도하	2014년 12월 5일
50m 평영	28초80	제시카 하디(미국)	독일 베를린	2009년 11월 15일
100m 평영	1분 02초36	루타 메이로티테(리투아니아)	러시아 모스크바	2013년 10월 12일
		알리아 아트킨슨(자메이카)	카타르 도하	2014년 12월 6일
200m 평영	2분 14초57	레베카 소니(미국)	영국 맨체스터	2009년 12월 18일
100m 혼영	56초70	카틴카 호스주(헝가리)	카타르 도하	2014년 12월 5일
200m 혼영	2분 01초86	카틴카 호스주(헝가리)	카타르 도하	2014년 12월 6일
400m 혼영	4분 19초86	미레아 벨몬테(스페인)	카타르 도하	2014년 12월 3일
4×100m 혼영 계주	3분 45초20	미국(코트니 바소로뮤, 케이티 멜리, 켈시 워렐, 시모네 마누엘)	미국 인디애나폴리스	2015년 12월 11일

쇼트 코스 100m 배영 최고 기록

2015년 12월 12일 미국 인디애나 주 인디애나폴리스에서 매튜 그레버스(미국)는 쇼트 코스 100m 배영을 48초92에 마쳤다. 유럽 올스타와 미국 간에 벌어진 수영대회에서 세운 신기록이다.

쇼트 코스 200m 배영 최고 기록

2015년 11월 27일 호주 시드니에서 호주의 미츠 라킨은 쇼트 코스 200m 배영을 1분 45초63만에 마쳤다. 호주 쇼트 코스 선수권대회에서 나온 신기록이다.

쇼트 코스 100m 자유형 최고 기록(여자)

케이트 캠벨(호주)은 2015년 11월 28일 시드니에서 열린 호주 쇼트 코스 선수권대회 200m 시범 수영에서 100m 자유형 기록을 깼다. 그녀의 100m 스플릿 타임(구간 소요 시간)은 종전 기록보다 0.8초 빠른 50초91이였다.

역도/스포츠 마라톤/수상스키
WEIGHTLIFTING / SPORTS MARATHONS / WATERSKIING

56㎏급 인상
남자 56㎏급 인상 경기 최고 기록은 2015년 11월 21일 미국 텍사스 주 휴스턴에서 열린 IWF 역도 세계선수권대회에서 우징뱌오(중국)가 들어 올린 139㎏이다.
이는 2001년 11월 4일 터키 안탈리아에서 하릴 물투(터키)가 세운 138㎏ 기록을 14년 만에 깬 기록이다.

58㎏급 통합
보얀카 코스토바(아제르바이잔)가 2015년 11월 23일 미국 텍사스 주 휴스턴에서 열린 IWF 역도 세계선수권대회 58㎏급에서 252㎏을 들어 올렸다. 그녀는 같은 날 여자 58㎏급 인상에서도 112㎏을 들어 올려 신기록을 세웠다. 이 선수권대회에서는 무려 9개의 신기록이 수립됐다.

역도

남자	종목	무게	이름 & 국적	장소	일자
56㎏	인상	139㎏	우징뱌오(중국)	미국 휴스턴	2015년 11월 21일
	용상	171㎏	엄윤철(북한)	미국 휴스턴	2015년 11월 21일
	통합	305㎏	하릴 물투(터키)	호주 시드니	2000년 9월 16일
62㎏	인상	154㎏	김은국(북한)	한국 인천	2014년 9월 21일
	용상	183㎏	첸리준(중국)	미국 휴스턴	2015년 11월 22일
	통합	333㎏	첸리준(중국)	미국 휴스턴	2015년 11월 22일
69㎏	인상	166㎏	라오후이(중국)	카자흐스탄 알마티	2014년 11월10일
	용상	198㎏	랴오후이(중국)	폴란드 브로츠와프	2013년 10월 23일
	통합	359㎏	라오후이(중국)	카자흐스탄 알마티	2014년 11월 10일
77㎏	인상	176㎏	루샤오쥔(중국)	폴란드 브로츠와프	2013년 10월 24일
	용상	210㎏	올레그 페레페체노프(러시아)	슬로바키아 트렌친	2001년 4월 27일
	통합	380㎏	루샤오쥔(중국)	폴란드 브로츠와프	2013년 10월 24일
85㎏	인상	187㎏	안드레이 리바코우(벨라루스)	태국 치앙마이	2007년 9월 22일
	용상	218㎏	장용(중국)	이스라엘 라마트간	1998년 4월 25일
	통합	394㎏	안드레이 리바코우(벨라루스)	중국 베이징	2008년 8월 15일
94㎏	인상	188㎏	아카키오스 카키아스빌리스(그리스)	그리스 아테네	1999년 11월 27일
	용상	233㎏	일리야 일린(카자흐스탄)	영국 런던	2012년 8월 4일
	통합	418㎏	일리야 일린(카자흐스탄)	영국 런던	2012년 8월 4일
105㎏	인상	200㎏	안드레이 아람나우(벨라루스)	중국 베이징	2008년 8월 18일
	용상	246㎏	일리야 일린(카자흐스탄)	러시아 그로즈니	2015년 12월 12일
	통합	437㎏	일리야 일린(카자흐스탄)	러시아 그로즈니	2015년 12월 12일
105+㎏	인상	214㎏	베다드 살리미 코르다시아비(이란)	프랑스 파리	2011년 11월 13일
	용상	264㎏	알렉세이 로프체프(러시아)	미국 휴스턴	2015년 11월 28일
	통합	475㎏	알렉세이 로프체프(러시아)	미국 휴스턴	2015년 11월 28일
여자	종목	무게	이름 & 국적	장소	일자
48㎏	인상	98㎏	양리안(중국)	도미니카공화국 산타도밍고	2006년 10월 1일
	용상	121㎏	누르칸 타일란(터키)	터키 안탈리아	2010년 9월 17일
	통합	217㎏	양리안(중국)	도미니카공화국 산타도밍고	2006년 10월 1일
53㎏	인상	103㎏	리평(중국)	중국 광저우	2010년 11월 14일
	용상	134㎏	줄피야 친샨로(카자흐스탄)	카자흐스탄 알마티	2014년 11월 10일
	통합	233㎏	후슈칭(대만)	한국 인천	2014년 9월 21일
58㎏	인상	112㎏	보얀카 코스토바(아제르바이잔)	미국 휴스턴	2015년 11월 23일
	용상	141㎏	추홍메이(중국)	중국 타이안	2007년 4월 23일
	통합	252㎏	보얀카 코스토바(아제르바이잔)	미국 휴스턴	2015년 11월 23일
63㎏	인상	117㎏	스베틀라나 차루카에바(러시아)	프랑스 파리	2011년 11월 8일
	용상	146㎏	덩웨이(중국)	미국 휴스턴	2015년 11월 25일
	통합	261㎏	린쯔시(대만)	한국 인천	2014년 9월 23일
69㎏	인상	128㎏	류춘홍(중국)	중국 베이징	2008년 8월 13일
	용상	158㎏	류춘홍(중국)	중국 베이징	2008년 8월 13일
	통합	286㎏	류춘홍(중국)	중국 베이징	2008년 8월 13일
75㎏	인상	135㎏	나탈리아 바보로트나야(러시아)	러시아 벨고로드	2011년 12월 17일
	용상	164㎏	김은주(북한)	한국 인천	2014년 9월 25일
	통합	296㎏	나탈리아 바보로트나야(러시아)	러시아 벨고로드	2011년 12월 17일
75+㎏	인상	155㎏	타티아나 카시리나(러시아)	카자흐스탄 알마티	2014년 11월 16일
	용상	193㎏	타티아나 카시리나(러시아)	카자흐스탄 알마티	2014년 11월 16일
	통합	348㎏	타티아나 카시리나(러시아)	카자흐스탄 알마티	2014년 11월 16일

63㎏급 용상
중국의 덩웨이는 2015년 11월 25일 미국 텍사스 주 휴스턴에서 열린 IWF 역도 세계선수권대회 여자 63㎏급 용상에서 146㎏을 들어 올렸다. 그녀는 이 대회 63㎏급 인상, 용상, 그리고 통합 종목에서 금메달을 싹쓸이했다.

스포츠 마라톤 최장 기록들

스포츠	시간	이름 & 국적	장소	일자
에어로빅	39시간 20분	에스터 훼더스톤	영국 헤이워즈 히스	2012년 9월 15일~17일
야구	70시간 9분 24초	톰 레인지 사, 디노스 로지스틱스의 아마추어 야구 선수 56명(미국)	미국 소젯	2015년 5월 21일~24일
농구	120시간 1분 07초	왈랑 이와난, 바운스 백(필리핀)	필리핀 마닐라	2014년 3월 24일~29일
농구(휠체어)	27시간 32분	사우스 웨스트 스콜피온스 휠체어 농구 클럽(영국)	영국 브리스톨	2012년 8월 11일~12일
볼링(텐핀)	134시간 57분	스티븐 샤나브룩(미국)	미국 플라노	2010년 6월 14일~19일
볼링(실내)	40시간	린 앳킨슨, 롭 앳킨슨, 피터 해리, 로레인 미싱햄, 로리 먼로, 리즈 먼로(호주)	호주 록스버러 파크	2013년 4월 17일~19일
볼링(실외)	172시간 7분	케임브리지 볼링 클럽 회원 6명(뉴질랜드)	뉴질랜드 케임브리지	2016년 3월 19일~26일
크리켓	150시간 14분	러프버러대학 임직원 크리켓 클럽(영국)	영국 러프버러	2012년 6월 24일~30일
컬링	79시간 15분 03초	락스 어라운드 더 클락 - 콜드워터, 디스트릭트 컬링 클럽(캐나다)	캐나다 콜드워터	2014년 10월 17일~20일
다트(복식)	48시간	케빈 브라이언, 매튜 쿡, 애덤 로버츠, 벤 로퍼(영국)	영국 셰프셰드	2013년 9월 4일~6일
다트(단식)	50시간 50분 50초	마크 다이, 웨인 미첼(영국)	영국 브롬리	2014년 3월 13일~15일
피구	41시간 3분 17초	Right to Play @ Castleton Club(미국)	미국 캐슬턴	2012년 4월 27일~29일
플로어볼	26시간	라펜란타공과대학, 우르헤일루 코스키미스 팀(핀란드)	핀란드 라펜란타	2013년 7월 12일~13일
하키(아이스)	247시간 59분 30초	디 오일림픽스(캐나다)	캐나다 체스터미어	2014년 5월 4일~15일
하키(실내)	60시간	플로어 하키 훠 블레이크(캐나다)	캐나다 캘거리	2014년 6월 27일~30일
하키(인라인/롤러)	30시간	I H 사무라이 이셀론(독일)	독일 이절론	2016년 2월 13일~14일
하키(거리)	105시간 17분	몰슨 캐나디언, 태나디언 타이어 팀(캐나다)	캐나다 레스브리지	2008년 8월 20일~24일
헐링	24시간 14분 02초	클로본 GAA 클럽(아일랜드)	아일랜드 캐슬보로	2012년 6월 22일~23일
코프볼	30시간 2분	킹피셔 코프볼 클럽(영국)	영국 라크필드	2008년 6월 14일~15일
네트볼	72시간 5분	제너레이션 네트볼 클럽(호주)	호주 론세스턴	2015년 7월 9일~12일
페탕크(불)	52시간	길스 데 브하인쉬(벨기에)	벨기에 아를롱	2009년 9월 18일~20일
풀(단식)	100시간	데이비드 마일스, 키스 풀리, 드루 리크, 숀 테렐(미국)	미국 콜로라도 스프링스	2013년 12월 6일~10일
스키	202시간 1분	닉 윌리(호주)	호주 스레드보	2005년 9월 2일~10일
스노보드	180시간 34분	베른하트 마이어(오스트리아)	오스트리아 바트 클라인키르히하임	2004년 1월 9일~16일
축구	105시간	크레이그 고원스 메모리얼 펀드(영국)	영국 에든버러	2015년 7월 4일~8일
실내 축구(파이브-어-사이드)	70시간 3분	리 나이트 재단(영국)	영국 위럴	2015년 7월 30일~8월 2일
테이블 축구	61시간 17분	알렉산더 쿠엔, 마누엘 라허, 베른트 노이루러, 디트마 노이루러(오스트리아)	오스트리아 인스부르크	2012년 8월 29일~9월 1일
탁구(복식)	101시간 1분 11초	랜스, 마크 앤 필 워렌, 빌 위어(미국)	미국 새크라멘토	1979년 4월 9일~13일
탁구(단식)	132시간 31분	랜디 누네스, 태니 프라이스(미국)	미국 체리 힐	1978년 8월 20일~26일
테니스(복식)	57시간 32분 27초	스파이크 디 후프, 롭 하메르스마, 위차드 하이데캄프, 안드레 포엘(네덜란드)	네덜란드 쥐들라렌	2013년 8월 16일~18일
테니스(단식)	63시간 27분 40초	데니스 그로이슬, 니클라스 얀(독일)	독일 바르그테하이데	2015년 7월 7일~9일
배구(비치)	25시간 39분	마테우즈 바카, 보이치에흐 쿠르치리스키, 세바스티안 뢰케, 토마츠 올스작(독일)	독일 괴를리츠	2010년 7월 3일~4일
배구(실내)	85시간	SVU 배구(네덜란드)	네덜란드 암스테르담	2011년 12월 27일~30일
위플볼	25시간 39분 33초	크리스 콘라드, 줄리안 코들, 개리 돈, 도니 가이, 톰 메르시에 대 바비 하이켄, 조쉬 맥더못, 제프 물타넨, 리치 로젠탈, 카메론 윌리엄스(미국)	미국 메드포드	2013년 8월 10일~11일

수상스키

남자	기록	이름 & 국적	장소	일자
슬라롬	2.5부이/9.75m 라인/시속 58㎞	네이트 스미스(미국)	미국 커빙턴	2013년 9월 7일
맨발 슬라롬	30초에 20.6 웨이크 크로싱	키스 세이트 온게(미국)	남아공 브롱크호스트스프루트	2006년 1월 6일
트릭스	12,570점	알렉시 자르나섹(벨라루스)	미국 행콕 호수의 섬들	2011년 4월 29일
맨발 트릭스	12,150점	데이비드 스몰(영국)	미국 애드나	2010년 6월 12일
점프	76.2m	프레디 크뤼거(미국)	미국 행콕 호수의 섬들	2014년 5월 1일
맨발 점프	29.9m	데이비드 스몰(영국)	독일 브란렌부르크	2010년 8월 11일
스키 플라이	95.1m	프레디 크뤼거(미국)	미국 미시간	2015년 8월 7일
종합	2,818.01점*	자렛 르웰린(캐나다)	미국 세프너	2002년 9월 29일
여자	**기록**	**이름 & 국적**	**장소**	**일자**
슬라롬	3.25부이/10.25m 라인/시속 55㎞	레기나 재퀴스(미국)	미국 세다 리지 호수	2014년 6월 7일
맨발 슬라롬	30초에 17.2 웨이크 크로싱	애슐리 스테빙스(호주)	호주 퍼스	2014년 10월 8일
트릭스	10,460점	에리카 랭(미국)	미국 크리스털 포인트	2014년 5월 10일
맨발 트릭스	10,100점	애슐리 스테빙스(호주)	호주 물왈라	2014년 3월 13일
점프	59.1m	재킨타 캐롤(호주)	미국 그로브랜드	2015년 5월 17일
맨발 점프	21.7m	애슐리 스테빙스(호주)	호주 물왈라	2014년 3월 16일
스키 플라이	69.4m	엘레나 밀라코바(러시아)	미국 파인 마운틴	2002년 5월 26일
종합	3,126.52점**	나탈리아 레르드니코바(벨라루스)	미국 그로블랜드	2012년 5월 19일

*5@11.25m, 10,730트릭, 71.7m 점프 ** 3@11.25m, 9,740트릭, 58.0m 점프

수상스키를 신고 가장 멀리 난 기록

2015년 8월 7일 미국 미시간 주 그랜드래피즈에서 프레디 크뤼거(미국)가 95.1m를 날았다. 그는 2014년 5월 1일에 이미 76.2m로 최장거리 수상스키 점프 기록을 세운 바 있다.

최상급으로 찾아보기 SUPERLATIVE INDEX

최상급으로 찾아보기 SUPERLATIVE INDEX

찾아보기 INDEX

찾아보기 INDEX

도움을 준 사람들 ACKNOWLEDGEMENTS

편집장 크레이그 글렌데이
선임 편집 주간 스티븐 폴
레이아웃 에디터 벤 홀링엄, 애덤 밀워드
게이밍 에디터 스티븐 다울트레이
교열/사실 확인 벤 웨이, 매튜 화이트
색인 작업 마리 로리머
사진 및 디자인 책임 마이클 휘티
부 사진 에디터 프란 모라레스
사진 조사 사프론 프래들리, 빅토리아 트위디
디자인 55design.co.uk의 크리스티안 길햄(CG 담당), 폴 윌리-디콘, 리처드 페이지
삽화 빌리 워커르, 수 미크닝위츠, 짐 하워드, 로빈 스태나드
VP 출판 제니 헬러

조달 책임 패트리샤 마길
출판 관리 제인 보트필드
제작 보조 토마스 맥커디
제작 컨설턴트 로저 호킨스, 데니스 손
인쇄 및 제본 독일 귀터슬러 소재 몬 미디어 몬두르크 GmbH
표지 개발 폴 디콘
표지 제작 스펙트라텍 테크놀로지 사(테리 콘웨이와 마이크 포스터), API 라미네이즈 사(스티븐 엠슬레이), GT 프로덕션(베른트 살레프스키)
복사본 본 그룹의 레스 카흐라만
원본 사진 리처드 브래드버리, 알 디아즈, 제임스 엘러커, 칼리 가란츠로티스, 폴 마이클 휴즈, 라날드 마케크니, 케빈 스콧 라모스

[한국]

펴낸이 이범상
펴낸곳 이덴슬리벨
번역 공민희 엄성수
기획 이경원 박월
편집 김승희 강찬양 배윤주 김혜경
디자인 김혜림 이미숙 김희연
마케팅 한상철 이재필 반지현
전자책 김성화 김희정
관리 박석형 이다정

초판 1쇄 발행 2016년 10월 25일

주소 우)04034 서울 마포구 잔다리로7길 12 (서교동)
전화 02)338-2411 **팩스** 02)338-2413
홈페이지 www.visionbp.co.kr
이메일 visioncorea@naver.com
등록번호 제2009-000096호

한국 978-89-91310-94-0 04034
978-89-91310-93-3 (SET)

이 책은 오션조정협회 설립자인 케네스 크러치로우를 기리기 위한 책입니다.

기록은 깨지기 위해 있는 것입니다. 만약 당신이 깰 수 있는 기네스 기록이 있다면, 우리에게 연락을 주시기 바랍니다.
www.guinnessworldrecords.com을 방문해 기록 경신 소식과 기록 도전 비디오 영상을 살펴보십시오. 기네스 세계기록 온라인 커뮤니티의 회원이 되면 모든 정보를 제공받으실 수 있습니다.

환경에 무해한 종이 사용
이 책에 사용된 종이는 독일 UPM 플라틀링 사에서 만든 것으로, 삼림 무해 인증서를 받았습니다. 또한 환경에 무해한 종이를 만들기 위해 ISO14001 환경 관리 시스템과 EMAS 표준 규격을 엄수하였습니다. UPM 종이는 재생 및 재활용이 가능한 소재로 만들어지는 바이오포(Biofore) 제품입니다.

기네스 세계기록협회는 정확한 기록 검증을 위해 철저한 평가 인증 시스템을 가지고 있습니다. 그러나 많은 노력에도 불구하고 실수는 생기기 마련입니다. 따라서 독자들의 피드백을 늘 환영하는 바입니다.

기네스 세계기록협회는 전통적인 도량법과 미터법을 모두 사용하고 있습니다. 그러나 미터법만 인정되는 과학적 데이터나 일부 스포츠 데이터의 경우에는 미터법만 사용합니다.
또한 특정 데이터 기록은 그 시기에 맞는 현행 가치에 따라 교환율로 계산하였고, 단 한 해의 데이터만 주어진 경우, 교환율은 그해의 12월 31일을 기준으로 계산했습니다.
매년 수많은 도전자들이 기네스 기록에 도전하고 인증서를 받았으나, 모든 기록을 이 책에 넣지는 못했다는 점을 말씀드립니다.

「이 도서의 국립중앙도서관 출판예정도서목록(CIP)은 서지정보유통지원시스템 홈페이지(http://seoji.nl.go.kr)와 국가자료공동목록시스템(http://www.nl.go.kr/kolisnet)에서 이용하실 수 있습니다.(CIP제어번호: CIP2016013937)」

OFFICIALLY AMAZING

THE JIM PATTISON GROUP

본사
글로벌 회장: 알리스테어 리처즈

프로페셔널 서비스
최고재무책임자: 앨리슨 오잔느
재무감사: 앤드루 우드
수취 계정 매니저: 리자 깁스
보조 회계사: 제스 블레이크
지급 계정 매니저: 빅토리아 아웨
재무 매니저: 샤바나 자파르, 다니엘 랠프
교역 분석 매니저: 엘리자베스 비숍
법률 & 비즈니스 문제 책임자: 레이먼드 마셜
법률 & 비즈니스 문제 매니저: 테렌스 창
법률 & 비즈니스 문제 실무: 치앙균 라블렌
HR 책임자: 파렐라 라이언-코커
HR 보조: 메흐린 사에에드
사무실 매니저: 재키 앵거스
IT 책임감독: 롭 하우
IT 개발 매니저: 제임스 에드워즈
개발자: 켄크 셀림
주니어 개발자: 루이스 에어즈
데스크톱 관리자: 아이눌 아흐메드/ 알파 세란트-데포
SVP 기록: 마르코 프리가티
카테고리 관리 책임자: 잭키 셰록/ 샤타 친니아
정보 & 연구 매니저: 카림 발레리오
기록 매니저: 애덤 브라운, 코린 번즈, 샘 골린, 빅토리아 트위디, 트립 요먼
기록 컨설턴트: 샘 메이슨, 톰 이비슨

글로벌 브랜드 전략
SVP 글로벌 브랜드 전략: 사만다 페이

글로벌 제품 마케팅
VP 글로벌 제품 마케팅: 케이티 포르데
글로벌 TV 콘텐츠 & 판매 책임감독: 롭 몰로이
시니어 TV 유통 매니저: 폴 글린
시니어 TV 콘텐츠 실무: 조너선 휘턴
디지털 제품 마케팅 매니저: 베로니카 아이언즈
온라인 에디터: 케빈 린치
소셜 미디어 매니저: 댄 손
디지털 비디오 프로듀서: 매트 무슨
온라인 작가: 레이철 스왓먼
브랜드 & 소비자 제품 마케팅 매니저: 루시 액필드
디자이너: 레베카 뷰캐넌 스미스
주니어 디자이너: 에드워드 딜런
제품 마케팅 보조: 빅터 페네스

EMEA & APAC
SVP EMEA APAC: 나딘 코지
VP 크리에이티브: 폴 오닐
흥밋거리 개발 매니저: 루이스 톰스
PR 책임감독: 자키 루이스
시니어 PR 매니저: 더그 메일
시니어 홍보: 마달린 비엘펠트
B2B PR 매니저: 멜라니 드프라이스/ 줄리엣 도손
영국 & 국제 홍보 담당: 앰버-조지나 질
마케팅 책임자: 저스틴 토메이
B2B 마케팅 매니저: 마와 로드리게스
B2C 마케팅 매니저: 크리스텔레 베트롱
콘텐츠 마케팅 실무: 이멜다 느고우알라
출판 판매 책임자: 존 필레이
판매 & 유통 매니저: 리처드 스테닝
출판 라이선싱 매니저: 엠마 데이비스
상업 계정 & 라이선싱 책임자: 샘 프로세르
상업 계정 매니저: 루시에 페세르레아우, 제시카 레이, 잉가 라스무센, 사디에 스미스
상업 계정 실무: 페이 에드워즈
인도 상업 대표: 이크힐 슈클라
중동·북아프리카 국가 매니저: 탈랄 오마르
중동·북아프리카 RMT 책임자: 사메르 크할로우프
중동·북아프리카 B2B 마케팅 매니저: 레일라 이사
중동·북아프리카 상업 계정 매니저: 크할이드 야시네
유럽 & APAC 기록 관리 책임자: 벤 백하우스
기록 매니저: 마크 매킨리, 크리스토퍼 린치, 마틸다 하그네, 안토니오 그라시아, 다니엘 키데인
고객 서비스 매니저: 루이스 맥라렌, 재닛 크래피
시니어 프로젝트 매니저: 앨런 픽슬레이
프로젝트 매니저: 폴 위긴스, 하울리나 사핀스카
공식 심사관: 아흐메드 마말 가브르, 안나 오르포드, 글렌 폴라드, 잭 브록뱅크, 킬럴리 데니스, 레나 쿨만, 로렌조 벨트리, 루시아 시니가글리에시, 피트 페어베언, 프라빈 파텔, 리시 나트, 세이다 수바시 게미치, 소피아 그린에이커, 솔베이 말로우프, 스와프닐 단가리카르

아메리카
SVP 아메리카: 피터 하퍼
VP 마케팅 & 상업 판매: 키이스 그린
라틴 아메리카 책임감독: 카를로스 마르티네스
북미 RMT 책임자: 킴벌리 패트릭
시니어 회계 책임자: 니콜 판도, 랠프 한나
고객 서비스 책임자: 아만다 모찬
회계 매니저: 알렉스 앵거트, 린드세이 도란, 리자 토비아, 조반니 브루나
프로젝트 매니저: 케이시 드산티스
PR 매니저: 크리스켄 오트
PR 코디네이터: 소피아 로체르
B2B 마케팅 실무: 카비아 레비
출판 판매 매니저: 리자 코라도
기록 매니저: 마이클 푸르나리, 한나 오트만, 카이틀린 홀, 라쿠엘 아시스, 사라 케손
HR & 사무실 매니저: 켈리 페릭
공식 심사관: 크리스티나 플로운더스 콘론, 이블린 카레라, 지미 코긴스, 마이클 엠프릭

일본
일본 VP: 에리카 오가와
사무실 매니저: 후미코 기타가와
RMT 책임감독: 가오루 이시카와
프로젝트 매니저: 아야 맥밀란
기록 매니저: 마리코 고이케, 요코 후루야
디자이너: 모모코 커닌
시니어 PR & 판촉 매니저: 카자미 카미오카
PR 매니저: 사와코 와사다
디지털 & 출판 콘텐츠 매니저: 타카후미 스즈키
상업 판매 & 마케팅 책임감독: 비하그 쿨슈레스타
시니어 마케팅 실무: 아스미 후나츠
회계 매니저: 타쿠로 마루야마
시니어 회계 실무: 다이스케 카타야마
회계 실무 & 이벤트 코디네이터: 미나미 이토
공식 심사관: 저스틴 페터슨, 마이 맥밀란, 레이 아와시타, 굴라츠 우카소바

중국
대표: 로완 시먼스
상업 책임감독: 블라이드 피츠윌리엄
시니어 회계 매니저: 캐서린 가오, 레시 리
회계 매니저: 클로에 리우
디지털 비즈니스 매니저: 잭키 위안
RMT 책임자: 찰스 와튼
기록 매니저: 앨리샤 자오
기록 컨설턴트: 리자 호프만
대외 관계 매니저: 동청
기록 매니저/ 프로젝트 코디네이터: 파이 지앙
HR & 사무실 매니저: 티나 시
사무 보조: 케이트 왕
마케팅 책임자: 웬디 왕
B2B 마케팅 매니저: 이리스 호우
마케팅 실무: 트레이시 쿠이
콘텐츠 책임감독: 안젤라 우
공식 심사관: 브리타니 둔, 조앤 브렌트, 존 갈란드

기네스 세계기록은 이 책 편집에 도움을 준 다음 분들에게 감사의 말을 전하고 싶다.

그레고리 아블라프스키 교수(스탠퍼드 법대), 한스 아케르스테트 교수(국제항공연맹 기구 위원회 부회장), 버즈 올드린 박사, 안드레아 반피, 올리버 비트슨, 비챌린지드(호주), 톰 벡커레게, 아켄나바 메가이(미국 인구조사국), 자크크 베를로, 비즈그룹(아랍 에미리트), 케이시 블라섬(레고), 블루햇 그룹(피오나 크라벤), 브랜던 보트필드, 라이언 보트필드, 찰리 볼든(NASA), 브리그하우스 고등학교, 릭 브로드헤드, 사울 브라운, 알렉스 버로우, 랜달 서베니(세계기상기구), 케이티 클라크, 존 콜리어 교수(센트럴 레이저 퍼실러티), 크리에이티브 어번 프로젝트 사, 네드라 달링(인도 문제부), 미스터 M E 디메트리, 마르쿠스 도르세이, 조수아 다울링, 로저 에드워즈(NOAA), 에덴 에룩, 유럽우주기구(쥘 그랜자이어, 알레산드로 발로), 벤저민 폴, 레베카 폴, 조나단 드 페란티, FJT 로지스틱스 사(레이 하퍼, 개빈 헤네시), 폰세트 세인트 피터 CE VA 초등학교, 필로메나 갈로, 마셜 게로메타, 샘 깁스(세계자원연구소 GIS 연구협회), 다미엔 길데아, 조르단 그린우드, 빅토리아 그림셀, 크리스 해드필드(체릴-앤 호록스, 줄리아 오스트포프스키), 마르쿠스 하게네이(국제항공연맹 스포츠 및 마케팅 책임감독), 소피 알렉시아 한나, 에이미 세실리아 한나, 헤이븐 할리데이스(루시 바겐트, 스티브 도넬리, 대니 힉슨), 밥 헤드랜드, 히말라얀 데이터베이스, 탐신 홀만, 마르샤 K 후버, 앨런 하워드, 도로 하워드, 틸리 하워드, 콜린 휴즈, 인티그레이티드 칼라이디션즈 유럽(로저 호킨스, 수지 호킨스), 인비저블 미인즈 매니즈먼트(데이비드 로스), 레스 카흐라만, 해리 크렌츠(화이트워터), 데니스 랄론데, 크리스티나 란겐부흐, 오를라 랭톤, 시아 랭톤, 프레데릭 허러스 라젤, 레고(레고, 바이오니클, 레고 미니피규어는 레고 그룹의 상표로, 허락하에 사용됐음), 볼프강 린틀(국제항공연맹 CIMA 회장), 뤼디게르 로렌즈, 브루노 맥도널드, 알렉산더, 도미니크, 헨리에타 마길, 크리스찬 드 말리아베, 크리스 마틴, 미시 마틸다, 데이브 맥알레어, 존 몬테르베르디 교수(샌프란시스코주립대학), 스티븐 무나도테스(오픈 워터 소스), 글렌 오하라, 오클레이 파크 수영학교(특히 제이미, 매트, 폴리), 오케이 고(바비 게일), 로버트 펄먼(콜렉트스페이스.com), 테디 멘랜드(인도 문제부), 레이철 페테르센(세계자원연구소 연구 분석가), 플에이 위드 어 퍼포스(미국), 카르멘 알폰조 포르틸로, 윈터 D 프로사피오(슐리터반 워터파크와 리조트), 제임스 프라우드, 로버트 풀라, 마틴 리처즈, 페리 리그스(나바조 네이션 워싱턴 국), 리플리 엔터테인먼트(필리스 칼로웨이, 존 코르코란, 리디아 데일, 브라이언 가너), 에릭 사코프스키, 토어샌드, 수잔 쇠델(국제항공연맹 사무총장), 밀레나 쇼에체르(국제항공연맹 팀 보조), 낸시 세갈 박사, 나타샤 셸던, 빌 스레이메이커, 글렌 스피어, 빌 스핀들러, 스포티파이(앨리슨 보니, 마틴 바체르), 세인트 차즈 CE VA 초등학교, 레이 스티븐슨, 신카디아 시스템즈 사(돈 아이작), 마틴 토베이, 줄리언 타운센드, 스티븐 트림 BSc CBiol MRSB(베놈테크 사), 본 베르웨이, 클렘벤스 보이그트, 리치 워커, 웬섬 초등학교, 세브기와 라라 화이트, 하이트워터 웨스트 인더스트리즈 사(메간 크렌츠), 베벌리 윌리엄스, WKF(사라 울프), 세계퍼즐연맹(하나 코우델코바), 스티븐 리글리, 마들렌 부스체크, 개릿 와이브라우.

사진 제공

4-데피나테 필름스 **5**-알라미, 빌 슬레이메이커, NASA, 카르페 이마고스, 벤자민 어 워드 **6**-(미국) 로버트 바인더 **6**-(호주) 렉스 **7**-알라미, 에미르한 카라무크 **8**-라울 시푸엔테스 **9**-매트 알렉산더 **10**-라날드 마케치니에/GWR, NASA **11**-NASA, 내셔널 지오그래픽, NASA **12**-NASA, 맥밀란 **13**-NASA, 유튜브 **14**-NASA **16**-알라미, NASA **17**-NASA, 사이언스 포토 라이브럴, 이안 불 **18**-ESO, NASA **19**-스카이호크 92, NASA **20**-AP/PA, JHUAPL, NASA, 알라미 **21**-NASA, AP/PA **22**-게티, 알라미, NASA, 빌 슬레이메이커 **23**-NASA **24**-NASA **25**-NASA **26**-파라마운트, 카나리아 천문연구소, 알라미 **27**-NOAO, NASA, ESO **28**-렉스 피처스 **29**-케이터스 **30**-알라미, NASA **31**-알라미 **32**-게티, 알라미 **33**-AP/PA, 게티, 알라미, 로이터 **34**-알라미 **35**-NOAA, 믹 페트로프, 알라미 **36**-알라미, 군테르 벨츠, 게티 **37**-알라미, 게티 **38**-알라미 **39**-알라미, 미 해군 **40**-오퍼레이션 카노피. 프랑스 가이아나 96, 알라미 **41**-알라미, 서바이벌 인터내셔널 **42**-두에센트리에브, 라자니 쿠룸, 알라미 **43**-알라미, 지나 해밀턴, 알라미 **44**-안드레이 구드코프 **46**-알라미, 셔터스톡 **47**-EPA, 알라미, 셔터스톡, 셔터스톡 **48**-윌 에릭슨/캘리포니아 과학 아카데미, 알라미, 사이언스 포터 라이브러리, 자흐 리베르만/캘리포니아 과학 아카데미 **49**-로버트 하딩, 코비스, 네이처 PL, 지오프 갈리스, 사이언스 포터 라이브러리 **50**-알라미, BNPS **51**-네이처 PL, 알라미, FLPA **52**-알라미, 코비스, 제임스 엘러커/GWR **53**-알라미 **54**-알라미, PA **55**-알라미, 아르데아, 렉스 **56**-크누드 안드레아스, 알라미 **57**-알라미 **58**-알라미, 네이처 PL **59**-코비스, 알라미 **60**-아르데아, FLPA, 셔터스톡 **61**-코비스, 아르데아, 마트자즈 쿤트네르, 포토샷, 네이처 PL **62**-알라미, 노부미치 타무라 **63**-주디스 강 재단, 콜로라도 보울더대학, 사이언스 포터 라이브러리, 알라미 **64**-칼레이 가란트지오티스/GWR, 제임스 엘러커/GWR, 폴 마이클 휴즈/GWR **65**-알 디아즈/GWR, 리처드 브래드버리/GWR, 폴 마이클 휴즈/GWR **66**-알 디아즈/GWR, 리처드 브래드버리/GWR **67**-케이터스, 폴 마이클 휴즈/GWR **68**-리처드 브래드버리/GWR **70**-사이언스 포터 라이브러리, 알라미 **71**-알라미 **72**-알 디아즈/GWR, 폴 마이클 휴즈/GWR, 리처드 브래드버리/GWR **73**-하비에르 피에리니/GWR, 폴 마이클 휴즈/GWR, 라날드 마케치니에/GWR **74**-AP/PA **75**-게티, AP/PA **76**-드비르로젠/GWR, 필립 로버트슨 **77**-SWNS, 미첼 허벨, NASA **78**-유튜브, 게리 페니 **79**-AP/PA **80**-라날드 마케치니에/GWR, 케빈 스콧 라모스/GWR, 폴 마이클 휴즈/GWR, 존 라이트/GWR, 오위 살바/GWR 81-폴 마이클 휴즈/GWR, 제임스 엘러커/GWR, 폴 마이클 휴즈/GWR **84**-리처드 브래드버리/GWR, 드루 가드너/GWR, 리처드 브래드버리/GWR, 알라미 **85**-알라미, 라이언 슈데/GWR, 리처드 브래드버리/GWR, 케빈 스콧 라모스/GWR **86**-리처드 브래드버리/GWR **87**-루이스 미란다, 드라고스 토아데르 **88**-알라미 **89**-케빈 포테이, 렉스 **90**-크리스티 경매장, 알라미 **91**-알라미, 실비아 모라라/GWR, 알라미 **92**-알 디아즈/GWR **93**-알 디아즈/GWR **94**-대니 몰로쇼크, 자로슬라브 노갈 **95**-로이터 **96**-앨리슨 타가르트-바로네 **97**-코비스, 글렌 머피, 폴 클라크 **98**-케빈 스콧 라모스/GWR **99**-리처드 브래드버리/GWR, 제임스 엘러커/GWR **100**-케빈 스콧 라모스/GWR **101**-알라미, 라날드 마케치니에/GWR **102**-수잔 워너 **103**-리처드 브래드버리/GWR **104**-NASA **106**-롭 카세레이, 로이터, 알라미, 게티, i스톡 **107**-제임스 엘러커/ GWR, 알라미, 셔터스톡, 기어 패트롤 **108**-알라미 **109**-알라미, 알라미, 게티, NASA, AP/PA **110**-알라미, 게티, National Geographic **111**-알라미, 게티, AP/PA **112**-AP/PA, NASA, 게티, 알라미 **113**-AP/PA, 로이터, 게티 **114**-로이터, 라이언 슈데/GWR **115**-신스케 카미오카/GWR, 게티, 로이터 **116**-P/PA **117**-알라미, 폴 마이클 휴즈/GWR, 알라미, 테드 마틴 **118**-리처드 브래드버리/GWR **120~127**-폴 마이클 휴즈/GWR **128~129**-리처드 브래드버리/GWR **131**-리처드 브래드버리/GWR, 셔터스톡 **132**-미셸 베가, 리처드 브래드버리/GWR **133**-레드 불 **134**-존 라이트/GWR **135**-리처드 브래드버리/GWR, 루카스 산투치 **136**-폴 마이클 휴즈/GWR, 샘 크리스마스/GWR, 셔터스톡 **137**-폴 마이클 휴즈/GWR, 프랭크 팩커 **138**-폴 마이클 휴즈/GWR **140**-NASA **141**-AP/PA, 알라미, eBay **142**-라날드 마케치니이에/GWR, 스컬프처 스튜디오스, 알라미 **143**-알라미 **144**-알라미, 리처드 브래드버리/GWR **145**-AP/PA **146**-유튜브, 마크 재크민 **147**-퍼듀 뉴스 서비스 **148**-크리스티 경매, 알라미, 벡티스 경매 **149**-라날드 마케치니에/GWR, 알라미 **152**-닉 길로트, 알라미 **153**-알라미, 앤드류 토우 파크웨이 포토그래피, 렉스, 폴 마이클 휴즈/GWR **154**-라이언 슈데/GWR, 케빈 스콧 라모스/GWR, 폴 마이클 휴즈/GWR **155**-폴 마이클 휴즈/GWR, 제임스 엘러커/GWR, 라이언 슈데/GWR **156**-리처드 브래드버리/GWR **158**-i스톡, 게티, 알라미 **159**-알라미, 셔터스톡 **160**-알라미 **161**-케빈 시아, 알라미 **162**-알라미 **163**-알라미 **164**-알라미, 폴 마이클 휴즈/GWR **166**-알라미 **167**-알라미, 마이크 파리아스 **168**-알라미, 로이터 **169**-게티, 렉스, 알라미 **170**-루카스필름 **172**-셔터스톡, UTV, 루카스필름, 워너 브라더스/알라미, 게티, 알라미 **173**-알라미, MGM/코발, 루카스필름, 디즈니/알라미, 서밋 엔터테인먼트/알라미, 드림웍스/알라미, 123RF **174**-알라미, 게티 **175**-알라미, AP/PA **176**-포토스테이지, 폴 마이클 휴즈/GWR, 제시 채프만 **177**-알라미, 포토스테이지, 알라미, 알라미, 로즈 극장 **178**-게티, 카이 Z 펭, 알라스다이르 맥렐란 **180**-알렉스 키르즈네르, 게티 **181**-카르스텐 빈트호르스트, 게티 **182**-코발, 알라미, 루카스필름 **183**-루카스필름, 코발, MGM 스튜디오 **184**-알라미 **185**-알라미, 디즈니 **186**-렉스, 알라미, 게티 **187**-게티, 니켈로디언, AMC, HBO **188**-유튜브, 알라미, 알라미 **189**-인스타그램, 유튜브, 알라미 **190**-마이클 J P 홀 **192**-알라미, AP/PA, 알라미, 어드밴스드 셀 테크놀로지, 21세기 폭스, 애플, 셔터스톡 **193**-로이터, 알라미, 코발 195-개리 마샬 **196**-애플, HP, 핏비트, 삼성, 가민, 삼성 **197**-이안 가반, KOR-FX, 삼성, 아마존, 애플, LG, 레노보 198-L 싱두, AP/PA **200**-캘리포니아공과대학 **202**-NASA **203**-로리 해치, 게티, 맷 프로스트 **204**-로이터, 션 호키, LIGO **205**-알라미, 메구무 쓰지모토(NIPR), CERN **206**-알라미 **207**-로이터 **208**-게티, 알라미, 로이터, 알라미, 셔터스톡 **209**-알라미, 게티, 알라미, 셔터스톡 **210**-게티, 알라미, 로이터 **211**-알라미, 게티 **212**-로이터, 포토샷 **213**-알라미, 게티 **214**-로이터, 게티 **215**-게티 **216**-알라미, AP/PA **217**-게티, 알라미 **218**-레드 불, 로이터, 크리스찬 J 스튜워트, 알라미 **219**-ESPN, 마이크 블라박 **220**-알라미, 로이터, 알라미, AP/PA **221**-알라미, 로이터 **222**-알라미, 게티 **223**-알라미, 게티, PA, 로이터 **224**-게티 **225**-알라미, 로이터 **226**-알라미, 게티 **227**-알라미, 로이터, 알라미 **228**-알라미 **229**-알라미, 게티 **230**-로이터, 알라미, 게티 **231**-로이터, 알라미, 게티 **232**-알라미, 로이터 **233**-알라미 **234**-알라미 **235**-알라미, 게티 **236**-단 베르호에벤, 알라미 **237**-게티 **238**-알라미 **239**-AP/PA, 게티 **240**-알라미 **241**-ESPN

면지

앞면/1열:
1. 최대 규모의 트라흐트 전통 의상 착용자 모임
2. 최대 규모의 낙타 대회
3. 최대 규모의 볼 목욕
4. 최다 보석이 장식된 기타
5. 최대 규모의 신부 모임
6. 오리발 착용하고 5분간 최다 줄넘기하기
7. 최단 시간에 도미노 세트 쌓기(2인 1조)

앞면/2열:
1. 24시간 내 최다 2인 1조 낙하산 점프
2. 가장 오래 러닝머신 달리기
3. 최대 규모의 갑각류 조각
4. 100㎞ 맨발 달리기 최단 기록
5. 최대 규모의 공주 의상 착용자 모임
6. 후굴(後屈) 자세로 1분간 입으로 최다 꽃 따기
7. 최대 규모의 해적 모임

앞면/3열:
1. 최대 규모의 불꽃놀이
2. 최고 높이에서 오토바이 타기
3. 최대 규모의 비눗방울 날리기(실내)
4. 최대 규모의 드럼 앙상블
5. 최대 규모의 <스쿠비 두> 기념품 수집
6. 가장 큰 양말 원숭이 인형
7. 가장 높은 럭비 유니언 포스트

앞면/4열:
1. 3가닥 로프로 된 최장 논스톱 케이블카
2. 최대 규모의 립 밤 수집
3. 최대 규모의 알베르트 아인슈타인 복장자 모임
4. 손으로 짠 가장 큰 점퍼(스웨터)
5. 머리에 축구공 얹고 가장 빨리 100m 롤러스케이트 타기
6. 가장 많은 셰이크 컵으로 저글링 하기
7. 자전거 타고 가장 많은 계단 오르기

앞면/5열:
1. 에베레스트 정상에 오른 최초의 부녀
2. 햇불로 만든 가장 큰 불꽃 이미지
3. 최다 시리얼 박스 넘어뜨리기
4. 동시에 최다 넥타이 매기
5. 칫솔로 최장 시간 농구공 돌리기

뒷면/1열:
1. 가장 큰 치즈 조각
2. 침대에 누운 사람 위로 최다 오토바이 지나가기(2분간)
3. 최대 규모의 공중 곡예
4. 사용 가능한 가장 긴 골프채
5. 개와 함께 팀을 이뤄 가장 오래 패들보드 타기(스탠드업)
6. 한 신부에 딸린 최다 들러리
7. 가장 낮은 자세로 림보 스케이팅 타기(25m 이상 가기)

뒷면/2열:
1. 호흡 한 번에 물속에서 가장 멀리 걷기
2. 12시간 안에 가장 높은 카드 집 짓기
3. 움직이는 자동차 지붕 위에서 두 발바닥으로 가장 오래 축구공 통제하기
4. 한 의자에 가장 많은 사람 앉기
5. 최고 높이 팬케이크 쌓기
6. 최대 규모의 마스코트 레이스
7. 테니스 라켓으로 테니스공 튕기기 최다 인원

뒷면/3열:
1. 가장 큰 우산
2. 최다 연속 새끼손가락 턱걸이
3. 수중익선(水中翼船) 타고 가장 높이 점프하기
4. 2인용 전지형 만능차(ATV) 타고 가장 오래 한쪽 바퀴로 달리기
5. 최다 연속 자전거 버니 홉 기록
6. 가장 긴 축구 스카프
7. 가장 긴 자전거

뒷면/4열:
1. 외발자전거 타기 최다 인원
2. 가장 큰 쌀과자
3. 동시에 가장 많은 상대와 스크래블 게임하기
4. 가장 큰 프로젝트 이미지
5. 골프 카트 타고 가장 오래 여행하기
6. 30초 안에 가장 많이 횃불 켰다 끄기
7. 주사위를 가장 높이 쌓고, 주사위 탑 위에서 앉았다 일어나기

뒷면/5열:
1. 가장 큰 돼지 저금통
2. 가장 오래 한 스쿼시(싱글)
3. 가장 길게 늘어진 웨딩드레스
4. 가장 많이 수확한 콤바인(한 밭에서 동시에)
5. 최대 규모의 레프러콘 요정 복장자 모임

기록들을 좀 더 자세히 알고 싶다면 **www.guinnessworldrecords/insidecover**를 참조할 것.

기여자들 CONTRIBUTORS

마크 애스턴 박사

영국 왕립천문학협회 회원, 유니버시티 칼리지 런던 명예 연구원

마크는 2010년 이후 기네스 세계기록의 과학&기술 컨설턴트로 활동해오고 있다. 그는 30년 가까이 첨단 과학과 엔지니어링 분야에서 쌓은 경험을 통해, 사람들이 제시하는 첨단 분야의 기록들이 올바른지 또 흥미를 끌 만한지를 판단해주었다. 그는 학계와 업계에서 두루 경험을 쌓아 특히 광학 분야의 발전에 큰 기여를 해왔으며, 이 분야에서 많은 발명 특허를 갖고 있기도 하다.

이언 보든 교수

문학 학사, 문학 석사, 이학 석·박사, 영국 왕립건축가협회 명예 회원

이언은 유니버시티 칼리지 런던의 바틀렛건축대학원 건축&도시 문화 교수이자 교육 부학장이다. 스케이트보더이자 사진작가, 영화 애호가, 도시 산책가이기도 한 그는 이런 주제들과 건축, 건물, 도시 등에 대해 100권이 넘는 책을 썼다. 한때 옥스퍼드와 로스앤젤레스 주민이기도 했으나, 현재는 런던에 살고 있다.

딕 피디

딕은 고문서와 기록 보관, 현대 텔레비전 분야를 전문으로 다루는 작가이자 연구원이다.

한때 텔레비전 코미디 대본 작가로 일하기도 했으나, 이후 BBC와 영국영화협회 같은 조직들을 위해 컨설턴트로 일해오고 있다.

데이비드 피셔

2006년 이래 기네스 세계기록을 위해 중견 미국 스포츠 컨설턴트로 일하고 있다. 그간 <뉴욕 타임스>, <어린이를 위한 스포츠 일러스트레이티드> 등에 글을 써왔고, <스포츠 일러스트레이티드>, <내셔널 스포츠 데일리>, NBC 스포츠 등에서 일해 왔다. 또한 《슈퍼볼: 미국의 가장 위대한 경기의 초창기 50년》, 《데릭 지터 #2: 추억에 감사하며》(2014)의 저자이기도 하다.

마이크 플린

마이크는 그간 많은 베스트셀러 책을 써왔고 여러 웹사이트로 상을 받았으며, 아주 인상적인 전시회들도 열어왔다. 한때 영국 런던 과학박물관의 큐레이터로 폭넓은 과학 및 기술, 수학, 역사, 대중문화, 음악 분야의 책들도 썼다. 현재는 3대륙의 미술관과 박물관을 두루 돌아다니며 작가로 일하고 있다.

저스틴 가르바노빅

1988년 영국 롤러코스터 클럽을 공동 설립한 저스틴은 롤러코스터 팬들을 위해 <퍼스트 드롭>이라는 잡지를 창간했다.

1996년에는 롤러코스터들의 환영 속에 비영리 단체인 유럽 코스터 클럽을 설립하기도 했다. 또한 여러 롤러코스터의 디자인에 관여했고, 많은 공원과 롤러코스터 제조업체들을 위해 사진을 찍었다.

벤 해거

벤은 역사가 100년이 넘는 부유한 영화계 집안 출신이다. 그의 고조할아버지는 웨일스 지역의 무성 영화 선구자였다.

3세 때 아버지의 영화관에서 <정글북>을 보고 그때부터 그의 영화 사랑은 시작됐다. 지금까지도 영화에 대해 배우거나 뭔가를 쓰면서, 그리고 가장 중요한 영화 관람을 하면서, 최대한 많은 시간을 영화와 함께하고 있다.

그는 현재 영국 런던에서 아내와 두 고양이와 함께 살고 있으며, 유럽과 일본, 영국 또는 멕시코 영화에 심취해 지내면서 영화와 관련해 할 수 있는 유용한 일을 찾고 있다.

스튜어트 햄프턴-리브스

스튜어트는 센트럴 랭커셔대학의 셰익스피어학 교수이자 영국 셰익스피어협회 회장이다.

그는 그간 셰익스피어의 공연과 역사극에 대해 여러 권의 책을 썼다.

또한 《실전 셰익스피어》 책 시리즈를 제작하며 편집장으로 일하고 있으며, 종종 셰익스피어 강연과 기사도 쓰고 있다.

랠프 한나

어릴 적부터 스포츠와 통계에 매료된 그는 기네스 세계기록의 스포츠 컨설턴트로 일하며 그 양자를 결합하고 있다. 9년간 기네스북과 일하면서 라틴아메리카를 비롯해 세계 여러 나라에 기네스북을 알리는 데도 앞장서고 있다. 그가 가장 좋아하는 기록은 아스널 FC 팀이 세운 49연승이라는 프리미어리그 최장 무패 기록이다. 지금은 파라과이 루케에서 아내와 두 딸과 함께 살고 있다.

데이브 호크셋

데이브는 16년간 기네스 세계기록의 핵심 과학 컨설턴트 겸 기고가로 함께하고 있다. 천체물리학 및 행성학을 전공했으며, 폭넓은 관중과의 과학적인 커뮤니케이션 문제에 관심이 많다.

그는 텔레비전, 교육, 정부 정책, 민간 우주 분야에서도 일해 왔으며 영국 행성 포럼의 설립자이기도 하다.

존 헨더슨

존은 약 40년간 영국 전국지에 십자말풀이를 출제해오면서 많은 사람의 머리를 아프게 만들었다.

또한 <주간 십자말풀이>를 편집할 뿐 아니라, 특별한 날을 위한 맞춤형 십자말풀이 퍼즐도 출제하고 있으며, BBC TV의 <온리 커넥트>에 질문들을 써주는 작가 팀의 일원이기도 하다.

그는 마크 굿리페만큼 자주 <타임스> 십자말풀이 선수권을 차지하진 못했지만, <타임스>에 실린 십자말풀이를 2분 53초에 풀어 선수권을 차지한 기록을 갖고 있다.

에버하르트 주르갈스키

에버하르트는 어린 시절부터 산에 빠져 지냈다. 1981년에는 공식적으로 아시아 고산들의 연대기를 쓰기 시작했다. 8,000m가 넘는 세계의 산 14개에 대한 절대적인 가이드 역할을 하는 책 《도전 8000er》의 공동 저자이기도 하다. 그는 산맥과 고봉들의 일반적인 분류법인 '고도 균등'이라는 시스템을 고안해내기도 했다. 그의 웹사이트 www.8000ers.com은 히말라야와 카라코람 산맥들의 고도 수치를 담고 있는 주요 출처가 되었다.

로한 메흐라

인공두뇌학과 컴퓨터 과학 이학사, 과학 커뮤니케이션 이학 석사

그 자신도 인정하는 바이지만, 로한은 과학 및 기술 분야의 새로운 기록에 쉽게 흥분하곤 한다. 그래서 기네스 세계기록의 다양한 첨단 과학 이야기를 다루는 일은 그에게 그야말로 꿈의 실현이나 다름없다. 그는 3D 인쇄 혁신에 대한 광범위한 지식을 갖고 있어, 올해의 기네스북에서는 주로 그 주제를 다루었다. 그는 과학 저널리스트로, 물리학과 공학, 자연 등에 대한 글을 쓰고 있다. 또한 개발도상국에서의 과학 문제도 다루고 있다.

브루스 내쉬/더 넘버스

브루스는 영화계 자료와 연구 서비스의 주요 공급원이라고 할 수 있는 내쉬 인포메이션 서비스 사를 운영하고 있다. 이 회사는 크고 작은 다양한 영화 스튜디오와 제작소에 연구 서비스를 제공하면서, 웹사이트 더-넘버스(www.the-numbers.com)와 오퍼스데이터를 운영하고 있다.

오션조정협회 인터내셔널(ORS Int.)

오션조정협회 인터내셔널은 1983년 케네스 F 크러치로우와 피터 버드에 의해 설립됐고, 후에 톰 린치와 타티아나 레즈바야-크러치로우가 합류했다.

이 협회는 영국 주변에서 벌어지는 조정 원정이나, 대양이나 태즈먼 해 또는 카리브 해 같은 주요 바다에서 이루어지는 모든 도전을 기록하고 있다. 또한 대양 조정 기록들을 분류하고 검증하고 심사한다.

FAST FACTS

기네스북 초판 때는 기고자가 단 두 사람, 즉 쌍둥이인 노리스와 로스 맥허터밖에 없었다. • 1954년 노리스는 트랙 아나운서였는데, 당시 그의 친구 로저 배니스터(영국)가 4분 이내에 1마일을 주파한 최초의 인물이 되었다.

폴 파슨스 박사

이론 우주론 철학박사

폴은 약 20년째 과학 작가 및 저널리스트로 일하고 있다. 그는 한때 그 유명했던 BBC 과학 잡지 <포커스>의 편집자로 활동했으며《닥터 후의 과학》(2006)의 저자이기도 하다. 집필하지 않을 때는 수학 및 통계 법칙들을 적용해가며 모든 퍼즐 중 가장 어려운 퍼즐인 경마를 즐긴다.

클라라 피치리요 박사

재료 과학 박사

그녀의 주요 전문 분야는 재료, 생명공학, 환경/지속 가능한 개발로, 20년 이상 이 연구 분야에서 일해오고 있다. 또한 일반 대중과의 과학적인 커뮤니케이션에도 아주 관심이 많아, 과학을 일반 대중에게 쉽게 이해시키는 데 일조하는 웹사이트인 www.decoded-science.org/author/clara-piccirillo에 글을 기고하고 있다. 그녀는 지금 4년 가까이 기네스 세계기록과 함께 일하고 있다.

제임스 프랫

체스 선수였던 제임스는 1980년에 영국에서 가장 젊은 체스 저널리스트였으며 지금은 <체스 패롯>, <브리티시 체스 매거진>의 편집자다. 영국 베이싱스토크에서 700권의 체스책과 함께 살고 있다.

윌 쇼츠

<뉴욕 타임스>의 십자말풀이 편집자이며, 내셔널 퍼블릭 라디오(NPR)의 퍼즐 마스터이다. 또 미국 십자말풀이 퍼즐 토너먼트 설립자 겸 책임감독이다. 그는 1992년에 퍼즐 세계선수권대회를 설립했으며, 현재 이 선수권대회를 주관하는 세계퍼즐협회의 회장이다. 세계 유일의 에니그마톨로지(퍼즐학) 학위 소지자로, 1974년 인디애나 대학 자체 프로그램에서 그 학위를 수여했다.

윌은《브레인 게임들》,《퍼즐마스터 선물》등 500권이 넘는 퍼즐 책을 쓰거나 편집했고, 많은 베스트셀러 스도쿠책도 펴냈다.

칼 P N 셔커 박사

리즈대학교 동물학 이학사, 버밍엄대학교 동물학 및 비교 생리학 박사, 런던동물학협회 회원, 영국 왕립곤충학회 회원, 영국저자협회 회원

현재 프리랜서 동물학자 겸 미디어 컨설턴트로 일하고 있다. 자연사의 모든 측면을 다루는 25권의 책과 수백 개의 기사를 쓴 저자이기도 하다.

칼은 새로운 종 또는 재발견됐거나 학계에서 인지되지 못한 종에 대한 전문가이다. 또한 각종 기록을 깨는 놀라운 동물, 신화와 민속 문화와 전설 속의 동물 등 주로 '예외적인' 동물들에 대해 관심이 많다.

매튜 화이트

기네스 세계기록의 음악, 크리켓, 테니스 컨설턴트인 매튜는 그간 베스트셀러인 기네스북 9회분(2009~2017)의 작업에 참여해 3만 6,000건 가까운 공식 기록들을 교열 및 감수했다.

그가 가장 좋아하는 기록은 있는 섬 호수 속 가장 큰 섬(필리핀의 따알 호수), 가톨릭 신비주의자이자 주상(柱上) 고행자 시메온의 가장 오랜 기둥 위 수행(무려 39년), 서인도 제도의 크리켓 선수 크리스 게일의 놀라운 기록(T20 매치 사상 가장 빠른 피프티) 등이다.

로버트 D 영

노인학 문학 석사, 역사 문학 석사

로버트는 기네스 세계기록에서 노화의 여러 측면을 다루는 노인학 분야 시니어 컨설턴트로 일하고 있다. 그는 1999년 이후 노인학 연구 그룹(GRG)에서 세계 최장수 인물들의 명단을 관리해오고 있으며, 막스 플랭크 통계 조사 연구소, 국제 장수 데이터베이스와 손잡고 일하고 있다. 2015년에는 노인학 연구 그룹의 110세 이상자 연구 및 데이터베이스 부문의 책임감독이 되었다. 로버트는 또《아프리카계 미국인의 장수 비결: 신화 또는 현실?》(2009)의 저자이기도 하다.

국가 코드

ABW 아루바
AFG 아프가니스탄
AGO 앙골라
AIA 앙귈라
ALB 알바니아
AND 안도라
ANT 네덜란드 앤틸리스
ARG 아르헨티나
ARM 아르메니아
ASM 아메리칸 사모아
ATA 남극 대륙
ATF 프랑스령 남쪽 식민지
ATG 앤티가 바부다
AUS 호주
AUT 오스트리아
AZE 아제르바이잔
BDI 부룬디
BEL 벨기에
BEN 베냉
BFA 부르키나파소
BGD 방글라데시
BGR 불가리아
BHR 바레인
BHS 바하마
BIH 보스니아헤르체고비나
BLR 벨라루스
BLZ 벨리즈
BMU 버뮤다
BOL 볼리비아
BRA 브라질
BRB 바베이도스
BRN 브루나이 다루살람
BTN 부탄
BVT 부베 섬
BWA 보츠와나
CAF 중앙아프리카공화국
CAN 캐나다
CCK 코코스 제도
CHE 스위스
CHL 칠레
CHN 중국
CIV 코트디부아르
CMR 카메룬
COD 콩고 민주공화국
COG 콩고
COK 쿡 제도
COL 콜롬비아
COM 코모로
CPV 카보베르데
CRI 코스타리카
CUB 쿠바
CXR 크리스마스 섬
CYM 케이맨 제도
CYP 키프로스
CZE 체코 공화국
DEU 독일
DJI 지부티
DMA 도미니카
DNK 덴마크
DOM 도미니카 공화국
DZA 알제리
ECU 에콰도르
EGY 이집트
ERI 에리트레아
ESH 서사하라
ESP 스페인
EST 에스토니아
ETH 에티오피아
FIN 핀란드
FJI 피지
FLK 포클랜드 제도(말비나스)
FRA 프랑스
FRG 서독
FRO 페로 제도
FSM 미크로네시아 연방 공화국
FXX 프랑스, 메트로폴리탄
GAB 가봉
GEO 조지아
GHA 가나
GIB 지브롤터
GIN 기니
GLP 과들루프
GMB 감비아
GNB 기니비사우
GNQ 적도 기니
GRC 그리스
GRD 그레나다
GRL 그린란드
GTM 과테말라
GUF 프랑스령 기아나
GUM 괌
GUY 가이아나
HKG 홍콩
HMD 허드 맥도널드 제도
HND 온두라스
HRV 크로아티아(흐르바트스카)
HTI 아이티
HUN 헝가리
IDN 인도네시아
IND 인도
IOT 영국령 인도양 식민지
IRL 아일랜드
IRN 이란
IRQ 이라크
ISL 아이슬란드
ISR 이스라엘
ITA 이탈리아
JAM 자메이카
JOR 요르단
JPN 일본
KAZ 카자흐스탄
KEN 케냐
KGZ 키르기스스탄
KHM 캄보디아
KIR 키리바시
KNA 세인트키츠네비스
KOR 대한민국
KWT 쿠웨이트
LAO 라오스
LBN 레바논
LBR 라이베리아
LBY 리비아
LCA 세인트루시아
LIE 리히텐슈타인
LKA 스리랑카
LSO 레소토
LTU 리투아니아
LUX 룩셈부르크
LVA 라트비아
MAC 마카오
MAR 모로코
MCO 모나코
MDA 몰도바
MDG 마다가스카르
MDV 몰디브
MEX 멕시코
MHL 마셜 제도
MKD 마케도니아
MLI 말리
MLT 몰타
MMR 미얀마(버마)
MNE 몬테네그로
MNG 몽골
MNP 북마리아나 제도
MOZ 모잠비크
MRT 모리타니
MSR 몬트세라트
MTQ 마르티니크
MUS 모리셔스
MWI 말라위
MYS 말레이시아
MYT 마요트 섬
NAM 나미비아
NCL 뉴칼레도니아
NER 니제르
NFK 노퍽 섬
NGA 나이지리아
NIC 니카라과
NIU 니우에
NLD 네덜란드
NOR 노르웨이
NPL 네팔
NRU 나우루
NZ 뉴질랜드
OMN 오만
PAK 파키스탄
PAN 파나마
PCN 핏케언 제도
PER 페루
PHL 필리핀
PLW 팔로
PNG 파푸아뉴기니
POL 폴란드
PRI 푸에르토리코
PRK 북한
PRT 포르투갈
PRY 파라과이
PYF 프랑스령 폴리네시아
QAT 카타르
REU 리유니언
ROM 루마니아
RUS 러시아
RWA 르완다
SAU 사우디아라비아
SDN 수단
SEN 세네갈
SGP 싱가포르
SGS 남조지아와 남 **SS**
SHN 세인트헬레나
SJM 스발라르 얀마옌 제도
SLB 솔로몬 제도
SLE 시에라리온
SLV 엘살바도르
SMR 산마리노
SOM 소말리아
SPM 생피에르 미클롱
SRB 세르비아
SSD 남수단
STP 상투메르린시페
SUR 수리남
SVK 슬로바키아
SVN 슬로베니아
SWE 스웨덴
SWZ 스위스
SYC 세이셸
SYR 시리아
TCA 터크스 케이커스 제도
TCD 차드
TGO 토고
THA 태국
TJK 타지키스탄
TKL 토켈라우 제도
TKM 투르크메니스탄
TMP 동티모르
TON 통가
TPE 대만
TTO 트리니다드토바고
TUN 튀니지
TUR 터키
TUV 투발루
TZA 탄자니아
UAE 아랍 에미리트
UGA 우간다
UK 영국
UKR 우크라이나
UMI 미국령 마이너 제도
URY 우루과이
USA 미국
UZB 우즈베키스탄
VAT 상좌(바티칸 시국)
VCT 세인트빈센트 그레나딘
VEN 베네수엘라
VGB 버진 아일랜드(영국령)
VIR 버진 제도(미국령)
VNM 베트남
VUT 바누아투
WLF 월리스 푸투나 제도
WSM 사모아
YEM 예멘
ZAF 남아프리카공화국
ZMB 잠비아
ZWE 짐바브웨

인쇄를 멈추다 STOP PRESS

다음은 올해의 기록 제출 공식 마감 일자 이후에 인정되어 우리의 기록 데이터베이스에 추가된 새로운 기록들이다.

12시간 동안 가장 높이 쌓은 카드 탑
2016년 3월 15일~3월 16일 한국 서울에서 LG 전자(한국)와 바르이언 베그스(미국)는 12시간 동안 1,000rpm의 속도로 작동하는 세탁기 위에 1만 800장의 카드를 사용하여 3.3m, 48층짜리 카드 탑 쌓기에 성공했다.

한 번에 최다 인원이 샤워한 기록(한 장소에서)
2015년 6월 27일 미국 인디애나 주 크로퍼즈빌에서 델타 포셋 사가 주관한 한 행사에서 동시에 331명이 샤워를 했다.

상어 공격이 가장 많았던 해
국제 상어 공격 파일(ISAF)에 따르면, 2015년 보고된 총 164건의 사고에서 상어의 이유 없는 공격이 98건 발생했다. ISAF는 플로리다대학의 플로리다 자연사 박물관을 통해 미국연골어학회의 도움을 받아 매년 작성하고 있다.

공기 흡입으로 머리에 최다 음료수 캔을 세운 기록
2016년 1월 11일 중국 베이징에서 열린 CCTV <기네스 세계기록 특집>에서 제이미 키튼(미국)은 공기 흡입으로 자기 머리 위에 8개의 음료수 캔을 세웠다. 그의 피부 땀구멍들이 흡입 컵 같은 역할을 하는 것으로 알려졌다.

최대 규모의 태양열 오븐 요리 강좌
2016년 1월 12일 인도 아우랑가바드에서 심플리파이드 테크놀로지즈 포 라이프와 체임버 오브 마라스와다 인더스트리즈&어그리컬처(둘 다 인도)가 주관한 요리 강좌에 각자 자신의 태양열 오븐을 지참한 4,780명이 모였다.

최고령 왕관앵무새
선샤인은 32살로, 2016년 1월 27일 기준 가장 나이 든 왕관앵무새이다. 이 새는 미국 뉴멕시코 주 앨버커키에서 주인인 빅키 아란다(미국)와 같이 살고 있는다. 빅키는 선샤인을 1983년 콜로라도에서 산 이후 늘 함께 돌아다녔다.

<인어 공주> 기념물 최다 수집
재클린 그랜다(에콰도르)는 <인어공주> 관련 물품을 874점 보유하고 있는데, 이는 2016년 1월 16일 에콰도르 키토에서 인증한 사실이다.

줄넘기 하면서 가장 빨리 100m 달리기
로홀라 도슈만지아리(이란)는 2016년 1월 21일 이란 부시르의 샤히드 베헤슈티 스타디움에서 줄넘기하면서 100m를 14.43초에 달렸다.

가장 늘씬한 타워
브리티시 에어웨이즈 i360 전망대는 높이 160.47m에 너비가 3.9m로, 41.15:1의 늘씬한 비율을 자랑한다. 2016년 1월 26일 영국 브라이턴에서 인증한 사실이다.

최대 돔형 눈 이글루
2016년 1월 30일 스위스 체르마트에서는 18명을 수용할 수 있는 이글루 호텔 건설 팀이 볼보 사(스웨덴)의 후원으로 안지름이 12.9m인 돔형 눈 이글루를 만들었다.

가장 오래 진행한 라디오 토크쇼(팀)
제시 아부 파이살(레바논)과 암자드 히자진(요르단)은 2016년 2월 2일~2월 4일까지 요르단 암만의 사우트 엘 가드 스튜디오에서 60시간 52분 8초 동안 토크쇼를 진행했다.

24시간 동안 최다 턱걸이 기록
2016년 2월 6일부터 이틀간 요나스 뫼키펠토(핀란드)는 핀란드 렘페레의 아이디어파크 쇼핑센터에서 턱걸이 5,050개를 했다.

최고 높이 쌓은 팬케이크
2016년 2월 8일 센터 팍스 셔우드 포리스트 사(영국)는 영국 뉴어크 러퍼드에서 팬케이크를 1.01m 높이까지 쌓았다. 제임스 헤이우드와 데이브 니콜스(둘 다 영국)가 팬케이크 213개를 만들어 쌓은 것이다.

가장 오래 한 음만 낸 기록
2016년 2월 8일 알파스란 두르무스(터키)는 터키 이스탄불의 키프다스 뫼헨디스리크 엔지니어링 사무실에서 1분 52초 동안 한 음을 냈다.

아이스하키 시범 경기 최다 선수 동원
2016년 2월 9일 로블로 컴퍼니스(캐나다)는 캐나다 온타리오 오타와의 리치크래프트 센스플렉스(오타와 동부)에서 433명의 선수가 동원된 시범 경기를 펼쳤다.

네트볼 시범 경기 최다 선수 동원
영국네트볼협회는 2016년 2월 15일 영국 런던에서 열린 한 시범 경기에 1,322명의 네트볼 선수를 동원했다.

최대 규모의 핸드볼 레슨
2016년 2월 28일 라빈드라 가이크와드(인도)는 인도 마하라슈트라 주의 솔라푸르에서 678명의 선수가 참여하는 핸드볼 레슨을 실시했다.

가장 오래 지속된 오토바이 번아웃
2016년 2월 29일 조 드라이든(미국)은 미국 플로리다 주 올랜도 스피드 월드 드레그웨이에서 2017형 빅토리 옥탄을 몰고 3.58㎞에 걸친 '번아웃(가속 페달을 끝까지 밟으면서 브레이크를 밟아 뒷바퀴가 헛돌게 하는 기술)'에 성공했다.

가장 긴 지프와이어
<더 몬스터>는 푸에르토리코 오로코비스의 토로 베르데 어드벤처 파크에 있는 지프와이어(zip-wire)다. 길이가 2.205㎞로 미식축구장 20개 길이보다 더 길다. 2016년 3월 2일에 개장했다.

1분간 최다 럭비 패스(2명)
드류 미첼과 맷 기토우(둘 다 호주)는 2016년 3월 3일 프랑스 툴롱에서 열린 스카이 스포츠 럭비 경기에서 60초간 총 98번의 패스를 했다.
같은 날 같은 장소에서 미첼은 단 14.43초 만에 **나막신 신고 100m 달리기 최고 속도**를 기록했다.

최대 규모의 낙타 경주
2016년 3월 7일 몽골 달란자드가드에서는 옴노고비 아이마그 주지사(몽골)가 주관하는 한 낙타 대회에서 1,108명이 완주에 성공했다.

1시간 내 최다 턱걸이(여자)
2016년 3월 10일 에바 클라크(호주)는 아랍 에미리트 아부다비의 알 와다 몰에서 1시간에 턱걸이 725회를 해냈다.

가장 긴 피크닉 테이블
2016년 3월 11일 플래그스 포매니징 앤 오거나이징 엑시비션즈 앤 콘퍼런스(쿠웨이트)는 쿠웨이트 시의 쿠웨이트 사격 클럽에서 194.7m 길이의 피크닉 테이블을 공개했다.

최다 보석으로 장식된 기타
아론 섐 보석 사(홍콩)가 한 펜더 재즈 베이스 기타를 1만 6,033개의 보석으로 장식했다. 2016년 3월 11일 스위스 바젤에서 인증한 사실이다.

최대 규모의 여자 마라톤
2016년 3월 13일 일본 아이치현 나고야에서 열린 나고야 여자 마라톤에 1만 9,607명의 주자가 참여했다.

최대 규모의 맥주 시음
2016년 3월 15일 영국 런던에서 열린 더 퍼블리컨 어워즈(영국)의 맥주 시음회에 1,236명의 인파가 모였다.

동시에 최다 인원이 오른 스포츠 토너먼트 브래킷
2016년 3월 15일 미국 워싱턴 주 벨뷰에서 빙 사(미국)가 주관한 녹아웃 방식의 토너먼트에서 동시에 298명이 토너먼트 브래킷(게임 진행 상황을 보여주는 계통도)에 이름을 올렸다.

아이디타로드 개썰매 경주 최고 기록
댈러스 시베이(미국)는 2016년 3월 15일 미국 알래스카 주 놈에서 열린 아이디타로드 개썰매 경주를 8일 11시간 20분 16초에 끝냈다.

최연소 억만장자(현재)
<포브스>에 따르면, 2016년 3월 16일 기준 노르웨이의 알렉산드라 안드레센이 약 10억 1,800만 달러의 재산을 가진 최연소 억만장자다. 인증 당시 그녀는 19세였다.

'죽음의 벽'에서의 자전거 최고 속도
2016년 3월 28일 샤나즈 리드(영국)는 자전거를 타고 영국 라우스에 있는 채널 4 <가이 마틴의 죽음의 벽: 라이브>(노스원 TV, 영국) 세트장에서 '죽음의 벽'을 따라 시속 42.94㎞로 달렸다.
같은 날 같은 장소에서 가이 마틴(영국)은 직접 만든 '비트사' 오토바이(BSA 엔진 장착)를 타고 125.77㎞로 달려, **죽음의 벽에서의 최고 속도**를 기록했다.

최대 댄스 피트니스 수업
2016년 3월 18일 발랑가 시(필리핀)는 필리핀 바탄에서 1만 6,218명이 참석하는 댄스 피트니스 수업을 개최했다.

<닥터 후> 등장인물 복장을 한 최다 인원
2016년 3월 19일 멕시코시티의 라 몰레 코믹-콘에서 멕시코 TV 채널 <사이파이 라티노아메리카>가 <닥터 후> 등장인물 복장을 한 491명을 한 자리에 모았다.

자전거 타이어에 가장 빨리 바람 넣기
2016년 3월 20일 영국 런던에서 스티븐 스미스(영국)는 손 펌프로 자전거 타이어 튜브에 단 20.50초 만에 바람을 넣었다.

4×50m 외발자전거 장애물 계주 최고 기록
2016년 3월 20일 '부두 외발자전거'로 불리는 제이슨 올드, 사이먼 베리, 마이크 테일러, 롭 테리(모두 영국)가 영국 런던에서 열린 한 4×50m 외발자전거 장애물 계주를 1분 33.49초에 마쳤다.

최대 색종이 조각 모자이크
2019년 3월 21일 구로베 국제문화센터(일본)는 일본 도야마의 구로베 국제문화센터에서 32.16㎡의 색종이 조각 모자이크를 만들었다.

1시간 동안 만든 최장 종이 사슬(팀 경기)
2016년 3월 26일 중국 홍콩의 샤틴 경마장에서 열린 라이딩 하이 투게더 페스티벌 기간 중 홍콩 기수 클럽의 한 팀이 3.74㎞ 길이의 종이 사슬을 만들었다.

가장 큰 꽃 샹들리에
싱가포르 국립공원관리국은 길이 16.84m, 너비 10.29m, 높이 8.16m의 꽃 샹들리에를 만들었다. 꽃 6만 송이로 이루어진 이 샹들리에는 2016년 4월 1일 기준 싱가포르 마리나 스퀘어 아트리움 내에 설치됐다.

151쪽의 퍼즐 정답

FAST FACTS

프리미어리그에서 주전으로 가장 많이 뛴 선수는 개러스 배리(영국)로, 그는 1998년 5월 2일~2016년 5월 11일까지 애스턴 빌라, 맨체스터 시티, 에버턴에 있으면서 572회 주전으로 출전했다.

최다 게임 쇼 제작
2016년 3월 31일 기준 해리 프리드먼(미국)은 미국 캘리포니아 주 로스앤젤레스에서 1만 1,128회의 게임 쇼를 제작했다.

가장 긴 레일 그라인드 스키
2016년 3월 27일 톰 윌리쉬는 미국 펜실베이니아 주 세븐 스프링스의 세븐 스프링스 산 리조트에서 스키를 타고 레일 위를 달려 128.65m를 내려왔다.

가장 긴 우편엽서 줄
상하이 타운&컨트리클럽(중국)은 2016년 4월 19일 상하이에서 1만 1,863장의 우편엽서를 일렬로 길게 늘어놓았다.

가장 큰 인간 지문
상점 브랜드 리브스포시크링(노르웨이)은 2016년 4월 2일 노르웨이 포르네부에서 313명을 한자리에 모아 소용돌이 형태의 지문 모양을 만들었다.

가장 오래 산 고양이
스쿠터(1986년 3월 26일생)는 2016년 4월 8일에 30살 13일이 되었다. 이 고양이는 미국 텍사스 주 맨스필드에서 주인인 게일 플로이드(미국)와 함께 살고 있다.

가장 큰 보블헤드
2016년 4월 8일 미국 플로리다 주 올랜도에서 4.69m 높이의 세인트버나드 보블헤드(큰 머리가 흔들거리는 3등신 인형)가 공개됐다. 이는 풍경 소품 가게 디노 렌토스 스튜디오가 어플라이드 언더라이터스 보험 회사(둘 다 미국)의 의뢰를 받아 만든 것이다.

동시에 바느질한 최다 인원
2016년 4월 9일 말레이시아 푸트라자야의 오디토리엄 켐파카 사리에서 모스트웰 Sdn Bhd(말레이시아)가 주관한 한 행사에서 606명이 한자리에 모여 바느질을 했다.

가장 짧은 골프 홀(4인 1조)
2016년 4월 12일 스페인 소토그란데의 발데르라마 골프 코스에서 라파엘 재클린, 알렉스 레비, 그레고리 하브레, 로먼 와텔(모두 프랑스)은 단 34.87초에 4홀을 마쳤다.

가장 큰 비건 케이크
에센티스 바이오 호텔 베를린(독일)은 2016년 4월 9일 독일 베를린에서 무게 388.9㎏짜리 비건 케이크를 만들었다. 31명이 다 완성하는 데 26시간 걸렸다.

쓸 수 있는 가장 긴 골프채
2016년 4월 9일 애쉬리타 퍼먼(미국)이 만든 길이 7.65m의 골프채가 미국 뉴욕 시 자메이카에서 측정된 뒤 시범 사용되었다.

최장 시간 마라톤 TV 시청
알레한드로 'AJ' 프라고소(미국)는 2016년 4월 12일 미국 뉴욕 시에서 94시간 동안 TV를 시청했다.

팔씨름 동작으로 가장 무거운 차량 끌기
케빈 패스트(캐나다)는 2016년 4월 13일 캐나다 온타리오 코버그에서 팔씨름 테이블에 팔꿈치를 댄 채 팔 힘으로 무게가 1만 4,470㎏ 나가는 소방차를 30.4㎝ 이상 끌어당겼다.

한 케이크에 켠 최다 촛불
2016년 4월 13일 마이크스 하드 레모네이드 사(미국)는 미국 캘리포니아 주 로스앤젤레스에서 케이크에 촛불 5만 151개를 꽂고 불을 붙였다.

가장 큰 초콜릿 바
코코라드니카 쿠크르첵(슬로베니아)이 142.32㎡ 크기의 초콜릿 바를 만들었다. 2016년 4월 15일 슬로베니아 라도블리차에서 측정한 수치다.

최대 규모의 메링게 교습
메링게는 도미니카의 춤이다. 오스테오 바이-플렉스 사(미국)는 2016년 4월 15일 미국 네바다 주 라스베이거스의 프리몬트 거리 체험 구역에서 252명이 메링게 교습에 참여하는 행사를 주관했다.

최대 스프링 매트리스
뤼진 호우와 그의 팀(모두 중국)은 20×18.18m 크기의 스프링 매트리스를 만들었다. 측정은 중국 헤이룽장 성 하얼빈에서 2016년 4월 15일 이루어졌다.

동시에 가장 많이 플라잉 디스크 날리기
2016년 4월 16일 일본 가나가와 현 미우라에서는 참가자 958명이 동시에 플라잉 디스크를 날렸다. 미우라 해변 900도 전 실무위원회(일본)가 주관한 행사였다.

30초간 골프채로 친 최다 골프공
애쉬리타 퍼먼(미국)은 2016년 4월 16일 미국 뉴욕 시 자메이카에서 30초 동안 골프채로 골프공을 94회 때렸다.

가장 큰 프로피테롤
2016년 4월 17일 이탈리아 우디네의 제니나 델 프리울리에서 콘스·에르바협회는 에티카 델 구스토, 데스파르, 우오바 파스콜로 판토니, 크레스피(모두 이탈리아)와 함께 무게 150㎏의 프로피테롤(속에 크림을 넣고 위에는 보통 초콜릿을 얹은 작은 슈크림)을 선보였다.

최다 인원의 붐웨이커 연주
붐웨이커는 속이 빈 다양한 길이의 플라스틱 관들을 두드려 소리를 내는 악기다. 2016년 4월 18일 폴란드 세로크에서는 P&G 유럽기획서비스센터(POL) 주최로 661명이 모여 붐웨이커로 노래 <Eye of the tiger>를 연주했다.

가장 큰 난 브레드
로블로 컴퍼니스 사(캐나다)는 2016년 4월 19일 캐나다 온타리오 토론토에서 무게 32㎏의 난(인도·중앙아시아의 납작한 빵)을 만들었다. 이 난은 길이가 4.96m에 폭이 1.26m였다.

가장 오래된 병 속 메시지
2016년 4월 20일 나온 발표에 따르면, 2015년 4월 17일 독일 암룸 섬에서 발견된 병 속 메시지는 1906년 11월 20일 영국 해양생물학협회(MBA)가 바다에 띄워 108년 138일 동안 북해 위를 표류해온 것이다. 그 안에는 우편엽서가 들어 있었는데, 엽서에는 발견자에게 그 병을 언제 어디에서 발견했는지 알려주고 그 엽서를 다시 MBA로 우송해달라는 메시지가 적혀 있었다.

최다 인원이 동시에 스모어를 만든 기록
2016년 4월 21일 미국 캘리포니아 주 헌팅턴비치에서 423명이 모여 스모어(비스킷 사이에 구운 마시멜로와 초콜릿을 넣은 간식)를 만들었다. 홀리스터와 시리어스펀 칠드런즈 네트워크 사(둘 다 미국)가 후원한 행사였다.

7대륙 최고봉에 오르고 7대양을 건넌 최초의 인물
2005년 8월 21일~2012년 12월 5일 사이에 마틴 프레이(미국)는 7대륙의 최고봉에 올랐다. 그리고 2013년 2월 25일~2016년 4월 17일 사이에는 범선을 타고 7대양을 횡단했다.

서핑에 성공한 가장 큰 파도
예인 없이 서핑에 성공한 가장 높은 파도는 골부터 물마루까지가 19.2m다. 2016년 1월 15일 미국 하와이 마우이에서 아론 골드(미국)가 그 파도를 탔다. 이 기록은 2016년 4월 24일 미국 캘리포니아 주 애너하임의 그로브 극장에서 열린 '2016 세계 서프리그 빅 웨이브 어워즈' 행사에서 인증받았다.

미국 톱 10에 동시에 최다 앨범을 올린 가수
2016년 5월 14일 <The very best of prince>(No.2), <Purple rain>(No.3), <The Hits/The B-Sides>(No.4), <Ultimate>(No.6), <1999>(No.7) 등 프린스(본명 프린스 로저스 넬슨, 미국)의 유고 앨범 5장이 빌보드 200 앨범 차트 톱 10에 올랐다. 프린스가 2016년 4월 21일 미국 미네소타 주의 페이즐리 파크 자택에서 57세의 일기로 세상을 떠났다는 소식이 전해지자, 2016년 4월 21일부터 한 주 동안 미국에선 총 441만 장의 백 카탈로그(옛날 노래들)가 팔려나갔다.

최대 규모의 로봇대회
VEX 월즈(미국)는 2016년 4월 20일~4월 23일 사이에 미국 켄터키 주 루이빌에서 열린 연례 로봇대회에 1,075팀을 유치했다. 30개국에서 온 팀들은 초등학생부터 대학생까지 모두 학생들로 구성되어 있었다.

런던 마라톤 최단 시간 완주(남자)
2016년 4월 24일 엘리우드 키프초게(케냐)는 영국 런던에서 열린 2016 버진 머니 런던 마라톤을 2시간 3분 5초에 완주했다.

가장 오래 운영 중인 극장
미국 아이오와 주 워싱턴의 스테이트 극장은 1897년 5월 14일 문을 열었다. 그리고 2016년 4월 26일 기준 118년 348일째 운영 중이다.

다리에 축구공 낀 채 물구나무 서서 가장 빨리 50m 걷기
장슈앙(중국)은 두 다리 사이에 축구공을 낀 채 물구나무서서 50m를 26.09초에 돌파했다. 2016년 4월 30일 중국 쓰촨 성 난충의 서중국 노멀대학교에서 세운 기록이다.

시즌 연속 순위가 가장 크게 오른 축구팀
축구팀 레스터 시티 FC(영국)는 2014/2015 프리미어리그 시즌을 14위로 마쳤다. 그러나 2016년 5월 2일엔 무려 13위나 뛰어올라 챔피언 자리에 올랐다.

토니상 최다 후보에 오른 뮤지컬
미국 건국의 아버지 알렉산더 해밀턴의 삶과 죽음을 다룬 린-마누엘 미란다(미국)의 전기 형태의 뮤지컬 <해밀턴>은 2016년 5월 3일 최우수 뮤지컬상을 비롯해 무려 16개 부문에서 토니상 후보에 올랐다.

다른 나라에서 태어난 최초의 쌍둥이
캐서린 조앤 베인즈(결혼 전 성은 로버츠)와 하이디 힐라네 가논(둘 다 영국)은 1976년 9월 23일에 태어났다. 하이디는 오전 9시 5분 웨일스의 웰시풀 병원에서 태어났고, 조앤은 엄마가 합병증 때문에 영국 로열 슈루즈베리 병원으로 옮겨진 뒤 오전 10시 45분에 태어났다. 2016년 4월에 캘리포니아주립대학교 쌍둥이 연구센터 소장 겸 심리학 교수인 낸시 시걸 박사는 이 쌍둥이가 일란성임을 확인해주었다.

세계 최장수 인물
우리가 이 책 편집을 마감하던 날(2016년 5월 12일) 19세기의 마지막 미국인인 수잔나 무샤트 존스(1899년 7월 6일생)가 116세 311일의 일기로 세상을 떠났다. 현재 컨설턴트 로버트 영이 그다음 최장수 인물을 찾고 있는데, 5월 12일 기준 116세 165일이 되는 이탈리아의 엠마 모라노 마르티누치(1899년 11월 29일생)가 될 가능성이 제일 높다.

PHANG - NGA 15
PHUKET 100